U0941098

2015

江西统计年鉴

Jiangxi Statistical Yearbook

江西省统计局　国家统计局江西调查总队·编

总第 33 期

图书在版编目（CIP）数据

江西统计年鉴. 2015：汉英对照 / 江西省统计局，国家统计局江西调查总队编. -- 北京：中国统计出版社，2015.9
ISBN 978-7-5037-7521-5

Ⅰ. ①江… Ⅱ. ①江… ②国… Ⅲ. ①统计资料－江西省－2015－年鉴－汉、英 Ⅳ. ①C832.56-54

中国版本图书馆 CIP 数据核字(2015)第 181395 号

江西统计年鉴-2015

作　　者/ 江西省统计局　国家统计局江西调查总队
责任编辑/ 余竞雄　洪　安
装帧设计/ 黄正坤　史屹伟
出版发行/ 中国统计出版社
地　　址/ 北京市丰台区西三环南路甲 6 号　邮政编码/100073
电　　话/ 邮购（010）63376909　书店（010）68783171
网　　址/ http://www.zgtjcbs.com
印　　刷/ 江西昌和特种票证有限公司
经　　销/ 新华书店
开　　本/ 890mm×1240mm　1/16
字　　数/ 1200 千字
印　　张/ 35
版　　别/ 2015 年 9 月第 1 版
版　　次/ 2015 年 9 月第 1 次印刷
定　　价/ 400.00 元

本书附同版本 CD-ROM 一张，光盘内容以书面文字为准。
如有印装差错，由本社发行部调换。

《江西统计年鉴2015》编辑部

Jiangxi Statistical Yearbook 2015 Editorial

经济总量

Economic Aggregate

▶地区生产总值(亿元)
Gross Domestic Product(100 million yuan)

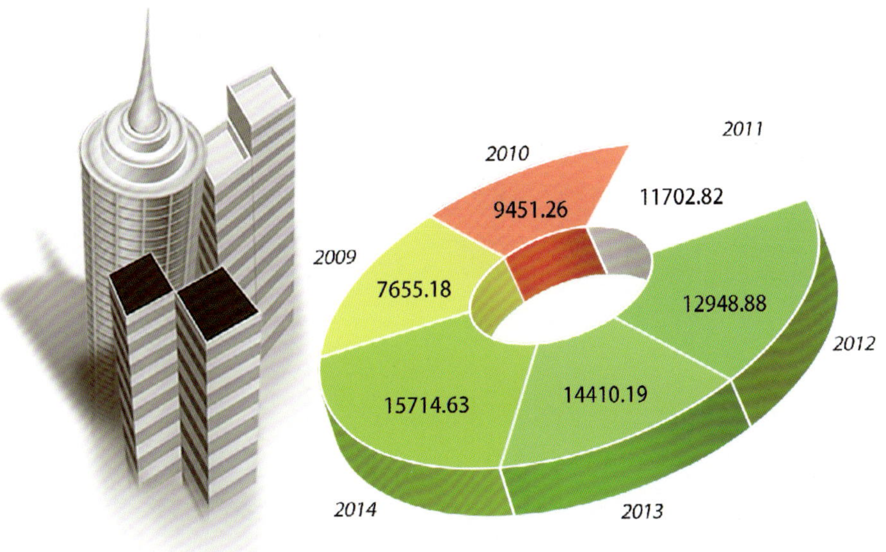

▶财政总收入(亿元)
Government Revenue(100 million yuan)

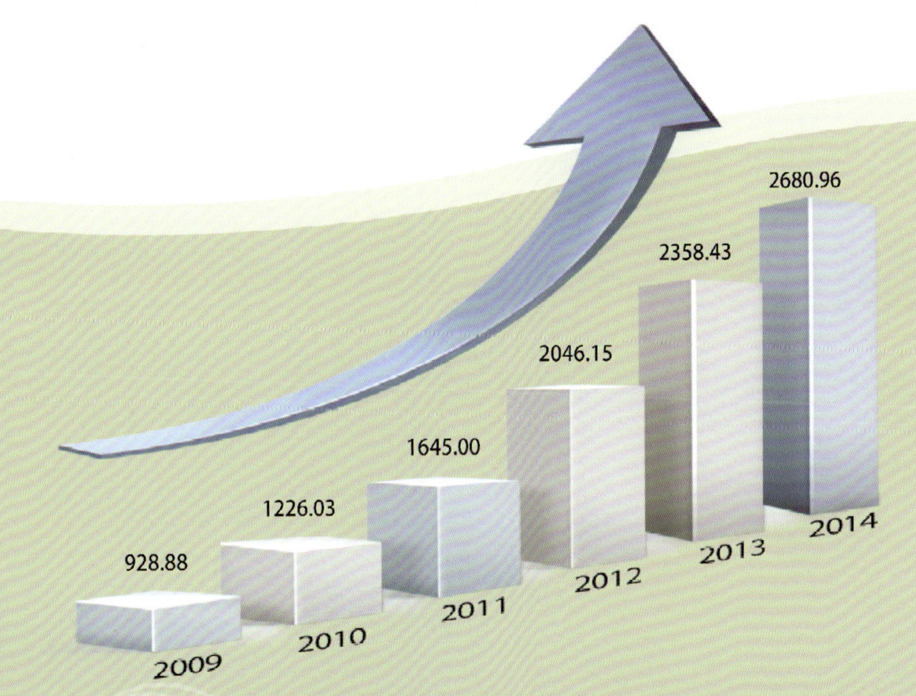

产业结构
Industrial Structure

▶三次产业结构
Three Industrial Structure

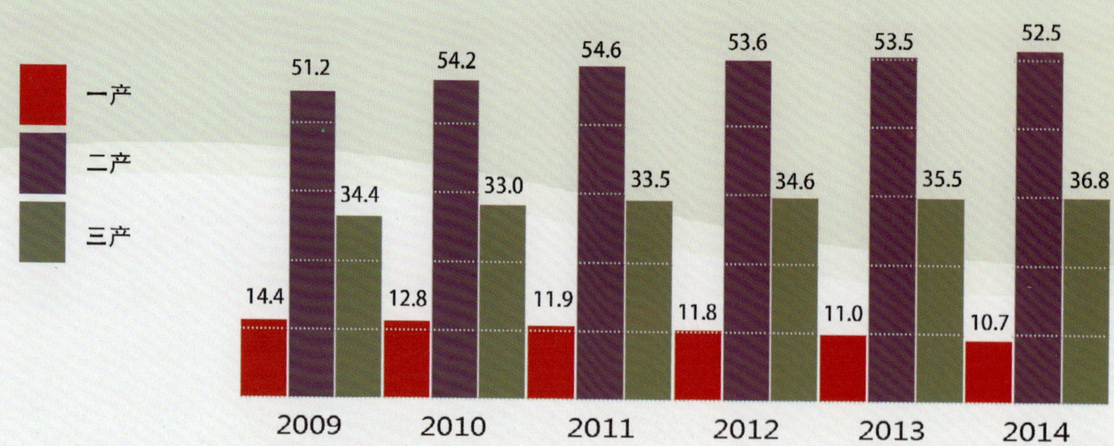

▶农业总产值及工业增加值(亿元)
Agricultural Output and Value-added of Industrial(100 million yuan)

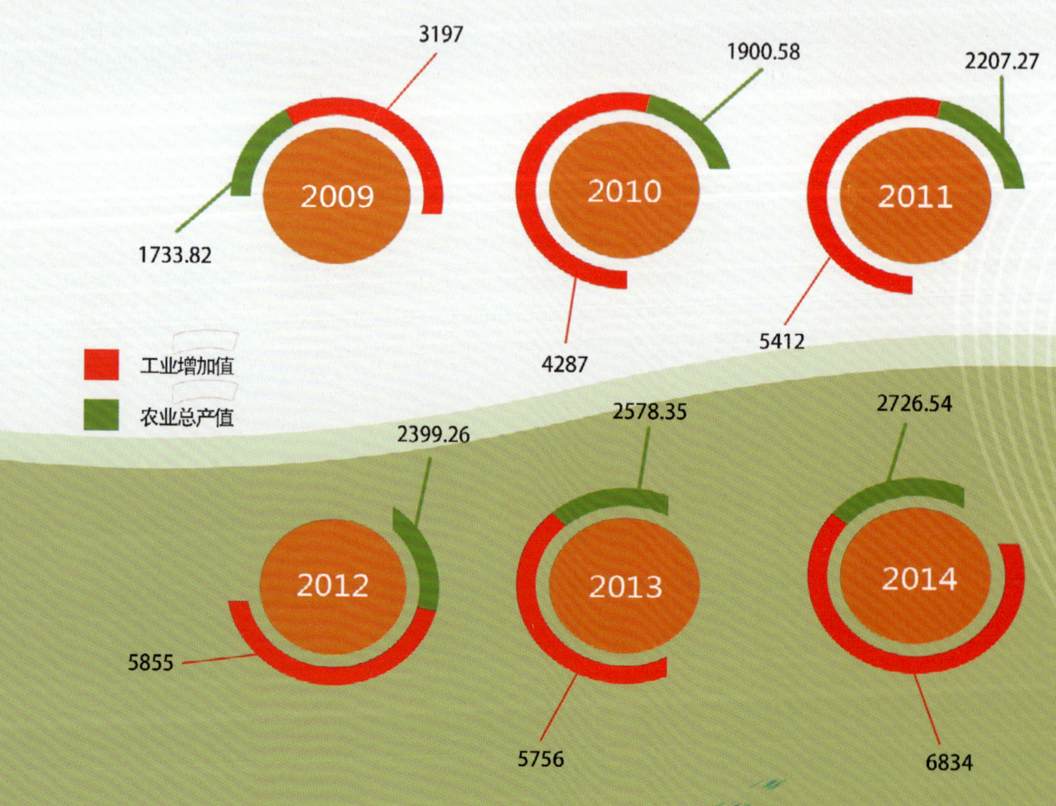

基础设施
Infrastructure Construction

▶固定资产投资(亿元)
Investment in Fixed Assets(100 million yuan)

▶高速公路(公里)
Expressway(kilometer)

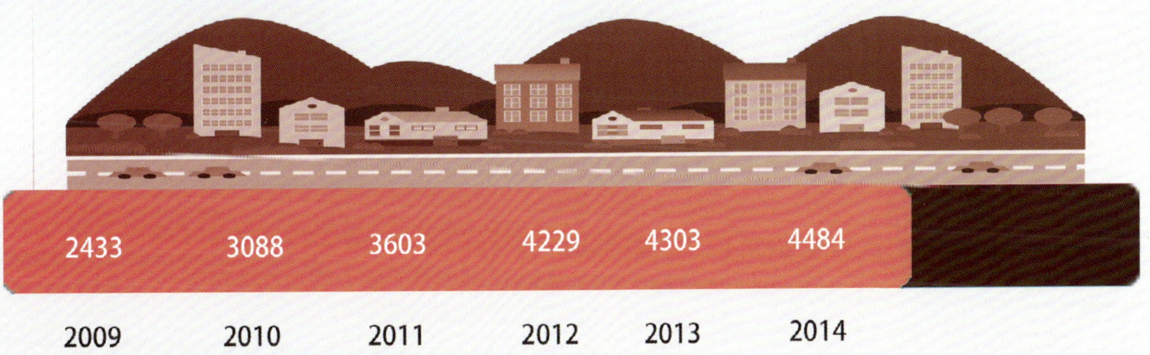

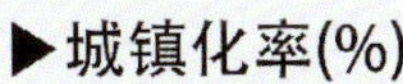

▶城镇化率(%)
Urbanization Rate(%)

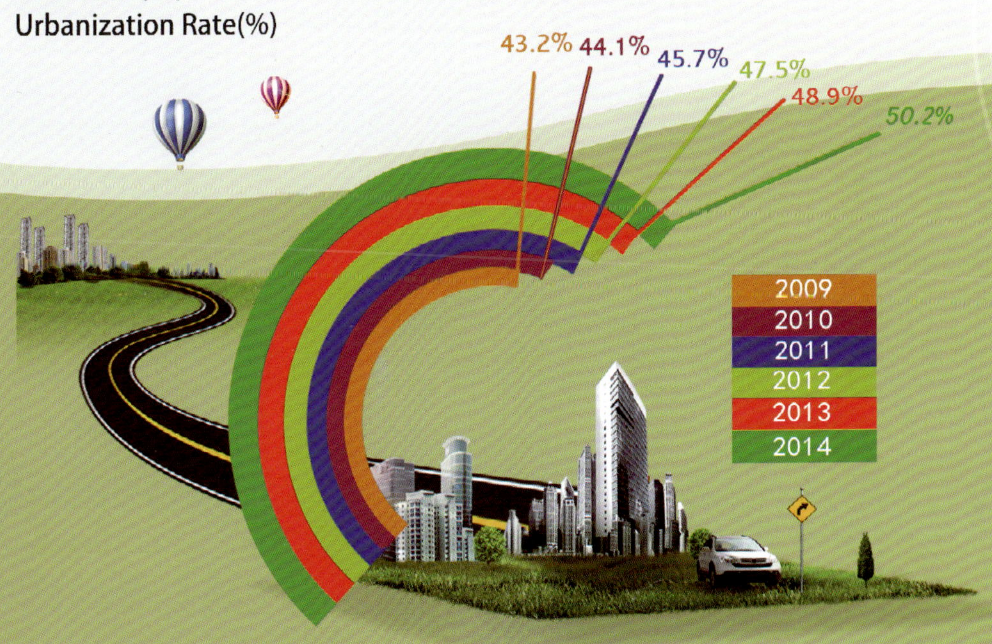

对外开放
Opening to the outside world

▶进出口总额(亿元)
Total Value of Imports and Exports(100 million yuan)

▶实际利用外商直接投资(亿美元)
Direct Foreign Investments(USD 100 million)

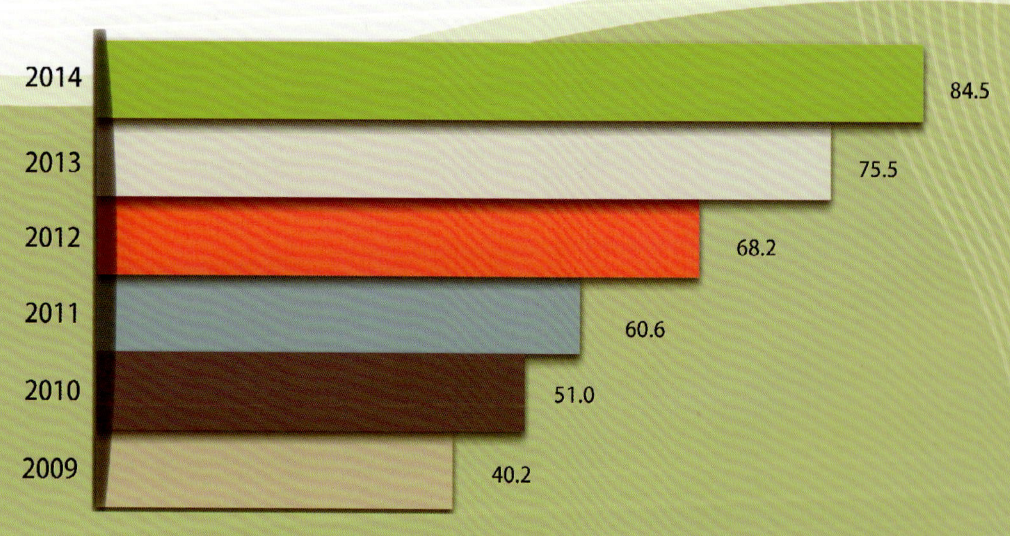

贸易、旅游
Trade and Tourism

▶入境旅游人数(万人次)
Number of Overseas Visitor Arrivals(10000 person-times)

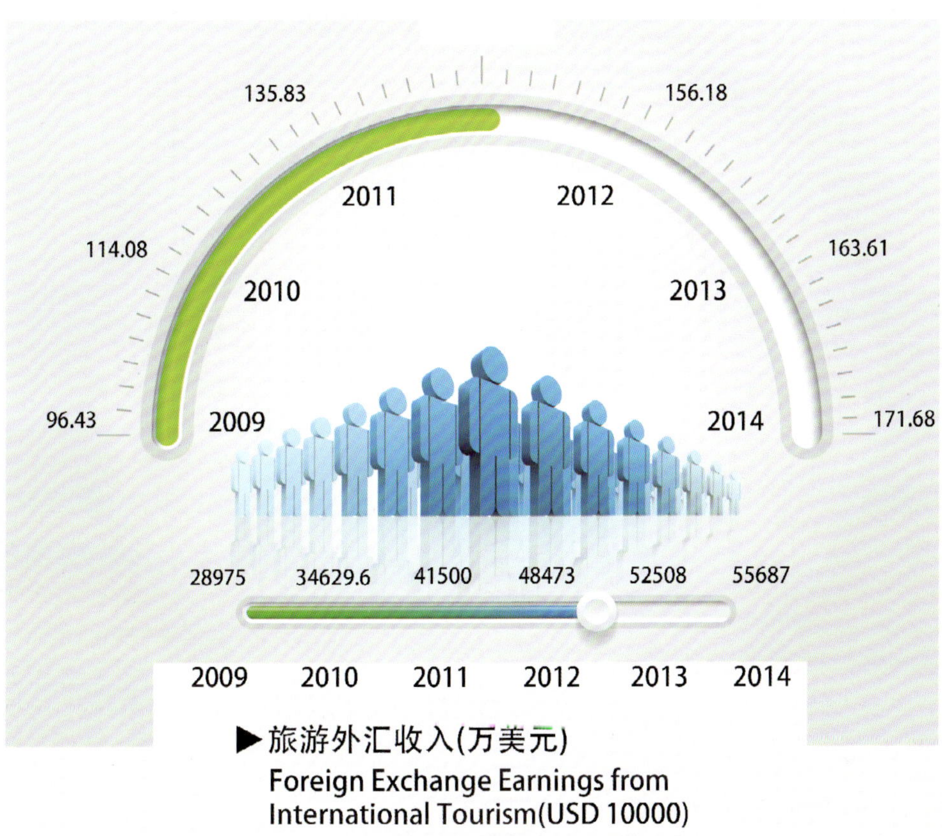

▶旅游外汇收入(万美元)
Foreign Exchange Earnings from International Tourism(USD 10000)

▶社会消费品零售总额(亿元)
Total Retail Sales of Consumer Goods(100 million yuan)

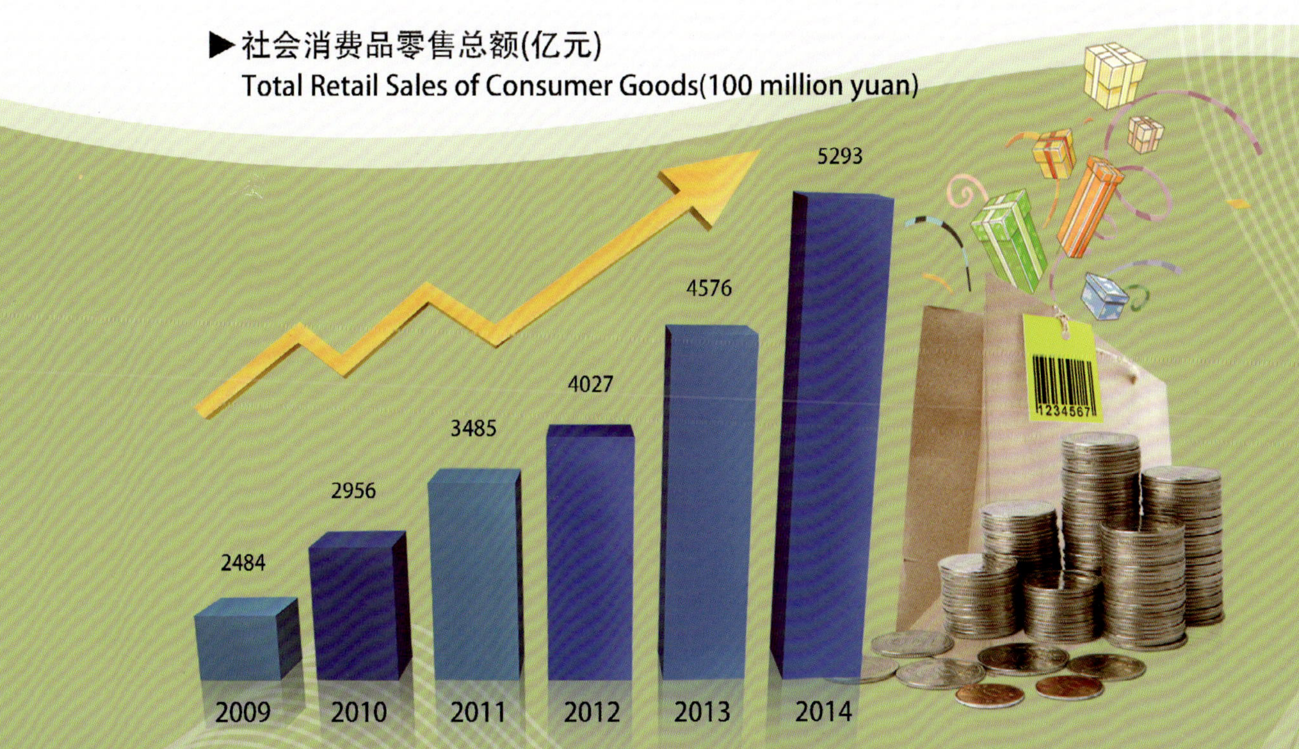

人民生活
People's Livelihood

▶城乡居民人均可支配收入(元)
Per-capita Disposable Income of Urban and Rural Households(yuan)

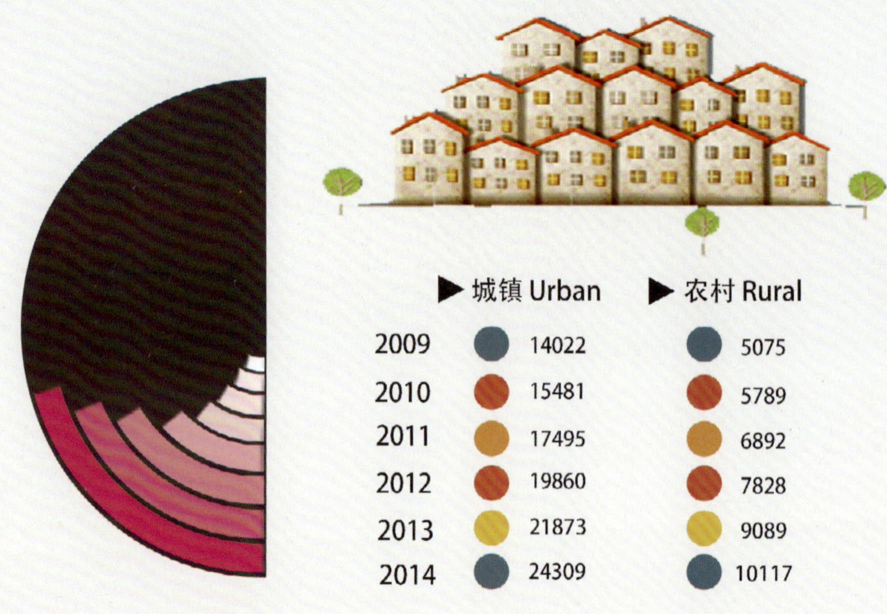

▶城乡居民储蓄存款(亿元)
Balance of Savings Deposit in Urban and Rural Areas(100 million yuan)

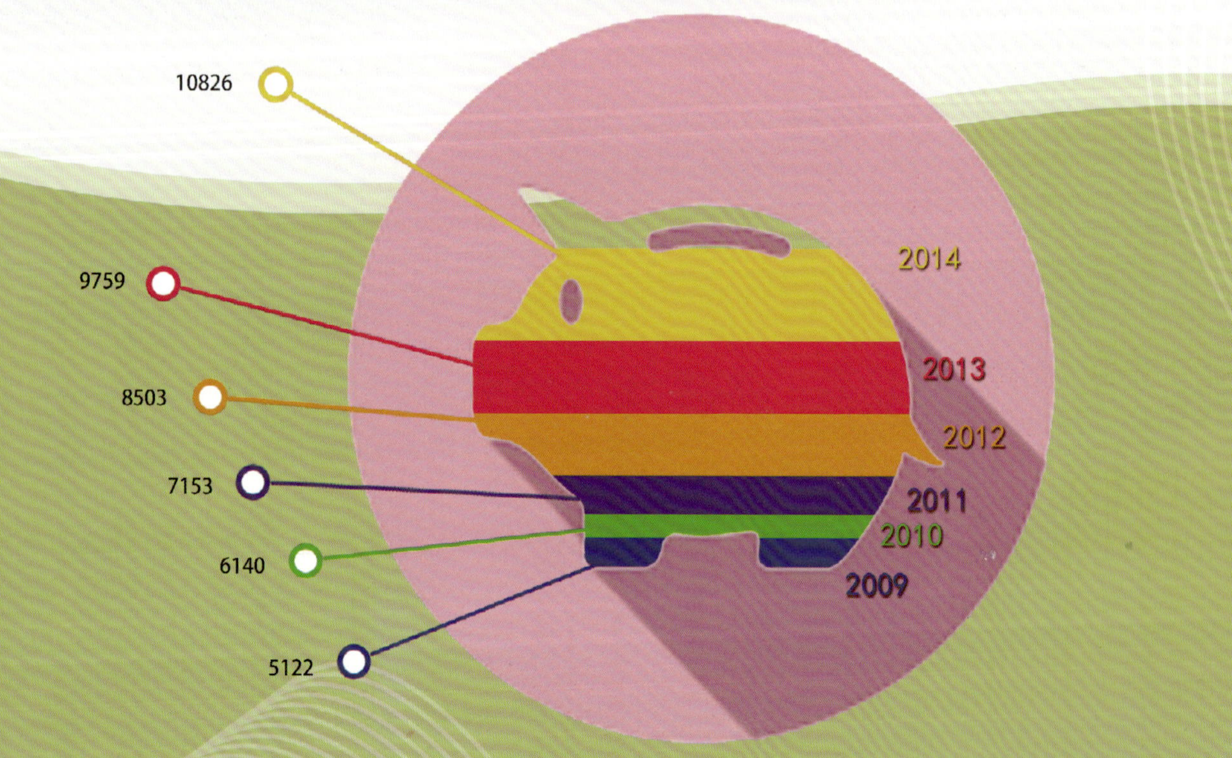

社会事业

Social Undertakings

▶高等学校在校学生数(万人)

Total Enrollment of Regular Institutions of Higher Eduction(10000 persons)

▶卫生技术人员(万人)

Medical Technical Personnel(10000 persons)

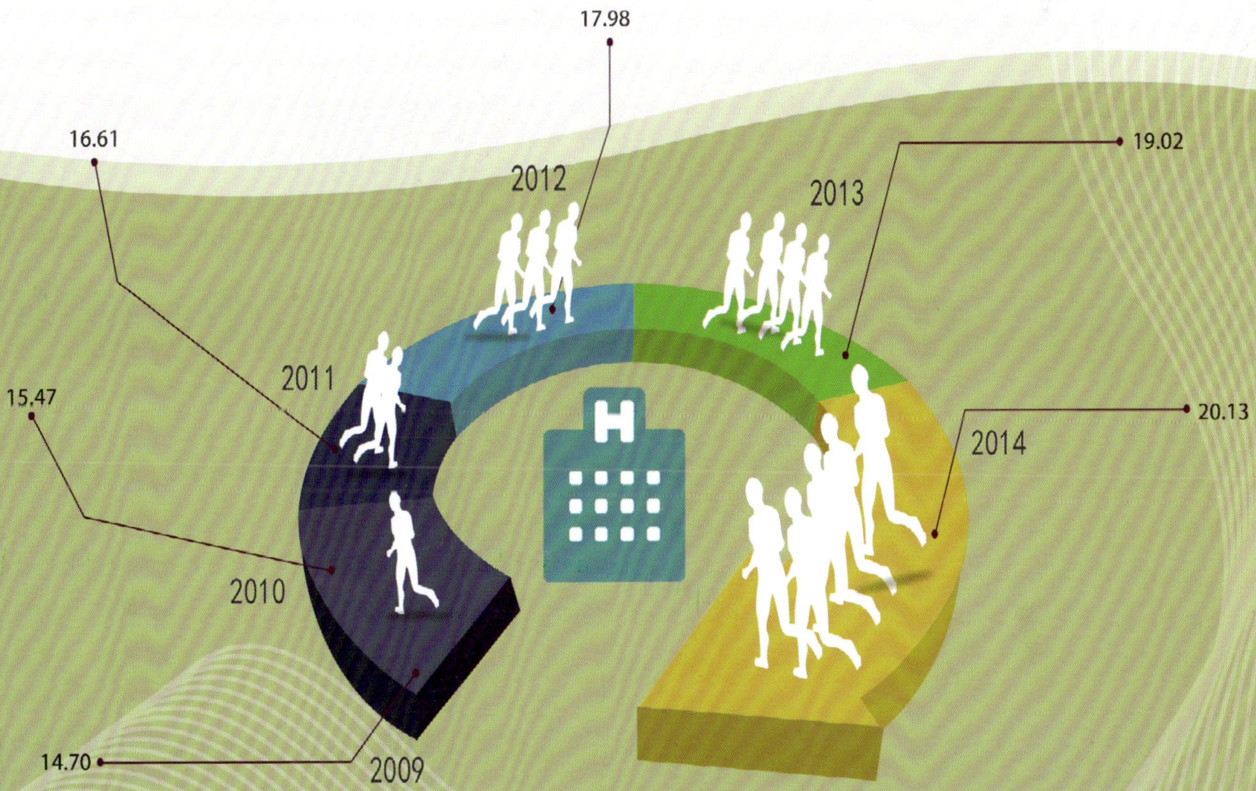

2009 14.70
2010 15.47
2011 16.61
2012 17.98
2013 19.02
2014 20.13

生态建设
Ecological Construction

▶森林覆盖率%
Forest Coverage%

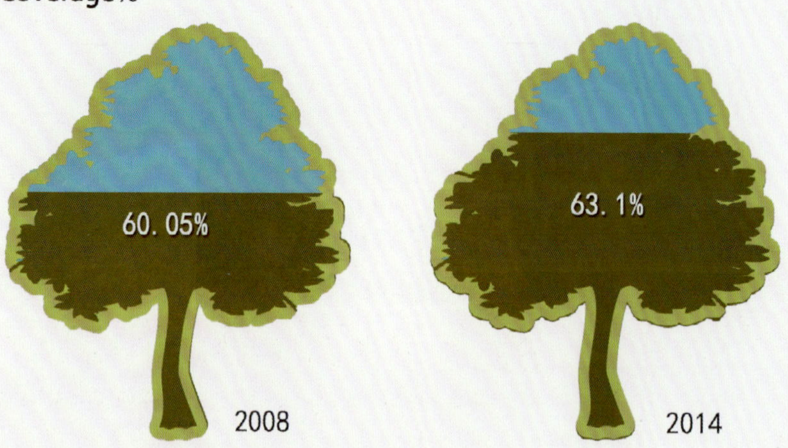

▶万元生产总值能耗(吨标准煤)
Energy Consumed for Each 10,000 yuan of GDP(ton of SCE)

▶城镇污水集中处理率及生活垃圾无害化处理率%
Treatment Rate of Urban Sewage And Treatment Rate of Urban Garbage%

编者说明

一、《江西统计年鉴-2015》系统收录了全省和11个设区市2014年经济、社会各方面的统计数据，改革开放以来和其他历史重要年份的全省主要统计数据，以及全国各省市部分主要指标数据。是一部全面反映江西省经济和社会发展情况的资料性年刊。

二、本年鉴正文内容分为21个篇章，即：综合，人口，就业人员和职工工资，固定资产投资，对外经济贸易，能源，财政，价格指数，人民生活，城市建设，林业建设和生态环境，农业，工业，建筑业，交通运输、邮电通讯业，国内贸易和旅游，金融业，房地产开发，科技、教育、文化，卫生、体育、社会福利及其他，各省、市、自治区主要经济指标及2014年江西统计调查工作大事记。为方便读者使用，各篇章前设有《简要说明》，对本篇章的主要内容、资料来源、统计范围、统计方法等予以简要概述，篇末附有《主要统计指标解释》。

三、本《年鉴》对以前发表的统计资料重新予以审核，凡与本《年鉴》资料有出入的，均以本年鉴为准。

四、本年鉴所使用的度量衡单位，均采用国际统一标准计量单位。

五、本年鉴中部分数据合计数或相对数由于单位取舍不同而产生的计算误差，均未作机械调整。

六、符号使用说明:年鉴各表中的“空格”表示该项统计指标数据不足本表最小单位数、数据不详或无该项数据；“#”表示其中的主要项。

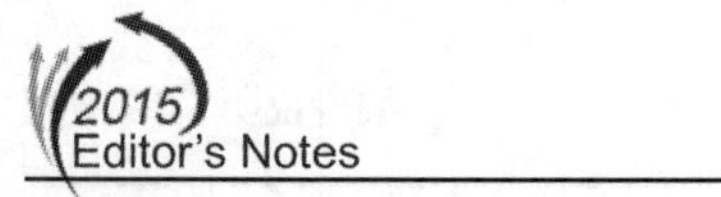

I Editor's Notes

I. *Jiangxi Statistical Yearbook 2015* is an annual statistics publication, which covers very comprehensive data in 2014 and some selected data series in historically important years and the most recent thirty years at level of province and other provinces and municipalities. Therefore, reflects various aspects of Jiangxi's social and economic development.

II. The yearbook contains the following twenty-two chapters, General Survey; Population; Employment and Wages; Investment in Fixed Assets; Energy; Price Indices; People's Livelihood; General Survey of Cities; Environment Protection; Water Resources and Meterology; Agriculture; Industry; Construction; Transport, Post and Telecommunication Services; Domestic Trade; Foreign Trade and Economic Cooperation; Tourism; Financial Intermediation; Insurance; Real Estate; Education, Science and Technology; Culture, Sports and Public Health; Social Welfare and Other Social Activities; Main Statistical Indictors on provinces, autonomous regions and municipalities and Notes of Jiangxi Statistical Events in 2014. For readers' convenience, in Brief Introduction at the beginning of each chapter, main coverage of this chapter, data sources, statistical coverage, statistical methods and historical changes are concerned. In addition, Explanatory Notes on Main Statistical Indicators are provided at the end of each chapter.

III. This Yearbook re-audited statistic data published previously, any data different from this yearbook, take this yearbook's as standard data.

IV. The units of measurement used in this yearbook are internationally standard measurement units.

V. Statistical discrepancies due to rounding are not adjusted in the yearbook.

VI. Notations used in the yearbook: blank space indicates that the figure is not large enough to be measured with the smallest unit in the table, or data are unknown or are not available; "#" indicates a major breakdown of the total.

目 录 Contents

一、综 合 CHAPTER 1 GENERAL SURVEY

二、人 口
CHAPTER 2 POPULATION

三、就业人员和职工工资
CHAPTER 3 EMPLOYMENT AND WAGE

六、能 源 CHAPTER 6 ENERGY

七、财 政 CHAPTER 7 GOVERNMENT FINANCE

十、城市建设

CHAPTER 10 MUNICIPAL CONSTRUCTION

十一、林业建设和生态环境
CHAPTER 11 FORESTRY CONSTRUCTION AND ECOLOGY

十二、农 业
CHAPTER 12 AGRICULTURE

十三、工 业
CHAPTER 13 INDUSTRY

十四、建筑业
CHAPTER 14 CONSTRUCTION

十七、金融业
CHAPTER 17 FINANCIAL INDUSTRY

十八、房地产开发
CHAPTER 18 REAL ESTATE DEVELOPMENT

十九、科技、教育、文化
CHAPTER 19 SCI-TECH,EDUCATION AND CULTURE

二十、卫生、体育、社会福利和其他
CHAPTER 20 PUBLIC HEALTH,SPORTS,SOCIAL WELFARE AND OTHERS

二十一、各省、市、自治区主要经济指标
CHAPTER 21 MAIN ECONOMIC INDICATORS OF PROVICES,AUTONOMOUS REGIONS AND MUNICIPALITIES DIRECTLY UNDER THE CENTRAL GOVERNMENT

1

综 合

GENERAL SURVEY

◆1/28

资料整理及英文翻译：洪　安、朱志强、兰　园

简要说明

本篇章由综合资料及国民经济核算资料两个部分组成。

综合资料主要包括国民经济和社会发展综合资料，通过对各篇章主要统计指标及其速度、结构、比例和效益等的加工计算，来反映国民经济和社会发展的总体情况。

国民经济核算资料主要包括地区生产总值及其有关资料。地区生产总值是根据不同产业部门、不同支出构成的特点和资料来源情况而分别采取不同方法计算的。

分设区市的国民经济核算数据由各设区市统计局提供，由于采取分级核算，各设区市数据相加不等于全省总计。

根据第一次第三产业普查结果，对1992年以前全省地区生产总值的历史数据做了调整；2005年根据全国第一次经济普查结果，对1993-2004年的全省地区生产总值历史数据做了调整，本年鉴的数据为调整后数据。

Brief Introduction

This chapter consists of two parts: The summary data and the data on national accounts.

The summary data on the national economy reflect the overall situation of the economic and social development by presenting further processed statistics including growth, structure, ratio and efficiency data derived from other chapters.

The data on national accounts mainly include Gross Domestic Product (GDP) and related data. Data on GDP are calculated with various approaches in accordance with the features of various sectors, various expenditure structures and the data resources.

The data on national accounts by region are provided by the statistical bureaus of various region. The sum of the city data is not equal to the provincial total due to the decentralized accounting approach.

The GDP figures of years up to 1992 been revised in accordance with the result of the First Tertiary Industry Census. In 2005, the GDP figures from the year 1993 to 2004 had in accordance with the result of the First National Economic Census. Data published in this yearbook have been revised.

自然地理资源

位 置

江西省，简称赣。位于长江中下游交接处的南岸。地处北纬 24° 29′ ~30° 04′ 、东经 113° 34′ ~118° 28′ 之间，东邻浙江、福建，南连广东，西接湖南，北毗湖北、安徽。北控长江，上接武汉三镇，下通南京、上海，东南与沿海开放城市相邻近。京九铁路和浙赣铁路纵横贯通全境，交通便利，地理位置优越。

地势、面积

全省东南西三面群山环绕，内侧丘陵广亘，中北部平原坦荡，整个地势，由外及里，自南而北，渐次向鄱阳湖倾斜，构成一个向北开口的巨大盆地。全省面积 16.69 万平方公里。全境以山地、丘陵为主，山地占全省总面积的 36%，丘陵占 42%，岗地、平原、水面占 22%。

山脉、河流、湖泊

主要山脉分布于省境边陲，山峰一般海拔 1000 米左右，少数海拔 2000 余米。省境东和东北有蜿蜒于赣闽、赣浙之间的武夷山和怀玉山；南有逶迤于赣粤之间的大庾岭和九连山；西有耸峙于赣湘之间的罗霄山脉，雄伟的井冈山就在罗霄山脉的中段；西北有盘亘于赣鄂之间的幕阜山，庐山即是它向东延伸的余脉。

全省有大小河流 2400 多条，总长约 18400 公里，大部分河流汇向鄱阳湖，再注入长江。主要河流有 5 条，即赣江、抚河、信江、修河、饶河。赣江全长 751 公里，为本省第一大川，水量为长江第二大支流，它自南而北流贯全省，从赣州至湖口而入长江，通航里程 5000 余公里。

鄱阳湖是全国最大的淡水湖，它是江西最大的聚水盆，长江水量的巨大调节器，也是沟通省内外各地航道的中转站。

气 候

江西气候四季变化分明。春季温暖多雨，夏季炎热温润，秋季凉爽少雨，冬季寒冷干燥。2014 年全省平均气温为 18.8 ℃，降水量为 1751 毫米，日照为 1679 小时。全年气候温暖，光照充足,雨量充沛,无霜期长，具有亚热带湿润气候特色。

资 源

2014 年末，全省林业用地面积 1072.02 万公顷，活木蓄积量 4.45 亿立方米，森林覆盖率 63.1%。

2014 年，全省淡水面已养殖面积 43.53 万公顷。已查明鱼类 155 种，产量较多的有鲤、鲫、青、鲢等 30 余种，名贵鱼类有荷包红鲤鱼、玻璃鲤鱼、银鱼、石鱼、鲥鱼、鳜鱼等。省内还有众多的水禽和珍禽，其中不少是受到世界性保护的珍禽。

江西地下矿藏丰富，是我国矿产资源配套程度较高的省份之一。储量居全国前三位的有铜、钨、银、钽、钪、铀、铷、铯、金、伴生硫、滑石、粉石英、硅灰石等。铜、钨、铀、钽、稀土、金、银被誉为江西的“七朵金花”。

Nature, Geography and Resourcesrief

Position

Jiangxi Province, called Gan for short, lies in the southern bank of the middle and lower reaches of the Yangtze River. It is located at latitude 24° 29′ ～30° 04′ north, longitude 113 ° 34′ ～118° 28′ east. It borders Zhejiang and Fujian provinces to the east, Guangdong to the south, Hunan to the west, and Hubei and Anhui to the north. Jiangxi dominates the Yangtze River on the north, and connects the Wuhan in the upper stream, Nanjing and Shanghai in the downstream. And it closes to the coastal opening cities in the southeast. Both Beijing-Kowloon and Zhejiang¬-Jiangxi railways run through the whole province, which provided with the convenient transportation and superior location.

Topography and area

Mountains surround Jiangxi province on three sides. The southern half of the province is hilly with ranges and valleys interspersed; while the middle and northern half is flatter and lower in altitude. Stretching from south to north, the whole land is generally sloping towards Poyang Lake, which has formed a huge basin opening to the north. The total area of the province is 166,900 square kilometers. Within it are various land forms, with mountains and hills dominating. Mountains account for 36% of the province's total area, hills account for 42%, and mounds, plains, and water surface area for 22%.

Mountain ranges, rivers and lakes

The main mountain ranges are distributed by the border of the province, which generally have the altitude of about 1000m, and minority over 2000m. On the east and northeast of Jiangxi have Wuyi and iHuaiyu Mountains winding between Jiangxi and Fujian, Jiangxi and Zhejiang provinces. On the south have Dayu and Jiulian Mountains wriggling between Jiangxi and Guangdong provinces. In the west have Luoxiao Ranges standing between Jiangxi and Hunan provinces, where the magnificent Mt. Jinggang is situated at the middle. In the northwest have Mufu Mountains circling between Jiangxi and Hubei provinces. And its extending part on the east is namely the famous mountain—Mt. Lushan.

There are more than 2,400 rivers of various sizes in Jiangxi province, which have a combined total length of about 18,400 kilometers. Most of them enter Poyang Lake, which in turn empties into the Yangtze River. The five major rivers are Gan River, Fu River, Xin River, Xiu River, and Rao River. The Gan River winds along 751 kilometers, which is the biggest river of the province, and the second tributary of the Yangtze River in water volume. Flowing through the entire length of the province from south to north, it enters Ganzhou to Hukou, and then pours into the Yangtze River, with navigation mileage of over 5000 kilometers.

Poyang Lake is the largest fresh lake in China, and the biggest water assembling basin of Jiangxi province. It is the huge volume moderator of the Yangtze River, and also the intersection of linking up with all shipping lines in-and-out of the province.

Climate

The climate of Jiangxi province is four seasons alternating distinctively: warm with abundant rainfall in spring, hot and humid in summer, cool with little rainfall in autumn, chilly and dry in winter. In 2014, The average temperature of the whole province is about 18.8℃, with the annual precipitation of 1751mm and sunshine hours of 1679h. The whole year of Jiangxi has mild climate, with sufficient sunshine, plentiful rainfall and long frost-free period, which belongs to humid subtropical climate.

Resources

At the end of the year 2014, the total area of afforested land in Jiangxi is 10,720,220 hectares. The total standing forest stock is 445 million cubic meters, and the forest coverage rate of 63.1%.

In 2014, the total cultivated freshwater area of the whole province is 43.53 hectares. The identified species of the fishes are 155 and more than 30 types of them occupied the main production, such as carp, crucian carp, black carp, and silver carp etc. The valuable types are including lotus red carp, transparent carp, whitebait, reeves shad, and mandarin fish etc. There are also numerous birds and cherished ones in province, most of which belonged to world-protected species.

Jiangxi province has a rich reserve of underground minerals, which is one of the provinces with higher matching degree of mineral resources in China. The reserves of Copper, Tungsten, Silver, Tantalum, Scandium, Uranium, Rubidium, Caesium, Gold, and Associated Pyrite etc. rank the top three of the nation. Among all these minerals, Copper, Tungsten, Uranium, Tantalum, Rare Earths, Gold and Silver are called "the seven gold flowers of jiangxi".

1-1 行 政 区 划（2014年末）
Administratives Divisions (end of 2014)

地 区	Region	设区市 Cities at Prefecture Level	县级市 Cities at County Level	县 Countries	市辖区 Districts Under the Jurisdicati-on of Cities	市、县、区名称	Name of Cities at County Level, Countries and Districts Under the Jurisdication of Cities
全 省	**Total**	**11**	**10**	**70**	**20**		
南昌市	Nanchang	1		4	5	东湖区、西湖区、青云谱区、湾里区、青山湖区、南昌县、新建县、安义县、进贤县	Donghu,Xihu,Qingyunpu, Wanli,Qingshanhu,Nanchang, Xinjian,Anyi,Jinxian
景德镇市	Jingdezhen	1	1	1	2	昌江区、珠山区、浮梁县、乐平市	Changjiang,Zhushan,Fuliang, Leping
萍乡市	Pingxiang	1		3	2	安源区、湘东区、莲花县、上栗县、芦溪县	Anyuan,Xiangdong,Lianhua, Shangli,Luxi
九江市	Jiujiang	1	2	9	2	庐山区、浔阳区、九江县、武宁县、修水县、永修县、德安县、星子县、都昌县、湖口县、彭泽县、瑞昌市、共青城市	Lushan,Xunyang,Jiujiang, Wuning,Xiushui,Yongxiu, De'an,Xingzi,Duchang, Hukou,Pengze,Ruichang, Gongqingcheng
新余市	Xinyu	1		1	1	渝水区、分宜县	Yushui,Fenyi
鹰潭市	Yingtan	1	1	1	1	月湖区、余江县、贵溪市	Yuehu,Yujian,Guixi
赣州市	Ganzhou	1	1	15	2	章贡区、南康区、赣 县、信丰县、大余县、上犹县、崇义县、安远县、龙南县、定南县、全南县、宁都县、于都县、兴国县、会昌县、寻乌县、石城县、瑞金市、	Zhanggong,Nankang,Ganxian, Xinfeng,Dayu,Shangyou, Chongyi,Anyuan,Longnan, Dingnan,Quannan,Ningdu, Yudu,Xingguo,Huichang, Xunwu,Shicheng,Ruijin,
吉安市	Ji'an	1	1	10	2	吉州区、青原区、吉安县、吉水县、峡江县、新干县、永丰县、泰和县、遂川县、万安县、安福县、永新县、井冈山市	Jizhou,Qingyuan,Ji'an, Jishui,Xiajiang,Xingan, Yongfeng,Taihe,Suichuan, Wan'an,Anfu,Yongxin, Jinggangshan
宜春市	Yichun	1	3	6	1	袁州区、奉新县、万载县、上高县、宜丰县、靖安县、铜鼓县、丰城市、樟树市、高安市	Yuanzhou,Fengxin,Wanzai, Shanggao,Yifeng,Jing'an, Tonggu,Fengcheng,Zhangshu, Gao'an
抚州市	Fuzhou	1		10	1	临川区、南城县、黎川县、南丰县、崇仁县、乐安县、宜黄县、金溪县、资溪县、东乡县、广昌县	Linchuan,Nancheng,Lichuan, Nanfeng,Chongren,Le'an, Yihuang,Jinxi,Zixi, Dongxiang,Guangchang
上饶市	Shangrao	1	1	10	1	信州区、上饶县、广丰县、玉山县、铅山县、横峰县、弋阳县、余干县、鄱阳县、万年县、婺源县、德兴市	Xinzhou,Shangrao,Guangfeng, Yushan,Yanshan,Hengfeng, Yiyang,Yugan,Poyang, Wannian,Wuyuan,Dexing

1-2 国民经济和社会发展主要指标与发展速度

指标	Item	1978
人口(万人)	**Population (10000 persons)**	
年末总人口	Population at Year-end	3182.82
#男性人口	Male	1642.78
女性人口	Female	1540.04
#城镇人口	Urban	533.12
乡村人口	Rural	2649.70
就业(万人)	**Employment (10000 persons)**	
年末社会就业人数	Employment at Year-end	1254.3
#职工人数	Staff and Workers	267.4
年末城镇登记失业人数	Registration Unemployment in Urban Areas at Year-end	21.38
地区生产总值(亿元)	**Gross Domestic Product (100 million yuan)**	**87.00**
第一产业	Primary Industry	36.18
第二产业	Secondary Industry	33.08
第三产业	Tertiary Industry	17.74
人均生产总值(元)	Per Capita GDP (yuan)	276
固定资产投资(亿元)	**Investment in Fixed Assets (100 million yuan)**	
全社会固定资产投资总额	Total Investment in Fixed Assets	8.13
#房地产开发投资	Investment in Real Estate Development	
新增固定资产	Newly Increased Fixed Assets	
财政(亿元)	**Government Finance (100 million yuan)**	
财政总收入	Government Revenue	12.22
公共财政预算收入	Public Financial Revenue of the Local Government	
公共财政预算支出	Government Expenditures	16.27
能源生产与消费(万吨标准煤)	**Production and Consumption of Energy (10 000 tons of SCE)**	
能源生产总量	Total Energy Production	
能源消费总量	Total Energy Consumption	
价格指数(上年=100)	**Price Indices (preceding year=100)**	
居民消费价格指数	Consumer Price Index	
商品零售价格指数	Retail Price Index	100.1
工业生产者出厂价格指数	Producer Price Index for Industrial Products	
工业生产者购进价格指数	Producer Price Indices for Purchasing Goods	
固定资产投资价格指数	Investment in Fixed Assets Price Indices	
人民生活	**People's Livelihood**	
城镇非私营单位职工平均工资(元)	Average Wage of Staff and Workers in Urban Non-Private Units(yuan)	552
城镇住户人均年可支配收入(元)	Per Capita Annual Disposable Income of Urban Households(yuan)	305.36
农村住户人均年可支配收入(元)	Per Capita Net Income of Rural Residents (yuan)	140.70
城乡居民储蓄存款年末余额(亿元)	Outstanding Amount of Saving Deposits in Urban and Rural Areas (100 million yuan)	4.16
城镇住户人均住宅建筑面积(平方米)	Per Capita Gross Living Space in Cities (sq.m)	
农村居民人均住房面积(平方米)	Per Capita Net Floor Space of Rural Residents (sq.m)	
城市建设、环境保护	**City Construction ,Environmental Protection**	
人工煤气供气量(万立方米)	Coal Gas Supply(10000 cu.m)	
液化石油气供气量(吨)	Total Liquefied Petroleum Gas Supply (ton)	
道路长度(公里)	Length of Roads (km)	
排水管道长度(公里)	Length of Drainpipes (km)	
公共车辆(汽、电车)运营数(辆)	Operating Public Buses (Buses and Trolley Buses) (unit)	
绿化覆盖面积(公顷)	Coverage Area of Afforestation (hectare)	
工业用水重复利用率(%)	Re-use Rate of Industrial WasteWater (%)	

注：1.地区生产总值、农业总产值、工业增加值的发展速度均按可比价格计算。
2.自1998年起,职工人数为在岗职工人数。自2012年起，职工人数含劳务派遣人员。
3.从2011年起，固定资产投资项目统计起点由过去的计划投资50万元及以上提高到计划投资500万元及以上。
4.2013年起城乡居民调查指标为新口径调查数据，统一为可支配收入指标。

Major Indicators and Growth Rates on National Economic and Social Development

总量指标	Aggregate Data				速度指标 (%)	Indices and Growth Rates (%)					
					指数 Index (2014为以下各年) (2014 as Percentage of the Following Years)				平均增长速度 Average Annual Growth Rate		
1990	2000	2010	2013	2014	1978	1990	2000	2013	1979–2014	1991–2014	2001–2014
3810.64	4148.54	4462.25	4522.15	4542.16	142.7	119.2	109.5	100.4	1.0	0.7	0.6
1972.77	2157.02	2303.16	2326.58	2334.66	142.1	118.3	108.2	100.3	1.0	0.7	0.6
1837.87	1991.52	2159.08	2195.56	2207.50	143.3	120.1	110.8	100.5	1.0	0.8	0.7
775.47	1148.73	1966.07	2209.97	2281.07	427.9	294.2	198.6	103.2	4.1	4.6	5.0
3035.18	2999.81	2496.18	2312.17	2261.09	85.3	74.5	75.4	97.8	-0.4	-1.2	-2.0
1816.5	2060.9	2498.8	2588.7	2603.3	207.6	143.3	126.3	100.6	2.0	1.5	1.7
386.2	291.6	279.6	410.0	426.0	159.3	110.3	146.1	103.9	1.3	0.4	2.7
10.26	16.68	26.26	27.42	29.41	137.6	286.6	176.3	107.3	0.9	4.5	4.1
428.62	**2003.07**	**9451.26**	**14410.19**	**15714.63**	**3508.8**	**1246.4**	**485.5**	**109.7**	**10.4**	**11.1**	**11.9**
175.96	485.14	1206.98	1588.51	1683.72	639.4	301.9	193.7	104.7	5.3	4.7	4.8
133.56	700.76	5122.88	7713.02	8247.93	8312.7	2657.5	823.5	110.9	13.1	14.6	16.3
119.10	817.17	3121.40	5108.60	5782.98	4888.3	1276.7	367.7	109.1	11.4	11.2	9.7
1134	4851	21253	31930	34674	2440.0	1039.2	442.4	109.2	9.3	10.2	11.2
70.65	548.20	7164.62	12850.25	15079.26	185476.7	21343.6	2750.7	117.3	23.3	25.5	28.1
2.88	42.37	706.82	1174.58	1322.49		45948.5	3121.3	112.6		31.2	31.4
32.5	453.31	4739.38	8328.46	10127.12		31128.9	2234.1	121.6		27.0	24.8
40.62	171.69	1226.24	2358.43	2680.96	21939.1	6600.1	1561.5	113.7	16.2	19.1	21.7
	111.55	778.09	1621.24	1881.83			1686.9	116.1			22.4
50.76	223.47	1923.26	3470.30	3882.70	23861.2	7649.1	1737.5	111.9	16.4	19.8	22.6
1282.42	1293.23	2312.80	2558.80	2451.90		191.2	189.6	95.8		2.7	4.7
1732.29	2505.00	6280.55	7582.90	8055.40		465.0	321.6	106.2		6.6	8.7
102.1	100.3	103.0	102.5	102.3		267.8	131.4	102.3		4.2	2.0
101.3	98.5	102.7	101.5	101.2	453.7	215.2	124.8	101.2	4.3	3.2	1.6
	101.0	115.3	98.5	97.8			171.3	97.8			3.9
	101.2	111.8	98.4	98.4			196.7	98.4			5.0
	101.4	104.8	100.4	100.1			145.5	100.1			2.7
1729	7014	29092	43582	47299	8568.7	2735.6	674.4	108.5	13.2	14.8	14.6
1187.88	5103.60	15481.12	22119.70	24309.20	7960.8	2046.4	476.3	109.9	12.9	13.4	11.8
669.90	2135.30	5788.56	9088.80	10116.60	7190.2	1510.2	473.8	111.3	12.6	12.0	11.8
142.79	1243.15	6113.24	9725.17	10790.70	259391.8	7557.0	868.0	111.0	24.4	19.7	16.7
	32.4	38.88	40.06	41.00			126.5	102.3			1.7
20.58	27.79	40.26	49.11	50.20		243.9	180.6	102.2		3.8	4.3
1203	39463	58208	36049	30991		2576.1	78.5	86.0		14.5	-1.7
12182	164698	188847	223399	237316		1948.1	144.1	106.2		13.2	2.6
1108	3033	5742	6865	7250		654.3	239.0	105.6		8.1	6.4
878	2074	7340	10573	10814		1231.7	521.4	102.3		11.0	12.5
1091	4031	7048	7733	9200		843.3	228.2	119.0		9.3	6.1
7044	20044	48924	53184.64	55327		785.4	276.0	104.0		9.0	7.5
	55.05	76.83	84.55	81.47							

a) Growth rates of Gross Domestic Product, gross output value of agriculture and gross industrial value-added are calculated at constant prices.
b) Since 1998,number of staff and workers refers to number of employed staff and workers.Since 2012,number of staff and workers includes dispatche
c) The statistical starting point of the fixed assets investment projects from the previous plan to invest 500,000yuan and above to plans to invest 5,000,
d) Indicators of urban and rural residents survey are adjusted to disposable income since 2013.

1-2 续表1

指　　标	Item	1978
一般工业固体废物综合利用量(万吨)	General Industrial Solid Wastes Utilized (10000 tons)	
一般工业固体废物综合利用率(%)	Ratio of General Industrial Solid Wastes Utilized (%)	
农业	**Agriculture**	
农业总产值(亿元)	Gross Output Value of Agriculture (100 million yuan)	49.29
主要农产品产量	Output of Major Farm Products	
粮食(万吨)	Grain(10000 tons)	1125.74
棉花(万吨)	Cotton(10000 tons)	3.48
油料折油(万吨)	Oil-bearing Crops Converted Into Oil(10000 tons)	6.63
油料(万吨)	Oil-bearing Crops(10000 tons)	13.49
黄红麻(万吨)	Jute and Ambary Hemp(10000 tons)	0.48
烟叶(万吨)	Tobacco(10000 tons)	0.61
茶叶(吨)	Tea(ton)	8878
蚕茧(吨)	Silkworm Cocoons(ton)	143
甘蔗(万吨)	Sugar Cane(10000 tons)	68.29
水果(万吨)	Fruits(10000 tons)	2.92
肉类总产量(万吨)	Total Output of Meat(10000 tons)	26.27
水产品(万吨)	Aquatic Products(10000 tons)	5.93
生猪年末存栏(万头)	Number of Slaughtered Fattened Hogs at Year-end(10000 heads)	944.27
生猪当年出栏(万头)	Number of Slaughtered Fattened Hogs of the Year(10000 heads)	574.00
工业	**Industry**	
主要工业产品产量	Output of Major Industrial Products	
化学纤维(万吨)	Chemical Fiber (10000 tons)	0.42
布(混合数)(万米)	Cloth(10000 m)	20173
机制纸及纸板(万吨)	Machine-made Paper and Paperboard (10000 tons)	9.26
卷烟(万箱)	Cigarettes(10000 boxs)	19.14
原煤产量(万吨)	Coal(10000 tons)	1435.50
原油加工量(万吨)	Processed Crude Oil(10000 tons)	
发电量(亿千瓦时)	Electricity(100 million kwh)	45.31
粗钢 (万吨)	Crude Steel (10000 tons)	25.64
钢材 (万吨)	Rolled Steel (10000 tons)	24.50
水泥(万吨)	Cement(10000 tons)	155.56
汽车(万辆)	Vehicles(10000 unit)	0.10
照相机(万架)	Cameras(10000 sets)	1.00
化学肥料(折合100%)(万吨)	Chemical Fertiliezers(pure)(10000 tons)	15.97
化学农药(原药)(吨)	Chemical Pesticide(ton)	13539
规模以上工业企业主要指标(亿元)	Main Indicators of Industrial Enterprises above Designated Size (100 million yuan)	
工业增加值	Gross Industrial Value-added	
资产总计	Total Assets	
主营业务收入	Revenue from Principal Business	
利税总额	Total Profits	
建筑业(资级企业)	**Construction With Grade**	
建筑业企业人数(万人)	Number of Employed Persons(10000 persons)	
建筑业总产值(亿元)	Gross Output Value(100 million yuan)	
施工房屋面积(万平方米)	Floor Space of Buildings Under Construction(10000 sq.m)	
竣工房屋面积(万平方米)	Floor Space of Buildings Completed(10000 sq.m)	
交通运输业	**Transportation**	
铁路营业里程(公里)	Length of Railways in Operation(km)	1184
公路通车里程(公里)	Length of Highways(km)	30245

注：1.2000年及以后工业产品产量为规模以上产量。
2.公路通车里程从2006年开始包括村道。

continued

总量指标	Aggregate Data				速度指标 (%)	Indices and Growth Rates (%)					
					指数 Index (2014为以下各年) (2014 as Percentage of the Following Years)				平均增长速度 Average Annual Growth Rate		
1990	2000	2010	2013	2014	1978	1990	2000	2013	1979–2014	1991–2014	2001–2014
	702.24	4379.14	6430.98	6120.56			871.6	95.2			16.7
	14.64	46.54	55.72	56.51							
255.24	741.35	1900.58	2578.35	2726.54	638.6	322.5	190.9	104.8	5.3	5.0	4.7
1658.20	1614.60	1954.70	2116.10	2143.50	190.4	129.3	132.8	101.3	1.8	1.1	2.0
5.70	6.80	13.08	13.09	13.37	384.1	234.5	196.6	102.2	3.8	3.6	4.9
19.61	32.52	36.47	43.72	47.17	711.5	240.5	145.1	107.9	5.6	3.7	2.7
54.89	96.73	107.57	119.22	121.71	902.2	221.7	125.8	102.1	6.3	3.4	1.7
1.88	0.44	0.11	0.07	0.06	13.1	3.3	14.3	87.2	-5.5	-13.2	-13.0
2.31	1.82	3.76	5.05	5.89	965.4	254.9	323.6	116.5	6.5	4.0	8.7
19415	15703	29808	42999	44339	499.4	228.4	282.4	103.1	4.6	3.5	7.7
2639	3266	7550	6880	6962	4868.5	263.8	213.2	101.2	11.4	4.1	5.6
194.29	136.81	59.10	64.66	64.52	94.5	33.2	47.2	99.8	-0.2	-4.5	-5.2
23.30	42.34	297.13	441.34	413.75	14169.4	1775.7	977.2	93.7	14.8	12.7	17.7
111.74	192.31	308.20	344.52	355.24	1352.3	317.9	184.7	103.1	7.5	4.9	4.5
30.68	127.12	215.34	242.65	253.76	4279.3	827.1	199.6	104.6	11.0	9.2	5.1
1547.26	1473.50	1756.33	1967.61	1942.97	205.8	125.6	131.9	98.7	2.0	1.0	2.0
1313.18	1992.27	2897.54	3230.35	3325.66	579.4	253.3	166.9	103.0	5.0	3.9	3.7
2.00	7.08	17.92	42.00	45.94	10938.8	2297.2	648.9	109.4	13.9	14.0	14.3
30566	21710	80517	77615	96761	479.7	316.6	445.7	121.4	4.5	4.9	11.3
25.59	24.02	186.59	181.90	154.52	1668.7	603.8	643.3	84.7	8.1	7.8	14.2
47.02	50.99	111.80	127.80	135.30	706.9	287.7	265.3	105.9	5.6	4.5	7.2
2027.11	1813.76	2830.21	2378.54	2261.40	157.5	111.6	124.7	94.5	1.3	0.5	1.6
155.10	327.62	468.43	519.18	471.26		303.8	143.8	90.8		4.7	2.6
121.41	201.06	617.03	788.07	781.25	1724.2	643.5	388.6	98.7	8.2	8.1	10.2
112.09	319.86	1834.03	2156.63	2235.28	8717.9	1994.2	698.8	103.6	13.2	13.3	14.9
92.32	282.90	1951.55	2463.82	2611.06	10657.4	2828.3	923.0	105.5	13.8	14.9	17.2
469.13	1382.00	6220.54	9204.20	9803.57	6302.1	2089.7	709.4	106.3	12.2	13.5	15.0
0.97	13.36	37.28	36.81	46.15	46572.0	4752.6	345.6	125.4	18.6	17.5	9.3
9.00	17.84	0.58	374.38	244.50	24450.1	2716.7	1370.5	65.3	16.5	14.7	20.6
31.07	43.43	113.42	106.29	134.72	843.6	433.6	310.2	123.0	6.1	6.3	8.4
5146	13796	21213	42057	46452	343.1	902.7	336.7	110.1	3.5	9.6	9.1
	269.81	3101.89	5755.50	6833.72			1135.0	111.8			19.0
	1835.86	8424.86	13640.12	15535.66			846.2	113.9			16.5
	897.00	14196.68	26700.22	30597.12			3411.0	114.6			28.7
	80.54	1445.95	2882.40	3358.71			4170.2	116.5			30.5
12.58	29.80	86.10	130.07	130.30		1035.8	437.3	100.2		10.2	11.1
13.76	116.41	1691.47	3471.55	4124.45		29974.2	3543.0	118.8		26.8	29.0
487.50	2572.30	13669.67	23144.38	27732.04		5688.6	1078.1	119.8		18.3	18.5
192.50	1359.80	6488.09	11881.19	12725.69		6610.7	935.8	107.1		19.1	17.3
1581	2197	2734	2984	3602	304.2	227.8	164.0	120.7	3.1	3.5	3.6
33203	60292	140597	152067	155515	514.2	468.4	257.9	102.3	4.7	6.6	7.0

a) Output of industrial products are above designated size since 2000.
b) The total length of highways have included the village road since 2006.

1-2 续表2

指 标	Item	1978
货物周转量(亿吨公里)	Freight Ton-kilometers (100 million ton-km)	128.63
铁 路(亿吨公里)	Railways (100 million ton-km)	108.48
公 路(亿吨公里)	Highways (100 million ton-km)	5.14
水 运(亿吨公里)	Waterways (100 million ton-km)	15.01
旅客周转量(亿人公里)	Passenger-kilometers (100 million person-km)	44.67
铁 路(亿人公里)	Railways (100 million person-km)	26.73
公 路(亿人公里)	Highways (100 million person-km)	16.83
水 运(亿人公里)	Waterways (100 million person-km)	1.13
邮电通信业	**Postal and Telecommunication Services**	
邮电业务总量(亿元)	Business Volume of Postal and Telecommunication Services (100 million yuan)	0.92
函 件(万件)	Number of Letters (10000 pcs)	7372
报刊期发数(万份)	Issue of Number of Newspapers and Magazines (10000 copies)	302
移动电话用户(万户)	Number of Mobile Telephone Subscribers (10000 subscribers)	
固定电话用户(万户)	Fixed Telephone Subscribers (10000 Subscribers)	5.6
城市	Urban	3.0
农村	Rural	2.6
计算机互联网用户(万户)	Number of Internet Services Subscribers (10000 subscribers)	
局用交换机容量(万门)	Capacity of Office Telephone Exchanges (10000 line)	10.2
内外贸易和旅游	**Domestic Trade , Foreign Trade and Tourism**	
社会消费品零售总额(亿元)	Total Retail Sales of Consumer Goods(100 million yuan)	33.93
海关进出口总额(万美元)	Total Value of Imports and Exports (USD 10000)	
出口额	Exports	
进口额	Imports	
外商直接投资合同金额(万美元)	Contracted Foreign Direct Investments (USD 10000)	
外商直接投资实际使用金额(万美元)	Actually Utilized Foreign Direct Investments (USD 10000)	
旅游总收入(亿元)	Total Tourism Earnings (100 million yuan)	
涉外旅游人数(人次)	Number of International Tourists (person-times)	
涉外旅游收汇(万美元)	Foreign Exchange Earnings from International Tourism (USD 10000)	
金融业(亿元)	**Financial Intermediation (100 million yuan)**	
金融机构人民币存款余额	Deposits of National Banking System	
金融机构人民币贷款余额	Loans of National Banking System	
教育、文化、卫生	**Education,Culture and Health Care**	
高等学校在校学生数(人)	Students Enrollment of Higher Education(person)	21847
中等专业学校在校学生数(人)	Students Enrollment of Specialized Secondary Schools(persons)	28926
普通中学在校学生数(万人)	Students Enrollment of Secondary Schools(10000 persons)	169.20
小学在校学生数(万人)	Students Enrollment of Primary Schools(10000 persons)	513.77
学龄儿童入学率(%)	Rate of School-age Children Enrollment (%)	94.15
报纸出版数量(万份)	Number of Newspapers Published(10000 copies)	14453
期刊出版数量(万册)	Number of Magazines Published(10000 copies)	378
图书出版数量(万册)	Number of Books Published (10000 copies)	8495
卫生机构数(个)	Number of Hospitals(unit)	5178
卫生技术人员(人)	Number of Medical Technical Personnels(person)	70247
#医 生	Number of Doctors	30430
病 床 数(张)	Number of Hospital Beds(bed)	72289

注：1.邮电业务总量2000年以前按1990年不变价格计算，2001年以后按2000年不变价格计算,2011年以后按2010年不变价格计算。
2.卫生机构数1996年开始包括个体机构。
3.2007年卫生年报统计口径变动。
4.交通运输数据2008年开始按新口径计算
5.2009年互联网用户口径变化为宽带用户数。

continued

总量指标		Aggregate Data			速度指标 (%)			Indices and Growth Rates (%)			
					指数 Index (2014为以下各年) (2014 as Percentage of the Following Years)				平均增长速度 Average Annual Growth Rate		
1990	2000	2010	2013	2014	1978	1990	2000	2013	1979-2014	1991-2014	2001-2014
299.06	746.93	2738.70	3646.05	3829.97	2977.5	1280.7	512.8	105.0	9.9	11.2	12.4
204.27	563.82	705.90	618.66	541.29	499.0	265.0	96.0	87.5	4.6	4.1	-0.3
62.83	147.19	1850.20	2829.02	3073.31	59792.0	4891.5	2088.0	108.6	19.4	17.6	24.2
31.96	35.81	182.41	198.36	215.37	1434.9	673.9	601.4	108.6	7.7	8.3	13.7
170.37	453.07	912.76	930.69	971.33	2174.5	570.1	214.4	104.4	8.9	7.5	5.6
74.65	271.91	564.80	622.63	654.50	2448.6	876.8	240.7	105.1	9.3	9.5	6.5
93.88	171.33	330.48	307.69	316.46	1880.3	337.1	184.7	102.8	8.5	5.2	4.5
1.11	1.20	0.32	0.36	0.37	32.8	33.4	30.8	101.6	-3.1	-4.5	-8.1
2.85	81.31	698.05	336.54	446.00	48388.8	15649.1	548.5	132.5	18.7	23.4	12.9
17162	14010	17971	7506	4771	64.7	27.8	34.1	63.6	-1.2	-5.2	-7.4
490	375	361	367	347	115.0	70.8	92.5	94.6	0.4	-1.4	-0.6
	140.3	1811.3	2806.9	2938.5			2094.6	104.7			24.3
12.6	354.1	709.6	621.5	577.3	10327.4	4578.1	163.0	92.9	13.7	17.3	3.6
10.1	234.3	439.7	395.9	354.1	11764.1	3502.5	151.1	89.4	14.2	16.0	3.0
2.5	119.8	269.8	226.6	223.3	8655.0	8967.9	186.5	98.5	13.2	20.6	4.6
	27.0	253.4	410.1	434.2			1611.1	105.9			22.0
26.9	438.6	567.1	275.0	200.3	1961.4	743.6	45.7	72.8	8.6	8.7	-5.4
151.94	704.87	2956.21	4576.05	5292.60	15598.6	3483.3	750.9	112.7	15.1	15.9	15.5
71934	162399	2160007	3674663	4273082		5940.3	2631.2	116.3		18.6	26.3
58023	119736	1341606	2816665	3202532		5519.4	2674.7	113.7		18.2	26.5
13911	42663	818400	857998	1070550		7695.7	2509.3	124.8		19.8	25.9
2855	26478	749447	913261	1072711		37573.1	4051.3	117.5		28.0	30.3
621	22724	510084	755096	845074		136082.8	3718.9	111.9		35.1	29.5
	134.6	818.32	1896.06	2649.70			1968.6	139.7			23.7
52875	163057	1140792	1636100	1716759		3246.8	1052.9	104.9		15.6	18.3
418	6234	34630	52508	55687		13322.2	893.3	106.1		22.6	16.9
	1966.78	11846.18	19434.75	21537.74			1095.1	110.8			18.6
	1739.87	7757.12	12953.47	15466.11			888.9	119.4			16.9
57087	146411	837797	888179	944075	4321.3	1653.7	644.8	106.3	11.0	12.4	14.2
61675	160022	238744	260665	258644	894.2	419.4	161.6	99.2	6.3	6.2	3.5
181.06	259.22	273.96	263.08	265.48	156.9	146.6	102.4	100.9	1.3	1.6	0.2
450.44	422.68	426.02	408.11	412.98	80.4	91.7	97.7	101.2	-0.6	-0.4	-0.2
98.24	99.58	99.93	99.99	99.83	106.0	101.6	100.3	99.8	0.2	0.1	0.0
58930	39929	70449	128431	113590	785.9	192.8	284.5	88.4	5.9	2.8	7.8
2714	9060	7060	7328	7616	2014.8	280.6	84.1	103.9	8.7	4.4	-1.2
19216	20300	16039	18628	19662	231.5	102.3	96.9	105.6	2.4	0.1	-0.2
5632	8048	7172	7250	7856	151.7	139.5	97.6	108.4	1.2	1.4	-0.2
116786	123192	154733	190234	201327	286.6	172.4	163.4	105.8	3.0	2.3	3.6
51994	54437	59264	70276	74605	245.2	143.5	137.0	106.2	2.5	1.5	2.3
92274	90930	127915	174299	186857	258.5	202.5	205.5	107.2	2.7	3.0	5.3

a) Business volume of post and telecommunication services before 2000 are calculated at constant prices of 1990 and at 2000 constant prices since 2000，and at 2011 constant prices since 2010.
b) Number of hospitals include individual since 1996.
c) Statistical standards in health report have changed since 2007.
d)The datas of transportation are calculated according to new statistical scope since 2008.
e)Internet subscriber is adjusted to DSL subscriber in 2009.

1-3 国民经济主要比例关系

Principal Relations of Major Indicators on National Economic

单位：%　　(%)

指　　标	Item	1978	1980	1990	2000	2010	2013	2014
地区生产总值	**Gross Domestic Product**							
第一产业	Primary Industry	41.6	43.5	41.0	24.2	12.8	11.0	10.7
第二产业	Secondary Industry	38.0	36.9	31.2	35.0	54.2	53.5	52.5
工　业	Industry	26.6	27.8	27.2	27.2	45.4	44.8	43.6
建筑业	Construction	11.4	9.1	4.0	7.8	8.8	8.7	8.9
第三产业	Tertiary Industry	20.4	19.6	27.8	40.8	33.0	35.5	36.8
#交通运输邮电业	Transport,Postal and Telecommunication Services	2.9	3.5	5.9	9.7	4.7	4.7	4.5
批零贸易和住宿餐饮业	Wholesale and Retail Trades,Hotel and Catering Services	5.6	5.2	4.6	9.1	9.2	9.4	9.3
金融业	Financial Intermediation	1.4	1.3	6.4	4.6	2.6	3.8	4.7
全省总人口	**Province Total Population**							
城镇人口	Urban				27.7	44.1	48.9	50.2
乡村人口	Rural				72.3	55.9	51.1	49.8
社会就业人员	**Total Employed Persons**							
第一产业	Primary Industry	77.2	77.7	65.7	46.6	35.6	31.7	30.8
第二产业	Secondary Industry	13.0	12.3	20.3	24.4	29.6	31.8	32.2
第三产业	Tertiary Industry	9.8	10.0	14.0	29.0	34.8	36.5	37.0
农业总产值	**Gross Agricultural Output Value**							
农　业	Farming	74.0	70.7	60.1	46.5	42.2	41.6	42.0
林　业	Forestry	11.9	14.1	9.4	7.8	9.8	9.8	10.0
牧　业	Animal Husbandry	12.8	14.0	26.4	29.9	30.7	30.9	29.9
渔　业	Fishery	1.3	1.2	4.1	13.5	13.5	14.4	14.7
服务业	Service in Support of Agriculture				2.3	3.8	3.3	3.4
规模以上工业增加值	**Gross Industrial Value-added Above Designated Size**							
轻工业	Light Industry				37.7	34.6	34.7	36.2
重工业	Heavy Industry				62.3	65.4	65.3	63.8
全社会固定资产投资	**Total Investment in Fixed Assets**							
第一产业	Primary Industry					2.9	2.4	2.4
第二产业	Secondary Industry					57.5	56.0	52.9
第三产业	Tertiary Industry					39.6	41.5	44.7
财政支出	**Government Expenditures**							
文教科学卫生事业费	Operating Expenses for Culture, Education, Science and Health Care	18.0	25.4	27.4	24.7	25.7	29.6	30.1
#科　学	Science	0.2	0.4	0.8	0.5	0.9	1.3	1.5
教　育	Education	10.6	15.6	16.4	17.1	15.5	19.1	18.3

1-4 主要指标每人年平均水平

Per Capita Average Annual Level of Major Indicators

指 标	Item	1978	1980	1990	2000	2010	2013	2014
地区生产总值(元)	**Gross Domestic Product(yuan)**	**276**	**342**	**1134**	**4851**	**21253**	**31771**	**34674**
第一产业	Primary Industry	115	149	466	1175	2714	3626	3715
第二产业	Secondary Industry	105	126	353	1697	11519	16998	18199
第三产业	Tertiary Industry	56	67	315	1979	7019	11147	12760
财政总收入(元)	**Government Revenue (yuan)**	**39**	**38**	**107**	**416**	**2757**	**5226**	**5915**
年末居民储蓄存款余额(元)	**Balance of Savings Deposit of Households at Year-end(yuan)**	**13**	**24**	**375**	**2997**	**13746**	**21549**	**23809**
主要农产品产量(公斤)	**Output of Major Farm Products(kg)**							
粮 食	Grain	357.33	381.60	438.86	391.04	439.53	468.89	472.95
棉 花	Cotton	1.10	1.32	1.51	1.65	2.94	2.90	2.95
油料折油	Oil-bearing Crops Converted into oil	2.10	2.09	5.19	7.88	8.20	9.69	10.41
甘 蔗	Sugar Cane	21.68	26.38	51.42	33.13	13.29	14.33	14.24
水 果	Fruits	0.93	1.73	6.17	10.25	66.81	97.79	91.29
肉类总产量	Total output of Meat	8.34	11.71	29.57	46.58	69.30	76.34	78.38
牛 奶	Milk	0.16	0.28	0.59	1.36	2.67	2.81	2.83
水 产 品	Aquatic Products	1.88	2.32	8.12	30.79	48.42	53.77	55.99
主要工业产品产量	**Output of Major Industrial Products**							
化学纤维(公斤)	Chemical Fiber(kg)	0.13	0.41	0.53	1.71	4.03	9.31	10.14
布(混合数)(米)	Cloth(m)	6.40	9.24	8.09	5.26	18.10	17.20	21.35
机制纸及纸板(公斤)	Machine-made Paper and Paperboard(kg)	2.94	3.91	6.77	5.82	41.96	40.31	34.09
原 煤(公斤)	Coal(kg)	455.65	458.62	536.50	439.28	636.40	527.04	498.97
原油加工量(公斤)	Processed Crude Oil(kg)					1053.31	1150.41	1039.81
发 电 量(千瓦小时)	Electricity(kwh)	143.82	176.05	321.32	486.95	1387.46	1746.21	1723.79
粗钢(公斤)	Crude Steel (kg)	8.14	11.93	29.67	77.47	412.40	477.87	493.20
钢材(公斤)	Rolled Steel(kg)	7.78	14.36	24.43	68.52	438.83	545.93	576.12
水 泥(公斤)	Cement(kg)	49.38	61.85	124.16	334.71	1398.75	2039.47	2163.12
化学肥料(公斤)	Chemical Fertilezers(kg)	5.07	7.92	8.22	10.52	25.50	23.55	29.72
化学农药(公斤)	Chemical Pesticide(kg)	0.43	0.54	0.14	0.33	0.48	0.93	1.02
主要消费品消费量	**Consumption of Major Consumer Good**							
农村居民食品消费量(公斤)	Living Consumption of Rural Households(kg)							
粮 食	Grain		314.55	340.85	303.61	213.52	194.50	161.90
植 物 油	Vegetable Oils		2.03	4.76	8.73	6.57	13.37	12.90
猪牛羊肉	Pork, Beef and Mutton		6.60	11.99	12.64	12.71	19.03	18.19
蛋 类	Eggs		1.04	1.95	3.26	3.28	5.17	5.49
水 产 品	Aquatic Products		1.54	2.02	3.73	5.23	7.85	7.33
城镇居民购买量(公斤)	Purchase of Urban Households(kg)							
粮 食	Grain						131.49	113.59
油脂类	Vegetable Oils						13.47	14.09
肉禽及其制品类	Pork, Beef and Mutton						36.45	38.16
蛋 类	Eggs						7.39	7.49
水 产 品	Aquatic Products						14.89	15.39

注：2013年起城乡居民消费品为新口径调查数据。

a) New statistical caliber is applied in living consumption of urban and rural households since 2013.

1-5 江西的一天

One Day of Jiangxi

指　　标	Item	1978	2000	2010	2013	2014
全省每天创造的财富	**Province Daily Production**					
地区生产总值(万元)	Gross Domestic Product(10000 yuan)	2384	54879	258939	392836	430538
第一产业	Primary Industry	991	13292	33068	44835	46129
第二产业	Secondary Industry	907	19199	140353	210175	225971
工业	Industry	635	14788	117445	176285	187634
建筑业	Construction	272	4410	22907	33890	38345
第三产业	Tertiary Industry	486	22388	85518	137825	158438
#交通运输邮电业	Transport,Postal and Telecommunication Services	70	5342	12225	18592	19454
批零贸易和住宿餐饮业	Wholesale and Retail Trades,Hotel and Catering Services	135	4985	23770	37664	40204
金融业	Financial Intermediation	32	2708	6616	13556	20266
财政总收入(万元)	Government Revenue(10000 yuan)	335	4704	33596	64615	73451
财政支出(万元)	Government Expenditures(10000 yuan)	446	6123	52692	95077	106375
布产量(万米)	Cloth(10000 meters)	55	59	221	213	265
机制纸及纸板(吨)	Machine-made Paper and Paperboard(ton)	254	658	5112	4984	4233
原煤产量(吨)	Coal(ton)	39329	49692	77540	65165	61956
原油加工量(吨)	Processed Crude Oil(ton)			12834	14224	12911
发电量(万千瓦小时)	Electricity(10000 kwh)	1241	5508	16905	21591	21404
粗钢(吨)	Crude Steel (ton)	702	8763	50247	59086	61240
钢材(吨)	Rolled Steel (ton)	671	7751	53467	67502	71536
水泥(吨)	Cement(ton)	4262	37863	170426	252170	268591
汽车(辆)	Vehicles(unit)	3	366	1021	1008	1264
照相机(架)	Cameras(set)	27	489	16	10257	6699
全省每天消费	**Province Daily Consumption**					
能源消费(万吨标准煤)	Energy Consumption(10000 tons of SCE)		6.86	17.41	21.02	22.07
社会消费品零售总额(万元)	Total Retail Sales of Consumer Goods (10000 yuan)	930	19312	80992	125371	145003
全省每天其他活动	**Province Other Daily Economic Activities**					
货物运输量(万吨)	Freight Traffic(10000 tons)	12.89	64.66	274.90	369.96	415.82
旅客运输量(万人)	Passenger Traffic(10000 persons)	17.69	98.14	209.95	180.13	188.30
出版报纸(万份)	Newspapers Published(10000 copies)	39.60	109.39	193.01	351.87	311.21
出版期刊(万册)	Number of Magazines Published(10000 copies)	1.03	28.70	19.34	20.08	20.87
出版图书(万册)	Books Published(10000 copies)	23.27	55.62	43.94	51.04	53.87
邮电业务总量(万元)	Business Volume of Postal and Telecommunication Services(10000 yuan)	21	2228	19125	9220	12219
邮寄函件(万件)	Letters Delivered(10000 pieces)	20.20	38.38	49.24	20.56	13.07
邮寄包裹(件)	Packages Delivered(piece)		6767	3321	2575	2849
结婚人数(对)	Number of Marriages(couple)	437	810	989	1079	1017
离婚人数(对)	Number of Divorces(couple)	28	66	134	192	200

1-6 地区生产总值

Gross Domestic Product

本表按当年价格计算。

Data in this table are calculated at current prices.

单位：亿元 (100 million yuan)

年份 地区 Year Region	地区生产总值 Gross Domestic Product	第一产业 Primary Industry	第二产业 Secondary Industry	工业 Industry	建筑业 Construction	第三产业 Tertiary Industry	交通运输仓储和邮政业 Transport, Storage and Post	批发零售和住宿餐饮业 Whlesale and Retail Trades,Hotel and Catering Services	金融业 Financial Intermediation	人均地区生产总值(元) Per Capita GDP (yuan)
1978	87.00	36.18	33.08	23.16	9.92	17.74	2.54	4.91	1.18	276
1980	111.15	48.31	41.00	30.84	10.16	21.84	3.92	5.78	1.39	342
1985	207.89	84.06	76.05	63.13	12.92	47.78	12.27	11.57	5.60	597
1990	428.62	175.96	133.56	116.50	17.06	119.10	25.18	19.74	27.33	1134
1991	479.37	183.27	154.77	135.82	18.95	141.33	26.73	27.86	31.17	1249
1992	572.55	200.81	199.40	168.14	31.26	172.34	31.61	35.80	38.83	1472
1993	723.04	225.58	282.46	233.76	48.70	215.00	39.43	44.68	48.44	1835
1994	948.16	314.35	338.23	269.16	69.07	295.58	55.93	57.76	61.71	2376
1995	1169.73	374.64	403.74	314.49	89.25	391.35	78.32	82.39	71.84	2896
1996	1409.74	440.00	481.30	375.83	105.47	488.44	101.64	108.31	86.32	3452
1997	1605.77	475.18	548.84	438.98	109.86	581.75	115.41	124.66	97.40	3890
1998	1719.87	450.44	608.22	477.15	131.07	661.21	145.40	143.54	100.50	4124
1999	1853.65	464.40	648.82	503.79	145.03	740.43	167.74	161.63	101.15	4402
2000	2003.07	485.14	700.76	543.88	156.88	817.17	194.98	181.96	92.97	4851
2001	2175.68	506.00	786.12	603.23	182.89	883.56	217.94	192.06	82.02	5221
2002	2450.48	535.98	941.77	702.42	239.35	972.73	248.61	214.19	76.51	5829
2003	2807.41	560.00	1204.33	863.31	341.02	1043.08	266.11	243.06	64.31	6624
2004	3456.70	664.50	1566.40	1140.00	426.40	1225.80	320.50	296.37	65.10	8097
2005	4056.76	727.37	1917.47	1455.50	461.97	1411.92	300.60	355.63	69.55	9440
2006	4820.53	786.14	2419.74	1905.15	514.59	1614.65	339.08	406.55	79.75	11145
2007	5800.25	905.77	2975.53	2412.30	563.23	1918.95	371.60	473.70	101.34	13322
2008	6971.05	1060.38	3554.81	2906.86	647.95	2355.86	388.42	596.97	130.57	15900
2009	7655.18	1098.66	3919.45	3196.56	722.89	2637.07	394.90	721.48	165.10	17335
2010	9451.26	1206.98	5122.88	4286.76	836.12	3121.40	446.22	867.60	241.49	21253
2011	11702.82	1391.07	6390.55	5411.86	978.69	3921.20	507.44	1102.26	357.44	26150
2012	12948.88	1520.23	6942.59	5828.20	1114.39	4486.06	630.56	1246.78	413.07	28800
2013	14410.19	1588.51	7713.02	6452.41	1260.61	5108.60	678.62	1354.75	542.83	31930
2014	15714.63	1683.72	8247.93	6848.63	1399.59	5782.98	710.08	1467.43	739.70	34674
南昌市 Nanchang	3667.96	162.72	2017.01	1500.70	516.31	1488.23	154.50	321.99	247.05	70373
景德镇市 Jingdezhen	738.21	53.78	428.91	376.27	52.64	255.52	39.74	78.45	15.45	45438
萍乡市 Pingxiang	864.95	58.48	509.99	459.57	50.42	296.48	45.94	87.54	21.55	45867
九江市 Jiujiang	1779.96	131.38	984.95	831.11	153.85	663.63	93.92	195.07	35.42	37097
新余市 Xinyu	900.27	52.59	520.43	455.54	65.14	327.25	54.72	104.46	31.81	77730
鹰潭市 Yingtan	606.98	46.58	372.25	343.80	28.46	188.15	42.67	49.82	27.77	53011
赣州市 Ganzhou	1843.59	282.58	843.42	720.62	122.80	717.60	92.30	138.82	86.10	21708
吉安市 Ji'an	1242.11	204.05	634.30	541.58	92.72	403.77	54.61	99.84	41.03	25486
宜春市 Yichun	1522.99	224.16	824.58	737.20	87.38	474.25	60.13	132.53	56.38	27764
抚州市 Fuzhou	1036.77	166.48	532.86	443.35	91.54	337.43	63.04	74.63	14.19	26118
上饶市 Shangrao	1550.24	213.26	779.01	646.70	132.31	557.97	65.05	165.71	37.99	23221

注:1.自2005年起，交通运输仓储和邮政业不含信息传输计算机服务和软件业。

2.自2013年起，行业分类执行国民经济新行业分类标准（2011）。

a) Since 2005, transportation,storage and post has not included information transmission, computer service and software.

b) New industrial classification for national economic activities (2011) is adopted since 2013.

1-7 地区生产总值构成

Composition of Gross Domestic Product

本表按当年价格计算。
Data in this table are calculated at current prices.

单位：% (%)

年 份 地 区 Year Region	地区生产总 值 Gross Domestic Product	第一产业 Primary Industry	第二产业 Secondary Industry	工 业 Industry	建筑业 Construction	第三产业 Tertiary Industry	交通运输仓储和邮政业 Transport, Storage and Post	批发零售和住宿餐饮业 Whlesale and Retail Trades,Hotel and Catering Services	金融业 Financial Intermediation
1978	100.0	41.6	38.0	26.6	11.4	20.4	2.9	5.6	1.4
1980	100.0	43.5	36.9	27.8	9.1	19.6	3.5	5.2	1.3
1985	100.0	40.4	36.6	30.4	6.2	23.0	5.9	5.6	2.7
1990	100.0	41.0	31.2	27.2	4.0	27.8	5.9	4.6	6.4
1995	100.0	32.0	34.5	26.9	7.6	33.5	6.7	7.0	6.1
1996	100.0	31.2	34.1	26.6	7.5	34.7	7.2	7.7	6.1
1997	100.0	29.6	34.2	27.3	6.9	36.2	7.2	7.8	6.1
1998	100.0	26.2	35.4	27.8	7.6	38.4	8.5	8.3	5.8
1999	100.0	25.1	35.0	27.2	7.8	39.9	9.0	8.7	5.5
2000	100.0	24.2	35.0	27.2	7.8	40.8	9.7	9.1	4.6
2001	100.0	23.3	36.1	27.7	8.4	40.6	10.0	8.8	3.8
2002	100.0	21.9	38.5	28.7	9.8	39.6	10.1	8.7	3.1
2003	100.0	19.9	42.9	30.8	12.1	37.2	9.5	8.7	2.3
2004	100.0	19.2	45.3	33.0	12.3	35.5	9.3	8.2	1.9
2005	100.0	17.9	47.3	35.9	11.4	34.8	7.4	8.4	1.7
2006	100.0	16.3	50.2	39.5	10.7	33.5	7.0	8.4	1.7
2007	100.0	15.6	51.3	41.6	9.7	33.1	6.4	8.2	1.7
2008	100.0	15.2	51.0	41.7	9.3	33.8	5.6	8.6	1.9
2009	100.0	14.4	51.2	41.8	9.4	34.4	5.2	9.4	2.2
2010	100.0	12.8	54.2	45.4	8.8	33.0	4.7	9.2	2.6
2011	100.0	11.9	54.6	46.2	8.4	33.5	4.3	9.4	3.1
2012	100.0	11.8	53.6	45.0	8.6	34.6	4.9	9.6	3.2
2013	100.0	11.0	53.5	44.8	8.7	35.5	4.7	9.4	3.8
2014	100.0	10.7	52.5	43.6	8.9	36.8	4.5	9.3	4.7
南昌市 Nanchang	100.0	4.4	55.0	40.9	14.1	40.6	4.2	8.8	6.7
景德镇市 Jingdezhen	100.0	7.3	58.1	51.0	7.1	34.6	5.4	10.6	2.1
萍乡市 Pingxiang	100.0	6.8	59.0	53.1	5.8	34.3	5.3	10.1	2.5
九江市 Jiujiang	100.0	7.4	55.3	46.7	8.6	37.3	5.3	11.0	2.0
新余市 Xinyu	100.0	5.8	57.8	50.6	7.2	36.4	6.1	11.6	3.5
鹰潭市 Yingtan	100.0	7.7	61.3	56.6	4.7	31.0	7.0	8.2	4.6
赣州市 Ganzhou	100.0	15.3	45.7	39.1	6.7	38.9	5.0	7.5	4.7
吉安市 Ji'an	100.0	16.4	51.1	43.6	7.5	32.5	4.4	8.0	3.3
宜春市 Yichun	100.0	14.7	54.1	48.4	5.7	31.1	3.9	8.7	3.7
抚州市 Fuzhou	100.0	16.1	51.4	42.8	8.8	32.5	6.1	7.2	1.4
上饶市 Shangrao	100.0	13.8	50.3	41.7	8.5	36.0	4.2	10.7	2.5

1-8 地区生产总值指数

Indices of Gross Domestic Product

本表按可比价格计算。

Data in this table are calculated at constant pieces.

(1978年=100) (year of 1978=100)

年 份 Year	地区生产总值 Gross Domestic Product	第一产业 Primary Industry	第二产业 Secondary Industry	工 业 Industry	建筑业 Construction	第三产业 Tertiary Industry	交通运输仓储和邮政业 Transport, Storage and Post	批发零售和住宿餐饮业 Whlesale and Retail Trades,Hotel and Catering Services	金融业 Financial Intermediation	人均地区生产总值 Per Capita GDP
1978	100.0	100.0	100.0	100.0	100.0	100.0	100.0	100.0	100.0	100.0
1979	115.8	115.4	115.9	120.9	104.2	116.6	141.6	108.2	83.3	113.8
1980	120.7	116.4	129.7	138.9	108.1	114.4	147.1	106.1	98.1	117.0
1981	127.5	128.3	127.8	142.2	93.6	125.0	152.0	120.4	107.2	122.2
1982	139.4	144.1	131.5	146.5	96.4	141.4	202.3	131.1	141.6	132.0
1983	148.9	144.2	150.6	165.5	115.4	154.8	221.7	149.1	155.1	139.1
1984	171.8	157.9	182.5	211.0	115.4	183.0	235.9	156.6	314.1	157.9
1985	197.2	169.1	218.3	258.7	123.5	222.9	303.1	182.8	382.9	178.3
1986	210.4	171.0	234.2	286.9	117.0	256.8	312.5	210.6	514.6	187.0
1987	227.9	186.6	250.4	310.4	115.5	280.2	320.9	199.9	761.6	199.2
1988	253.9	191.6	291.5	361.3	134.4	327.6	375.1	233.7	1077.7	218.7
1989	269.4	199.1	305.2	373.9	150.8	364.0	390.9	207.8	1353.6	228.5
1990	281.5	211.8	312.8	392.2	133.9	382.9	439.0	136.5	1368.5	234.8
1991	304.6	219.2	349.7	434.6	138.5	429.2	407.4	177.7	1467.0	250.1
1992	349.7	231.9	430.1	511.5	222.7	511.6	449.0	275.3	1665.0	283.4
1993	397.6	235.6	554.4	650.1	315.3	573.0	489.4	277.5	1981.4	318.0
1994	432.6	249.0	593.2	678.1	392.5	659.0	580.4	301.6	2211.2	341.5
1995	462.0	261.5	611.0	684.2	449.0	749.3	705.2	348.6	2339.4	360.4
1996	516.1	283.7	692.3	778.6	499.3	848.2	777.8	425.3	2470.4	398.2
1997	579.6	303.0	799.6	917.2	520.8	966.9	912.4	482.7	2670.5	442.4
1998	620.8	291.5	888.4	1013.5	597.4	1087.8	1121.3	562.3	2729.3	468.9
1999	669.2	309.0	946.1	1068.2	670.3	1204.2	1320.9	634.3	2786.6	500.5
2000	722.7	330.0	1009.5	1143.0	705.2	1329.4	1550.7	726.9	2549.7	551.5
2001	786.3	343.9	1139.7	1266.4	844.8	1434.4	1713.5	780.0	2412.0	594.8
2002	868.9	359.0	1350.5	1495.6	1012.9	1533.4	1895.1	862.7	2151.5	651.3
2003	981.9	368.7	1678.7	1787.2	1408.9	1646.9	2052.4	975.7	1912.7	730.1
2004	1111.5	398.2	1990.9	2114.3	1682.2	1808.3	2309.0	1097.7	1579.9	820.6
2005	1253.8	424.1	2331.3	2545.6	1826.9	2003.6	2593.0	1238.2	1668.4	919.9
2006	1408.0	451.7	2711.3	3029.3	1965.7	2202.0	2917.1	1386.8	1786.9	1026.6
2007	1593.9	470.2	3180.4	3683.6	2012.9	2459.6	3281.7	1547.7	1954.9	1154.9
2008	1804.3	492.8	3721.1	4427.7	2087.4	2742.5	3443.8	1767.5	2166.0	1298.1
2009	2040.7	515.0	4357.4	5242.4	2308.7	3035.9	3483.7	2068.0	2577.5	1457.8
2010	2326.4	535.6	5150.4	6285.6	2525.7	3375.9	3919.2	2336.8	2959.0	1650.2
2011	2617.2	558.1	5933.3	7373.0	2639.4	3750.6	4166.1	2612.5	3281.5	1844.9
2012	2905.1	583.8	6710.6	8361.0	2950.8	4106.9	4524.4	2873.8	3632.6	2036.8
2013	3198.5	610.7	7495.7	9356.0	3254.7	4480.6	4823.0	3109.5	4202.9	2234.4
2014	3508.8	639.4	8312.7	10375.8	3616.0	4888.3	4977.3	3311.6	5072.9	2440.0

1-9 地区生产总值指数

Indices of Gross Domestic Product

本表按可比价格计算。
Data in this table are calculated at constant prices.

(上年=100) (preceding year =100)

年份 地区 Year Region	地区生产总值 Gross Domestic Product	第一产业 Primary Industry	第二产业 Secondary Industry		第三产业 Tertiary Industry				人均地区生产总值 Per Capita GDP
				工业 Industry	建筑业 Construction		交通运输仓储和邮政业 Transport, Storage and Post	批发零售和住宿餐饮业 Whlesale and Retail Trades,Hotel and Catering Services	金融业 Financial Intermediation	
1978	113.3	99.8	126.1			128.6				
1980	104.2	100.9	111.9	114.9	103.7	98.1	103.9	98.1	117.8	102.8
1985	114.8	107.1	119.6	122.6	107.0	121.8	128.5	116.7	121.9	112.9
1990	104.5	106.4	102.5	104.9	88.8	105.2	112.3	65.7	101.1	102.7
1991	108.2	103.5	111.8	110.8	103.4	112.1	92.8	130.2	107.2	106.5
1992	114.8	105.8	123.0	117.7	160.8	119.2	110.2	154.9	113.5	113.3
1993	113.7	101.6	128.9	127.1	141.6	112.0	109.0	100.8	119.0	112.2
1994	108.8	105.7	107.0	104.3	124.5	115.0	118.6	108.7	111.6	107.4
1995	106.8	105.0	103.0	100.9	114.4	113.7	121.5	115.6	105.8	105.5
1996	111.7	108.5	113.3	113.8	111.2	113.2	110.3	122.0	105.6	110.5
1997	112.3	106.8	115.5	117.8	104.3	114.0	117.3	113.5	108.1	111.1
1998	107.1	96.2	111.1	110.5	114.7	112.5	122.9	116.5	102.2	106.0
1999	107.8	106.0	106.5	105.4	112.2	110.7	117.8	112.8	102.1	106.7
2000	108.0	106.8	106.7	107.0	105.2	110.4	117.4	114.6	91.5	110.2
2001	108.8	104.2	112.9	110.8	119.8	107.9	110.5	107.3	94.6	107.8
2002	110.5	104.4	118.5	118.1	119.9	106.9	110.6	110.6	89.2	109.5
2003	113.0	102.7	124.3	119.5	139.1	107.4	108.3	113.1	88.9	112.1
2004	113.2	108.0	118.6	118.3	119.4	109.8	112.5	112.5	82.6	112.4
2005	112.8	106.5	117.1	120.4	108.6	110.8	112.3	112.8	105.6	112.1
2006	112.3	106.5	116.3	119.0	107.6	109.9	112.5	112.0	107.1	111.6
2007	113.2	104.1	117.3	121.6	102.4	111.7	112.5	111.6	109.4	112.5
2008	113.2	104.8	117.0	120.2	103.7	111.5	105.0	114.2	110.8	112.4
2009	113.1	104.5	117.1	118.4	110.6	110.7	101.1	117.0	119.0	112.3
2010	114.0	104.0	118.2	119.9	109.4	111.2	112.5	113.0	114.8	113.2
2011	112.5	104.2	115.2	117.3	104.5	111.1	106.3	111.8	110.9	111.8
2012	111.0	104.6	113.1	113.4	111.8	109.5	108.6	110.0	110.7	110.4
2013	110.1	104.5	112.0	112.3	110.8	108.4	106.6	104.9	126.2	109.6
2014	109.7	104.7	110.9	110.9	111.1	109.1	103.2	106.5	120.7	109.2
南昌市 Nanchang	109.8	104.6	111.5	111.3	112.1	107.8	104.4	106.3	117.0	108.7
景德镇市 Jingdezhen	108.8	103.9	110.1	110.5	107.4	107.1	104.2	106.5	115.2	
萍乡市 Pingxiang	108.6	104.5	109.6	109.6	109.7	107.2	103.9	107.4	113.6	108.1
九江市 Jiujiang	110.3	105.2	111.0	111.7	107.0	110.2	104.5	107.5	112.7	109.9
新余市 Xinyu	108.8	104.5	110.6	111.0	106.7	105.6	103.7	107.1	112.1	108.3
鹰潭市 Yingtan	109.7	104.8	111.3	111.1	114.2	107.4	102.8	106.8	116.6	109.3
赣州市 Ganzhou	110.0	105.0	112.2	112.2	112.2	109.1	103.6	108.2	111.2	109.6
吉安市 Ji'an	110.2	105.3	110.2	109.9	112.1	112.7	110.0	112.2	136.4	109.9
宜春市 Yichun	110.0	104.3	114.7	111.7	112.0	102.5	103.7	107.3	116.1	109.7
抚州市 Fuzhou	109.8	104.9	111.2	111.1	111.1	110.1	104.8	107.5	121.7	109.5
上饶市 Shangrao	109.9	104.5	111.2	111.8	108.0	110.0	103.9	107.6	118.8	109.5

1-10 收入法地区生产总值

Income Approach of Gross Domestic Product

本表按当年价格计算。

Data in this table are calculated at current prices.

单位：亿元 (100 million yuan)

年份 地区 Year Region	地区生产总值 Gross Domestic Product	劳动者报酬 Compensation of Employees	固定资产折旧 Depreciation of Fixed Assets	生产税净额 Net Taxes on Production	营业盈余 Operating Surplus
1978	87.00	57.36	8.19	7.62	13.83
1980	111.15	73.40	9.06	9.05	19.64
1985	207.89	134.11	17.82	19.79	36.17
1990	428.62	265.24	33.85	42.61	86.92
1991	479.37	277.58	44.06	45.52	112.21
1992	572.55	358.84	55.87	50.56	107.28
1993	723.04	462.89	61.49	80.65	118.01
1994	948.16	613.87	97.04	106.10	131.15
1995	1169.73	718.54	123.45	100.37	227.37
1996	1409.74	898.92	140.02	120.04	250.76
1997	1605.77	1044.68	192.38	160.07	208.64
1998	1719.87	1081.83	229.54	166.88	241.62
1999	1853.65	1151.31	282.15	180.32	239.87
2000	2003.07	1218.70	351.87	210.86	221.64
2001	2175.68	1274.14	419.36	280.09	202.09
2002	2450.48	1399.72	497.42	316.47	236.87
2003	2807.41	1555.45	567.25	374.23	310.48
2004	3456.70	1932.98	684.25	475.52	363.95
2005	4056.76	1845.67	488.88	502.26	1219.95
2006	4820.53	2140.24	568.14	624.30	1487.85
2007	5800.25	2544.29	677.27	778.30	1800.39
2008	6971.05	3006.32	1159.71	1300.32	1504.70
2009	7655.18	3118.08	1364.35	1488.80	1683.95
2010	9451.26	4258.71	1183.45	1616.83	2392.27
2011	11702.82	5143.98	1607.25	1965.45	2986.14
2012	12948.88	5529.01	2114.79	1986.72	3318.36
2013	14410.19	6211.10	1927.85	2240.86	4030.38
2014	15714.63	6384.22	2239.00	2572.53	4518.88
南昌市 Nanchang	3667.96	1547.92	565.99	515.21	1038.84
景德镇市 Jingdezhen	738.21	335.02	113.35	109.29	180.55
萍乡市 Pingxiang	864.95	263.05	91.37	124.80	385.72
九江市 Jiujiang	1779.96	642.43	284.52	247.48	605.52
新余市 Xinyu	900.27	284.05	228.97	193.65	193.60
鹰潭市 Yingtan	606.98	171.79	152.79	102.38	180.03
赣州市 Ganzhou	1843.59	886.17	160.15	248.70	548.57
吉安市 Ji'an	1242.11	611.08	197.40	144.79	288.84
宜春市 Yichun	1522.99	741.75	285.96	231.82	263.45
抚州市 Fuzhou	1036.77	500.61	198.47	170.79	166.90
上饶市 Shangrao	1550.24	878.68	170.40	195.26	305.89

注：2013年收入法、支出法地区生产总值未出快报数。

a) The preliminary data of Gross Domestic Product of 2013 by income approach and expenditure approach can not be obtained.

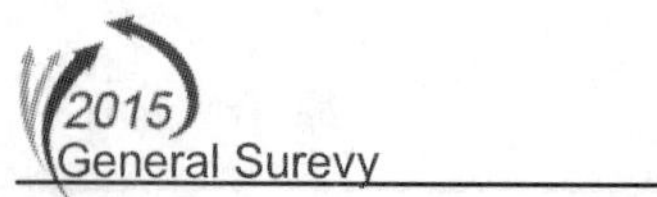

1-11 支出法地区生产总值

Gross Domestic Product by Expenditure Approach

本表按当年价格计算
Data in this table are calculated at current prices

单位：亿元 (100 million yuan)

年份 地区 Year Region	支出法地区生产总值 Gross Domestic Product by Expenditure Approach	最终消费支出 Final Consumption Expenditures	居民消费支出 Household Consumption Expenditures	农村居民 Rural Household	城镇居民 Urban Household	政府消费支出 Government Consumption Expenditures	资本形成总额 Gross Capital Formation	固定资本形成总额 Gross Fixed Capital Formation	存货增加 Change in Inventories	货物和服务净出口 Net Exports of Goods and Services
1978	87.00	56.88					34.52	29.71	4.81	-4.40
1980	111.15	81.02	68.45	49.22	19.23	12.57	36.34	31.28	5.06	-6.21
1985	207.89	151.31	126.30	90.76	35.54	25.01	68.83	52.05	16.78	-12.25
1990	428.62	310.12	250.02	172.83	77.19	60.10	126.99	78.87	48.12	-8.88
1991	479.37	341.79	270.89	185.27	85.62	70.90	147.60	86.56	61.04	-10.02
1992	572.55	381.98	299.37	196.36	103.01	82.61	219.50	136.93	82.57	-28.93
1993	723.04	460.22	349.29	222.92	126.37	110.93	298.34	222.47	75.87	-35.52
1994	944.75	597.07	471.91	291.17	180.74	125.16	368.62	282.84	85.78	-20.94
1995	1177.26	769.98	629.78	401.86	227.92	140.20	425.44	325.55	99.89	-18.16
1996	1413.70	919.59	758.36	495.80	262.56	161.23	507.63	395.85	111.78	-13.52
1997	1596.56	989.60	796.77	504.29	292.48	192.83	617.03	477.30	139.73	-10.07
1998	1719.01	1053.66	823.03	516.98	306.05	230.63	672.85	520.82	152.03	-7.50
1999	1831.25	1122.56	865.87	532.56	333.31	256.69	715.49	552.67	162.82	-6.80
2000	1982.17	1269.58	989.20	574.63	414.57	280.38	718.29	605.54	112.75	-5.70
2001	2161.75	1357.47	1041.96	578.29	463.67	315.51	800.83	696.70	104.13	3.45
2002	2460.49	1459.65	1114.58	602.72	511.86	345.07	999.28	931.80	67.48	1.56
2003	2815.35	1525.90	1171.27	628.50	542.77	354.63	1321.68	1269.92	51.76	-32.23
2004	3464.59	1822.14	1431.42	744.46	686.96	390.72	1697.01	1633.53	63.48	-54.56
2005	4061.76	2117.30	1642.20	816.84	825.36	475.10	1981.98	1922.10	59.88	-37.52
2006	4790.28	2348.66	1780.54	893.04	887.50	568.12	2494.67	2422.06	72.61	-53.05
2007	5783.14	2782.34	2036.02	976.65	1059.37	746.32	3060.96	2982.33	78.63	-60.16
2008	6993.94	3302.78	2545.08	829.47	1715.61	757.70	3760.50	3675.71	84.79	-69.34
2009	7647.76	3538.42	2743.30	907.65	1835.65	795.12	4163.37	4082.63	80.74	-54.03
2010	9458.73	4496.69	3552.93	1156.53	2396.40	943.76	4854.65	4740.28	114.37	107.39
2011	11702.82	5593.93	4261.66	1443.74	2817.92	1332.27	5989.05	5785.75	203.30	119.84
2012	12948.88	6314.31	4753.79	1541.90	3211.89	1560.52	6513.67	6301.13	212.54	120.90
2013	14410.19	7082.56	5415.58	1737.05	3678.53	1666.98	7262.75	6876.92	385.83	64.88
2014	15714.63	7800.74	6006.78	1943.50	4063.28	1793.96	7923.54	7262.15	661.39	-9.65
南昌市 Nanchang	3667.96	1925.68	1762.00	560.43	1201.57	163.68	1822.98	1634.30	188.68	-80.70
景德镇市 Jingdezhen	738.21	377.96	301.58	99.31	202.27	76.38	360.73	328.58	32.15	-0.48
萍乡市 Pingxiang	864.95	336.77	227.57	87.00	140.57	109.20	515.50	488.44	27.07	12.68
九江市 Jiujiang	1779.96	823.19	627.43	211.16	416.27	195.76	940.80	829.57	111.23	15.97
新余市 Xinyu	900.27	360.82	229.08	41.30	187.79	131.74	509.84	484.71	25.12	29.61
鹰潭市 Yingtan	606.98	233.22	164.50	51.75	112.75	68.72	451.16	418.83	32.32	-77.39
赣州市 Ganzhou	1843.59	1371.44	1133.73	403.74	729.99	237.71	1378.86	1339.31	39.56	-906.71
吉安市 Ji'an	1242.11	637.03	484.57	158.14	326.43	152.47	615.28	588.76	26.52	-10.20
宜春市 Yichun	1522.99	759.28	598.37	355.59	242.78	160.91	671.53	655.38	16.14	92.18
抚州市 Fuzhou	1036.77	380.05	295.38	140.57	154.81	84.67	631.47	455.45	176.01	25.26
上饶市 Shangrao	1550.24	682.03	605.18	240.17	365.01	76.85	936.81	906.29	30.52	-68.61

注：支出法生产总值不等于前表生产总值是由于计算误差的影响。
a) The gorss regional production by expenditure approach is not equal to Gross Domestic Product due to statistical discrepancies.

1-12 支出法地区生产总值结构

Components of Gross Domestic Product by Expenditure Approach

本表按当年价格计算

Data in this table are calculated at current prices

单位：% (%)

年 份 地 区 Year Region	最终消费率 （消费率） Final Consumption Rate	资本形成率 （投资率） Capital Formation Rate	最终消费支出＝100 Final Consumption Expenditures=100		资本形成总额＝100 Gross Capital Formation=100		居民消费支出＝100 Household Consumption Expenditures=100	
			居民消费支出 Household Consumption Expenditures	政府消费支出 Government Consumption Expenditures	固定资本形成总额 Gross Fixed Capital Formation	存货增加 Change in Inventories	农 村 居 民 Rural Household	城 镇 居 民 Urban Household
1978	65.38	39.68			86.1	13.9		
1980	72.89	32.69	84.5	15.5	86.1	13.9	71.9	28.1
1985	72.78	33.11	83.5	16.5	75.6	24.4	71.9	28.1
1990	72.35	29.63	80.6	19.4	62.1	37.9	69.1	30.9
1991	71.30	30.79	79.3	20.7	58.6	41.4	68.4	31.6
1992	66.72	38.34	78.4	21.6	62.4	37.6	65.6	34.4
1993	63.65	41.26	75.9	24.1	74.6	25.4	63.8	36.2
1994	63.20	39.02	79.0	21.0	76.7	23.3	61.7	38.3
1995	65.40	36.14	81.8	18.2	76.5	23.5	63.8	36.2
1996	65.05	35.91	82.5	17.5	78.0	22.0	65.4	34.6
1997	61.98	38.65	80.5	19.5	77.4	22.6	63.3	36.7
1998	61.29	39.14	78.1	21.9	77.4	22.6	62.8	37.2
1999	61.30	39.07	77.1	22.9	77.2	22.8	61.5	38.5
2000	64.05	36.24	77.9	22.1	84.3	15.7	58.1	41.9
2001	62.79	37.05	76.8	23.2	87.0	13.0	55.5	44.5
2002	59.32	40.61	76.4	23.6	93.2	6.8	54.1	45.9
2003	54.20	46.95	76.8	23.2	96.1	3.9	53.7	46.3
2004	52.59	48.98	78.6	21.4	96.3	3.7	52.0	48.0
2005	52.12	48.80	77.6	22.4	97.0	3.0	49.7	50.3
2006	49.03	52.08	75.8	24.2	97.1	2.9	50.2	49.8
2007	48.11	52.93	73.2	26.8	97.4	2.6	48.0	52.0
2008	47.22	53.77	77.1	22.9	97.7	2.3	32.6	67.4
2009	46.27	54.44	77.5	22.5	98.1	1.9	33.1	66.9
2010	47.54	51.32	79.0	21.0	97.6	2.4	32.6	67.4
2011	47.80	51.18	76.2	23.8	96.6	3.4	33.9	66.1
2012	48.80	50.30	75.3	24.7	96.7	3.3	32.4	67.6
2013	49.15	50.40	76.5	23.5	94.7	5.3	32.1	67.9
2014	49.64	50.42	77.0	23.0	91.7	8.3	32.4	67.6
南 昌 市 Nanchang	52.50	49.70	91.5	8.5	89.7	10.3	31.8	68.2
景德镇市 Jingdezhen	51.20	48.87	79.8	20.2	91.1	8.9	32.9	67.1
萍 乡 市 Pingxiang	38.94	59.60	67.6	32.4	94.7	5.3	38.2	61.8
九 江 市 Jiujiang	46.25	52.86	76.2	23.8	88.2	11.8	33.7	66.3
新 余 市 Xinyu	40.08	56.63	63.5	36.5	95.1	4.9	18.0	82.0
鹰 潭 市 Yingtan	38.42	74.33	70.5	29.5	92.8	7.2	31.5	68.5
赣 州 市 Ganzhou	74.39	74.79	82.7	17.3	97.1	2.9	35.6	64.4
吉 安 市 Ji'an	51.29	49.53	76.1	23.9	95.7	4.3	32.6	67.4
宜 春 市 Yichun	49.85	44.09	78.8	21.2	97.6	2.4	59.4	40.6
抚 州 市 Fuzhou	36.66	60.91	77.7	22.3	72.1	27.9	47.6	52.4
上 饶 市 Shangrao	44.00	60.43	88.7	11.3	96.7	3.3	39.7	60.3

1-13 支出法地区生产总值指数

Indices of Gross Domestic Product by Expenditure Approach

本表按可比价格计算.
Data in this table are calculated at constant prices.
(1980=100)

(year of 1980=100)

年 份 Year	支出法地区生产总值 Gross Domestic Product by Expenditure Approach	最终消费支出 Final Consumption Expenditures	居民消费支出 Household Consumption Expenditures	农村居民 Rural Household	城镇居民 Urban Household	政府消费支出 Government Consumption Expenditures	资本形成总额 Gross Capital Formation	固定资本形成总额 Gross Fixed Capital Formation	存货增加 Change in Inventories
1980	100.0	100.0	100.0	100.0	100.0	100.0	100.0	100.0	100.0
1981	105.6	106.4	107.1	102.6	118.6	104.3	87.8	80.0	105.2
1982	115.4	122.8	121.9	121.8	122.2	129.2	113.0	105.2	145.7
1983	123.2	130.0	129.5	131.3	124.9	133.9	125.1	128.0	77.7
1984	142.2	146.6	141.5	143.5	136.6	180.0	149.0	140.9	163.0
1985	163.2	159.1	154.1	154.0	154.4	192.8	198.5	161.9	315.2
1986	174.1	168.3	158.6	156.0	165.5	233.9	216.4	212.4	204.6
1987	188.6	176.4	166.7	161.1	182.2	240.7	221.2	182.0	324.1
1988	210.1	187.5	177.5	166.4	208.4	252.7	291.8	145.6	815.8
1989	222.9	205.7	181.6	172.4	195.9	362.4	397.7	211.3	904.7
1990	232.9	219.5	193.9	184.8	207.5	385.6	371.8	205.8	811.5
1991	253.6	234.9	205.3	194.8	222.0	430.7	414.6	212.2	1018.4
1992	291.1	257.5	221.9	207.3	248.6	498.3	589.1	313.8	1367.7
1993	331.0	282.0	238.1	220.1	273.0	588.0	705.7	453.8	1131.1
1994	358.8	298.1	255.2	233.3	300.0	588.6	767.1	516.4	1079.1
1995	386.8	318.4	275.6	252.0	324.3	601.0	825.4	568.0	1081.3
1996	430.1	360.7	312.8	293.3	348.6	676.7	884.0	607.2	1164.6
1997	480.4	389.2	330.0	304.4	381.0	793.8	1035.2	700.7	1431.3
1998	516.9	412.6	338.9	310.5	397.0	935.1	1129.4	756.8	1610.2
1999	554.7	441.1	357.2	324.5	426.0	1042.6	1217.5	814.3	1742.2
2000	599.6	498.4	408.3	360.5	514.2	1137.5	1226.0	903.1	1210.8
2001	654.8	534.8	432.0	365.5	575.4	1280.8	1368.2	1040.4	1120.0
2002	726.8	566.9	455.3	375.4	626.0	1385.8	1637.7	1333.8	698.9
2003	821.3	592.4	478.5	389.3	641.7	1420.4	2088.1	1751.3	520.7
2004	929.7	645.7	530.7	424.7	724.5	1458.8	2516.2	2122.6	547.3
2005	1050.6	703.8	585.4	458.3	819.4	1518.6	2926.3	2485.6	507.3
2006	1180.9	777.7	635.7	492.7	898.9	1775.2	3353.5	2851.0	561.6
2007	1336.8	871.0	693.5	523.7	1005.9	2153.3	3829.7	3261.5	595.9
2008	1513.3	971.2	801.7	450.9	1437.4	2144.7	4385.0	3734.4	668.0
2009	1711.5	1080.0	906.7	500.0	1642.9	2249.8	5020.8	4279.6	748.8
2010	1951.1	1212.8	1021.9	565.0	1848.3	2497.3	5763.9	4913.0	852.1
2011	2195.0	1364.4	1147.6	640.7	2066.4	2856.9	6507.4	5532.0	959.5
2012	2436.5	1515.8	1273.8	707.3	2302.0	3179.7	7223.2	6140.5	1064.1
2013	2682.6	1671.9	1407.5	783.0	2541.4	3488.1	7952.7	6760.7	1175.8
2014	2942.8	1839.1	1555.3	869.1	2803.2	3770.7	8724.2	7382.7	1532.1

1-14 支出法地区生产总值指数

Indices of Gross Domestic Product by Expenditure Approach

本表按可比价格计算.
Data in this table are calculated at constant prices.

(上年=100) (preceding year=100)

年 份 地 区 Year Region	支出法地区生产总值 Gross Domestic Product by Expenditure Approach	最终消费支出 Final Consumption Expenditures	居民消费支出 Household Consumption Expenditures	农村居民 Rural Household	城镇居民 Urban Household	政府消费支出 Government Consumption Expenditures	资本形成总额 Gross Capital Formation	固定资本形成总额 Gross Fixed Capital Formation	存货增加 Change in Inventories
1980	104.2	100.2	99.8	97.9	105.3	100.3	93.7	99.3	57.5
1985	114.8	108.5	108.9	107.3	113.0	107.1	133.2	114.9	193.4
1990	104.5	106.7	106.8	107.2	105.9	106.4	93.5	97.4	89.7
1991	108.9	107.0	105.9	105.4	107.0	111.7	111.5	103.1	125.5
1992	114.8	109.6	108.1	106.4	112.0	115.7	142.1	147.9	134.3
1993	113.7	109.5	107.3	106.2	109.8	118.0	119.8	144.6	82.7
1994	108.4	105.7	107.2	106.0	109.9	100.1	108.7	113.8	95.4
1995	107.8	106.8	108.0	108.0	108.1	102.1	107.6	110.0	100.2
1996	111.2	113.3	113.5	116.4	107.5	112.6	107.1	106.9	107.7
1997	111.7	107.9	105.5	103.8	109.3	117.3	117.1	115.4	122.9
1998	107.6	106.0	102.7	102.0	104.2	117.8	109.1	108.0	112.5
1999	107.3	106.9	105.4	104.5	107.3	111.5	107.8	107.6	108.2
2000	108.1	113.0	114.3	111.1	120.7	109.1	100.7	110.9	69.5
2001	109.2	107.3	105.8	101.4	111.9	112.6	111.6	115.2	92.5
2002	111.0	106.0	105.4	102.7	108.8	108.2	119.7	128.2	62.4
2003	113.0	104.5	105.1	103.7	106.9	102.5	127.5	131.3	74.5
2004	113.2	109.0	110.9	109.1	112.9	102.7	120.5	121.2	105.1
2005	113.0	109.0	110.3	107.9	113.1	104.1	116.3	117.1	92.7
2006	112.4	110.5	108.6	107.5	109.7	116.9	114.6	114.7	110.7
2007	113.2	112.0	109.1	106.3	111.9	121.3	114.2	114.4	106.1
2008	113.2	111.5	115.6	86.1	142.9	99.6	114.5	114.5	112.1
2009	113.1	111.2	113.1	110.9	114.3	104.9	114.5	114.6	112.1
2010	114.0	112.3	112.7	113.0	112.5	111.0	114.8	114.8	113.8
2011	112.5	112.5	112.3	113.4	111.8	114.4	112.9	112.6	112.6
2012	111.0	111.1	111.0	110.4	111.4	111.3	111.0	111.0	110.9
2013	110.1	110.3	110.5	110.7	110.4	109.7	110.1	110.1	110.5
2014	109.7	110.0	110.5	111.0	110.3	108.1	109.7	109.2	130.3
南昌市 Nanchang	110.4	110.0	109.4	109.2	109.5	116.9	110.0	109.8	111.9
景德镇市 Jingdezhen	108.8	116.4	116.2	116.2	116.2	117.0	101.9	101.9	101.2
萍乡市 Pingxiang	108.6	105.7	106.2	107.3	105.5	104.8	110.5	109.6	128.5
九江市 Jiujiang	110.3	112.2	112.5	113.7	112.1	110.9	108.9	108.8	110.0
新余市 Xinyu	108.8	109.2	112.8	114.7	112.4	103.7	104.5	101.2	381.9
鹰潭市 Yingtan	109.7	118.6	119.2	132.7	113.9	117.0	112.2	113.8	94.8
赣州市 Ganzhou	110.0	119.6	120.2	128.8	115.9	117.2	108.1	107.7	122.4
吉安市 Ji'an	110.2	116.7	118.6	78.9	165.2	110.9	104.2	104.5	98.4
宜春市 Yichun	108.2	108.4	108.9	108.5	109.5	105.9	108.0	108.0	106.7
抚州市 Fuzhou	109.8	106.2	107.3	107.5	107.2	102.2	111.2	110.4	113.6
上饶市 Shangrao	109.9	111.1	112.4	108.8	114.9	100.7	107.6	107.6	107.7

1-15 各县(市、区)地区生产总值(2014年)
Gross Domestic Product by County(County-level City) (2014)

地区	Region	绝对值(万元) Value (10000 yuan) 地区生产总值 Gross Domestic Product	第一产业 Primary Industry	第二产业 Secondary Industry	第三产业 Tertiary Industry	比上年增长(%) Rate of Increase over Preceding Year(%) 地区生产总值 Gross Domestic Product	第一产业 Primary Industry	第二产业 Secondary Industry	第三产业 Tertiary Industry
东湖区	Donghu	3512910	6712	324168	3182030	8.1	-6.8	11.4	7.9
西湖区	Xihu	3924970	123	908062	3016785	9.1	-34.5	11.0	8.6
青云谱区	Qingyunpu	2669283	1241	1677720	990322	9.0	-51.3	8.8	9.6
湾里区	Wanli	454924	24762	201449	228713	8.1	3.2	10.1	7.0
青山湖区	Qingshanhu	4582694	7466	3056763	1518465	9.8	-12.7	10.8	7.7
南昌县	Nanchang	5593600	471092	3665693	1456815	10.1	4.9	12.6	5.7
新建县	Xinjian	3248139	453171	1810513	984455	10.2	5.1	12.6	8.0
安义县	Anyi	830274	101175	421979	307120	9.3	4.1	11.2	8.0
进贤县	Jinxian	2527040	469597	1286117	771326	8.5	5.2	10.6	6.6
昌江区	Changjiang	1984374	61849	1460654	461871	8.6	4.6	10.0	7.6
珠山区	Zhujiang	1853654	5542	811777	1036335	8.8	4.3	12.6	6.7
浮梁县	Fuliang	972170	151378	539172	281620	8.6	4.7	10.1	7.4
乐平市	Leping	2571939	330104	1477467	764368	8.9	4.3	10.5	7.2
安源区	Anyuan	2344354	41142	1148951	1154261	8.6	2.1	9.1	8.1
湘东区	Xiangdong	1699652	158620	1068406	472626	8.2	3.8	9.0	7.2
莲花县	Lianhua	519056	79150	246262	193644	8.0	4.5	9.4	7.7
上栗县	Shangli	1609494	149270	1002535	457689	10.5	5.1	11.9	8.1
芦溪县	Luxi	1174897	144808	681766	348323	8.2	4.8	9.5	5.7
庐山区	Lushan	2408435	46560	1207442	1154433	9.3	4.9	9.7	9.0
浔阳区	Xunyang	3497619	4746	1294810	2198063	9.0	3.6	8.1	9.5
九江县	Jiujiang	910434	116043	542108	252283	10.4	4.5	11.2	11.7
武宁县	Wuning	880944	133787	459443	287714	9.2	4.5	11.0	8.0
修水县	Xiushui	1221296	166288	619022	435986	9.4	4.5	11.6	8.5
永修县	Yongxiu	1154645	134879	763571	256195	9.2	4.4	10.7	7.5
德安县	De'an	785014	52232	544533	188249	10.6	4.1	11.6	10.1
星子县	Xingzi	622246	57130	284120	280996	10.4	4.4	11.0	10.9
都昌县	Duchang	850909	173152	410433	267324	9.4	4.4	11.6	9.6
湖口县	Hukou	1029371	105094	760526	163751	11.0	4.9	11.9	9.8
彭泽县	Pengze	693065	151493	393092	148480	10.0	4.7	11.7	9.8
瑞昌市	Ruichang	1401081	128805	955410	316866	10.5	4.5	11.7	8.5
共青城市	Gongqingcheng	747728	22980	583890	140858	10.5	4.0	11.0	10.1
渝水区	Yushui	7086535	356779	4118784	2610972	8.9	4.5	10.7	5.8
分宜县	Fenyi	1916148	169088	1085524	661536	8.1	4.6	10.1	4.0
月湖区	Yuehu	1770572	20546	854386	895640	11.5	2.1	14.8	8.4
余江县	Yujiang	929321	270416	482689	176216	11.8	8.2	15.5	6.9
贵溪市	Guixi	3369916	175308	2425455	769153	8.3	5.1	9.2	6.2
章贡区	Zhanggong	2629865	42253	961435	1626177	11.4	4.5	13.1	10.6
赣　县	Ganxian	1255529	189142	737740	328647	10.0	4.9	12.0	8.3
信丰县	Xinfeng	1438334	260484	606074	571776	11.0	5.8	13.5	10.6
大余县	Dayu	861213	104535	448343	308335	8.8	4.5	10.4	7.8
上犹县	Shangyou	469442	96484	190598	182360	9.6	5.8	12.0	9.0
崇义县	Chongyi	629940	92295	373398	164247	9.1	4.5	10.9	7.3
安远县	Anyuan	488067	143982	118911	225174	9.3	4.2	11.6	11.4
龙南县	Longnan	1158867	112476	666815	379576	11.5	5.0	13.4	10.7
定南县	Dingnan	580176	87017	265864	227295	9.4	5.3	11.3	8.6
全南县	Quannan	500437	77768	264652	158017	9.5	4.7	12.4	7.9
宁都县	Ningdu	1224612	272510	495463	456639	9.7	5.8	12.2	8.9
于都县	Yudu	1534273	223315	799035	511923	10.4	5.4	13.5	7.5
兴国县	Xingguo	1218243	272430	587354	358459	10.9	5.8	13.5	10.5
会昌县	Huichang	733059	150783	313046	269230	9.1	5.0	11.2	8.8
寻乌县	Xunwu	524181	157207	164787	202187	9.2	2.4	13.8	9.6
石城县	Shicheng	389120	114825	122157	152138	10.0	5.1	13.4	11.3
瑞金市	Ruijin	1131575	182824	393634	555117	10.9	5.8	13.7	10.1
南康市	Nankang	1484801	223128	790565	471108	10.1	4.0	11.7	9.8

注：本表增长速度按可比价格计算。
a)Data in this table are calculated at constant pieces.

1-15 续表 continued

地 区	Region	绝对值(万元) Value (10000 yuan)				比上年增长(%) Rate of Increase over Preceding Year(%)			
		地 区 生产总值 Gross Domestic Product	第一产业 Primary Industry	第二产业 Secondary Industry	第三产业 Tertiary Industry	地 区 生产总值 Gross Domestic Product	第一产业 Primary Industry	第二产业 Secondary Industry	第三产业 Tertiary Industry
吉州区	Jizhou	1164954	93242	456353	615359	10.5	5.3	11.5	10.5
青原区	Qingyuan	768542	76641	467355	224546	10.1	5.0	11.3	9.0
吉安县	Ji'an	1332639	244318	748971	339350	10.8	5.9	12.4	10.6
吉水县	Jishui	1115413	214320	537625	363468	10.6	5.8	12.4	10.8
峡江县	Xiajiang	557669	116049	281429	160191	9.7	4.7	12.4	8.8
新干县	Xingan	967914	182616	517227	268071	9.9	4.9	12.0	8.8
永丰县	Yongfeng	1170131	193323	596716	380092	10.7	5.9	12.1	11.0
泰和县	Taihe	1251665	245709	684579	321377	10.4	5.3	12.3	10.0
遂川县	Suichuan	960660	147423	472152	341085	10.5	5.8	11.1	12.1
万安县	Wan'an	575617	118880	276006	180731	10.2	5.2	13.3	9.1
安福县	Anfu	1118899	203216	622640	293043	10.3	4.7	11.7	10.8
永新县	Yongxin	790038	158350	372389	259299	10.0	5.2	12.3	9.3
井冈山市	Jinggangshan	546494	46404	196534	303556	9.8	5.2	11.2	9.5
袁州区	Yuanzhou	2098360	273076	834446	990838	9.8	4.3	11.8	8.7
奉新县	Fengxin	1056841	161723	597458	297660	10.5	4.6	12.6	8.6
万载县	Wanzai	1039100	134600	612400	292100	10.2	4.6	11.7	10.0
上高县	Shanggao	1242052	186517	681149	374386	10.3	4.6	12.2	9.3
宜丰县	Yifeng	908136	186543	465157	256436	9.1	4.4	11.0	8.6
靖安县	Jing'an	339380	58362	172785	108233	10.0	4.4	11.6	10.1
铜鼓县	Tonggu	338029	53466	148675	135888	9.2	4.2	11.0	9.2
丰城市	Fengcheng	3704879	573413	2001121	1130345	9.5	4.2	11.3	8.5
樟树市	Zhangshu	2922679	293855	1708655	920169	10.2	4.5	11.6	9.8
高安市	Gaoan	1796783	320341	939545	536897	9.0	4.5	11.3	7.2
临川区	Linchuan	3233793	394835	1827247	1011711	9.5	4.1	10.9	8.4
南城县	Nancheng	984055	143562	481088	359405	9.6	4.1	11.3	9.4
黎川县	Lichuan	569551	91835	295542	182174	10.3	3.9	10.8	13.6
南丰县	Nanfeng	979436	283936	322109	373391	9.7	5.8	10.9	12.1
崇仁县	Chongren	907359	218789	451756	236814	9.6	4.9	11.0	12.7
乐安县	Le'an	471005	87146	194384	189475	7.0	4.8	9.2	5.6
宜黄县	Yihuang	543939	79728	314971	149240	10.0	5.3	11.2	10.6
金溪县	Jinxi	673539	106901	323005	243633	10.2	5.5	11.2	11.1
资溪县	Zixi	293502	34204	142499	116799	8.5	2.0	10.2	8.5
东乡县	Dongxiang	1244732	187347	756715	300670	10.6	4.4	12.3	9.8
广昌县	Guangchang	470187	81548	226721	161918	9.8	5.0	11.2	9.9
信州区	Xinzhou	1760959	63581	423018	1274360	8.8	3.4	4.1	12.4
上饶县	Shangrao	1652925	151693	1268364	232868	10.2	2.1	11.7	7.0
广丰县	Guangfeng	2698187	202127	1549933	946127	10.5	5.3	11.1	10.8
玉山县	Yushan	1254912	141954	661042	451916	10.8	3.8	12.2	11.5
铅山县	Qianshan	904861	156926	431575	316360	9.8	6.5	11.4	9.4
横峰县	Hengfeng	771119	64926	511109	195084	9.3	5.8	10.1	8.4
弋阳县	Yiyang	805046	136467	389009	279570	9.8	5.3	11.3	9.8
余干县	Yugan	1127117	344616	411818	370683	9.2	2.6	10.9	13.7
鄱阳县	Poyang	1689748	541060	714705	433983	8.6	4.4	11.7	8.0
万年县	Wannian	1046955	123939	607128	315888	10.9	6.1	11.4	12.1
婺源县	Wuyaun	799958	107705	292443	399810	9.2	2.2	9.3	11.0
德兴市	Dexing	1090289	99023	447584	543682	10.7	3.4	9.4	14.8

主要统计指标解释

国内（地区）生产总值 指按市场价格计算的一个国家（或地区）所有常住单位在一定时期内生产活动的最终成果。地区生产总值有三种表现形态，价值形态、收入形态和产品形态。从价值形态看，它是所有常住单位在一定时期内所生产的全部货物和服务价值超过同期投入的全部非固定资产货物和服务价值的差额，即所有常住单位的增加值之和；从产品形态看，它是最终使用的货物和服务减去进口货物和服务。在实际核算中，国内（或地区）生产总值的有三种计算方法，即生产法，收入法和支出法。三种方法分别从不同的方面反映国内（或地区）生产总值及其构成。

地区收入总值 即国民生产总值，指一个国家（或地区）所有常住单位在一定时期内收入初次分配的最终成果，它等于地区生产总值加上来自国外的劳动者报酬和财产收入减去支付给国外的劳动者报酬和财产收入，与地区生产总值不同，地区生产总值是一个生产概念，而地区收入总值是一个收入概念。

支出法地区生产总值 是从最终使用的角度反映一个国家（或地区）一定时期内生产活动最终成果的一种方法，包括最终消费支出、资本形成总额及货物和服务净出口三部分。计算公式为：

支出法地区生产总值=最终消费支出+资本形成总额+货物和服务净出口

最终消费支出 指常住单位为满足物质、文化和精神生活的需要，从本国经济领土和国外购买的货物和服务的支出。它不包括非常住单位在本国经济领土内的消费支出。最终消费支出分为居民消费支出和政府消费支出。

居民消费支出 指常住住户在一定时期内对于货物和服务的全部最终消费支出。居民消费支出除了直接以货币形式购买的货物和服务的消费支出外，还包括以其他方式获得的货物和服务的消费支出，即所谓的虚拟消费支出。居民虚拟消费支出包括如下几种类型：单位以实物报酬及实物转移的形式提供给劳动者的货物和服务；住户生产并由本住户消费了的货物和服务，其中的服务仅指住户的自有住房服务；金融机构提供的金融媒介服务；保险公司提供的保险服务。

政府消费支出 指政府部门为全社会提供的公共服务的消费支出和免费或以较低的价格向居民住户提供的货物和服务的净支出，前者等于政府服务的产出价值减去政府单位所获得的经营收入的价值；后者等于政府部门免费或以较低价格向居民住户提供的货物和服务的市场价值减去向居民住户收取的价值。

资本形成总额 指常住单位在一定时期内获得减去处置的固定资本和存货的净额，包括固定资本形成总额和存货增加两部分。

固定资本形成总额 指常住单位在一定时期内获得的固定资产减处置的固定资产的价值总额。固定资产是通过生产活动生产出来的，且其使用年限在一年以上，单位价值在规定标准以上的资产，不包括自然资产。可分为有形固定资本形成总额和无形固定资本形成总额。有形固定资本形成总额包括一定时期内完成的建筑工程、安装工程和设备器具购置（减处置）价值，以及土地改良、新增役、种、奶、毛、娱乐用牲畜和新增经济林木价值。无形固定资本形成总额包括矿藏的勘探、计算机软件等获得减处置。

存货增加 指常住单位在一定时期内存货实物量变动的市场价值，即期末价值减期初价值的差额，再扣除当期由于价格变动而产生的持有收益。存货增加可以是正值，也可以是负值，正值表示存货上升，负值表示存货下降。包括生产单位购进的原材料、燃料和储备物资等存货，以及生产单位生产的产成品、在制品和半产品等存货。

货物和服务净出口 指货物和服务出口减货物和服务进口的差额。出口包括常住单位向非常住单位出售或无偿转让的各种货物和服务的价值；进口包括常住单位从非常住单位购买或无偿得到的各种货物和服务的价值。由于服务活动的提供与使用同时发生，一般把常住单位从非常住单位得到的服务作为进口，非常住单位从常住单位得到的服务作为出口。货物的出口和进口都按离岸价格计算。

三次产业 三产业的划分是世界上较为常用的产业结构分类，但各国的划分不尽一致。我国的三次产业划分是：

第一产业是指农业、林业、畜牧业、渔业和农林牧渔服务业。

第二产业是指采矿业、制造业、电力、煤气及水的生产和供应业，建筑业。

第三产业是指除第一、二产业以外的其他行业。

固定资产折旧 指一定时期内为弥补固定资产损耗按照规定的固定资产折旧率提取的固定资产折旧，或按国民经济核算统一规定的折旧率虚拟计算的固定资产折旧。它反映了固定资产在当期生产中的转移价值。各类企业和企业化管理的事业单位的固定资产折旧是指实际计提的折旧费。不计提折旧的政府机关、非企业化管理的事业单位和居民住房是按照统一规定的折旧率和固定资产原值计算的虚拟折旧。原则上，固定资产折旧应按固定资产当期的重置价值计算，但是目前我国尚不具备对全社会固定资产进行重估价的基础，所以暂时只能采用上述办法。

劳动者报酬 指劳动者因从事生产活动而获得的全部报酬。包括劳动者获得的各种形式的工资、奖金和津贴，既包括货币形式的，也包括实物形式的，还包括劳动者所享受的公费医疗和医药卫生费、上下班交通补贴、单位支付的社会保险费、住房公积金等。对于个体经济来说，其所有者所获得的劳动报酬和经营利润不易区分，这两部分统一作为劳动者报酬处理。

生产税净额 指生产税减生产补贴后的余额，生产税是指政府对生产单位从事生产、销售和经营活动以及因从事生产活动使用某些生产要素（如固定资产、土地、劳动力）所征收的各种税、附加费和规费。生产补贴与生产税相反，指政府对生产单位的单方面转移支出，因此视为负生产税，包括政策亏损补贴、价格补贴等。

营业盈余 指常住单位创造的增加值扣除固定资产折旧、劳动者报酬和生产税净额后的余额，它相当于企业的营业利润加上生产补贴，但要扣除利润中开支的工资、福利等。

Explanatory Notes on Main Statistical Indicators

Gross Domestic Product (GDP) refers to the final products at market prices produced by all resident units in a country (or a region) during a certain period of time. Gross domestic product is expressed in three different perspectives, namely value, income, and products respectively. GDP in its value perspective refers to the total value of all goods and services produced by all resident units during a certain period of time, minus the total value of input of goods and services of the nature of non-fixed assets; in other words, it is the sum of the value-added of all resident units. GDP from the perspective of income includes the primary income created by all resident units and distributed to resident and non-resident units. GDP from the perspective of products refers to the value of all goods and services for final consumption by all resident units minus the net exports of goods and services during a given period of time. In the practice of national accounting, gross domestic product is calculated from three approaches, namely production approach, income approach and expenditure approach, which reflect gross domestic product and its composition from different angles.

Gross National Income (GNI) also known as Gross National Product, refers to the final result of the primary distribution of the income created by all the resident units of a country (or a region) during a certain period of time. The value-added created by the resident units of a country engaged in production activities is distributed, during the primary distribution, mainly to the resident units of that country, while part of it is distributed to the non-resident units in the form of production tax and import duties (minus subsidies to production and import), labourers remuneration and property income. In the meantime, a part of the value-added created abroad is distributed to the resident units of the country in the form of production tax and import duties (minus subsidies to production and import), labourers remuneration and property income. The concept of Gross National Income is thus developed, which equals to Gross Domestic Product plus the net factor income from abroad. Unlike GDP which is a concept of production, GNP is a concept of income.

GDP by Expenditure Approach refers to the method of measuring the final results of production activities of a country (region) during a given period from the perspective of final uses. It includes final consumption expenditure, gross capital formation and net export of goods and services. The formula for computation is.:

GDP by expenditure approach = final consumption expenditure + gross capital formation + net export of goods and services

Final Consumption Expenditure refers to the total expenditure of resident units for purchases of goods and services from both the domestic economic territory and abroad to meet the needs of material, cultural and spiritual life. It does not include the expenditure of non-resident units on consumption in the economic territory of the country. The final consumption expenditure is broken down into household consumption expenditure and government consumption expenditure.

Household Consumption Expenditure refers to the total expenditure of resident households on the final consumption of goods and services. In addition to the consumption of goods and services bought by the households directly with money, the household consumption expenditure also includes expenditure on goods and services obtained by the households in other ways, i.e. the so-called imputed consumption expenditure, which includes the following: (a) the goods and services provided to households by employers in the form of payment in kind and transfer in kind; (b) goods and services produced and consumed by the households themselves, in which the services refer only to the owner-occupied housing; (c) financial intermediate services provided by financial institutions; (d) insurance services provided by insurance companies.

Government Consumption Expenditure refers to the consumption expenditure spent for the provision of public services provided by the government to the whole country and the net expenditure on the goods and services provided by the government to households free of charge or at reduced prices. The former equals to the output value of the government services minus the value of operating income obtained by the government departments. The latter equals to the market value of the goods and services provided by the government free of charge or at reduced prices to the households minus the value received by the government from the households.

Gross Capital Formation refers to the fixed assets acquired less disposals and the net value of inventory, thus including gross fixed capital formation and changes in inventories.

Gross Fixed Capital Formation refers to the value of acquisitions less those disposals of fixed assets during a given period. Fixed assets are the assets produced through production activities with unit value above a specified amount and which could be used for over one year. Natural assets are not included.Gross fixed capital formation can be categorized into total tangible fixed capital formation and total intangible fixed capital formation. Total tangible fixed capital formation includes the value of the construction projects and installation projects completed and the equipment, apparatus and instruments purchased (less those disposed) as well as the value of land improved, the value of draught animals, breeding stock and animals for milk, for wool and for recreational purposes and the newly increased forest with economic value. Total intangible fixed capital formation includes the prospecting of minerals and the acquisition of computer software minus the disposal of them.

Changes in Inventories refers to the market value of the change in the physical volume of inventory of resident units during a given period, i.e. the difference between the values at the beginning and at the end of the period minus the gains due to the change in prices. The changes in inventories can have a positive or a negative value. A positive value indicates an increase in inventory while a negative value indicates a decrease in inventory. The inventory includes raw materials, fuels and reserve materials purchased by the production units as well as the inventory of finished products, semi-finished products and work-in-progress.

Net Export of Goods and Services refers to the exports of goods and services subtracting the imports of goods and services. Exports include the value of various goods and services sold or gratuitously transferred by resident units to non-resident units. Imports include the value of various goods and services purchased or gratuitously acquired resident units from non-resident units. Because the provision of services and the use of them happen simultaneously, the acquisition of services by resident units from abroad is usually treated as import while the acquisition of services by non-resident units in this country is usually treated as export. The exports and imports of goods are calculated at FOB.

Three Strata of Industry Classification of economic activities into three strata of industry is a common practice in the world, although the grouping varies to some extent form country to country. In China economic activities are categorized into the following three strata of industry:

Primary industry refers to agriculture, forestry, animal husbandry and fishery and services in support of these industries.

Secondary industry refers to mining and quarrying, manufacturing, production and supply of electricity, water and gas, and construction.

Tertiary industry refers to all other economic activities not included in the primary or secondary industries.

Labourers Remuneration refers to the total payment of various forms to labourers for the productive activities they are engaged in. It includes wages, bonuses and allowances, which the labourers earn in cash and in kind. It also includes the free medical services provided to the labourers and the medicine expenses, transport subsidies and social insurance, and housing fund paid by the employers. As regards the individual economy, since labourers remuneration is not easily distinguishable from the operating profit, both parts are treated as labourer remuneration.

Net Taxes on Production refers to taxes on production less subsidies on production. The taxes on production refers to the various taxes, extra charges and fees levied on the production units on their production, sale and business activities as well as on the use of some factors of production, such as fixed assets, land and labour in the production activities they are engaged in. In contrast to taxes on production, subsidies on production refer to the unilateral government transfer to the production units and are therefore regarded as negative taxes on production. They include subsidies on the loss due to implementation of government policies, price subsidies, etc.

Depreciation of Fixed Assets refers to the depreciation of fixed assets in a given period, drawn in accordance with the stipulated depreciation rate for the purpose of compensating the wear-and-tear loss of the fixed assets or the depreciation of fixed assets imputed in accordance with the stipulated unified depreciation rate in the national economic accounting system. It reflects the value of transfer of the fixed assets in the production of the current period. The depreciation of fixed assets in various enterprises and institutions managed as enterprises refers to the depreciation expenses actually drawn. In government agencies and institutions not managed as enterprises which do not draw the depreciation expenses, as well as for the houses of residents, the depreciation of fixed assets is the imputed depreciation, which is calculated in accordance with the stipulated unified depreciation rate. In principle, the depreciation of fixed assets should be calculated on the basis of the re-purchased value of the fixed assets. However, currently the conditions in China do not facilitate the revaluation of all the fixed assets. Therefore, only the above-mentioned methods can be adopted at present.

Operating Surplus refers to the balance of the value added created by the resident units after deducting the labourers remuneration, net taxes on production and the depreciation of fixed assets. It is equivalent to the business profit of the enterprises plus subsidies to production, but the wages and welfare expenses paid from the profits should be deducted.

2

人 口

POPULATION

◆29/38

资料整理及英文翻译: 冷 晴

简要说明

一、本篇资料的主要内容

本篇资料反映全省2014年及历年人口方面的基本情况，包括全省及11个设区市的主要人口统计数据，如：全省历年人口数、城镇人口、乡村人口、男性人口、女性人口、分年龄人口、人口密度、人口受教育程度、婚姻状况；2014年各设区市人口数、出生率、死亡率、自然增长率、家庭户规模等。

二、本篇的资料来源

本篇资料由省统计局人口和就业统计处整理。资料来源为人口普查和年度人口变动情况抽样调查数据。

三、本篇的统计调查方法

2014年全省人口变动情况抽样调查是以全省为总体，各设区市为次总体，采用分层、多阶段、整群概率比例抽样方法，在全省11个设区市抽取了100个县（市、区）、539个乡（镇、街道）、683个村（居）委会、804个调查小区的约20万人，调查样本占全省总人口的0.44%。经加权后汇总，2014年全省人口出生率为13.24‰、死亡率为6.26‰、自然增长率为6.98‰。按此推算，2014年全省总人口为4542.16万人，出生人口为60.02万人，死亡人口为28.37万人，考虑迁移流动情况，全省净增人口20.01万人。

Brief Introduction

Ⅰ. Main Contents

Data in this chapter show the basic condition of population in 2014 as well as previous years for the whole province and 11 municipalities. They include the sizes of the provincial population, urban population and rural population , male population and female population ,Population density over the years, as well as age population, education attainment of the population and Marriage; birth rates, death rates, natural growth rate, dependency ratio, household size by region in 2014.

Ⅱ. Sources of Data

Data in this chapter are prepared by the Division of Population and occupation, Jiangxi Provincial Bureau of Statistics. The data sources from statistics of Population Census and Annual Sample Survey on Population Changes.

Ⅲ. Methodology of Survey

The 2014Provincial Sample Survey on Population Change adopted a Stratified multi-stage systematic PPS cluster sampling scheme. A total of 200 000 people were selected from 804 survey district in 683village committees in 539 townships(towns and street committees in 100 counties (cities and districts of 11 municipalities. The size of the sample was thus 0.44% of the provincial population. The weighted estimation procedure suggested that the birth rate was 13.24 per thousand, the death rate was 6.26per thousand and the natural growth rate was 6.98 per thousand for the whole Province in 2014. Based on these rates, it was further estimated that the whole Province had a total population of 45.42 million, with 0.6002 million births, 0.2837 million deaths and a net increase of 0.2001 million people during the year.

2-1 人口自然变动情况
Population Natural Change

年份 地区 Year Region	年平均人口(人) Average Population (person)	人口出生率 (‰) Birth Rate (‰)	人口死亡率 (‰) Death Rate (‰)	人口自然增长率 (‰) Natural Growth Rate(‰)	人口密度 (人/平方公里) Population Density (person/sq.km)
1978	31504121	27.01	7.39	19.62	191
1980	32495869	18.57	6.38	12.19	196
1985	34838425	20.29	5.39	14.90	210
1990	37784307	24.59	7.54	17.05	228
1991	38376396	21.20	7.13	14.07	231
1992	38888651	19.53	7.07	12.46	234
1993	39395666	20.33	6.89	13.44	238
1994	39907432	19.38	7.00	12.38	241
1995	40389933	18.94	7.28	11.66	243
1996	40840020	17.53	7.02	10.51	246
1997	41278987	17.43	6.56	10.87	249
1998	41707706	16.85	7.05	9.80	251
1999	42111908	16.51	7.02	9.49	253
2000	41289734	15.55	6.07	9.48	249
2001	41671562	15.44	6.06	9.38	251
2002	42040975	14.74	6.02	8.72	253
2003	42383264	14.07	5.98	8.09	255
2004	42688961	13.61	5.99	7.62	257
2005	42974053	13.79	5.96	7.83	258
2006	43251863	13.80	6.01	7.79	260
2007	43537706	13.86	5.99	7.87	262
2008	43842582	13.92	6.01	7.91	264
2009	44161310	13.87	5.98	7.89	266
2010	44472035	13.72	6.06	7.66	267
2011	44753428	13.48	5.98	7.50	269
2012	44961844	13.46	6.14	7.32	270
2013	45130395	13.19	6.28	6.91	271
2014	45321538	13.24	6.26	6.98	272
南昌市 Nanchang	5212205	13.01	6.23	6.78	728
景德镇市 Jingdezhen	1624608	13.12	6.27	6.85	310
萍乡市 Pingxiang	1885771	13.15	6.12	7.03	493
九江市 Jiujiang	4798167	13.16	6.14	7.02	252
新余市 Xinyu	1158205	12.98	6.10	6.88	367
鹰潭市 Yingtan	1145038	13.17	6.31	6.86	323
赣州市 Ganzhou	8492754	13.32	6.34	6.98	216
吉安市 Ji'an	4873697	13.30	6.26	7.04	193
宜春市 Yichun	5485504	13.28	6.23	7.05	295
抚州市 Fuzhou	3969464	13.29	6.25	7.04	211
上饶市 Shangrao	6676123	13.31	6.29	7.02	294

2-2 户数和人口数（年末数）
Households and Population (year-end)

年 份 Year	总户数（户） Total Number of Households (household)	总人口（人） Total Population (person)	按性别分 By Sex		以年末总人口为100 Total Population at year-end=100	
			男 Male	女 Female	男 Male	女 Female
1978	6153908	31828203	16427779	15400424	51.61	48.39
1980	6364176	32701960	16866769	15835191	51.58	48.42
1985	6986097	35097971	18155525	16942446	51.73	48.27
1990	8524926	38106418	19727708	18378710	51.77	48.23
1991	8748781	38646374	19978326	18668148	51.69	48.31
1992	8877008	39130927	20259917	18871010	51.77	48.23
1993	8987115	39660405	20500789	19159616	51.69	48.31
1994	9165092	40154459	20586009	19568450	51.27	48.73
1995	9422399	40625406	20837093	19788313	51.29	48.71
1996	9611344	41054635	21184192	19870443	51.60	48.40
1997	9784924	41503338	21345274	20158064	51.43	48.57
1998	10040894	41912074	21364925	20547149	50.98	49.02
1999	10318396	42311742	21810874	20500868	51.55	48.45
2000	10645841	41485447	21570202	19915245	51.99	48.01
2001	10934368	41857676	21840587	20017089	52.18	47.82
2002	11226475	42224273	21813059	20411214	51.66	48.34
2003	11524786	42542255	21807160	20735095	51.26	48.74
2004	11808762	42835667	22064652	20771015	51.51	48.49
2005	12084036	43112439	21935609	21176830	50.88	49.12
2006	12375753	43391287	22194643	21196644	51.15	48.85
2007	12664544	43684125	22388114	21296011	51.25	48.75
2008	12794161	44001038	22584130	21416908	51.33	48.67
2009	12925542	44321581	22717106	21604475	51.26	48.74
2010	11887821	44622489	23031644	21590845	51.61	48.39
2011	12097969	44884367	23133750	21750617	51.54	48.46
2012	12316056	45039321	23186034	21853287	51.48	48.52
2013	12530776	45221468	23265848	21955620	51.45	48.55
2014	12681522	45421607	23346565	22075042	51.40	48.60

2-3 按城乡分的人口数（年末数）

According to The Urban and Rural Population(year-end)

年 份 Year	总人口 (人) Total Population (person)	按城乡分 By Residence		以年末总人口为100 Total Population at year-end=100	
		城镇人口 Urban Population	乡村人口 Rural Population	城镇人口 Urban Population	乡村人口 Rural Population
1978	31828203	5331228	26496975	16.75	83.25
1980	32701960	6145928	26556032	18.79	81.21
1985	35097971	6942379	28155592	19.78	80.22
1990	38106418	7754656	30351762	20.35	79.65
1991	38646374	8148201	30498173	21.08	78.92
1992	39130927	8537586	30593341	21.82	78.18
1993	39660405	8944215	30716190	22.55	77.45
1994	40154459	9350367	30804092	23.29	76.71
1995	40625406	9689159	30936247	23.85	76.15
1996	41054635	10092871	30961764	24.58	75.42
1997	41503338	10507815	30995523	25.32	74.68
1998	41912074	10918934	30993140	26.05	73.95
1999	42311742	11333623	30978119	26.79	73.21
2000	41485447	11487320	29998127	27.69	72.31
2001	41857676	12728919	29128757	30.41	69.59
2002	42224273	13596216	28628057	32.20	67.80
2003	42542255	14472875	28069380	34.02	65.98
2004	42835667	15240930	27594737	35.58	64.42
2005	43112439	15994715	27117724	37.10	62.90
2006	43391287	16783750	26607537	38.68	61.32
2007	43684125	17386282	26297843	39.80	60.20
2008	44001038	18198829	25802209	41.36	58.64
2009	44321581	19138059	25183522	43.18	56.82
2010	44622489	19660669	24961820	44.06	55.94
2011	44884367	20512156	24372211	45.70	54.30
2012	45039321	21398181	23641140	47.51	52.49
2013	45221468	22099731	23121737	48.87	51.13
2014	45421607	22810731	22610876	50.22	49.78

2-4 各地区户数和人口数（2014年末）

Households and Population by Region(end of 2014)

地 区	Region	总户数（户） Total Number of Households (household)	总人口（人） Total Population (person)	按性别分 By Sex		以年末总人口为100 Total Population at year-end=100	
				男 Male	女 Female	男 Male	女 Female
全 省	**Provincial Total**	**12681522**	**45421607**	**23346565**	**22075042**	**51.40**	**48.60**
南昌市	Nanchang	1536650	5240179	2710941	2529238	51.73	48.27
景德镇市	Jingdezhen	473732	1629754	840779	788976	51.59	48.41
萍乡市	Pingxiang	522384	1890005	955851	934154	50.57	49.43
九江市	Jiujiang	1332587	4806885	2441454	2365432	50.79	49.21
新余市	Xinyu	382684	1160793	604277	556516	52.06	47.94
鹰潭市	Yingtan	322029	1147587	598480	549107	52.15	47.85
赣州市	Ganzhou	2287043	8507458	4346499	4160958	51.09	48.91
吉安市	Ji'an	1350643	4881151	2512525	2368626	51.47	48.53
宜春市	Yichun	1548829	5493259	2833317	2659943	51.58	48.42
抚州市	Fuzhou	1124321	3976568	2056306	1920262	51.71	48.29
上饶市	Shangrao	1800619	6687968	3446137	3241830	51.53	48.47

2-5 各地区按城乡分的人口数（2014年末）

According to The Urban and Rural Population by Region(end of 2014)

地 区	Region	总人口（人） Total Population (person)	按城乡分 By Residence		以年末总人口为100 Total Population at year-end=100	
			城镇人口 Urban Population	乡村人口 Rural Population	城镇人口 Urban Population	乡村人口 Rural Population
全 省	**Provincial Total**	**45421607**	**22810731**	**22610876**	**50.22**	**49.78**
南昌市	Nanchang	5240179	3713191	1526988	70.86	29.14
景德镇市	Jingdezhen	1629754	1015011	614743	62.28	37.72
萍乡市	Pingxiang	1890005	1221132	668873	64.61	35.39
九江市	Jiujiang	4806885	2360181	2446705	49.10	50.90
新余市	Xinyu	1160793	782723	378070	67.43	32.57
鹰潭市	Yingtan	1147587	622336	525250	54.23	45.77
赣州市	Ganzhou	8507458	3742431	4765027	43.99	56.01
吉安市	Ji'an	4881151	2179434	2701717	44.65	55.35
宜春市	Yichun	5493259	2377483	3115777	43.28	56.72
抚州市	Fuzhou	3976568	1729807	2246761	43.50	56.50
上饶市	Shangrao	6687968	3067102	3620866	45.86	54.14

2-6 各地区家庭户数和家庭户规模（2014年末）

Family Households Number and Family Households Size by Region(end of 2014)

地 区	Region	户 数 (户) Number of Households (household)	#家庭户 Number of Family Households	人口数 (人) Population (person)	#家庭户人口数 Population Family Households	家庭户规模 (人/户) Average Family Household Size (person/household)
全 省	**Provincial Total**	**12681522**	**12223832**	**45421607**	**43027887**	**3.52**
南 昌 市	Nanchang	1536650	1399772	5240179	4535262	3.24
景德镇市	Jingdezhen	473732	460580	1629754	1561365	3.39
萍 乡 市	Pingxiang	522384	507353	1890005	1811251	3.57
九 江 市	Jiujiang	1332587	1288022	4806885	4572479	3.55
新 余 市	Xinyu	382684	365114	1160793	1069785	2.93
鹰 潭 市	Yingtan	322029	315769	1147587	1114664	3.53
赣 州 市	Ganzhou	2287043	2202550	8507458	8061334	3.66
吉 安 市	Ji'an	1350643	1315728	4881151	4697148	3.57
宜 春 市	Yichun	1548829	1499195	5493259	5232190	3.49
抚 州 市	Fuzhou	1124321	1107447	3976568	3887137	3.51
上 饶 市	Shangrao	1800619	1762302	6687968	6485273	3.68

2-7 各地区人口抚养比（2014年末）

Dependency Ratio of Population by Region (end of 2014)

单位：% (%)

地 区	Region	少儿抚养比 Children Dependency Ratio	老年抚养比 Old Dependency Ratio	总抚养比 Gross Dependency Ratio
全 省	**Provincial Total**	**29.05**	**12.95**	**42.00**
南 昌 市	Nanchang	23.36	11.83	35.19
景德镇市	Jingdezhen	32.09	16.97	49.06
萍 乡 市	Pingxiang	25.70	13.06	38.75
九 江 市	Jiujiang	27.26	12.72	39.99
新 余 市	Xinyu	23.88	12.48	36.35
鹰 潭 市	Yingtan	28.54	12.40	40.94
赣 州 市	Ganzhou	33.15	13.86	47.02
吉 安 市	Ji'an	28.28	12.42	40.71
宜 春 市	Yichun	29.02	12.68	41.70
抚 州 市	Fuzhou	29.87	12.02	41.88
上 饶 市	Shangrao	31.46	13.30	44.76

2-8 分年龄、性别的人口构成（2014年末）

Population Composition by Age and Sex (end of 2014)

单位：%　　(%)

年　龄(岁) Age(year old)	人口构成合计 Population Composition Total	男 Male	女 Female	性别比 (女=100) Sex Ratio (Female=100)
总　计 Total	**100.00**	**51.40**	**48.60**	**105.76**
0—4	6.68	3.65	3.03	120.46
5—9	7.56	4.24	3.32	127.71
10—14	6.22	3.45	2.77	124.55
15—19	7.01	3.79	3.22	117.70
20—24	9.00	4.51	4.49	100.45
25—29	6.98	3.41	3.57	95.52
30—34	7.38	3.63	3.75	96.80
35—39	8.82	4.56	4.26	107.04
40—44	8.60	4.45	4.15	107.23
45—49	7.29	3.68	3.61	101.94
50—54	5.49	2.73	2.76	98.91
55—59	5.52	2.75	2.77	99.28
60—64	4.33	2.20	2.13	103.29
65—69	3.24	1.61	1.63	98.77
70—74	2.53	1.23	1.30	94.62
75—79	1.71	0.80	0.91	87.91
80—84	0.98	0.46	0.52	88.46
85—89	0.44	0.17	0.27	62.96
90—94	0.16	0.06	0.10	60.00
95+	0.06	0.02	0.04	50.00

2-9 6岁及以上人口的文化构成（2014年末）

Educational Attainment Composition of Population Aged 6 and above (end of 2014)

单位：%　　(%)

年　龄(岁) Age(year old)	不识字或识字很少 Illiterate	小　学 Primary School	初　中 Junior Secondary School	高　中 Senior Secondary School	大专以上 Junior College and Above
总　计 Total	**3.44**	**30.29**	**42.28**	**15.36**	**8.63**
6-9	0.20	5.44	0.05	0.00	0.00
10-14	0.02	3.45	3.42	0.18	0.01
15-19	0.01	0.24	3.69	3.52	1.02
20-24	0.02	0.51	4.78	2.04	2.80
25-29	0.01	0.56	4.47	1.37	1.31
30-34	0.02	1.09	5.23	1.34	0.86
35-39	0.03	1.97	5.56	1.45	0.75
40-44	0.04	2.51	4.98	1.25	0.63
45-49	0.08	2.30	3.57	1.49	0.44
50-54	0.15	2.36	2.26	0.99	0.25
55-59	0.30	2.95	1.79	0.62	0.23
60-64	0.37	2.32	1.09	0.34	0.13
65+	2.19	4.59	1.39	0.77	0.20

2-10 15岁及以上人口的婚姻构成（2014年末）

Marital Composition of Population Aged 15 and above (end of 2014)

单位：% (%)

年 龄(岁) Age(year old)	未 婚 Never Married		初婚有配偶 First Married		再婚有配偶 Re-married		离 婚 Divorced		丧 偶 Widowed	
	男 Male	女 Female	男 Male	女 Female	男 Male	女 Female	男 Male	女 Female	男 Male	女 Female
总 计 Total	**10.49**	**7.20**	**36.60**	**37.57**	**0.68**	**0.74**	**0.72**	**0.47**	**1.57**	**3.96**
15-19	4.49	3.65	0.05	0.07	0.00	0.00	0.00	0.00	0.00	0.00
20-24	3.45	2.68	0.77	1.89	0.00	0.01	0.01	0.01	0.00	0.00
25-29	1.30	0.61	2.45	3.53	0.02	0.03	0.05	0.04	0.00	0.01
30-34	0.47	0.16	4.10	4.83	0.03	0.05	0.09	0.05	0.01	0.01
35-39	0.29	0.06	5.18	5.54	0.07	0.10	0.12	0.08	0.01	0.04
40-44	0.15	0.02	5.42	5.43	0.09	0.12	0.14	0.07	0.03	0.08
45-49	0.09	0.01	4.74	4.66	0.10	0.12	0.10	0.07	0.07	0.15
50-54	0.07	0.01	3.92	3.62	0.09	0.09	0.07	0.04	0.08	0.20
55-59	0.06	0.00	3.50	3.26	0.09	0.08	0.06	0.04	0.13	0.35
60-64	0.05	0.00	2.57	2.19	0.07	0.07	0.03	0.02	0.18	0.48
65+	0.06	0.00	3.90	2.55	0.11	0.08	0.04	0.03	1.04	2.64

2-11 育龄妇女分年龄的生育状况（2014年末）

Age-specific Fertility Rate of Childbearing Women by Age of Mother (end of 2014)

年 龄(岁) Age(year old)	平均育龄妇女比重(%) Average Proportion of Childbearing Women (%)	出生人口比重(%) Births Proportion (%)	育龄妇女生育率(‰) Fertility Rate of Childbearing Women (‰)			
				一 孩 1st Birth	二 孩 2nd Birth	三孩及以上 3rd Birth and Above
总 计 Total	**100.00**	**100.00**	**48.84**	**29.79**	**16.43**	**2.62**
15-19	11.91	2.01	8.24	7.69	0.55	0.00
20-24	16.71	35.87	104.86	86.17	17.96	0.73
25-29	13.16	31.90	118.42	67.59	44.29	6.54
30-34	13.82	17.48	61.79	24.94	30.96	5.89
35-39	15.73	8.62	26.75	8.15	14.93	3.67
40-44	15.40	2.81	8.90	3.48	4.09	1.33
45-49	13.27	1.31	4.82	2.69	1.84	0.29

主要统计指标解释

人口数 指一定时点，一定地区范围内有生命的个人总和。

城镇人口和乡村人口 城镇人口是指居住在城镇范围内的全部常住人口；乡村人口是除上述人口以外的全部人口。

出生率（又称粗出生率） 指在一定时期内（通常为一年）一定地区的出生人数与同期内平均人数（或期中人数）之比，用千分率表示。本资料中的出生率指年出生率，其计算公式为：

$$出生率=\frac{年出生人数}{年平均人数}\times 1000‰$$

式中：出生人数指活产婴儿，即胎儿脱离母体时（不管怀孕月数），有过呼吸或其他生命现象。年平均人数指年初、年底人口数的平均数，也可用年中人口数代替。

死亡率（又称粗死亡率） 指在一定时期内（通常为一年）一定地区的死亡人数与同期平均人数（或期中人数）之比，用千分率表示。本资料中的死亡率指年死亡率，其计算公式为：

$$死亡率=\frac{年死亡人数}{年平均人数}\times 1000‰$$

人口自然增长率 指在一定时期内（通常为一年）人口自然增加数（出生人数减死亡人数）与该时期内平均人数（或期中人数）之比，用千分率表示。计算公式为：

$$人口自然增长率=\frac{本年出生人数-本年死亡人数}{年平均人数}\times 1000‰$$

$$=人口出生率-人口死亡率$$

Explanatory Notes on Main Statistical Indicators

Total Population refers to the total number of people alive at a certain point of time within a given area.

Urban Population and Rural Population Urban population refers to all people residing in cities and towns, while rural population refers to population other than urban population.

Birth Rate (or Crude Birth Rate) refers to the ratio of the number of births to the average population (or mid-period population) during a certain period of time (usually a year), expressed in ‰. Birth rate in the chapter refers to annual birth rate. The following formula is used:

$$\text{Birth Rate}=\frac{\text{Number of Births}}{\text{Annual Average Population}}\times 1000‰$$

Number of births in the formula refers to live births, i.e. when a baby has breathed or showed any vital phenomena regardless of the length of pregnancy. Annual average population is the average of the number of population at the beginning of the year and that at the end of the year. Sometimes it is substituted by the mid-year population.

Death Rate (or Crude Death Rate) refers to the ratio of the number of deaths to the average population (or mid-period population) during a certain period of time (usually a year), expressed in ‰. Death rate in the chapter refers to annual death rate.The following formula is used:

$$\text{Death Rate}=\frac{\text{Number of Deaths}}{\text{Annual Average Population}}\times 1000‰$$

Natural Growth Rate of Population refers to the ratio of natural increase in population (number of births minus number of deaths) in a certain period of time (usually a year) to the average population (or mid-period population) of the same period, expressed in ‰. The following formula is applied:

$$\text{Natural Growth Rate of Population}=\frac{\text{Number of Births - Number of Deaths}}{\text{Annual Average Popultion}}\times 1000‰$$

Natural Growth Rate of Population = Birth Rate-Death Rate.

3

就业人员和职工工资

EMPLOYMENT AND WAGE

◆39/59

资料整理及英文翻译： 黄韶华

简要说明

一、本篇资料的主要内容

本篇资料反映全省劳动经济方面的基本情况，包括11个设区市的主要劳动统计数据。如：就业人员、职工工资总额、职工平均工资等情况。

二、本篇资料的统计范围

《劳动统计报表制度》的调查范围为城镇辖区内独立核算法人单位（不包括乡镇企业和个体工商户），自1998年起部分指标有所变动，职工人数为在岗职工；劳动力资源、全社会就业人员统计范围为城镇和乡村16岁以上人口，2002年及以后全社会就业人员、城镇和乡村就业人员的总计资料根据人口和劳动力调查资料推算，因此分地区、分类型、分行业的资料相加不等于总计；私营和个体工商户统计范围为全社会；《培训就业统计报表制度》的填报范围为全省就业服务和职业介绍机构。

三、本篇资料来源

1. 就业基本情况及分组资料、职工工资总额等资料，是省统计局人口和就业处根据《劳动统计报表制度》、《人口变动情况抽样调查制度》、《劳动力调查制度》等资料，加工整理。

2. 职业介绍服务机构、城镇登记失业人数是根据省人力资源和社会保障厅《培训就业统计报表制度》整理。

3. 个体劳动者根据省工商行政管理局报表整理。

四、本篇的统计调查方法

劳动统计采用全面调查方法，由各级统计部门和各直报单位逐级上报；劳动力调查采用抽样调查方法；培训、就业统计及个体工商统计利用行政登记资料加工汇总。

Brief Introduction

I. Main Contents

Data in this chapter show the basic conditions of labour economy for the whole province, including main labour statistics on the 11 municipalities, such as number of employed persons, total wage bills and average wages of staff.

II. Scope of Statistics

The Reporting Form System on Labour Statistics covers independent corporate units within the urban areas (not including township enterprise or self-employed individuals). Since 1998, some indicators varied, number of staff refers to working staff. Scope of statistics on labour force and whole society employment is refers to population above age 16 in urban and rural areas. Since 2002, statistics on whole society employment、urban and rural areas employment are complied according to Population and labour force survey data, thus the sum of region or category or sector does not necessarily equal the total number. Scope of Statistics on private and individual industrial and commercial households is the whole society. Scope of Training and Employment Statistics System is employment services and employment agencies in the whole province.

III. Sources of Data

1. Data on basic conditions of employment, data by groups, total wage bills of staff and workers are collected and compiled through The Reporting Form System on Labour System, The Sample Survey System on Demographic changes and The System of Labour Survey by Division of Population, and Employment Jiangxi Provincial Bureau of Statistics.

2. Data on the employment services and the exchanges of labour force and on the number of registered The Reporting Form System on Training and Employment Statistics, which provided by jiangxi Labour and Social Security Department.

3. Data on the number of employed persons in self-employed individuals are provided by the Provincial Administration for Industry and Commerce.

IV. Methodology of Survey

A complete reporting form from lower-level statistical bureaus to higher level statistical bureaus is used in the labour statistics. The Sampling Survey on Labour Force are conducted by using sampling methods. Statistics on training, employment,and self-employed individuals are collected and complied on basis of administrative registering records.

3-1 劳动力资源

Labor Force Resources

单位：万人 (10000 persons)

年份 Year	劳动力资源总数 Total Number of Labor Force Resources	社会就业人数 Number of Employed Persons in Society	#职工人数 Number of Staff and Workers	国有经济单位 State-owned Units	城镇集体经济单位 Urban Collective-owned Units	其他各种经济单位 Units of Other Types of Ownership	劳动力资源总数占人口数的比重（%） Percentage of Total Number of Labor Force Resources to Population(%)	劳动力资源利用率（%） Utilization Ratio of Labor Force Resources (%)
1978	1448.1	1254.3	267.4	221.0	46.4		45.5	86.6
1979	1503.5	1307.0	269.6	219.6	50.0		46.6	86.9
1980	1559.6	1356.3	286.7	233.0	53.7		47.7	87.0
1981	1610.2	1409.8	301.9	242.2	59.7		48.7	87.6
1982	1638.9	1434.0	311.9	249.3	62.6		49.0	87.5
1983	1731.4	1498.2	311.1	245.6	65.5		51.2	86.5
1984	1824.8	1537.3	324.9	247.0	77.9		53.4	84.3
1985	1887.1	1584.8	341.6	261.4	80.1	0.1	54.5	84.0
1986	1934.6	1622.6	351.9	269.4	82.3	0.2	55.1	83.9
1987	1981.4	1668.4	365.3	281.4	83.7	0.2	55.7	84.2
1988	2055.3	1723.0	379.2	293.8	85.0	0.4	56.6	83.8
1989	2107.2	1760.4	380.1	298.3	81.3	0.5	57.0	83.5
1990	2175.3	1816.5	386.2	304.0	81.6	0.6	57.1	83.5
1991	2248.8	1874.5	398.9	313.9	83.9	1.1	58.2	83.4
1992	2354.0	1870.4	408.4	322.0	84.4	2.0	60.2	79.5
1993	2418.7	1903.7	412.0	326.9	80.4	4.7	61.0	78.7
1994	2636.1	2007.7	413.5	328.6	79.2	5.7	65.6	76.2
1995	2653.3	2100.5	411.3	332.7	71.4	7.2	63.3	79.2
1996	2735.4	2107.2	412.0	336.0	68.8	7.2	66.6	77.0
1997	2768.8	2120.6	409.4	334.0	67.6	7.8	66.7	76.6
1998	2809.1	2094.3	322.5	254.9	41.0	26.6	67.0	74.6
1999	2830.2	2089.0	305.9	242.8	36.3	26.8	66.9	73.8
2000	2898.2	2060.9	291.6	231.8	33.0	26.8	69.8	71.1
2001	2898.5	2054.8	279.3	222.2	27.9	29.2	69.2	70.9
2002	2911.6	2130.6	261.9	206.8	22.8	32.3	69.0	73.2
2003	3016.6	2168.2	256.7	196.1	20.0	40.6	70.9	71.9
2004	3073.5	2214.0	258.4	192.4	17.5	48.5	71.8	72.0
2005	3130.0	2276.7	264.8	191.3	17.6	55.9	72.6	72.7
2006	3210.4	2321.1	271.9	191.9	16.0	64.0	74.0	72.3
2007	3290.6	2369.6	275.0	190.5	16.3	68.2	75.3	72.0
2008	3353.0	2404.5	275.2	186.6	13.9	74.7	76.2	71.7
2009	3413.8	2445.2	273.8	187.4	12.6	73.8	77.0	71.6
2010	3417.6	2498.8	279.6	187.8	12.5	79.3	76.6	73.1
2011	3480.5	2532.6	311.3	185.3	15.7	110.2	77.5	72.8
2012	3495.5	2556.0	360.9	195.2	15.6	150.1	77.6	73.1
2013	3524.7	2588.7	410.0	173.0	12.6	224.4	77.9	73.4
2014	3551.6	2603.3	426.0	175.7	12.4	238.0	78.2	73.3

注：自1998年起，职工人数为在岗职工人数。自2012年起，职工人数含劳务派遣人员。

a) Since 1998,number of staff and workers refers to number of employed staff and workers.Since 2012,number of staff and workers includes dispatched laborers.

3-2 三次产业社会就业人员数(年末数)

Number of Employed Persons by Three Strata of Industry (year-end)

年份 地区 Year Region	合计 (万人) Total (10000 persons)	第一产业 Primary Industry	第二产业 Secondary Industry	第三产业 Tertiary Industry	构成(以合计数为100) Composition (Total=100) 第一产业 Primary Industry	第二产业 Secondary Industry	第三产业 Tertiary Industry
1978	1254.3	968.7	163.4	122.2	77.2	13.0	9.8
1980	1356.3	1053.8	166.9	135.6	77.7	12.3	10.0
1985	1584.8	1057.2	320.5	207.1	66.7	20.2	13.1
1990	1816.5	1193.1	368.6	254.8	65.7	20.3	14.0
1991	1874.5	1224.2	388.7	261.6	65.3	20.7	14.0
1992	1870.4	1186.2	412.9	271.3	63.4	22.0	14.6
1993	1903.7	1085.9	462.5	355.3	57.3	24.3	18.4
1994	2007.7	1127.2	493.3	387.2	56.1	24.6	19.3
1995	2100.5	1071.7	525.1	503.7	51.0	25.0	24.0
1996	2107.2	1049.7	539.7	517.8	49.8	25.6	24.6
1997	2120.6	1000.9	549.8	569.9	47.2	25.9	26.9
1998	2094.3	975.5	548.8	570.0	46.6	26.2	27.2
1999	2089.0	969.3	530.7	589.0	46.4	25.4	28.2
2000	2060.9	960.9	502.8	597.2	46.6	24.4	29.0
2001	2054.8	949.6	482.6	622.6	46.2	23.5	30.3
2002	2130.6	964.5	483.8	682.3	45.3	22.7	32.0
2003	2168.2	910.7	568.0	689.5	42.0	26.2	31.8
2004	2214.0	907.7	598.4	707.9	41.0	27.0	32.0
2005	2276.7	907.5	619.5	749.7	39.9	27.2	32.9
2006	2321.1	907.4	639.5	774.2	39.1	27.5	33.4
2007	2369.6	900.8	663.3	805.5	38.0	28.0	34.0
2008	2404.5	900.1	675.0	829.4	37.4	28.1	34.5
2009	2445.2	892.6	710.1	842.5	36.5	29.0	34.5
2010	2498.8	888.6	741.1	869.1	35.6	29.6	34.8
2011	2532.6	870.5	763.3	898.8	34.4	30.1	35.5
2012	2556.0	841.0	792.3	922.7	32.9	31.0	36.1
2013	2588.7	820.9	824.1	943.8	31.7	31.8	36.5
2014	2603.3	801.4	837.6	964.3	30.8	32.2	37.0
南昌市 Nanchang	330.1	68.1	122.7	139.4	20.6	37.2	42.2
景德镇市 Jingdezhen	102.6	27.7	35.6	39.3	27.0	34.7	38.3
萍乡市 Pingxiang	116.1	25.4	51.0	39.8	21.9	43.9	34.2
九江市 Jiujiang	310.0	94.7	108.0	107.4	30.5	34.8	34.6
新余市 Xinyu	64.9	23.8	22.4	18.8	36.7	34.4	28.9
鹰潭市 Yingtan	77.3	25.8	21.7	29.8	33.4	28.1	38.5
赣州市 Ganzhou	532.4	176.7	170.9	184.8	33.2	32.1	34.7
吉安市 Ji'an	280.6	126.1	69.1	85.4	44.9	24.6	30.4
宜春市 Yichun	330.4	113.5	100.4	116.5	34.4	30.4	35.3
抚州市 Fuzhou	221.9	90.9	46.2	84.7	41.0	20.8	38.2
上饶市 Shangrao	427.9	127.4	145.6	154.9	29.8	34.0	36.2

3-3 社会就业人员数（年末数）

Number of Employed Persons in Society (year-end)

单位：万人 (10000 persons)

类 别	Type	2013	2014
总 计	**Total**	**2588.72**	**2603.3**
按经济类型分	**Classifed by Types of Ownership**		
城镇	Urban	934.94	985.41
#国有	State-owned	187.2	189.70
集体	Collective-owned	15.39	15.79
股份合作	Cooperative	3.35	2.31
联营	Joint Ownership	0.26	0.22
有限责任公司	Limited Liability Corporations	148.29	165.24
股份有限公司	Share-holding Corporations Ltd.	34.42	34.25
港澳台投资	Funds from Hong Kong,Macao&Taiwan	34.63	36.16
外商投资	Foreign Funded	19.02	19.23
私营和个体	Private Enterprises and Self-employed Individuals	488.89	529.25
乡村	Rural	1653.78	1617.89
#私营和个体	Private Enterprises and Self-employed Individuals	304.13	325.97
按国民经济行业分	**Classified by Sector**		
农、林、牧、渔业	Farming,Forestry,Animal Husbandry and Fishery	820.88	801.37
采矿业、制造业	Mining,Manufacturing	576.16	584.17
电力、热力、燃气及水生产和供应业	Production and Distribution of Electricity,Heat,Gas and Water	22.24	15.98
建筑业	Construction	225.69	237.5
批发和零售业	Wholesale and Retail Trades	439.65	372.46
交通运输、仓储和邮政业	Traffic, Transport, Storage and Post	82.59	122.01
住宿和餐饮业	Hotels and Catering Services	113.05	70.49
信息传输、软件和信息技术服务业	Information Transmission,Software and Information Technical Services	34.18	37.38
金融业	Financial Intermediation	12.18	19.94
房地产	Real Estate	18.16	13.65
租赁和商务服务业	Leasing and Business Services	37.09	26.2
科学研究和技术服务业	Scientific Research and Technical Service	10.23	10.99
水利、环境和公共设施管理业	Management of Water Conservancy, Environment and Public Facilities	8.50	9.88
居民服务、修理和其他服务业	Services to Households,Repair and Other Services	60.28	116.87
教育	Education	50.16	68.36
卫生和社会工作	Health and Social Work	21.75	36.26
文化、体育和娱乐业	Culture, Sports and Entertainment	7.67	9.03
公共管理、社会保障和社会组织	Public Management,Social Security and Social Organization	48.26	50.76

注：就业人员总计是根据人口变动抽样调查资料推算，因此，分地区、分经济类型、分行业资料相加不等于总计。下表同。

a) The total mumber of employed persons have been estimated in accordance with the data from the national sample survey on population changes. As a result,the sum of the data by region,by ownership and by sector is not equal to the total.The same applies to the following tables.

3-4 各地区城镇就业人员数(年末数)

Number of Employed Persons in Urban Areas by Region (year-end)

单位: 万人 (10000 persons)

地区	Region	2009	2010	2011	2012	2013	2014
全省	**Provincial Total**	**766.58**	**802.02**	**845.69**	**885.85**	**934.94**	**985.41**
南昌市	Nanchang	157.49	161.68	169.29	177.95	188.38	194.45
景德镇市	Jingdezhen	40.24	41.61	44.09	45.11	46.19	48.99
萍乡市	Pingxiang	38.33	39.84	41.86	44.15	45.72	47.86
九江市	Jiujiang	89.06	93.13	99.07	104.35	110.04	116.07
新余市	Xinyu	29.69	30.72	31.96	33.68	35.39	37.52
鹰潭市	Yingtan	26.03	26.93	28.02	30.08	31.17	33.45
赣州市	Ganzhou	91.85	97.20	103.82	108.69	118.72	127.22
吉安市	Ji'an	71.14	75.27	79.70	82.92	87.42	92.87
宜春市	Yichun	80.11	84.73	88.81	92.38	97.36	103.05
抚州市	Fuzhou	60.98	64.38	68.35	71.80	75.71	80.25
上饶市	Shangrao	81.66	86.53	90.72	94.74	98.84	103.68

3-5 各地区城镇个体劳动者数（年末数）

Number of Self-employed Workers in Urban Areas by Region (year-end)

单位: 万人 (10000 persons)

地区	Region	2009	2010	2011	2012	2013	2014
全省	**Provincial Total**	**129.67**	**160.01**	**196.83**	**195.94**	**203.48**	**232.48**
南昌市	Nanchang	20.24	26.42	28.28	33.73	33.64	30.91
景德镇市	Jingdezhen	9.10	10.20	10.81	9.55	9.45	12.35
萍乡市	Pingxiang	7.80	12.91	13.95	14.53	11.45	16.40
九江市	Jiujiang	11.56	14.69	31.77	30.29	24.98	38.36
新余市	Xinyu	4.88	5.92	6.79	8.79	9.71	5.37
鹰潭市	Yingtan	3.86	4.85	5.48	6.17	5.17	5.17
赣州市	Ganzhou	28.32	33.38	33.27	34.88	35.82	41.29
吉安市	Ji'an	9.90	12.73	13.41	14.26	15.86	19.47
宜春市	Yichun	10.10	13.74	20.10	16.87	24.50	21.68
抚州市	Fuzhou	7.92	9.13	11.46	12.65	18.64	9.94
上饶市	Shangrao	15.99	16.04	21.51	14.21	14.25	27.40

3-6 城镇登记失业人数及登记失业率

Unemployed Persons and Unemployment Rate in Urban Areas

年 份 地 区 Year Region	城镇登记失业人数 (万人) Unemployed Persons in Urban Areas (10000 persons)	#失业青年 Unemployed-Youth	占城镇登记失业人数(%) Percentage to Unemployed Persons in Urban Areas(%)	登记失业率 (%) Unemployment Rate (%)
1978	21.38			7.39
1979	15.17	13.35	88.0	5.31
1980	17.03	14.43	84.7	5.59
1981	14.58	11.61	79.6	4.57
1982	14.81	11.63	78.5	4.47
1983	13.26	10.60	79.9	3.98
1984	7.57	6.10	80.6	2.21
1985	5.21	4.74	91.0	1.45
1986	5.42	4.98	91.9	1.46
1987	5.56	4.83	86.9	1.45
1988	6.17	5.57	90.3	1.53
1989	6.95	6.60	95.0	1.69
1990	10.26	9.60	93.6	2.44
1991	10.56	10.14	96.0	2.40
1992	8.65	7.92	91.6	1.92
1993	8.65	8.29	95.8	1.82
1994	8.85	7.13	80.6	1.79
1995	8.66	7.48	86.3	1.57
1996	10.10	6.36	63.1	2.20
1997	14.22	8.52	60.0	2.32
1998	14.45	8.26	57.2	2.47
1999	15.50	5.95	38.4	2.60
2000	16.68	5.45	32.7	2.90
2001	17.28	3.39	19.6	3.30
2002	17.76	3.86	21.7	3.40
2003	21.62	4.21	19.5	3.80
2004	22.42	4.39	19.5	3.56
2005	22.84	3.87	16.90	3.48
2006	25.27	3.83	15.20	3.64
2007	24.34	2.41	9.90	3.37
2008	25.99	2.12	8.15	3.42
2009	27.30	1.36	4.98	3.44
2010	26.26	0.94	3.58	3.31
2011	24.64	1.44	5.84	3.20
2012	25.72	1.03	4.00	3.00
2013	27.42	1.19	4.34	3.17
2014	29.41	1.25	4.25	3.27

注：自1999年起失业青年为长期失业者。

a) Unemployed youth are the long-term umemployed since 1999.

3-7 城镇非私营单位就业人员年末人数、工资（2014年）

Number and Wage of Employed Persons in Urban Non-Private Units at Year-end (2014)

类别	Type	就业人员人数（人） Number of Employed Persons (person)	就业人员平均工资（元） Average Wage of Employed Persons (yuan)
总计	**Total**	**4652616**	**46218**
按经济类型分	**Classified by Types of Ownership**		
国有单位	State-owned	1897023	49519
城镇集体单位	Collective-owned	157871	39893
其他单位	Others	2597722	44158
#股份合作	Cooperative	23082	43966
联营	Joint Ownership	2236	43131
有限责任公司	Limited Liability Corporations	1652448	44393
股份有限公司	Share-holding Corporations Ltd.	342491	48827
其他	Others	23534	42395
港澳台商投资	Funds from Hong Kong,Macao&Taiwan	361607	40392
外商投资	Foreign Funded	192324	41025
按隶属关系分	**Classified by Subordinative Relationship**		
中央	Central	108637	64261
地方	Regional	4534869	45814
其他	Others	9110	35263
按国民经济行业分	**Classified by Sector**		
农、林、牧、渔业	Farming,Forestry,Animal Husbandry and Fishery	51562	26877
采矿业	Mining	77688	42984
制造业	Manufacturing	1335144	42976
电力、热力、燃气及水生产和供应业	Production and Distribution of Electricity,Gas and Water	142956	56550
建筑业	Construction	944074	42002
批发和零售业	Wholesale and Retail Trades	182326	41964
交通运输、仓储和邮政业	Traffic, Transport, Storage and Post	207779	58120
住宿和餐饮业	Hotels and Catering Services	40841	30722
信息传输、软件和信息技术服务业	Information Transmission,Software and Information Technical Services	65263	60482
金融业	Financial Intermediation	121773	71160
房地产业	Real Estate	57252	45093
租赁和商务服务业	Leasing and Business Services	47074	40161
科学研究和技术服务业	Scientific Research and Technical Service	55378	55957
水利、环境和公共设施管理业	Service and Geologic Management Prospecting of Water Conservancy,Environment and Public Facilities	71048	41782
居民服务、修理和其他服务业	Services to Households,Repair and Other Services	8160	42678
教育	Education	509344	48543
卫生和社会工作	Health and Social Work	215115	53384
文化、体育和娱乐业	Culture, Sports and Entertainment	30291	44941
公共管理、社会保障和社会组织	Public Management,Social Security and Social Organization	489548	46893
按地区分	**By Region**		
南昌市	Nanchang	1220981	50592
景德镇市	Jingdezhen	201432	40150
萍乡市	Pingxiang	192765	42425
九江市	Jiujiang	454424	43200
新余市	Xinyu	140712	46193
鹰潭市	Yingtan	154444	46238
赣州市	Ganzhou	550374	44351
吉安市	Ji'an	359557	42077
宜春市	Yichun	431125	40784
抚州市	Fuzhou	379478	44788
上饶市	Shangrao	447485	42233

3-8　城镇非私营单位在岗职工年末人数、工资（2014年）
Number and Wage of Employed Staff and Workers in Urban Non-Private Units at Year-end (2014)

类　　　别	Type	在岗职工人数（人）Number of Employed Staff and Workers (person)	在岗职工平均工资（元）Average Wage of Employed Staff and Workers(yuan)
总　计	**Total**	**4260148**	**47299**
按经济类型分	**Classified by Types of Ownership**		
国有单位	State-owned	1756590	51406
城镇集体单位	Collective-owned	123865	41022
其他单位	Others	2379693	44550
#股份合作	Cooperative	21814	44841
联营	Joint Ownership	1995	46205
有限责任公司	Limited Liability Corporations	1468869	44717
股份有限公司	Share-holding Corporations Ltd.	316158	50616
其他	Others	22808	42793
港澳台商投资	Funds from Hong Kong,Macao&Taiwan	357497	40398
外商投资	Foreign Funded	190552	40992
按隶属关系分	**Classified by Subordinative Relationship**		
中央	Central	97693	66141
地方	Regional	4153664	52473
其他	Others	8791	35604
按国民经济行业分	**Classified by Sector**		
农、林、牧、渔业	Farming,Forestry,Animal Husbandry and Fishery	44586	28991
采矿业	Mining	76024	43521
制造业	Manufacturing	1311948	43191
电力、燃气及水的生产和供应业	Production and Distribution of Electricity,Gas and Water	122397	59734
建筑业	Construction	731528	42203
批发和零售业	Wholesale and Retail Trades	172001	42915
交通运输、仓储和邮政业	Traffic, Transport, Storage and Post	200034	59248
住宿和餐饮业	Hotels and Catering Services	39455	31172
信息传输、软件和信息技术服务业	Information Transmission,Software and Information Technical Services	61319	62413
金融业	Financial Intermediation	106320	77657
房地产业	Real Estate	54505	46125
租赁和商务服务业	Leasing and Business Services	43402	40763
科学研究和技术服务业	Scientific Research and Technical Service	51808	57042
水利、环境和公共设施管理业	Service and Geologic Management Prospecting of Water Conservancy,Environment and Public Facilities	54773	48425
居民服务、修理和其他服务业	Services to Households,Repair and Other Services	7904	42746
教育	Education	490922	49583
卫生和社会工作	Health and Social Work	199286	55402
文化、体育和娱乐业	Culture, Sports and Entertainment	28132	46590
公共管理、社会保障和社会组织	Public Management,Social Security and Social Organization	463804	48325
按地区分	**By Region**		
南昌市	Nanchang	1024887	51851
景德镇市	Jingdezhen	192931	40989
萍乡市	Pingxiang	183943	43358
九江市	Jiujiang	422724	44403
新余市	Xinyu	135906	46936
鹰潭市	Yingtan	148611	47291
赣州市	Ganzhou	526584	45127
吉安市	Ji'an	336665	43173
宜春市	Yichun	411998	41463
抚州市	Fuzhou	359924	45714
上饶市	Shangrao	411391	43561

注：在岗职工含劳务派遣人员。

a)Number of employed staff and workers includes dispatched laborers.

3-9 城镇非私营单位各种分组的就业人员人数（2014年末）

Number of Employed Persons in Urban Non-Private Units by Types of Groups (end of 2014)

单位：人 (person)

类别	Type	合计 Total	国有单位 State-owned Units	城镇集体单位 Urban Collective-owned Units	其他单位 Units of Other Types of Ownership
总计	**Total**	**4652616**	**1897023**	**157871**	**2597722**
按国民经济行业分	**Grouped by Sector**				
农、林、牧、渔业	Farming,Forestry,Animal Husbandry and Fishery	51562	50117	390	1055
采矿业	Mining	77688	28690	2366	46632
制造业	Manufacturing	1335144	102435	11793	1220916
电力、煤气及水的生产和供应业	Production and Distribution of Electricity,Gas and Water	142956	26875	104	115977
建筑业	Construction	944074	98973	104060	741041
批发和零售业	Wholesale and Retail Trades	182326	32276	3863	146187
交通运输、仓储和邮政业	Traffic, Transport, Storage and Post	207779	125272	4577	77930
住宿和餐饮业	Hotels and Catering Services	40841	9521	252	31068
信息传输、软件和信息技术服务业	Information Transmission,Software and Information Technical Services	65263	10483	259	54521
金融业	Financial Intermediation	121773	54768	16601	50404
房地产业	Real Estate	57252	9479	830	46943
租赁和商务服务业	Leasing and Business Services	47074	28347	2955	15772
科学研究和技术服务业	Scientific Research and Technical Service	55378	44595	67	10716
水利、环境和公共设施管理业	Service and Geologic Management Prospecting of Water Conservancy,Environment and Public Facilities	71048	60202	3237	7609
居民服务、修理和其他服务业	Services to Households,Repair and Other Services	8160	2904	357	4899
教育	Education	509344	497296	396	11652
卫生和社会工作	Health and Social Work	215115	198971	5694	10450
文化、体育和娱乐业	Culture, Sports and Entertainment	30291	26401		3890
公共管理、社会保障和社会组织	Public Management,Social Security and Social Organization	489548	489418	70	60

3-10 城镇非私营单位各种分组的在岗职工人数（2014年末）

Number of Employed Staff and Workers in Urban Non-Private Units by Types of Groups (end of 2014)

单位：人 (person)

类别	Type	合计 Total	国有单位 State-owned Units	城镇集体单位 Urban Collective-owned Units	其他单位 Units of Other Types of Ownership
总计	**Total**	**4260148**	**1756590**	**123865**	**2379693**
按国民经济行业分	**Grouped by Sector**				
农、林、牧、渔业	Farming,Forestry,Animal Husbandry and Fishery	44586	43156	375	1055
采矿业	Mining	76024	28180	2363	45481
制造业	Manufacturing	1311948	94672	10359	1206917
电力、煤气及水的生产和供应业	Production and Distribution of Electricity,Gas and Water	122397	25323	104	96970
建筑业	Construction	731528	66660	74765	590103
批发和零售业	Wholesale and Retail Trades	172001	30623	3700	137678
交通运输、仓储和邮政业	Traffic, Transport, Storage and Post	200034	122997	4040	72997
住宿和餐饮业	Hotels and Catering Services	39455	8491	184	30780
信息传输、软件和信息技术服务业	Information Transmission,Software and Information Technical Services	61319	9612	250	51457
金融业	Financial Intermediation	106320	50047	15740	40533
房地产业	Real Estate	54505	8644	802	45059
租赁和商务服务业	Leasing and Business Services	43402	26722	2751	13929
科学研究和技术服务业	Scientific Research and Technical Service	51808	42137	53	9618
水利、环境和公共设施管理业	Service and Geologic Management Prospecting of Water Conservancy,Environment and Public Facilities	54773	45291	2226	7256
居民服务、修理和其他服务业	Services to Households,Repair and Other Services	7904	2757	336	4811
教育	Education	490922	479057	396	11469
卫生和社会工作	Health and Social Work	199286	183654	5351	10281
文化、体育和娱乐业	Culture, Sports and Entertainment	28132	24893		3239
公共管理、社会保障和社会组织	Public Management,Social Security and Social Organization	463804	463674	70	60

3-11 城镇非私营单位职工工资总额和平均工资
Total Wages Bill and Average Wage of Staff and Workers in Urban Non-Private Units

年 份 Year	工资总额 (万元) Total Wages Bill (10000 yuan)	国有经济单位 State-owned Units	城镇集体经济单位 Urban Collective-owned Units	其他各种经济单位 Units of Other Types of Ownership	平均工资 (元) Average Wage (yuan)	国有经济单位 State-owned Units	城镇集体经济单位 Urban Collective-owned Units	其他各种经济单位 Units of Other Types of Ownership
1978	145123	122929	22194		552	562	500	
1979	161102	135538	25564		603	624	512	
1980	199674	167220	32454		713	733	625	
1981	210974	175632	35342		719	745	613	
1982	223632	185973	37659		732	758	625	
1983	230035	190050	39985		747	774	640	
1984	284282	230178	54067	37	894	949	716	949
1985	329858	266560	63213	86	997	1052	817	1132
1986	394647	321560	72890	197	1147	1215	919	1190
1987	431756	352660	78895	202	1215	1286	974	1312
1988	533074	440107	92403	564	1446	1539	1121	1675
1989	583499	486785	95917	798	1562	1658	1205	1809
1990	656975	551602	104213	1160	1729	1843	1300	2079
1991	719291	598920	118234	2137	1842	1946	1446	2329
1992	860275	724646	131368	4261	2154	2295	1606	2414
1993	1042007	883776	144510	13720	2580	2753	1842	3114
1994	1407031	1207665	176282	23084	3450	3720	2268	4214
1995	1621603	1393677	189980	37946	4211	4427	2990	5623
1996	1858269	1588203	218857	51209	4852	5050	3562	7275
1997	1944011	1666516	219199	58297	5089	5303	3636	7843
1998	1739295	1400368	152032	186895	5384	5473	3720	7104
1999	2057811	1675969	170518	211325	6749	6930	4692	7913
2000	2047372	1681669	151720	213983	7014	7249	4676	7798
2001	2255433	1864519	144576	246339	8026	8346	5149	8349
2002	2437527	2001095	133577	302855	9262	9607	5859	9444
2003	2710865	2161536	137779	411551	10521	10918	6905	10359
2004	3054546	2367213	136642	550691	11860	12291	7873	11569
2005	3583091	2726459	157004	699628	13688	14276	8952	13140
2006	4170749	3136396	160449	873904	15590	16491	10102	14220
2007	4994197	3703412	203353	1087433	18400	19624	12574	16344
2008	5732519	4204570	192028	1335921	21000	22608	13934	18247
2009	6713864	4900030	205362	1608472	24696	26247	16624	22088
2010	8071398	5796975	223793	2050630	29092	30985	18194	26272
2011	9970075	6256416	378133	3335526	34055	36939	24265	30939
2012	12823272	7891818	455102	4476352	39651	40712	30608	39030
2013	17789724	8248934	435385	9105405	43582	47238	36185	41101
2014	19882093	8981797	491409	10408887	47299	51406	41022	44550

注:自1998年起,职工工资为在岗职工工资。自2012年起，平均工资含劳务派遣人员工资。

a) Since 1998,wage of staff and workers refers to wage of employed staff and workers.Since 2012,average wage includes dispatched laborers' wage.

3-12 城镇非私营单位职工平均工资指数

Average Wage Indices of Staff and Workers in Urban Non-Private Units

(以上年为100) (preceding year=100)

年 份 Year	货币工资指数 Currency Wages Indices	国有经济单位 State-owned Units	城镇集体经济单位 Urban Collective-owned Units	其他各种经济单位 Units of Other Types of Ownership	实际工资指数 Actual Wages Indices	国有经济单位 State-owned Units	城镇集体经济单位 Urban Collectiv-owned Units	其他各种经济单位 Units of Other Types of Ownership
1978	106.8	105.4	102.0		106.6	105.2	101.8	
1979	109.2	111.0	102.4		107.0	108.7	100.3	
1980	118.2	117.5	122.1		112.0	111.4	115.7	
1981	100.8	101.6	98.1		97.1	97.9	94.5	
1982	101.8	101.7	102.0		98.7	98.6	98.9	
1983	102.0	102.1	102.4		100.1	100.2	100.5	
1984	119.7	122.6	111.9		116.7	119.5	109.1	
1985	111.5	110.9	114.1	119.3	102.5	101.9	104.9	109.7
1986	115.0	115.5	112.5	105.1	108.5	108.7	106.1	99.2
1987	105.9	105.8	106.0	108.0	98.1	98.1	98.2	100.1
1988	119.0	119.7	115.1	127.7	96.2	96.8	93.0	103.2
1989	108.0	107.7	107.5	108.0	92.2	91.9	91.7	92.2
1990	110.7	111.2	107.9	114.9	109.1	109.6	106.3	113.2
1991	106.5	105.6	111.2	112.0	102.0	101.1	106.5	107.3
1992	116.9	117.9	111.1	103.6	108.7	109.7	103.3	96.4
1993	115.9	115.9	111.5	127.8	100.1	100.1	96.3	110.4
1994	138.2	139.8	126.1	136.6	108.9	110.2	99.4	107.6
1995	122.1	119.0	131.8	133.4	104.4	101.8	112.7	114.1
1996	115.2	114.1	105.8	129.4	106.6	105.5	97.9	119.7
1997	104.9	105.0	102.1	107.8	101.8	101.9	99.1	104.7
1998	105.8	103.2	102.3	90.6	104.8	102.2	101.3	89.7
1999	125.4	126.6	126.1	111.4	127.2	128.4	127.9	112.9
2000	103.9	104.6	99.7	98.5	103.5	104.2	99.4	98.2
2001	114.4	115.1	110.1	107.0	114.9	115.7	110.7	107.5
2002	115.4	115.1	113.8	113.1	115.3	114.9	113.7	112.9
2003	113.6	113.6	117.9	109.7	112.7	112.7	117.0	108.8
2004	112.7	112.6	114.0	111.7	108.9	108.8	110.1	107.9
2005	115.4	116.2	113.7	113.6	113.5	114.3	111.8	111.7
2006	113.9	115.5	112.8	108.2	112.5	114.1	111.5	106.9
2007	118.0	119.0	124.5	114.9	112.6	113.5	118.8	109.6
2008	114.1	115.2	110.8	111.6	107.5	108.7	104.5	105.3
2009	117.6	116.1	119.3	121.1	118.4	116.9	120.1	122.0
2010	117.8	118.1	109.4	118.9	114.4	114.7	106.2	115.4
2011	117.1	119.2	133.4	117.8	111.3	113.3	126.8	112.0
2012	116.3	110.7	125.7	124.1	113.2	107.8	122.4	120.8
2013	109.9	116.0	118.2	105.3	107.2	113.2	115.3	102.7
2014	108.5	108.8	113.4	108.4	106.1	106.4	110.9	106.0

3-13 城镇非私营单位各种分组的就业人员工资总额（2014年）

Total Wages Bill of Employed Persons by Types of Groups in Urban Non-Private Units (2014)

单位：万元　　　　(10000 yuan)

类　　别	Type	工资总额 Total Wages Bill	国有单位 State-owned Units	城镇集体单位 Urban Collective-owned Units	其他单位 Units of Other Types of Ownership
总　　计	**Total**	**21182576**	**9312186**	**599966**	**11270424**
按国民经济行业分	**Grouped by Sector**				
农、林、牧、渔业	Farming,Forestry,Animal Husbandry and Fishery	138358	133945	1136	3277
采矿业	Mining	340507	125903	7913	206691
制造业	Manufacturing	5709126	562671	39807	5106647
电力、煤气及水的生产和供应业	Production and Distribution of Electricity,Gas and Water	814315	141462	400	672453
建筑业	Construction	3738383	360881	373191	3004311
批发和零售业	Wholesale and Retail Trades	767991	181479	10906	575606
交通运输、仓储和邮政业	Traffic, Transport, Storage and Post	1209504	812206	15398	381900
住宿和餐饮业	Hotels and Catering Services	124909	28836	381	95692
信息传输、软件和信息技术服务业	Information Transmission,Software and Information Technical Services	394415	42459	948	351007
金融业	Financial Intermediation	850542	400095	102839	347608
房地产业	Real Estate	255576	39404	3141	213031
租赁和商务服务业	Leasing and Business Services	187467	110757	9466	67244
科学研究和技术服务业	Scientific Research and Technical Service	309117	227065	837	81215
水利、环境和公共设施管理业	Service and Geologic Management Prospecting of Water Conservancy,Environment and Public Facilities	292994	255919	7268	29807
居民服务、修理和其他服务业	Services to Households,Repair and Other Services	34723	11867	942	21914
教育	Education	2455018	2408546	1625	44847
卫生和社会工作	Health and Social Work	1134690	1061537	23579	49573
文化、体育和娱乐业	Culture, Sports and Entertainment	135280	117948		17332
公共管理、社会保障和社会组织	Public Management,Social Security and Social Organization	2289663	2289205	189	269

3-14 城镇非私营单位各种分组的在岗职工工资总额（2014年）

Total Wages Bill of Employed Staff and Workers by Types of Groups in Urban Non-Private Units (2014)

单位：万元 (10000 yuan)

类 别	Type	工资总额 Total Wages Bill	国有单位 State-owned Units	城镇集体单位 Urban Collective-owned Units	其他单位 Units of Other Types of Ownership
总 计	**Total**	**19882093**	**8981797**	**491409**	**10408887**
按国民经济行业分	**Grouped by Sector**				
农、林、牧、渔业	Farming,Forestry,Animal Husbandry and Fishery	128957	124574	1106	3277
采矿业	Mining	326383	124389	7903	194091
制造业	Manufacturing	5637416	545042	36648	5055727
电力、煤气及水的生产和供应业	Production and Distribution of Electricity,Gas and Water	735476	136913	400	598163
建筑业	Construction	2916854	276265	275179	2365410
批发和零售业	Wholesale and Retail Trades	746451	176330	10782	559339
交通运输、仓储和邮政业	Traffic, Transport, Storage and Post	1183725	804305	14450	364970
住宿和餐饮业	Hotels and Catering Services	122208	26813	368	95028
信息传输、软件和信息技术服务业	Information Transmission,Software and Information Technical Services	382287	40232	922	341133
金融业	Financial Intermediation	814746	388902	100140	325703
房地产业	Real Estate	248495	37726	3024	207745
租赁和商务服务业	Leasing and Business Services	174492	103686	8750	62057
科学研究和技术服务业	Scientific Research and Technical Service	294683	217506	710	76467
水利、环境和公共设施管理业	Service and Geologic Management Prospecting of Water Conservancy,Environment and Public Facilities	262843	228201	5676	28966
居民服务、修理和其他服务业	Services to Households,Repair and Other Services	33645	11302	895	21448
教育	Education	2416274	2370410	1625	44239
卫生和社会工作	Health and Social Work	1090670	1019078	22643	48949
文化、体育和娱乐业	Culture, Sports and Entertainment	130383	114478		15906
公共管理、社会保障和社会组织	Public Management,Social Security and Social Organization	2236105	2235647	189	269

3-15 城镇非私营单位各种分组的就业人员平均工资（2014年）
Average Wage of Employed Persons by Types of Groups in Urban Non-Private Units (2014)

单位：元 (yuan)

类别	Type	平均工资 Average Wage	国有单位 State-owned Units	城镇集体单位 Urban Collective-owned Units	其他单位 Units of Other Types of Ownership
总计	**Total**	**46218**	**49519**	**39893**	**44158**
按国民经济行业分	**Grouped by Sector**				
农、林、牧、渔业	Farming,Forestry,Animal Husbandry and Fishery	26877	26760	30285	22838
采矿业	Mining	42984	43174	33742	42991
制造业	Manufacturing	42976	55444	34269	42998
电力、煤气及水的生产和供应业	Production and Distribution of Electricity,Gas and Water	56550	52448	38462	56819
建筑业	Construction	42002	39969	38467	42015
批发和零售业	Wholesale and Retail Trades	41964	56259	28701	41859
交通运输、仓储和邮政业	Traffic, Transport, Storage and Post	58120	64535	33495	59389
住宿和餐饮业	Hotels and Catering Services	30722	29848	15131	30565
信息传输、软件和信息技术服务业	Information Transmission,Software and Information Technical Services	60482	41143	37043	61039
金融业	Financial Intermediation	71160	73795	62551	72508
房地产业	Real Estate	45093	41667	37348	45580
租赁和商务服务业	Leasing and Business Services	40161	39414	31449	39908
科学研究和技术服务业	Scientific Research and Technical Service	55957	50925	124881	77593
水利、环境和公共设施管理业	Management of Water Conservancy, Environment and Public Facilities	41782	43028	22769	53748
居民服务、修理和其他服务业	Services to Households,Repair and Other Services	42678	40947	26242	43193
教育	Education	48543	48689	41244	45606
卫生和社会工作	Health and Social Work	53384	53988	41674	49225
文化、体育和娱乐业	Culture, Sports and Entertainment	44941	44878		38782
公共管理、社会保障和社会组织	Public Management,Social Security and Social Organization	46893	46896	26986	51889

3-16 城镇非私营单位各种分组的在岗职工平均工资（2014年）
Average Wage of Employed Staff and Workers by Types of Groups in Urban Non-Private Units (2014)

单位：元 (yuan)

类 别	Type	平均工资 Average Wage	国有单位 State-owned Units	城镇集体单位 Urban Collective-owned Units	其他单位 Units of Other Types of Ownership
总 计	**Total**	**47299**	**51406**	**41022**	**44550**
按国民经济行业分	**Grouped by Sector**				
农、林、牧、渔业	Farming,Forestry,Animal Husbandry and Fishery	28991	28921	30731	31267
采矿业	Mining	43521	43323	33744	44172
制造业	Manufacturing	43191	57932	35996	42097
电力、煤气及水的生产和供应业	Production and Distribution of Electricity,Gas and Water	59734	53818	38462	61298
建筑业	Construction	42203	43253	38694	42531
批发和零售业	Wholesale and Retail Trades	42915	57609	29646	40041
交通运输、仓储和邮政业	Traffic, Transport, Storage and Post	59248	65055	35530	50627
住宿和餐饮业	Hotels and Catering Services	31172	31246	19995	31219
信息传输、软件和信息技术服务业	Information Transmission,Software and Information Technical Services	62413	42529	37308	66183
金融业	Financial Intermediation	77657	78223	64304	82194
房地产业	Real Estate	46125	43583	37476	46778
租赁和商务服务业	Leasing and Business Services	40763	39450	30950	45307
科学研究和技术服务业	Scientific Research and Technical Service	57042	51659	133868	80458
水利、环境和公共设施管理业	Service and Geologic Management Prospecting of Water Conservancy,Environment and Public Facilities	48425	50731	26131	40665
居民服务、修理和其他服务业	Services to Households,Repair and Other Services	42746	41084	26473	44852
教育	Education	49583	49752	41244	42233
卫生和社会工作	Health and Social Work	55402	56159	42578	48532
文化、体育和娱乐业	Culture, Sports and Entertainment	46590	46212		49505
公共管理、社会保障和社会组织	Public Management,Social Security and Social Organization	48325	48329	26986	44817

3-17 城镇私营单位就业人员年末人数、工资（2014年）

Number and Wage of Employed Persons in Urban Private Units at Year-end (2014)

类别	Type	就业人员人数（人）Number of Employed Persons (person)	就业人员平均工资（元）Average Wage of Employed Persons (yuan)
总计	**Total**	**2967731**	**30149**
按国民经济行业分	**Classified by Sector**		
农、林、牧、渔业	Farming,Forestry,Animal Husbandry and Fishery	60622	24906
采矿业	Mining	111951	34298
制造业	Manufacturing	1567654	30500
电力、热力、燃气及水生产和供应业	Production and Distribution of Electricity,Gas and Water	16505	30013
建筑业	Construction	393682	32447
批发和零售业	Wholesale and Retail Trades	301595	25342
交通运输、仓储和邮政业	Traffic, Transport, Storage and Post	100441	32748
住宿和餐饮业	Hotels and Catering Services	66307	25066
信息传输、软件和信息技术服务业	Information Transmission,Software and Information Technical Services	33590	28769
金融业	Financial Intermediation	4664	35701
房地产业	Real Estate	75128	34886
租赁和商务服务业	Leasing and Business Services	83029	29215
科学研究和技术服务业	Scientific Research and Technical Service	12344	30305
水利、环境和公共设施管理业	Service and Geologic Management Prospecting of Water Conservancy,Environment and Public Facilities	8415	30954
居民服务、修理和其他服务业	Services to Households,Repair and Other Services	40761	25931
教育	Education	52808	27473
卫生和社会工作	Health and Social Work	15375	33996
文化、体育和娱乐业	Culture, Sports and Entertainment	22637	25431
公共管理、社会保障和社会组织	Public Management,Social Security and Social Organization	223	18260
按地区分	**By Region**		
南昌市	Nanchang	411449	33696
景德镇市	Jingdezhen	100692	31966
萍乡市	Pingxiang	345849	26148
九江市	Jiujiang	300238	31962
新余市	Xinyu	90141	31212
鹰潭市	Yingtan	62107	32089
赣州市	Ganzhou	655657	31169
吉安市	Ji'an	296797	24352
宜春市	Yichun	334260	28349
抚州市	Fuzhou	115418	28319
上饶市	Shangrao	255123	30923

3-18 公共就业服务工作情况（2014年）

Operating Conditions of Public Employment Service (2014)

单位：人 (person)

指标	Item	本期办理就业登记人数 Registered Employed this Year	本期单位登记招聘人数 Registered Job Vacancies this year	本期登记求职人数 Registered Job-seekers this year	本期职业指导人数 Person Times Vocational Guidance this year	本期创业服务人数 Providing Imbark Service this year	本期介绍成功人数 Placed Job-seekers this year
合　计	**Total**	**592403**	**2452668**	**1145778**	**502941**	**83363**	**587882**
市及以上公共就业(人才)服务机构	Public Employment Service Organization at City and Above	39061	436179	302028	88234	19957	59139
区(县)公共就业(人才)服务机构	Public Employment Service Organization at District(County)	422833	1813720	624223	301499	55008	380776
街道公共就业服务机构	Public Employment Service Organization at Street Communities	37153	77579	65193	34590	2526	41277
乡镇公共就业服务机构	Public Employment Service Organization at Township	82833	106929	127940	62470	4825	88186
社区公共就业服务窗口	Public Employment Service Organization at Community	2889	8810	12540	8062	878	9398
行政村公共就业服务窗口	Public Employment Service Organization at Administrative Village	7634	9451	13854	8086	169	9106

3-19 城镇新增净增就业情况（2014年末）

Situations of Newly Increased and Net Increased Employment in Urban Areas (end of 2014)

地　区	Region	新增就业人员（万人） Newly Increased Employed Persons (10000 persons)	净增就业人员（万人） Net Increased Employed Persons (10000 persons)
全　省	**Provincial Total**	**55.09**	**50.47**
南 昌 市	Nanchang	8.02	6.07
景德镇市	Jingdezhen	2.85	2.80
萍 乡 市	Pingxiang	2.70	2.14
九 江 市	Jiujiang	6.75	6.03
新 余 市	Xinyu	2.27	2.13
鹰 潭 市	Yingtan	2.38	2.28
赣 州 市	Ganzhou	8.89	8.50
吉 安 市	Ji'an	5.59	5.45
宜 春 市	Yichun	5.89	5.69
抚 州 市	Fuzhou	4.76	4.54
上 饶 市	Shangrao	4.99	4.84

主要统计指标解释

就业人员 指从事一定社会劳动并取得劳动报酬或经营收入的人员。包括(1)在岗职工；(2)再就业的离退休人员;(3)私营业主;(4)个体户主;(5)私营企业和个体就业人员；(6)乡镇企业就业人员;(7)农村就业人员;(8)其他就业人员。

单位就业人员 各单位的就业人员是指在各级国家机关、政党机关、社会团体及企业、事业单位中工作，取得工资或其他形式的劳动报酬的全部人员。包括在岗职工、再就业的离退休人员、民办教师以及在各单位中工作的外方人员和港澳台方人员、兼职人员、借用的外单位人员和第二职业者。不包括离开本单位仍保留劳动关系的职工。

在岗职工 指在本单位工作并由单位支付工资的人员，以及有工作岗位，但由于学习、病伤产假等原因暂未工作，仍由单位支付工资的人员。

私营企业就业人员 指在工商管理部门注册登记的私营企业就业人员，包括私营企业投资者和雇工。

个体就业人员 指在工商管理部门注册登记，经批准从事个体工商经营的就业人员，包括个体户主和在个体工商户劳动的家庭帮工和雇工。

单位就业人员劳动报酬 指各单位在一定时期内直接支付给本单位全部就业人员的劳动报酬总额。包括在岗职工工资总额和本单位其他从业人员劳动报酬两部分。

在岗职工工资总额 指各单位在一定时期内直接支付给本单位全部在岗职工的劳动报酬总额。包括：计时工资(含计时标准工资)、计件工资、计件超额工资、奖金、津贴和补贴、加班加点工资、特殊情况下支付的工资等。

津贴和补贴 包括:(1)补偿职工特殊额外劳动消耗的津贴及岗位性津贴；(2)保健性津贴；(3)技术性津贴；(4)年功性津贴；(5)地区津贴;(6)其他津贴包括伙食补贴、上下班交通补贴、洗理卫生费、书报费等。以及为保证职工工资不受物价上涨或变动影响而支付的各种补贴，如副食价格补贴(含肉类等价格补贴)、粮、油、蔬菜等价格补贴，煤价补贴、房贴、水电贴、房改补贴等。

在岗职工平均工资 指在企业、事业、机关单位的在岗职工在一定时期内平均每人所得的货币工资额。

$$\text{在岗职工平均工资}=\frac{\text{报告期实际支付的全部在岗职工工资总额}}{\text{报告期全部在岗职工平均人数}}$$

货币工资指数 指报告期在岗职工平均工资与基期在岗职工平均工资的比率。

$$\text{货币工资指数}=\frac{\text{报告期在岗职工平均工资}}{\text{基期在岗职工平均工资}}\times 100\%$$

实际工资指数 指扣除物价变动因素后的在岗职工平均工资。

$$\text{实际工资指数}=\frac{\text{报告期在岗职工货币工资指数}}{\text{报告期居民消费价格指数}}\times 100\%$$

城镇新增就业人员 指报告期内城镇累计新就业人员数减去自然减员人数。

城镇净增就业人员 指报告期城镇净增加的就业人员总数，等于报告期末城镇就业人数减去期初城镇就业人数。

Explanatory Notes on Main Statistical Indicators

Employed Persons refer to persons who are engaged in gainful employment and thus receive remuneration payment or earn business income. They include 1)employed staff and workers, 2) re-employed retirees, 3) owners of private enterprises,4)owners of self-employed individuals, 5)persons employed in private enterprises and self-employed individuals, 6) persons employed in township enterprises,7)employed persons in rural areas, 8)other employed persons.

Persons Employed in Various Units refer to all the persons working in government agencies of various levels, political and party organizations, social organizations, enterprises and institutions, and receiving wages or other forms of payment. They include fully-employed staff and workers, re-employed retirees, teachers in the schools run by the local people, foreigners and Chinese compatriots from Hong Kong, Macao, and Taiwan working in various units, part-time employees, employees of other units working temporarily at current posts, and employees holding the second job, but do not include persons who have left their working units while keeping their labour contract (employment relation) unchanged.

Employed Staff and Workers refer to persons who work in, and receive wages from their working units, including persons who have their work posts but are temporarily absent from work for reasons of study or on sick, injury or maternal leave and still receive wages from their working units.

Persons Employed in Private Enterprises refer to the persons employed in the private enterprises which have been registered at the departments of industrial and commercial administration, including investors of private enterprises and hired labourers.

Persons Employed in Self-Employed Individuals refer to persons employed in the self-employed individuals which have been registered at the departments of industrial and commercial administration and approved to be engaged in individual industrial or commercial business, including self-employed persons as well as helpers and hired labourers who work in individual households.

Earning of Persons Employed in Various Units refers to the total remuneration payment to all employees in various units during a certain period of time, including employed staff and workers and other employees.

Total Wage Bill of Employed Staff and workers refers to the total remuneration payment to all employed staff and workers in various units during a certain period of time. Including wage paid on a time basis (including standard wage paid on a time basis),wage paid on a piece basis, extra wage on a piece basis, bonus, allowance and subsidy, wage paid for working extra hours, wage paid in particular circumstance.

Allowance and Subsidy

Including1）allowance compensated for particular extra labour consume and position allowance to staff and workers,2)health care allowance,3)technical allowance,4)seniority allowance, 5)region allowance,6) other allowance including meals subsidy, traffic subsidy, hygiene subsidy, book and newspaper allowance, as well as all sorts of allowance which ensure the price rises or changes not affect the wage of staff and workers, i.e. non-staple food price subsidy(including meat and other foodstuffs price subsidy),grain, edible oil, vegetables and other food price subsidy, gas price subsidy, housing subsidy, water and electricity subsidy, housing reform subsidy.

Average Wage of Employed Staff and workers refer to average earning level in money terms per employee in the enterprise, institution and government organ during a certain period of time. Total Wage Bill of Employed Staff and Workers

$$\text{Staff and Workers} = \frac{\text{Total Wage Bill of Employed Staff and Workers at Reference Time}}{\text{Average Number of Employed Staff and Workers at Reference Time}}$$

Currency Wage Indices refers to the ratio of average wage of employed staff and workers at the reference period to that at the base period.

$$\text{Average Wage Indices} = \frac{\text{Average Wage of Employed Staff and Workers at Reference Time}}{\text{Average Wage of Employed Staff and Workers at Base Time}}$$

Average Real Wage Indices refers to the average wage of employed staff and workers after removing the effects of the price changes.

$$\text{Average Real Wage Indices} = \frac{\text{Average Wage Indices of Employed Staff and Workers at Reference Time}}{\text{Consumer Price Indices at Reference Time}}$$

Newly Increased Employed Persons in Urban Areas refer to the number of accumulated newly employed persons in urban areas minus natural wastages during the reporting period.

Net Increased Employed Persons in Urban Areas refer to the total number of net increased employed persons in urban areas during the reporting period, equal the number of employed persons in urban areas at the beginning of the period minus the number of employed persons in urban areas at the end of the period.

4

固定资产投资

INVESTMENT IN FIXED ASSETS

◆61/92

资料整理及英文翻译：熊　谦

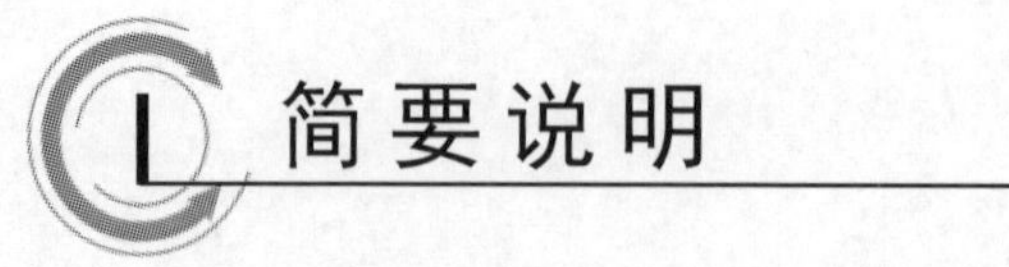

Ⅰ 简要说明

一、本篇资料的主要内容

本篇资料通过对一定时期全社会建造和购置固定资产活动的数量描述，反映报告期内固定资产投资的规模和速度、固定资产投资的结构和比例关系、固定资产投资的资金来源及固定资产投资的效果等。

二、本篇资料的统计范围

全社会固定资产投资统计的范围包括：建设项目固定资产投资、房地产开发投资、农村农户固定资产投资。

三、本篇的资料来源

农户固定资产投资资料来自国家统计局江西调查总队；除此以外的固定资产投资统计资料均来自省统计局固定资产投资统计处统计调查。

四、本篇的统计调查方法

除农户固定资产投资统计采用抽样调查方法外，其他均为全面统计报表。

I Brief Introduction

I. Main Contents

Statistics in this chapter describe activities on the construction and purchase of fixed assets of the whole country during a given period of time, and reflect the size, growth, structure, financing and results of the investment in fixed assets during the reference period.

II. Scope of Statistics

Statistics on the total investment in fixed assets in the whole country covers construction project investments in fixed assets , investments in real estate development and investments in fixed assets by rural households.

III. Sources of Data

Data on investments in fixed assets by individuals in rural areas are provided by Survey Office of the National Bureau of Statistics of Jiangxi, other data on investments in fixed assets are from surveys conducted by the Department of Investment & Construction Statistics of Jiangxi Provincial Bureau of Statistics.

IV. Methodology of Data Collection

All data on investments in fixed assets are collected by the system of reporting form with complete enumeration, except data on individual investments in fixed assets in rural areas, which are collected through sample surveys.

4-1 全社会固定资产投资
Total Investment in Fixed Assets in the Whole Country

年 份 Year	全社会固定资产投资 Total Investment in Fixed Assets in the Whole Country				发展速度(上年=100) Development Speed(preceding year=100)			
	合 计 (万元) Total (10000 yuan)	固定资产投资 Investment in Fixed Assets	#房地产开发投资 Investment in Real Estate Development	农村农户投资 Farm Households Investment in Fixed Assets	合 计 (%) Absolute Figures (%)	固定资产投资 Investment in Fixed Assets	#房地产开发投资 Investment in Real Estate Development	农村农户投资 Farm Households Investment in Fixed Assets
1978	81316	81316			157.7	157.7		
1979	83995	83995			103.3	103.3		
1980	188219	163219		25000	224.1	194.3		
1981	170858	134858		36000	90.8	82.6		144.0
1982	244972	199695		45277	143.4	148.1		125.8
1983	280948	205037		75911	114.7	102.7		167.7
1984	352080	261500		90580	125.3	127.5		119.3
1985	440279	318179		122100	125.1	121.7		134.8
1986	533527	368962	9600	164565	121.2	116.0		134.8
1987	587729	407083	9300	180646	110.2	110.3	96.9	109.8
1988	781751	520755	20000	260996	133.0	127.9	215.1	144.5
1989	732849	501940	23000	230909	93.7	96.4	115.0	88.5
1990	706532	561167	28782	145365	96.4	111.8	125.1	63.0
1991	910773	711283	47957	199490	128.9	126.8	166.6	137.2
1992	1253607	995379	76487	258228	137.6	139.9	159.5	129.4
1993	1855038	1511952	137036	343086	148.0	151.9	179.2	132.9
1994	2374548	2018725	187480	355823	128.0	133.5	136.8	103.7
1995	2841825	2224678	258631	617147	119.7	110.2	138.0	173.4
1996	3558519	2673333	263962	885186	125.2	120.2	102.1	143.4
1997	3843045	2957798	251323	885247	108.0	110.6	95.2	100.0
1998	4547650	3557650	271234	990000	118.3	120.3	107.9	111.8
1999	4914811	3806414	335876	1108397	108.1	107.0	123.8	112.0
2000	5482004	4581858	423705	900146	111.5	120.4	126.1	81.2
2001	6604942	5648215	635195	956727	120.5	123.3	149.9	106.3
2002	9246027	8263879	1036441	982148	140.0	146.3	163.2	102.7
2003	13799696	12797615	1774707	1002081	149.3	154.9	171.2	102.0
2004	18196590	17100349	2660196	1096241	131.9	133.6	149.9	109.4
2005	21689712	20468652	3010982	1221060	119.2	119.7	113.2	111.4
2006	26835744	25425744	3459564	1410000	123.7	124.2	114.9	115.5
2007	33019427	31464114	4354573	1555313	123.0	123.7	125.9	110.3
2008	43454333	41532409	5476570	1921924	131.6	132.0	125.8	123.6
2009	56931422	54421272	6345238	2510150	131.0	131.0	115.9	130.6
2010	71646250	68593453	7068222	3052797	125.8	126.0	111.4	121.6
2011	87375985	84039281	8670285	3336704	122.0	122.5	122.7	109.3
2012	107741579	103783697	9696176	3957882	123.3	123.5	111.8	118.6
2013	128502527	124349494	11745768	4153033	119.3	119.8	121.1	104.9
2014	150792554	146463081	13224909	4329473	117.3	117.8	112.6	104.2

注：1.本篇章各表均不含跨省中央项目投资。
2.全社会固定资产投资=固定资产投资+农村农户投资。固定资产投资包括建设项目投资和房地产开发投资，后同。
3.2008-2014年为对投资项目复查后的核定数。

a) Central project transprovincially project don't add up to the total.

b)Total Investment in Fixed Assets in the Whole Country= Investment in Fixed Assets+Farm Households Investment in Fixed Assets. Investment in fixed assets including construction project investments in fixed assets、investments in real estate development.

c)Form 2008 to 2014 years,the data is approved investment projects to review the number.

4-2 全社会固定资产投资

Total Investment in Fixed Assets in the Whole Country

指　　标	Item	2013	2014
全社会固定资产投资(万元)	**Total Investment in Fixed Assets in the Whole Country(10000 yuan)**	**128502527**	**150792554**
#工　业	Industry	71394730	79075030
固定资产投资	Total Investment	124349494	146463081
农户投资	Farm Households	4153033	4329473
按登记注册类型分	Grouped by Status of Registration		
内　资	Domestic Funds	118997514	141441167
国　有	State-owned	23973530	30550981
集　体	Collective-owned	1162347	985609
股份合作	Share Holding Cooperative	762543	507229
联　营	Joint-owned	678057	713766
有限责任公司	Limited Liability Corporations	33259826	39581973
股份有限公司	Share Holding Enterprises	5777891	5497125
私　营	Private	48167579	58211181
其他内资	Others	5215741	5393303
港、澳、台投资	Funds from Hong Kong，Macao and Taiwan	2414176	2707054
外商投资	Foreign Funded	1518122	1299938
个体经营	Individuals	5572715	5344395
按构成分	Grouped by Use of Funds		
建筑工程	Construction	75204401	94854563
安装工程	Installation	12748478	13677993
设备、工器具购置	Purchase of Equipment and Instruments	27280960	26678044
其他费用	Others	13268688	15581954
按建设性质分	Grouped by Type of Construction		
#新　建	New Construction	88789350	110641617
扩　建	Expansion	13502446	13255795
改建和技术改造	Reconstruction and Technical Rennovation	21493574	22865337
按产业分	Grouped by Industry		
第一产业	Primary Industry	3121086	3593633
第二产业	Secondary Industry	72014333	79762380
第三产业	Tertiary Industry	53367108	67436541

注：全社会固定资产投=固定资产投资+农户投资。固定资产投资=计划投资500万元及以上项目固定资产投资+房地产开发投资，后同。
a)Investment in fixed assets added investment in farm households equals total investment.Investment in fixed assets in 5million yuan project investment added investment in real estate development equals investment in fixed assets. The same applies to the tables following.

4-2 续表 continued

指 标	Item	2013	2014
按行业分	Grouped by Sector		
农、林、牧、渔业	Farming, Forestry, Animal Husbandy and Fishery	3378436	3946512
采矿业	Mining	2521719	2893892
制造业	Manufacturing	65613275	72306421
电力、热力、燃气及水生产和供应业	Production and Supply of Electricity, Heat Power, Gas and Water	3259736	3874717
建筑业	Construction	772674	852138
批发和零售业	Wholesale and Retail Trade	5022726	6804860
交通运输、仓储和邮政业	Transport, Storage and Post Services	4888721	7136382
住宿和餐饮业	Hotel and Catering Services	2718146	2567313
信息传输、软件和信息技术服务业	Information Transmission,Software and Information Technology Services	483827	736940
金融业	Financial Intermediation	314255	336654
房地产业	Real Estate	20867126	23094582
租赁和商务服务业	Leasing and Business Services	1601906	2707499
科学研究和技术服务业	Scientific Reseach and Ploytechnic Services	512654	543953
水利、环境和公共设施管理业	Management of Water Conservancy, Public Facilities and Environment	10289026	14779901
居民服务、修理和其他服务业	Services to Households, Repair and Other Services	703584	701817
教 育	Education	1764151	1824439
卫生和社会工作	Health Care and Social Services	869280	1052597
文化、体育和娱乐业	Culture, Sports and Entertainment	1433201	2516966
公共管理、社会保障和社会组织	Public Management,Social Security and Social Organizations	1488085	2114971
资金来源合计(万元)	**Total Source of Funds(10000 yuan)**	**153556237**	**178444173**
上年末结余资金	Balance at last Year-end	9215299	10541260
本年资金来源小计	Subtotal Sources of Funds This Year	144340938	167902913
国家预算内资金	State Budget	5130450	5748049
国内贷款	Domestic Loans	9422040	11827594
债券	Bonds	93623	509595
利用外资	Foreign Investment	859522	858071
自筹资金	Self-raising Funds	111661568	130796850
其他资金	Others	17173735	18162754
新增固定资产(万元)	**Newly Increased Fixed Assets(10000 yuan)**	**83284639**	**101271199**
施工房屋建筑面积(万平方米)	**Floor Space of Buildings under Construction(10000 sq.m)**	**36074.61**	**39119.57**
#住宅	Residential Buildings	18707.93	19738.16
竣工房屋建筑面积(万平方米)	**Floor Space of Buildings Completed(10000 sq.m)**	**11943.12**	**13745.36**
#住宅	Residential Buildings	7586.84	8393.81

4-3 全社会固定资产投资构成

Composition of Total Investments in Fixed Assets

单位：%　　　　(%)

指　　　标	Item	2013	2014
全社会固定资产投资	**Total Investment in Fixed Assets in the Whole Country**	**100.0**	**100.0**
#工　业	Industry	55.6	52.4
固定资产投资	Total Investment	96.8	97.1
农户投资	Farm Households	3.2	2.9
按登记注册类型分	Grouped by Status of Registration		
内　资	Domestic Funds	92.6	93.8
国　有	State-owned	18.7	20.3
集　体	Collective-owned	0.9	0.7
股份合作	Share Holding Cooperative	0.6	0.3
联　营	Joint-owned	0.5	0.5
有限责任公司	Limited Liability Corporations	25.9	26.2
股份有限公司	Share Holding Enterprises	4.5	3.6
私　营	Private	37.5	38.6
其他内资	Others	4.1	3.6
港、澳、台投资	Funds from Hong Kong，Macao and Taiwan	1.9	1.8
外商投资	Foreign Funded	1.2	0.9
个体经营	Individuals	4.3	3.5
按构成分	Grouped by Use of Funds		
建筑工程	Construction	58.5	62.9
安装工程	Installation	9.9	9.1
设备、工器具购置	Purchase of Equipment and Instruments	21.3	17.7
其他费用	Others	10.3	10.3
按建设性质分	Grouped by Type of Construction		
#新　建	New Construction	69.1	73.4
扩　建	Expansion	10.5	8.8
改建和技术改造	Reconstruction and Technical Rennovation	16.7	15.2
按产业分	Grouped by Industry		
第一产业	Primary Industry	2.4	2.4
第二产业	Secondary Industry	56.1	52.9
第三产业	Tertiary Industry	41.5	44.7
按行业分	Grouped by Sector		
农、林、牧、渔业	Farming, Forestry, Animal Husbandry and Fishery	2.6	2.6
采矿业	Mining	2.0	1.9
制造业	Manufacturing	51.1	47.9
电力、热力、燃气及水生产和供应业	Production and Supply of Electricity,Heat Power, Gas and Water	2.5	2.6
建筑业	Construction	0.6	0.6
批发和零售业	Wholesale and Retail Trade	3.9	4.5
交通运输、仓储和邮政业	Transport, Storage and Post Services	3.8	4.7
住宿和餐饮业	Hotel and Catering Services	2.1	1.7
信息传输、软件和信息技术服务业	Information Transmission, Software and Information Technology Services	0.4	0.5
金融业	Financial Intermediation	0.2	0.2
房地产业	Real Estate	16.2	15.3
租赁和商务服务业	Leasing and Business Services	1.2	1.8
科学研究和技术服务	Scientific Reseach and Ploytechnic Services	0.4	0.4
水利、环境和公共设施管理业	Management of Water Conservancy, Environment and Public Facilities	8.0	9.8
居民服务、修理和其他服务业	Services to Households,Repair and Other Services	0.6	0.5
教　育	Education	1.4	1.2
卫生和社会工作	Health Care and Social Services	0.7	0.7
文化、体育和娱乐业	Culture, Sports and Entertainment	1.1	1.7
公共管理、社会保障和社会组织	Public Management, Social Security and Social Organizations	1.2	1.4

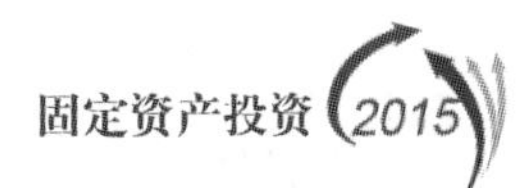

4-4 固定资产投资
Investment in Fixed Assets

指 标	Item	2013	2014
固定资产投资(万元)	**Total Investment(10000 yuan)**	**124349494**	**146463081**
#工 业	Industry	71368974	79069109
按登记注册类型分	Grouped by Status of Registration		
内 资	Domestic Funds	118997514	141441167
国 有	State-owned	23973530	30550981
集 体	Collective-owned	1162347	985609
股份合作	Share Holding Cooperative	762543	507229
联 营	Joint-owned	678057	713766
有限责任公司	Limited Liability Corporations	33259826	39581973
股份有限公司	Share Holding Enterprises	5777891	5497125
私 营	Private	48167579	58211181
其他内资	Others	5215741	5393303
港、澳、台投资	Funds from Hong Kong，Macao and Taiwan	2414176	2707054
外商投资	Foreign Funded	1518122	1299938
个体经营	Individuals	1419682	1014922
按构成分	Grouped by Use of Funds		
建筑工程	Construction	71485631	91024667
安装工程	Installation	12748478	13677993
设备、工器具购置	Purchase of Equipment and Instruments	26996391	26369294
其他费用	Others	13118994	15391127
按建设性质分	Grouped by Type of Construction		
#新 建	New Construction	84636317	106312144
扩 建	Expansion	13502446	13255795
改建和技术改造	Reconstruction and Technical Rennovation	21493574	22865337
按产业分	Grouped by Industry		
第一产业	Primary Industry	2714361	3159883
第二产业	Secondary Industry	71977070	79717994
第三产业	Tertiary Industry	49658063	63585204
资金来源合计(万元)	**Total Source of Funds(10000 yuan)**	**149403204**	**174114691**
上年末结余资金	Balance at last Year-end	9215299	10541260
本年资金来源小计	Subtotal Sources of Funds This Year	140187905	163573431
国家预算内资金	State Budget	5130450	5506552
国内贷款	Domestic Loans	9227138	11827594
债券	Bonds	93623	509595
利用外资	Foreign Investment	859522	858071
自筹资金	Self-raising Funds	107710348	126727871
其他资金	Others	17166824	18143748
新增固定资产(万元)	**Newly Increased Fixed Assets(10000 yuan)**	**79131606**	**96941726**
施工房屋建筑面积(万平方米)	**Floor Space of Buildings under Construction(10000 sq.m)**	**30267.82**	**33301.04**
#住宅	Residential Buildings	13079.26	14095.87
竣工房屋建筑面积(万平方米)	**Floor Space of Buildings Completed(10000 sq.m)**	**7133.81**	**8962.16**
#住宅	Residential Buildings	2920.03	3751.71

注：固定资产投资统计范围为计划投资500万元及以上建设项目固定资产投资和房地产开发投资。后同。

Note: Statistics on the investment in fixed assets covers construction project investments in fixed assets plans to invest 5 miliion yuan and above and investments in real estate development. The same applies to the tables following.

4-5 固定资产投资构成

Composition of Investment in Fixed Assets

单位：%　　　　(%)

指　　　标	Item	2013	2014
固定资产投资	**Total Investment**	**100.0**	**100.0**
#工　业	Industry	57.4	54.0
按登记注册类型分	Grouped by Status of Registration		
内　资	Domestic Funds	95.7	96.6
国　有	State-owned	19.3	20.9
集　体	Collective-owned	0.9	0.7
股份合作	Share Holding Cooperative	0.6	0.3
联　营	Joint-owned	0.5	0.5
有限责任公司	Limited Liability Corporations	26.7	27.0
股份有限公司	Share Holding Enterprises	4.6	3.8
私　营	Private	38.7	39.7
其他内资	Others	4.2	3.7
港、澳、台投资	Funds from Hong Kong，Macao and Taiwan	1.9	1.8
外商投资	Foreign Funded	1.2	0.9
个体经营	Individuals	1.2	0.7
按构成分	Grouped by Use of Funds		
建筑工程	Construction	57.5	62.2
安装工程	Installation	10.2	9.3
设备、工器具购置	Purchase of Equipment and Instruments	21.7	18.0
其他费用	Others	10.6	10.5
按建设性质分	Grouped by Type of Construction		
#新　建	New Construction	68.1	72.6
扩　建	Expansion	10.9	9.1
改建和技术改造	Reconstruction and Technical Rennovation	17.3	15.6
按产业分	Grouped by Industry		
第一产业	Primary Industry	2.2	2.2
第二产业	Secondary Industry	57.9	54.4
第三产业	Tertiary Industry	39.9	43.4

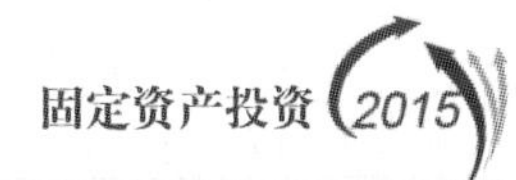

4-6 分行业固定资产投资和构成

Investment and Expenditure in Fixed Assets by Sector

行业	Sector	投资额(万元) Investment (10000 yuan)		构成(%) Percentage (%)	
		2013	2014	2013	2014
总　计	**Total**	**124349494**	**146463081**	**100.0**	**100.0**
农、林、牧、渔业	**Agriculture, Forestry, Animal Husbandry and Fishery**	**2971711**	**3512762**	**2.4**	**2.4**
采矿业	**Mining**	**2521719**	**2893892**	**2.0**	**2.0**
#煤炭开采和洗选业	Mining and Washing of Coal	495539	477327	0.4	0.3
黑色金属矿采选业	Mining and Processing of Ferrous Metal Ores	277443	396298	0.2	0.3
有色金属矿采选业	Mining and Processing of Non-Ferrous Metal Ores	482199	455112	0.4	0.3
非金属矿采选业	Mining and Processing of Nonmetal Ores	1153877	1461342	0.9	1.0
制造业	**Manufacturing**	**65589193**	**72300500**	**52.7**	**49.4**
#石油加工、炼焦加工业	Processing of Petroleum, Coking	624122	417545	0.5	0.3
非金属矿物制品业	Manufacture of Non-metallic Mineral Products	7111664	8167788	5.7	5.6
黑色金属冶炼及压延加工业	Smelting and Pressing of Ferrous Metals	1069112	976444	0.9	0.7
有色金属冶炼及压延加工业	Smelting and Pressing of Non-ferrous Metals	4082849	4080573	3.3	2.8
计算机、通信和其他电子设备制造业	Manufacture of Communication Equipment, Computers and Other Electronic Equipment	4100743	4774868	3.3	3.3
电力、热力、燃气及水生产和供应业	**Production and Supply of Electricity, Heat Power, Gas and Water**	**3258062**	**3874717**	**2.6**	**2.6**
#电力、热力的生产和供应业	Production and Supply of Electric Power and Heat Power	1639439	2521172	1.3	1.7
水的生产和供应业	Production and Supply of Water	880239	1087702	0.7	0.7
建筑业	**Construction**	**761167**	**813674**	**0.6**	**0.6**
批发和零售业	**Wholesale and Retail Trades**	**5005519**	**6790014**	**4.0**	**4.6**
交通运输、仓储和邮政业	**Transport, Storage and Post**	**4841091**	**7034040**	**3.9**	**4.8**
#铁路运输业	Railway Transport	74643	231077	0.1	0.2
道路运输业	Road Transport	3476627	5021859	2.8	3.4
邮政业	Post	46695	56244	0.0	0.0
住宿和餐饮业	**Hotels and Catering Services**	**2716650**	**2565722**	**2.2**	**1.8**
信息传输、软件和信息技术服务业	**Information Transmission, Software and Information Technology Services**	**483827**	**736940**	**0.4**	**0.5**
#电信、广播电视和卫星传输服务	Telecommunications, Broadcasting Television and Satellite Transmission Services	112093	78717	0.1	0.1
金融业	**Financial Intermediation**	**314255**	**336654**	**0.3**	**0.2**
房地产业	**Real Estate**	**17243188**	**19377351**	**13.9**	**13.2**
租赁和商务服务业	**Leasing and Business Services**	**1601407**	**2707006**	**1.3**	**1.9**
科学研究和技术服务业	**Scientific Reseach and Ploytechnic Services**	**512654**	**543953**	**0.4**	**0.4**
水利、环境和公共设施管理业	**Management of Water Conservancy, Public Facilities and Environment**	**10289026**	**14779901**	**8.3**	**10.1**
水利管理业	Management of Water Conservancy	771372	1086643	0.6	0.7
生态保护和环境治理业	Ecological Protection and Environmental Management	138072	421312	0.1	0.3
公共设施管理业	Management of Public Facilities	9379582	13271946	7.5	9.1
居民服务、修理和其他服务业	**Services to Households Repair and Other Services**	**685840**	**687046**	**0.5**	**0.5**
教育	**Education**	**1764151**	**1824439**	**1.4**	**1.2**
卫生和社会工作	**Health Care and Social Services**	**869280**	**1052597**	**0.7**	**0.7**
#卫生	Health	746875	852158	0.6	0.6
文化、体育和娱乐业	**Culture, Sports and Entertainment**	**1432669**	**2516902**	**1.2**	**1.7**
公共管理、社会保障和社会组织	**Public Management Social Security and Social Organizations**	**1488085**	**2114971**	**1.2**	**1.4**

4-7 按行业和登记注册类型分固定资产投资（2014年）

单位：万元

行业	Sector	合计 Total	内资 Domestic Funds	国有 State-owned
总　计	**Total**	**146463081**	**141441167**	**30550981**
农、林、牧、渔业	**Agriculture, Forestry, Animal Husbandry and Fishery**	**3512762**	**3330145**	**568153**
农业	Farming	1680644	1581161	173396
林业	Forestry	542177	531119	159151
畜牧业	Animal Husbandry	772510	714436	1387
渔业	Fishery	164552	152350	8631
农、林、牧、渔服务业	Services in Support of Agriculture	352879	351079	225588
采矿业	**Mining**	**2893892**	**2756910**	**184650**
#煤炭开采和洗选业	Mining and Washing of Coal	477327	456957	2146
黑色金属矿采选业	Mining and Processing of Ferrous Metal Ores	396298	396298	
有色金属矿采选业	Mining and Processing of Non-Ferrous Metal Ores	455112	451685	117566
非金属矿采选业	Mining and Processing of Nonmetal Ores	1461342	1348157	55742
制造业	**Manufacturing**	**72300500**	**69879058**	**2379806**
农副食品加工业	Processing of Food from Agricultural Products	3576653	3174609	48668
食品制造业	Manufacture of Foods	1888473	1854592	58214
酒、饮料和精制茶制造业	Manufacture of Wine,Beverages and Refined Tea	1314115	1269979	
烟草制品业	Manufacture of Tobacco	43450	13450	6600
纺织业	Manufacture of Textile	2186264	2148537	
纺织服装、服饰业	Manufacture of Textile Wearing Apparel	3527139	3487850	28391
皮革、毛皮、羽毛及其制品和制鞋业	Manufacture of Leather, Fur, Feather and Related Products Footwear	1883165	1782872	5886
木材加工及木、竹、藤、棕、草制品业	Processing of Timber, Manufacture of Wood, Bamboo, Rattan,Palm and Straw Products	1375106	1332818	35674
家具制造业	Manufacture of Furniture	1129983	1123348	5450
造纸及纸制品业	Manufacture of Paper and Paper Products	1367220	1230613	
印刷和记录媒介复制业	Printing, Reproduction of Recording Media	911318	889199	29860
文教、美工、体育和娱乐用品制造业	Manufacture of Articles For Culture, Art,Education Sport Activities and Entertainmetn Products	899018	790241	
石油加工、炼焦加工业	Processing of Petroleum, Coking	417545	417545	55997
化学原料及化学制品制造业	Manufacture of Raw Chemical Materials and Chemical Products	5820821	5512625	178527
医药制造业	Manufacture of Medicines	2525795	2490057	78516
化学纤维制造业	Manufacture of Chemical Fibers	399093	355163	
橡胶和塑料制品业	Manufacture of Rubber and Plastics	2017202	2016201	2938
非金属矿物制品业	Manufacture of Non-metallic Mineral Products	8167788	7939996	168446
黑色金属冶炼及压延加工业	Smelting and Pressing of Ferrous Metals	976444	957796	3533
有色金属冶炼及压延加工业	Smelting and Pressing of Non-ferrous Metals	4080573	4038502	248554
金属制品业	Manufacture of Metal Products	2928590	2920477	27060
通用设备制造业	Manufacture of General Purpose Machinery	3329635	3275734	131862
专用设备制造业	Manufacture of Special Purpose Machinery	3547589	3493703	138299
汽车制造业	Manufacture of Transport Carmaking.	3310965	3267626	427497
铁路、船舶、航空航天和其他运输设备制造业	Manufacture of Railroads,Ships,Aerospace and Other Transportation Equipment	1232994	1232994	510046
电气机械和器材制造业	Manufacture of Electrical Machinery and Equipment	5875299	5500006	119658
计算机、通信和其他电子设备制造业	Manufacture of Computers, Communication Equipment and Other Electronic Equipment	4774868	4580810	33977
仪器仪表及制造业	Manufacture of Measuring Instruments	941651	931751	300
其他制造业	Manufacture of Others	804010	804010	28083
废弃资源综合利用业	Comperhensive Utilization of Waste	943347	943347	7770
金属制品、机械和设备修理业	Repair of Metal Products, Machinery and Equipment	104387	102607	
电力、热力、燃气及水生产和供应业	**Production and Supply of Electricity Heating Gas and Water**	**3874717**	**3860324**	**2249577**
电力、热力的生产和供应业	Production and Supply of Electric Power and Heat Power	2521172	2516204	1505955
燃气生产和供应业	Production and Supply of Gas	265843	257010	60297
水的生产和供应业	Production and Supply of Water	1087702	1087110	683325
建筑业	**Construction**	**813674**	**812174**	**40058**
房屋建筑业	Construction of Buildings	282085	282085	2146
土木工程建筑业	Construction of Civil Engineering	183243	183243	30873
建筑安装业	Building Installation	84208	84208	4056
建筑装饰业和其他建筑业	Building Decoration and Other	264138	262638	2983
批发和零售业	**Wholesale and Retail Trades**	**6790014**	**6621656**	**214152**

Investment in Fixed Assets by Sector and Registration Status (2014)

(10000 yuan)

集 体 Collective-owned	股份合作 Share Holding Cooperative	联 营 Joint-owned	有限责任公司 Limited Liability Corporations	股份有限公司 Share Holding Enterprises	私 营 Private	其 他 Others	港澳台商投资 Funds from Hong Kong, Macao and Taiwan	外商投资 Foreign Funded	个体经营 Individuals
985609	**507229**	**713766**	**39581973**	**5497125**	**58211181**	**5393303**	**2707054**	**1299938**	**1014922**
30624	**12030**	**6898**	**309700**	**113186**	**1856017**	**433537**	**36194**	**99499**	**46924**
23730	4710	600	174885	54964	998272	150604	29094	53619	16770
		2100	20128	27399	225386	96955	3100		7958
2767	4500	2568	84218	28523	490610	99863	4000	39888	14186
2492			27789	2300	64095	47043		5992	6210
1635	2820	1630	2680		77654	39072			1800
27652	**5653**	**9244**	**346177**	**137749**	**1965648**	**80137**		**2377**	**134605**
27152	5653		65416	8500	332153	15937		1800	18570
			54072	54656	287570				
			58260	32413	235946	7500		577	2850
500		9244	151984	20380	1061867	48440			113185
97836	**214921**	**42499**	**21391622**	**2847832**	**40025323**	**2879219**	**1536346**	**650971**	**234125**
2780			895484	91637	1995052	140988	294799	76621	30624
	20		627870	24369	1079069	65050		33881	
			230381	74451	923939	41208	5771	37642	723
6650						200	30000		
	2852	4585	791062	87736	1237017	25285	22227	15500	
2677	5575	4394	1493542	26659	1817696	108916	20029	15560	3700
3490			432372	46577	1202578	91969	94493		5800
			398761	19922	832793	45668	7428	9742	25118
			412868	18121	676409	10500	6535		100
	2468	4928	341514	141212	702707	37784	133060	3547	
32577	22758	975	243218	17775	511699	30337	4767	17352	
	4760		292813	65606	378426	48636	89979	10938	7860
			50817	236889	73842				
	10320	8001	1083029	216949	3878865	136934	190410	96327	21459
2755	55930	4200	851211	87292	1230848	179305	35738		
			46336	46429	262398		43630	300	
7685	5451	4971	639971	78752	1172772	103661	1001		
21400	35996		2272618	248084	4660830	532622	86690	37097	104005
2902			423481	15076	423091	89713	11604	7044	
			766231	182076	2547481	294160		41091	980
	2530		825718	126335	1880314	58520	30	5171	2912
5661	28131		987036	179736	1874691	68617	38073	6328	9500
	16613	2380	1166698	173636	1899382	96695	24349	16823	12714
			1043224	141800	1628431	26674	18705	24634	
			282109	117179	216365	107295			
	2066	900	1949737	200930	2935262	291453	279096	89347	6850
5800	1451	4452	2031949	111050	2248915	143216	97932	96126	
1963	18000		369158	39364	480316	22650		9900	
		2713	163621	5660	536650	67283			
1496			215413	10930	693858	13880			
			63380	15600	23627				1780
100828	**10033**	**49065**	**677371**	**87803**	**580022**	**105625**	**6601**	**4968**	**2824**
37110	8133	34690	487155	37500	349083	56578		4968	
	1900		70128	2000	110624	12061	6601		2232
63718		14375	120088	48303	120315	36986			592
10780		**2000**	**339738**	**26084**	**379006**	**14508**			**1500**
4340		2000	104942	21434	143074	4149			
3920			69195		72116	7139			
			50202		29950				
2520			115399	4650	133866	3220			1500
23829	**8430**	**22785**	**2385936**	**552408**	**3239936**	**174180**	**26576**	**17921**	**123861**

4-7 续表

单位：万元

行业	Sector	合计 Total	内资 Domestic Funds	国有 State-owned
批发业	Wholesale Trade	3613783	3583555	98384
零售业	Retail Trade	3176231	3038101	115768
交通运输、仓储和邮政业	**Transport, Storage and Post**	**7034040**	**6742845**	**4209138**
铁路运输业	Railway Transport	231077	231077	139135
道路运输业	Road Transport	5021859	4990971	3528101
水上运输业	Water Transport	109583	109583	90921
航空运输业	Air Transport	30594	30594	25924
管道运输业	Transport Via Pipelines	241120	241120	240620
装卸搬运和其他运输服务业	Loading, Unloading and Other Transport Services	356225	109228	25266
仓储业	Storage	987338	974028	158971
邮政业	Post	56244	56244	200
住宿和餐饮业	**Hotels and Catering Services**	**2565722**	**2354066**	**255817**
住宿业	Hotels	1589972	1481584	237717
餐饮业	Catering Services	975750	872482	18100
信息传输、软件和信息技术服务业	**Information Transmission,Software and Information Technology Services**	**736940**	**731923**	**64864**
电信、广播电视和卫星传输服务	Telecommunications, Broadcasting Television and Satellite Transmission Services	78717	78717	60598
互联网和相关服务	Internet and Related Services	52123	52123	
软件和信息技术服务业	Software and Information Technology Services	606100	601083	4266
金融业	**Financial Intermediation**	**336654**	**336654**	**118047**
货币金融服务	Monetary and Financial Services	216576	216576	103609
资本市场服务	Capital Market Services	80680	80680	
保险业	Insurance	14264	14264	2849
其他金融活动	Other Financial Activities	25134	25134	11589
房地产业	**Real Estate**	**19377351**	**18388952**	**4098120**
租赁和商务服务业	**Leasing and Business Services**	**2707006**	**2383424**	**301008**
租赁业	Leasing	131421	131421	
商务服务业	Business Services	2575585	2252003	301008
科学研究和技术服务业	**Scientific Reseach and Ploytechnic Services**	**543953**	**535148**	**112224**
研究与试验发展	Research and Experimental Development	48416	48416	18626
专业技术服务业	Professional Technical Services	239828	233993	44567
科技推广和应用服务业	Services of Science and Technology Promotion and Application	255709	252739	49031
水利、环境和公共设施管理业	**Management of Water Conservancy, Environment and Public Facilities**	**14779901**	**14661265**	**11089076**
水利管理业	Management of Water Conservancy	1086643	1083143	904717
生态保护和环境治理业	Ecological Protection and Environmental Management	421312	421312	274861
公共设施管理业	Management of Public Facilities	13271946	13156810	9909498
居民服务、修理和其他服务业	**Services to Households Repair and Other Services**	**687046**	**650592**	**63082**
居民服务业	Services to Households	301681	290501	53352
机动车、电子产品和日用产品修理业	Repair to Motor,Electronic Products and Househole Products	305103	284084	
其他服务业	Other Services	80262	76007	9730
教　育	**Education**	**1824439**	**1811161**	**1363376**
卫生和社会工作	**Health Care and Social Services**	**1052597**	**1042700**	**821272**
卫　生	Health	852158	842261	699088
社会工作	Social Services	200439	200439	122184
文化、体育和娱乐业	**Culture, Sports and Entertainment**	**2516902**	**2428475**	**600530**
新闻和出版业	Journalism and Publishing Activities	10728	10728	8739
广播、电视、电影和影视录音制作业	Broadcasting, Movies, Television and Video Reccording	105219	100304	22849
文化艺术业	Cultural and Art Activities	1271983	1209583	273695
体　育	Sports Activities	396444	395664	194325
娱乐业	Entertainment	732528	712196	100922
公共管理、社会保障和社会组织	**Public Management,Social Security and Social Organizations**	**2114971**	**2113695**	**1818031**
#中国共产党机关	Organs of Communist Party of China			
国家机构	Government Agencies	1833360	1833360	1700847
社会保障	Social Security	45683	45683	41159
群众团体、社会团体和其他成员组织	Non-Governmental Organizations, Social Organizations and Other Organizations	196632	195356	66925
基层群众自治组织	Grass Roots Self-governing Organizations	39296	39296	9100

continued

(10000 yuan)

集 体 Collective-owned	股份合作 Share Holding Cooperative	联 营 Joint-owned	有限责任公司 Limited Liability Corporations	股份有限公司 Share Holding Enterprises	私 营 Private	其 他 Others	港澳台商投资 Funds from Hong Kong, Macao and Taiwan	外商投资 Foreign Funded	个体经营 Individuals
16890	482	1912	1711708	170831	1464466	118882	2979	2815	24434
6939	7948	20873	674228	381577	1775470	55298	23597	15106	99427
31897		**40000**	**1405998**	**46329**	**917393**	**92090**	**27544**	**260971**	**2680**
			53500	20000	18442				
26659			1074241		343682	18288	27544	664	2680
			18662						
2970					1700				
			500						
			55510	5521	22931			246997	
2268		40000	198311	20808	480058	73612		13310	
			5274		50580	190			
13210	**27529**	**2600**	**538609**	**74301**	**1338551**	**103449**	**57634**	**20300**	**133722**
8100	21329	2600	445236	66701	630296	69605	57634	20300	30454
5110	6200		93373	7600	708255	33844			103268
520	**2880**	**181**	**515434**	**9633**	**123828**	**14583**			**5017**
		181	12158		2910	2870			
520			32180	1883	14877	2663			
	2880		471096	7750	106041	9050			5017
8300	**42737**	**4748**	**86056**	**30748**	**46018**				
8300	42737		11832	30748	19350				
		1949	62233		16498				
		2799	8616						
			3375		10170				
278974	**5880**	**284195**	**7597869**	**775146**	**4812214**	**536554**	**610501**	**150291**	**227607**
36425	**2650**	**25600**	**1157706**	**134233**	**610969**	**114833**	**301177**	**380**	**22025**
			73136	5460	38932	13893			
36425	2650	25600	1084570	128773	572037	100940	301177	380	22025
580			**234973**	**25352**	**143810**	**18209**	**2970**		**5835**
			8562		16293	4935			
			86835	19372	69945	13274			5835
580			139576	5980	57572		2970		
213086	**118320**	**109441**	**1597183**	**418876**	**670768**	**444515**	**24020**	**88760**	**5856**
76922		3000	31887	5460	39952	21205		3500	
			59836	54845	29420	2350			
136164	118320	106441	1505460	358571	601396	420960	24020	85260	5856
16335	**50930**		**132973**	**5852**	**329082**	**52338**		**3500**	**32954**
5710	50930		27056	3062	118251	32140			11180
2530			75806	2790	190315	12643		3500	17519
8095			30111		20516	7555			4255
24047	**1650**	**18836**	**113741**	**14438**	**214858**	**60215**			**13278**
4163	**2860**	**2750**	**52030**	**4950**	**92792**	**61883**			**9897**
3113	2860	2750	20151	4950	54467	54882			9897
1050			31879		38325	7001			
35883			**681956**	**191705**	**847696**	**70705**	**76215**		**12212**
					1989				
			31468		45987		4915		
14283			305023	54477	526205	35900	62400		
20000			105078		76261				780
1600			240387	137228	197254	34805	8900		11432
30640	**726**	**92924**	**16901**	**500**	**17250**	**136723**	**1276**		
17734	726	5300	12401	500	17250	78602			
		4524							
200		83100				45131	1276		
12706			4500			12990			

4-8 固定资产投资资金来源（2014年）

单位：万元

行　　业	Sector	资金来源合　计 Total Source of Funds	上年末结余资金 Balance of Funds Forward Brought from the Previous Year	本年资金来源小计 Subtotal Sources of Funds This Year
总　计	**Total**	**174114691**	**10541260**	**163573431**
按行业分	**By sector**			
农、林、牧、渔业	Farming, Forestry, Animal Husbandy and Fishery	3798412	93388	3705024
采矿业	Mining	2988415	22563	2965852
制造业	Manufacturing	79573355	2147892	77425463
电力、热力、燃气及水生产和供应业	Production and Supply of Electricity Heating Gas and Water	4344829	60433	4284396
建筑业	Construction	859367	396	858971
批发和零售业	Wholesale and Retail Trade	7590071	81766	7508305
交通运输、仓储和邮政业	Transport, Storage and Post Services	7979376	324403	7654973
住宿和餐饮业	Hotel and Catering Services	2801273	67316	2733957
信息传输、软件和信息技术服务业	Information Transmission,Software and Information Technology Services	812869	3701	809168
金融业	Financial Intermediation	374247	61496	312751
房地产业	Real Estate	33090160	6991732	26098428
租赁和商务服务业	Leasing and Business Services	3002013	103373	2898640
科学研究和技术服务业	Scientific Reseach and Ploytechnic Services	616536	1147	615389
水利、环境和公共设施管理业	Management of Water Conservancy, Public Facilities and Environment	17102394	454877	16647517
居民服务、修理和其他服务业	Services to Households Repair and Other Services	779824	18950	760874
教　育	Education	2027617	33786	1993831
卫生和社会工作	Health Care and Social Services	1136632	17926	1118706
文化、体育和娱乐业	Culture,Sports and Entertainment	2914031	31025	2883006
公共管理、社会保障和社会组织	Public Management Social Security and Social Organizations	2323270	25090	2298180
按地区分	**By Region**			
南 昌 市	Nanchang	43903997	3279927	40624070
景德镇市	Jingdezhen	7123171	335701	6787470
萍 乡 市	Pingxiang	9439410	190664	9248746
九 江 市	Jiujiang	22274195	1079527	21194668
新 余 市	Xinyu	9350554	340794	9009760
鹰 潭 市	Yingtan	5150475	79662	5070813
赣 州 市	Ganzhou	20191648	2052637	18139011
吉 安 市	Ji'an	13574721	244871	13329850
宜 春 市	Yichun	15622584	1371334	14251250
抚 州 市	Fuzhou	10785890	436508	10349382
上 饶 市	Shangrao	14968546	1129335	13839211
不分地区	Not Classified by Region	1729500	300	1729200

Investment in Fixed Assets by Sources of Funds (2014)

(10000 yuan)

国家预算内资金 State Budget	国内贷款 Domestic Loans	债券 Bonds	利用外资 Foreign Investment	#外商直接投资 Foreign Direct Investment	自筹资金 Self-raising Funds	#企业事业单位自有资金 Fund of Enterprises	其他资金 Others
5506552	**11827594**	**509595**	**858071**	**320324**	**126727871**	**24501060**	**18143748**
116798	71837		16784	16784	3151818	605539	347787
11444	111775				2690972	809407	151661
150904	3982980	393159	756250	274184	69519505	12837894	2622665
552613	352113	116092			3010728	404760	252850
5601	2600				844934	123647	5836
4550	467086		6481	6481	6898302	1712061	131886
998857	1420007		18794		4540588	686520	676727
44900	32229		12190	2990	2496197	737280	148441
34600	13238		1000	1000	756810	290346	3520
					309251	115860	3500
844268	3222510		9385	3885	10545158	2501080	11477107
4000	159895		4000	4000	2498775	540580	231970
5639	56084				535009	167548	18657
1808546	1558890	176	26337	6000	11658659	1576401	1594909
4549	1435		3000	3000	747690	253115	4200
290360	59709				1486274	336207	157488
139441	35277				883562	257891	60426
160494	249793	168	3850	2000	2353205	434743	115496
328988	30136				1800434	110181	138622
747880	3806279		284137	76546	31047563	5826455	4738211
123369	184740				5701847	580642	777514
14235	705806		56656	56656	8103827	2556603	368222
653808	504994	350 001	46218	24568	18834352	6211788	805295
91636	673507				7024789	1914270	1219828
69460	52831		61085		4468258	65606	419179
2049908	2021796	42658	164011	33471	11716293	1498830	2144345
971313	786673		90785	7685	10164035	2316262	1317044
146118	950932	116092	115398	115398	11524377	2115013	1398333
407472	286396		8787		7170661	237027	2476066
231353	1083640	844	30994	6000	10012669	1159464	2479711
	770000				959200	19100	

4-9 固定资产投资建设项目和新增固定资产（2014年）

Projects Investment Construction and Newly Increased Fixed Assets (2014)

行业	Sector	施工项目（个）Number of Projects under Construction (unit)	全部建成投产（个）Number of Projects Completed and Put into Use (unit)	新增固定资产(万元) Newly Increased Fixed Assets (10000 yuan)
总计	**Total**	**18871**	**13280**	**96941726**
农、林、牧、渔业	**Agriculture, Forestry, Animal Husbandry and Fishery**	**754**	**521**	**2943527**
农业	Farming	324	215	1299555
林业	Forestry	97	66	454319
畜牧业	Animal Husbandry	198	136	723533
渔业	Fishery	46	36	134506
农、林、牧、渔服务业	Services in Support of Agriculture	89	68	331614
采矿业	**Mining**	**400**	**307**	**2388058**
#煤炭开采和洗选业	Mining and Washing of Coal	72	63	360595
黑色金属矿采选业	Mining and Processing of Ferrous Metal Ores	45	37	311330
有色金属矿采选业	Mining and Processing of Non-Ferrous Metal Ores	54	36	268736
非金属矿采选业	Mining and Processing of Nonmetal Ores	197	149	1356821
制造业	**Manufacturing**	**9263**	**6500**	**50159564**
农副食品加工业	Processing of Food from Agricultural Products	587	438	2671209
食品制造业	Manufacture of Foods	289	194	1129018
酒、饮料和精制茶制造业	Manufacture of Wine,Beverages and Refined Tea	155	110	912104
烟草制品业	Manufacture of Tobacco	5	3	31100
纺织业	Manufacture of Textile	254	171	1465045
纺织服装、服饰业	Manufacture of Textile Wearing Apparel	795	643	2946561
皮革、毛皮、羽毛及其制品和制鞋业	Manufacture of Leather, Fur, Feather and Related Products Footwear	255	183	1385509
木材加工及木、竹、藤、棕、草制品业	Processing of Timber, Manufacture of Wood, Bamboo, Rattan, Palm and Straw Products	209	162	1155812
家具制造业	Manufacture of Furniture	178	146	758675
造纸及纸制品业	Manufacture of Paper and Paper Products	178	121	821272
印刷和记录媒介复制业	Printing, Reproduction of Recording Media	183	144	626349
文教、美工、体育和娱乐用品制造业	Manufacture of Articles For Culture, Art,Education Sport Activities and Entertainmetn Products	136	99	532371
石油加工、炼焦加工业	Processing of Petroleum, Coking	30	20	167118
化学原料及化学制品制造业	Manufacture of Raw Chemical Materials and Chemical Products	744	480	4097732
医药制造业	Manufacture of Medicines	277	201	1751712
化学纤维制造业	Manufacture of Chemical Fibers	23	11	162784
橡胶和塑料制品业	Manufacture of Rubber and Plastics	316	227	1362525
非金属矿物制品业	Manufacture of Non-metallic Mineral Products	1090	772	6451239
黑色金属冶炼及压延加工业	Smelting and Pressing of Ferrous Metals	136	109	823470
有色金属冶炼及压延加工业	Smelting and Pressing of Non-ferrous Metals	319	196	2964802
金属制品业	Manufacture of Metal Products	431	307	2339200
通用设备制造业	Manufacture of General Purpose Machinery	468	293	2308248

4-9 续表1 continued

行 业	Sector	施工项目（个）Number of Projects under Construction (unit)	全部建成投产（个）Number of Projects Completed and Put into Use (unit)	新增固定资产（万元）Newly Increased Fixed Assets (10000 yuan)
专用设备制造业	Manufacture of Special Purpose Machinery	511	360	2334925
汽车制造业	Manufacture of Transport Carmaking.	332	226	2135219
铁路、船舶、航空航天和其他运输设备制造业	Manufacture of Railroads,Ships,Aerospace and Other Transportation Equipment	74	54	554220
电气机械和器材制造业	Manufacture of Electrical Machinery and Equipment	638	413	3781307
计算机、通信和其他电子设备制造业	Manufacture of Computers, Communication Equipment and Other Electronic Equipment	342	217	2789038
仪器仪表及制造业	Manufacture of Measuring Instruments	102	69	493831
其他制造业	Manufacture of Others	113	70	432783
废弃资源综合利用业	Comperhensive Utilization of Waste	75	46	613276
金属制品、机械和设备修理业	Repair of Metal Products, Machinery and Equipment	18	15	161110
电力、热力、燃气及水生产和供应业	**Production and Supply of Electricity Heating Gas and Water**	**491**	**344**	**2978787**
电力、热力的生产和供应业	Production and Supply of Electric Power and Heat Power	198	142	1885187
燃气生产和供应业	Production and Supply of Gas	51	32	214255
水的生产和供应业	Production and Supply of Water	242	170	879345
建筑业	**Construction**	**172**	**122**	**390759**
房屋建筑业	Construction of Buildings	46	40	96097
土木工程建筑业	Construction of Civil Engineering	27	27	73391
建筑安装业	Building Installation	24	14	49955
建筑装饰业和其他建筑业	Building Decoration and Other	75	51	171316
批发和零售业	**Wholesale and Retail Trades**	**1395**	**1163**	**4688110**
批发业	Wholesale Trade	834	677	2410367
零售业	Retail Trade	561	486	2277743
交通运输、仓储和邮政业	**Transport, Storage and Post**	**613**	**371**	**3760768**
铁路运输业	Railway Transport	8	2	131710
道路运输业	Road Transport	475	293	2257987
水上运输业	Water Transport	10	5	61083
航空运输业	Air Transport	3	2	7170
管道运输业	Transport Via Pipelines	3	2	247120
装卸搬运和其他运输服务业	Loading, Unloading and Other Transport Services	19	11	81777
仓储业	Storage	87	51	966042
邮政业	Post	8	5	7879
住宿和餐饮业	**Hotels and Catering Services**	**518**	**427**	**1886014**
住宿业	Hotels	261	198	1196413
餐饮业	Catering Services	257	229	689601
信息传输、软件和信息技术服务业	**Information Transmission,Software and Computer Services**	**123**	**98**	**468739**
电信、广播电视和卫星传输服务	Telecommunications, Broadcasting Television and Satellite Transmission	13	12	75264
互联网和相关服务	Internet and Related Services	18	15	44409
软件和信息技术服务业	Software and Information Technology Services	92	71	349066

4-9 续表2 continued

行　　业	Sector	施工项目(个) Number of Projects under Construction (unit)	全部建成投产(个) Number of Projects Completed and Put into Use (unit)	新增固定资产(万元) Newly Increased Fixed Assets (10000 yuan)
金融业	**Financial Intermediation**	**82**	**68**	**230829**
货币金融服务	Monetary and Financial Services	45	36	143543
资本市场服务	Capital Market Services	26	24	71717
保险业	Insurance	5	5	10894
其他金融活动	Other Financial Activities	6	3	4675
房地产业	**Real Estate**	**837**	**546**	**11203732**
租赁和商务服务业	**Leasing and Business Services**	**434**	**310**	**1208961**
租赁业	Leasing	30	26	88347
商务服务业	Business Services	404	284	1120614
科学研究和技术服务业	**Scientific Reseach and Ploytechnic Services**	**155**	**115**	**391359**
研究与试验发展	Research and Experimental Development	13	9	23819
专业技术服务业	Professional Technical Services	74	55	169613
科技推广和应用服务业	Services of Science and Technology Promotion and Application	68	51	197927
水利、环境和公共设施管理业	**Management of Water Conservancy, Environment and Public Facilities**	**2033**	**1304**	**9221190**
水利管理业	Management of Water Conservancy	276	182	726140
生态保护和环境治理业	Ecological Protection and Environmental Management	51	29	220072
公共设施管理业	Management of Public Facilities	1706	1093	8274978
居民服务、修理和其他服务业	**Services to Households Repair and Other Services**	**197**	**154**	**424057**
居民服务业	Services to Households	80	63	192693
机动车、电子产品和日用产品修理业	Repair to Motor,Electronic Products and Househole Products	88	73	175598
其他服务业	Other Services	29	18	55766
教　育	**Education**	**508**	**340**	**1220227**
卫生和社会工作	**Health Care and Social Services**	**221**	**158**	**631881**
卫　生	Health	161	120	531465
社会工作	Social Services	60	38	100416
文化、体育和娱乐业	**Culture, Sports and Entertainment**	**298**	**187**	**1012044**
新闻和出版业	Journalism and Publishing Activities	4	4	24979
广播、电视、电影和影视录音制作业	Broadcasting, Movies, Television and Video Reccording	26	22	107130
文化艺术业	Cultural and Art Activities	120	60	321949
体　育	Sports Activities	47	34	284579
娱乐业	Entertainment	101	67	273407
公共管理、社会保障和社会组织	**Public Management,Social Security and Social Organizations**	**377**	**245**	**1733120**
#中国共产党机关	Organs of Communist Party of China			
国家机构	Government Agencies	317	204	1527500
社会保障	Social Security	10	5	23140
群众团体、社会团体和其他成员组织	Non-Governmental Organizations, Social Organizations and Other Organizations	34	23	146167
基层群众自治组织	Grass Roots Self-governing Organizations	16	13	36313

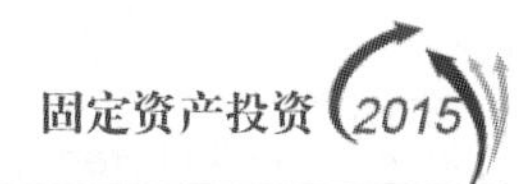

4-10 农村农户固定资产投资

Farm Households Investment in Fixed Assets in Rural Area

指　　标	Item	2013	2014
农户固定资产投资(万元)	**Total Investment(10000 yuan)**	**4153033**	**4329473**
按资金来源分	Grouped by Sources of Funds		
#国内贷款	Domestic Loans	194902	241497
自筹资金	Self-raising Funds	3951220	4068979
按构成分	Grouped by Use of Funds		
建筑工程	Construction	3718770	3829896
#水　利	Water Conservancy	3598	607
房　屋	Building	3684143	3815197
#住　宅	Residential Buildings	3623582	3717231
安装工程	Installation		
设备、工器具购置	Purchase of Equipment and Instruments	284569	308750
#生产设备	Product Equipment	284569	308750
其　它	Others	149694	190827
按行业分	Grouped by Sector		
农业	Farming	406725	433750
采矿业	Mining		
制造业	Manufacturing	24082	5921
电力、燃气及水的生产和供应业	Production and Supply of Electricity Gas and Water	1674	
建筑业	Construction	11507	38464
交通运输、仓储和邮政业	Transport, Storage and Post Services	47630	102342
信息传输、计算机服务和软件业	Information Transmission, Computer Software and Services		
批发和零售业	Wholesale and Retail Trade	17207	14846
住宿和餐饮业	Hotel and Catering Services	1496	1591
金融业	Financial Intermediation		
房地产业	Real Estate	3623938	3717231
租赁和商务服务业	Leasing and Business Services	499	493
科学研究、技术服务和地质勘查业	Scientific Reseach, Ploytechnic Services and Geological Prospecting		
水利、环境和公共设施管理业	Management of Water Conservancy, Environment and Public Facilities		
居民服务和其他服务业	Services to Households and Other Services	17744	14771
教　育	Education		
卫生、社会保障和社会福利业	Health Care, Social Security and Social Welfare		
文化、体育和娱乐业	Culture, Sports and Entertainment	532	64
公共管理和社会组织	Public Management and Social Organizations		
按具体投资项目分	Grouped by Project		
房　屋	Building	3684143	3815197
#住　宅	Residential Buildings	3623938	3717231
道　路	Road		
桥　梁	Bridge		
设　备	Equipment	284569	308750
水　利	Water Conservancy	3598	607
其　他	Others	180723	204920
新增固定资产(万元)	**Newly Increased Fixed Assets(10000 yuan)**	**4153033**	**4329473**
施工房屋建筑面积(万平方米)	**Floor Space of Buildings under Construction(10000 sq.m)**	**5806.79**	**5818.53**
#住宅	Residential Buildings	5628.67	5642.29
竣工房屋建筑面积(万平方米)	**Floor Space of Buildings Completed(10000 sq.m)**	**4809.31**	**4783.20**
#住宅	Residential Buildings	4666.81	4642.10

注：本表资料来自国家统计局江西调查总队，为抽样调查数据。

a) Data in the table are provided by Survey Office of the National Bureau of Statistics in Jiangxi , Source in the sample census.

4-11 各地区固定资产投资（2014年）

Investment in Fixed Assets by Region (2014)

单位：万元 (10000 yuan)

地区	Region	合计 Total	#工业 Industry	第一产业 Primary Industry	第二产业 Secondary Industry	第三产业 Tertiary Industry
全省	**Provincial Total**	**146463081**	**79069109**	**3159883**	**79717994**	**63585204**
南昌市	Nanchang	34273680	13926753	315902	14304195	19653583
景德镇市	Jingdezhen	6225413	4515147	65360	4570247	1589806
萍乡市	Pingxiang	9060922	6195815	247100	6198272	2615550
九江市	Jiujiang	18122162	12482246	150197	12496764	5475201
新余市	Xinyu	7474923	4309578	456520	4249599	2768804
鹰潭市	Yingtan	4642315	2463611	183846	2463611	1994858
赣州市	Ganzhou	16087125	6214509	306852	6206811	9573462
吉安市	Ji'an	12701175	7728030	378342	7733030	4589803
宜春市	Yichun	13548527	8413732	302512	8400937	4845078
抚州市	Fuzhou	9392481	5418654	329327	5427014	3636140
上饶市	Shangrao	13433252	7381674	423925	7648154	5361173
不分地区	Not Classified by Region	1501106	19360		19360	1481746

注：4-11至4-18表统计范围为计划总投资500万元及以上项目投资和房地产开发投资。

a)The statistical scope of 4-11 to 4-18 table is more than 5000000 yuan project investment,including investment for real estate development, no-including farm households investment in fixed assets in rural area.

4-12 各地区固定资产投资增长速度（2014年）

Growth Rates of Investment in Fixed Assets by Region (2014)

单位：% (%)

地区	Region	合计 Total	#工业 Industry	第一产业 Primary Industry	第二产业 Secondary Industry	第三产业 Tertiary Industry
全省	**Provincial Total**	**17.8**	**10.8**	**16.4**	**10.8**	**28.0**
南昌市	Nanchang	18.3	12.1	24.8	11.6	23.6
景德镇市	Jingdezhen	15.6	10.0	98.9	11.4	27.0
萍乡市	Pingxiang	9.5	-3.4	95.6	-3.5	52.1
九江市	Jiujiang	20.2	18.9	65.5	19.0	22.1
新余市	Xinyu	6.2	7.7	-8.1	7.6	6.8
鹰潭市	Yingtan	17.8	1.0	66.0	1.0	43.5
赣州市	Ganzhou	20.9	14.4	17.7	14.5	25.5
吉安市	Ji'an	19.3	14.2	11.9	14.3	29.7
宜春市	Yichun	20.5	15.9	-10.2	15.7	32.7
抚州市	Fuzhou	18.3	9.0	7.4	9.3	36.2
上饶市	Shangrao	15.3	8.4	17.3	8.0	27.6
不分地区	Not Classified by Region	71.3	-92.2		-92.2	135.4

4-13 各地区按登记注册类型分的固定资产投资（2014年）

Investment in Fixed Assets by Region and Status of Registration (2014)

单位：万元 (10000 yuan)

地　区	Region	合　计 Total	内　资 Domestic Funds	国　有 State-owned	集　体 Collective-owned	股份合作 Share Holding Cooperative	联　营 Joint-owned
全　省	**Provincial Total**	**146463081**	**141441167**	**30550981**	**985609**	**507229**	**713766**
南昌市	Nanchang	34273680	32603012	6577650	272709	187615	68850
景德镇市	Jingdezhen	6225413	6187683	949428	12700	31700	
萍乡市	Pingxiang	9060922	8815505	815974	73509	37865	7000
九江市	Jiujiang	18122162	17035930	2449704	9960	78000	20682
新余市	Xinyu	7474923	7306478	1447218	172087	21961	129490
鹰潭市	Yingtan	4642315	4618145	1496478		2750	
赣州市	Ganzhou	16087125	15185565	5108079	154305	7066	308608
吉安市	Ji'an	12701175	12349837	3312785	27881	18093	2700
宜春市	Yichun	13548527	13170167	1967482	29724	78930	93415
抚州市	Fuzhou	9392481	9271809	2285809	3745	16481	9550
上饶市	Shangrao	13433252	13395930	2639268	228989	26768	73471
不分地区	Not Classified by Region	1501106	1501106	1501106			

4-13 续表 continued

单位：万元 (10000 yuan)

地　区	Region	有限责任公司 Limited Liability Corporations	股份有限公司 Share Holding Enterprises	私　营 Private	其　他 Others	港澳台商投资 Funds from Hong Kong, Macao and Taiwan	外商投资 Foreign Funded	个体经营 Individuals
全　省	**Provincial Total**	**39581973**	**5497125**	**58211181**	**5393303**	**2707054**	**1299938**	**1014922**
南昌市	Nanchang	15217276	1138618	8181256	959038	798203	522857	349608
景德镇市	Jingdezhen	1863988	174049	2967651	188167	4880	26850	6000
萍乡市	Pingxiang	1598304	225411	5574127	483315	104793	33796	106828
九江市	Jiujiang	5756994	385329	8279605	55656	952176	102961	31095
新余市	Xinyu	2235489	909710	2065702	324821	18087	11200	139158
鹰潭市	Yingtan	1028715	71573	1499155	519474	24020	150	
赣州市	Ganzhou	3720225	294685	5249825	342772	223988	447800	229772
吉安市	Ji'an	721447	460206	7522965	283760	342162	1800	7376
宜春市	Yichun	2389553	380248	7162018	1068797	168798	138507	71055
抚州市	Fuzhou	2710636	572740	3502674	170174	42900	12742	65030
上饶市	Shangrao	2339346	884556	6206203	997329	27047	1275	9000
不分地区	Not Classified by Region							

4-14 各地区按行业分固定资产投资（2014年）

单位：万元

行业	Sector	全省 Total	南昌市 Nanchang	景德镇市 Jingdezhen
总计	**Total**	**146463081**	**34273680**	**6225413**
农、林、牧、渔业	**Agriculture, Forestry, Animal Husbandry and Fishery**	**3512762**	**358188**	**72560**
农业	Farming	1680644	154417	13760
林业	Forestry	542177	37790	17650
畜牧业	Animal Husbandry	772510	88214	33950
渔业	Fishery	164552	35481	
农、林、牧、渔服务业	Services in Support of Agriculture	352879	42286	7200
采矿业	**Mining**	**2893892**	**53081**	**40600**
#煤炭开采和洗选业	Mining and Washing of Coal	477327	2146	
黑色金属矿采选业	Mining and Processing of Ferrous Metal Ores	396298		
有色金属矿采选业	Mining and Processing of Non-Ferrous Metal Ores	455112	2250	
非金属矿采选业	Mining and Processing of Nonmetal Ores	1461342	42839	36800
制造业	**Manufacturing**	**72300500**	**13265053**	**4354928**
农副食品加工业	Processing of Food from Agricultural Products	3576653	1066953	89180
食品制造业	Manufacture of Foods	1888473	467614	99000
酒，饮料和精制茶制造业	Manufacture of Wine, Beverages and Refined Tea	1314115	173241	80522
烟草制品业	Manufacture of Tobacco	43450		
纺织业	Manufacture of Textile	2186264	321028	29100
纺织服装、服饰业	Manufacture of Textile Wearing Apparel	3527139	1415239	119850
皮革、毛皮、羽毛及其制品和制鞋业	Manufacture of Leather, Fur, Feather and Related Products Footwrare	1883165	129388	76300
木材加工及木、竹、藤、棕、草制品业	Processing of Timber, Manufacture of Wood, Bamboo, Rattan, Palm and Straw Products	1375106	157237	29050
家具制造业	Manufacture of Furniture	1129983	139667	65670
造纸及纸制品业	Manufacture of Paper and Paper Products	1367220	332216	35750
印刷和记录媒介复制业	Printing, Reproduction of Recording Media	911318	392537	15110
文教、美工、体育和娱乐用品制造业	Manufacture of Articles For Culture, Art,Education Sport Activities and Entertainmetn Products	899018	108236	59200
石油加工、炼焦加工业	Processing of Petroleum, Coking	417545	24763	51150
化学原料及化学制品制造业	Manufacture of Raw Chemical Materials and Chemical Products	5820821	459824	442975
医药制造业	Manufacture of Medicines	2525795	414611	46350
化学纤维制造业	Manufacture of Chemical Fibers	399093	8156	5540
橡胶和塑料制品业	Manufacture of Rubber and Plastics	2017202	270532	158611
非金属矿物制品业	Manufacture of Non-metallic Mineral Products	8167788	620590	1176402
黑色金属冶炼及压延加工业	Smelting and Pressing of Ferrous Metals	976444	282541	11300
有色金属冶炼及压延加工业	Smelting and Pressing of Non-ferrous Metals	4080573	83843	
金属制品业	Manufacture of Metal Products	2928590	804110	142810
通用设备制造业	Manufacture of General Purpose Machinery	3329635	848325	379240
专用设备制造业	Manufacture of Special Purpose Machinery	3547589	1092636	178970
汽车制造业	Manufacture of Transport Carmaking.	3310965	1149255	90703
铁路、船舶、航空航天和其他运输设备制造业	Manufacture of Railroads,Ships,Aerospace and Other Transportation Equipment	1232994	409319	455423
电气机械及器材制造业	Manufacture of Electrical Machinery and Equipment	5875299	868384	292662
计算机、通信和其他电子设备制造业	Manufacture of Computers, Communication Equipment and Other Electronic Equipment	4774868	823315	70600
仪器仪表及制造业	Manufacture of Measuring Instruments	941651	226867	106260
其他制造业	Manufacture of Others	804010	88622	23900
废弃资源综合利用业	Comperhensive Utilization of Waste	943347	39843	23300
金属制品、机械和设备修理业	Repair of Metal Products, Machinery and Equipment	104387	46161	
电力、热力、燃气及水生产和供应业	**Production and Supply of Electricity Heating Gas and Water**	**3874717**	**608619**	**119619**
电力、热力的生产和供应业	Production and Supply of Electric Power and Heat Power	2521172	300833	86400
燃气生产和供应业	Production and Supply of Gas	265843	45133	27138
水的生产和供应业	Production and Supply of Water	1087702	262653	6081
建筑业	**Construction**	**813674**	**429449**	**58900**
房屋建筑业	Construction of Buildings	282085	46922	38700
土木工程建筑业	Construction of Civil Engineering	183243	74293	
建筑安装业	Building Installation	84208	82523	
建筑装饰业和其他建筑业	Building Decoration and Other	264138	225711	20200
批发和零售业	**Wholesale and Retail Trades**	**6790014**	**3327139**	**110250**

注：本表全省数据含跨地区项目数。

Investment in Fixed Assets by Regin and Asector (2014)

(10000 yuan)

萍乡市 Pingxiang	九江市 Jiujiang	新余市 Xinyu	鹰潭市 Yingtan	赣州市 Ganzhou	吉安市 Ji'an	宜春市 Yichun	抚州市 Fuzhou	上饶市 Shangrao
9060922	**18122162**	**7474923**	**4642315**	**16087125**	**12701175**	**13548527**	**9392481**	**13433252**
268710	**150477**	**487680**	**236046**	**366851**	**400272**	**346624**	**378412**	**446942**
146737	127729	187927	160513	162767	233161	114521	122312	256800
22446	2000	184346	2100	25523	36640	119637	60697	33348
75427	20468	84247	21233	110062	89395	59354	115619	74541
2490				8500	19146	9000	30699	59236
21610	280	31160	52200	59999	21930	44112	49085	23017
418996	**376659**	**692030**	**37524**	**156481**	**491308**	**132322**	**132164**	**362727**
256064	59767	39980		1666	4220	23800		89684
56800	11876	206230		1972	119420			
	37000	4600	17730	91419	73348	54345	46153	128267
95032	268016	423420	19794	49068	294320	42977	74282	114794
5406412	**11569724**	**3383423**	**2291300**	**5641230**	**6718319**	**8055611**	**4833125**	**6781375**
27302	421670	146229	30600	196041	585214	558235	171292	283937
118647	287477	33263	23490	119598	99244	481119	108670	50351
15930	248019	55320	20100	52836	288733	188845	100932	89637
30000					13250		200	
48909	829235	116300	9000	27009	60068	348414	259954	137247
144808	648749	104306	24196	271221	147925	200064	188533	262248
269904	679877	23800	18900	43274	269186	178826	107520	86190
42356	249646	50815	25100	232555	102090	283403	62860	139994
28960	275892	13930	6995	81136	32504	72272	101260	311697
176790	191026	76720	8900	65991	46419	79428	165230	188750
143565	56000	27200		68323	40117	131912	11380	25174
28885	185875	21860	9425	42327	60881	112609	114893	154827
6527	250131	3000		19450	10394	23130	7000	22000
1073068	1145235	120953	146718	275964	786991	528183	358555	482355
47214	225164	77200	9900	158921	350258	383810	310992	501375
	202889	29800				102744	7269	42695
82140	255274	52100	10004	102462	32100	434026	366687	253266
1514818	1337574	423834	76497	545929	628026	997200	431557	415361
143050	49450	201128		11501	10400	85200	12179	169695
35000	486427	49296	997625	874877	389941	290309	293613	579642
259263	343463	172147	96760	124885	189739	322677	194860	277876
147105	212152	401865	109660	200144	228815	313208	180187	308934
328782	245020	186240	68100	264485	465756	396711	104246	216643
244436	403717	226568	41684	93147	99497	67067	536726	358165
21500	111142		17055	2339	19871	48222	33332	114791
256696	969333	398800	319699	667900	454262	860778	252235	534550
134291	949386	246230	9585	832537	863996	168319	175683	500926
	57526	62870	48800	20214	232614	54020	47680	84800
18466	94830		110507	80106	111210	22730	126300	127339
9000	157545	16470	52000	166058	98818	320370		59943
9000		45179				1780	1300	967
370407	**535863**	**234125**	**134787**	**416798**	**518403**	**225799**	**453365**	**237572**
284812	394605	98065	65810	178448	430588	191434	352306	118511
4121	42440	7200		42973	29278	31091	19370	17099
81474	98818	128860	68977	195377	58537	3274	81689	101962
16957	**14 518**	**3 000**		**4 658**	**5 000**	**185**	**9 660**	**271347**
7100								189363
2357	14 518	3 000		4 658	5 000	185		79232
								1685
7 500							9 660	1067
493045	**830148**	**284898**	**260337**	**288973**	**371049**	**323577**	**168860**	**331738**

a) The data of this table containing trans regional project data.

4-14 续表

单位：万元

行　　业	Sector	全　省 Total	南昌市 Nanchang	景德镇市 Jingdezhen
批发业	Wholesale Trade	3613783	2065799	31700
零售业	Retail Trade	3176231	1261340	78550
交通运输、仓储和邮政业	**Transport, Storage and Post**	**7034040**	**1211357**	**127356**
铁路运输业	Railway Transport	231077	91965	53500
道路运输业	Road Transport	5021859	923619	68476
水上运输业	Water Transport	109583	26614	
航空运输业	Air Transport	30594	2970	
管道运输业	Transport Via Pipelines	241120		
装卸搬运和其他运输服务业	Loading, Unloading and Other Transport Services	356225	38044	4280
仓储业	Storage	987338	119236	1 100
邮政业	Post	56244	8909	
住宿和餐饮业	**Hotels and Catering Services**	**2565722**	**844888**	**38591**
住宿业	Hotels	1589972	442581	18891
餐饮业	Catering Services	975750	402307	19700
信息传输、软件和信息技术服务业	**Information Transmission,Software and Information Technology Services**	**736940**	**489190**	**38600**
电信、广播电视和卫星传输服务	Telecommunications, Broadcasting Television and Satellite Transmission Services	78717	32066	33400
互联网和相关服务	Internet and Related Services	52123	49720	
软件和信息技术服务业	Software and Information Technology Services	606100	407404	5200
金融业	**Financial Intermediation**	**336654**	**293852**	
货币金融服务	Monetary and Financial Services	216576	175074	
资本市场服务	Capital Market Services	80680	80680	
保险业	Insurance	14264	14264	
其他金融活动	Other Financial Activities	25134	23834	
房地产业	**Real Estate**	**19377351**	**5336883**	**581972**
租赁和商务服务业	**Leasing and Business Services**	**2707006**	**1487659**	**65900**
租赁业	Leasing	131421	77130	15500
商务服务业	Business Services	2575585	1410529	50400
科学研究和技术服务业	**Scientific Reseach and Ploytechnic Services**	**543953**	**416179**	**10400**
研究与试验发展	Research and Experimental Development	48416	22790	
专业技术服务业	Professional Technical Services	239828	184846	7100
科学推广和应用服务业	Services of Science and Technology Promotion and Applicaion	255709	208543	3300
水利、环境和公共设施管理业	**Management of Water Conservancy, Environment and Public Facilities**	**14779901**	**3548030**	**425639**
水利管理业	Management of Water Conservancy	1086643	128811	54278
生态保护和环境治理业	Ecological Protection and Environmental Management	421312	72129	6446
公共设施管理业	Management of Public Facilities	13271946	3347090	364915
居民服务、修理和其他服务业	**Services to Households Repair and Other Services**	**687046**	**427278**	**8780**
居民服务业	Services to Households	301681	169637	
机动车、电子产品和日用产品修理业	Repair to Motor,Electronic Products and Househole Products	305103	204250	
其他服务业	Other Services	80262	53391	8780
教　育	**Education**	**1824439**	**525777**	**34658**
卫生和社会工作	**Health Care and Social Services**	**1052597**	**405128**	**25600**
卫　生	Health	852158	361381	25600
社会工作	Social Services	200439	43747	
文化、体育和娱乐业	**Culture, Sports and Entertainment**	**2516902**	**720939**	**68970**
新闻和出版业	Journalism and Publishing Activities	10728	4979	
广播、电视、电影和影视录音制作业	Broadcasting, Movies, Television and Video Reccording	105219	46069	
文化艺术业	Cultural and Art Activities	1271983	487520	65270
体　育	Sports Activities	396444	63592	
娱乐业	Entertainment	732528	118779	3700
公共管理、社会保障和社会组织	**Public Management,Social Security and Social Organizations**	**2114971**	**524991**	**42090**
#中国共产党机关	Organs of Communist Party of China			
国家机构	Government Agencies	1833360	474367	25900
社会保障	Social Security	45683	17647	
群众团体、社会团体和其他成员组织	Non-Governmental Organizations, Social Organizations and Other Organizations	196632	10380	5000
基层群众自治组织	Grass Roots Self-governing Organizations	39296	22597	11190

continued

(10000 yuan)

萍乡市 Pingxiang	九江市 Jiujiang	新余市 Xinyu	鹰潭市 Yingtan	赣州市 Ganzhou	吉安市 Ji'an	宜春市 Yichun	抚州市 Fuzhou	上饶市 Shangrao
191820	364441	113997	182900	101652	280586	48886	83125	148877
301225	465707	170901	77437	187321	90463	274691	85735	182861
340934	**589752**	**115962**	**76285**	**1188567**	**245836**	**644069**	**597578**	**414598**
12100					5800	47610	20102	
137461	297999	12976	76285	853772	152431	378542	515555	362997
	26982					47539	8448	
1700								25924
					500		620	
	300	3029		241897		54412	7063	7200
189673	264471	99957		83158	49900	115966	45400	18477
				9740	37205		390	
549665	**226661**	**108417**	**23700**	**82626**	**180979**	**160395**	**148108**	**201692**
209631	194371	58617	23700	80711	150941	118436	122266	169827
340034	32290	49800		1915	30038	41959	25842	31865
29530	**88026**	**1100**	**1800**	**17721**	**53120**			**17853**
8000				1701				3 550
								2403
21530	88026	1100	1800	16020	53120			11900
		10521		**6480**	**9902**	**7620**	**6752**	**1527**
		10521		6480	9902	7620	6752	227
								1300
371730	**1940677**	**460189**	**494034**	**4806815**	**874100**	**1616200**	**1233280**	**1661471**
40268	**82992**	**96774**	**59800**	**194508**	**346041**	**111165**	**41994**	**179905**
11900		5 693		4 998				16 200
28368	82992	91081	59800	189510	346041	111165	41994	163705
31854	**3988**	**42020**		**17392**	**10400**	**1800**	**3820**	**6100**
	1000	17 626			7000			
6700		21394		6148	2 620	1800	3820	5400
25154	2988	3 000		11244	780			700
376039	**853844**	**1226226**	**834086**	**1864036**	**1927823**	**1142678**	**738906**	**1842594**
66761	11536	130670	310	219114	159270	68960	196060	50873
	3500	125671	128000	18083	9800		13750	43933
309278	838808	969885	705776	1626839	1758753	1073718	529096	1747788
102921	**51561**	**1500**		**11977**	**10990**	**53354**	**7877**	**10808**
71931	22140			9795	9690	13500	3580	1408
21732	29421	1500				39100		9100
9258				2182	1300	754	4297	300
88188	**78258**	**113426**	**89518**	**402889**	**118406**	**96482**	**183590**	**93247**
40645	**27767**	**28579**		**259024**	**53426**	**75494**	**58819**	**78115**
34895	16202	11785		198209	45129	43138	50895	64924
5750	11565	16794		60815	8297	32356	7924	13191
86858	**273403**	**170209**	**86155**	**290160**	**151888**	**208931**	**134777**	**324612**
					3000		2749	
12640	5000		2360	7580	22470			9100
57738	52782	74487	21000	119478	106048	38292	54305	195063
16480	52771	22856	44495	119985	8370		14888	53007
	162850	72 866	18300	43117	12000	170639	62835	67442
27763	**427844**	**14844**	**16943**	**69939**	**213913**	**346221**	**261394**	**169029**
17120	427844	6068	16943	40414	202993	198138	260494	163079
				19914	8122			
10134		8776		9611	2798	147583	900	1450
509						500		4500

4-15 各地区按构成分固定资产投资（2014年）
Investment in Fixed Assets by Region and Use of Funds (2014)

单位：万元 (10000 yuan)

地　区	Region	合计 Total	建筑、安装工程 Construction and Installation	设备、工器具购置 Purchase of Equipment and Instruments	其他费用 Others
全　省	**Provincial Total**	**146463081**	**104702660**	**26369294**	**15391127**
南昌市	Nanchang	34273680	25701860	6203442	2368378
景德镇市	Jingdezhen	6225413	4718957	896926	609530
萍乡市	Pingxiang	9060922	5494648	2313253	1253021
九江市	Jiujiang	18122162	12691110	4032897	1398155
新余市	Xinyu	7474923	4349587	2202133	923203
鹰潭市	Yingtan	4642315	3121713	731357	789245
赣州市	Ganzhou	16087125	12689975	1356696	2040454
吉安市	Ji'an	12701175	9777824	1795436	1127915
宜春市	Yichun	13548527	8730184	3105233	1713110
抚州市	Fuzhou	9392481	7235274	1221891	935316
上饶市	Shangrao	13433252	8863602	2509030	2060620
不分地区	Not Classified by Region	1501106	1327926	1000	172180

4-16 各地区按建设性质分固定资产投资（2014年）
Investment in Fixed Assets by Region and Type of Construction (2014)

单位：万元 (10000 yuan)

地　区	Region	合计 Total	#新建 New Construction	#扩建 Expansion	#改建和技术改造 Reconstruction Technical Rennovation
全　省	**Provincial Total**	**146463081**	**106312144**	**13255795**	**22865337**
南昌市	Nanchang	34273680	14917742	1678867	15416719
景德镇市	Jingdezhen	6225413	5604026	345248	272609
萍乡市	Pingxiang	9060922	6508074	1305817	1234883
九江市	Jiujiang	18122162	16859667	418720	802623
新余市	Xinyu	7474923	4927125	1846054	653952
鹰潭市	Yingtan	4642315	4589509	9600	41207
赣州市	Ganzhou	16087125	12969360	945498	1124877
吉安市	Ji'an	12701175	11184360	1253450	176091
宜春市	Yichun	13548527	10203489	2659336	648427
抚州市	Fuzhou	9392481	7580711	1290451	415702
上饶市	Shangrao	13433252	9466975	1502754	2078247
不分地区	Not Classified by Region	1501106	1501106		

4-17 各地区工业投资（2014年）
Investment in Industry by Region (2014)

单位：万元 (10000 yuan)

地区	Region	合计 Total	采矿业 Mining	制造业 Manufacturing	电力、燃气及水的生产和供应业 Production and Supply of Electricity, Gas and Water
全省	**Provincial Total**	**79069109**	**2893892**	**72300500**	**3874717**
南昌市	Nanchang	13926753	53081	13265053	608619
景德镇市	Jingdezhen	4515147	40600	4354928	119619
萍乡市	Pingxiang	6195815	418996	5406412	370407
九江市	Jiujiang	12482246	376659	11569724	535863
新余市	Xinyu	4309578	692030	3383423	234125
鹰潭市	Yingtan	2463611	37524	2291300	134787
赣州市	Ganzhou	6214509	156481	5641230	416798
吉安市	Ji'an	7728030	491308	6718319	518403
宜春市	Yichun	8413732	132322	8055611	225799
抚州市	Fuzhou	5418654	132164	4833125	453365
上饶市	Shangrao	7381674	362727	6781375	237572
不分地区	Not Classified by Region	19360			19360

4-18 各地区固定资产投资建设项目和新增固定资产（2014年）
Projccts Investment Construction and Newly Increased Fixed Assets by Region (2014)

地区	Region	施工项目（个） Number of Projects under Construction (unit)	#新开工 Started this Year	全部建成投产（个） Number of Projects Completed and Put into Use (unit)	新增固定资产（万元） Newly Increased Fixed Assets (10000 yuan)
全省	**Provincial Total**	**18871**	**12917**	**13280**	**96941726**
南昌市	Nanchang	6812	5761	5732	20134310
景德镇市	Jingdezhen	779	470	433	3899618
萍乡市	Pingxiang	1234	909	929	7444053
九江市	Jiujiang	1040	574	617	11299172
新余市	Xinyu	791	569	436	6214374
鹰潭市	Yingtan	434	189	321	4382422
赣州市	Ganzhou	1981	1113	1235	11127786
吉安市	Ji'an	1095	558	579	7884766
宜春市	Yichun	1461	770	829	9757535
抚州市	Fuzhou	1532	907	997	6960351
上饶市	Shangrao	1704	1095	1168	6987541
不分地区	Not Classified by Region	8	2	4	849798

主要统计指标解释

全社会固定资产投资 是以货币形式表现的在一定时期内全社会建造和购置固定资产的工作量以及与此有关的费用的总称。该指标是反映固定资产投资规模、结构和发展速度的综合性指标,又是观察工程进度和考核投资效果的重要依据。全社会固定资产投资按登记注册类型可分为国有、集体、个体、联营、股份制、外商、港澳台商、其他等。按统计方式可分为建设项目固定资产投资和房地产开发投资(全面统计)、农村农户固定资产投资(抽样调查)。建设项目投资不同的时期有不同的统计起点。1995-1996 年,项目投资统计的起点为计划总投资 5 万元及以上;自 1997 年起,项目投资统计的起点由 5 万元提高到 50 万元及以上;自 2011 年起,项目投资的统计起点由 50 万元提高至 500 万元及以上。为便于比较,2010 年调整为 500 万元以上起点数。

固定资产投资 指各种登记注册类型的企业、事业、行政单位及个体户进行的建设项目投资、房地产开发投资。

房地产开发投资 指各种登记注册类型的房地产开发公司、商品房建设公司及其他房地产开发法人单位和附属于其他法人单位实际从事房地产开发或经营活动的单位统一开发的包括统代建、拆迁还建的住宅、厂房、仓库、饭店、宾馆、度假村、写字楼、办公楼等房屋建筑物和配套的服务设施,土地开发工程(如道路、给水、排水、供电、供热、通讯、平整场地等基础设施工程)的投资;不包括单纯的土地交易活动。

固定资产投资的资金来源 根据固定资产投资的资金来源不同,分为国家预算内资金、国内贷款、利用外资、自筹资金和其他资金。

(1)国家预算内资金:分为财政拨款和财政安排的贷款两部分。包括中央财政的基本建设基金(分经营性基金和非经营性基金两部分)、专项支出(如煤代油专项等)、收回再贷、贴息资金,财政安排的挖潜改造和新产品试制支出、城建支出、商业部门简易建筑支出、不发达地区发展基金等资金中用于固定资产投资的资金;地方财政中由国家统筹安排的资金等。

(2)国内贷款:指报告期固定资产投资单位向银行及非银行金融机构借入的用于固定资产投资的各种国内借款,包括银行利用自有资金及吸收的存款发放的贷款、上级主管部门拨入的国内贷款、国家专项贷款、地方财政专项资金安排的贷款、国内储备贷款、周转贷款等。

(3)利用外资:指报告期收到的用于固定资产建造和购置的国外资金(包括设备、材料、技术在内)。包括对外借款(外国政府、国际金融组织贷款、出口信贷、外国银行商业贷款、对外发行债券和股票)、外商直接投资及外商其他投资。不包括我国自有外汇资金(国家外汇、地方外汇、留成外汇、调剂外汇和中国银行自有资金发行的外汇贷款等)。计算利用外资时,需要折算成人民币,折算中所使用的外汇汇率按现汇计算,即按使用外汇时的汇率计算。

(4)自筹资金:指固定资产投资单位报告期收到的,由各地区、各部门及企、事业单位筹集用于固定资产投资的预算外资金,包括中央各部门、各级地方和企、事业单位的自筹资金。

(5)其他资金:指在报告期收到的除以上各种资金之外其他用于固定资产投资的资金,包括企业或金融机构通过发行各种债券筹集到的资金、群众集资、个人资金、无偿捐赠的资金及其他单位拨入的资金等。

固定资产投资按国民经济行业分 根据建设项目建成投产后的主要产品或主要用途及社会经济活动性质来确定国民经济行业。一般情况下,一个建设项目或一个企业、事业单位只能属于一种国民经济行业。

固定资产投资按建设性质分 根据整个建设项目情况来确定。建设项目的性质一般分为新建、扩建、改建和技术改造、迁建、恢复。

(1)新建:一般指从无到有开始建设的企业、事业和行政单位或建设项目。现有企业、事业、行政单位一般不属于新建。但如有的单位原有基础很小,经过建设后新增的固定资产价值超过该企、事业、行政单位原有固定资产价值(原值)三倍以上的也应作为新建。

(2)扩建:指在厂内或其他地点,为扩大原有产品的生产能力(或效益)或增加新的产品生产能力,而增建主要的生产车间(或主要工程)、分厂、独立的生产线。行政、事业单位在原单位增建业务用房(如学校增建教学用房、医院增建门诊部、病房等)也作为扩建。

现有企、事业单位为扩大原有主要产品生产能力或增加新的产品生产能力,增建一个或几个主要生产车间(或主要工程)、分厂,同时进行一些更新改造工程的,也应作为扩建。

(3)改建和技术改造:指现有企业、事业单位,对原有设施进行技术改造或更新(包括相应配套的辅助性生产、生活福利设施)的建设项目。现有企业、事业单位为适应市场变化的需要,而改变企业的主要产品种类(如军工企业转产民用品等)的建设项目,应作为改建。原有产品生产作业线由于各工序(车间)之间能力不平衡,为填平补齐充分发挥原有生产能力而增建不增加本企业主要产品设计能力的车间,也应作为改建。技术改造是指企业、事业单位在现有基础上，用先进的技术代替落后的技术，用先进的工艺和装备代替落后的工艺和装备，以改变企业落后的技术经济面貌，实现以内涵为主的扩大再生产，达到提高产品质量、促进产品更新换代、节约能源、降低消耗、扩大生产规模、全面提高社会经济效益的目的。技术改造具体包括以下内容：机器设备和工具的更新改造；生产工艺改革、节约能源和原材料的改造；厂房建筑和公共设施的改造；劳动条件和生产环境的改造等。

固定资产投资按构成分 固定资产投资活动按其工作内容和实现方式分为建筑安装工程，设备、工具、器具购置，其他费用三个部分。

(1)建筑安装工程(建筑安装工作量)：指各种房屋、建筑物的建造工程和各种设备、装置的安装工程。包括各种房屋建造工程；各种用途设备基础和各种工业窑炉的砌筑工程及金属结构工程；为施工而进行的各种准备工作和临时工程以及完工后的清理工作等；铁路、道路的铺设，矿井的开凿及石油管道的架设等；水利工程；防空地下建筑等特殊工程；列入房屋工程预算内的暖气、卫生、通风、照明、煤气等设备的价值及装设油饰工程；列入建筑工程预算内的各种管道(蒸汽、压缩空气、石油、给排水等管道)、电力、电讯电缆导线等的敷设工程；以及各种机械设备的安装工程；为测定安装工程质量，对设备进行的试运工作；房地产开发单位进行的商品房屋开发建设工程、土地开发工程。

在安装工程中，不包括被安装设备本身的价值。

(2)设备、工具、器具购置：指建设单位或企、事业单位购置或自制的，达到固定资产标准的设备、工具、器具的价值。新建单位及扩建单位的新建车间，按照设计或计划要求购置或自制的全部设备、工具、器具，不论是否达到固定资产标准均计入"设备、工具、器具购置"中。

(3)其他费用：指在固定资产建造和购置过程中发生的，除上述几项内容以外的各种应分摊计入固定资产的费用。

施工项目 指报告期内进行过建筑或安装施工活动的项目。凡是报告期内施过工的建设项目，不论施工时间长短，均作为施工项目统计。施工项目个数可以反映一定时期固定资产投资的实际规模，与同期全部建成投产项目个数相比，可以从建设速度的角度反映固定资产投资的效果。根据建设项目施工活动的不同性质，施工项目又分为：本年正式施工项目、本年收尾项目和以前年度全部停缓建项目。

全部建成投产项目 工业项目指设计文件规定形成生产能力的主体工程及其相应配套的辅助设施全部建成，经负荷试运转，证明具备生产设计规定合格产品的条件，并经过验收鉴定合格或达到竣工验收标准，与生产性工程配套的生活福利设施可以满足近期正常生产的需要，正式移交生产的建设项目。非工业项目指设计文件规定的主体工程和相应的配套工程全部建成，能够发挥设计规定的全部效益，经验收鉴定合格或达到竣工验收标准，正式移交使用的建设项目。

房屋建筑面积 指房屋建筑物勒脚以上外墙外围的水平截面面积，包括房屋建筑物的有效面积和结构面积。该指标是从实物形态上反映建设规模和建设成果的重要指标之一，也是检查工程形象进度、计算工程造价、分析投资效果、研究施工任务和建筑材料之间平衡情况的重要依据。

住宅建筑面积 指施工和竣工房屋建筑面积中供居住用的房屋建筑面积。

施工面积 指报告期内施工的全部房屋建筑面积。包括本期新开工的面积和上期开工跨入本期继续施工的房屋面积，以及上期已停建在本期恢复施工的房屋面积。本期竣工和本期施工后又停缓建的房屋，其建筑面积仍计入本期房屋施工面积中。

竣工面积 指在报告期内房屋建筑按照设计要求已经全部完工，达到住人和使用条件，经验收鉴定合格(或达到竣工验收标准)，正式移交使用单位的各栋房屋建筑面积的总和。

新增固定资产 指报告期内已经完成建造和购置过程，并已交付生产或使用单位的固定资产价值。该指标是表示固定资产投资成果的价值指标，也是反映建设进度，计算固定资产投资效果的重要指标。

Explanatory Notes on Main Statistical Indicators

Total Investment in Fixed Assets in the Whole Country refers to the volume of activities in construction and purchases of fixed assets of the whole country and related fees, expressed in monetary terms during the reference period. It is a comprehensive indicator which shows the size, structure and growth of the investment in fixed assets, providing a basis for observing the progress of construction projects and evaluating results of investment. Total investment in fixed assets in the whole country includes, by type of ownership, the investment by State-owned units, collective-owned units, individuals, joint ownership units, share-holding units, as well as investments by entrepreneurs from foreign countries and from Hong Kong, Macao and Taiwan, and by other units. According to statistical methods can be divided into construction project investments in fixed assets and investments in real estate development(Comprehensive Statistics), investments in fixed assets by rural households(sampling survey).Construction project investment of different periods have different starting point of statistics. From 1995 to 1996 the cut-off point of project investment was 50000 yuan and above; Since 1997 the cut-off point of project investment had changed from 50000 yuan to 500000 yuan and above; Since 2011,the cut-off point of project investment had changed from 500000 yuan to 5 million yuan and above. For the convenience of comparison, relevant data of 2010 were adjusted to 5 million yuan and above.

Investment in Fixed Assets refers to enterprises of various types of ownership, institutions, administrative units and individuals in the construction project investment, investments in real estate development.

Investment in Real Estate Development refers to investment by real estate development companies, commercialized buildings construction companies and other real estate development units of various types of ownership in the construction of buildings, such as residential buildings, factory buildings, warehouses, hotels, guesthouses, holiday villages, office buildings, and the complementary service facilities and land development projects, such as roads, water supply, water drainage, power supply, heating supply, telecommunications, land leveling and other infrastructural projects. It does not include activities in pure land transactions.

Sources of Funds for Investment in Fixed Assets are categorized as funds from the State budget, domestic loans, foreign investment, self-raised funds, and others, depending on the sources of investment.

(1) Fund from the State budget consists of budgetary appropriation and loans from the State budget. More specifically, it includes, from the budget of the central government, capital construction fund (operation fund and non-operational fund), special expenses (e.g. expenses on substituting petroleum with coal), loans from repayment, discount fund, expenses on innovation and trial production of new products, expenses on urban construction, expenses on temporary construction from business departments, development fund for less developed areas, as well as local budgetary fund transferred from the central budget.

(2) Domestic loans refer to loans of various forms borrowed by investing units from banks and non-bank financial institutions during the reference period for the purpose of investment in fixed assets, including loans issued by banks from their self-owned funds and deposit, loans appropriated by higher authorities, special loans by government, loans arranged by local government from special funds, domestic reserve loan, and working loan.

(3) Foreign investment refers to foreign funds received during the reference period for the construction and purchase of investment in fixed assets (covering equipment, materials and technology), including foreign borrowings (loans from foreign governments and international financial institutions, export credit, commercial loans from foreign banks, issue of bonds and stocks overseas), foreign direct investment and other foreign investments. Excluded from this category is capital in foreign exchanges owned by China (foreign exchanges owned by the central and local governments, foreign exchanges retained by enterprises, foreign exchanges by enterprises through the regulating mechanism, loans in foreign exchanges issued by the Bank of China with its own fund, etc.). In calculating the utilization of foreign capital, foreign currencies are converted into Chinese Renminbi applying the current exchange rate when the foreign capitals are actually used.

(4) Self-raised funds refer to extra-budgetary funds for investment in fixed assets received during the reference period by investing units from central government ministries, local governments, enterprises and institutions, including their self-raised funds.

(5) Others refer to funds for investment in fixed assets received from sources other than those listed above, including capital raised through issuing bonds by enterprises or financial institutions, funds raised from individuals and through donations, and funds transferred from other units.

Investment in Fixed Assets by Sector The classification of construction projects by sector is determined by the major products or the purpose of the projects when they are put into production or use, and by the nature of their social economic activities. In general, one project or one enterprise or institution can only be classified into one sector.

Investment in Fixed Assets by Type of Construction Construction projects in general can be classified, by the type of construction, into new construction, expansion, reconstruction and technical transformation, moving and restoration.

(1) New construction in general refers to construction projects, which start from scratch, of enterprises, institutions, administrative agencies. Construction in existing enterprises, institutions or agencies is generally not considered as new construction. In case the size of the existing unit is quite small, and the value of newly added fixed assets is more than three times of the the original value, the expansion will be considered as new construction.

(2) Expansion refers to construction of new major production workshop, branch factory or independent production line within a factory or in other locations, for the purpose of increasing the production capacity (or improving efficiency) or adding new production capacity. Newly constructed

accommodation for the operation of institutions and administrative organizations (such as newly constructed buildings for teaching in schools, buildings for clinics or wards in hospitals, etc.) are also classified as expansion.

Also included in expansion are investments by existing enterprises or institutions in building major production line(s) or branch factory(ies) along with some work on innovation, for the purpose of expanding the production capacity of original products or producing new products.

(3) Reconstruction and technical transformation refers to construction projects by existing enterprises or institutions in innovation or technical transformation of the old facilities (including auxiliary production equipment and welfare facilities). Also considered as reconstruction is the construction of new workshops by the existing enterprises or institutions to change the variety of products to meet the market demand (such as the production of civil products by defence industries), or to bring the designed production capacity into full play through a more balanced production process on production lines. Technical transformation refers to replacement of old technology or equipment by new technology or equipment, in order to expand the reproduction through improvement of technology contents in production, to improve product quality, to promote new products, to save energy, to reduce consumption, to expand the production scale and to improve overall social-economic efficiency. Contents of technical transformation include: updating of machinery, equipment and tools; reforming production process by using energy or materials saving technology; construction of factory workshops and transformation of public facilities; improvement of working conditions and environment, etc.

Investment in Fixed Assets by Structure By their contents and the mode of implementation, investment activities are classified into 3 categories, i.e. construction and installation, purchase of equipment and instrument, and other expenses.

(1) Construction and installation (work volume of construction and installation) refers to the construction of houses and buildings and the installation of various kinds of equipment and instruments. They include construction of houses; equipment foundations, industrial kilns and stoves, and metal structure work; preparation works and temporary works for project construction, and clearing up works post project construction; pavement of railways and roads, drilling of mines and putting up of oil pipes; construction of water conservancy; construction of underground air-raid shelters and construction of other special projects; value of equipment for heating, sanitation, ventilation, lighting, gas, painting, etc. that are covered by the budget of housing projects; laying out of various pipelines (for steam, compressed air, petroleum, tap water and sewage) and wiring and cabling for electric power and for communications; installation of various machinery and equipment; testing operation for pre-testing the quality of installation projects, and land and other development work conducted by real estate developers for commercialized housing. The value of equipment installed is itself not included in the value of installation projects.

(2) Purchase of equipment and instruments refers to the total value of equipment, tools, and instruments purchased or self-produced which come up to the cut-off point for fixed assets by the construction units or investing enterprises or institutions. Equipment, tools and instruments purchased or self-produced for new workshops by newly established or expanded units are categorized as “purchase of equipment and instruments” no matter whether they come up to the cut-off point for fixed assets.

(3) Other expenses refer to expenses arising during the construction or purchase of fixed assets other than those mentioned above.

Projects under Construction refer to projects with construction and installation activities undertaken in the reference period. All projects that have construction activities undertaken during the reference period are reported as projects under construction irrespective of the length of construction work. The number of projects under construction can reflect the actual size of investment in fixed assets during a given period, and when compared with the number of projects completed and put into use during the same period, it demonstrates the results of investment in fixed assets from the angle of the speed of the construction. Depending on the nature of construction activities, projects under construction can also be classified into projects beginning construction in current year, winding-up projects in current year and stopped or suspended projects in previous years (with resumption of work in current year).

Projects Completed and Put into Use Industrial projects refer to the major projects and anxilliary facilities having been completed in accordance with the design documents, resulting in forming production capacity and having checked and accepted after relevant tests, while the living and welfare facilities having been completed and being capable of ensuring normal production. Non-industrial projects refer to the major projects and anxilliary facilities which have been completed in accordance with the design documents ; have been checked, accepted after relevant examination; and have been formally delivered for use..

Floor Space of Buildings under Construction refers to the total floor space of the horizontal section of outer walls above the plinth of the building, including the effective area and the area occupied by the structure. This indicator is one of the important indicators in physical terms to reflect the scale and accomplishment of the construction industry and also an important basis for monitoring the progress, calculating the cost, analyzing the efficiency and studying the supply of building materials in relation to the construction projects.

Floor Space of Residential Buildings refers to the floor space of the residential buildings among the total space of buildings under construction or completed.

Floor Space under Construction refers to total floor space of all buildings under construction during the reference period, including floor space of newly started buildings during the reference period, floor space of construction extended from the previous period to the current period, and floor space of construction suspended during the previous period and resumed in the current period. Floor space of construction completed in the current period, and floor space of construction started and then suspended in the current period are also included in the floor space under construction of the current year.

Floor Space Completed refers to the floor space of all buildings completed in the reference period, which have been appraised and accepted (or come up to the designed standards) and have been transferred to owner units.

Newly Increased Fixed Assets refer to the newly increased value of fixed assets, constructed or purchased, that have been transferred to the investors. This is an indicator that demonstrates the results of investment in fixed assets in monetary terms, and an important indicator to reflect the speed of construction and to calculate the efficiency of investment.

5

对外经济贸易

FOREIAN ECONOMIC RELATIONS AND TRADE

◆93/121

简要说明

本篇资料综合反映全省对外贸易、利用外资、对外经济合作、与国外结成友好城市，重点反映对外经济贸易的近期发展状况。

一、对外贸易部分

对外贸易统计的主要内容包括：进出口货物的金额、品种、国别(地区)、经营单位、贸易方式、类别等项目。

对外贸易统计的范围是按照联合国的国际贸易统计原则制定的，即凡能引起中华人民共和国关境内物质资源存量增加或减少的进出口货物，除制度另有规定者外，均列入该项统计。

对外贸易统计的资料来源于南昌海关，调查方法是全面调查。

历年出口商品分类金额和历年进口商品分类金额按照联合国《国际贸易标准分类》(SITC)进行统计。进出口商品目录是在海关合作理事会制定的《商品名称和编码协调制度》(HS)的基础上，结合我国进出口实际情况制定的。

全省对各国(地区)进出口总额表中，出口货物按中华人民共和国关境外最终目的国(地区)，进口货物按中华人民共和国关境外原产国(地区)统计。各地区进出口商品总值按境内经营单位所在地列示。经营单位所在地是指中华人民共和国关境内进出口企业报关注册的登记地。

二、利用外资统计部分

利用外资统计的主要内容包括：外商直接投资、外商投资企业登记注册情况。

统计范围是凡经工商行政管理机关核准登记，在江西所有利用外资的单位和部门，经批准设立的中外合资经营企业、合作经营企业、外资企业、外商投资股份制企业、合作开发项目等具有法人资格的独立核算企业(包括港澳台地区投资企业)，在江西从事经营活动的外国及港澳台地区企业及外国公司在江西境内设立的分支机构。

利用外资统计的资料来源于省商务厅，其中，外商投资企业的登记注册情况资料来源于省工商行政管理局外资局，调查方法是全面调查。

三、对外经济合作部分

对外经济合作统计的主要内容包括：对外承包工程的合同数、合同金额、完成营业额及对外劳务合作的合同工资总额、实际收入总额和对外直接投资额等。

统计调查对象是经各级商务主管部门批准的从事对外承包和劳务合作业务并具有法人地位的对外承包劳务企业、境内投资主体通过直接投资在境外设立的各类公司型企业和非公司型企业。

资料来源是省商务厅，调查方法是全面调查。

四、其他

与国外结成友好城市部分的统计资料来源是省外侨办。

Brief Introduction

Data in this chapter show the summary data of the whole province foreign trade, utilization of foreign capital, foreign sister city with foreign cities, focusing on the recent situation of foreign trade and economic cooperation.

I. Foreign Trade

Data on foreign trade include: varieties of imports and exports, value, imports and exports corporations, means of trade, types of taxes and so on.

The coverage of foreign trade statistics is designed according to principle on international trade by United Nations, that is: all imports or exports that will lead to stock changes of material resources with the territory of People's Republic of China; excluding goods by escape clause.

Sources of data on foreign trade are from Customs of Nanchang through comprehensive reporting system.

Customs statistics on value term imports and exports by categories are using the UN Standard International Trade Classification (SITC). The catalogue of the import and export commodities is set based on the Harmonized Commodity Description and Coding System (HS) stipulated by the Customs Cooperation Council, Combining with practical domestic situations.

In the table on provincial total imports and exports with related countries and regions, the export commodities are calculated at the customs of the countries (regions) of destination and the import commodities are calculated at the customs of the countries (regions) of origin. The total values of the import and export commodities by region are calculated respectively at the place where the import or export corporations are situated within the boundary of the People's Republic of China. The province where the import or export corporations are situated refers to the province where the import or export corporations have applied to and have been registered at the customs. The province of origin within the boundary of the People's Republic of China refers to the province where the export commodities are produced or originally delivered.

II. Statistics on Utilization of Foreign Capitals

Utilization of foreign capitals includes: foreign loans, foreign direct investments and other foreign investments, and the basic condition of registration of foreign funded enterprises.

The statistics cover all the units and departments which have utilized foreign capital and all the Sino-foreign joint ventures, Sino-foreign cooperative enterprises, ventures exclusively with foreign investment, foreign-funded stock companies, Sino-foreign cooperative development projects and other corporate enterprises (including the enterprises funded by the entrepreneurs from Hong Kong, Macao and Taiwan) with independent accounting system which have been approved by the Jiangxi provincial government to set up in the boundary of Jiangxi.

Data on utilization of foreign capitals are from Department of Commerce of Jiangxi Province, of which, data on basic condition of registration of foreign funded enterprises are from Jiangxi Administration for Industry and Commerce through comprehensive reporting system.

III. Foreign Economic Cooperation

Data on foreign economic cooperation include: number, volume and turnover of foreign project-contracting. Total wages of contract, complete business turnover, foreign direct investment of foreign labor service cooperation and so on.

The statistical unit in the scheme is the corporate enterprise engaged in contracted projects and labors services cooperation with foreign countries and has been approved by the department of commerce at various levels, company type and non-company type enterprises established overseas by domestic subjects of investment.

Data on foreign economic cooperation are from Department of Commerce of Jiangxi Province through comprehensive reporting system.

IV. Others

Statistical of data on Foreign sister city with foreign countries are from Overseas Chinese Affairs of Jiangxi Province.

5-1 海关货物进出口总值
Total Value of Imports and Exports

年份 地区 Year Region	人民币（万元）10000 yuan				美元（万美元）USD 10000			
	进出口总值 Total Imports & Exports	出口值 Total Exports	进口值 Total Imports	差额 Balance	进出口总值 Total Imports & Exports	出口值 Total Exports	进口值 Total Imports	差额 Balance
1989	232715	174932	57783	117149	62487	46948	15539	31409
1990	322283	257970	64313	193657	71934	58023	13911	44112
1991	408347	270925	137422	133503	76568	50814	25754	25060
1992	531711	355773	175938	179835	96533	64707	31826	32881
1993	665418	350031	315387	34644	116740	61409	55331	6078
1994	1126963	690113	436850	253263	130457	80014	50443	29571
1995	1080209	845224	234985	610239	129044	101035	28009	73026
1996	928914	709206	219708	489498	111672	85243	26429	58814
1997	1105121	924093	181028	743065	133284	111438	21846	89592
1998	1033368	844234	189134	655100	124720	101870	22850	79020
1999	1087884	750259	337625	412634	131387	90611	40776	49835
2000	1344664	991414	353250	638164	162399	119736	42663	77073
2001	1267519	860333	407186	453147	153119	103930	49189	54741
2002	1402687	871005	531682	339323	169468	105232	64236	40996
2003	2092670	1246410	846260	400150	252799	150569	102230	48339
2004	2923218	1651484	1271734	379750	353195	199539	153656	45883
2005	3338761	2005931	1332830	673101	405938	244004	161934	82070
2006	4948598	3000716	1947882	1052834	619356	375307	244049	131258
2007	7230425	4168726	3061698	1107028	944886	544473	400413	144060
2008	9545118	5412965	4132153	1280812	1361793	772666	589127	183539
2009	8727529	5033213	3694316	1338897	1277878	736849	541029	195820
2010	14629821	9079759	5550062	3529697	2160529	1341606	818923	522683
2011	20387440	14160957	6226483	7934474	3146881	2187606	959275	1228331
2012	21086322	15846515	5239807	10606708	3341383	2511279	830104	1681175
2013	22844979	17525434	5319545	12205889	3674663	2816665	857998	1958667
2014	26243484	19666525	6576959	13089566	4273082	3202532	1070550	2131982
南昌市 Nanchang	7506945	5167623	2339321	2828302	1222244	841744	380500	461244
景德镇市 Jingdezhen	481461	465576	15886	449690	78401	75818	2583	73235
萍乡市 Pingxiang	912679	897679	15000	882679	148665	146220	2445	143775
九江市 Jiujiang	3539050	2848355	690695	2157660	576755	464239	112516	351723
新余市 Xinyu	1255801	776193	479608	296585	204586	126425	78161	48264
鹰潭市 Yingtan	2533546	545295	1988250	-1442955	412473	88741	323732	-234991
赣州市 Ganzhou	2396386	1966109	430277	1535832	390028	319991	70038	249953
吉安市 Ji'an	2717914	2468394	249519	2218875	442628	402013	40616	361397
宜春市 Yichun	1462917	1367245	95672	1271573	238265	222694	15571	207123
抚州市 Fuzhou	954814	945836	8978	936858	155417	153956	1461	152495
上饶市 Shangrao	2481973	2218222	263751	1954471	403620	360692	42928	317764

5-2 海关进出口货物分类金额（2014年）

Value of Imports and Exports by HS Section and Division (2014)

单位：万元 (RMB 10000yuan)

商品类别	Section & Division	进出口总值 Total Imports & Exports	出口值 Total Exports	进口值 Total Imports
总计	**Total**	**26243483**	**19666525**	**6576959**
活动物;动物产品	**Live Animals & Animal Products**	**43389**	**38995**	**4394**
活动物	Live Animals	20547	20547	
肉及食用杂碎	Meat and Edible Haslets	264	264	
鱼、甲壳动物、软体动物及其他水生无脊动物	Fish;Shellfish;Molluscs and Other Aquatic Invertebrates	1615	1442	173
乳品；蛋品；天然蜂蜜;其他食用动物产品	Dairy Products;Eggs;Natural Honey;Other Edible Animal Products	3276	46	3230
其他动物产品	Other Animal Products	17687	16696	991
植物产品	**Vegetables; Fruits and Cereals**	**167118**	**153456**	**13662**
活树及其他活植物;鳞茎、根及类似品;插花及装饰用簇叶	Live Trees and other Live Plants;Bulbs;Roots and Similar Goods;Floral and Decorative Leaf Clusters	463	463	
食用蔬菜、根及块茎	Edible Vegetables; Roots and Stem Tubers	17006	16649	358
食用水果及坚果;甜瓜或柑桔属水果的果皮	Edible Fruits and Nuts; Muskmelon and Peels of Citrus Fruits	63888	63878	10
咖啡、茶、马黛茶及调味香料	Coffee; Tea and Spices	29879	29528	352
谷物	Cereals	8369	51	8318
制粉工业产品;麦芽;淀粉;菊粉;面筋	Milling Products; Malt; Starch; Inulin and Gluten	956	64	892
含油子仁及果实;杂项子仁及果实;工业用或药用植物;稻草、秸秆及饲料	Oil Seeds and Kernels and Oleaginous Fruits;Other Seeds and Kernels and Fruits; Plants for Industrial and Medicinal Use; Straws and Forage	44520	40795	3725
虫胶;树胶、树脂及其他植物液、汁	Lac; Rubber; Resin and Other Plant Juices	1435	1435	
编结用植物材料;其他植物产品	Plaiting Plant Materials; Other Plant Products	601	594	8
动植物油、脂及其分解产品;精制的食用油脂;动、植物蜡	**Animal and Vegetable Oils; Fats and Wax; Refined Edible Oils and Fats**	**2960**	**2935**	**25**
食品；饮料、酒及醋;烟草、烟草及烟草代用品的制品	**Food; Beverages; Liquor and Vinegar;Tobacco and Tobacco Substitutes**	**265516**	**191569**	**73948**
肉、鱼、甲壳动物、软体动物及其他水生无脊椎动物的制品	Meat; Fish and Shellfish Products Mollusks and Other Aquatic Products	125381	125376	5
糖及糖食	Sugar and Sugar Products	647	307	340
可可及可可制品	Cocoa and Cocoa Products	1483	1483	
谷物、粮食粉、淀粉或乳的制品;糕饼点心	Cereals; Grain; Starches or Milk and Pastry Products	17599	16431	1168
蔬菜、水果、坚果或植物其他部分的制品	Products of Vegetables; Fruits and Nuts	24737	24737	
杂项食品	Miscellaneous Food	479	411	68
饮料、酒及醋	Beverages; Liquor and Vinegar	1103	460	642
食品工业的残渣及废料;配制的动物饲料	Waste Residues of Food Industry and Configuration of Animal Feed	94078	22354	71724
烟草、烟草及烟草代用品的制品	Tobacco, Product of Tobacco and Tobacco Substitute	11	11	
矿产品	**Minerals**	**1949093**	**59350**	**1889742**
盐;硫酸;泥土及石料;石膏料、石灰及水泥	Salt; Sulphur; Clay and Rock; Plaster Stone; Lime and Cement	82876	52426	30450
矿砂、矿渣及矿灰	Ore; Slag and Mortar	1811818	3159	1808660
矿物燃料、矿物油及其 蒸馏产品;沥青物质;矿物蜡	Mineral Fuels; Lubricants; Asphalt;Mineral Wax	54398	3766	50632

5-2 续表1 continued

单位: 万元 (RMB 10000yuan)

商品类别	Section & Division	进出口总值 Total Imports & Exports	出口值 Total Exports	进口值 Total Imports
化学工业及其相关工业的产品	**Chemicals and Related Products**	**1786143**	**1577256**	**208887**
无机化学品;贵金属、稀土金属、放射性元素及其同位素的有机及无机化合物	Inorganic Chemicals;Precious Metals;Rare Earth; Radioactive Elements and Isotopes of Organic and Inorganic Compounds	635771	566975	68795
有机化学品	Organic Chemicals	372173	359785	12389
药品	Medicinal and Pharmaceutical Products	26463	25014	1449
肥料	Fertilizers	4290	4290	
鞣料浸膏及染料浸膏;鞣酸及其他衍生物;染料、颜料及其他着色料;油漆及清漆;油灰及其他类似胶粘剂;墨水、油墨	Tanning and Dyeing Extracts;Tannic Acid;Coloring and Dyeing Materials; Paint and Lacquer; Putty and other similar Adhesive; Ink and Printing Ink	85746	82031	3715
精油及香膏;芳香料制品及化妆盥洗品	Essential Oils and Perfumed Materials; Cosmetics Washing Goods	62422	47134	15287
肥皂、有机表面活性剂、洗涤剂、润滑剂、人造蜡、调制蜡、光洁剂、蜡烛及类似品、塑型用膏、“牙科用蜡”及牙科用熟石膏制剂	Soap;Organic Surfactant;Detergent;Lubricant;Man-made Wax; Modulated Wax,Lacquer;Candles and Similar Goods;Remodeling Paste;"Dental Wax"and Plaster Preparation of Dental Use	37278	31593	5685
蛋白类物质; 改性淀粉;胶; 酶	Protein like Substances; Modified Starch;Gel and Enzymes	31673	18877	12796
烟火制品; 火柴;引火合金; 易燃材料制品	Explosives and Matches Products;Inflammable Material Products	153039	153038	1
照相及电影用品	Photographic and Film Supplies	3076	1265	1811
杂项化学产品	Miscellaneous Chemical Products	374213	287255	86958
塑料及其制品; 橡胶及其制品	**Plastics and Related Products;Rubber and Related Products**	**1055554**	**881725**	**173829**
塑料及其制品	Plastics and Related Products	907312	780785	126527
橡胶及其制品	Rubber and Related Products	148242	100940	47303
生皮、皮革、毛皮及其制品;鞍具及挽具;旅行用品、手提包及类似品; 动物肠线(蚕胶丝除外)制品	**Raw Hides; Leather; Furs and Related Products; Saddle;Travel Articles; Handbags and Similar Containers**	**604215**	**550126**	**54088**
生皮及皮革	Raw Hides and Leather	34867	5876	28991
皮革制品;鞍具及挽具;旅行用 品、手提包及类似容器;动物肠线制品	Leather Products;Saddle;Travel Articles;Handbags and Similar Containers	522472	521264	1208
毛皮、人造毛皮及其制品	Furs; Artificial Furs and Related Products	46876	22987	23889
木及木制品;木炭;软木及软木制品;稻草、秸秆、针茅或其他编结材料制品;蓝筐及柳条编结品	**Wood and Wooden Products; Charcoal; Cork and Related Products; Straws;Plaited Products; Baskets and Wickerwork**	**117053**	**110300**	**6753**
木及木制品;木炭	Wood and Wooden Products, Charcoal	113396	106648	6748
软木及软木制品	Cork and Related Products	27	21	6
稻草、秸秆、针茅或其他编结材料制品;篮筐及柳条编结品	Straws;Plaited Products; Baskets and Wickerwork	3630	3630	
木浆及其他纤维状纤维素浆;纸及纸板的废碎品;纸、纸板及其制品	**Paper Pulp and Cellulose Pulp; Paper and Waste Paper; Paperboard and Related Products**	**424084**	**301770**	**122315**
木浆及其他纤维状纤维;纸及纸板的废碎品	Paper Pulp and Cellulose Pulp; Paper and Paper Board Waste	116112	41	116071

5-2 续表2 continued

单位：万元 (RMB 10000yuan)

商品类别	Section & Division	进出口总值 Total Imports & Exports	出口值 Total Exports	进口值 Total Imports
纸及纸板;纸浆、纸或纸板制品	Paper and Paperboard; Articles of Paper Pulp or Paper and Paperboard Products	285005	278838	6168
书籍、报纸、印刷图画及其他印刷品;手稿、打字稿及设计图纸	Books,Newspaper and Other Prints; Manuscript,Design Drawings	22967	22891	76
纺织原料及纺织制品	**Textile Materials and Products**	**3593147**	**3470832**	**122316**
蚕丝	Natural Silk	1501	1481	19
羊毛、动物细毛或粗毛;马毛纱线及其机织物	Wool; Wool Yarn and Woolen Woven Fabrics	4798	1083	3715
棉花	Cotton	112566	77142	35424
其他植物纺织纤维;纸纱线及其机织物	Other Textile Fibres Yarn and Related Woven Fabrics	77183	76899	284
化学纤维长丝	Man-Made Filament	48623	37869	10755
化学纤维短纤	Man-Made Short Fibres	83796	80060	3736
絮胎、毡呢及无纺织物;特种纱线;线、绳、索、缆及其制品	Wadding; Felt and Adhesive-Bond Fabrics;Special Yarn; Thread; Rope; Cable and Related Products	29204	25267	3937
地毯及纺织材料的其他铺地制品	Carpets and Related Products	30017	29741	276
特种机织物；簇绒织物；花边；装饰毯；装饰带；刺绣品	Special Woven Fabrics; Lace; Embroidery	66606	59517	7089
浸渍、涂布、包覆或层压的纺织物；工业用纺织制品	Coated Textiles; Textile Products for Industrial Use	19573	9829	9744
针织物及钩编织物	Knitwear and Crocheted Fabrics	84434	67242	17192
针织或钩编的服装及衣着附件	Knitted or Crocheted Garments&Clothing Accessories	1659348	1656429	2919
非针织或非钩编的服装及衣着附件	Garments Not Knitted or Crocheted	1123605	1112483	11123
其他纺织制成品；旧衣着及旧纺织品；碎织物	Other Textile Products; Secondhand Garments	251894	235790	16105
鞋、帽、伞、杖、鞭及其零件；已加工的羽毛及其制品；人造花；人发制品	**Footwear; Headgear; Umbrellas; Canes; Whips;Processed Feather; Artificial Flowers; Wigs**	**1258168**	**1253964**	**4204**
鞋靴、护腿和类似品及其零件	Parts of Footwear; Gaiters	1053355	1050327	3027
帽类及其零件	Headgear And Accessories	35435	35372	64
雨伞、阳伞、手仗、鞭子、马鞭及其零件	Umbrellas; Canes; Whips and Accessories	52754	52753	
已加工羽毛、羽绒及其制品；人造花；人发制品	Processed Feathers and Related Products;Artificial Flowers; Wigs	116624	115512	1112
石料、石膏、水泥、石棉、云母及类似材料的制品；陶瓷产品；玻璃及其制品	**Gypsum; Cement; Asbestos; Mica; Ceramic Glass**	**955810**	**928405**	**27404**
石料、石膏、水泥、石棉、云母及类似材料的制品	Gypsum; Cement; Asbestos; Mica and Related Products	196375	194604	1770
陶瓷产品	Ceramics	481827	480475	1352
玻璃及其制品	Glass and Glassware	277608	253326	24282
天然或养殖珍珠、宝石或半宝石、贵金属、包贵金属及其制品；仿首饰；硬币	**Natural or Cultivated Pearls;Precious or Semi-Precious Stones; Jewelry of Precious Metal or Rolled Precious Metal; Artificial Jewelry; Coins**	**204220**	**167117**	**37104**

5-2 续表3 continued

单位: 万元 (RMB 10000yuan)

商 品 类 别	Section & Division	进出口总值 Total Imports & Exports	出口值 Total Exports	进口值 Total Imports
贱金属及其制品	**Base Metals and Related Products**	**3031108**	**2070501**	**960608**
钢铁	Iron and Steel	639810	632090	7720
钢铁制品	Iron and Steel Products	525862	516300	9562
铜及其制品	Copper and Related Products	1030748	167273	863475
镍及其制品	Nickel and Related Products	549	329	220
铝及其制品	Aluminum and Related Products	92702	81892	10809
铅及其制品	Lead and Related Products	475	340	134
锌及其制品	Zinc and Related Products	9972	9071	900
锡及其制品	Tin and Related Products	637	155	483
其他贱金属、金属陶瓷及其制品	Other Base Metals and Related Products	217270	156983	60287
贱金属工具、器具、利口器、餐匙、餐叉及其零件	Tools and Apparatus of Base Metals;Spoon and Accessories	164351	160061	4289
贱金属杂项制品	Miscellaneous Products of Base Metals and Accessories	348734	346005	2728
机器、机械器具、电气设备及其零件;录音机及放声机、电视图像、声音的录制和重放设备及其零件、附件	**Machinery; Electric Equipment and Accessories; Recorders; Video Recorder and Accessories**	**7579727**	**4995191**	**2584536**
锅炉、机器机械器具及其零件等	Boilers;Machinery and Accessories	1696943	1420710	276233
电机、电气设备及其零件;录音机及放声机、电视图像、声音的录制和重放设备及其零件、附件	Electric Equipment and Accessories;Recorders;Video Recorder and Accessories	5882784	3574481	2308303
车辆、船舶及有关运输设备	**Locomotives; Vehicles; Ship and Related Transportation Equipment**	**565649**	**504874**	**60775**
光学、照相、电影、计量、检验、医疗或外科用仪器及设备、精密仪器及设备;上述物品的零件、附件	**Optical; Photographic; Film; Measuring and Checking and Medical Instruments and Equipment; Precision Instruments and Equipment; (Clocks; Musical Instruments;) Related Parts and Accessories**	**596313**	**368277**	**228036**
光学、照相、电影、计量、检验、医疗或外科用仪器及设备、精密仪器及设备;零件、附件	Optical; Photographic; Film; Measuring and Checking and Medical Instruments and Equipment; Precision Instruments and Equipment; Clocks; Musical Instruments; Related Parts and Accessories	534656	306911	227744
钟表及其零件	Clocks and Accessories	48801	48757	43
乐器及其零件、附件	Musical Instruments; Related Parts and Accessories	12714	12465	248
其它及其零件、附件	Other parts and Accessories	144	144	
杂项制品	**Miscellaneous Products**	**2035422**	**2031128**	**4294**
家具、寝具、褥垫、弹簧床垫、软座垫及类似的填充制品;未列名灯具及照明装置;发光标志、发光名牌及类似品;活动房屋	Furniture and Lighting Fixtures;Luminous Signs&similar Goods; Prefabricated Houses	1431983	1430320	1664
玩具、游戏品、运动用品及其零件、附件	Toys, Games, Sporting Goods and Accessories	426738	426467	271
杂项制品	Miscellaneous Products	176700	174341	2359
艺术品、收藏品及古物	**Works of Art, Collectibles and Antiques**	**8794**	**8754**	**40**
其它	**Others**			

5-3 海关进出口货物分类金额（2014年）
Value of Imports and Exports by HS Section and Division (2014)

单位：万美元 (USD 10000)

商品类别	Section & Division	进出口总值 Total Imports & Exports	出口值 Total Exports	进口值 Total Imports
总　　计	**Total**	**4273082**	**3202532**	**1070550**
活动物;动物产品	**Live Animals & Animal Products**	**7071**	**6354**	**717**
活动物	Live Animals	3347	3347	
肉及食用杂碎	Meat and Edible Haslets	43	43	
鱼、甲壳动物、软体动物及其他水生无脊动物	Fish;Shellfish;Molluscs and Other Aquatic Invertebrates	263	235	28
乳品；蛋品；天然蜂蜜;其他食用动物产品	Dairy Products;Eggs;Natural Honey;Other Edible Animal Products	535	7	528
其他动物产品	Other Animal Products	2883	2721	162
植物产品	**Vegetables; Fruits and Cereals**	**27227**	**24998**	**2228**
活树及其他活植物;鳞茎、根及类似品;插花及装饰用簇叶	Live Trees and other Live Plants;Bulbs;Roots and Similar Goods;Floral and Decorative Leaf Clusters	75	75	
食用蔬菜、根及块茎	Edible Vegetables; Roots and Stem Tubers	2770	2712	58
食用水果及坚果;甜瓜或柑桔属水果的果皮	Edible Fruits and Nuts; Muskmelon and Peels of Citrus Fruits	10409	10407	2
咖啡、茶、马黛茶及调味香料	Coffee; Tea and Spices	4864	4807	57
谷物	Cereals	1366	8	1358
制粉工业产品;麦芽;淀粉;菊粉;面筋	Milling Products; Malt; Starch; Inulin and Gluten	155	10	145
含油子仁及果实;杂项子仁及果实;工业用或药用植物;稻草、秸秆及饲料	Oil Seeds and Kernels and Oleaginous Fruits;Other Seeds and Kernels and Fruits; Plants for Industrial and Medicinal Use; Straws and Forage	7255	6648	607
虫胶;树胶、树脂及其他植物液、汁	Lac; Rubber; Resin and Other Plant Juices	234	234	
编结用植物材料;其他植物产品	Plaiting Plant Materials; Other Plant Products	98	97	1
动植物油、脂及其分解产品;精制的食用油脂;动、植物蜡	**Animal and Vegetable Oils; Fats and Wax; Refined Edible Oils and Fats**	**481**	**477**	**4**
食品；饮料、酒及醋;烟草、烟草及烟草代用品的制品	**Food; Beverages; Liquor and Vinegar;Tobacco and Tobacco Substitutes**	**43240**	**31194**	**12046**
肉、鱼、甲壳动物、软体动物及其他水生无脊椎动物的制品	Meat; Fish and Shellfish Products Mollusks and Other Aquatic Products	20420	20419	1
糖及糖食	Sugar and Sugar Products	105	50	55
可可及可可制品	Cocoa and Cocoa Products	241	241	
谷物、粮食粉、淀粉或乳的制品;糕饼点心	Cereals; Grain; Starches or Milk and Pastry Products	2868	2675	193
蔬菜、水果、坚果或植物其他部分的制品	Products of Vegetables; Fruits and Nuts	4025	4025	
杂项食品	Miscellaneous Food	78	67	11
饮料、酒及醋	Beverages; Liquor and Vinegar	179	75	104
食品工业的残渣及废料;配制的动物饲料	Waste Residues of Food Industry and Configuration of Animal Feed	15322	3640	11682
烟草、烟草及烟草代用品的制品	Tobacco, Product of Tobacco and Tobacco Substitute	2	2	
矿产品	**Minerals**	**317455**	**9662**	**307794**
盐;硫酸;泥土及石料;石膏料、石灰及水泥	Salt; Sulphur; Clay and Rock; Plaster Stone; Lime and Cement	13491	8534	4958
矿砂、矿渣及矿灰	Ore; Slag and Mortar	295096	514	294582
矿物燃料、矿物油及其 蒸馏产品;沥青物质;矿物蜡	Mineral Fuels; Lubricants; Asphalt;Mineral Wax	8868	614	8254

5-3 续表1 continued

单位: 万美元 (USD 10000)

商品类别	Section & Division	进出口总值 Total Imports & Exports	出口值 Total Exports	进口值 Total Imports
化学工业及其相关工业的产品	**Chemicals and Related Products**	**290846**	**256849**	**33997**
无机化学品;贵金属、稀土金属、放射性元素及其同位素的有机及无机化合物	Inorganic Chemicals;Precious Metals;Rare Earth; Radioactive Elements and Isotopes of Organic and Inorganic Compounds	103516	92339	11177
有机化学品	Organic Chemicals	60595	58576	2019
药品	Medicinal and Pharmaceutical Products	4303	4068	236
肥料	Fertilizers	698	698	
鞣料浸膏及染料浸膏;鞣酸及其他衍生物;染料、颜料及其他着色料;油漆及清漆;油灰及其他类似胶粘剂;墨水、油墨	Tanning and Dyeing Extracts;Tannic Acid;Coloring and Dyeing Materials; Paint and Lacquer; Putty and other similar Adhesive; Ink and Printing Ink	13963	13358	605
精油及香膏;芳香料制品及化妆盥洗品	Essential Oils and Perfumed Materials; Cosmetics Washing Goods	10165	7677	2488
肥皂、有机表面活性剂、洗涤剂、润滑剂、人造蜡、调制蜡、光洁剂、蜡烛及类似品、塑型用膏、"牙科用蜡"及牙科用熟石膏制剂	Soap;Organic Surfactant;Detergent;Lubricant;Man-made Wax; Modulated Wax,Lacquer;Candles and Similar Goods;Remodeling Paste;"Dental Wax"and Plaster Preparation of Dental Use	6072	5146	925
蛋白类物质;改性淀粉;胶;酶	Protein like Substances; Modified Starch;Gel and Enzymes	5158	3074	2084
烟火制品;火柴;引火合金;易燃材料制品	Explosives and Matches Products;Inflammable Material Products	24912	24912	
照相及电影用品	Photographic and Film Supplies	501	206	295
杂项化学产品	Miscellaneous Chemical Products	60964	46796	14168
塑料及其制品;橡胶及其制品	**Plastics and Related Products;Rubber and Related Products**	**171982**	**143696**	**28286**
塑料及其制品	Plastics and Related Products	147845	127261	20584
橡胶及其制品	Rubber and Related Products	24136	16434	7702
生皮、皮革、毛皮及其制品;鞍具及挽具;旅行用品、手提包及类似品;动物肠线(蚕胶丝除外)制品	**Raw Hides; Leather; Furs and Related Products; Saddle;Travel Articles; Handbags and Similar Containers**	**98409**	**89609**	**8800**
生皮及皮革	Raw Hides and Leather	5675	957	4718
皮革制品;鞍具及挽具;旅行用 品、手提包及类似容器;动物肠线制品	Leather Products;Saddle;Travel Articles;Handbags and Similar Containers	85110	84914	196
毛皮、人造毛皮及其制品	Furs; Artificial Furs and Related Products	7624	3739	3886
木及木制品;木炭;软木及软木制品;稻草、秸秆、针茅或其他编结材料制品;蓝筐及柳条编结品	**Wood and Wooden Products; Charcoal; Cork and Related Products; Straws;Plaited Products; Baskets and Wickerwork**	**19056**	**17958**	**1099**
木及木制品;木炭	Wood and Wooden Products, Charcoal	18460	17362	1098
软木及软木制品	Cork and Related Products	4	4	1
稻草、秸秆、针茅或其他编结材料制品;篮筐及柳条编结品	Straws;Plaited Products; Baskets and Wickerwork	592	592	
木浆及其他纤维状纤维素浆;纸及纸板的废碎品;纸、纸板及其制品	**Paper Pulp and Cellulose Pulp; Paper and Waste Paper; Paperboard and Related Products**	**69086**	**49159**	**19927**
木浆及其他纤维状纤维;纸及纸板的废碎品	Paper Pulp and Cellulose Pulp; Paper and Paper Board Waste	18917	7	18911

5-3 续表2 continued

单位: 万美元 (USD 10000)

商品类别	Section & Division	进出口总值 Total Imports & Exports	出口值 Total Exports	进口值 Total Imports
纸及纸板;纸浆、纸或纸板制品	Paper and Paperboard; Articles of Paper Pulp or Paper and Paperboard Products	46427	45423	1004
书籍、报纸、印刷图画及其他印刷品;手稿、打字稿及设计图纸	Books,Newspaper and Other Prints; Manuscript,Design Drawings	3742	3730	12
纺织原料及纺织制品	**Textile Materials and Products**	**585054**	**565138**	**19917**
蚕丝	Natural Silk	244	241	3
羊毛、动物细毛或粗毛;马毛纱线及其机织物	Wool; Wool Yarn and Woolen Woven Fabrics	781	176	605
棉花	Cotton	18329	12558	5771
其他植物纺织纤维;纸纱线及其机织物	Other Textile Fibres Yarn and Related Woven Fabrics	12562	12516	46
化学纤维长丝	Man-Made Filament	7918	6167	1751
化学纤维短纤	Man-Made Short Fibres	13648	13039	609
絮胎、毡呢及无纺织物;特种纱线;线、绳、索、缆及其制品	Wadding; Felt and Adhesive-Bond Fabrics;Special Yarn; Thread; Rope; Cable and Related Products	4756	4115	641
地毯及纺织材料的其他铺地制品	Carpets and Related Products	4887	4843	44
特种机织物; 簇绒织物; 花边; 装饰毯; 装饰带; 刺绣品	Special Woven Fabrics; Lace; Embroidery	10850	9696	1155
浸渍、涂布、包覆或层压的纺织物; 工业用纺织制品	Coated Textiles; Textile Products for Industrial Use	3187	1601	1587
针织物及钩编织物	Knitwear and Crocheted Fabrics	13752	10952	2800
针织或钩编的服装及衣着附件	Knitted or Crocheted Garments&Clothing Accessories	270169	269694	475
非针织或非钩编的服装及衣着附件	Garments Not Knitted or Crocheted	182950	181139	1811
其他纺织制成品; 旧衣着及旧纺织品; 碎织物	Other Textile Products; Secondhand Garments	41020	38400	2619
鞋、帽、伞、杖、鞭及其零件; 已加工的羽毛及其制品; 人造花; 人发制品	**Footwear; Headgear; Umbrellas; Canes; Whips;Processed Feather; Artificial Flowers; Wigs**	**204934**	**204250**	**684**
鞋靴、护腿和类似品及其零件	Parts of Footwear; Gaiters	171582	171090	493
帽类及其零件	Headgear And Accessories	5772	5761	10
雨伞、阳伞、手仗、鞭子、马鞭及其零件	Umbrellas; Canes; Whips and Accessories	8588	8588	
已加工羽毛、羽绒及其制品; 人造花; 人发制品	Processed Feathers and Related Products;Artificial Flowers; Wigs	18993	18812	181
石料、石膏、水泥、石棉、云母及类似材料的制品; 陶瓷产品; 玻璃及其制品	**Gypsum; Cement; Asbestos; Mica; Ceramic Glass**	**155721**	**151256**	**4465**
石料、石膏、水泥、石棉、云母及类似材料的制品	Gypsum; Cement; Asbestos; Mica and Related Products	31979	31691	287
陶瓷产品	Ceramics	78511	78292	219
玻璃及其制品	Glass and Glassware	45231	41273	3958
天然或养殖珍珠、宝石或半宝石、贵金属、包贵金属及其制品; 仿首饰; 硬币	**Natural or Cultivated Pearls;Precious or Semi-Precious Stones; Jewelry of Precious Metal or Rolled Precious Metal; Artificial Jewelry; Coins**	**33271**	**27230**	**6041**

5-3 续表3 continued

单位: 万美元 (USD 10000)

商品类别	Section & Division	进出口总值 Total Imports & Exports	出口值 Total Exports	进口值 Total Imports
贱金属及其制品	**Base Metals and Related Products**	**493575**	**337241**	**156334**
钢铁	Iron and Steel	104210	102954	1256
钢铁制品	Iron and Steel Products	85654	84101	1553
铜及其制品	Copper and Related Products	167774	27238	140536
镍及其制品	Nickel and Related Products	89	54	36
铝及其制品	Aluminum and Related Products	15095	13336	1759
铅及其制品	Lead and Related Products	77	55	22
锌及其制品	Zinc and Related Products	1623	1477	147
锡及其制品	Tin and Related Products	104	25	79
其他贱金属、金属陶瓷及其制品	Other Base Metals and Related Products	35383	25569	9814
贱金属工具、器具、利口器、餐匙、餐叉及其零件	Tools and Apparatus of Base Metals;Spoon and Accessories	26758	26070	689
贱金属杂项制品	Miscellaneous Products of Base Metals and Accessories	56807	56363	444
机器、机械器具、电气设备及其零件;录音机及放声机、电视图像、声音的录制和重放设备及其零件、附件	**Machinery; Electric Equipment and Accessories; Recorders; Video Recorder and Accessories**	**1233541**	**812990**	**420551**
锅炉、机器机械器具及其零件等	Boilers;Machinery and Accessories	276133	231300	44833
电机、电气设备及其零件;录音机及放声机、电视图像、声音的录制和重放设备及其零件、附件	Electric Equipment and Accessories;Recorders;Video Recorder and Accessories	957407	581689	375718
车辆、船舶及有关运输设备	**Locomotives; Vehicles; Ship and Related Transportation Equipment**	**92092**	**82231**	**9861**
光学、照相、电影、计量、检验、医疗或外科用仪器及设备、精密仪器及设备;上述物品的零件、附件	**Optical; Photographic; Film; Measuring and Checking and Medical Instruments and Equipment; Precision Instruments and Equipment; (Clocks; Musical Instruments;) Related Parts and Accessories**	**97036**	**59940**	**37096**
光学、照相、电影、计量、检验、医疗或外科用仪器及设备、精密仪器及设备;零件、附件	Optical; Photographic; Film; Measuring and Checking and Medical Instruments and Equipment; Precision Instruments and Equipment; Clocks; Musical Instruments; Related Parts and Accessories	86991	49942	37049
钟表及其零件	Clocks and Accessories	7950	7943	7
乐器及其零件、附件	Musical Instruments; Related Parts and Accessories	2072	2031	40
其它及其零件、附件	Other parts and Accessories	23	23	
杂项制品	**Miscellaneous Products**	**331571**	**330872**	**699**
家具、寝具、褥垫、弹簧床垫、软座垫及类似的填充制品;未列名灯具及照明装置;发光标志、发光名牌及类似品;活动房屋	Furniture and Lighting Fixtures;Luminous Signs&similar Goods; Prefabricated Houses	233321	233050	271
玩具、游戏品、运动用品及其零件、附件	Toys, Games, Sporting Goods and Accessories	69475	69431	44
杂项制品	Miscellaneous Products	28775	28391	384
艺术品、收藏品及古物	**Works of Art, Collectibles and Antiques**	**1432**	**1426**	**6**
其它	**Others**			

5-4 按国别(地区)分海关货物进出口总值（2014年）

Volume of Imports and Exports by Country or Region (2014)

单位: 万元 (RMB 10000yuan)

国别（地区）	Country (Region)	进出口总值 Total Imports & Exports	出口值 Total Exports	进口值 Total Imports
合　计	**Total**	**26243484**	**19666525**	**6576959**
亚　洲	Asia	14727173	11715972	3011201
#孟加拉国	Bangladesh	131247	124588	6658
中国香港	Hong Kong, China	3331782	3306872	24909
中国澳门	Macao, China	41976	41960	16
中国台湾	Taiwan, China	2167304	396788	1770516
印　度	India	743898	702391	41507
印度尼西亚	Indonesia	782976	727973	55003
伊　朗	Iran	311567	292305	19263
以色列	Israel	84020	81848	2173
日　本	Japan	869319	613681	255638
马来西亚	Malaysia	952986	845372	107614
蒙　古	Mongolia	4418	4345	72
巴基斯坦	Pakistan	113199	107963	5236
菲律宾	Philippines	316740	273058	43682
沙特阿拉伯	Saudi Arabia	295279	290098	5181
新加坡	Singapore	748123	722173	25950
韩　国	Korea Rep.	1062075	845245	216830
斯里兰卡	Sri Lanka	36210	35704	506
叙利亚	Syria	12138	11877	261
泰　国	Thailand	550007	478879	71127
土耳其	Turkey	177815	175538	2278
阿拉伯联合酋长国	United Arab Emirates	402645	402551	94
也　门	Republic of Yemen	22228	22228	
越　南	Vietnam	703527	681840	21688
非　洲	Africa	1836843	1494501	342341
#阿尔及利亚	Algeria	85735	85734	1
埃　及	Egypt	123435	122673	762
科特迪瓦	Cote d'Ivoire	9258	9258	
尼日利亚	Nigeria	307266	301491	5775
南　非	South Africa	328263	265106	63157
多　哥	Togo	53164	53164	
民主刚果	Congo DR	112547	9907	102641

5-4 续表 continued

单位: 万元 (RMB 10000yuan)

国别（地区）	Country (Region)	进出口总值 Total Imports & Exports	出口值 Total Exports	进口值 Total Imports
欧洲	Europe	3326404	2852108	474296
#比利时	Belgium	241580	184073	57507
丹麦	Denmark	39194	25659	13535
英国	United Kingdom	501712	470435	31277
德国	Germany	654023	467559	186464
法国	France	237384	213363	24021
意大利	Italy	190787	167707	23080
荷兰	Netherlands	507152	489219	17934
希腊	Greece	31780	31600	180
西班牙	Spain	187232	170934	16299
奥地利	Austria	39741	12588	27153
芬兰	Finland	32355	19702	12654
波兰	Poland	73198	65563	7635
瑞典	Sweden	46509	40615	5894
瑞士	Switzerland	27857	10997	16860
爱沙尼亚共和国	Estonia	2383	2336	48
俄罗斯联邦	Russia	229350	226875	2475
乌克兰	Ukraine	32743	32627	116
捷克共和国	Czech	29872	25687	4185
拉丁美洲	Latin America	2679421	858145	1821275
#阿根廷	Argentina	73282	71659	1623
巴西	Brazil	471397	177404	293993
智利	Chile	1379120	163789	1215331
古巴	Cuba	10076	10017	60
危地马拉	Guatemala	7220	7220	
牙买加	Jamaica	7191	7191	
墨西哥	Mexico	170393	115270	55123
巴拿马	Panama	97655	97655	1
秘鲁	Peru	288118	41653	246466
委内瑞拉	Venezuela	23665	23665	
北美洲	North America	2982715	2474562	508153
#加拿大	Canada	247757	170247	77510
美国	United States	2734955	2304313	430643
大洋洲及太平洋群岛	Oceanic and Pacific Islands	690910	271236	419673
#澳大利亚	Australia	649633	232616	417018
新西兰	New Zealand	32348	29705	2643
巴布亚新几内亚	Papua New Guinea	3891	3891	
其他	Others	19		19

5-5 按国别(地区)分海关货物进出口总值（2014年）

Volume of Imports and Exports by Country or Region (2014)

单位：万美元 (USD 10000)

国别（地区）	Country (Region)	进出口总值 Total Imports & Exports	出口值 Total Exports	进口值 Total Imports
合计	**Total**	**4273082**	**3202532**	**1070550**
亚洲	Asia	2397926	1907767	490158
#孟加拉国	Bangladesh	21382	20299	1083
中国香港	Hong Kong, China	542362	538308	4054
中国澳门	Macao, China	6830	6827	3
中国台湾	Taiwan, China	352843	64629	288215
印度	India	121174	114419	6754
印度尼西亚	Indonesia	127528	118578	8950
伊朗	Iran	50668	47524	3144
以色列	Israel	13680	13327	353
日本	Japan	141461	99892	41568
马来西亚	Malaysia	155297	137790	17507
蒙古	Mongolia	719	707	12
巴基斯坦	Pakistan	18433	17581	852
菲律宾	Philippines	51560	44456	7104
沙特阿拉伯	Saudi Arabia	48113	47268	845
新加坡	Singapore	121813	117584	4229
韩国	Korea Rep.	172915	137617	35298
斯里兰卡	Sri Lanka	5903	5821	82
叙利亚	Syria	1979	1936	42
泰国	Thailand	89588	78002	11586
土耳其	Turkey	28964	28594	370
阿拉伯联合酋长国	United Arab Emirates	65611	65596	15
也门	Republic of Yemen	3618	3618	
越南	Vietnam	114502	110972	3530
非洲	Africa	299192	243427	55765
#阿尔及利亚	Algeria	13968	13967	…
埃及	Egypt	20108	19984	124
科特迪瓦	Cote d'lvoire	1509	1509	
尼日利亚	Nigeria	50058	49119	939
南非	South Africa	53460	43174	10286
多哥	Togo	8662	8662	
民主刚果	Congo DR	18330	1614	16716

5-5 续表 continued

单位: 万美元 (USD 10000)

国别（地区）	Country (Region)	进出口总值 Total Imports & Exports	出口值 Total Exports	进口值 Total Imports
欧洲	Europe	541411	464392	77018
#比利时	Belgium	39316	29983	9333
丹麦	Denmark	6381	4179	2203
英国	United Kingdom	81671	76572	5099
德国	Germany	106387	76134	30253
法国	France	38679	34773	3907
意大利	Italy	31069	27317	3752
荷兰	Netherlands	82516	79595	2921
希腊	Greece	5172	5143	29
西班牙	Spain	30491	27846	2645
奥地利	Austria	6428	2049	4379
芬兰	Finland	5271	3211	2060
波兰	Poland	11916	10675	1241
瑞典	Sweden	7568	6612	956
瑞士	Switzerland	4539	1792	2748
爱沙尼亚共和国	Estonia	388	380	8
俄罗斯联邦	Russia	37344	36941	403
乌克兰	Ukraine	5334	5315	19
捷克共和国	Czech	4865	4184	681
拉丁美洲	Latin America	436312	139734	296578
#阿根廷	Argentina	11933	11668	265
巴西	Brazil	76782	28896	47886
智利	Chile	224580	26663	197917
古巴	Cuba	1641	1632	10
危地马拉	Guatemala	1175	1175	
牙买加	Jamaica	1171	1171	
墨西哥	Mexico	27737	18766	8971
巴拿马	Panama	15901	15901	
秘鲁	Peru	46893	6781	40111
委内瑞拉	Venezuela	3856	3856	
北美洲	North America	485731	403056	82675
#加拿大	Canada	40362	27728	12634
美国	United States	445368	375327	70041
大洋洲及太平洋群岛	Oceanic and Pacific Islands	112508	44155	68353
#澳大利亚	Australia	105784	37866	67918
新西兰	New Zealand	5270	4837	432
巴布亚新几内亚	Papua New Guinea	634	634	
其他	Others	3		3

5-6 海关主要商品出口值

Main Export Commodities in Value

单位: 万元 (RMB 10000yuan)

品　　名	Item	2013	2014
机电产品	Mechanical and Electrical Products	6573379	7929578
高新技术产品	High and New-tech Products	2128591	3228824
服装及衣着附件	Clothing and Accessories	2417985	2858611
二极管及类似半导体器件	Diode and Semi Conductors	548073	826675
旅行用品及箱包	Articles, Chests and Bags for Travel	658782	490775
纺织纱线、织物及制品	Spinning Yarn,Fabric and the Products	588639	737800
塑料制品	Plastic Articles	721564	608048
家具及其零件	Furniture and Parts	1079687	719334
钢材	Rolled Steel	410564	615549
铁合金	Ferroalloy	48306	62892
鞋类	Shoes	826453	1050327
陶瓷产品	Ceramic Products	527832	480475
玻璃制品	Glass ware	208168	135782
农产品	Agriculture Products	298550	414890
#茶叶	Tea	21292	28342
鲜、干水果及坚果	Fresh and Dry Fruits,Nuts	35377	63693
蔬菜	Vegetables	10290	17413
活猪	Live Hogs	18158	20500
灯具、照明装置及类似品	Lamps and lighting fittings	609166	640347
钨及其化合物	Tungsten & its Compounds	74208	92757
体育用具及设备	Articles and Equipment of Sports	135867	127239
医药品	Medical and Pharmaceutical Products	172019	174432
烟花、爆竹	Fireworks and Firecrackers	129075	151667
纸及纸板	Paper and Paperboard in Rolls	97577	107097
伞	Umbrellas	47181	37128
玩具	Toys	129287	138550
烤鳗	River Eels Processed or Preserved	101637	123489
轮胎	Tyres	23730	19689
未锻造的铜及铜材	Unwrought Copper and its Alloys	208460	153850
床垫、寝具及类似品	Mattess, Bedclothing and Analogs	61287	51131
家用或装饰用木制品	Wood Products for household Use or Decoration	30119	26971
未锻造的铝及铝材	Unwrought aluminium and aluminium products	31073	29456
打火机	Porket lighters,gas-filled	26777	27303
氟石	Fluorite	309	2093

5-7 海关主要商品出口值

Main Export Commodities in Value

单位：万美元 (USD 10000)

品　　名	Item	2013	2014
机电产品	Mechanical and Electrical Products	1056355	1290924
高新技术产品	High and New-tech Products	342906	525382
服装及衣着附件	Clothing and Accessories	389029	465446
二极管及类似半导体器件	Diode and Semi Conductors	88304	134405
旅行用品及箱包	Articles, Chests and Bags for Travel	105583	79949
纺织纱线、织物及制品	Spinning Yarn,Fabric and the Products	94771	120141
塑料制品	Plastic Articles	115651	99119
家具及其零件	Furniture and Parts	173016	117231
钢材	Rolled Steel	66104	100256
铁合金	Ferroalloy	7793	10246
鞋类	Shoes	132888	171090
陶瓷产品	Ceramic Products	84653	78292
玻璃制品	Glass ware	33362	22130
农产品	Agriculture Products	48064	67573
#茶叶	Tea	3434	4614
鲜、干水果及坚果	Fresh and Dry Fruits,Nuts	5725	10377
蔬菜	Vegetables	1658	2837
活猪	Live Hogs	2926	3339
灯具、照明装置及类似品	Lamps and lighting fittings	97656	104311
钨及其化合物	Tungsten & its Compounds	11955	15102
体育用具及设备	Articles and Equipment of Sports	21820	20730
医药品	Medical and Pharmaceutical Products	27689	28392
烟花、爆竹	Fireworks and Firecrackers	20797	24689
纸及纸板	Paper and Paperboard in Rolls	15664	17442
伞	Umbrellas	7607	6043
玩具	Toys	20859	22554
烤鳗	River Eels Processed or Preserved	16326	20112
轮胎	Tyres	3820	3207
未锻造的铜及铜材	Unwrought Copper and its Alloys	33511	25054
床垫、寝具及类似品	Mattess, Bedclothing and Analogs	9834	8329
家用或装饰用木制品	Wood Products for household Use or Decoration	4849	4389
未锻造的铝及铝材	Unwrought aluminium and aluminium products	4993	4796
打火机	Porket lighters,gas-filled	4313	4442
氟石	Fluorite	50	341

5-8 海关主要商品进口值

Main Import Commodities in Value

品　　名	Item	人民币(万元)(10000yuan)		美元(万美元)(USD10000)	
		2013	2014	2013	2014
机电产品	Mechanical and Electrical Products	1428059	2896133	230398	471202
铜矿砂	Copper Ores	1312689	1233278	211901	200827
高新技术产品	High and New-tech Products	967815	2117214	156237	344516
未锻造铜及铜材	Unwrought Copper and its Alloys	710465	748235	114379	121783
铁矿砂	Iron Ore	622677	448512	100484	73094
集成电路	Integrated Circuit	611057	1431789	98641	232962
纸浆	Paper Pulp	119987	98362	19320	16025
废铜	Scrap Copper	138924	114158	22432	18577
二极管及类似半导体器件	Diode and Semi Conductors	67364	280835	10928	45760
纺织纱线、织物及制品	Spinning Yarn,Fabric and the Products	73664	87129	11867	14185
初级形状的塑料	Plastics of Primary Pattern	47436	45429	7648	7394
废塑料	Waste,parings and scrap,of plastics	18154	5796	2912	944
天然橡胶	Natural Rubber	15428	16586	2490	2701
塑料制品	Plastic Articles	17180	20373	2768	3307
合成橡胶	Synthetic Rubber	7553	8917	1219	1452
牛皮革及马皮革	Bovine or equine leather	13895	18192	2238	2960
棉花	Cotton, not Carded or Combed	16399	19090	2659	3111
废纸	Waste Paper	19536	17708	3168	2886
钢材	Rolled Steel	6375	6197	1025	1008
医药品	Medical and Pharmaceutical Products	4994	1803	808	294
成品油	Petroleum Products Refined	810	1779	130	290
服装及衣着附件	Clothing and Accessories	14591	15124	2340	2462

5-9 按贸易方式分海关货物进出口总值（2014年）

Total Value of Imports and Exports by Customs Regime (2014)

贸易方式	Customs Regime	人民币(万元)(10000yuan) 进出口总值 Total Imports & Exports	出口值 Total Exports	进口值 Total Imports	美元(万美元)(USD10000) 进出口总值 Total Imports & Exports	出口值 Total Exports	进口值 Total Imports
总　计	**Total**	**26243484**	**19666525**	**6576959**	**4273082**	**3202532**	**1070550**
一般贸易	Ordinary Trade	18410531	15744878	2665653	2998335	2564362	433973
国家间、国际组织无偿援助和赠送的物资	Aid and Donation between Countries and from Associations	5932	5932		965	965	
来料加工装配贸易	Trade for Processing and Assembling with Customer's Materials	430762	309349	121414	70135	50368	19767
进料加工贸易	Trade for Processing with Imported Materials	5655858	2666904	2988954	920422	433962	486460
边境小额贸易	Border Trade	191	191		31	31	
加工贸易进口设备	Processing Equipments	134		134	22		22
对外承包工程出口货物	Goods for Contracted Foreign Projects	36949	36949		6012	6012	
外商投资企业作为投资进口的设备、物品	Foreign Funded Equipments and Goods	15933		15933	2587		2587
出料加工贸易	Give Makings Treatment	233	83	150	38	14	24
保税监管场所进出境货物	Inbound and Outbound Goods in Bonded Supervision Area	500301	289977	210324	81415	47178	34238
海关特殊监管区域物流货物	Logistic Good Customs in Particular Supervision Areas	1152204	582647	569557	187527	94835	92692
海关特殊监管区域进口设备	Imported Equipment in Particular Supervision Areas	1840		1840	299		299
其　他	Others	32616	29615	3000	5294	4806	488

5-10 对外经济合作

Economic Cooperation with Foreign Countries or Regions

指标	Item	2000	2005	2010	2013	2014
对外承包工程	**Contracted Projects**					
合同数（份）	Number of Contracts (unit)	27	32	102	144	209
合同额（万美元）	Contracted Value (USD 10000)	5149	19963	135697	203444	264781
营业额（万美元）	Value of Turnover Fulfilled (USD 10000)	6382	14817	104334	227296	285147
对外劳务合作	**Labor Services**					
合同工资总额(万美元)	Contracted Wage in Total (USD 10000)	4354	8555	3531	6413	3378
实际收入总额(万美元)	Real Income in Total (USD 10000)	4567	6350	6582	7333	8749
对外直接投资(非金融类)	**Overseas Direct Investment(Non-Finance)**					
新设境外投资企业(家)	Enterprise Newly Established Investing Overseas (unit)		3	46	54	69
中方协议投资额(万美元)	Contractual Foreign Investment (USD 10000)		35	21747	48000	107000
对外直接投资额(万美元)	Overseas Direct Investment(USD 10000)		630	21280	53772	65716

注：从2002年始，商务部和国家统计局制订了《对外直接投资统计制度》。

a)State Department of Commerce and State Statistical Bureau drafted statistical system of foreign direct investment in 2002.

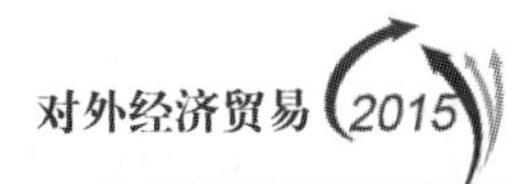

5-11 外商直接投资情况

Utilization of Direct Foreign Investments

年 份 地 区 Year Region	项目数 (个) Number of Projects (unit)	合同外资金额 (万美元) Total Amount of Contracted Foreign Investment (USD10000)	实际使用外资 (万美元) Total Amount of Foreign Investment Actually Utilized (USD 10000)
1984	18	708	80
1985	29	2781	517
1986	8	2093	458
1987	15	1990	394
1988	35	1760	563
1989	24	513	587
1990	54	2855	621
1991	162	5562	1949
1992	906	58990	9653
1993	1293	90983	20817
1994	536	39158	26168
1995	522	53966	28818
1996	369	39485	30068
1997	395	64444	47768
1998	334	41919	46493
1999	245	35136	32080
2000	272	26478	22724
2001	308	52660	39575
2002	591	153387	108725
2003	759	233094	161234
2004	964	311289	205238
2005	940	387645	242258
2006	982	403068	280657
2007	867	544615	310358
2008	689	492550	360368
2009	821	490484	402354
2010	1092	749447	510084
2011	812	844545	605881
2012	789	816170	682431
2013	847	913261	755096
2014	822	1072711	845074
南昌市 Nanchang	189	306128	232115
景德镇市 Jingdezhen	18	20089	15507
萍乡市 Pingxiang	35	31109	28012
九江市 Jiujiang	144	224297	145006
新余市 Xinyu	29	29468	34561
鹰潭市 Yingtan	55	25084	21566
赣州市 Ganzhou	103	109181	122204
吉安市 Ji'an	120	87079	78583
宜春市 Yichun	23	67568	58504
抚州市 Fuzhou	36	47904	25104
上饶市 Shangrao	70	124804	83912

5-12 外商在赣直接投资情况（2014年）

Utilization of Direct Foreign Investments in Jiangxi (2014)

类别	Type	项目数（个） Number of Projects (unit)	合同外资金额（万美元） Total Amount of Contracted Foreign Investment (USD10000)	实际使用外资（万美元） Total Amount of Foreign Investment Actually Utilized (USD 10000)
总计	**Total**	**822**	**1072711**	**845074**
按投资方式分	**By Form**			
合资经营企业	Joint venture Enterprises	65	112457	109188
合作经营企业	Cooperative Operation Enterprises		-198	24
外资企业	Foreign Investment Enterprise	755	955890	733138
外商投资股份制企业	Foreign Investment Share	2	4562	2724
按国民经济行业分	**By Sector**			
农、林、牧、渔业	Agriculture, Forestry, Animal Husbandry and Fishery	48	54349	57569
采矿业	Mining	3	2620	5500
制造业	Manufacturing	568	675734	564727
#食品制造业	Manufacture of Foods	4	17179	14529
饮料制造业	Manufacture of Beverages	1	8598	6702
纺织业	Manufacture of Textile	21	22447	20371
纺织服装、鞋、帽制造业	Manufacture of Textile Wearing Apparel, Footware and Caps	82	72917	64909
家具制造业	Manufacture of Furniture	8	7154	8084
文教体育用品制造业	Manufacture of Articles for Culture, Education and Sport Activties	4	6282	6170
化学原料及化学制品制造业	Manufacture of Raw Chemical Materials and Chemical Products	14	15625	22700
医药制造业	Manufacture of Medicines	4	18104	7908
塑料制品业	Manufacture of Plastics	14	17934	10457
非金属矿物制品业	Manufacture of Non-metallic Mineral Products	36	49438	39865
有色金属冶练及压延加工业	Smelting and Pressing of Non-ferrous Metals	37	16983	18604
通用设备制造业	Manufacture of General Purpose Machinery	36	52216	39675
交通运输设备制造业	Manufacture of Transport Equipment	22	55693	16173
电气机械及器材制造业	Manufacture of Electrical Machinery and Equipment	62	75928	82272
通信设备、计算机及其他电子设备制造业	Manufacture of Communication Equipment,Computers and Other Electronic Equipment	118	140207	101483
电力、燃气及水的生产和供应业	Production and Supply of Electricity, Gas and Water	8	37871	13938
建筑业	Construction	11	65075	28938
交通运输、仓储和邮政业	Transport, Storage and Post	3	4530	4594
#仓储业	Storage	3	4530	4594
信息传输、计算机服务和软件业	Information Transmission, Computer Services and Software	61	87438	50473
#计算机服务业	Computer Services	28	34240	17651
软件业	Software Industry	30	50253	32822
批发和零售业	Wholesale and Retail Trades	29	25007	14844
批发业	Wholesale Trade	21	20798	9287
零售业	Retail Trade	8	4209	5557
住宿和餐饮业	Hotels and Catering Services	9	13091	11305
住宿业	Hotels	1	2571	954
餐饮业	Catering Services	8	10520	10351
金融业	Financial Intermediation	4	8839	325
房地产业	Real Estate	10	22461	26440

5-12 续表 continued

类 别	Type	项目数(个) Number of Projects (unit)	合同外资金额(万美元) Total Amount of Contracted Foreign Investment (USD 10000)	实际使用外资(万美元) Total Amount of Foreign Investment Actually Utilized (USD 10000)
租赁和商务服务业	Leasing and Business Services	35	40067	31551
#商务服务业	Business Services	34	37067	31351
科学研究、技术服务和地质勘查业	Scientific Research, Technical Service and Geologic Prospecting	14	16139	16822
水利、环境和公共设施管理业	Management of Water Conservancy, Environment and Public Facilities	10	14206	11022
居民服务和其他服务业	Services to Households and Other Services			64
教育	Education	3	646	437
卫生、社会保障和社会福利业	Health, Social Security and Social Welfare			
文化、体育和娱乐业	Culture, Sports and Entertainment	6	4638	6525
其他	Others			
按投资国别(地区)分	**By Country (Region)**			
亚　洲	Asia	772	987200	793105
中国香港	Hong Kong, China	615	853193	661894
中国澳门	Macao, China	12	9409	6788
中国台湾	Taiwan, China	95	63409	72546
孟加拉国	Bangladesh	14	18404	11525
日　本	Japan	1	730	4470
马来西亚	Malaysia			151
菲律宾	Philippines		5564	3747
新加坡	Singapore	1	4115	14022
韩　国	Korea Rep.	3	4549	3256
泰　国	Thailand	1	901	82
非　洲	Africa	7	3516	3273
欧　洲	Europe	8	15684	11411
#英　国	United Kingdom	3	6385	2468
德　国	Germany	3	3193	1955
法　国	France		-120	
意大利	Italy	1	1231	1392
荷　兰	Netherlands		6309	5590
西班牙	Spain		-830	
拉丁美洲	Latin America	3	20734	13272
北美洲	North America	7	7520	5872
#加拿大	Canada	2	6233	4739
美　国	United States	5	1297	1133
大洋洲及太平洋群岛	Oceanic and Pacific Islands	7	12121	5747
#澳大利亚	Australia	2	978	170
新西兰	New Zealand		6527	
其他	Others	6	25936	12394

注：利用外资项目中，存在多个国家投资同一项目，故按投资国别、地区分的项目个数之和不等于合计数。

a) Among the projects of utilization of foreign investments,there exists the same project with investments from different countries,so the number of projects by country or region is not equal to the total.

5-13 外商投资企业年底注册登记情况（2014年）
Registration Status of Foreign Funded Enterprises at Year-end (2014)

类别	Type	外商投资企业数(户) Number of Enterprises Corporate (unit)	投资总额(万美元) Total Investment (USD 10000)	注册资本(万美元) Registered Capital (USD 10000)	#外方 Foreign Investor
总计	**Total**	**7020**	**6702478**	**4376938**	**3798486**
按投资方式分	**By Form**				
合资经营企业	Joint venture Enterprises	1007	1981397	1083743	604415
合作经营企业	Cooperative Operation Enterprises	72	88769	49700	36452
外资企业	Foreign Investment Enterprises	4418	4483719	3118152	3118152
外商投资股份制企业	Foreign Investment Shares	18	144289	123340	37680
其他外商投资企业	Other Enerprises	4	4304	2003	1787
外商投资企业分支机构	Branches of Foreign Investment Enterprise	1501			
按国民经济行业分	**By Sector**				
农、林、牧、渔业	Agriculture, Forestry, Animal Husbandry and Fishery	534	402177	312060	290828
采矿业	Mining	29	85214	63119	29819
制造业	Manufacturing	3417	3825213	2437423	2150487
金属制品、机械和设备修理业	Repairing Maintenance of Metalwork, Machines and Equipments	1	759	455	410
电力、燃气及水的生产和供应业	Production and Supply of Electricity, Gas and Water	86	230283	90840	57170
建筑业	Construction	144	205465	140959	118847
交通运输、仓储和邮政业	Transport, Storage and Post	65	52702	24122	20007
信息传输、计算机服务和软件业	Information Transmission, Computer Services and Software	410	155266	150655	145662
批发和零售业	Wholesale and Retail Trades	992	528100	334953	315001
住宿和餐饮业	Hotels and Catering Services	227	42131	32026	28352
金融业	Financial Intermediation	131	67470	58244	21069
房地产业	Real Estate	374	431732	280053	231657

5-13 续表 continued

类别	Type	外商投资企业数(户) Number of Enterprises Corporate (unit)	投资总额(万美元) Total Investment (USD 10000)	注册资本(万美元) Registered Capital (USD 10000)	#外方 Foreign Investor
租赁和商务服务业	Leasing and Business Services	309	232074	153856	132296
科学研究、技术服务和地质勘查业	Scientific Research, Technical Service and Geologic Prospecting	138	235880	194130	186330
水利、环境和公共设施管理业	Management of Water Conservancy,Environment and Public Facilities	50	75305	49635	45110
居民服务和其他服务业	Services to Households and Other Services	66	35071	26650	8405
教育	Education	8	5490	3432	2965
卫生、社会保障和社会福利业	Health, Social Security and Social Welfare	4	1105	879	869
文化、体育和娱乐业	Culture, Sports and Entertainment	34	90043	23199	13120
其他	Others	2	1757	703	492
按投资国别(地区)分	**By Country (Region)**				
亚洲	Asia	4772	5543364	3759822	3286083
中国香港	Hong Kong, China	3482	4181931	2839430	2551049
中国澳门	Macao, China	98	80828	67877	66419
中国台湾	Taiwan, China	640	322541	246702	230446
日本	Japan	84	313461	174243	95324
韩国	Korea Rep.	34	26836	12643	8268
亚洲其他国家(地区)	Other Asia Countries (Regions)	434	617767	418927	334577
非洲	Africa	59	55123	27567	22877
埃及	Egypt	2	130	110	110
南非	South Africa	3	1215	1060	1035
毛里求斯	Mauritius	14	26481	10967	7204
塞舌尔	Seychelles	21	20198	11182	10577
非洲其他国家(地区)	Other Africa Countries (Regions)	19	7099	4248	3951
欧洲	Europe	155	87183	50955	39201
英国	United Kingdom	25	7317	5039	4067
德国	Germany	26	37412	18069	14068
法国	France	15	8174	3972	3368
俄罗斯联邦	Russian Federation	5	225	201	157
欧洲其他国家(地区)	Other Europe Countries (Regions)	84	34055	23674	17541
拉丁美洲	Latin America	198	535281	311743	278069
巴西	Brazil	2	9712	3347	3347
开曼群岛	Cayman Islands	15	241534	126949	118838
英属维尔京群岛	British Virgin Islands	172	277849	178095	152550
拉丁美洲其他国家(地区)	Other Latin America Countries (Regions)	9	6186	3352	3334
北美洲	North America	198	213388	121104	88996
加拿大	Canada	41	16940	13306	11453
美国	United States	153	194778	106390	76247
百慕大群岛	Bermuda	4	1670	1408	1296
大洋洲及太平洋群岛	Oceanic and Pacific Islands	110	115285	63140	59180
澳大利亚	Australia	40	19792	12037	10582
新西兰	New Zealand	10	20407	10996	9946
萨摩亚	Samoa	59	74786	39897	38442
大洋洲其他国家(地区)	Other Oceanic Countries (Regions)	1	300	210	210
其他	Others	23	148550	40604	22293

注：按投资国别(地区)分的外商投资企业数、投资总额、注册资本、其中外方注册资本等指标不包括其他外商投资企业和外商投资企业分支机构数。

a) Number of Foreign-invested enterprises, total investment, registered captial, foreign investor by country (region) do not include other foreign-invested enterprises or branchs of foreign-invested enterprises.

5-14 江西与国外结成友好城市一览

List of Foreign Sister Cities with Jiangxi

国　　别	Country Region	城市(州、县)	Sister City (State, Prefecture)	缔结日期 Date of Conclusion
马其顿	Macedonia	斯科普里市	Skopje	1984.03.20
德国	Germany	黑森州	Hesse	1985.04.03
美国	United States	肯塔基州	Kentucky	1985.10.16
美国	United States	犹他州	Utah	1986.07.10
日本	Japan	岐阜县	Gifu	1988.06.21
墨西哥	Mexico	托卢卡市	Toluca	1988.08.16
日本	Japan	高松市	Takamatsu-shi	1990.09.28
日本	Japan	冈山县	Okayama	1992.06.01
摩洛哥	Morocco	萨非市	Safi	1993.10.15
澳大利亚	Australia	波波郡	Baw Baw Shire	1993.12.09
斯洛文尼亚	Slovenia	科佩尔市	Koper	1995.04.05
日本	Japan	佐贺县有田町	Arita-cho, Saga	1996.08.28
日本	Japan	玉野市	Tamano-shi	1996.10.05
芬兰	Finland	瓦尔济考斯基市	Valkeakoski	1997.11.20
美国	United States	路易维尔市	Louisville	2003.12.19
日本	Japan	冈山县鸭方町	Kamogata-cho, Okayama	2004.10.29
俄罗斯	Russia	雅罗斯拉夫尔州	Jarraud Slavic	2005.02.28
美国	United States	索拉洛郡	Solano	2005.10.13
日本	Japan	和歌山县清水町	Shimizu-cho, Wakayama	2006.04.03
韩国	Korea Rep.	南海郡市	Namhae	2006.04.13
菲律宾	Philippines	保和省	Bohol	2006.05.08
芬兰	Finland	卡亚尼市	Kajaani	2006.06.26
日本	Japan	岐阜县安八町	Anpachi-cho, Gifu	2006.08.25
法国	France	第戎市	Dijon	2006.10.17
日本	Japan	濑户市	Seto-shi	2006.11.23
韩国	Korea Rep.	庆尚北道尚州市	Sangju-si,Gyeongsangbuk-do	2007.04.03
智利	Chile	科皮亚波市	Copiapo	2007.06.11
阿根廷	Argentina	拉普拉塔市	Laplata	2007.06.11
韩国	Korea Rep.	利川市	Lcheon	2007.08.07
韩国	Korea Rep.	罗州市	Naju-si	2007.08.13
南非	South Africa	艾古莱尼市	Ekurhuleni	2007.08.23
巴西	Brazil	索罗卡巴市	Sorocaba	2007.09.29
韩国	Korea Rep.	堤川市	Jye Chun	2008.02.13
希腊	Greece	希俄斯市	Chios	2008.04.02
波兰	Poland	莱基奥诺沃市	Legionowo	2008.06.11
美国	United States	欧文顿市	Overton	2008.07.01
法国	France	中央大区	Centre	2008.07.08
法国	France	奥赛市	Auxerre	2008.09.10
德国	Germany	威斯巴登市	Wiesbaden	2008.09.18
美国	United States	萨凡纳市	Savannah	2008.10.15

5-14 续表 continued

国别	Country Region	友好城市(州、县)	Sister City (State, Prefecture)	缔结日期 Date of Conclusion
阿根廷	Argentina	基尔梅斯市	Quilmes	2008.12.05
埃塞俄比亚	Ethiopia	阿姆哈拉区	Amhara	2009.03.25
塞拉利昂	Sierra Leone	弗里敦市	Freetown	2009.04.08
韩国	Korea Rep.	太白市	Taebaek	2009.09.15
澳大利亚	Australia	奥本市	Auburn	2009.09.24
德国	Germany	派尼区	Piney	2009.10.13
英国	United Kingdom	巴斯—东北萨莫塞特郡	Bath and North East Somerset	2009.10.20
巴西	Brazil	南马托格罗索州	Mato Grosso do Sul	2009.10.23
匈牙利	Hugary	蒂萨新城	Tiszaujvaros	2009.12.02
美国	United States	罕斯维尔市	Hansiweier	2009.12.07
法国	France	图尔市	Tours	2010.01.06
南非	South Africa	新堡市	Newcastle	2010.01.26
美国	United States	不伦瑞克市	Brunswick	2010.01.28
美国	United States	威斯康星州门县市	Men of Wisconsin	2010.02.24
津巴布韦	Zimbabwe	穆塔雷市	Mutare	2010.04.28
荷兰	Holland	代尔夫特市	Delfe	2010.05.12
希腊	Greece	维欧提亚省	Vea tia	2010.07.06
美国	United States	奥林匹亚市	Olympia	2010.08.18
巴西	Brazil	基玛多斯市	Jimaduosi City	2011.02.24
德国	Germany	沃尔泽伦市	Wall Zelen City	2011.03.17
法国	France	香槟-阿登大区	Champagne-Ardenne	2011.03.21
英国	United Kingdom	红桥市	Redbridge	2011.03.29
南非	South Africa	自由省	Free State	2011.11.15
埃及	Egypt	卢克索省	Luxor	2011.11.18
俄罗斯	Russia	苏兹达里市	Suzy Dario	2012.01.16
匈牙利	Hugary	包尔绍德—奥包乌伊—曾普伦州	Borsod-Abauj-Zemplén	2012.02.09
墨西哥	Mexico	科阿韦拉州蒙克罗瓦市	Monk Luova, Coahuila	2012.02.29
韩国	Korea Rep.	全罗南道	Jeollanam-do	2012.04.13
意大利	Italy	卡乃利市	Kanaili	2012.06.20
博茨瓦纳	Botswana	塞罗韦市	Serowe	2012.09.04
西班牙	Spain	阿尔塞特市	Albacete	2012.11.16
南非	South Africa	德拉肯斯汀市	De Lakin Steen	2013.01.23
柬埔寨	Cambodia	暹粒省	Siem Reap	2013.01.25
乌克兰	Ukraine	伊久姆市	Izyum	2013.02.16
意大利	Italy	法恩扎市	Faenza	2013.05.02
加纳	Republic of Ghana	塔玛利市	Tamale	2014.04.22

主要统计指标解释

进出口总额 指实际进出我国国境的货物总金额。包括对外贸易实际进出口货物，来料加工装配进出口货物，国家间、联合国及国际组织无偿援助物资和赠送品，华侨、港澳台同胞和外籍华人捐赠品，租赁期满归承租人所有的租赁货物，进料加工进出口货物，边境地方贸易及边境地区小额贸易进出口货物(边民互市贸易除外)，中外合资企业、中外合作经营企业、外商独资经营企业进出口货物和公用物品，到、离岸价格在规定限额以上的进出口货样和广告品(无商业价值、无使用价值和免费提供出口的除外)，从保税仓库提取在中国境内销售的进口货物，以及其他进出口货物。该指标可以观察一个国家在对外贸易方面的总规模。我国规定出口货物按离岸价格统计，进口货物按到岸价格统计。

商品经营单位所在地进、出口额 指在所在地海关注册登记的有进出口经营权的企业实际进、出口额。

外商直接投资 是指外国投资者在我国境内通过设立外商投资企业、合伙企业、与中方投资者共同进行石油资源的合作勘探开发以及设立外国公司分支机构等方式进行投资。

外国投资者可以用现金、实物、无形资产、股权等投资，还可以用从外商投资企业获得的利润进行再投资。

对外承包工程 指我国境内企业法人或者其他经济组织按照国际通行做法，在国外及港澳台地区承揽、实施工程建设项目的勘察、设计、施工、监理、设备材料采购、安装调试、工程咨询、工程管理等经营活动。

对外劳务合作 指我国境内企业法人与国（境）外允许招收或雇用外籍劳务人员的公司、中介机构或私人雇主签订合同，并按合同约定的条件有组织地招聘、选拔、派遣我国公民到国（境）外为外方雇主提供劳务服务并进行管理的经济活动。

对外直接投资 指我国企业、团体等(简称境内投资主体) 在国外及港澳台地区以现金、实物、无形资产等方式投资，并以控制国(境)外企业的经营管理权为核心的经济活动。对外直接投资的内涵主要体现在一经济体通过投资于另一经济体而实现其持久利益的目标。

Explanatory Notes on Main Statistical Indicators

Total Value of Imports and Exports refer to the real value of commodities imported into and exported from the boundary of China. They include the actual imports and exports through foreign trade, imported and exported goods under the processing and assembling trades and materials, supplies and gifts as aid given gratis between governments and by the United Nations and other international organizations, and contributions donated by overseas Chinese, compatriots in Hong Kong and Macao and Chinese with foreign citizenship, leasing commodities owned by tenant at the expiration of leasing period, the imported and exported commodities processed with imported materials, commodities trading in border areas (excluding mutual exchange goods), the imported and exported commodities and articles for public use of the Sino-foreign joint ventures, cooperative enterprises and ventures exclusively with foreign own investment. Also included are import or export of samples and advertising goods for whose CIF or FOB value are beyond the permitted ceiling (excluding goods of no trading or use value and free commodities for export), imported goods sold in China from bonded warehouses and other imported or exported goods. The indicator of the total imports and exports at customs can be used to observe the total size of external trade in a country. In accordance with the stipulation of the Chinese government, imports are calculated at CIF, while exports are calculated at FOB.

Foreign Direct Investment refers to foreign investment in China through the establishment of foreign invested enterprises, cooperative exploration and development of petroleum resources with domestic investors and the establishment of branch organizations of foreign enterprises.

Foreign investment can be made in forms of cash, physical investment, technical know-how and reinvestment of the foreign enterprises with the profits gained from the investment.

Overseas Contracted Project refers to in accordance with the international common practice, domestic corporates or other economic organizations contract and implement construction projects in foreign countries, Hong Kong SAR, Macao SAR and Taiwan province including reconnaissance, design, construction, supervision, purchasing of equipment and materials, installation and testing, engineering consulting and project management.

Overseas Labour Services refer to domestic corporate which signed contracts with overseas corporations, intermediary agencies and private employers which are allowed to recruit or hire foreign labour forces, they will send Chinese citizens to go abroad to provide labour services to foreign employers through organized recruitment and selection according to the signed contracts and relevant management activities.

Overseas Direct Investment refers to investment made by domestic enterprises and organizations (referred to as domestic investors) in foreign countries and Hong Kong SAR, Macao SAR and Taiwan province in forms of cash, physical investment and intangible assets, and the economic activities centering on operation and management of those enterprises are under the control of domestic investors. The content of overseas direct investment mainly reflects one economic entity by investing in another economic entity to achieve its goal of lasting interest.

能 源

ENERGY

◆123/142

资料整理及英文翻译：谭 玲 李 曦

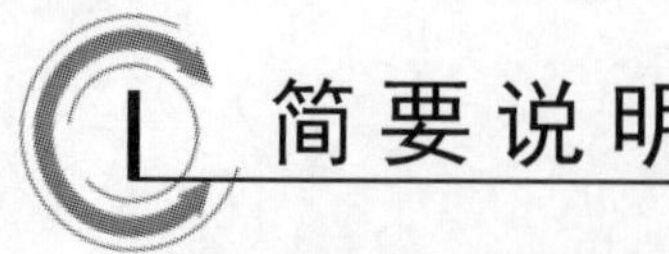

简要说明

一、本篇资料的主要内容

本篇包括的主要内容有能源生产、消费及品种构成，能源生产和消费弹性系数，综合能源平衡表和主要能源品种的单项平衡表，分行业、分主要能源品种的消费量，生活用能源消费量等。

二、本篇资料的来源

本篇资料来源于全省能源平衡表和规模以上工业企业能源报表。能源平衡表的编制范围为辖区内除军队系统以外的全部能源生产和消费活动的单位。

三、关于数据口径与计算的说明

1.一次能源生产量与工业统计数字一致。

2.能源生产与消费弹性系数分别以能源生产、消费增长速度与国内生产总值增长速度相比求得。

3.能源平衡表中的库存量、进口量、出口量和消费量，根据有关部门和企业提供的数据综合评估得出。电力折算标准煤系数按平均发电煤耗计算。

Brief Introduction

I. Main Contents

Data in this chapter cover mainly the energy production and consumption and their composition, the elasticity ratio of energy production and consumption, the overall balance of energy and the balance by different types of energy, the consumption of energy by sector and by types of energy, efficiency of energy conversion and the consumption of energy for non-production uses.

II. Source of Data

Data in this chapter comes from the province energy balance and energy-scale industrial enterprises above Designated Size. Energy balance for the establishment of the area in addition to the military system other than the total energy production and consumption activities of the units.

III. Notes on Coverage and Calculation of Data:

(1) The data on the production of primary energy are the same as the concerned data of the industrial statistics.

(2) The elasticity ratio of energy production is calculated as the quotient of the growth rate of energy production divided by the growth rate of GDP; and the elasticity ratio of energy consumption is calculated as the quotient of the growth rate of energy consumption divided by the growth rate of GDP.

(3)The storage,import and export in the energy balance tables are comprehensively evaluated based on data from related departments and enterprises. The coefficient for conversion of electric power into the standard coal equivalent is calculated according to the average consumption of coal for generating electricity.

6-1 能源生产总量及构成
Total Production of Energy and Its Composition

年 份 Year	能源生产总量 (万吨标准煤) Total Energy Production (10000 tons of SCE)	占能源生产总量的比重 (%) As Percentage of Total Energy Production(%)			
		原 煤 Raw Coal	原 油 Crude Oil	天然气 Natural Gas	水电风电 Hydro Power Wind Power
1995	1868.8	88.0			12.0
1996	1573.2	88.5			11.5
1997	1410.0	83.7			16.3
1998	1394.7	78.6			21.4
1999	1154.5	85.7			14.3
2000	1293.2	81.5			18.5
2001	1242.7	80.5			19.5
2002	1252.2	77.0			23.0
2003	1505.4	83.5			16.5
2004	1902.5	81.9			18.1
2005	2010.5	86.0			14.0
2006	2241.0	84.6		0.1	15.3
2007	2253.3	87.9		0.3	11.8
2008	2395.0	87.0		0.2	12.8
2009	2528.8	89.1		0.2	10.7
2010	2312.8	82.8		0.2	12.9
2011	2581.6	88.3		0.7	11.0
2012	2601.2	81.0		0.5	18.5
2013	2558.8	83.3		0.8	15.9
2014	2451.9	82.0		0.2	17.8

注：1、根据第三次经济普查，对2010年以来的数据进行了调整。2、电力折算标准煤的系数根据当年平均发电煤耗计算。下表同。

a) Data since 2010 is adjusted according to the Third Economic Census.

b) The coefficient for conversion of electric power into SCE (standard coal equivalent) is calculated on the basis of the data on average coal consumption in generating electric power in the same year. The same applies to the tables following.

6-2 能源消费总量及构成
Total Consumption of Energy and Its Composition

年 份 Year	能源消费总量 (万吨标准煤) Total Energy Composition (10000 tons of SCE)	占能源消费总量的比重 (%) As Percentage of Total Energy Composition(%)			
		煤 炭 Raw Coal	石 油 Crude Oil	天然气 Natural Gas	水电风电 Hydro Power Wind Power
1995	2391.7	79.8	10.0		10.2
1996	2154.7	78.4	12.0		9.6
1997	2132.4	75.2	12.9		11.9
1998	2028.4	73.3	16.3		10.4
1999	2123.3	73.6	17.8		8.7
2000	2505.0	70.5	17.3		12.2
2001	2628.0	71.5	17.0		11.5
2002	2933.0	68.7	21.8		9.5
2003	3426.0	74.5	22.2		3.2
2004	3814.0	72.6	16.9		10.5
2005	4286.0	74.0	17.0		6.6
2006	4660.1	73.8	16.9	0.2	7.4
2007	5052.5	74.9	16.9	0.3	5.3
2008	5383.0	71.7	16.7	0.6	5.7
2009	5812.5	72.0	16.0	0.5	4.7
2010	6280.6	71.0	16.3	1.0	4.7
2011	6847.1	74.0	15.6	1.2	4.1
2012	7148.3	69.5	15.8	1.9	6.8
2013	7582.9	70.5	17.5	2.4	5.4
2014	8055.4	68.0	16.9	2.5	5.4

注：2010年开始，能源消费总量不包括回收能，下表同。

a) From2010,the total energy consumption does not include the total amaunt of the recycled energy.The same applies to the tables following.

6-3 综合能源平衡表

Overall Energy Balance Sheet

单位：万吨标准煤 (10000 tons of SCE)

指　　标	Item	1990	2000	2005	2010	2013	2014
可供消费的能源总量	**Total Energy Available for Consumption**	**1704.54**	**2371.75**	**4275.49**	**6280.55**	**7582.94**	**8055.36**
一次能源生产量	Primary Energy Output	1282.42	1293.23	2010.45	2312.84	2558.84	2451.87
外省(区、市)调入量	Transferred in from Other Provinces	808.97	1157.24	2407.12	4601.12	5237.19	5321.46
进口量	Imports	0.09	229.73	197.63	328.98	1117.36	1092.59
本省(区、市)调出量(-)	Sent Out to Other Provinces(-)	-303.53	-225.80	-309.00	-888.31	-1343.19	-805.72
出口量(-)	Exports (-)	-8.15					
年初年末库存差额	Stock Changes in the Year	-75.26	-82.65	-57.98	21.61	12.76	-4.85
能源消费总量	**Total Energy Consumption**	**1732.29**	**2505.00**	**4286.01**	**6280.55**	**7582.94**	**8055.36**
在总量中	Consumption by Sector						
农、林、牧、渔、水利业	Agriculture, Forestry, Animal Husbandry, Fishery and Water Conservancy	132.87	151.00	206.89	139.58	126.75	129.94
工　业	Industry	1264.22	1751.76	3076.99	4635.41	5420.88	5761.35
建筑业	Construction	8.88	7.72	28.39	57.15	87.23	92.00
交通运输、仓储和邮政业	Transport, Storage and Post	65.93	177.97	327.94	468.94	660.99	679.48
批发、零售业和住宿、餐饮业	Wholesale and Retail Trades,Hotels and Catering Services	10.81	30.59	75.20	140.70	192.62	219.74
其他	Others	25.60	44.46	101.72	182.70	247.42	274.30
生活消费	Household Consumption	223.98	341.50	468.88	656.07	847.05	898.55
在总量中	Consumption by Usage						
终端消费	End-use Consumption	1617.12	2320.40	3982.09	5847.91	7159.32	7618.44
#工　业	Industry	1149.05	1567.16	2777.56	4204.90	4997.94	5325.09
加工转换损失量	Losses During the Process of Energy Conversion	74.40	130.64	151.15	252.24	226.84	235.78
#炼　焦	Coking	9.71	24.88	1.40	62.64	72.15	64.90
炼　油	Petroleum Refining	2.46	24.91	22.57	4.13	4.92	0.11
损失量	Energy Losses	40.77	53.96	152.77	180.40	196.78	201.14
#输变电损失量	Losses in Transmission	40.68	53.96	148.28	178.27	196.09	200.47
平衡差额	**Balance**	**-27.75**	**-133.25**	**-10.52**			

注：电力、热力按等价热值计算，因此加工转换损失量中不包括发电、供热损失量。下表同。

a) Electric power and heat are converted on the basis of equal caloric value. Therefore, losses during the process of energy conversion do not include losses in power generation and heating. The same applies to the tables following.

6-4 煤炭平衡表
Coal Balance Sheet

单位：万吨 (10000 tons)

指　　标	Item	1990	2000	2005	2010	2013	2014
可供量	**Total Energy Available for Consumption**	**2218.37**	**2245.84**	**4348.30**	**6246.61**	**7254.69**	**7477.31**
生产量	Output	2027.11	1813.76	2565.05	2912.22	2985.72	2813.70
外省(市、区)调入量	Transferred in from Other Provinces	491.22	649.08	1957.85	3829.74	3785.56	4322.96
进口量	Imports					830.74	581.04
本省(市、区)调出量(−)	Sent Out to Other Provinces(-)	-178.29	-111.96	-97.90	-389.23	-370.21	-204.24
出口量(−)	Exports (-)	-4.78					
年初年末库存差额	Stock Changes in the Year	-116.89	-105.04	-76.70	-106.12	22.88	-36.15
消费量	**Total Energy Consumption**	**2265.87**	**2468.63**	**4348.30**	**6246.61**	**7254.69**	**7477.31**
在消费量中	Consumption by Sector						
农、林、牧、渔、水利业	Agriculture, Forestry, Animal Husbandry, Fishery and Water Conservancy	54.20	12.10	4.00	23	16.00	17.00
工　业	Industry	1852.93	2263.78	4073.46	5989.55	7039.18	7244.81
建筑业	Construction	2.29			3.00	1.00	2.50
交通运输、仓储和邮政业	Transport, Storage and Post	38.66	11.42	7.56	3.06	3.50	6.50
批发、零售业和住宿、餐饮业	Wholesale and Retail Trades,Hotels and Catering Services	11.41	5.20	15.00	16.00	17.00	19.00
其他	Others	2.51		6.00	24.00	23.00	25.00
生活消费	Household Consumption	303.87	176.13	242.28	188.00	155.00	162.50
在消费量中	Consumption by Usage						
终端消费	End-use Consumption	1254.79	1076.66	1614.34	2272.99	2707.51	2981.44
#工　业	Industry	841.85	871.81	1339.50	2015.93	2492.01	2748.94
中间消费(用于加工转换)	Intermediate Consumption (Consumed in Conversion)	882.27	1261.89	2733.96	3973.62	4547.18	4495.87
#发　电	Power Generation	720.53	906.11	1869.31	2648.31	3032.32	2878.79
炼　焦	Coking	161.74	247.94	323.06	920.48	1126.27	1189.80
洗选损耗	Losses in Coal Washing and Dressing	128.81	130.08	205.46	291.59	278.23	302.35
平衡差额	**Balance**	**-47.50**	**-222.79**				

注：生产量为原煤产量。

a) Data on output refer to the output of raw coal.

6-5 石油平衡表

Petroleum Balance Sheet

单位：万吨 (10000 tons)

指　标	Item	1990	2000	2005	2010	2013	2014
可供量	**Total Energy Available for Consumption**	**132.89**	**297.33**	**507.29**	**713.89**	**919.12**	**940.66**
外省(市、区)调入量	Moving In from Other Provinces	244.24	249.59	478.91	837.82	1017.13	604.03
进口量	Imports	0.06	160.81	138.34	230.28	365.67	474.32
本省(市、区)调出量(-)	Sending Out to Other Provinces(-)	-109.04	-103.36	-106.58	-354.02	-466.20	-144.86
出口量(-)	Exports (-)	-3.06					
年初年末库存差额	Stock Changes in the Year	0.69	-9.71	-3.38	-0.19	2.52	7.17
消费量	**Total Energy Consumption**	**133.09**	**304.46**	**507.29**	**713.89**	**919.12**	**940.66**
在消费量中:	Consumption by Sector						
农、林、牧、渔、水利业	Agriculture, Forestry, Animal Husbandry, Fishery and Water Conservancy	25.82	61.25	73.00	55.00	56.00	58.00
工　业	Industry	62.96	105.96	146.93	232.68	255.01	239.90
建筑业	Construction	2.27	1.48	12.48	23.43	31.48	30.10
交通运输、仓储和邮政业	Transport, Storage and Post	26.27	105.17	208.63	288.73	405.30	414.37
批发、零售业和住宿、餐饮业	Wholesale and Retail Trades,Hotels and Catering Services	0.18	2.12	11.98	17.06	30.53	35.29
其他	Others	8.01	4.08	16.79	20.57	32.50	37.00
生活消费	Non-Production Consumption	7.58	24.40	37.48	76.42	108.30	126.00
在消费量中:	Consumption by Usage						
终端消费	End-use Consumption	119.34	253.08	470.96	707.66	909.96	927.35
#工　业	Industry	49.21	54.58	113.74	227.94	246.33	227.06
中间消费(用于加工转换)	Intermediate Consumption (Consumed in Conversion)	8.63	28.56	33.19	4.74	8.68	12.84
#发　电	Power Generation	8.63	11.56	2.65	0.86	1.46	4.23
供　热	Heating		17.00	6.26	7.00	3.00	3.07
炼油损失量	Losses in Petroleum Refining	5.06	19.26	24.28	3.12	4.22	5.54
损失量	Other Losses	0.06	3.56	3.14	1.49	0.48	0.47
平衡差额	**Balance**	**-0.20**	**-7.13**				

6-6 电力平衡表
Electricity Balance Sheet

单位：亿千瓦小时 (100 millon kwh)

指标	Item	1990	2000	2005	2010	2013	2014
可供量	**Total Energy Available for Consumption**	**127.65**	**233.85**	**391.98**	**700.51**	**947.11**	**1018.52**
发电量	Output	121.41	226.77	373.49	637.59	875.40	873.30
水电、风电	Hydropower，Windpower	27.77	77.96	67.88	87.84	130.10	140.30
火电	Thermal Power	93.64	148.81	305.61	549.75	745.30	733.00
外省(市、区)调入量	Transferred in from Other Provinces	6.51	7.12	19.75	62.92	71.71	145.22
本省(市、区)调出量(-)	Sent Out to Other Provinces(-)	-0.27	-0.04	-1.26			
消费量	**Total Energy Consumption**	**127.65**	**233.85**	**391.98**	**700.51**	**947.11**	**1018.52**
在消费量中	Consumption by Sector						
农、林、牧、渔、水利业	Agriculture,Forestry,Animal Husbandry, Fishery and Water Conservancy	14.34	21.92	23.59	13.00	10.75	10.65
工　业	Industry	99.05	173.98	268.60	496.72	641.91	696.67
建筑业	Construction	0.93	0.80	2.74	6.69	13.56	15.37
交通运输、仓储和邮政业	Transport, Storage and Post	1.19	3.42	4.35	13.28	20.65	21.79
批发、零售业和住宿、餐饮业	Wholesale and Retail Trades,Hotels and Catering Services	0.90	2.98	9.56	21.73	38.41	42.08
其他	Others	2.77	7.52	17.61	38.27	57.04	62.94
生活消费	Household Consumption	8.47	23.23	65.53	110.82	164.79	169.02
在消费量中	Consumption by Usage						
终端消费	End-use Consumption	118.55	221.67	356.14	648.14	884.45	954.16
#工　业	Industry	89.95	161.80	232.76	444.35	579.25	632.31
输配损失量	Losses in Transmission	9.10	12.18	35.84	52.37	62.66	64.36

6-7 能源消费量
Consumption of Energy by Sector

单位：万吨标准煤 (10000 tons of SCE)

行业	Sector	1990	2000	2005	2010	2013	2014
消费总量	**Total Consumption**	**1732.29**	**2505.00**	**4286.01**	**6280.55**	**7582.95**	**8055.36**
农、林、牧、渔、水利业	**Agriculture, Forestry, Animal Husbandry, Fishery and Water Conservancy**	**132.87**	**151.00**	**206.89**	**139.58**	**126.75**	**129.94**
工 业	**Industry**	**1264.22**	**1751.76**	**3076.99**	**4635.41**	**5420.88**	**5761.35**
#煤炭开采和洗选业	Mining and Washing of Coal	115.91	165.95	225.15	219.43	140.84	153.45
黑色金属矿采选业	Mining and Processing of Ferrous Metal Ores	2.74	5.41	13.56	32.33	34.64	40.67
有色金属矿采选业	Mining and Processing of Non-Ferrous Metal Ores	48.27	46.01	61.64	38.53	38.70	34.59
非金属矿采选业	Mining and Processing of Non-metal Ores	6.21	20.86	20.14	45.57	50.90	51.10
其他采矿业	Mining of Other Ores	0.06	0.08	4.26			
农副食品加工业	Processing of Food from Agricultural Products	20.12	27.87	17.58	46.58	60.11	60.59
食品制造业	Manufacture of Foods	3.06	17.70	41.35	57.19	45.70	46.48
酒、饮料和精制茶制造业	Manufacture of Wine, Beverage and Refined Tea	16.32	10.34	14.85	19.59	25.38	23.54
烟草制品业	Manufacture of Tobacco	2.42	2.49	4.66	3.60	4.12	4.11
纺织业	Manufacture of Textile	48.08	37.07	46.22	77.99	81.85	78.61
纺织服装、服饰业	Manufacture of Textile and Clothing Apparels	1.64	0.68	5.71	15.45	36.00	36.68
皮革、毛皮、羽毛及其制品和制鞋业	Manufacture of Leather, Fur, Feathers and Related Products, Footware	1.78	1.04	2.31	13.91	19.27	21.00
木材加工及木、竹、藤、棕、草制品业	Processing of Timber, Manufacture of Wood, Bamboo, Rattan, Palm, and Straw Products	11.90	14.83	29.37	42.12	37.60	35.33
家具制造业	Manufacture of Furniture	0.88	0.93	0.74	4.51	6.79	7.73
造纸及纸制品业	Manufacture of Paper and Paper Products	38.67	35.57	55.70	76.49	90.80	105.45
印刷业和记录媒介的复制	Printing, Reproduction of Recording Media	1.20	1.77	3.41	5.63	18.60	18.93
文教、工美、体育和娱乐用品制造业	Manufacture of Articles for Culture, Education, Art, Sports and Entertainment Product	0.63	0.38	2.23	5.61	20.28	17.53
石油加工、炼焦及核燃料加工业	Processing of Petroleum, Coking, Processing of Nuclear Fuel	53.45	145.55	172.68	236.28	206.98	224.02
化学原料及化学制品制造业	Manufacture of Raw Chemical Materials and Chemical Products	154.02	171.93	244.53	309.13	330.95	355.24
医药制造业	Manufacture of Medicines	23.02	20.31	34.39	54.94	65.16	66.11
化学纤维制造业	Manufacture of Chemical Fibres	14.83	32.57	80.30	25.87	58.98	62.11
橡胶和塑料制品业	Manufacture of Rubber and Plastics	11.20	4.45	19.09	39.22	68.96	52.10
非金属矿物制品业	Manufacture of Non-metallic Mineral Products	248.61	313.35	452.81	1313.16	1362.98	1551.50
黑色金属冶炼及压延加工业	Smelting and Pressing of Ferrous Metals	232.43	323.10	979.77	1002.98	1385.23	1462.33
有色金属冶炼及压延加工业	Smelting and Pressing of Non-ferrous Metals	31.80	102.17	137.49	287.01	389.83	405.96
金属制品业	Manufacture of Metal Products	9.80	5.20	23.31	26.45	32.01	43.48
通用设备制造业	Manufacture of General Purpose Machinery	16.52	10.95	18.94	24.78	35.09	28.71
专用设备制造业	Manufacture of Special Purpose Machinery	7.95	10.38	13.94	13.92	20.51	22.38
汽车制造业	Manufacture of Automobiles	11.09	14.39	26.07	54.60	91.08	76.35
铁路、船舶、航空航天和其他运输设备制造业	Manufacture of Railroads, Ships, Aerospace and Other Transport Equipment	2.27	2.95	5.34	11.25	11.99	11.92
电气机械及器材制造业	Manufacture of Electrical Machinery and Equipment	8.23	7.69	16.02	64.00	115.98	113.33
通信设备、计算机及其他电子设备制造业	Manufacture of Communication Equipment, Computers and Other Electronic Equipment	5.65	6.68	4.57	22.18	43.29	57.68
仪器仪表制造业	Manufacture of Measuring Instruments	1.64	3.61	1.98	2.92	4.49	4.81
其他制造业	Other Manufacturing	14.25	6.83	13.50	9.62	2.40	2.90
废弃资源综合利用业	Comprehensive Utilization of Dsiposal of Waste				1.85	4.83	6.94
电力、热力的生产和供应业	Production and Supply of Electric Power and Heat Power	84.97	164.68	253.03	408.51	458.71	456.18
燃气生产和供应业	Production and Supply of Gas	2.30	1.37	5.40	5.32	3.56	4.13
水的生产和供应业	Production and Supply of Water	6.90	13.70	21.10	15.97	16.10	17.05
建筑业	**Construction**	**8.88**	**7.72**	**28.39**	**57.15**	**87.23**	**92.00**
交通运输、仓储和邮政业	**Transport, Storage and Post**	**65.93**	**177.97**	**327.94**	**468.94**	**660.99**	**679.48**
批发、零售业和住宿、餐饮业	**Wholesale and Retail Trades, Hotels and Catering Services**	**10.81**	**30.59**	**75.20**	**140.70**	**192.62**	**219.74**
其他	**Others**	**25.60**	**44.46**	**101.72**	**182.70**	**247.42**	**274.30**
生活消费	**Non-Production Household Consumption**	**223.98**	**341.50**	**468.88**	**656.07**	**847.05**	**898.55**
城 镇	Urban	120.75	231.33	257.89	364.10	480.25	508.02
乡 村	Rural	103.23	110.17	211.00	291.97	366.80	390.53

6-8 煤炭消费量
Coal Consumption

单位：万吨 (10000 tons)

行　　业	Sector	1990	2000	2005	2010	2013	2014
消费总量	**Total Consumption**	**2265.87**	**2468.63**	**4348.30**	**6246.61**	**7254.68**	**7477.31**
农、林、牧、渔、水利业	**Agriculture, Forestry, Animal Husbandry, Fishery and Water Conservancy**	**54.20**	**12.10**	**4.00**	**23.00**	**16.00**	**17.00**
工　业	**Industry**	**1852.93**	**2263.78**	**4073.46**	**5989.55**	**7039.18**	**7244.81**
#煤炭开采和洗选业	Mining and Washing of Coal	182.33	200.13	310.24	367.29	293.44	311.65
黑色金属矿采选业	Mining and Processing of Ferrous Metal Ores	0.42	0.86	2.00	5.81	5.59	4.29
有色金属矿采选业	Mining and Processing of Non-Ferrous Metal Ores	13.90	4.76	5.22	3.91	1.95	2.09
非金属矿采选业	Mining and Processing of Non-metal Ores	3.87	22.40	6.88	15.18	64.96	64.69
其他采矿业	Mining of Other Ores						
农副食品加工业	Processing of Food from Agricultural Products	26.03	18.59	6.98	11.40	21.22	17.91
食品制造业	Manufacture of Foods	6.58	7.72	49.56	61.64	44.38	43.05
酒、饮料和精制茶制造业	Manufacture of Wine, Beverage and Refined Tea	17.53	14.48	13.16	12.04	11.53	9.27
烟草制品业	Manufacture of Tobacco	1.98	2.23	2.98	1.31	1.38	0.68
纺织业	Manufacture of Textile	47.21	32.80	24.48	12.30	7.13	6.28
纺织服装、服饰业	Manufacture of Textile and Clothing Apparels	1.14	0.03	2.57	3.68	2.04	1.46
皮革、毛皮、羽毛及其制品和制鞋业	Manufacture of Leather, Fur, Feathers and Related Products, Footware	1.09	0.64	0.52	1.01	1.77	1.73
木材加工及木、竹、藤、棕、草制品业	Processing of Timber, Manufacture of Wood,Bamboo Rattan, Palm, and Straw Products	12.82	18.09	13.66	3.41	0.78	0.53
家具制造业	Manufacture of Furniture	0.38	0.07	0.32	0.42	0.24	0.19
造纸及纸制品业	Manufacture of Paper and Paper Products	43.20	60.49	26.41	60.18	61.52	85.10
印刷业和记录媒介的复制	Printing, Reproduction of Recording Media	0.24	0.25	0.98	0.34	1.26	1.35
文教、工美、体育和娱乐用品制造业	Manufacture of Articles for Culture, Education, Art, Sports and Entertainment Product	0.13	0.12	0.43	0.67	2.53	2.24
石油加工、炼焦及核燃料加工业	Processing of Petroleum, Coking, Processing of Nucle Fuel	90.60	125.50	422.53	387.56	599.52	674.34
化学原料及化学制品制造业	Manufacture of Raw Chemical Materials and Chemic Products	146.91	179.20	133.94	152.40	183.20	177.97
医药制造业	Manufacture of Medicines	24.08	19.20	28.78	20.71	21.29	21.98
化学纤维制造业	Manufacture of Chemical Fibres	17.98	20.32	63.35	28.50	62.70	56.59
橡胶和塑料制品业	Manufacture of Rubberf and Manufacture of Plastics	11.95	5.76	7.83	8.14	5.78	6.19
非金属矿物制品业	Manufacture of Non-metallic Mineral Products	316.22	360.31	437.98	1031.44	1413.90	1608.50
黑色金属冶炼及压延加工业	Smelting and Pressing of Ferrous Metals	152.40	290.36	628.36	1083.66	1208.65	1276.33
有色金属冶炼及压延加工业	Smelting and Pressing of Non-ferrous Metals	12.09	24.17	29.31	63.89	45.65	75.46
金属制品业	Manufacture of Metal Products	3.69	2.39	4.19	3.39	2.91	3.11
通用设备制造业	Manufacture of General Purpose Machinery	4.46	4.99	6.72	4.07	3.30	2.07
专用设备制造业	Manufacture of Special Purpose Machinery	3.16	2.32	1.19	1.73	1.61	1.46
汽车制造业	Manufacture of Automobiles	4.18	5.68	7.53	7.43	7.51	6.74
铁路、船舶、航空航天和其他运输设备制造业	Manufacture of Railroads, Ships, Aerospace and Oth Transport Equipment	0.86	1.18	1.56	1.54	1.04	0.15
电气机械及器材制造业	Manufacture of Electrical Machinery and Equipment	11.93	12.90	3.91	7.90	7.57	7.12
通信设备、计算机及其他电子设备制造业	Manufacture of Communication Equipment, Compute and Other Electronic Equipment	2.45	2.03	0.59	1.13	0.82	0.98
仪器仪表制造业	Manufacture of Measuring Instruments	0.81	0.66	0.23	0.16	0.02	0.03
其他制造业	Other Manufacturing	1.12	8.04	1.31	1.57	0.41	0.49
废弃资源综合利用业	Comprehensive Utilization of Dsiposal of Waste				0.34	1.81	2.88
电力、热力的生产和供应业	Production and Supply of Electric Power and Heat Po	685.20	857.12	1825.03	2613.88	2949.71	2769.79
燃气生产和供应业	Production and Supply of Gas	1.92	1.83	2.60	9.11		
水的生产和供应业	Production and Supply of Water		0.04		0.03		
建筑业	**Construction**	**2.29**			**3.00**	**1.00**	**2.50**
交通运输、仓储和邮政业	**Transport, Storage and Post**	**38.66**	**11.42**	**7.56**	**3.06**	**3.50**	**6.50**
批发、零售业和住宿、餐饮业	**Wholesale and Retail Trades, Hotels and Catering Services**	**11.41**	**5.20**	**15.00**	**16.00**	**17.00**	**19.00**
其他	**Others**	**2.51**		**6.00**	**24.00**	**23.00**	**25.00**
生活消费	**Non-Production Household Consumption**	**303.87**	**176.13**	**242.28**	**188.00**	**155.00**	**162.50**
城　镇	Urban	165.12	95.64	74.00	35.00	30.00	31.50
乡　村	Rural	138.75	80.49	168.28	153.00	125.00	131.00

6–9 电 力 消 费 量
Electricity Consumption

单位：亿千瓦小时 (100 million kwh)

行　业	Sector	1990	2000	2005	2010	2013	2014
消费总量	**Total Consumption**	**127.65**	**233.85**	**391.98**	**700.51**	**947.11**	**1018.52**
农、林、牧、渔、水利业	**Agriculture, Forestry, Animal Husbandry, Fishery and Water Conservancy**	**14.34**	**21.92**	**23.59**	**13.00**	**10.75**	**10.65**
工　业	**Industry**	**99.05**	**173.98**	**268.60**	**496.72**	**641.91**	**696.67**
#煤炭开采和洗选业	Mining and Washing of Coal	8.28	7.54	8.67	11.70	10.65	8.94
黑色金属矿采选业	Mining and Processing of Ferrous Metal Ores	0.51	0.07	2.07	6.12	8.16	8.02
有色金属矿采选业	Mining and Processing of Non-Ferrous Metal Ores	8.63	2.88	13.39	8.79	11.48	10.18
非金属矿采选业	Mining and Processing of Non-metal Ores	0.57	0.90	2.14	3.35	5.52	5.84
其他采矿业	Mining of Other Ores	0.05	0.01	1.03			
农副食品加工业	Processing of Food from Agricultural Products	1.58	4.26	2.22	8.05	12.99	13.72
食品制造业	Manufacture of Foods	0.42	1.01	1.40	5.91	6.74	6.75
酒、饮料和精制茶制造业	Manufacture of Wine, Beverage and Refined Tea	0.85	0.89	1.17	2.75	4.52	4.33
烟草制品业	Manufacture of Tobacco	0.23	0.32	0.45	0.53	0.64	0.73
纺织业	Manufacture of Textile	4.42	5.00	6.36	17.41	23.07	21.82
纺织服装、服饰业	Manufacture of Textile and Clothing Apparels	0.16	0.15	0.86	3.18	8.37	8.76
皮革、毛皮、羽毛及其制品和制鞋业	Manufacture of Leather, Fur, Feathers and Related Products, Footware	0.23	0.17	0.41	3.21	5.46	6.08
木材加工及木、竹、藤、棕、草制品业	Processing of Timber, Manufacture of Wood,Bamboo, Rattan, Palm, and Straw Products	0.61	1.52	3.67	8.19	9.38	9.04
家具制造业	Manufacture of Furniture	0.09	0.19	0.12	1.04	1.93	2.32
造纸及纸制品业	Manufacture of Paper and Paper Products	2.91	3.00	7.63	14.08	17.59	18.23
印刷业和记录媒介的复制	Printing, Reproduction of Recording Media	0.27	0.33	0.50	1.24	2.87	3.26
文教、工美、体育和娱乐用品制造业	Manufacture of Articles for Culture, Education, Art, Sports and Entertainment Product	0.11	0.07	0.46	1.43	5.78	5.05
石油加工、炼焦及核燃料加工业	Processing of Petroleum, Coking, Processing of Nuclear Fuel	1.31	4.05	4.62	5.93	6.76	8.31
化学原料及化学制品制造业	Manufacture of Raw Chemical Materials and Chemical Products	13.37	16.76	23.60	49.75	40.94	68.56
医药制造业	Manufacture of Medicines	1.95	1.52	3.01	6.44	11.01	11.04
化学纤维制造业	Manufacture of Chemical Fibres	0.69	1.95	3.97	2.59	4.98	5.48
橡胶和塑料制品业	Manufacture of Rubberf and Manufacture of Plastics	0.82	0.70	2.67	7.96	12.85	13.75
非金属矿物制品业	Manufacture of Non-metallic Mineral Products	7.81	16.34	30.53	57.69	60.45	83.71
黑色金属冶炼及压延加工业	Smelting and Pressing of Ferrous Metals	11.69	26.37	38.57	58.61	51.72	61.04
有色金属冶炼及压延加工业	Smelting and Pressing of Non-ferrous Metals	3.64	18.25	23.61	46.04	80.84	73.36
金属制品业	Manufacture of Metal Products	0.91	1.78	4.47	5.80	9.22	9.78
通用设备制造业	Manufacture of General Purpose Machinery	1.78	1.78	2.77	5.50	6.89	7.88
专用设备制造业	Manufacture of Special Purpose Machinery	1.05	1.94	2.92	3.20	5.64	6.01
汽车制造业	Manufacture of Automobiles	1.44	2.07	3.77	8.67	13.24	14.22
铁路、船舶、航空航天和其他运输设备制造业	Manufacture of Railroads, Ships, Aerospace and Other Transport Equipment	0.45	0.66	1.19	2.74	3.24	3.61
电气机械及器材制造业	Manufacture of Electrical Machinery and Equipment	0.93	1.10	2.82	15.34	34.14	25.90
通信设备、计算机及其他电子设备制造业	Manufacture of Communication Equipment, Computers and Other Electronic Equipment	0.45	0.62	0.93	5.85	13.49	18.15
仪器仪表制造业	Manufacture of Measuring Instruments	0.19	0.29	0.38	0.73	1.42	1.54
其他制造业	Other Manufacturing	0.12	0.15	2.17	2.21	0.59	0.74
废弃资源综合利用业	Comprehensive Utilization of Dsiposal of Waste					0.89	1.22
电力、热力的生产和供应业	Production and Supply of Electric Power and Heat Power	18.84	45.68	58.04	109.14	142.52	142.96
燃气生产和供应业	Production and Supply of Gas	0.03	0.03	0.25	0.76	0.82	0.92
水的生产和供应业	Production and Supply of Water	1.51	3.04	4.86	4.39	5.10	5.43
建筑业	**Construction**	**0.93**	**0.80**	**2.74**	**6.69**	**13.56**	**15.37**
交通运输、仓储和邮政业	**Transport, Storage and Post**	**1.19**	**3.42**	**4.35**	**13.28**	**20.65**	**21.79**
批发、零售业和住宿、餐饮业	**Wholesale and Retail Trades, Hotels and Catering Services**	**0.90**	**3.08**	**9.56**	**21.73**	**38.41**	**42.08**
其他	**Others**	**2.77**	**7.52**	**17.61**	**38.27**	**57.04**	**62.94**
生活消费	**Non-Production Household Consumption**	**8.47**	**23.23**	**65.53**	**110.82**	**164.79**	**169.02**
城　镇	Urban	4.51	15.68	40.81	61.48	92.10	93.27
乡　村	Rural	3.96	7.55	24.72	49.34	72.69	75.75

6-10 能源生产量
Energy Production

能源品种	Type of Energy	1990	2000	2005	2010	2013	2014
一次能源生产量(万吨标准煤)	**Primary Energy Output(10000 tons of SCE)**	**1282.42**	**1293.23**	**2010.45**	**2312.84**	**2558.84**	**2451.87**
原煤(万吨)	Raw Coal(10000 tons)	2027.11	1813.76	2565.05	2912.22	2985.72	2813.70
洗精煤(万吨)	Cleaned Coal(10000 tons)	144.84	125.84	192.72	126.10	517.89	553.87
其他洗煤(万吨)	Other Washed Coal(10000 tons)	189.72	52.10	91.97	429.78	103.11	116.03
焦炭(万吨)	Coke(10000 tons)	119.96	177.5	396.7	678.44	826.04	867.50
燃料油(万吨)	Fuel Oil(10000 tons)	42.36	54.27	39.53	20.89	5.38	1.40
汽油(万吨)	Gasoline(10000 tons)	47.82	81.75	86.10	108.07	178.20	173.50
煤油(万吨)	Kerosene(10000 tons)	1.10	2.41	4.67		21.93	24.40
柴油(万吨)	Diesel Oil(10000 tons)	46.12	125.82	132.53	190.85	204.80	179.60
液化石油气(万吨)	Liquefied Petroleum Gas(10000 tons)	4.53	16.92	26.90	24.27	31.45	26.50
炼厂干气(万吨)	Refinery Gas(10000 tons)	3.98	9.43	12.21	14.84	18.25	17.00
焦炉煤气(亿立方米)	Coke Oven Gas(100 million cu.m)	3.72	7.03	11.89	15.71	20.86	23.98
电力(亿千瓦小时)	Electricity(100 million kwh)	121.41	226.77	373.49	637.59	875.40	873.30

6-11 平均每天能源消费量
Average Daily Energy Consumption by Type of Energy

能源品种	Type of Energy	1990	2000	2005	2010	2013	2014
合计(吨标准煤)	**Total(ton of SCE)**	**47460**	**68630**	**117425**	**172071**	**207752**	**220695**
煤炭(吨)	Coal(ton)	62079	67634	119132	171140	198759	204858
焦炭(吨)	Coke(ton)	4308	5642	12407	21167	23423	23867
原油(吨)	Crude Oil (ton)	4249	9073	10083	12875	14254	12938
燃料油(吨)	Fuel Oil(ton)	641	937	852	648	862	433
汽油(吨)	Gasoline(ton)	1159	1602	2233	4253	6491	6899
煤油(吨)	Kerosene(ton)	145	62	196	233	47	58
柴油(吨)	Diesel Oil(ton)	1245	2871	7454	10103	14424	14425
电力(万千瓦小时)	Electricity(10000 kwh)	3497	6407	10739	19192	25948	27905

6-12 人均生活能源消费量
Annual per Capita Energy Consumption of Households

能源品种	Type of Energy	1990	2000	2005	2010	2013	2014
生活消费能源(千克标准煤)	**Consumption for Households(kg of SCE)**	**59.68**	**82.71**	**109.11**	**147.52**	**187.69**	**198.27**
煤 炭(千克)	Coal(kg)	80.97	42.66	56.38	42.27	34.34	35.86
汽 油(千克)	Petrol(kg)		0.97	2.79	6.39	11.52	13.24
天然气(立方米)	Natural Gas(cu.m)			0.12	4.09	7.58	8.80
液化石油气(千克)	Liquefied Petroleum Gas(kg)	0.89	4.94	5.64	8.95	8.20	9.71
煤气(立方米)	Coal Gas(cu.m)	0.24	1.52	2.54	4.61	4.43	4.48
电力(千瓦小时)	Electricity(kwh)	22.57	56.26	152.49	249.19	365.14	372.95

6-13 能源生产弹性系数
Elasticity Ratio of Energy Production

年 份 Year	能源生产比上年增长(%) Growth Rate of Energy Production over Preceding Year (%)	电力生产比上年增长(%) Growth Rate of Electricity Production over Preceding Year (%)	地区生产总值比上年增长(%) Growth Rate of Gross Domestic Product (GDP) over Preceding Year (%)	能源生产弹性系数 Elasticity Ratio of Energy Production	电力生产弹性系数 Elasticity Ratio of Electricity Production
1985	2.52	15.43	14.8	0.17	1.04
1990	-2.86	1.42	4.5		0.32
1995	22.50	3.45	14.5	1.55	0.24
2000	12.02	7.73	8.0	1.50	0.97
2001	-3.91	6.85	8.8		0.78
2002	0.76	14.73	10.5	0.07	1.40
2003	20.22	22.64	13.0	1.55	1.74
2004	26.37	13.85	13.2	2.00	1.05
2005	5.68	1.89	12.8	0.44	0.15
2006	11.47	16.68	12.3	0.93	1.36
2007	0.55	13.42	13.2	0.04	1.02
2008	6.29	-0.21	13.2	0.48	
2009	5.59	6.33	13.1	0.43	0.48
2010	-8.54	21.58	14.0		1.54
2011	11.62	16.41	12.5	0.93	1.31
2012	0.76	2.34	11.0	0.07	0.21
2013	-1.63	15.25	10.1		1.51
2014	-4.18	-0.24	9.7		

6-14 能源消费弹性系数
Elasticity Ratio of Energy Consumption

年　份 Year	能源消费比上年增长(%) Growth Rate of Energy Consumption over Preceding Year (%)	电力消费比上年增长(%) Growth Rate of Electricity Consumption over Preceding Year (%)	地区生产总值比上年增长(%) Growth Rate of Gross Domestic Product (GDP) over Preceding Year (%)	能源消费弹性系数 Elasticity Ratio of Energy Consumption	电力消费弹性系数 Elasticity Ratio of Electricity Consumption
1985	4.75	14.11	14.8	0.32	0.95
1986	11.19	11.10	6.7	1.67	1.66
1987	8.07	11.53	8.3	0.97	1.39
1988	8.75	11.76	11.4	0.77	1.03
1989	0.76	4.61	6.1	0.12	0.76
1990	-2.08	4.10	4.5		0.91
1991	3.53	6.22	8.2	0.43	0.76
1992	4.35	9.37	14.8	0.29	0.63
1993	3.99	6.20	13.7	0.29	0.45
1994	6.45	10.37	17.0	0.38	0.61
1995	15.50	4.30	14.5	1.07	0.30
1996	-9.90	4.97	13.4		0.37
1997	-1.03	-2.18	11.5		
1998	-4.88	0.83	8.2		0.10
1999	5.23	3.35	7.8	0.67	0.42
2000	4.01	7.98	8.0	0.50	1.00
2001	4.91	6.23	8.8	0.56	0.71
2002	11.61	11.32	10.5	1.11	1.08
2003	16.81	15.54	13.0	1.29	1.20
2004	11.33	21.80	13.2	0.86	1.65
2005	12.38	6.37	12.8	0.97	0.50
2006	8.73	13.83	12.3	0.71	1.12
2007	8.42	14.54	13.2	0.64	1.10
2008	6.54	6.98	13.2	0.50	0.53
2009	7.98	11.42	13.1	0.61	0.87
2010	8.05	14.98	14.0	0.58	1.07
2011	9.02	19.21	12.5	0.72	1.54
2012	4.40	3.90	11.0	0.40	0.36
2013	6.08	9.16	10.1	0.60	0.91
2014	6.23	7.54	9.7	0.64	0.78

6-15 规模以上工业主要能源分行业消费量（2014年）

单位：吨

行业	sector	原煤 Raw Coal	洗精煤 Cleaned Coal
总计	**Total**	**58349743**	**12026705**
煤炭开采和洗选业	Mining and Washing of Coal	9815516	
黑色金属矿采选业	Mining and Processing of Ferrous Metal Ores	42905	
有色金属矿采选业	Mining and Processing of Non-Ferrous Metal Ores	20731	120
非金属矿采选业	Mining and Processing of Non-metal Ores	646928	
农副食品加工业	Processing of Food from Agricultural Products	178046	
食品制造业	Manufacture of Foods	428147	
酒、饮料和精制茶制造业	Manufacture of Wine, Beverage and Refined Tea	92696	
烟草制品业	Manufacture of Tobacco	1260	5573
纺织业	Manufacture of Textile	62751	
纺织服装、服饰业	Manufacture of Textile and Clothing Apparels	14339	276
皮革、毛皮、羽毛及其制品和制鞋业	Manufacture of Leather, Fur, Feathers and Related Products, Footware	17284	
木材加工及木、竹、藤、棕、草制品业	Processing of Timber, Manufacture of Wood, Bamboo, Rattan, Palm, and Straw Products	5328	
家具制造业	Manufacture of Furniture	1911	
造纸及纸制品业	Manufacture of Paper and Paper Products	851006	
印刷和记录媒介复制业	Printing, Reproduction of Recording Media	13512	
文教、工美、体育和娱乐用品制造业	Manufacture of Articles for Culture, Education, Art, Sports and Entertainment Product	22029	
石油加工、炼焦及核燃料加工业	Processing of Petroleum, Coking, Processing of Nuclear Fuel	205565	6537863
化学原料及化学制品制造业	Manufacture of Raw Chemical Materials and Chemical Products	2061534	18129

Main Energy Consumption of Industrial Enterprises above Designated Size by Sector (2014)

(ton)

其他洗煤 Other Washed Coal	焦　炭 Coke	原　油 Crude Oil	汽　油 Gasoline	煤　油 Kerosene	柴　油 Diesel Oil	燃料油 Fuel Oil
473758	**8711261**	**4717288**	**38581**	**1309**	**251207**	**118020**
			721		2287	
			172		14562	
	56		551	171	8733	
	290		280	2	43442	
	136		1420	11	2156	45
1940			3407		1859	
			263		130	
			195		1902	
			538	0	453	12
			2288	1	1384	25
			204		677	1021
			832	2	2493	69
			768		1346	
			93		1285	
			1043	2	567	
321			456		753	
		4717288	124		897	16540
42	1843		1371	78	5066	398

6-15 续表

单位：吨

行 业	sector	原 煤 Raw Coal	洗 精 煤 Cleaned Coal
医药制造业	Manufacture of Medicines	219603	142
化学纤维制造业	Manufacture of Chemical Fibres	565906	
橡胶和塑料制品业	Manufacture of Rubber and Plastics	61903	
非金属矿物制品业	Manufacture of Non-metallic Mineral Products	11760251	45186
黑色金属冶炼及压延加工业	Smelting and Pressing of Ferrous Metals	2898755	5402140
有色金属冶炼及压延加工业	Smelting and Pressing of Non-ferrous Metals	431031	5510
金属制品业	Manufacture of Metal Products	31036	
通用设备制造业	Manufacture of General Purpose Machinery	20558	130
专用设备制造业	Manufacture of Special Purpose Machinery	14614	
汽车制造业	Manufacture of Automobiles	62643	
铁路、船舶、航空航天和其他运输设备制造业	Manufacture of Railroads, Ships, Aerospace and Other Transport Equipment	1455	
电气机械及器材制造业	Manufacture of Electrical Machinery and Equipment	59084	11505
计算机、通信和其他电子设备制造业	Manufacture of Computers, Communication Equipment, and Other Electronic Equipment	9848	
仪器仪表制造业	Manufacture of Measuring Instruments	265	
其他制造业	Other Manufacturing	4604	
废弃资源综合利用业	Comprehensive Utilization of Dsiposal of Waste	28761	
电力、热力的生产和供应业	Production and Supply of Electric Power and Heat Power	27697937	
燃气生产和供应业	Production and Supply of Gas		
水的生产和供应业	Production and Supply of Water		

continued

(ton)

其他洗煤 Other Washed Coal	焦　炭 Coke	原　油 Crude Oil	汽　油 Gasoline	煤　油 Kerosene	柴　油 Diesel Oil	燃料油 Fuel Oil
			959		1690	
	135		18		163	
			980		1590	4083
			2428	19	57205	5103
462439	8523579		374		7119	539
4290	158916		2263	242	63358	89297
	3435		915	36	1240	60
	2110		2840	89	3424	46
	15625		816	15	3505	
4726	671		1915	74	7115	776
			181	550	1974	
	2614		2610	6	4071	
			1003		744	
			61			
			68		4	
	1851		265		1294	6
			5035		5907	
			512	12	460	
			603		322	

6-16 各地区能源消费总量及用电量（2014年）

The Energy Consumption and Electrical by Region(2014)

地区	Region	能源消费总量（万吨标准煤） Total Energy Composition (10000 tons of SCE)	规模以上工业能源消费量（当量值）（万吨标准煤） Energy Consumption of Industrial Enterprises above Designated Size by Region (equivalent value) (10000 tons of SCE)	全社会用电量（亿千瓦时） Society Electrical (100million kwh)	工业用电量（亿千瓦时） Industrical Electricity (100million kwh)	居民生活用电量（亿千瓦时） Residential Electricity Consumption (100million kwh)
全　省	**Provincial Total**	**8055.36**	**4980.21**	**1018.52**	**696.67**	**169.02**
南昌市	Nanchang	1301.18	520.08	153.51	81.34	30.29
景德镇市	Jingdezhen	365.81	265.27	43.71	31.05	7.17
萍乡市	Pingxiang	895.70	593.25	57.52	43.84	8.30
九江市	Jiujiang	1094.15	813.70	133.94	99.51	18.21
新余市	Xinyu	959.82	708.88	81.13	71.53	4.75
鹰潭市	Yingtan	236.21	255.08	38.33	29.26	4.27
赣州市	Ganzhou	743.93	290.42	138.99	85.00	32.10
吉安市	Ji'an	419.45	287.52	73.19	48.32	13.01
宜春市	Yichun	902.81	786.16	139.25	105.77	17.74
抚州市	Fuzhou	412.00	100.68	48.83	28.10	11.71
上饶市	Shangrao	642.43	359.18	110.11	72.96	21.48

6-17 各地区规模以上工业主要能源消费量（2014年）

Main Energy Consumption of Industrial Enterprises above Designated Size by Region (2014)

单位：吨 (ton)

地区	Region	原煤 Raw Coal	洗精煤 Cleaned Coal	其他洗煤 Other Washed Coal	焦炭 Coke	原油 Crude Oil	汽油 Gasoline	煤油 Kerosene	柴油 Diesel Oil	燃料油 Fuel Oil
全　省	**Provincial Total**	**58349743**	**12026705**	**473758**	**8711261**	**4717288**	**38581**	**1309**	**251207**	**118020**
南昌市	Nanchang	3533277	1200776	462439	1381619		13421	66	33458	10562
景德镇市	Jingdezhen	3717572	4269420				1149		1332	16439
萍乡市	Pingxiang	7924815	1865844		1964802		3488	1	10977	639
九江市	Jiujiang	7300803			1928470	4717280	3346	552	55492	60
新余市	Xinyu	5308772	3770650		3267975		1337	177	22282	
鹰潭市	Yingtan	3858386			11241		982		58855	42384
赣州市	Ganzhou	3148714	1832	4290	5669		3071	165	14842	415
吉安市	Ji'an	4405132	3885	2261	4780		1220	8	6237	1120
宜春市	Yichun	13758747	826754	42	3245		6346	240	18141	10167
抚州市	Fuzhou	355790	70567	4726	21009		1689	40	6637	8159
上饶市	Shangrao	5037737	16977		122451		2531	59	22954	28075

主要统计指标解释

能源生产总量 指一定时期内，全国或地区一次能源生产量的总和。该指标是观察全国或地区能源生产水平、规模、构成和发展速度的总量指标。一次能源生产量包括原煤、原油、天然气、水电、核能及其他动力能(如风能、地热能等)发电量，不包括低热值燃料生产量、生物质能、太阳能等的利用和由一次能源加工转换而成的二次能源产量。

能源消费总量 指一定时期内，全国或地区各行业和居民生活消费的各种能源的总和。该指标是观察能源消费水平、构成和增长速度的总量指标。能源消费总量包括原煤和原油及其制品、天然气、电力，不包括低热值燃料、生物质能和太阳能等的利用。能源消费总量分为终端能源消费量、能源加工转换损失量和能源损失量三部分。

(1)终端能源消费量：指一定时期内，全国或地区生产和生活消费的各种能源在扣除了用于加工转换二次能源消费量和损失量以后的数量。

(2)能源加工转换损失量：指一定时期内，全国或地区投入加工转换的各种能源数量之和与产出各种能源产品之和的差额。该指标是观察能源在加工转换过程中损失量变化的指标。

(3)能源损失量：指一定时期内，能源在输送、分配、储存过程中发生的损失和由客观原因造成的各种损失量，不包括各种气体能源放空、放散量。

能源生产弹性系数 是研究能源生产增长速度与国民经济增长速度之间关系的指标。计算公式：

$$\text{能源生产弹性系数}=\frac{\text{能源生产总量年平均增长速度}}{\text{国民经济年平均增长速度}}$$

国民经济年平均增长速度，可根据不同的目的或需要，用国民生产总值、国内生产总值等指标来计算，本年鉴是采用国内生产总值指标计算的。

电力生产弹性系数 是研究电力生产增长速度与国民经济增长速度之间关系的指标。一般来说，电力的发展应当快于国民经济的发展，也就是说电力应超前发展。计算公式为：

$$\text{电力生产弹性系数}=\frac{\text{电力生产量年平均增长速度}}{\text{国民经济年平均增长速度}}$$

能源消费弹性系数 反映能源消费增长速度与国民经济增长速度之间比例关系的指标。计算公式为：

$$\text{能源消费弹性系数}=\frac{\text{能源消费量年平均增长速度}}{\text{国民经济年平均增长速度}}$$

电力消费弹性系数 反映电力消费增长速度与国民经济增长速度之间比例关系的指标。计算公式为：

$$\text{电力消费弹性系数}=\frac{\text{电力消费量年平均增长速度}}{\text{国民经济年平均增长速度}}$$

Explanatory Notes on Main Statistical Indicators

Total Energy Production refers to the total production of primary energy by all energy producing enterprises in the country or region in a given period of time. It is a comprehensive indicator to show the level, scale, composition and pace of development of energy production of the country or region. The production of primary energy includes that of coal, crude oil, natural gas, hydro-power and electricity generated by nuclear energy and other means such as wind power and geothermal power. However, it does not include the production of fuels of low calorific value, bio-energy, solar energy and secondary energy converted from primary energy.

Total Energy Consumption refers to the total consumption of energy of various kinds by the production sectors and the households in the country or region in a given period of time. It is a comprehensive indicator to show the scale, composition and pace of increase of energy consumption. Total energy consumption includes that of coal, crude oil and their products, natural gas and electricity. However, it does not include the consumption of fuel of low calorific value, bio-energy and solar energy. Total energy consumption can be divided into three parts: end-use energy consumption; loss during the process of energy conversion; and energy loss.

(1)End-use Energy Consumption: It refers to the total energy consumption by the production sectors and the households in the country or region in a given period of time. It does not include the consumption during the conversion of primary energy into secondary energy and the loss in the process of energy conversion.

(2)Loss During the Process of Energy Conversion: It refers to the total input of various kinds of energy for conversion, minus the total output of various kinds of energy in the country or region in a given period of time. It is an indicator to show the loss that occurs during the process of energy conversion.

(3)Energy Loss: It refers to the total of the loss of energy during the course of energy transport, distribution and storage and the loss caused by any objective reason in a given period of time. The loss of various kinds of gas due to gas discharges and stocktaking is not included.

Elasticity Ratio of Energy Production is an indicator to show the relationship between the growth rate of energy production and the growth rate of the national economy. The formula is:

$$\text{Elasticity Ratio of Energy Production} = \frac{\text{Average Annual Growth Rate of Energy Production}}{\text{Average Annual Growth Rate of National Economy}}$$

The average annual growth rate of the national economy can be measured by indicators such as the Gross National Product and the Gross Domestic Product, depending on the purposes or needs. The Gross Domestic Product has been used in the calculation of the ratio in this Yearbook.

Elasticity Ratio of Electricity Production is an indicator to show the relationship between the growth rate of electricity production and the growth rate of the national economy. Generally speaking, the growth rate of electricity production should be higher than that of the national economy.

Its formula is:

$$\text{Elasticity Ratio of Electricity Production} = \frac{\text{Average Annual Growth Rate of Electricity Production}}{\text{Average Annual Growth Rate of National Economy}}$$

Elasticity Ratio of Energy Consumption is an indicator to show the relationship between the growth rate of energy consumption and the growth rate of the national economy. The formula is:

$$\text{Elasticity Ratio of Energy Consumption} = \frac{\text{Average Annual Growth Rate of Energy Consumption}}{\text{Average Annual Growth Rate of National Economy}}$$

Elasticity Ratio of Electricity Consumption is an indicator to show the relationship between the growth rate of electricity consumption and the growth rate of the national economy. The formula is:

$$\text{Elasticity Ratio of Electricity Consumption} = \frac{\text{Average Annual Growth Rate of Electricity Consumption}}{\text{Average Annual Growth Rate of National Economy}}$$

7

财 政

GOVERNMENT FINANCE

◆143/151

资料整理及英文翻译: 刘江华

Ⅰ 简要说明

一、主要内容

本篇包括全省财政收支和预算外资金收支资料。

二、统计口径

2007 年起，财政收支科目实施了较大改革，特别是财政支出项目口径变化很大，与往年数据不可比。

三、资料来源

资料来源于省财政厅的财政总决算报表，由省统计局国民经济核算处编辑整理。

Ⅰ Brief Introduction

I. Main Contents

The data in this chapter present provincial government revenue and expenditure situation, the extra-budgetary revenue and expenditure.

II. Scope of Statistics

Due to the adjustment on classifications of revenue and expenditure accounts since 2007, the relative data are not compared with data in preceding years.

III. Sources of Data

The data are based on final provincial financial accounts, which are provided by the Department of National Accounts of the provincial Bureau of Statistics.

7-1 财 政 收 入

Government Revenue

单位：万元 (10000 yuan)

年 份 Year	财政总收入 Total Government Revenue	公共财政预算收入 Public Financial Revenue of the Local Government	税收收入 Taxes	#增值税 Value-added Tax	#营业税 Business Tax	#企 业所得税 Company Income Tax	非税收入 Other Revenue	上交中央收 入 Revenue Handed in the Central Government	财政总收入占GDP比重(%) Ratio to Gross Domestic Product (%)
1994	886126	492907	421932	106344	111482	38491	70975	393219	9.4
1995	1052156	641328	524945	110526	151464	56004	116383	410828	9.0
1996	1235752	770936	635070	126810	194011	63139	135866	464816	8.8
1997	1349161	905924	712721	119902	216962	81443	193203	443237	8.4
1998	1456586	971561	769453	123145	250849	73469	202108	485025	8.5
1999	1549806	1051371	812280	125302	249255	86842	239091	498435	8.4
2000	1716931	1115536	856481	150826	263986	95048	259055	601395	8.6
2001	2001639	1319790	1021023	172324	266187	226086	298767	681849	9.2
2002	2345064	1405457	1040551	187248	334960	105994	364906	939607	9.6
2003	2858087	1681670	1230510	230683	431628	97428	451160	1176417	10.2
2004	3508081	2057667	1450860	254350	553126	135045	606807	1450414	10.1
2005	4259007	2529236	1707228	338739	628395	173966	822008	1729771	10.5
2006	5186139	3055214	2087123	411759	755107	246651	968091	2130925	10.8
2007	6652189	3898510	2818573	530534	973988	379803	1079937	2753679	11.5
2008	8169872	4886476	3579635	642916	1181937	474319	1306841	3283396	11.7
2009	9288753	5813012	4300204	667374	1534987	462744	1512808	3475741	12.1
2010	12262376	7780922	5851073	847892	2043822	637192	1929849	4481454	13.0
2011	16450001	10534342	7770948	1058993	2727856	979220	2763394	5915659	14.1
2012	20461475	13719940	9780836	1074123	3634642	1241189	3939104	6741535	15.8
2013	23584319	16212358	11787426	1464306	4235034	1367065	4424932	7371961	16.4
2014	26809635	18818315	13811325	2195983	4435692	1524704	5006990	7991320	17.1

注：1.1994-2009年企业所得税含退税。
2.1994-1997年国有资产经营收益体现为国有企业上缴利润。
3.1997年地方财政收入和非税收入包含当年纳入基金预算收入的城市教育附加费、矿产资源补偿费、排污费和城市水资源费收入。
4.从2002年开始，上交中央收入包含上划所得税。
5.农业税收包含农业税、农业特产税(2006年含烟叶税部分)、耕地占用税、契税。
6.以上数据根据江西省历年财政总决算整理得出。

a) From 1994 to 2006,Company income tax indudes tax rebate for it.
b) From 1994 to 1997,the operating income of State-owned enterprises reflects the profits the state-owned enterprises handed in.
c) In 1997,the local government revenue and non-tax income indude extra-charges for urban education,compensation for mineral resources,fee on sewage treatment and on urban water resource,which has brought into the income of funds budget at current year.
d) Since 2002,revenue handed in the central government has induded income tax divided above.
e) Agricultural tax includes Agricultural tax,tax on special Agricultural,products(inducle tobacco tax in 1996),tax on the occupancy of cultivated land, and contract tax.
f) Data above are collected according to Jiangxi annual general final budget of public finance.

7-2 公共财政预算收入
Public Financial Revenue of the Local Government

单位：万元 (10000 yuan)

项　　目	Item	2011	2012	2013	2014
总　　计	**Total**	**10534342**	**13719940**	**16212358**	**18818315**
税收收入	**Total Tax revence**	**7770948**	**9780836**	**11787426**	**13811325**
#增值税	Value Added Tax	1058993	1074123	1464306	2195983
营业税	Business Tax	2727856	3634642	4235034	4435692
企业所得税	Corporate Income Tax	979220	1241189	1367065	1524704
企业所得税退税	Tax Rebate for Corporate Income Tax	-502			
个人所得税	Individual Income Tax	323167	265246	287730	359419
资源税	Resource Tax	186589	297208	347039	467450
固定资产投资方向调节税	Tax on the Adjustment of the Investment in the Fixed Assets	102	8		
城市维护建设税	City Maintenance and Construction Tax	417979	479944	576022	662609
房产税	House Property Tax	113455	158630	214942	277092
印花税	Stamp Tax	83785	99177	121794	144135
城镇土地使用税	Urban Land Use Tax	182787	251690	319490	406223
土地增值税	Land Appreciation Tax	373328	522790	802508	1138424
车船税	Tax on Vehicles and Boat Operation	56060	68976	84759	97109
烟叶税	Tobacco Leaf Tax	15762	18891	22868	27958
耕地占用税	Farm Land Occupation Tax	471965	717578	698190	768323
契　税	Deed Tax	780402	950744	1245624	1306204
非税收入	**Non Tax Revenue**	**2763394**	**3939104**	**4424932**	**5006990**
#国有资本经营收入	Profit from State-owned Assets	203415	356719	17189	26134
行政性收费收入	Charge of Administrative and Institutional Units	1166206	1507833	1662924	1797296
罚没收入	Penalty Receipts	393730	547590	633792	731824
专项收入	Special Program Receipts	490545	520261	629570	672101
国有资源(资产)有偿使用收入	Revenue of Compensable Use of State-owned Resources	307627	658977	1139467	1453851
其他收入	Other Revences	201871	347724	341990	325784

7-3　公共财政预算支出

Public Financial Expenditures of the Local Government

单位：万元　　　　(10000 yuan)

项　　目	Item	2011	2012	2013	2014
总　　计	**Total**	**25345989**	**30192244**	**34703013**	**38827011**
一般公共服务	General Public Services	2579961	3081631	3370070	3613598
国防	National Defence	50259	54023	59455	65296
公共安全	Public Security	1238986	1417128	1629192	1759620
教育	Education	4744279	6220594	6645302	7117164
科学技术	Science and Technology	213209	274969	463220	583726
文化体育与传媒	Culture,Sports and Media	396558	447728	526243	600344
社会保障和就业	Social Seaurity and Employment	2727451	3230628	3788398	4223474
医疗卫生	Health Care and Medical Services	1963204	2191516	2621374	3384540
节能环保	Energy Saving and Environment Protection	437613	669129	741652	681277
城乡社区事务	Community Affairs in Urban and Rural Areas	1253419	1766999	2012053	2268123
农林水事务	Agriculture,Forestry and Water Conservancy	2879919	3847674	4385353	5001512
交通运输	Transportation	2180462	1927848	2069270	2894581
资源勘探电力信息等事务	Affairs of Exploration,Power and Information	1573585	1960281	2115185	2443835
商业服务业等事务	Affairs of Financial Supervision	381595	382196	344648	329419
金融监管等事务支出	Expenditure for Affairs of Financial Supervision	20640	69217	67087	43202
地震灾后恢复重建支出	Expenditure for Post-earthquake Recovery and Reconstruction				10000
国土资源气象等事务	Affairs of Land and Weather	285089	303591	295464	334960
住房保障支出	Expenditure for Affairs of Housing Security	1082808	1344319	2000215	1971080
粮油物资储备事务	Expenditure for Affairs of Grain & Oil Reserves		189497	209684	236703
国债还本付息支出	Expenditure for National Debt Repay Capital with Interest	125105	118517	215950	320468
其他支出	Other Expenditure	740722	694759	1143198	944089

7-4 财政收支总额及增长速度

Government Revenue and Expenditure and Growth Rates

年 份 Year	财政总收入(万元) Government Revenue (10000 yuan)	公共财政预算支出(万元) Public Financial Revenue of the Local Government (10000 yuan)	收支差额(万元) Balance (10000 yuan)	比上年增长(%) Growth Rate over preceding year(%)	
				财政总收入 Government Revenue	公共财政预算支出 Public Financial Revenue of the Local Government
1978	122246	162701	-40455	60.4	35.5
1979	117771	176302	-58531	-3.7	8.4
1980	124667	159884	-35217	5.9	-9.3
1981	131822	140292	-8470	5.7	-12.3
1982	123283	155407	-32124	-6.5	10.8
1983	135281	174677	-39396	9.7	12.4
1984	150126	219439	-69313	11.0	25.6
1985	211843	297263	-85420	41.1	35.5
1986	240552	366258	-125706	13.6	23.2
1987	282110	377878	-95768	17.3	3.2
1988	322931	423518	-100587	14.5	12.1
1989	374886	487126	-112240	16.1	15.0
1990	406155	507559	-101404	8.3	4.2
1991	448050	603651	-155601	10.3	18.9
1992	493882	683826	-189944	10.2	13.3
1993	656721	818983	-162262	33.0	19.8
1994	886707	920290	-33583	35.0	12.4
1995	1052172	1103381	-51209	18.7	19.9
1996	1235782	1318475	-82693	17.5	19.5
1997	1349160	1526026	-176866	9.2	15.7
1998	1456584	1752605	-296021	8.0	14.8
1999	1549809	2078293	-528484	6.4	18.6
2000	1716943	2234722	-517779	10.8	7.5
2001	2001638	2837144	-835506	16.6	27.0
2002	2344259	3413843	-1069584	17.1	20.3
2003	2858122	3820981	-962859	21.9	11.9
2004	3508096	4540598	-1032502	22.7	18.8
2005	4259007	5639525	-1380518	21.4	24.2
2006	5186139	6964361	-1778222	21.8	23.5
2007	6652189	9050582	-2398393	28.3	30.0
2008	8169872	12100730	-3930858	22.8	33.7
2009	9288753	15623742	-6334989	13.7	29.1
2010	12262376	19232633	-6970257	32.0	23.1
2011	16450001	25345989	-8895988	34.2	31.8
2012	20461475	30192244	-9730769	24.4	19.1
2013	23584319	34703013	-11118694	15.3	14.9
2014	26809635	38827011	-12017376	13.7	11.9

7-5 各地区公共财政预算收入（2014年）
Public Financial Revenue of the Local Government by Region (2014)

单位：万元 (10000 yuan)

地 区	Region	公共财政预算收入 Public Financial Revenue of the Local Government	增值税 Value-added Tax	营业税 Business Tax	企业所得税 Company Income Tax	个人所得税 Personal Income Tax	其他收入 Other Revenue
全 省	**Provincial Total**	**18818315**	**2195983**	**4435692**	**1524704**	**359419**	**10302517**
南昌市	Nanchang	3422065	305189	1122252	351446	129136	1514042
景德镇市	Jingdezhen	821538	68964	208230	43630	12391	488323
萍乡市	Pingxiang	941965	84994	319128	26442	10370	501031
九江市	Jiujiang	2136608	217853	520270	126039	34595	1237851
新余市	Xinyu	899242	73202	212646	68298	18004	527092
鹰潭市	Yingtan	733931	137745	115535	48429	11275	420947
赣州市	Ganzhou	2253118	221128	575800	204547	55108	1196535
吉安市	Ji'an	1425680	194105	334443	98981	23890	774261
宜春市	Yichun	1903238	340099	382781	121972	28429	1029957
抚州市	Fuzhou	1163784	205179	254332	64890	13069	626314
上饶市	Shangrao	1942099	250566	332111	110282	23132	1226008

注：本表财政收入不含中央两税收入。
The local Government Revenue in the table do not include the Value-added tax and consumption tax of the central Government.

7-6 各地区公共财政预算支出（2014年）
Public Financial Expenditures of the Local Government by Region (2014)

单位：万元 (10000 yuan)

地 区	Region	公共财政预算支出 Public Financial Expenditures of the Local Government	一般公共服务 General Public Services	教育 Education	社会保障和就业 Social Security and Employment	医疗卫生 Health Care and Medical	农林水事务 Agriculture, Forestry and Water	其他支出 Other Expenditure
全 省	**Provincial Total**	**38827011**	**3613598**	**7117164**	**4223474**	**3384540**	**5001512**	**15486723**
南昌市	Nanchang	4731561	422895	814016	463715	460359	354848	2215728
景德镇市	Jingdezhen	1493014	209067	213985	212257	99173	186121	572411
萍乡市	Pingxiang	1565483	174839	234927	231244	122940	171477	630056
九江市	Jiujiang	3835284	400322	715781	445533	369034	572563	1332051
新余市	Xinyu	1315025	93994	191804	115449	95821	99800	718157
鹰潭市	Yingtan	1149939	57259	157599	125972	122224	117302	569583
赣州市	Ganzhou	5362745	416541	1088115	799426	571495	742752	1744416
吉安市	Ji'an	3086929	290017	672139	372698	319030	566350	866695
宜春市	Yichun	3467136	310083	693012	530626	366554	564846	1002015
抚州市	Fuzhou	2557888	203777	512909	313895	268781	414368	844158
上饶市	Shangrao	3846056	295412	870814	442241	470701	549901	1216987

7-7 县(市、区)公共财政预算收入(2014年)

Public Financial Revenue of the Local Government by County(County-level City) (2014)

单位：万元 (10000 yuan)

地 区	Region	公共财政预算收入 Local Government Budgetary Expenditure	地 区	Region	公共财政预算收入 Local Government Budgetary Expenditure	地 区	Region	公共财政预算收入 Local Government Budgetary Expenditure
东湖区	Donghu	110096	余江县	Yujiang	117256	袁州区	Yuanzhou	156961
西湖区	Xihu	135433	贵溪市	Guixi	291780	奉新县	Fengxin	132460
青云谱区	Qingyunpu	93284	章贡区	Zhanggong	181142	万载县	Wanzai	121886
湾里区	Wanli	61575	赣县	Ganxian	141158	上高县	Shanggao	130291
青山湖区	Qingshanhu	150088	信丰县	Xinfeng	101751	宜丰县	Yifeng	100305
南昌县	Nanchang	524013	大余县	Dayu	70060	靖安县	Jing'an	58744
新建县	Xinjian	217105	上犹县	Shangyou	56095	铜鼓县	Tonggu	58809
安义县	Anyi	76746	崇义县	Chongyi	67906	丰城市	Fengcheng	422097
进贤县	Jinxian	131187	安远县	Anyuan	45790	樟树市	Zhangshu	282939
昌江区	Changjiang	79446	龙南县	Longnan	111130	高安市	Gaoan	227866
珠山区	Zhujiang	106551	定南县	Dingnan	74526	临川区	Linchuan	151583
浮梁县	Fuliang	89263	全南县	Quannan	64226	南城县	Nancheng	99486
乐平市	Leping	263860	宁都县	Ningdu	68428	黎川县	Lichuan	84206
安源区	Anyuan	282241	于都县	Yudu	107795	南丰县	Nanfeng	86365
湘东区	Xiangdong	133768	兴国县	Xingguo	80717	崇仁县	Chongren	79428
莲花县	Lianhua	56743	会昌县	Huichang	74443	乐安县	Le'an	48218
上栗县	Shangli	138538	寻乌县	Xunwu	47384	宜黄县	Yihuang	64473
芦溪县	Luxi	93822	石城县	Shicheng	45206	金溪县	Jinxi	71378
庐山区	Lushan	164005	瑞金市	Ruijin	106964	资溪县	Zixi	51511
浔阳区	Xunyang	126226	南康市	Nankang	171923	东乡县	Dongxiang	147768
九江县	Jiujiang	120633	吉州区	Jizhou	89756	广昌县	Guangchang	57931
武宁县	Wuning	108611	青原区	Qingyuan	53843	信州区	Xinzhou	140683
修水县	Xiushui	159055	吉安县	Ji'an	174249	上饶县	Shangrao	134897
永修县	Yongxiu	143813	吉水县	Jishui	97849	广丰县	Guangfeng	242674
德安县	De'an	106139	峡江县	Xiajiang	62934	玉山县	Yushan	138306
星子县	Xingzi	87858	新干县	Xingan	101029	铅山县	Qianshan	117792
都昌县	Duchang	99941	永丰县	Yongfeng	94863	横峰县	Hengfeng	104669
湖口县	Hukou	149705	泰和县	Taihe	127535	弋阳县	Yiyang	92421
彭泽县	Pengze	112571	遂川县	Suichuan	93503	余干县	Yugan	96460
瑞昌市	Ruichang	182141	万安县	Wan an	68163	鄱阳县	Poyang	114173
共青城市	Gongqingcheng	100864	安福县	Anfu	118867	万年县	Wannian	124925
渝水区	Yushui	212397	永新县	Yongxin	64085	婺源县	Wuyaun	87858
分宜县	Fenyi	220032	井冈山市	Jinggangshan	58005	德兴市	Dexing	245197
月湖区	Yuehu	110958						

主要统计指标解释

财政收入 国家财政参与社会产品分配所取得的收入，是实现国家职能的财力保证。财政收入所包括的内容几经变化，目前主要包括：

1．各项税收：包括增值税、营业税、消费税、土地增值税、城市维护建设税、资源税、城市土地使用税、印花税、固定资产投资方向调节税、个人所得税、企业所得税、关税和耕地占用税等。

2．专项收入：包括征收排污费、征收城市水资源费收入、教育费附加收入等。

3．其他收入：包括基本建设贷款归还收入、国家能源交通重点建设基金收入、国家预算调节基金等。

4．国有企业计划亏损补贴：这项为负收入，冲减财政收入。

财政支出 国家财政将筹集起来的资金进行分配使用，以满足经济建设和各项事业的需要，主要包括一般公共服务、外交、国防、教育、公共安全、科学技术、文化体育与传媒、社会保障和就业、医疗卫生、环境保护、城乡社区事务、农林水事务、交通运输、工业商业金融等事务和其他支出等科目。

Explanatory Notes on Main Statistical Indicators

Government Revenue refers to income for the government finance through participating in the distribution of social products. It is the financial guarantee to ensure government functioning. The contents of government revenue have changed several times. Now it includes the following main items:

(1) Various tax revenues, including value added tax, business tax, consumption tax, land value added tax, tax on city maintenance and construction, resources tax, tax on use of urban land, enterprise income tax, personal income tax, tariff, stamp tax on security transactions, tax on purchase of motor vehicles, tax on agriculture and animal husbandry and tax on occupancy of cultivated land, etc.

(2) Special revenues, including revenues from the fee on sewage treatment, fee on urban water resources and extra-charges for education, etc.

(3) Other revenues, including revenue from the repayment of capital construction loan, funds for national key construction projects in energy industry and transportation, and national budget adjustment funds.

(4) Subsidies for the losses of State-owned enterprises. This is an item of negative revenue, counteracting revenues.

Government Expenditure refers to the distribution and use of the funds the government finance has raised, so as to meet the needs of economic construction and various causes. It includes expenditure for capital construction, innovation funds of the enterprises, geological prospecting expenses, expenditures for science and technology promotion, expenditure for supporting rural production, operating expenses of the departments of farming, forestry, water conservancy and meteorology etc., operating expenses of the departments of industry, transport and commerce, operating expenses of the departments of culture, education, science and public health, pension for the disabled or for the families of the bereaved and relief funds for social welfare, expenditures for national defence, administrative expenses, expenditure for price subsidies.

8

价格指数

PRICE INDICES

◆153/168

I 简要说明

一、本篇资料的主要内容

本篇资料反映了全省生产、投资、流通、消费等环节价格变动状况，主要包括居民消费、商品零售、生产资料、工业品出厂、原材料燃料动力购进、固定资产投资等价格指数。

二、本篇资料的来源

1.居民消费、商品零售和农业生产资料价格指数来源于消费价格统计调查年报，由国家统计局江西调查总队消费价格调查处整理提供。

2.工业品出厂、原材料燃料动力购进、固定资产投资等价格指数来源于生产价格统计调查年报，由国家统计局江西调查总队生产投资价格调查处整理提供。

I Brief Introduction

I. Main Content

Data on the price indices in this chapter show the changing trend in production, investment, circulation and consumption, including mainly consumer price indices of residents, retail price indices, price indices of means of production, production price indices of industrial products, purchasing price indices of raw materials, fuels and power, price indices of investment in fixed assets.

II. Source of Data

(1) Data on consumer price indices of residents, retail price indices and price indices of agricultural means of production are based on yearly report on consumer price and are provided by the Division of Consumer Price Survey of Survey Office of the National Bureau of Statistics in Jiangxi.

(2) Data on production price indices of industrial products, purchasing price indices of raw materials, fuels and power, price indices of investment in fixed assets are based on yearly report on production price and are provided by the Division of Production Investment Price Survey of Survey Office of the National Bureau of Statistics in Jiangxi.

8-1 各 种 价 格 指 数

Price Indices

(上年=100) (preceding year=100)

年 份 Year	商品零售价格指数 Retail Price Index	城 市 Urban Areas	农 村 Rural Areas	居民消费价格指数 Consumer Price Index	城 市 Urban Areas	农 村 Rural Areas
1978	100.1	100.2	100.1		100.2	
1980	104.3	106.6	102.9		106.0	
1985	108.3	109.0	107.8	109.0	108.8	109.1
1990	101.3	100.3	102.2	102.1	101.5	102.8
1991	102.4	104.0	101.2	102.8	104.4	101.3
1992	105.6	107.2	103.9	105.7	107.5	103.5
1993	111.1	112.6	110.1	114.6	115.8	112.5
1994	123.9	122.9	125.4	126.9	126.9	126.7
1995	115.9	115.0	116.9	116.9	116.9	117.0
1996	106.6	106.4	106.7	108.4	108.1	108.6
1997	99.6	100.1	99.3	102.0	103.0	102.1
1998	98.8	98.5	98.9	101.0	101.0	101.0
1999	96.8	97.3	96.3	98.6	99.1	98.1
2000	98.5	98.6	98.5	100.3	102.1	99.1
2001	98.4	98.3	98.4	99.5	99.8	99.2
2002	100.2	100.1	100.3	100.1	100.2	99.9
2003	100.1	99.4	100.7	100.8	100.9	100.6
2004	103.0	101.9	104.0	103.5	103.3	103.5
2005	100.9	100.3	101.4	101.7	101.5	102.2
2006	101.2	101.0	101.4	101.2	100.9	101.6
2007	104.0	103.5	105.1	104.8	104.4	105.8
2008	106.1	106.0	106.4	106.0	105.9	106.3
2009	99.1	99.1	99.0	99.3	99.4	99.2
2010	102.7	102.6	102.9	103.0	102.9	103.3
2011	104.8	104.8	105.0	105.2	105.1	105.6
2012	102.1	101.9	102.5	102.7	102.6	103.0
2013	101.5	101.2	101.9	102.5	102.4	102.9
2014	101.2	101.1	101.4	102.3	102.4	102.2

8-2 各 种 价 格 指 数 (2014年)

Price Indices (2014)

类 别	Type	以1978年价格为100 year of 1978=100	以1980年价格为100 year of 1980=100	以1985年价格为100 year of 1985=100	以1990年价格为100 year of 1990=100	以1995年价格为100 year of 1995=100	以2005年价格为100 year of 2005=100	以2010年价格为100 year of 2010=100
商品零售价格指数	Retail Price Index	466.0	443.0	366.1	221.0	128.3	124.9	109.9
城 市	Urban Areas	485.2	448.5	368.0	219.6	123.9	123.0	109.3
农 村	Rural Areas	447.6	433.8	371.7	227.2	133.9	128.6	111.1
居民消费价格指数	Consumer Price Index			470.2	280.8	151.9	130.4	113.2
城 市	Urban Areas	661.5	612.7	503.9	299.4	155.4	128.8	113.0
农 村	Rural Areas			442.7	266.5	152.2	133.9	114.4

注：1990-1993年零售、消费价格指数中城市、农村口径为城镇、农村。

a) Statistic standards of retail and consumer price index from 1990-1993 are urban and rural areas.

8-3 商品零售价格分类指数（2014年）

Retail Price Indices by Category (2014)

(上年=100) (preceding year=100)

类别	Type	全省 Province Indices	城市 Urban Areas	农村 Rural Areas
商品零售价格总指数	**Retail Price Index**	**101.2**	**101.1**	**101.4**
食品类	**Food**	**103.7**	**103.9**	**103.2**
粮食	Grain	102.9	102.6	103.4
淀粉及制品	Starches and Tubers	101.7	101.2	102.6
干豆类及豆制品	Beans and Bean Products	103.2	102.9	103.9
油脂	Oil or Fat	96.7	96.4	97.4
肉禽及其制品	Meat, Poultry and Their Products	100.8	101.0	100.5
蛋	Eggs	109.1	108.6	110.0
水产品	Aquatic Products	101.6	101.0	102.9
菜	Vegetables	101.6	101.2	102.5
调味品	Flavoring	101.2	101.9	100.3
糖	Carbohydrate	99.4	99.4	99.5
干鲜瓜果	Dried and Fresh Melons and Fruits	116.2	117.9	112.1
糕点饼干面包	Cake, Biscuit and Bread	102.4	103.0	101.0
液体乳及乳制品	Milk and Its Products	114.3	117.8	103.3
在外用膳食品	Outward Dinner Food	105.5	104.9	106.7
其它食品	Other Foods	100.2	100.8	99.1
饮料、烟酒	**Beverages, Tobacco and Liquor**	**100.4**	**100.3**	**100.6**
茶及饮料	Tea and Beverages	101.7	101.6	101.7
烟草	Tobacco	100.0	99.9	100.1
酒	Liquor	100.2	99.9	100.6
服装、鞋帽类	**Garments, Shoes and Hats**	**102.5**	**101.9**	**103.7**
服装	Garments	102.9	102.0	104.8
鞋袜帽	Footgear and Hats	101.7	101.3	102.3
其它	Others	102.3	104.8	100.0
纺织品类	**Textiles**	**100.8**	**100.9**	**100.5**
衣着材料	Cotton Cloth	104.1	105.3	101.3
床上用品	Blend Cloth	97.5	96.1	99.9
家用电器及音像器材	**Household Appliances, Music and Video Equipment**	**98.1**	**98.4**	**97.5**
家庭设备	Household Appliances	98.4	98.4	98.3
文娱用耐用消费品	Culture and Recreat Durable Consumable	97.7	98.4	96.5
专业音像器材	Household Appliances and Hifi	98.7	98.6	99.7
文化办公用品	**Cultural and Office Appliances**	**99.2**	**98.6**	**100.6**
日用品	**Articles for Daily Use**	**100.9**	**100.4**	**102.0**
日用百货	General Merchandise for Daily Use	100.9	100.8	101.1
日用杂品	Miscellaneous for Daily Use	100.4	99.9	101.5
洗涤用品	Washing	101.7	100.6	104.5
其它日用品	Other Daily Use Articles	100.1	99.9	100.6
体育娱乐用品	**Sports and Recreation Articles**	**100.4**	**100.2**	**101.1**

8-3 续表 continued

(上年=100) (preceding year=100)

类　别	Type	全　省 Province Indices	城　市 Urban Areas	农　村 Rural Areas
体育用品	Sports Articles	100.8	100.0	102.9
娱乐用品	Recreation Articles	100.2	100.3	99.8
交通、通信用品	**Transportation and Communication Appliances**	**97.6**	**97.3**	**98.4**
交通运输机械	Transportation Equipments	99.9	99.9	99.9
通信器材类	Communication Equipments	94.2	93.0	96.6
家具	**Furniture**	**100.9**	**100.1**	**102.8**
化妆品类	**Cosmetics**	**100.9**	**100.5**	**101.9**
金银珠宝类	**Gold, Silver and Jewelry**	**91.6**	**92.4**	**89.9**
中西药品及医疗保健用品类	**Traditional Chinese and Western Medicines and Health Care Articles**	**101.4**	**101.4**	**101.3**
医疗器具及用品	Medical Apparatus and Article	100.1	100.1	100.0
中药材及中成药	Traditional Chinese Medicinal Materials and Medicines	102.2	102.3	102.1
西药	Western Medicines	100.6	100.4	101.0
保健器具及用品	Medical Apparatus and Articles	102.2	102.7	100.6
书报杂志及电子出版物类	**Books, Newspapers, Magazines and Electronic Publications**	**100.8**	**100.3**	**102.2**
教材及参考书	Teaching Material and Reference Book	101.1	100.1	103.6
书报杂志	Books and Magazines	100.8	100.6	101.3
电子音像制品	Electronic Publications	100.1	100.2	99.8
燃料类	**Fuels**	**99.9**	**99.6**	**100.4**
煤炭及制品类	Coal and Coal Products	101.1	99.9	102.3
石油及制品类	Petroleum and Related Products	99.5	99.6	99.2
建筑材料及五金电料类	**Building Materials and Hardware**	**100.5**	**100.7**	**100.3**
建筑装璜材料	Building Decoration Materials	100.3	100.2	100.3
五金电料类	Hardware	101.9	102.8	100.0
农业生产资料价格指数	**Price Indices of Agricultural Means of Production**	**99.6**		**99.6**
农用手工工具	Farm Handtools	101.2		101.2
饲料	Forage	102.2		102.2
产品畜	Production Livestock	104.8		104.8
半机械化农具	Semi-mechanized Farm Tools	100.1		100.1
机械化农具	Mechanized Farm Machinery	99.6		99.6
化学肥料	Chemical Fertilizer	91.4		91.4
农药及农药器械	Pesticide and Its Appliances	101.7		101.7
化学农药	Chemical Pesticides	101.7		101.7
农药器械	Pesticides Appliances	101.9		101.9
农用机油	Oil for Farm Machinery	101.3		101.3
其他农业生产资料	Other Means of Agricultural Production	101.0		101.0
农用种子	Farm Seed	100.2		100.2
其他	Others	102.6		102.6
农业生产服务	Service of Agricultural Production	107.7		107.7

8-4 居民消费价格分类指数（2014年）

Consumer Price Indices by Category (2014)

(上年=100) (preceding year=100)

类别	Type	全省 Province Indices	城市 Urban Areas	农村 Rural Areas
居民消费价格总指数	**Consumer Price Index**	**102.3**	**102.4**	**102.2**
服务项目价格指数	**Price Index of Services**	**102.9**	**102.6**	**103.4**
食品	**Food**	**103.7**	**104.2**	**102.7**
粮食	Grain	103.0	102.7	103.9
淀粉及制品	Starches and Tubers	101.4	101.0	102.3
干豆类及豆制品	Beans and Bean Products	103.5	103.2	104.2
油脂	Oil or Fat	97.0	96.4	98.1
肉禽及其制品	Meal, Poultry and Processed Products	100.5	101.0	99.7
食用畜肉及副产品	Meat and Sideline Product	98.5	99.2	97.2
禽	Pourtry	107.3	106.8	108.3
加工肉禽	Meat and Pourty Products	102.7	103.4	101.6
蛋	Eggs	108.7	108.4	109.3
水产品	Aquatic Products	101.0	100.9	101.4
鱼	Fish	99.8	99.3	100.8
其它水产品	Other Aquatic Products	104.8	104.6	106.2
菜	Vegetables	101.8	101.4	102.6
调味品	Flavoring	101.4	101.9	100.6
糖	Carbohydrate	99.6	99.6	99.5
茶及饮料	Tea and Beverages	101.4	101.6	100.9
茶叶	Tea	102.2	100.8	106.0
饮料	Beverages	101.2	101.9	99.9
干鲜瓜果	Dried and Fresh Melons and Fruits	116.4	117.8	112.2
糕点饼干面包	Cake, Biscuit and Bread	102.7	103.4	101.0
液体乳及乳制品	Milk and Its Products	114.0	117.9	103.1
在外用膳食品	Outward Dinner Food	105.4	104.8	106.4
其它食品	Other Foods	100.0	100.6	98.8
烟酒	**Tobacco and Liquor**	**100.1**	**100.0**	**100.3**
烟草	Tobacco	100.0	100.0	100.1
酒	Liquor	100.3	100.0	100.6
衣着	**Clothing**	**102.4**	**101.9**	**103.9**
服装	Garments	102.6	102.0	104.4
男式服装	Clothing for Men	103.6	103.6	103.7
女式服装	Clothing for Women	101.6	100.8	104.7
儿童服装	Clothing for Children	103.1	101.2	105.8
衣着材料	Clothing Material	104.1	106.2	101.2
鞋袜帽	Footgear and Hats	101.6	101.3	102.3
鞋	Shoes	101.7	101.4	102.9
袜子	Hose	100.9	100.7	101.3
帽子	Hats	100.0	100.0	100.0
衣着加工服务费	Clothing Manufacturing Services	105.2	104.4	106.4
家庭设备用品及维修服务	**Household Facilities, Articles and Services**	**99.9**	**99.6**	**100.7**
耐用消费品	Durable Consumer Goods	99.4	99.1	99.9

8-4 续表 continued

(上年=100) (preceding year=100)

类　别	Type	全　省 Province Indices	城　市 Urban Areas	农　村 Rural Areas
家具	Furniture	101.7	100.8	103.0
家庭设备	Household Facilities	98.3	98.4	98.1
室内装饰品	Interior Decorations	100.0	100.0	100.0
床上用品	Bed Articles	98.0	97.1	100.3
家庭日用杂品	Daily Use Household Articles	99.8	99.2	101.6
家庭服务及加工维修服务	Household Services and Maintenance and Renovation	104.6	104.9	103.5
医疗保健和个人用品	**Health Care and Personal Articles**	**101.0**	**101.3**	**100.5**
医疗保健	Health Care	101.3	101.5	100.8
医疗器具及用品	Medical Instrument and Articles	100.1	100.2	99.8
中药材及中成药	Traditional Chinese Medicine	102.3	102.3	102.4
西药	Western Medicine	100.7	100.5	100.9
保健器具及用品	Health Care Appliances and Articles	105.3	105.8	100.5
医疗保健服务	Health Care Services	100.3	100.6	100.0
个人用品及服务	Personal Articles and Services	100.6	101.0	99.7
化妆美容用品	Cosmetics	100.2	100.0	101.4
清洁化妆用品	Sanitation Articles	101.2	101.4	100.9
个人饰品	Personal Ornaments	96.0	96.4	95.4
个人服务	Personal Services	104.9	105.5	103.2
交通和通讯	**Transportation and Communication**	**99.7**	**99.4**	**100.3**
交通	Transportation	100.7	100.5	100.8
交通工具	Transportation Facility	100.1	100.8	99.5
车用燃料及零配件	Fuels and Parts	98.8	98.7	98.8
车辆使用及维修费	Fees for Vehicles Use and Maintenance	106.4	103.4	109.4
市区公共交通费	Incity Traffic Fare	100.5	100.2	101.8
城市间交通费	Intercity Traffic Fare	100.5	100.6	100.5
通信	Communication	98.8	98.7	99.3
通信工具	Communication Facility	90.9	89.3	94.9
通信服务	Communication Service	100.0	100.0	100.2
娱乐教育文化用品及服务	**Recreation, Education and Culture Articles**	**102.8**	**102.6**	**103.2**
文娱用耐用消费品及服务	Durable Consumer Goods for Cultural and Recreational Use and Services	96.8	96.5	97.6
教育	Education	103.6	103.1	104.4
教材及参考书	Teaching Materials and Reference Books	101.2	100.1	103.9
教育服务	Education Service	103.9	103.5	104.5
文化娱乐	Cultural and Recreational Articles	101.4	101.4	101.2
文化娱乐用品	Cultural Articles	100.4	100.3	100.5
书报杂志	Newspapers and Magazines	100.8	100.7	101.0
文娱费	Expenditure on Culture and Recreation	102.5	102.5	102.5
旅游	Touring	106.1	106.5	104.0
居住	**Residence**	**102.5**	**102.3**	**102.8**
建房及装修材料	Building and Building Decoration Materials	102.0	102.4	101.5
住房租金	Renting	104.3	103.9	105.4
自有住房	Private Housing	103.8	102.6	106.1
水、电、燃料	Water, Electricity and Fuels	101.6	101.7	101.2

8-5 各市、县商品零售价格分类指数（2014年）

(上年=100)

类别	Type	南昌市 Nan chang	景德镇市 Jing dezhen	萍乡市 Ping xiang	九江市 Jiu jiang	新余市 Xin yu
商品零售价格总指数	**Retail Price Index**	**101.1**	**101.8**	**101.5**	**100.9**	**100.3**
食品类	Food	104.1	104.7	103.3	103.5	101.9
饮料、烟酒	Beverages, Tobacco and Liquor	100.4	100.4	100.5	99.8	99.6
服装、鞋帽类	Garments, Shoes and Hats	101.7	102.3	101.8	103.8	101.6
纺织品类	Textiles	104.9	99.0	100.0	103.6	95.0
家用电器及音像器材	Household Appliances, Music and Video Equipment	99.8	98.2	99.4	93.9	98.5
文化办公用品	Cultural and Office Appliances	97.0	100.8	100.3	97.3	99.8
日用品	Articles for Daily Use	99.6	100.1	102.8	99.4	101.8
体育娱乐用品	Sports and Recreation Articles	100.0	100.3	101.1	99.6	98.9
交通、通信用品	Transportation and Communication Appliances	96.9	98.5	99.4	97.3	100.4
家具	Furniture	97.9	100.2	103.9	99.7	99.5
化妆品类	Cosmetics	100.9	100.2	100.8	100.0	100.3
金银珠宝类	Gold, Silver and Jewelry	92.7	96.7	93.9	92.2	91.3
中西药品及医疗保健用品类	Traditional Chinese and Western Medicines and Health	100.0	102.3	99.3	100.4	100.5
书报杂志及电子出版物类	Books, Newspapers, Magazines and Electronic Publications	100.0	100.7	100.8	99.3	100.0
燃料类	Fuels	99.3	99.2	101.9	100.9	96.1
建筑材料及五金电料类	Building Materials and Hardware	100.8	103.7	100.0	99.4	100.1
农业生产资料价格指数	**Price Indices of Agricultural Means of Production**					

8-6 各市、县居民消费价格分类指数（2014年）

(上年=100)

类别	Type	南昌市 Nan chang	景德镇市 Jing dezhen	萍乡市 Ping xiang	九江市 Jiu jiang	新余市 Xin yu
居民消费价格总指数	**Consumer Price Index**	**102.5**	**102.4**	**102.6**	**102.1**	**101.4**
服务项目价格指数	Price Index of Services	103.4	101.9	103.8	102.2	102.6
食品	Food	104.3	104.6	103.7	103.8	101.8
烟酒	Tobacco and Liquor	100.4	100.0	100.1	99.1	99.7
衣着	Clothing	101.8	102.2	102.1	103.8	101.4
家庭设备用品及维修服务	Household Facilities, Articles and Services	99.0	99.7	102.2	98.2	99.6
医疗保健和个人用品	Health Care and Personal Articles	100.4	101.7	101.4	101.0	100.4
交通和通讯	Transportation and Communication	99.0	99.6	100.5	99.3	100.4
娱乐教育文化用品及服务	Recreation, Education and Culture Articles	104.7	100.4	104.0	99.2	102.6
居住	Residence	102.5	102.8	101.9	103.2	101.4

Retail Price Indices by Category and Region (2014)

(preceding year=100)

鹰潭市 Ying tan	赣州市 Gan zhou	宜春市 Yi chun	上饶市 Shang rao	吉安市 Ji'an	抚州市 Fuzhou	井冈山市 Jing gangshan	瑞昌市 Rui chang	信丰县 Xin feng	宁都县 Ning du	上高县 Shang gao	铅山县 Yan shan	泰和县 Taihe	南城县 Nan cheng
101.3	**100.7**	**100.1**	**101.1**	**101.0**	**102.7**	**100.4**	**101.7**	**101.1**	**102.3**	**102.1**	**101.1**	**100.8**	**100.9**
103.3	102.1	103.2	102.3	103.7	105.3	101.1	104.2	102.7	103.3	103.7	103.3	102.1	102.9
99.9	100.4	101.4	100.6	100.5	100.4	99.8	100.6	101.4	99.6	99.5	100.1	101.2	101.1
102.3	100.6	103.7	102.3	97.4	102.2	101.4	104.2	103.9	109.5	100.5	103.2	101.6	101.8
100.9	100.8	96.9	101.4	101.2	100.2	98.7	101.5	99.7	100.0	102.6	100.1	100.0	100.7
97.5	96.9	88.8	99.8	99.3	98.8	98.7	100.0	97.8	100.4	95.5	100.1	88.5	98.1
99.6	101.0	90.2	97.6	100.9	101.6	99.2	100.3	98.2	99.1	100.0	99.3	105.7	99.5
99.7	100.4	102.2	99.6	101.2	101.7	102.7	100.2	102.6	100.8	100.4	101.7	104.7	102.1
101.2	101.5	100.5	100.0	102.3	99.1	100.0	100.0	105.9	100.0	100.0	100.5	99.2	100.0
96.7	99.7	91.4	100.6	94.5	100.5	99.1	100.0	97.4	99.4	98.7	99.0	96.3	98.5
104.7	103.0	101.9	101.2	101.3	106.0	100.8	100.0	109.0	109.4	97.5	100.0	100.0	99.2
100.4	100.4	99.8	101.0	101.4	100.2	101.9	102.0	103.8	99.7	102.0	100.4	101.7	103.7
96.9	93.0	93.2	93.0	83.1	93.8	96.1	86.3	92.3	91.2	91.3	90.8	89.7	90.0
103.0	104.1	104.5	99.6	103.1	108.5	101.3	100.0	100.2	100.9	102.2	101.6	103.9	102.1
101.0	100.2	99.6	103.9	100.0	101.3	100.0	101.1	103.5	106.5	105.5	100.0	99.7	100.5
101.3	99.0	101.0	98.8	100.9	97.5	100.7	100.3	96.6	100.3	115.7	97.6	99.9	99.6
102.2	98.9	98.2	104.5	101.5	102.7	98.0	99.7	99.3	100.9	97.8	100.0	101.5	101.4
							100.1	**103.4**	**100.9**	**94.6**	**97.8**	**97.5**	**99.0**

Consumer Price Indices by Category and Region (2014)

(preceding year=100)

鹰潭市 Ying tan	赣州市 Gan zhou	宜春市 Yi chun	上饶市 Shang rao	吉安市 Ji'an	抚州市 Fuzhou	井冈山市 Jing gangshan	瑞昌市 Rui chang	信丰县 Xin feng	宁都县 Ning du	上高县 Shang gao	铅山县 Yan shan	泰和县 Taihe	南城县 Nan cheng
102.4	**102.1**	**101.8**	**102.3**	**102.1**	**103.2**	**102.1**	**102.2**	**103.1**	**102.6**	**102.3**	**102.1**	**102.2**	**101.9**
102.3	104.4	102.7	104.2	102.5	101.7	105.2	101.4	106.4	101.1	103.3	102.8	105.3	102.8
103.4	102.3	103.4	102.3	103.8	105.3	101.1	104.1	102.9	103.0	102.9	103.1	102.2	102.6
99.1	100.3	100.4	100.0	100.6	100.4	100.0	100.4	100.3	99.4	99.9	100.1	101.0	101.2
102.7	100.5	103.6	102.8	98.2	102.4	101.7	103.9	103.9	110.5	101.0	103.6	101.4	101.9
101.2	101.3	98.7	101.2	100.2	100.3	102.6	100.1	101.0	102.3	100.2	102.5	99.4	100.4
101.5	102.3	101.9	100.0	101.6	105.4	103.8	99.5	100.6	100.1	100.5	100.6	101.6	104.2
98.9	101.3	97.8	99.4	99.5	100.5	104.5	100.0	100.8	100.9	100.8	99.9	100.8	100.4
101.6	103.9	101.9	106.2	100.9	102.7	99.8	100.7	105.8	102.4	101.4	103.3	105.1	101.4
103.8	102.0	101.0	102.7	103.5	101.5	104.3	101.9	105.2	100.8	105.6	100.7	102.8	101.0

8-7 工业生产者出厂价格指数
Producer Price Index for Industrial Products

(上年＝100)　　(preceding year=100)

类　　别	Type	2000	2005	2010	2013	2014
总指数	**General Index**	**101.0**	**108.8**	**115.3**	**98.5**	**97.8**
按轻重工业分	**Grouped by Light & Heavy Industries**					
轻工业	Light Industry	98.2	99.2	104.3	99.7	99.9
以农产品为原料	Agricultural Products as Raw Materials	98.5	100.6	105.4	101.3	100.8
以非农产品为原料	Non-agricultural Products as Raw Materials	97.0	98.0	103.2	96.7	98.5
重工业	Heavy Industry	102.4	113.3	121.3	98.0	97.0
采　　掘	Mining	102.0	145.5	123.0	96.4	95.2
原　　料	Raw Materials	105.7	115.6	123.7	97.5	96.9
加　　工	Processing	97.2	104.2	118.8	98.5	97.2
按部类分	**Grouped by Category of Industry**					
生产资料	Means of Production	102.2	110.8	117.9	98.0	97.0
采　　掘	Mining	101.4	142.2	121.5	96.4	95.2
原　　料	Raw Materials	106.1	115.1	124.3	97.4	96.8
加　　工	Processing	97.1	101.7	113.8	98.4	97.3
生活资料	Consumer Goods	97.7	100.5	103.1	100.3	100.6
食　　品	Food	95.4	100.3	103.5	100.0	100.7
衣　　着	Clothing	104.2	100.7	103.3	101.9	102.0
一般日用品	Articles for Daily Use	95.8	101.6	102.4	99.4	100.1
耐用消费品	Durable Consumer Goods	95.4	99.7	102.1	100.0	99.0
按工业部门分	**Grouped by Industrial Department**					
冶金工业	Metallurgical Industry	105.6	120.7	131.8	95.9	93.8
电力工业	Power Industry	103.0	104.6	102.2	100.4	99.0
煤炭及炼焦工业	Coal Industry and Coking Industry	102.2	125.0	115.4	93.8	94.2
石油工业	Petroleum Industry	118.9	122.8	115.4	99.2	96.6
化学工业	Chemical Industry	97.9	106.1	108.4	99.2	99.0
机械工业	Machine Building Industry	96.2	100.3	103.4	98.0	98.7
建筑材料工业	Building Materials Industry	96.1	93.0	104.9	100.2	100.7
森林工业	Timber Industry	99.8	102.9	104.1	102.2	101.5
食品工业	Food Industry	94.5	100.9	103.9	101.2	100.9
纺织工业	Textile Industry	108.2	98.7	117.4	100.1	99.1
缝纫工业	Tailoring Industry	94.3	101.0	103.4	102.6	102.2
皮革工业	Leather Industry	105.3	100.4	102.7	101.0	101.1
造纸工业	Paper Industry	97.8	102.8	103.5	97.9	99.0
文教艺术用品工业	Industry of Cultural, Educational & Handicrafts Articles	103.8	99.8	103.8	100.5	100.1
其他工业	Others Industry	99.5	105.7	105.3	100.8	100.7

8-8 按工业行业分工业生产者出厂价格指数

Producer Price Index for Industrial Products by Sectors

(上年＝100) (preceding year=100)

行　　业	Sector	2013	2014
煤炭开采和洗选业	**Mining and Washing of Coal**	**92.8**	**95.6**
烟煤和无烟煤的开采洗选	Mining and Washing of Bituminous Coal and Anthracite	92.8	95.6
黑色金属矿采选业	**Mining and Processing of Ferrous Metal Ores**	**98.9**	**91.3**
铁矿采选	Mining and Processing of Iron Ores	98.9	91.3
有色金属矿采选业	**Mining and Processing of Non-Ferrous Metal Ores**	**96.3**	**95.6**
常用有色金属矿采选	Mining and Processing of Frequently Used Non-Ferrous Metal Ores	96.1	98.6
贵金属矿采选	Mining and Processing of Precious Metal Ores	84.5	89.3
稀有稀土金属矿采选	Mining and Processing of Rare Earth and Rare Metals Ores	99.5	94.2
非金属矿采选业	**Mining and Processing of Nonmetal Ores**	**99.6**	**99.5**
土砂石开采	Mining of Soil,Sand and Stone	99.1	97.7
化学矿采选	Mining of Chemical Ores	100.0	100.0
采盐	Mining and Processing of Salt Ores	86.6	96.5
石棉及其它非金属矿采选产品	Mining and Processing of Asbestos and Other Nonmetal Ores	103.3	109.7
农副食品加工业	**Processing of Food from Agricultural Products**	**102.1**	**101.2**
谷物磨制	Polishing of Grain	98.4	101.9
饲料加工	Processing of Feed	106.6	101.9
植物油加工	Processing of Vegetable Oil	98.5	97.4
制糖业	Processing of Sugar	96.6	92.7
屠宰及肉类加工	Slaughtering and Processing if Meat	99.5	99.2
水产品加工	Processing of Aquatic Products	104.4	102.3
蔬菜、水果和坚果加工	Processing of Vegetables, Fruits and Nuts	101.7	100.4
其他农副食品加工	Processing of Other Food from Agricultural Products	99.9	99.4
食品制造业	**Manufacture of Foodstuff**	**101.1**	**101.2**
焙烤食品制造	Manufacture of Baking Foodstuff	99.9	100.9
糖果、巧克力及蜜饯制造	Manufacture of Sweet,Chocolate and Candied Fruit	99.3	97.4
方便食品制造	Manufacture of Convenience Food	101.8	99.9
乳制品制造	Manufacture of Dairy Products	100.8	101.6
罐头食品制造	Manufacture of Cans Food	100.5	101.1
调味品、发酵制品制造	Manufacture of Condiments and Fermentation Products	100.7	100.6
其他食品制造	Manufacture of Other Foodstuff	101.8	102.8
酒、饮料和精制茶制造业	**Manufacture of Wine, Beverages and Refined Tea**	**98.6**	**100.5**
酒的制造	Manufacture of Liquor	97.1	100.8
饮料制造	Manufacture of Beverages	100.2	100.3
精制茶加工	Processing of Refined Tea	100.5	99.4
烟草制品业	**Manufacture of Tobacco**	**100.1**	**100.0**
卷烟制造	Manufacture of Cigarettes	100.1	100.0
纺织业	**Manufacture of Textile**	**100.9**	**99.6**
棉纺织及印染精加工	Processing and Dyeing of Cotton and Textile	99.1	98.6
毛纺织及染整精加工	Processing and Dyeing of Wool Textile	104.5	100.6
麻纺织及染整精加工	Processing and Dyeing of Flax Textile	106.6	105.7
丝绢纺织及印染精加工	Processing and Dyeing of Silk Textile	105.5	96.3
针织或钩针纺织物及其制品制造	Mznufacture of Knitted or Crocheted Fabrics and Products	102.1	100.3
家用纺织制成品制造	Manufacture of Household Textile Products	100.5	99.6
非家用纺织制成品制造	Manufacture of Non-Household Textile Products	99.0	101.0
纺织服装、服饰业	**Manufacture of Textile Wearing Apparel, Dress**	**102.8**	**103.6**
机织服装制造	Manufacture of Woven Garments	102.8	103.6
皮革、毛皮、羽毛及其制品和制鞋业	**Manufacture of Leather, Fur, Feather and Related Products and Footwear**	**101.6**	**101.3**

8-8 续表1 continued

(上年=100) (preceding year=100)

行　　业	Sector	2013	2014
皮革鞣制加工	Processing of Leather	109.2	96.5
皮革制品制造	Manufacture of Leather Products	101.4	103.6
毛皮鞣制及制品加工	Manufacture and Processing of Fur Products	108.1	113.9
羽毛(绒)加工及制品制造	Manufacture and Processing of Feather Products	112.5	104.7
制鞋业	Manufacture of Shoes	99.7	100.6
木材加工及木、竹、藤、棕、草制品业	**Processing of Timber,Manufacture of Wood,Bamboo,Rattan,Palm, and Straw Products**	**102.3**	**101.5**
木材加工	Processing of Wood	108.0	100.6
人造板制造	Manufacture of Plywood	101.9	102.7
木制品制造	Manufacture of Wood Products	101.8	99.9
竹、藤、棕、草等制品制造	Manufacture of Penny,Vines Coir and Grass Products	102.4	100.2
家具制造业	**Manufacture of Furniture**	**101.6**	**100.7**
木质家具制造	Manufacture of Wood Furniture	101.8	101.2
金属家俱制造	Manufacture of Metal Furniture	101.3	97.9
其他家具制造	Manufacture of Other Furniture	100.0	100.0
造纸及纸制品业	**Manufacture of Paper and Paper Products**	**97.9**	**99.0**
造纸	Manufacture of Paper	97.3	98.2
纸制品制造	Manufacture of Paper Products	99.2	100.4
印刷和记录媒介复制业	**Printing, Reproduction of Recording Media**	**100.2**	**100.1**
印刷	Printing	100.2	100.1
装订及印刷相关服务	Binding and Printing Service	100.0	100.0
记录媒介复制	Copy of Record Media	100.0	100.0
文教、工美、体育和娱乐用品制造业	**Manufacture of Articles For Culture,Education, Artwork, Sport Activity and Amusement**	**101.2**	**101.1**
文教办公用品制造	Manufacture of Office Supplies For Culture,Education	100.1	100.0
乐器制造	Manufacture of Music Instruments	100.0	100.0
工艺美术品制造	Manufacture of Artwork	101.7	101.9
体育用品制造	Manufacture of Sport Articles	101.9	100.3
玩具制造	Manufacture of Toys	100.0	100.0
石油加工、炼焦和核燃料加工业	**Processing of Petroleum, Coking, Processing of Nuclear Fuel**	**98.0**	**94.8**
精炼石油产品制造	Manufacture of Refined Petroleum Products	99.2	96.4
炼焦	Coking	94.7	90.4
化学原料和化学制品制造业	**Manufacture of Raw Chemical Materials and Chemical Products**	**98.7**	**98.7**
基础化学原料制造	Manufacture of Basic Chemical Material	96.8	96.5
肥料制造	Manufacture of Fertilizers	92.7	92.2
农药制造	Manufacture of Pesticides	100.4	97.8
涂料、油墨、颜料及类似产品制造	Manufacture of Coating,Ink and Paint Products	97.8	107.5
合成材料制造	Manufacture of Synthetic Materials	101.5	102.7
专用化学产品制造	Manufacture of Specialized Chemical Products	99.4	100.1
炸药、火工及焰火产品制造	Manufacture of Explosives, pyrotechnics and fireworks	101.0	99.8
日用化学产品制造	Manufacture of Daily Used Chemical Products	100.7	100.0
医药制造业	**Manufacture of Medicines**	**100.3**	**100.0**
化学药品原料药制造	Manufacture of Chemical Original Drug	102.6	100.9
化学药品制剂制造	Manufacture of Chemical Agents	99.3	98.1
中药饮片加工	Manufacture of Herbal Medicine	100.0	98.7
中成药生产	Manufacture of Proprietary Chinese Medicine	101.0	100.7
兽用药品制造	Manufacture of Veterinary Drugs	98.2	101.5
生物药品制造	Manufacture of Biopharmaceutical Products	100.7	100.8
卫生材料及医药用品制造	Manufacture of Sanitation Materials and Medical Supplies	97.3	99.7
化学纤维制造业	**Manufacture of Chemical Fibers**	**93.8**	**91.0**
纤维素纤维原料及纤维制造	Manufacture of Cellulose Fibers and Fibers	92.5	89.6
合成纤维制造	Manufacture of Synthetic Fibers	97.1	94.3
橡胶和塑料制品业	**Manufacture of Rubber and Plastics**	**100.3**	**99.2**
橡胶制品业	Manufacture of Rubber	100.4	98.4
塑料制品业	Manufacture of Plastics	100.2	99.5

8-8 续表2 continued

(上年=100) (preceding year=100)

行 业	Sector	2013	2014
非金属矿物制品业	**Manufacture of Non-metallic Mineral Products**	**100.1**	**100.5**
水泥、石灰和石膏制造	Manufacture of Cement, Lime and Gypsum	98.6	99.8
石膏、水泥制品及类似制品制造	Manufacture of Cement and Gypsum	102.8	99.2
砖瓦、石材等建筑材料制造	Manufacture of Brick, Stone	100.9	102.3
玻璃制造	Manufacture of Glass	101.3	99.8
玻璃制品制造	Manufacture of Glass Products	94.8	92.3
玻璃纤维和玻璃纤维增强塑料制品制造	Manufacture of Glass Fiber and Glass Fiber Reinforced Plastic Products	97.9	100.5
陶瓷制品制造	Manufacture of Ceramic Products	100.1	101.6
耐火材料制品制造	Manufacture of Refractory Products	116.1	101.7
石墨及其他非金属矿物制品制造	Manufacture of Graphite and Other Non-metallic Mineral Products	100.0	100.0
黑色金属冶炼和压延加工业	**Smelting and Pressing of Ferrous Metals**	**96.4**	**91.7**
炼铁	Ironmaking	106.3	103.2
炼钢	Steelmaking	91.4	96.8
黑色金属铸造	Casting of Ferrous Metals	98.7	101.2
钢压延加工	Smelting and Pressing of Steel	96.2	90.4
铁合金冶炼	Smelting of Alloy Iron	104.0	101.5
有色金属冶炼和压延加工业	**Smelting and Pressing of Non-ferrous Metals**	**95.6**	**94.5**
常用有色金属冶炼	Smelting of Frequently Used Non-Ferrous Metal	95.1	94.7
贵金属冶炼	Smelting of Precious Metal	97.1	100.9
稀有稀土金属冶炼	Smelting of Rare Earth and Rare Metals	92.1	96.0
有色金属合金制造	Manufacture of Non-Ferrous Metaling Alloy	95.7	94.0
有色金属铸造	Casting of Non-Ferrous Metals	94.6	84.0
有色金属压延加工	Pressing of Non-Ferrous Metal	96.6	93.7
金属制品业	**Manufacture of Metal Products**	**95.7**	**95.9**
结构性金属制品制造	Manufacture of Structural Metal Products	93.6	93.2
金属工具制造	Manufacture of Metal Tools	101.5	99.6
集装箱及金属包装容器制造	Manufacture of Containers and Metal Packaging	97.3	99.6
金属丝绳及其制品制造	Manufacture of Metal Wire, Ropes and Its Products	94.6	93.9
建筑、安全用金属制品制造	Manufacture of Metal Products for Construction and Safety	99.9	100.1
搪瓷制品制造	Manufacture of Enamel Products	105.7	101.4
其他金属制品制造	Manufature of Other Metal Products	94.3	96.4
通用设备制造业	**Manufacture of General Purpose Machinery**	**99.4**	**98.9**
锅炉及原动设备制造	Manufacture of Boilers and Original Motivation	100.0	101.9
金属加工机械制造	Manufacture of Metal Processing Machinery	101.9	99.0
物料搬运设备制造	Manufacture of Material Handling Equipment	97.4	97.6
泵、阀门、压缩机及类似机械制造	Manufacture of Pumps, Valves, Compressors	98.3	97.2
轴承、齿轮和传动部件制造	Manufacture of Bearings, Gears and Transmission Components	98.5	99.9
烘炉、风机、衡器、包装等设备制造	Manufacture of Ovens,Fans, Weighing,Packaging Equipment	99.8	97.8
文化、办公用机械制造	Manufacture of Machinery for Cultural Activity and Office Work	110.1	99.8
通用零部件制造	Manufacture of General Components	99.7	99.1
专用设备制造业	**Manufacture of Special Purpose Machinery**	**101.6**	**100.9**
采矿、冶金、建筑专用设备制造	Manufacture of Special Equipment for Mining,Metallurgy, Construction	101.6	100.2
化工、木材、非金属加工专用设备制造	Manufacture of Special Equipment for Chemicals, Wood, Non metallic Processing	101.8	98.6
食品、饮料、烟草及饲料生产专用设备制造	Manufacture of Special Equipment for Food, Beverage,Tobacco and Feed Production	100.0	100.0
印刷、制药、日化及日用品生产专用设备制造	Manufacture of Special Equipment for Printing, Pharmaceuticals, Cosmetics and Daily Production	100.0	100.0
纺织、服装和皮革加工专用设备制造	Manufacture of Special Equipment for Textiles, Clothing and Leather Industry	103.9	103.0
农、林、牧、渔专用机械制造	Manufacture of Special Equipment for Agriculture,Forestry, Animal Husbandry, Fishery	95.8	98.4
医疗仪器设备及器械制造	Manufacture of Medical Equipment and Instrument	102.8	101.2
环保、社会公共服务及其他专用设备制造	Manufacture of Special Equipment for Environmental,Social Public Service and Others	98.9	103.4

8-8 续表3 continued

(上年＝100) (preceding year=100)

行业	Sector	2013	2014
汽车制造业	**Manufacture of Automobiles**	**99.7**	**99.9**
汽车整车制造	Manufacture of Automobiles	100.0	100.0
改装汽车制造	Manufacture of Refit Automobiles	98.1	100.2
汽车车身、挂车制造	Manufacture of Automobiles and Trailers	96.6	96.8
汽车零部件及配件制造	Manufacture of Auto parts and accessories	99.7	99.6
铁路、船舶、航空航天和其他运输设备制造业	**Manufacture of Railway,Shipping,Aerospace and Other Transport Equipment**	**100.0**	**100.1**
铁路运输设备制造	Manufacture of Equipment for Railway Transport	100.5	104.9
船舶及相关装置制造	Manufacture of Shipping and Related Devices	100.0	100.0
摩托车制造	Manufacture of Motorcycles	99.7	101.1
自行车制造	Manufacture of Bicycles	100.0	100.0
电气机械及器材制造业	**Manufacture of Electrical Machinery and Equipment**	**94.6**	**97.0**
电机制造	Manufacture of Electrical Motors	99.1	99.2
输配电及控制设备制造	Manufacture of Power Distribution and Control Equipment	100.8	100.8
电线、电缆、光缆及电工器材制造	Manufacture of Wires, Cables,Fiber-optic Cables and Electrical Equipment	96.9	97.5
电池制造	Manufacture of Electric Cells	87.3	96.1
家用电力器具制造	Manufacture of Household Electrical Apparatus	99.4	96.5
非电力家用器具制造	Manufacture of Household Nonelectrical Apparatus	100.1	100.0
照明器具制造	Manufacture of Lighting Devices	96.0	94.3
计算机、通信和其他电子设备制造业	**Manufacture of Computers,Communications and Other Electronic Equipment**	**100.5**	**99.9**
计算机制造	Manufacture of Computers	100.7	97.2
通信设备制造	Manufacture of Communication Equipment	100.1	101.2
广播电视设备制造	Manufacture of Communication Broadcasting and TV Equipment	101.0	102.2
视听设备制造	Manufacture of Audio-visual Equipment	98.9	99.3
电子器件制造	Manufacture of Electronic Devices	103.9	100.4
电子元件制造	Manufacture of Electronic Components	99.0	100.1
仪器仪表制造业	**Manufacture of Measuring Instruments**	**100.1**	**100.2**
通用仪器仪表制造	Manufacture of General Measuring Instruments and Machinery	99.9	99.8
专用仪器仪表制造	Manufacture of Special Measuring Instruments and Machinery	99.8	100.0
钟表与计时仪器制造	Manufacture of Clocks and Timing Equipment	100.0	100.0
光学仪器及眼镜制造	Manufacture of Optical Equipment and Glasses	100.4	100.8
其他制造业	**Manufacture of Other**	**102.7**	**103.4**
日用杂品制造	Manufacture of Groceries for Daily Use	102.7	103.4
废弃资源综合利用业	**Comprehensive Utilization of Waste Resources**	**97.6**	**95.6**
金属废料和碎屑加工处理	Metal Waste and Fragment Treatment and Processing	97.6	95.6
金属制品、机械和设备修理业	**Repair of Metal Products, Machinery and Equipment**	**99.3**	**98.7**
金属制品修理	Repair of Metal Products	99.2	98.9
专用设备修理	Repair of Special Equipment	99.4	98.3
电力、热力生产和供应业	**Production and Supply of Electric Power and Heat Power**	**100.4**	**99.0**
电力生产	Production of Electric Power	99.9	97.6
电力供应	Supply of Electric Power	100.6	99.7
热力生产和供应	Production and Supply of Heat Power	100.0	100.0
燃气生产和供应业	**Production and Supply of Gas**	**100.4**	**100.4**
水的生产和供应业	**Production and Supply of Water**	**101.1**	**106.4**
自来水生产和供应	Production and Supply of Water	101.0	106.7
污水处理及其再生利用	Sewage Treatment and Recycling	102.3	99.8

8-9 工业生产者购进价格指数
Producer Price Indices for Purchasing Goods

(上年=100) (preceding year=100)

类　　别	Type	2005	2010	2013	2014
总指数	**General Index**	**110.0**	**111.8**	**98.4**	**98.4**
燃料、动力类	Fuel and Power	112.8	106.6	97.6	97.8
黑色金属材料类	Ferrous Metals	105.3	108.0	96.3	95.0
钢　　材	Steel	106.9	105.3	96.3	97.0
其　　他	Others	103.7	111.4	96.0	90.1
有色金属材料及电线类	Nonferrous Metals and Wire	125.7	135.0	95.5	94.8
化工原料类	Raw Chemical Materials	109.0	111.9	95.7	99.4
木材及纸浆类	Timber and Paper Pulp	107.7	106.6	99.1	100.5
建筑材料及非金属类	Building Materials and Nonmetal Ores	113.1	104.5	98.0	99.3
其它工业原材料及半成品类	Other Industrial Raw Materials and Semifinished Products	103.6	108.3	101.7	100.3
农副产品类	Agricultural Products	100.6	119.8	101.2	100.4
纺织原料类	Textile Materials	102.4	112.7	101.0	99.7

8-10 固定资产投资价格指数
Price Indices of Investment in Fixed Assets

(上年=100) (preceding year=100)

类　　别	Type	2005	2010	2013	2014
固定资产投资	**Investment in Fixed Assets**	**100.5**	**104.8**	**100.4**	**100.1**
建筑安装工程	**Construction and Installation**	**99.2**	**105.6**	**100.4**	**100.0**
人工费	Labor Costs	107.6	106.7	109.4	104.7
材料费	Material Costs	97.1	105.6	97.6	98.3
钢　材	Steel	96.5	105.1	94.7	93.9
木　材	Wood	98.2	104.3	106.9	104.1
水　泥	Cement	92.1	106.5	99.1	99.0
地方建筑材料	Local Building Materials	102.2	106.0	104.0	102.3
化工材料	Chemical Materials	105.9	113.7	100.0	101.4
电　　料	Electric Materials	102.4	107.7	98.2	99.9
其他材料	Other Materials	102.2	102.3	102.5	100.5
机械使用费	Machinery Costs	100.7	103.2	103.6	103.0
设备、工器具购置	**Purchase of Equipment,Tools and Instruments**	**100.3**	**102.0**	**99.0**	**99.6**
其他费用	**Others**	**107.2**	**105.4**	**103.2**	**102.1**

主要统计指标解释

居民消费价格指数 是反映一定时期内城乡居民所购买的生活消费品价格和服务项目价格变动趋势和程度的相对数，是对城市居民消费价格指数和农村居民消费价格指数进行综合汇总计算的结果。该指数可以观察和分析消费品的零售价格和服务项目价格变动对城乡居民实际生活费支出的影响程度。

商品零售价格指数 是反映一定时期内城乡商品零售价格变动趋势和程度的相对数。商品零售价格的变动直接影响到城乡居民的生活支出和国家的财政收入，影响居民购买力和市场供需的平衡，影响到消费与积累的比例关系。因此，该指数可以从一个侧面对上述经济活动进行观察和分析。

工业生产者价格指数 是反映工业产品价格变化趋势和变动幅度的统计指标，是工业企业的产品价格在不同时间和空间条件下平均变动的相对数，包括工业品第一次出售时的出厂价格和企业作为中间投入的原材料、燃料、动力购进价格。该指数是进行国民经济核算和经济管理的重要依据。

固定资产投资价格指数 是反映一定时期内固定资产投资品及项目的价格变动趋势和程度的相对数。固定资产投资额是由建筑安装工程投资完成额、设备工器具购置投资完成额和其他费用投资完成额三部分组成的。编制固定资产投资价格指数应首先分别编制上述三部分投资的价格指数，然后采用加权算术平均法求出固定资产投资价格总指数。

该指数可以准确地反映固定资产投资中涉及的各类投资品和取费项目价格变动趋势和变动幅度，消除按现价计算的固定资产投资指标中的价格变动因素，真实地反映固定资产投资的规模、速度、结构和效益，为国家科学地制定、检查固定资产投资计划并提高宏观调控水平，为完善国民经济核算体系提供科学的、可靠的依据。

Explanatory Notes on Main Statistical Indicators

Consumer Price Indices reflect the trend and degree of changes in prices of consumer goods and services purchased by urban and rural households during a given period. They are obtained by combining the Urban Consumer Price Indices and the Rural Consumer Price Indices. The Indices enable the observation and analysis of the degree of impact of the changes in the prices of retailed goods and services on the actual living expenses of urban and rural residents.

Retail Price Indices reflect the trend and degree of change in retail prices of commodities during a given period. The change in retail prices of commodities directly affect the living expenses of urban and rural residents, government revenue, purchasing power of residents and the equilibrium of market supply and demand, and the ratio of consumption to accumulation. Therefore, the retail price indices are useful from an oblique perspective for observing and analyzing the changes of the above economic activities.

Industry producer price index measures the trend and degree of variance of industry producer price. It is a relative figure of average variance in different time and space, which includes factory price of first sale and intermediate inputs of raw materials, fuel and power. It is a important base of national economic accounting and economic governance.

Price Indices of Investment in Fixed Assets reflect the trend and degree of changes in prices of investment goods and projects in fixed assets during a given period. The investment in fixed assets consists of three components, namely the investment in construction and installation, the investment in purchases of equipment and instrument, and the investment in other items. Price indices of investment in fixed assets are calculated as the weighted arithmetic mean of the price indices of the three components of investment in fixed assets.

Removing the factor of price change in the aggregates of investment at current prices, this indicator shows the changes in the prices of commodities and fees involved in the investment of fixed assets, and can be used to observe the actual size, growth, structure, and efficiency of investment in fixed assets and provides reliable and scientific data for government planning, management, decision-making, and further improving the current national accounting system.

9

人民生活

PEOPLE'S LIVELIHOOD

◆169/198

资料整理及英文翻译：洪　安、刘江华、
王　敏、刘　巍

简要说明

一、本篇资料的主要内容

本篇资料反映了全省城镇、农村居民的家庭收支、人口就业、居住、耐用消费品拥有、生产和生活等方面的情况。

二、本篇资料的来源

1. 本篇资料中城镇、农村居民家庭相关资料来源于居民收支调查年报，由国家统计局江西调查总队居民收支调查处整理提供。

三、本篇资料的调查口径

从2013年起，国家统计局开展了城乡一体化住户收支与生活状况抽样调查，与2013年前的分城镇和农村住户抽样调查的调查范围、调查方法、指标口径有所不同。2013年前城镇和农村住户调查的指标为老口径数据，2013年后城镇和农村居民调查的指标为新口径数据。

Brief Introduction

I. Content

Data in this chapter show the basic conditions of the people's livelihood for the whole province, including income and expenditure of the households, employment, housing condition, consumption and possession of the major consumer goods, etc.

II. Source of Data

Data in this chapter are based on the data collected by the sample survey on household income and expenditure and are prepared and provided by the Division of Household Income and Expenditure Survey of Survey Office of the National Bureau of Statistics in Jiangxi.

Ⅲ Statistical Caliber

The sample survey of the integration of urban and rural residents income and life situation has been conducted since 2013.The scope of investigation,investigation method,index caliber therefore varies from the sample survey of residents by residences before 2013.New statistical caliber is applied since 2013.

9-1 人民物质文化生活情况
People's Material and Cultural Life

指　　标	Item	1978	2000	2010	2013	2014
就　业(人)	**Employment (person)**					
城镇居民每一劳动力负担人口	Number of Dependents per Employee of Urban Household		1.79	1.87	1.45	1.43
农村居民每一劳动力负担人口	Number of Dependents per Laborer of Rural Household	2.50	1.46	1.35	1.75	1.82
收　入(元)	**Income(yuan)**					
城镇非私营单位在岗职工平均工资	Average Wage of Employed Staff and Workers in Urban Nonprivate Units	552	7014	29092	43582	47299
城镇居民人均可支配收入	Per Capita Annual Disposable Income of Urban Households	305	5104	15481	22120	24309
农村居民人均可支配收入	Per Capita Net Income of Rural Residents	141	2135	5789	9089	10117
储　蓄(元)	**Saving(yuan)**					
平均每人储蓄存款年末余额	Per Capita Balance of Saving Deposit at Year-end	13	2997	13746	21549	23809
居　住(平方米)	**Residence(sq.m)**					
城镇居民人均建筑面积	Per Capita Building Space of Urban Households			38.88	40.06	41.00
农村居民人均建筑面积	Per Capita Living Space of Rural Households		27.79	40.26	49.11	50.20
交通、通讯	**Traffic and Communication**					
城镇居民每百户摩托车拥有量(辆)	Number of Motor Cycles per 100 Urban Households(unit)		12.96	20.77	30.40	33.53
城镇居民每百户汽车拥有量(辆)	Number of Automobiles per 100 Urban Households(unit)		0.39	5.31	15.95	18.79
城镇居民每百户拥有移动电话(部)	Number of Mobile Telephones per 100 Urban Households(unit)		14.37	181.18	218.19	225.82
农村居民每百户汽车拥有量(辆)	Number of Bicycles per 100 Rural Households (unit)				8.82	9.50
农村居民每百户摩托车拥有量(辆)	Number of Motor Cycles per 100 Rural Households(unit)		17.47	60.49	73.10	78.54
农村居民每百户拥有移动电话(部)	Number of Mobile Telephones per 100 Rural Households(unit)		1.43	140.98	221.03	229.64
教　育	**Education**					
每万人中有普通高等学校在校学生(人)	Students Enrollment of Regular Higher Education Institutions per 10000 Population(person)	6.86	35.29	187.98	196.4	207.85
每万人中有中等学校在校学生(人)	Students Enrollment of Secondary Schools per 10000 Population(person)	540.69	702.41	788.66	716.04	710.02
每万人中有小学在校学生(人)	Students Enrollment of Primary Schools per 10000 Population(person)	1614.20	1018.85	955.90	905.35	909.22
学龄儿童入学率(%)	Enrollment Rate of School-Age Children(%)	94.15	99.58	99.93	99.99	99.83
卫　生	**Health**					
每万人中有卫生技术人员(人)	Number of Medical Technical Personnels per 10000 Population(person)	22.1	29.7	34.7	42.2	44.4
#医生	Doctors	9.6	13.1	13.3	15.6	16.5
每万人中有病床数(张)	Number of Hospital Beds per 10000 Population (bed)	22.7	21.9	28.7	38.6	41.2
#医院卫生院	Hospital Beds	20.5	20.1	23.1	35.0	37.5
文　化(台/套)	**Culture(set)**					
城镇居民每百户拥有彩色电视机	Number of Color TV per 100 Urban Households		106.01	148.00	140.32	143.25
城镇居民每百户拥有照相机	Number of Cameras per 100 Urban Households		25.48	33.82	29.41	30.03
城镇居民每百户拥有组合音响	Number of Hi-Fi Stereo Component Players per 100 Urban Households		16.00	27.82	10.14	11.00
城镇居民每百户拥有计算机	Number of Computers per 100 Urban Households		4.56	59.91	71.00	75.91
农村居民每百户拥有彩色电视机	Number of Color TV per 100 Rural Households		30.16	106.86	121.70	125.97
农村居民每百户拥有照相机	Number of Cameras per 100 Rural Households		2.08	2.69	3.79	4.44

注：2013年之前为农村居民人均纯收入指标，2013年之后所有调查指标为新口径调查数据，无纯收入指标，统一为可支配收入指标。后同。

a) Rural per capita net income is adjusted to per capita disposable income of rural residents since 2013. The same applies to the tables following.

9-2 各地区本外币储蓄存款年末余额（2014年）

Balance of Savings Deposit at Year-end by Region (2014)

单位：亿元 (Billion yuan)

地　区	Region	年末余额 Balance	比年初 Over Beginning of Year	比年初增长(%) Growth Rate (%)
全　省	**Provincial Total**	**10825.65**	**1067.08**	**10.9**
南昌市	Nanchang	2166.35	99.49	**4.8**
景德镇市	Jingdezhen	443.60	47.74	**12.1**
萍乡市	Pingxiang	409.01	41.23	**11.2**
九江市	Jiujiang	1048.72	82.92	**8.6**
新余市	Xinyu	363.55	23.14	**6.8**
鹰潭市	Yingtan	291.82	31.98	**12.3**
赣州市	Ganzhou	1731.38	200.69	**13.1**
吉安市	Ji'an	1120.73	142.00	**14.5**
宜春市	Yichun	1171.87	124.26	**11.9**
抚州市	Fuzhou	834.31	102.56	**14.0**
上饶市	Shangrao	1243.16	170.98	**16.0**

9-3 各地区人民币储蓄存款年末余额（2014年）

Balance of Savings Depositat at Year-end by Region (2014)

单位：亿元 (Billion yuan)

地　区	Region	年末余额 Balance	比年初 Over Beginning of Year	比年初增长(%) Growth Rate (%)
全　省	**Provincial Total**	**10790.70**	**1065.53**	**11.0**
南昌市	Nanchang	2149.33	98.16	**4.8**
景德镇市	Jingdezhen	442.23	47.70	**12.1**
萍乡市	Pingxiang	407.94	41.22	**11.2**
九江市	Jiujiang	1046.28	82.84	**8.6**
新余市	Xinyu	362.70	23.07	**6.8**
鹰潭市	Yingtan	290.82	31.95	**12.3**
赣州市	Ganzhou	1728.00	200.67	**13.1**
吉安市	Ji'an	1119.17	141.94	**14.5**
宜春市	Yichun	1169.59	124.31	**11.9**
抚州市	Fuzhou	832.62	102.57	**14.1**
上饶市	Shangrao	1240.87	170.99	**16.0**

9-4 城镇居民基本情况

Basic Condition of Urban Households

年 份 地 区 Year Region	平均每户家庭人口数(人) Average Household Size (person)	平均每户劳动力人口数(人) Average Number of Employed Persons per Household (person)	平均每人每年可支配收入(元) Per Capita Annual Disposable Income (yuan)	可支配收入指数 Index of Disposable Income		平均每人每年消费支出(元) Per Capita Annual Consumption Expenditure (yuan)
				以上年为100 (preceding year=100)	以1978年为100 (year of 1978=100)	
1986	4.02		729.84	118.0	171.9	630.96
1987	3.98		791.88	100.6	172.9	703.20
1988	3.72		937.80	95.7	165.5	876.48
1989	3.65		1081.92	98.4	161.2	977.88
1990	3.60		1187.88	107.5	173.3	983.76
1991	3.54		1295.40	104.5	181.0	1110.24
1992	3.45		1584.96	113.8	206.0	1275.96
1993	3.37		1984.80	108.1	222.8	1585.68
1994	3.28		2776.80	110.2	245.6	2201.04
1995	3.20		3376.56	104.0	255.5	2712.48
1996	3.18		3780.24	103.6	264.6	2942.16
1997	3.13		4071.36	104.6	276.7	3199.56
1998	3.08		4251.48	103.4	286.0	3266.76
1999	3.06		4720.56	112.0	320.3	3482.28
2000	3.08		5103.60	105.9	339.2	3623.52
2001	3.04		5506.08	108.1	366.7	3894.48
2002	2.97		6335.64	114.8	421.0	4549.32
2003	2.97		6901.44	108.00	454.7	4914.60
2004	2.91		7559.64	106.00	482.0	5337.84
2005	2.89		8619.72	112.30	541.3	6109.44
2006	2.86		9551.12	110.00	595.4	6645.54
2007	2.85		11221.87	112.50	669.8	7810.73
2008	2.90		12866.44	108.3	725.4	8717.37
2009	2.88		14021.54	109.6	795.0	9739.99
2010	2.84		15481.12	107.3	853.0	10618.69
2011	2.87		17494.87	107.5	917.0	11747.21
2012	2.86		19860.36	110.6	1014.2	12775.65
2013	3.35	2.32	22119.66	107.8	1093.3	13843
2014	3.32	2.31	24309.19	107.3	1173.1	15142

注：可支配收入指数均按可比价计算。

a) Disposable income index are calculated at comparable price.

9-5 城镇居民按收入高低五等份分组基本情况（2014年）

Basic Indicators of Urban Households of Five Groups Divided Equally by Income Level (2014)

指标	Item	低收入组 Low Income Households	中低收入组 Lower Middle Income Households
占调查总户数比重(%)	Percentage of Households (%)	20	20
平均每户家庭人口数(人)	Average Household Size (person)	4.25	3.62
平均每户劳动力人口数(人)	Average Number of Laborer Per Household (person)	2.29	1.99
平均每户家庭劳动力人口比重(%)	Percentage of Laborer Per Household	53.84	54.92
平均每一劳动力负担人口(人)	Average Number of Persons Supported by A Laborer(Person)	1.86	1.82
平均每人每年可支配收入(元)	Per Capita Annual Disposable Income (yuan)	11427.01	18771.74
平均每人每年消费支出(元)	Per Capita Annual Disposable Income (yuan)	8276.10	12359.53

9-5 续表 continued

指标	Item	中等收入组 Middle Income Households	中高收入组 Upper Middle Income Households	高收入组 High Income Households
占调查总户数比重(%)	Percentage of Households (%)	20	20	20
平均每户家庭人口数(人)	Average Household Size (person)	3.16	2.91	2.63
平均每户劳动力人口数(人)	Average Number of Laborer Per Household (person)	1.81	1.71	1.71
平均每户家庭劳动力人口比重	Percentage of Laborer Per Household	57.20	58.69	65.08
平均每一劳动力负担人口(人)	Average Number of Persons Supported by A Laborer(Person)	1.75	1.70	1.54
平均每人每年可支配收入(元)	Per Capita Annual Disposable Income (yuan)	24258.38	30234.02	45820.49
平均每人每年消费支出(元)	Per Capita Annual Consumption Expenditure (yuan)	14830.79	19145.19	25348.62

9-6　城镇居民平均每人每年收支
Per Capita Annual Cash Income and Expenditure of Urban Households

单位：元 (yuan)

指　　标	Item	2013	2014
可支配收入	**Disposable Income**	**22119.66**	**24309.19**
工资性收入	Income of Wages and Salaries	14009.08	15623.11
#工资	Wages	13175.43	14863.65
实物福利	Welfare in Kind	16.46	36.93
其他	Others	817.20	722.54
经营净收入	Net Business Income	1940.51	1961.40
财产净收入	Income from Property	2276.47	2489.66
转移净收入	Income from Transfers	3893.60	4235.01
#养老金或离退休金	Pension or Retirement Annuities	3668.57	4130.99
报销医疗费	Medical Fee Reimbursement	60.46	119.93
赡养收入	Support	438.15	458.91
总支出	**Total Expenditure of Households**	**19526.80**	**21027.70**
#消费支出	Consumption Expenditure	13842.95	15141.78
生产经营费用支出	Production and Operation	211.14	565.34
财产性支出	Property	32.38	99.81
转移性支出	Transfer	686.51	874.95
个人所得税	Individual Income Tax	21.39	24.18
部分商业保险支出	Part of the Commercial Insurance Payments	62.04	70.41
购置资产及非经常性转移支出	Purchase of Assets and non Regular Payments	1813.48	2203.74
借贷性支出	Loan	2877.30	2071.68
#存入储蓄款	Money Deposited in Bank	2400.38	1470.23
借出款	Lending Money	13.89	84.54
归还借款	Money Returned to the Borrower	47.31	73.50
归还住房贷款	Housing Loan Returned	333.68	361.39

9-7 城镇居民平均每人每年收支（2014年）
Per Capita Annual Cash Income and Expenditure of Urban Households (2014)

单位：元

指标	Item	合计 Total	低收入户 Low Income Households	中等偏下户 Lower Middle Income Households	中等收入户 Middle Income Households	中等偏上户 Upper Middle Income Households	高收入户 High Income Households
可支配收入	**Disposable Income**	**24309.2**	**11308.8**	**18646.5**	**24147.8**	**30145.9**	**45593.3**
工资性收入	Income of Wages and Salaries	15623.1	7081.8	12820.9	16289.3	19801.5	27063.7
#工资	Wages	14863.6	6615.1	12376.5	15765.2	18937.0	25264.5
实物福利	Welfare in Kind	36.9	16.5	16.5	36.2	56.7	74.5
其他	Others	722.5	450.2	427.9	487.9	807.8	1724.7
经营净收入	Net Business Income	1961.4	1281.0	1260.4	1521.8	1406.9	5100.9
财产净收入	Income from Property	2489.7	900.1	1508.4	2208.8	3276.2	5711.5
转移净收入	Income from Transfers	4235.0	2045.9	3056.7	4127.9	5661.3	7717.3
#养老金或离退休金	Pension or Retirement Annuities	4131.0	1699.3	2889.8	4385.9	5785.1	7376.0
报销医疗费	Medical Fee Reimbursement	119.9	64.4	63.2	86.5	83.7	362.5
赡养收入	Support	458.9	256.7	476.0	252.6	516.8	935.5
总支出	**Total Expenditure of Households**	**21027.7**	**10812.1**	**17805.4**	**19862.8**	**25352.3**	**37682.5**
#消费支出	Consumption Expenditure	15141.8	8276.1	12359.5	14830.8	19145.2	25348.6
生产经营费用支出	Production and Operation	565.3	468.8	390.9	336.1	311.5	1509.8
财产性支出	Property	99.8	125.9	9.6	46.3	223.9	105.2
转移性支出	Transfer	874.9	445.2	679.6	829.9	1132.4	1565.4
个人所得税	Individual Income Tax	24.2	1.5	6.5	10.4	40.7	81.1
部分商业保险支出	Part of the Commercial Insurance Payments	70.4	25.6	48.0	28.9	71.0	219.3
购置资产及非经常性转移支出	Purchase of Assets and non Regular Payments	2203.7	652.2	3089.3	1957.2	2008.0	3950.3
借贷性支出	Loan	2071.7	818.3	1228.4	1833.7	2460.4	4983.8
#存入储蓄款	Money Deposited in Bank	1470.2	625.0	992.4	1228.7	1655.5	3498.5
借出款	Lending Money	84.5	1.0	35.7	29.0	24.5	413.5
归还借款	Money Returned to the Borrower	73.5	42.5	25.9	63.1	185.8	71.4
归还住房贷款	Housing Loan Returned	361.4	106.0	146.4	483.6	557.9	672.7

9-8 城镇居民平均每人每年消费支出（2014年）

Per Capita Consumption Expenditure of Urban Households (2014)

单位：元

指 标	Item	合 计 Total	低 收 入 户 Low Income Households	中 等 偏下户 Lower Middle Income Households	中 等 收入户 Middle Income Households	中 等 偏上户 Upper Middle Income Households	高 收 入 户 High Income Households
消费支出	**Consumption Expenditure**	**15141.8**	**8276.1**	**12359.5**	**14830.8**	**19145.2**	**25348.6**
食品烟酒	Food，Cigarette and Wine	4965.6	3143.0	4264.5	5027.5	6049.1	7426.6
#食品	Food	3773.4	2656.2	3339.7	3796.5	4553.0	5175.9
烟酒	Cigarette and Wine	385.6	196.2	314.1	432.5	515.2	571.1
饮料	Beverage	61.0	39.0	55.1	57.2	74.3	92.8
饮食服务	Service	745.6	251.7	555.7	741.3	906.7	1586.9
衣着	Clothing	1394.7	577.4	1094.0	1414.7	1921.2	2443.7
#衣类	Clothes	1118.2	444.8	850.1	1115.2	1550.9	2034.4
鞋类	Footwears	276.5	132.5	243.9	299.4	370.3	409.3
居住	Residence	3377.1	2075.3	2714.3	3334.7	4012.4	5610.4
生活用品及服务	Household Appliances and Services	991.2	441.5	760.2	943.6	1232.6	1936.0
交通通信	Transport and Communications	1627.7	664.4	1211.5	1364.3	2248.0	3295.9
#交通	Transport	963.1	336.9	638.3	693.7	1347.4	2260.1
通信	Communications	664.7	327.6	573.2	670.6	900.6	1035.8
教育、文化娱乐	Education, Cultural and Recreation Services	1653.8	818.6	1441.6	1798.4	2183.6	2458.1
#教育	Education	820.6	550.5	851.3	959.3	1050.8	770.8
文化娱乐	Cultural and Recreation Services	833.3	268.1	590.2	839.1	1132.8	1687.3
医疗保健	Health Care and Medical Services	760.7	411.5	642.4	641.5	941.5	1400.7
#医疗器具及药品	Instruments, Apparatuses and Medicines,	290.4	129.0	215.1	281.7	361.7	571.0
医疗服务	Service	470.3	282.5	427.3	359.8	579.8	829.6
其他用品和服务	Other Goods and Services	370.9	144.4	231.1	306.2	556.8	777.3
#其他用品	Other Goods	230.8	87.4	128.6	187.8	371.0	483.2
其他服务	Other Services	140.1	57.0	102.5	118.3	185.8	294.1

9-9 城镇居民平均每人每年消费支出和构成
Per Capita Consumption Expenditure and Expenditure Percentage of Urban Households

类别	Type	消费性支出（元）Consumption Expenditure(yuan)		构成（%）Percentage (%)	
		2013	2014	2013	2014
消费支出	**Consumption Expenditure**	**13842.95**	**15141.78**	**100.00**	**100.00**
食品烟酒	Food，Cigarette and Wine	4524.59	4965.63	32.69	32.79
#食品	Food	3551.78	3773.44	25.66	24.92
烟酒	Cigarette and Wine	338.03	385.56	2.44	2.55
饮料	Beverage	55.76	61.00	0.40	0.40
饮食服务	Service	634.78	745.64	4.59	4.92
衣着	Clothing	1278.53	1394.65	9.24	9.21
#衣类	Clothes	1013.10	1118.18	7.32	7.38
鞋类	Footwears	265.43	276.47	1.92	1.83
居住	Residence	3246.57	3377.10	23.45	22.30
生活用品及服务	Household Appliances and Services	867.62	991.24	6.27	6.55
交通通信	Transport and Communications	1476.82	1627.70	10.67	10.75
#交通	Transport	864.33	963.05	6.24	6.36
通信	Communications	612.48	664.65	4.42	4.39
教育、文化娱乐	Education, Cultural and Recreation Services	1457.44	1653.84	10.53	10.92
#教育	Education	783.86	820.59	5.66	5.42
文化娱乐	Cultural and Recreation Services	673.59	833.25	4.87	5.50
医疗保健	Health Care and Medical Services	641.98	760.70	4.64	5.02
#医疗器具及药品	Instruments, Apparatuses and Medicines,	252.22	290.43	1.82	1.92
医疗服务	Service	389.76	470.27	2.82	3.11
其他用品和服务	Other Goods and Services	349.39	370.91	2.52	2.45
#其他用品	Other Goods	230.86	230.79	1.67	1.52
其他服务	Other Services	118.53	140.12	0.86	0.92

9-10 城镇居民平均每百户主要耐用消费品年末拥有量
Ownership of Major Consumer Good Per 100 Urban Households at Year-end

品名	Item	2005	2010	2013	2014
摩托车(辆)	Motorcycle(unit)	24.38	20.77	30.40	33.53
家用汽车(辆)	Family Car(unit)	0.73	5.31	15.95	18.79
洗衣机(台)	Washing Machine(unit)	95.29	93.84	86.71	88.72
电冰箱(台)	Refrigerator(unit)	90.66	96.57	94.63	96.00
彩色电视机(台)	Color Television Set(unit)	139.31	148.00	140.32	143.25
计算机(台)	Computer(unit)	32.03	59.91	71.00	75.91
组合音响(套)	Hi-Fi Stereo Component System(set)	24.64	27.82	10.14	11.00
摄像机(台)	Pickup Camera(unit)	2.35	4.45	5.04	5.48
照相机(台)	Camera(unit)	37.35	33.82	29.41	30.03
中高档乐器(架)	Medium and High Grade Musical Instruments(piece)	8.67	6.70	2.83	3.47
微波炉(台)	Microwave Oven(unit)	38.93	55.86	48.80	49.93
空调(台)	Air Conditioner(unit)	72.41	107.67	114.39	119.59
热水器(台)	Shower Heater(unit)	81.77	92.28	89.85	91.88
健身器材(台)	Body Building Equipment(unit)	1.77	3.17	2.21	3.07
移动电话(部)	Mobile Telephone(unit)	136.26	181.18	218.19	225.82

9-11 农村居民家庭基本情况

Basic Statistics on Rural Households

年 份 Year	平均每户家庭人口（人） Average Permanent Population Per Household (person)	平 均 每 户 整半劳动力（人） Average Number of Full Semi Labour Force Per Household (person)	平均每个劳动力负 担 人 口（人） Average Number of Dependents Per Laborer Force (person)	平均每人可支配收入（元） Per Capita Average Net Income (yuan)	平均每人住房面积（平方米） Per Capita Floor Space of Residential Buildings (sq.m)
1978	5.68	2.77	2.50	140.7	
1979	5.67	2.26	2.50	156.5	
1980	5.91	2.5	2.36	181.24	9.09
1981	6.06	2.78	2.18	226.87	10.05
1982	5.97	2.63	2.27	269.71	11.57
1983	5.92	2.9	2.04	301.76	13.92
1984	5.94	3.02	1.97	334.11	15.55
1985	5.79	3.09	1.87	377.31	16.20
1986	5.72	3.04	1.88	395.63	17.50
1987	5.61	3.02	1.85	429.29	18.47
1988	5.48	3.01	1.82	488.16	19.35
1989	5.38	3.02	1.78	558.64	19.94
1990	5.28	3.00	1.76	669.90	20.58
1991	5.09	2.92	1.74	702.53	20.08
1992	5.01	2.94	1.70	768.41	20.70
1993	4.92	3.02	1.63	869.81	22.91
1994	4.86	3.10	1.57	1218.19	21.61
1995	4.79	3.12	1.54	1537.36	22.70
1996	4.71	3.02	1.56	1869.63	24.00
1997	4.61	3.00	1.54	2107.28	24.33
1998	4.56	2.99	1.52	2048.00	25.31
1999	4.50	2.99	1.50	2129.45	26.90
2000	4.44	3.03	1.46	2135.30	27.79
2001	4.43	3.01	1.47	2231.60	28.25
2002	4.39	3.01	1.46	2334.20	29.24
2003	4.36	3.05	1.43	2457.53	30.55
2004	4.33	3.08	1.41	2952.56	31.35
2005	4.34	3.14	1.38	3265.53	34.10
2006	4.30	3.15	1.37	3584.72	35.91
2007	4.29	3.17	1.35	4097.82	36.78
2008	4.29	3.16	1.36	4697.19	37.56
2009	4.29	3.17	1.35	5075.01	39.53
2010	4.29	3.18	1.35	5788.56	40.26
2011	4.25	3.06	1.39	6891.63	46.82
2012	4.24	3.04	1.40	7827.82	47.61
2013	4.20	2.40	1.75	9088.78	49.11
2014	4.20	2.31	1.82	10116.58	50.20

注：2013年之后人均常住人口指标为人均家庭人口，人均纯收入指标为人均可支配收入，2013年之后所有数据为新口径调查数据。后同。
a) Average permanent population per household was adjust to average family population per household, per capita net income to per capita disposable income since 2013. The new statistic standard was applied since. The same applies as following table.

9-12 平均每百户农村居民主要生产用固定资产拥有量
Ownership of Major Fixed Assets for Production Per 100 Rural Households

指　　标	Item	2013	2014
生产性固定资产原值（元）	**Productive Original Value of Fixed Assets (yuan)**	**1157555**	**1349786**
农　业	Farming	446030	537533
林　业	Forestry	11034	18858
牧　业	Animal Husbandry	98589	106214
渔　业	Fishing	11388	14508
采矿业	Mining	7771	5169
制造业	Manufacturing	68130	56158
电力、热力、燃气及水的生产和供应业	Production and Supply of Electricity, Gas & Water	308	—
建筑业	Construction	61080	67827
批发和零售业	Wholesale and Retail Trade	128853	164148
交通运输、仓储和邮政业	Traffic, Transport, Storage and Post	215914	244511
住宿和餐饮业	Hotels and Catering Services	26857	43351
居民服务与其他服务业	Services to Households and Other Services	39297	54000
其　他	Others	42306	37508
主要生产性固定资产数量	**Amount of Major Productive Fixed Assets**		
房屋及建筑物（平方米）	Housing and Building (aq.m)	1284.10	1504.24
大中型农用拖拉机（台）	Large and Medium Tractor (unit)	0.71	0.68
小型农用拖拉机（台）	Small and Walking Tractor (unit)	13.88	13.71
农用排灌动力机械	Power-driven Irrigation and Drainage Equipment (unit)	13.44	10.58
插秧机	Rice Transplanter (unit)	0.19	0.06
收割机（台）	Harvester (unit)	2.62	2.72
脱粒机	Thresher (unit)	18.99	14.75
役　畜（头）	Draught Animal (head)	13.00	14.65
产品畜（头）	Commodity Animal (head)	179.37	650.05

9-13 农村居民人口与就业情况
Population and Employment of Rural Households

单位：人　　(person)

指　　标	Item	2013	2014
农村居民人口状况	**Population of Rural Households**		
家庭常住人口	Number of Permanent Residents	11816	11454
5岁及以下	5 and Under	921	781
6-15岁	Aged 6 - 15	1866	1905
16-19岁	Aged 16 - 19	544	584
20-24岁	Aged 20 - 24	686	571
25-29岁	Aged 25 - 29	613	553
30-34岁	Aged 30 - 34	536	467
35-40岁	Aged 35 - 40	1048	933
41-50岁	Aged 41 - 50	2124	1999
51-60岁	Aged 51 - 60	1874	1922
61-65岁	Aged 61 - 65	721	750
66岁及以上	66 and Over	883	989
在校学生人数	Students Enrollment	2431	2512
农村住户劳动力素质状况	**Labor Force Quality of Rural Households**		
整半劳动力数	Number of Full/Semi Labour Force	7779	7478
#男劳动力人数	Number of Male Labour Force	3973	3760
整劳动力	Number of Full Labour Force	4234	3741
劳动力文化程度	Education of Labor Force		
未上过学	Un-Schooled	325	325
小学程度	Primary School	2657	2576
初中程度	Junior High School	3727	3525
高中程度	Senior High School	834	804
大专及以上	Junior College and over	236	248

9-13 续表 continued

单位：人 (person)

指　　标	Item	2013	2014
农村居民就业情况	Employment of Rural Households		
家庭常住从业人数	Resident Labor Force	7197	6890
#男性从业人数	Male Labor Force	3841	3622
就业类型	Type of Employment		
雇主	Employer	90	68
公职人员	Public Employee	57	42
事业单位人员	Institution personnel	89	80
国有企业雇员	Employee of State-owned Enterprises	43	33
其他雇员	Other Employee	2674	2809
农业自营	Agricultural Self-run	3428	3101
非农自营	Non-agricultural Self-run	816	756
行业分布	Sector of Employment		
第一产业就业人数	Primary Industry	3970	3611
第二产业就业人数	Secondary Industry	1868	1815
采矿业	Mining and Quarrying	71	58
制造业	Manufacturing	949	850
电力、热力、燃气及水生产供应业	Production and Supply of Electricity, Gas & Water	32	31
建筑业	Construction	816	876
第三产业就业人数	Tertiary Industry	1359	1464
批发和零售业	Wholesale and Retail Trades	366	412
交通运输、仓储和邮政业	Transport,Storage and Post	211	211
住宿和餐饮业	Hotels and Catering Services	115	121
居民服务、修理和其他服务业	Services to Households and Other Services	320	374
教　育	Education	66	66
卫生和社会工作	Health and Social Affairs	52	51
文化、体育和娱乐业	Culture,Sports and Entertainment	18	21
其　他	Others	211	208

9-14 平均每百户农村居民主要耐用消费品年末拥有量

Ownership of Major Durable Consumer Goods Per 100 Rural Households

品　　名	Item	2013	2014
家用汽车	Family Vehicle	8.82	9.50
摩托车(辆)	Motorcycle(unit)	73.10	78.54
洗衣机(台)	Washing Machine(unit)	32.35	36.92
电冰箱(台)	Refrigerator(unit)	78.81	82.81
彩色电视机(台)	Color TV Set(unit)	121.70	125.97
排油烟机(台)	Smoke Absorber(unit)	12.18	13.58
空调(台)	Air Conditioner(unit)	33.70	39.18
热水器(台)	Water Heater(unit)	45.74	52.01
微波炉(台)	Oven(unit)	8.28	9.13
固定电话(线)	Fixed-line Telephone(line)	24.94	30.33
移动电话(部)	Mobile Telephone(unit)	221.03	229.64
摄像机(台)	Pickup Camera(unit)	0.43	0.56
照相机(台)	Camera(unit)	3.79	4.44
计算机(台)	Computer(unit)	18.99	22.31
中高档乐器(架)	Medium and High Grade Musical Instrument(unit)	0.80	0.86

9-15 农村居民人均食品消费量

Peasants' Per Capita Consumption on Living Consumer Goods

单位：公斤 (kg)

类　　别	Type	2013	2014
粮食	Grain	194.50	161.90
#谷物	Rice	188.62	155.86
薯类	Tubers	1.30	1.44
豆类	Soybeans	4.54	4.60
蔬菜及菜制品	Fresh Vegetable and Related Products	115.41	109.98
油脂类	Oil	14.17	13.70
植物油	Vegetable Oil	13.37	12.90
肉类	Meat	20.03	19.87
#猪肉	Pork	18.39	17.54
牛肉	Beef	0.59	0.57
羊肉	Mutton	0.05	0.08
禽类	Poultry	4.37	5.82
蛋类及蛋制品	Eggs and Related Products	5.17	5.49
奶和奶制品	Milk and Dairy Products	5.07	5.79
水产品	Aquatic Products	7.85	7.33
食糖	Sugar	1.00	1.04
酒	Liquor and Beverages	12.87	12.99
干鲜瓜果类	Dry and Fresh Melon and Fruits	24.29	23.08

9-16 农村居民平均每人总收入

Per Capita Total Income in Rural Households

单位：元 (yuan)

指　　标	Item	2013	2014
全年总收入	**Annual Total Income**	**11202.86**	**12502.94**
工资性收入	Income From Wages and Salaries	3399.73	3937.44
经营性收入	Income from Household Operations	5678.55	6286.47
第一产业	Primary Industry	4106.31	4508.36
#农业	Farming	2911.06	3185.74
林业	Forestry	295.93	300.29
牧业	Animal Husbandry	767.63	871.80
渔业	Fishery	129.27	150.53
第二产业	Secondary Industry	382.37	449.13
第三产业	Tertiary Industry	1189.88	1328.98
财产性收入	Property Income	126.98	166.07
转移性收入	Transfer Income	1997.60	2112.96

9-17 农村居民平均每人现金收入

Per Capita Cash Income in Rural Households

单位：元 (yuan)

指　　标	Item	2013	2014
全年现金收入	**Annual Total Cash Income**	**10000.34**	**11242.56**
#现金工资性收入	Income from Wages and Salaries	3397.54	3935.38
#工资	Wages	2675.60	3356.04
其他工资性收入	Other Wage Incomes	721.94	579.34
现金经营性收入	Operational Income in Cash	4552.58	5119.14
第一产业	Primary Industry	2978.81	3341.02
#农业	Farming	2027.15	2286.39
林业	Forestry	156.60	148.79
牧业	Animal Husbandry	667.90	758.78
渔业	Fishery	123.99	147.06
第二产业	Secondary Industry	382.37	449.13
#采矿业	Mining	7.61	5.82
制造业	Manufacturing	153.04	142.13
建筑业	Construction	221.71	301.12
第三产业	Tertiary Industry	1191.40	1328.98
#批发和零售业	Wholesale and Retail Trade	449.00	524.11
交通运输、仓储和邮政业	Traffic Transport, Storage and Post	413.02	426.38
住宿和餐饮业	Hotels and Catering Services	124.91	147.90
居民服务、修理和其他服务业	Domestic Service, Repair and Other Services	196.53	226.72
其他行业	Other Sectors	38.87	44.91
现金财产性收入	Income from Properties	132.43	166.07
现金转移性收入	Income from Transfers	1917.79	2021.98

9-18 农村居民家庭平均每人总支出

Per Capita Total Expenditures in Rural Households

单位：元 (yuan)

指　　标	Item	2013	2014
全年总支出	**Annual Total Expenditure**	**11569.65**	**12112.61**
#生产经营费用支出	Expenditure on Production and Management	1704.78	1941.68
第一产业	Primary Industry	1314.93	1463.07
第二产业	Secondary Industry	82.01	111.78
第三产业	Tertiary Industry	307.83	366.83
购置资产及非经常性转移	Acquisition of Assets and Non-recurrent Transfer	1555.11	1361.18
#购置资产支出	Acquisition of Assets	756.49	737.96
非经常转移支出	Non-recurrent Transfer	798.62	623.22
消费支出	Living Expenditure	6807.40	7548.26
#食品烟酒	Food, Cigarette and Wine	2530.69	2755.09
衣　着	Clothing	339.50	380.55
居　住	Residence	1709.24	1877.26
生活用品及服务	Articles and Service of Daily Use	370.70	406.84
交通通信	Transportation and Communications	676.67	759.39
教育文化娱乐	Education, Culture and Entertainment	590.99	711.93
医疗保健	Medical Articles	466.09	525.21
其他用品和服务	Other Commodities and Services	123.51	131.98
财产性支出	Property Expenditure	5.59	12.71
转移性支出	Transfer Expenditure	195.80	193.63

9-19 农村居民平均每人生活消费支出
Per Capita Living Expenditure of Rural Households

单位：元 (yuan)

指　　标	Item	2013	2014
全年生活消费支出	**Annual Living Expenditure for Consumption**	**6075.20**	**6726.14**
#货币性消费	Consumption Paid in Money	4875.40	5547.82
食品烟酒	Food, Cigarette and Wine	1836.37	2084.30
#货币性消费	Consumption Paid in Money	1835.01	2082.30
衣着	Clothing	339.41	380.15
#货币性消费	Consumption Paid in Money	339.39	380.04
居住	Residence	1671.85	1726.36
#货币性消费	Consumption Paid in Money	551.31	640.87
生活用品及服务	Articles and Service of Daily Use	370.57	406.84
#货币性消费	Consumption Paid in Money	370.03	406.66
交通通信	Transportation and Communications	676.67	759.39
#货币性消费	Consumption Paid in Money	676.66	759.39
教育文化娱乐	Education, Culture and Entertainment	590.82	711.93
#货币性消费	Consumption Paid in Money	590.82	711.90
医疗保健	Medical Articles	466.09	525.19
#货币性消费	Consumption Paid in Money	389.08	435.01
其他用品和服务	Other Commodities and Services	123.42	131.98
#货币性消费	Consumption Paid in Money	123.11	131.66

注：生产消费支出不含自产自用。

a) Self produce and use are not include in living expenditure.

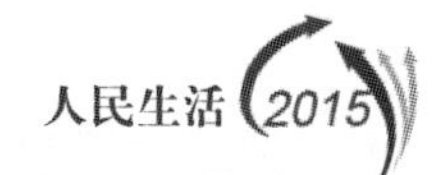

9-20 农村居民家庭平均每人可支配收入
Per Capita Annual Net Income in Rural Households

单位：元 (yuan)

指标	Item	2013	2014
全年可支配收入	**Annual Disposable Income**	**9088.78**	**10116.58**
工资性收入	Income of Wages and Salaries	3399.73	3937.44
#工资	Wages	2675.60	3356.04
实物福利	welfare in Kind	2.19	2.06
其他	Others	721.94	579.34
经营净收入	Income from Household Business Operation	3760.18	4106.54
第一产业	Primary Industry	2693.89	2922.55
农业收入	Farming	2053.05	2249.55
林业收入	Forestry	268.36	275.28
牧业收入	Animal Husbandry	292.20	303.84
渔业收入	Fishery	80.28	93.88
第二产业	Secondary Industry	280.91	317.85
第三产业	Tertiary Industry	785.39	866.15
财产净收入	Property Income	126.66	153.27
转移净收入	Transfer Income	1802.20	1919.33

9-21 农村居民平均每人按收入水平分组的户数构成

Composition of Rural Households by Per Capita Annual Net Income

单位：%　　　　(%)

分　组	Group	2013	2014
600元以下的户	600 yuan and below	0.26	0.37
600-1000元的户	600-1000 yuan	0.26	0.03
1000-1500元的户	1000-1500 yuan	0.53	0.28
1500-2000元的户	1500-2000 yuan	0.85	0.62
2000-2500元的户	2000-2500 yuan	4.03	1.60
2500-3000元的户	2500-3000 yuan	1.68	4.10
3000-3500元的户	3000-3500 yuan	1.62	1.45
3500-4000元的户	3500-4000 yuan	2.74	1.67
4000-5000元的户	4000-5000 yuan	7.38	5.46
5000-6000元的户	5000-6000 yuan	7.41	6.48
6000-7000元的户	6000-7000 yuan	8.24	7.84
7000-8000元的户	7000-8000 yuan	7.97	6.02
8000元以上的户	8000 yuan and over	57.03	64.12

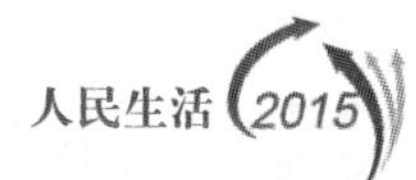

9-22 按收入高低五等份分组农村居民家庭基本情况（2014年）

Basic Indicators of Rural Households of Five Groups Divided Equally by Income Level (2014)

指　　标	Item	低收入组 Low Income Households	中低收入组 Lower Middle Income Households	中等收入组 Middle Income Households	中高收入组 Upper Middle Income Households	高收入组 High Income Households
占调查总户数比重(%)	Percentage of Households (%)	20	20	20	20	20
平均每户家庭人口(人)	Family Members Per Household(person)	4.96	4.49	4.13	3.95	3.47
平均每户劳动力人口数(人)	Labourer per Household(person)	2.90	2.76	2.72	2.71	2.64
平均每一劳动力负担人口(人)	Average Number of Persons Supported by A Laborer(Person)	1.71	1.62	1.52	1.46	1.32
平均每人可支配收入(元)	per capita Disposable Income(yuan)	3538.6	6816.2	9578.0	13085.1	22248.1
工资性收入	Income of Wage	1397.5	2634.7	4401.6	5402.2	7421.7
经营净收入	Net Income from Operations	1441.2	2650.7	3391.7	4974.6	10219.6
第一产业	Primary Industry	1134.1	2023.4	2580.1	3433.5	6824.6
第二产业	Secondary Industry	113.5	166.8	223.0	370.1	909.6
第三产业	Tertiary Industry	193.6	460.5	588.7	1171.0	2485.4
财产净收入	Property Income	39.2	45.9	123.9	196.9	468.2
转移净收入	Transfer Income	660.7	1484.9	1660.8	2511.4	4138.7
平均每人消费支出(元)	Per Capita Living Expenditure(yuan)	4660.8	6707.0	7604.7	8588.9	11964.3
食品烟酒	Food Expenditure	1870.5	2519.3	2780.1	3222.5	3892.3
衣着	Clothing Expenditure	203.5	306.5	382.6	465.5	659.3
居住	Residence Expenditure	1231.7	1675.2	1881.5	2057.5	2956.5
生活用品及服务	Articles and Service of Daily Use	234.1	335.3	438.2	439.2	699.8
交通通信	Transport and Communication	345.5	600.8	721.8	810.9	1619.0
教育、文化娱乐	Education, Culture and Entertainment	445.8	628.9	801.0	831.6	990.7
医疗保健	Medicines and Health Care	249.9	505.6	473.3	601.5	962.9
其他用品和服务	Other Commodities and Services	79.9	135.4	126.2	160.1	183.6

9-23 各地区城乡居民人均可支配收入和消费支出(2014年)

Per Capita Annual Income and Consumption Expenditure of Urban and Rural Residents by Region (2014)

单位：元 (yuan)

地区	Region	城镇居民可支配收入 Per Capita Annual Disposable Income of Urban Residents	农村居民可支配收入 Per Capita Net Income of Rural Residents	城镇居民消费支出 Per Capita Consumption Expenditure of Urban Residents	农村居民消费支出 Per Capita Consumption Expenditure of Rural Residents
全　省	**Total**	**24309**	**10117**	**15142**	**7548**
南昌市	Nanchang	29091	12414	19628	7896
景德镇市	Jingdezhen	26625	11547	16792	8282
萍乡市	Pingxiang	26019	12769	17166	9009
九江市	Jiujiang	25077	10139	15718	7922
新余市	Xinyu	27626	12831	17190	9208
鹰潭市	Yingtan	24591	11350	15088	8478
赣州市	Ganzhou	22935	6946	14661	5867
吉安市	Ji'an	24797	9262	15121	6953
宜春市	Yichun	23221	10526	14182	8089
抚州市	Fuzhou	23101	10410	13459	6678
上饶市	Shangrao	24656	9102	13891	6304

9-24 居民人均收入和消费支出(2014年)

Per Capita Annual Disposable Income and Consumption Expenditure (2014)

单位：元 (yuan)

指标	Item	2013	2014
全省居民人均可支配收入	**Per Capita Annual Disposable Income of Total Residents**	**15099.68**	**16734.17**
工资性收入	Income of Wages and Salaries	8293.63	9386.12
经营净收入	Net Business Income	2920.80	3106.33
财产净收入	Net Income from Property	1118.33	1242.66
转移净收入	Net Income from Transfers	2766.92	2999.06
全省居民人均消费支出	**Per Capita Consumption Expenditure of Total Residents**	**10052.77**	**11088.92**
食品烟酒	Foods,Tobacco and Beverages	3450.44	3785.80
衣着	Clothing	772.66	853.40
居住	Residence	2418.38	2576.59
生活用品及服务	Household Supplies and Services	599.92	679.33
交通通信	Transport and Communications	1045.77	1164.26
教育文化娱乐	Education, Culture and Recreation	990.67	1151.11
医疗保健	Medical Care	547.22	635.01
其他用品和服务	Other Goods and Services	227.70	243.39

9-25 各市县城乡居民人均可支配收入(2014年)
Per Capita Disposable Income of Urban and Rural Residents by Region and County (2014)

单位：元 (yuan)

地 区	Region	城镇居民人均可支配收入 Per Capita Disposable Income of Urban Residents		农村居民人均可支配收入 Per Capita Disposable Income of Rural Residents	
		2013	2014	2013	2014
全 省	**Provinvial Total**	**22120**	**24309**	**9089**	**10117**
南昌市	**Nanchang**	**26446**	**29091**	**11186**	**12414**
东湖区	Donghu	28103	30841		
西湖区	Xihu	27450	30250		
青云谱区	Qingyunpu	26936	29678		
湾里区	Wanli	23675	26018	8390	9395
青山湖区	Qingshanhu	26621	29272	12817	14169
南昌县	Nanchang	23826	25961	11719	13237
新建县	Xinjian	23498	25848	10547	11923
安义县	Anyi	21101	23155	10118	11172
进贤县	Jinxian	22297	24593	11637	12858
景德镇市	**Jingdezhen**	**24262**	**26625**	**10363**	**11547**
昌江区	Changjiang	25186	27657	10704	11953
珠山区	Zhushan	25813	28247	—	—
浮梁县	Fuliang	19625	21522	10412	11598
乐平市	Leping	22131	24560	10350	11517
萍乡市	**Pingxiang**	**23761**	**26019**	**11487**	**12769**
安源区	Anyuan	25150	27661	13382	14845
湘东区	Xiangdong	24048	26260	11827	13116
*莲花县	Lianhua	16676	18284	6095	6848
上栗县	Shangli	22179	24331	11269	12486
芦溪县	Luxi	21709	23729	11697	12994
九江市	**Jiujiang**	**22758**	**25077**	**9113**	**10139**
庐山区	Lushan	25363	27950	12748	14058
浔阳区	Xunyang	25642	28206	13477	14852
九江县	Jiujiang	21469	23868	9860	10956
武宁县	Wuning	21085	23151	9655	10707
*修水县	Xiushui	18317	20185	5815	6689
永修县	Yongxiu	21617	23908	10362	11521
德安县	De'an	21744	24135	10356	11526
星子县	Xingzi	18626	20478	8797	9738
都昌县	Duchang	17337	18984	4942	5461
湖口县	Hukou	21939	24350	10005	11166
彭泽县	Pengze	20782	22881	9689	10745
瑞昌市	Ruichang	21316	23554	9928	11050
共青城市	Gongqingcheng	23637	26101	11918	13193

注：*号为贫困县，2014年国家统计局对我省24个贫困县农民人均可支配收入水平进行了重新核定调整。

a)Counties marked "*" are nationally designated poor counties. Net Income of these counties was adjust and redified by State Statistics Bureau in 2014

9-25 续表1 continued

单位：元 (yuan)

地区	Region	城镇居民人均可支配收入 Per Capita Disposable Income of Urban Residents 2013	2014	农村居民人均可支配收入 Per Capita Disposable Income of Rural Residents 2013	2014
新余市	**Xinyu**	**25030**	**27626**	**11564**	**12831**
渝水区	Yushui	25598	28273	11695	12970
分宜县	Fenyi	21399	23560	11308	12575
鹰潭市	**Yingtan**	**22339**	**24591**	**10176**	**11350**
月湖区	Yuehu	25197	26903	11055	12173
余江县	Yujiang	20275	22506	10092	11345
贵溪市	Guixi	22409	24903	10170	11392
赣州市	**Ganzhou**	**20797**	**22935**	**6224**	**6946**
章贡区	Zhanggong	23876	26505	9004	10158
*赣　县	Ganxian	18563	20471	6142	6888
信丰县	Xinfeng	19316	21442	7675	8607
大余县	Dayu	18501	20296	7013	7762
*上犹县	Shangyou	17327	18973	6124	6835
崇义县	Chongyi	17850	19528	6123	6845
*安远县	Anyuan	16415	18084	5953	6740
龙南县	Longnan	19086	21117	6820	7640
定南县	Dingnan	18825	20717	5425	6069
全南县	Quannan	17638	19331	4819	5330
*宁都县	Ningdu	16325	17669	6009	6780
*于都县	Yudu	18357	20358	6177	6878
*兴国县	Xingguo	18337	20224	6113	6842
*会昌县	Huichang	18143	19576	5779	6792
*寻乌县	Xunwu	16621	18375	6092	6702
*石城县	Shicheng	16231	17903	5186	5818
*瑞金市	Ruijin	19039	21190	6163	7156
*南康区	Nankang	19519	21642	6334	7278
吉安市	**Ji'an**	**22530**	**24797**	**8311**	**9262**
吉州区	Jizhou	23832	26394	10092	11293
青原区	Qingyuan	23847	26422	8390	9322
*吉安县	Ji'an	21095	23352	6255	7234
吉水县	Jishui	18831	20850	10082	11292
峡江县	Xiajiang	17952	19604	7663	8506
新干县	Xingan	20711	22699	9539	10569
永丰县	Yongfeng	19882	22052	9699	10873
泰和县	Taihe	19026	20796	9089	10144
*遂川县	Suichuan	18032	19821	6070	6752
*万安县	Wan'an	17507	19258	5928	6751
安福县	Anfu	18845	20767	8939	9985
*永新县	Yongxin	16337	17938	5809	6667
*井冈山市	Jinggangshan	22643	24794	5857	6799

9-25 续表2 continued

单位：元 (yuan)

地 区	Region	城镇居民人均可支配收入 Per Capita Disposable Income of Urban Residents		农村居民人均可支配收入 Per Capita Disposable Income of Rural Residents	
		2013	2014	2013	2014
宜春市	**Yichun**	**21106**	**23221**	**9434**	**10526**
袁州区	Yuanzhou	23836	26124	9204	10253
奉新县	Fengxin	21128	23325	10559	11782
万载县	Wanzai	18446	20364	7505	8395
上高县	Shanggao	21116	23249	11125	12421
宜丰县	Yifeng	21007	23129	9747	10895
靖安县	Jing'an	19523	21436	8869	9898
铜鼓县	Tonggu	17065	18703	6120	6824
丰城市	Fengcheng	22360	24596	10741	12025
樟树市	Zhangshu	22385	24825	10637	11924
高安市	Gaoan	21537	23755	10473	11690
抚州市	**Fuzhou**	**21070**	**23101**	**9376**	**10410**
临川区	Linchuan	25504	28009	11306	12531
南城县	Nancheng	22029	24183	10575	11749
黎川县	Lichuan	18523	20293	8945	9924
南丰县	Nanfeng	21309	23321	14259	15688
崇仁县	Chongren	18861	20695	11307	12530
*乐安县	Le'an	16183	17723	5559	6219
宜黄县	Yihuang	17925	19658	8990	9969
金溪县	Jinxi	20168	22102	9399	10425
资溪县	Zixi	17214	18873	8879	9831
东乡县	Dongxiang	22724	24942	11036	12163
*广昌县	Guangchang	17662	19361	5668	6553
上饶市	**Shangrao**	**22445**	**24656**	**8196**	**9102**
信州区	Xinzhou	24398	26876	10923	12075
*上饶县	Shangrao	18400	20191	6119	6857
广丰县	Guangfeng	23386	25947	10165	11268
玉山县	Yushan	19645	21826	9258	10305
铅山县	Qianshan	17127	18857	7975	8860
*横峰县	Hengfeng	16269	17810	5924	6791
弋阳县	Yiyang	20436	22398	8458	9371
*余干县	Yugan	16029	17571	5899	6827
*鄱阳县	Poyang	15786	17297	6358	6866
万年县	Wannian	20237	22463	8301	9213
婺源县	Wuyaun	16562	18339	7962	8833
德兴市	Dexing	22262	24386	9595	10590

主要统计指标解释

一、城镇住户

城镇家庭人口　指居住在一起，经济上合在一起共同生活的家庭成员。凡计算为家庭人口的成员其全部收支都包括在本家庭中。

城镇就业面　指就业人口占家庭人口的百分比。

城镇就业者负担人数　指家庭人口与就业人口之比。

城镇家庭总收入　指家庭成员在调查期得到的工资性收入、经营净收入、财产性收入、转移性收入之和，不包括出售财物收入和借贷收入。

城镇家庭可支配收入　指家庭成员可用于最终消费支出和其它非义务性支出以及储蓄的总和，即居民家庭可以用来自由支配的收入。它是家庭总收入扣除交纳的所得税、个人交纳的社会保障支出以及记账补贴后的收入。计算公式为：

可支配收入=家庭总收入-交纳所得税-个人交纳的社会保障支出-记账补贴

城镇家庭总支出　指除借贷支出以外的全部家庭支出。包括消费性支出、购房建房支出、转移性支出、财产性支出、社会保障支出。

城镇家庭消费性支出　指家庭用于日常生活的支出，包括食品、衣着、家庭设备用品及服务、医疗保健、交通和通信、娱乐教育文化服务、居住、其他商品和服务等八大类支出。

城镇家庭服务性消费支出　指家庭用于支付社会提供的各种文化和生活方面的非商品性服务费用。

二、农村住户

农村住户　指农村常住户。农村常住户指长期(一年以上)居住在乡镇(不包括城关镇)行政管理区域内的住户，以及长期居住在城关镇所辖行政村范围内的农村住户。户口不在本地而在本地居住一年及以上的住户也包括在本地农村常住户范围内；有本地户口，但举家外出谋生一年以上的住户，无论是否保留承包耕地都不包括在本地农村住户范围内。

常住人口　指全年经常在家或在家居住6个月以上，而且经济和生活与本户连成一体的人口。外出从业人员在外居住时间虽然在6个月以上，但收入主要带回家中，经济与本户连为一体，仍视为家庭常住人口；在家居住，生活和本户连成一体的国家职工、退休人员也为家庭常住人口。但是现役军人、中专及以上(走读生除外)的在校学生、以及常年在外(不包括探亲、看病等)且已有稳定的职业与居住场所的外出从业人员，不算家庭常住人口。家庭常住人口主要作为计算农村住户平均每人收入、消费和积累水平及分析家庭人口状况的依据。

整、半劳动力　整劳动力指男子18周岁到50周岁，女子18周岁到45周岁；半劳动力指男子16周岁到17周岁，51周岁到60周岁；女子16周岁到17周岁，46周岁到55周岁，同时具有劳动能力的人。虽然在劳动年龄之内，但已丧失劳动能力的人，不应算为劳动力；超过劳动年龄，但能经常参加劳动，计入半劳动力数内。常住人口中的职工，若这些职工为劳动力，就包括在本户的整半劳动力中。

总收入　指调查期内农村住户和住户成员从各种来源渠道得到的收入总和。按收入的性质划分为工资性收入、家庭经营收入、财产性收入和转移性收入。

工资性收入　指农村住户成员受雇于单位或个人，靠出卖劳动而获得的收入。

家庭经营收入　指农村住户以家庭为生产经营单位进行生产筹划和管理而获得的收入。农村住户家庭经营活动按行业划分为农业、林业、牧业、渔业、工业、建筑业、交通运输业邮电业、批发和零售贸易餐饮业、社会服务业、文教卫生业和其他家庭经营。

财产性收入　指金融资产或有形非生产性资产的所有者向其他机构单位提供资金或将有形非生产性资产供其支配，作为回报而从中获得的收入。

转移性收入　指农村住户和住户成员无须付出任何对应物而获得的货物、服务、资金或资产所有权等，不包括无偿提供的用于固定资本形成的资金。一般情况下，是指农村住户在二次分配中的所有收入。

现金收入　指农村住户和住户成员在调查期内得到以现金形态表现的收入。按来源分成工资性收入、家庭经营现金收入、财产性收入、转移性收入。

纯收入　指农村住户当年从各个来源得到的总收入相应地扣除所发生的费用后的收入总和。计算方法：

纯收入=总收入-税费支出-家庭经营费用支出-生产性固定资产折旧-赠送农村亲友支出

纯收入主要用于再生产投入和当年生活消费支出，也可用于储蓄和各种非义务性支出。“农民人均纯收入”按人口平均的纯收入水平，反映的是一个地区或一个农户农村居民的平均收入水平。

总支出 指农村住户用于生产、生活和再分配的全部支出。家庭经营费用支出、购置生产性固定资产支出、生产性固定资产折旧、税费支出、生活消费支出、财产性支出和转移性支出。

可支配收入(新口径) 指调查户在调查期内获得的、可用于最终消费支出和储蓄的总和，即调查户可以用来自由支配的收入。可支配收入既包括现金，也包括实物收入。按照收入的来源，可支配收入包含五项，分别为：工资性收入、经营净收入、财产净收入、转移净收入和自有住房折算净租金。计算公式为：可支配收入=工资性收入+经营净收入+财产净收入+转移净收入+自有住房折算净租金。

I Explanatory Notes on Main Statistical Indicators

I. Urban Households

Population of Urban Households refer to members of households living and sharing economically together in the urban areas. All the income and expenditure of all the members of such households are included in the income and expenditure of the household.

Proportion of Urban Employment refers to the proportion of employed population to the population of urban households.

Number of Dependents per Urban Employee refers to the ratio between number of persons in an urban household and the number of employed persons.

Total Income of Urban Households refers to the sum of wage and salary; net business income; income from properties; and income from transfers of members of the households. Income from selling of properties and income from borrowing are not included..

Disposable Income of Urban Households refers to the actual income at the disposal of members of the households which can be used for final consumption, other non-compulsory expenditure and savings. This equals to total income minus income tax, personal contribution to social security and subsidy for keeping diaries in being a sample household. The following formula is used:

Disposable income = total household income - income tax - personal contribution to social security - subsidy for keeping diaries for a sampled household

Total Expenditure of Urban Households refers to all expenditure of households except expenditure on lending. It includes expenditure on consumption; on purchasing or building houses; on transfers; on properties; and on social security.

Consumption Expenditure of Urban Households refers to total expenditure of households for consumption in daily life, including expenditure on the eight categories of food; clothing; household appliances and services; health care and medical services; transport and communications; recreation, education and cultural services; housing; and miscellaneous goods and services.

Expenditure of Urban Households on Consumption of Services refers to expenditure of households on various kinds of non-commercial services provided in life and culture by society.

II. Rural Household

Rural Households refer to usual resident households in rural areas. Usual resident households in rural areas are households residing on a long term basis(for more than one year) in the areas under the administration of township governments (not including county towns), and in the areas under the administration of villages in county towns. Households residing in the current addresses for over one year with their household registration in other places are still considered as resident households of the locality. For households with their household registration in one place but all members of the households having moved away to make a living in another place for over one year, they will not be included in the rural households of the area where they are registered, irrespective of whether they still keep their contracted land.

Usual Resident Population refers to persons staying at home regularly or for over 6 months during a year and integrated with the household economically and in terms of living.. Members of the household staying away from the household for over 6 months but keeping a close economic relation with the household by sending the majority of income to the household are regarded as usual resident of the household. Government staff and workers or retirees living as close members of the household are also considered as usual resident. However,

servicemen, students of secondary technical schools or schools of higher education and persons with stable jobs and residence outside the household (excluding those visiting relatives or seeking medical service) are not included as resident population of the household. Resident population is used in calculating income, consumption, accumulation on per capita basis of rural households and in analyzing composition of rural households.

Full/Semi Labour Force Full labour force refers to persons capable of work, aged 18-50 for males and 18-45 for females. Semi labour force refers to persons capable of work, aged 16-17 and 51-60 for males and 16-17 and 46-55 for females. Persons at their working ages but not capable of work are not to be included as labour force. Persons not at working ages but participating regularly in work are included in semi labour force. For staff and workers who are usual residents, are included as full or semi labour force of the household if they are in the labour force.

Total Income refers to the sum of income earned from various sources by the rural households and their members during the reference period, and is classified as income from wages and salaries, income from household operations, income from properties and income from transfers.

Income from Wages and Salaries refers to income from labour earned by the members of rural households employed by other units or individuals.

Income from Household Operations refers to income by the rural households as units of production and operation. Operations by rural households are classified according to their economic activities namely agriculture, forestry, animal husbandry, fishery, manufacturing, construction, transportation, post and telecommunications, wholesale, retail and catering, social service, culture, education, health, and other household operations.

Income from Properties refers to the income received as returns by owners of financial assets or tangible non-productive assets by providing capitals or tangible non-productive assets to other institutional units.

Income from Transfers refers to the receipt by rural households and their members of goods, services, capital or rights of assets without giving or repaying accordingly, excluding capital provided to them for the formation of fixed assets. In general, it refers to all income received by rural households through redistribution.

Cash Income refers to income received by rural households and their members in the form of cash during the reference period. It is classified, by source of income, into income from wages and salaries, cash income from household operations, income from properties and income from transfers.

Net Income refers to the total income of rural households from all sources minus all corresponding expenses. The formula for calculation is as follows:

Net income = total income - taxes and fees paid - household operation expenses - taxes and fees depreciation of fixed assets for production - gifts to non-rural relatives

Net income is mainly used as input for reinvestment in production and as consumption expenditure of the year, and also used for savings and non-compulsory expenses of various forms. "Per capita net income of farmers" is the level of net income averaged by population, reflecting the average income level of rural households in a given area.

Total Expenditure refers to total expenses of rural households on production, consumption and redistribution, including expenditure on household operations,; purchase of productive fixed assets; depreciation of productive fixed assets; taxes and fees; expenses on household consumption; expenses on properties; and expenses on transfers.

Disposable Income（New Statistic Scope) refers to actual income at the disposal of member of the households which can be used for final consumption and savings. It includes both cash and income-in-kind. It includes five items: wage and salary; net business income; net income from properties; net income from transfers and net rent of private housing equivalent.

Disposable Income= wage and salary + net business income + net income from properties + net income from transfers + net rent of private housing equivalent.

10

城市建设

MUNICIPAL CONSTRUCTION

◆199/214

资料整理及英文翻译：　程　敏

简要说明

一、主要内容

本篇反映江西省城市公用事业概况，主要包括：城市建设、供水、供气、市政设施、公共交通、城市绿化、环境卫生等资料。

二、统计范围

包括全省所有设市城市在建成区范围内所有的城市规划管理、投资、建设或经营管理相关设施的单位。

三、资料来源

设区市和县级市城市公用事业基本情况资料由省建设厅和省交通厅提供，由省统计局固定资产投资处编辑整理。

Brief Introduction

I. Main Contents

Data in this chapter present the basic conditions of public facilities of urban construction of Jiangxi provincial cities, mainly include supply of water and gas; municipal infrastructure; public transportation; urban greenery; and environmental, sanitation.

II. Scope of Statistics

Data in this chapter cover all units under the jurisdiction of cities which are engaged in urban planning and management, investment, construction and operation of relevant facilities.

III. Sources of Data

Data on basic conditions and overall level of urban public facilities are collected by the Jiangxi Provincial Bureau of Housing and Urban-Rural Development and Provincial Bureau of Communications , provided by the Department of Investment ＆ Construction Statistics of Jiangxi Provincial Bureau of Statistics.

10-1 城市公用事业和建设基本情况
Basic Statistics on City Public Utilities and Construction

指　　标	Item	2000	2005	2010	2013	2014
用水普及率(%)	Rate of Population with Access to Tap Water (%)	93.3	92.6	97.4	97.7	97.8
供水管道长度(公里)	Length of Gas Supply Pipelines (km)	3968.00	6079.00	9526.55	13524.35	13713.58
公共车辆(汽、电车)运营数(辆)	Operating Public Buses (Buses and Trolley Buses) (unit)	4031	5818	7048	7733	9200
平均每万人拥有(标台)	Number of Public Transportation Vehicles Per 10000 Population (standardized)	3.0	8.0	9.3	10.1	11.5
排水管道长度(公里)	Length of Drainpipes (km)	2074	3564	7340	10573	10814
道路长度(公里)	Length of Roads (km)	3033	3916	5742	6865	7250
道路面积(万平方米)	Area of Roads (10000 sq.m)	3293	6667	11330	14652	15578
人工煤气供应量(万立方米)	Coal Gas Supply (10000 cu.m)	39463	31707	58208	36049	30991
#家庭用量	Used by Residential Households	12299	10906	18321	4086	4358
天然气供应量(万立方米)	Natural Gas Supply(10000 cu.m)			11263	56127	69115
#家庭用量	Used by Residential Households			3384	16208	23074
液化石油气供应量(吨)	Total Liquefied Petroleum Gas Supply (ton)	164698	174521	188847	223399	237316
#家庭用量	Used by Residential Households	162783	154998	151656	178590	194582
燃气普及率(%)	Rate of Population with Access to Gas (%)	69.2	80.6	92.4	95.1	95.2
绿化覆盖面积(公顷)	Coverage Area of Afforestation (hectare)	20044	27381	48924	53185	55327
公园数(个)	Number of Parks (unit)	109	125	238	297	310
公园面积(公顷)	Area of Parks and Zoos (hectare)	1820	2259	6442	8378	8596
污水处理率(%)	Rate of Sewage Disposal (%)		34.92	80.83	83.10	83.76
生活垃圾清运量(万吨)	Volume of Garbage Disposal (10000 tons)	197.00	264.00	284.00	339.03	308.45
生活垃圾无害化处理率(%)	Rate of Garbages innocuously Treated (%)		48.87	85.89	93.28	93.09
市政公用设施建设固定资产投资(万元)	Investment in Public Utilities and Municipal Construction (10000 yuan)	152077	794496	4233310	4967011	4855977
#供水	Water Supply	15535	41276	95408	123409	135788
燃气	Gas Supply	4972	25530	66967	148136	63297
公共交通	Public Traffic	9781	22289	23165	38296	44750
轨道交通	Rail Transit			112894	591232	482661
道路桥梁	Roads & Bridges	60596	354638	2539040	2982250	3336901
排水	Drainage	11905	83160	177934	144519	209785
园林绿化	Parks, Gardens and Green Areas	11427	85816	948889	604607	539854
市容环境卫生	Environmental Sanitation	4921	13419	61536	47565	18620
其他	Others	17185	154707	33942	286997	24321

10-2 城市人口和面积（2014年）

Basic Statistics on City Population and Area (2014)

单位：平方公里、万人 (sq.km,10000 persons)

城市	City	市区面积 City Area	城区面积 Urban Area	城区人口 Population of Urban Area	建成区面积 Developed Area	城市建设用地面积 Area of Land for Urban Construction	#居住用地 Land for Residence
合计	**Total**	**32363.17**	**2114.76**	**890.58**	**1201.26**	**1123.46**	**346.98**
南昌市	Nanchang	820.36	330.00	227.46	262.00	229.81	75.83
景德镇市	Jingdezhen	580.00	198.50	48.68	78.68	74.36	19.67
乐平市	Leping	1974.00	49.21	16.95	23.83	23.81	6.25
萍乡市	Pingxiang	1065.00	85.70	42.12	50.87	50.55	15.60
九江市	Jiujiang	699.00	104.85	63.19	102.82	101.82	33.30
瑞昌市	Ruichang	1423.11	23.36	17.96	18.80	18.16	8.12
共青城市	Gongqing	181.28	14.00	4.82	14.00	8.67	3.02
新余市	Xinyu	1789.00	230.00	45.04	74.00	68.58	25.14
鹰潭市	Yingtan	137.50	63.00	21.83	33.50	27.70	6.53
贵溪市	Guixi	2480.00	90.00	12.02	29.38	29.37	7.73
赣州市	Ganzhou	2373.24	162.12	93.04	136.80	125.29	36.81
瑞金市	Ruijin	2449.00	108.00	33.70	25.34	25.34	7.43
吉安市	Ji'an	1381.53	230.00	37.60	53.05	49.01	10.37
井冈山市	Jinggangshan	1297.50	8.90	2.76	8.90	6.02	2.49
宜春市	Yichun	2532.36	88.00	43.39	68.00	68.00	15.65
丰城市	Fengcheng	2845.00	62.60	35.27	48.50	47.60	9.38
樟树市	Zhangshu	1290.99	46.34	25.01	26.10	25.82	7.81
高安市	Gaoan	2439.00	52.00	22.40	27.71	25.39	6.47
抚州市	Fuzhou	2153.30	85.30	51.73	58.40	58.40	18.48
上饶市	Shangrao	370.00	61.88	39.16	49.76	49.24	27.00
德兴市	Dexing	2082.00	21.00	6.45	10.82	10.52	3.90

10-2 续表 continued

单位：平方公里、万人 (sq.km,10000 persons)

城市	City	#公共管理与公共服务用地 Land for Public Management and Service	#商业服务业设施用地 Land for Commercial Management and Service	#工业用地 Land for Industry	#物流仓储用地 Land for logistics and warehousing	#道路和交通设施用地 Land for External Transportation and Roads	#公用设施用地 Land for Public Facilities	#绿地与广场用地 Land for Afforestation and Squares
合计	**Total**	**101.79**	**98.43**	**207.54**	**27.88**	**153.25**	**51.42**	**136.17**
南昌市	Nanchang	13.79	31.02	37.46	4.37	36.77	5.29	25.28
景德镇市	Jingdezhen	5.51	6.87	20.46	1.58	10.59	1.02	8.66
乐平市	Leping	3.02	3.24	5.42	0.91	1.33	0.86	2.78
萍乡市	Pingxiang	4.52	0.57	8.68	1.18	7.59	5.32	7.09
九江市	Jiujiang	6.69	6.54	23.48	1.92	14.75	2.87	12.27
瑞昌市	Ruichang	2.04	0.76	2.98	0.36	1.57	0.94	1.39
共青城市	Gongqing	1.09	1.01	0.38	0.23	1.31	0.10	1.53
新余市	Xinyu	8.48	1.39	13.75	2.19	1.86	9.40	6.37
鹰潭市	Yingtan	0.66	1.22	3.04	1.15	5.47	2.69	6.94
贵溪市	Guixi	2.11	1.70	9.90	0.41	4.28	0.73	2.51
赣州市	Ganzhou	16.91	8.19	24.39	2.45	18.06	3.76	14.72
瑞金市	Ruijin	3.54	2.15	3.30	1.26	1.02	4.80	1.84
吉安市	Ji'an	7.46	11.03	4.29	1.61	6.40	2.78	5.07
井冈山市	Jinggangshan	0.93	0.97	0.25	0.15	0.16	0.49	0.58
宜春市	Yichun	5.14	6.78	9.07	3.87	11.99	3.48	12.02
丰城市	Fengcheng	3.17	3.30	17.81	1.22	6.70	1.79	4.23
樟树市	Zhangshu	3.58	4.39	1.20	0.74	4.52	0.69	2.89
高安市	Gaoan	3.43	1.12	7.05	0.60	3.69	1.01	2.02
抚州市	Fuzhou	5.53	3.53	11.39	1.22	9.37	1.06	7.82
上饶市	Shangrao	3.00	1.98	2.19	0.20	4.66	2.03	8.18
德兴市	Dexing	1.19	0.67	1.05	0.26	1.16	0.31	1.98

10-3 市政公用设施建设固定资产投资（2014年）
Basic Statistics on Investment in Public Utilities and Municipal Construction (2014)

单位：万元 (10000 yuan)

城 市	City	本年完成投资合计 Total Investment this year	供 水 Water Supply	燃 气 Gas Supply	公共交通 Public Traffic	轨道交通 Rail Transit	道路桥梁 Roads & Bridges	排 水 Drain	#污水处理 Sewage Disposal
合 计	**Total**	**4855977**	**135788**	**63297**	**44750**	**482661**	**3336901**	**209785**	**120180**
南 昌 市	Nanchang	2001780	26278		18147	482661	1273148	39265	39115
景德镇市	Jingdezhen	52686	1110	2250	3050		25876	20400	
乐 平 市	Leping	55886					23753	2719	
萍 乡 市	Pingxiang	115136	1242	9000	2825		96850		
九 江 市	Jiujiang	479535	33989	3056	2822		320758	38250	33300
瑞 昌 市	Ruichang	17463	214	698			14061	1180	
共青城市	Gongqing	63400	2500				47900	5000	
新 余 市	Xinyu	135695	3801	1275	2623		100123	3287	821
鹰 潭 市	Yingtan	157868			639		131709	11300	11300
贵 溪 市	Guixi	29105	600	720	175		12970	1760	
赣 州 市	Ganzhou	377623	39496	26854	8129		263699	28789	5134
瑞 金 市	Ruijin	12243	5000		140		2508	2500	2500
吉 安 市	Ji'an	78954		2046	3360		9315	7151	2910
井冈山市	Jinggangshan	5489	211				1138		
宜 春 市	Yichun	411318	489	5635	1302		334562	11579	10701
丰 城 市	Fengcheng	26501		1438			22969		
樟 树 市	Zhangshu	114378					111631	2306	2306
高 安 市	Gaoan	134067	2072				118578	176	
抚 州 市	Fuzhou	512468	16830	3200	855		376380	28691	12093
上 饶 市	Shangrao	65226	1956	6463	505		42420	5432	
德 兴 市	Dexing	9157		662	179		6553		

10-3 续表 continued

单位：万元 (10000 yuan)

城 市	City	园林绿化 Parks, Gardens and Green Areas	市容环境卫生 Environmental Sanitation	#垃圾处理 Garbage Disposal	其 他 Others	本年新增固定资产 Newly Increased Fixed Assets
合 计	**Total**	**539854**	**18620**	**12805**	**24321**	**2172708**
南 昌 市	Nanchang	153515	8766	8339		454790
景德镇市	Jingdezhen					49636
乐 平 市	Leping	29300			114	
萍 乡 市	Pingxiang	5219				12000
九 江 市	Jiujiang	77665	2995			208438
瑞 昌 市	Ruichang	867	383	230	60	17463
共 青 城	Gongqing	8000				63400
新 余 市	Xinyu	14383	203		10000	72028
鹰 潭 市	Yingtan	10000			4220	2400
贵 溪 市	Guixi	12880				29581
赣 州 市	Ganzhou	8588	2068	1743		152778
瑞 金 市	Ruijin	2095				7508
吉 安 市	Ji'an	56306	156		620	72863
井冈山市	Jinggangshan	4140				5489
宜 春 市	Yichun	56504	247		1000	271023
丰 城 市	Fengcheng	840	1254	141		25258
樟 树 市	Zhangshu	441				12502
高 安 市	Gaoan	13241				134067
抚 州 市	Fuzhou	80577	2273	2273	3662	508653
上 饶 市	Shangrao	5000	275	79	3175	63569
德 兴 市	Dexing	293			1470	9262

10-4 市政设施水平（2014年）
Basic Statistics on Municipal Infrastructure in Cities (2014)

城市	City	人口密度（人/平方公里）Population Density (person/sq.km)	人均日生活用水量(升) Per Capita Daily Consumption of Tap Water for Residential Use (liter)	用水普及率(%) Rate of Population with Access to Tap Water (%)	燃气普及率(%) Rate of Population with Access to Gas (%)	人均城市道路面积(平方米) Per Capita Area of Roads (sq.m)	排水管道密度(公里/平方公里) Density of drainpipe (km/sq.km)
合计	**Total**	**4671**	**178.71**	**97.78**	**95.18**	**15.77**	**9.00**
南昌市	Nanchang	7564	271.32	98.85	94.82	11.09	7.88
景德镇市	Jingdezhen	2511	206.57	99.78	98.54	16.21	9.01
乐平市	Leping	3483	96.00	97.67	91.72	12.40	7.89
萍乡市	Pingxiang	5232	115.89	100.00	98.57	15.85	0.85
九江市	Jiujiang	6286	139.09	100.00	99.45	23.22	11.13
瑞昌市	Ruichang	8048	157.83	100.00	95.16	22.84	10.68
共青城	Gongqing	4229	134.01	77.87	74.83	22.58	6.30
新余市	Xinyu	2009	176.13	100.00	99.44	24.23	10.71
鹰潭市	Yingtan	3702	137.23	97.77	95.54	13.16	5.17
贵溪市	Guixi	1433	141.48	99.22	93.02	16.28	6.35
赣州市	Ganzhou	7765	144.00	99.89	98.19	11.64	8.61
瑞金市	Ruijin	3204	69.98	88.15	66.04	9.14	5.69
吉安市	Ji'an	1867	156.13	92.99	97.62	18.73	9.78
井冈山市	Jinggangshan	4843	176.87	85.38	46.40	25.80	8.24
宜春市	Yichun	6403	151.32	95.21	95.08	14.24	8.47
丰城市	Fengcheng	5666	156.51	91.01	94.39	20.11	7.19
樟树市	Zhangshu	5421	95.32	91.60	96.89	18.16	11.39
高安市	Gaoan	4496	142.47	99.66	93.24	22.00	16.90
抚州市	Fuzhou	6393	170.27	99.34	99.19	20.49	13.35
上饶市	Shangrao	7156	151.60	99.73	96.16	21.20	14.89
德兴市	Dexing	3081	165.17	97.99	95.67	16.98	9.26

10-4 续表 continued

城市	City	污水处理率(%) Treatment Rate of Polluted Water (%)	#污水处理厂集中处理率 Intensive Treatment Rate of Polluted Water by Sewage Factories	人均公园绿地面积(平方米) Per Capita Park Green Land (sq.m)	建成区绿化覆盖率(%) Rate of Afforestation Covered Area to Developed Area (%)	建成区绿地率(%) Rate of Green Area to Developed Area (%)	生活垃圾处理率(%) Treatment Rate of Garbage Disposal (%)	#生活垃圾无害化处理率 Innocent Treatment Rate
合计	**Total**	**83.76**	**82.55**	**14.13**	**44.55**	**41.61**	**100.00**	**93.09**
南昌市	Nanchang	91.98	91.98	12.04	42.08	40.01	100.00	100.00
景德镇市	Jingdezhen	72.07	72.07	14.81	51.65	49.50	100.00	100.00
乐平市	Leping	88.61	88.61	17.97	39.53	37.77	100.00	100.00
萍乡市	Pingxiang	84.89	84.89	10.58	40.51	38.76	100.00	100.00
九江市	Jiujiang	99.47	97.67	17.65	51.07	48.73	100.00	100.00
瑞昌市	Ruichang	92.16	92.16	12.07	42.07	37.82	100.00	16.21
共青城	Gongqing	91.72	91.72	23.31	45.14	45.07	100.00	91.95
新余市	Xinyu	100.00	96.80	18.08	50.80	49.29	100.00	100.00
鹰潭市	Yingtan	94.22	94.22	13.29	41.34	36.36	100.00	100.00
贵溪市	Guixi	45.67	45.67	14.08	39.90	35.96	100.00	100.00
赣州市	Ganzhou	50.35	41.09	10.37	39.93	35.24	100.00	100.00
瑞金市	Ruijin	61.74	61.74	20.66	40.81	37.96	100.00	100.00
吉安市	Ji'an	90.96	90.96	16.97	45.75	41.26	100.00	100.00
井冈山市	Jinggangshan	90.13	90.13	49.81	50.56	49.10	100.00	100.00
宜春市	Yichun	93.18	93.18	15.55	43.50	41.05	100.00	100.00
丰城市	Fengcheng	72.43	72.43	12.09	45.65	41.52	100.00	100.00
樟树市	Zhangshu	66.56	66.56	12.54	44.29	39.73	100.00	
高安市	Gaoan	15.22	15.22	14.89	41.13	41.13	100.00	
抚州市	Fuzhou	92.19	92.19	16.38	46.90	43.06	100.00	100.00
上饶市	Shangrao	90.32	90.32	14.27	46.68	41.44	100.00	100.00
德兴市	Dexing	68.83	68.83	18.08	49.35	45.47	100.00	100.00

10-5 城市人工煤气生产、供应和使用情况（2014年）

Basic Statistics on Produce,Supply and Use of Gaswork Gas in Cities (2014)

城 市	City	生产能力(万立方米/日) Productive Capacity (10000 cu.m/day)	储气能力(万立方米) Capacity of Gas Storage (10000 cu.m)	供气管道长度(公里) Length of Gas Supply Pipelines (km)	自制气量(万立方米) Volume of Home-made Gas(10000 cu.m)	供气总量(万立方米) Volume of Gas Supply (10000 cu.m)
合 计	**Total**	**67.00**	**38.00**	**1058.51**	**15611.00**	**30991.06**
景德镇市	Jingdezhen		20.00	353.32		13040.95
萍乡市	Pingxiang	55.00	7.00	448.00	13396.00	16780.00
新余市	Xinyu	12.00	11.00	257.19	2215.00	1170.11

10-5 续表 continued

城 市	City	销售气量 Volume of Gas Sale	#居民家庭 Households	燃气损失量 Volume of Gas Loss	用气户数(户) Households with Access to Gas (household)	#家庭用户 Residential Households	用气人口(万人) Population with Access to Gas(10000 persons)
合 计	**Total**	**30006.95**	**4358.38**	**984.11**	**76388**	**75642**	**18.41**
景德镇市	Jingdezhen	13040.95	942.38		44281	43705	10.01
萍乡市	Pingxiang	16310.00	2760.00	470.00	11170	11000	4.20
新余市	Xinyu	656.00	656.00	514.11	20937	20937	4.20

10-6 城市天然气供应和使用情况（2014年）

Basic Statistics on Supply and Use of Natural Gas in Cities (2014)

城 市	City	储气能力（万立方米） Capacity of Gas Storage (10000 cu.m)	供气管道长度(公里) Length of Gas Supply Pipelines (km)	供气总量（万立方米） Volume of Gas Supply (10000 cu.m)	销售气量 Volume of Gas Sale
合 计	**Total**	**508.11**	**8313.66**	**69115.00**	**66429.10**
南昌市	Nanchang	75.60	2365.27	20495.15	18892.47
景德镇市	Jingdezhen	32.50	498.27	12792.61	12649.98
萍乡市	Pingxiang	50.00	222.67	6404.00	6404.00
九江市	Jiujiang	24.00	921.46	7890.45	7890.45
瑞昌市	Ruichang	3.00	106.95	189.00	188.00
共青城市	Gongqing		16.16	20.00	20.00
新余市	Xinyu	11.00	548.33	3561.10	3167.78
鹰潭市	Yingtan	31.00	133.80	257.36	257.36
贵溪市	Guixi	36.00	73.31	415.46	411.46
赣州市	Ganzhou	64.56	1032.87	6343.95	6243.92
瑞金市	Ruijin	7.00	67.24	197.15	197.03
吉安市	Ji'an	37.00	596.00	1405.00	1370.00
宜春市	Yichun	28.00	603.91	4356.00	4080.00
丰城市	Fengcheng	3.00	238.98	589.66	557.81
樟树市	Zhangshu	16.75	95.63	270.00	265.00
抚州市	Fuzhou	49.50	353.48	2891.86	2864.72
上饶市	Shangrao	38.70	416.78	1035.70	968.57
德兴市	Dexing	0.50	22.55	1	0.55

10-6 续表 continued

城 市	City	#居民家庭 Households	燃气损失量 Volume of Gas Loss	用气户数（户） Households with Access to Gas (household)	#家庭用户 Residential Households	用气人口（万人） Population with Access to Gas(10000 persons)
合 计	**Total**	**23074.45**	**2685.90**	**1403114**	**1386519**	**473.65**
南昌市	Nanchang	6063.98	1602.68	574156	572060	164.67
景德镇市	Jingdezhen	1165.39	142.63	50174	49782	20.10
萍乡市	Pingxiang	2939.00		80177	79905	28.00
九江市	Jiujiang	1685.88		100430	99987	29.55
瑞昌市	Ruichang	48.80	1.00	2713	2681	0.80
共青城市	Gongqing	4.30		569	560	0.17
新余市	Xinyu	1694.95	393.32	152160	151610	41.00
鹰潭市	Yingtan	257.36		8580	8580	3.28
贵溪市	Guixi	135.73	4.00	8245	8236	2.00
赣州市	Ganzhou	5244.91	100.03	128245	119384	62.27
瑞金市	Ruijin	104.60	0.12	7134	7082	2.90
吉安市	Ji'an	996.00	35.00	76300	75900	28.56
宜春市	Yichun	1138.44	276.00	69023	66215	24.36
丰城市	Fengcheng	527.89	31.85	34897	34867	18.48
樟树市	Zhangshu	191.50	5.00	23055	22935	8.00
抚州市	Fuzhou	341.79	27.14	39465	39277	22.89
上饶市	Shangrao	533.38	67.13	47691	47358	16.58
德兴市	Dexing	0.55		100	100	0.04

10-7 城市液化石油气供应和使用情况（2014年）
Basic Statistics on Supply and Use of Liquefied Petroleum Gas in Cities (2014)

城市	City	储气能力（吨）Capacity of Gas Storage (ton)	供气管道长度(公里) Length of Gas Supply Pipelines (km)	供气总量（吨）Volume of Gas Supply (ton)	销售气量 Volume of Gas Sale
合计	**Total**	**17722.50**	**111.62**	**237315.56**	**234631.75**
南昌市	Nanchang	1101.00	20.13	48521.00	48521.00
景德镇市	Jingdezhen	650.00		20148.84	20143.84
乐平市	Leping	335.00		1757.10	1755.00
萍乡市	Pingxiang	1200.00		16780.00	16755.00
九江市	Jiujiang	4530.00		15300.00	15245.00
瑞昌市	Ruichang	560.00		5632.00	5623.00
共青城市	Gongqing	35.00		991.32	986.21
新余市	Xinyu	1230.00		1125.00	1110.00
鹰潭市	Yingtan	382.00	48.59	7005.30	6997.70
贵溪市	Guixi	110.00		4068.00	4000.00
赣州市	Ganzhou	2287.00		17141.00	17041.00
瑞金市	Ruijin	230.00	1.97	6271.00	6217.00
吉安市	Ji'an	888.40		14150.00	14150.00
井冈山市	Jinggangshan	87.00		391.00	391.00
宜春市	Yichun	338.00		20468.00	18980.00
丰城市	Fengcheng	1000.00		6500.00	6500.00
樟树市	Zhangshu	100.10		2512.00	2512.00
高安市	Gaoan	1200.00	40.93	7050.00	7000.00
抚州市	Fuzhou	637.00		23356.00	23356.00
上饶市	Shangrao	462.00		14488.00	13688.00
德兴市	Dexing	360.00		3660.00	3660.00

10-7 续表 continued

城市	City	#居民家庭 Households	燃气损失量 Volume of Gas Loss	用气户数（户）Households with Access to Gas (household)	#家庭用户 Residential Households	用气人口（万人）Population with Access to Gas(10000 persons)
合计	**Total**	**194581.84**	**2683.81**	**1231926**	**1128815**	**448.16**
南昌市	Nanchang	42326.00		192184	191828	72.00
景德镇市	Jingdezhen	18340.84	5.00	76700	70100	19.00
乐平市	Leping	1749.00	2.10	15903	15352	15.72
萍乡市	Pingxiang	11080.00	25.00	33889	33210	12.00
九江市	Jiujiang	10200.00	55.00	120010	110670	36.00
瑞昌市	Ruichang	5559.00	9.00	40214	37017	17.09
共青城	Gongqing	980.00	5.11	11163	10138	4.26
新余市	Xinyu	1110.00	15.00	3786	3786	0.74
鹰潭市	Yingtan	4000.00	7.60	42738	34120	19.00
贵溪市	Guixi	3900.00	68.00	28133	26133	10.00
赣州市	Ganzhou	16739.00	100.00	170382	163119	61.34
瑞金市	Ruijin	4100.00	54.00	40540	34318	19.95
吉安市	Ji'an	10000.00		32720	31964	13.35
井冈山市	Jinggangshan	314.00		2840	2351	2.00
宜春市	Yichun	12232.00	1488.00	73602	71325	29.22
丰城市	Fengcheng	6500.00		52858	52858	15.00
樟树市	Zhangshu	2015.00		39784	20789	16.34
高安市	Gaoan	7000.00	50.00	65000	65000	21.80
抚州市	Fuzhou	23356.00		65500	65500	31.20
上饶市	Shangrao	9581.00	800.00	104990	73457	26.00
德兴市	Dexing	3500.00		18990	15780	6.15

10-8 城市公共交通和出租车情况（2014年）

Basic Statistics on Public Transportation and Taxi in Cities (2014)

城市	City	公共交通 Public Transportation 运营车数（辆）Number of Public Vehicles Under Operation (unit)	标准运营车数（标台）Number of Standard Vehicles Under Operation (standardized)	营运里程（万公里）Operation Mileage (10000 kms)
合计	**Total**	**9200**	**10231**	**71539.3**
南昌市	Nanchang	3219	3945	31168.0
景德镇市	Jingdezhen	374	389	3356.0
乐平市	Leping	95	88	680.0
萍乡市	Pingxiang	345	391	2791.0
九江市	Jiujiang	464	557	2576.0
瑞昌市	Ruichang	53	53	236.9
共青城	Gongqing	10	14	56.1
新余市	Xinyu	451	490	2381.0
鹰潭市	Yingtan	144	155	867.0
贵溪市	Guixi	73	79	498.6
赣州市	Ganzhou	1039	1099	5930.2
瑞金市	Ruijin	52	42	361.8
吉安市	Ji'an	632	636	5620.9
井冈山市	Jinggangshan	23	29	55.8
宜春市	Yichun	694	755	4625.7
丰城市	Fengcheng	74	85	401.0
樟树市	Zhangshu	105	99	647.4
高安市	Gaoan	51	51	347.5
抚州市	Fuzhou	647	640	4913.8
上饶市	Shangrao	604	583	3762.8
德兴市	Dexing	51	51	261.8

10-8 续表 continued

城市	City	运营线路总长度（公里）Network Length (km)	客运总量（万人次）Number of Passengers Carried by Bus (10000 person-times)	出租车 Taxi 运营车数（辆）Number of Taxi under Operation (unit)	客运总量（万人次）Number of Passengers Carried by Taxi (10000 person-times)
合计	**Total**	**18379**	**146557.0**	**13874**	**55438.4**
南昌市	Nanchang	3924	61773.0	5431	20778.0
景德镇市	Jingdezhen	998	7442.0	662	2636.0
乐平市	Leping	153	414.9	110	354.8
萍乡市	Pingxiang	298	7400.0	700	3702.0
九江市	Jiujiang	703	10176.0	1487	5714.0
瑞昌市	Ruichang	221	134.0	210	580.6
共青城	Gongqing	62	96.3	60	255.0
新余市	Xinyu	1138	5592.0	531	3277.0
鹰潭市	Yingtan	169	2661.0	271	1647.0
贵溪市	Guixi	108	640.0	138	596.6
赣州市	Ganzhou	3371	10589.6	1088	5355.0
瑞金市	Ruijin	98	330.0	100	230.4
吉安市	Ji'an	2522	6849.6	952	2560.0
井冈山市	Jinggangshan	64	100.0	27	45.0
宜春市	Yichun	1554	9042.2	504	1766.0
丰城市	Fengcheng	259	904.0	220	809.4
樟树市	Zhangshu	356	738.0	180	406.4
高安市	Gaoan	75	982.5	180	302.2
抚州市	Fuzhou	1130	10040.5	412	1819.0
上饶市	Shangrao	1085	9731.4	511	2239.0
德兴市	Dexing	90	920.0	100	365.0

10-9 城市道路和桥梁情况（2014年）
Basic Statistics on Urban Roads and Bridges (2014)

城 市	City	道路长度 (公里) Length of Roads(km)	道路面积 (万平方米) Area of Roads (10000 sq.m)	#人行道 Sidewalk
合 计	**Total**	**7249.7**	**15578.4**	**3321**
南昌市	Nanchang	1219.9	2768.7	575
景德镇市	Jingdezhen	402.2	807.7	107
乐平市	Leping	188.0	212.6	56
萍乡市	Pingxiang	256.1	710.8	182
九江市	Jiujiang	861.7	1530.4	289
瑞昌市	Ruichang	305.7	429.4	84
共青城市	Gongqing	74.8	133.7	37
新余市	Xinyu	461.9	1119.2	354
鹰潭市	Yingtan	132.8	307.0	82
贵溪市	Guixi	113.1	210.1	48
赣州市	Ganzhou	588.1	1465.4	295
瑞金市	Ruijin	168.3	316.3	57
吉安市	Ji'an	369.5	804.0	199
井冈山市	Jinggangshan	43.4	111.2	41
宜春市	Yichun	365.3	802.4	134
丰城市	Fengcheng	311.2	713.3	141
樟树市	Zhangshu	206.5	456.1	130
高安市	Gaoan	260.9	514.3	102
抚州市	Fuzhou	451.0	1117.1	278
上饶市	Shangrao	404.1	938.9	115
德兴市	Dexing	65.3	109.9	17

10-9 续表 continued

城 市	City	道路照明灯盏数 (盏) Number of Street Lights (units)	安装路灯的道路长度 (公里) Length of Roads with Lights (km)	桥梁数 (座) Number of Bridges(unit)	立交桥 Crossroads
合 计	**Total**	**602316**	**5269.2**	**659**	**64**
南昌市	Nanchang	108090	1132.8	189	26
景德镇市	Jingdezhen	58124	338.2	28	
乐平市	Leping	6988	103.0	3	1
萍乡市	Pingxiang	39000	156.0	33	1
九江市	Jiujiang	35328	494.5	80	16
瑞昌市	Ruichang	9143	96.3	42	
共青城	Gongqing	3918	35.8	2	1
新余市	Xinyu	65839	234.0	30	7
鹰潭市	Yingtan	12520	118.0	24	
贵溪市	Guixi	10070	112.0	11	5
赣州市	Ganzhou	30627	435.0	49	1
瑞金市	Ruijin	4724	72.1	11	
吉安市	Ji'an	23888	369.5	14	
井冈山市	Jinggangshan	12156	37.0	18	
宜春市	Yichun	30185	234.7	22	1
丰城市	Fengcheng	23845	216.3	10	2
樟树市	Zhangshu	7549	140.5	25	
高安市	Gaoan	12945	160.0	16	
抚州市	Fuzhou	61355	433.0	27	3
上饶市	Shangrao	35731	298.0	15	
德兴市	Dexing	10291	52.5	10	

10-10 城市排水和污水处理情况（2014年）

Basic Statistics on Urban Drainage and Sewage Disposal (2014)

城市	City	污水排放量（万立方米）Discharged Volume of Sewage (10000 cu.m)	排水管道长度（公里）Length of Drainpipes (km)	#污水管道 Sewage Pipes	污水处理厂 Sewage Treatment Plant 座数（座）Units (unit)	#二、三级 Second or Third Grade	日处理能力（万立方米）Daily Disposal Capacity (10000 cu.m)	#二、三级 Second or Third Grade
合计	**Total**	**81271**	**10814**	**4258**	**36**	**36**	**224.4**	**224.4**
南昌市	Nanchang	30390	2064	887	7	7	99.0	99.0
景德镇市	Jingdezhen	3785	709	424	1	1	8.0	8.0
乐平市	Leping	957	188	77	1	1	2.0	2.0
萍乡市	Pingxiang	3448	43	29	1	1	8.0	8.0
九江市	Jiujiang	6015	1144	403	2	2	16.0	16.0
瑞昌市	Ruichang	969	201	24	1	1	2.5	2.5
共青城市	Gongqing	338	88	17	1	1	1.0	1.0
新余市	Xinyu	4720	792	258	2	2	16.0	16.0
鹰潭市	Yingtan	1868	173	59	1	1	5.0	5.0
贵溪市	Guixi	878	187	65	1	1	2.0	2.0
赣州市	Ganzhou	7773	1177	342	3	3	16.0	16.0
瑞金市	Ruijin	1022	144	48	1	1	2.0	2.0
吉安市	Ji'an	3032	519	344	2	2	9.0	9.0
井冈山市	Jinggangshan	233	73	61	2	2	1.1	1.1
宜春市	Yichun	3315	576	258	2	2	9.0	9.0
丰城市	Fengcheng	1817	349	173	2	2	5.0	5.0
樟树市	Zhangshu	945	297	94	1	1	2.0	2.0
高安市	Gaoan	2365	468	170	1	1	2.0	2.0
抚州市	Fuzhou	3764	780	196	2	2	9.8	9.8
上饶市	Shangrao	3098	741	292	1	1	8.0	8.0
德兴市	Dexing	539	100	37	1	1	1.0	1.0

10-10 续表 continued

城市	City	处理量（万立方米）Treated Volume (10000 cu.m)	#二、三级 Second or Third Grade	其他污水处理装置 Other Disposal Equipment 日处理能力（万立方米）Daily Disposal Capacity (10000 cu.m)	处理量（万立方米）Treated Volume (10000 cu.m)	污水处理总量（万立方米）Treated Volume of Sewage (10000 cu.m)	污水处理厂干污泥产生量（吨）Output of Dewatered Sludge (ton)	污水处理厂干污泥处置量（吨）Treated Volume of Dewatered Sludge (ton)
合计	**Total**	**67090**	**67090**	**18.0**	**979**	**68069**	**64042**	**64042**
南昌市	Nanchang	27953	27953			27953	19854	19854
景德镇市	Jingdezhen	2728	2728			2728	2728	2728
乐平市	Leping	848	848			848	1192	1192
萍乡市	Pingxiang	2927	2927			2927	3171	3171
九江市	Jiujiang	5875	5875	12.0	108	5983	5998	5998
瑞昌市	Ruichang	893	893			893	1100	1100
共青城	Gongqing	310	310			310	340	340
新余市	Xinyu	4569	4569	4.0	151	4720	5343	5343
鹰潭市	Yingtan	1760	1760			1760		
贵溪市	Guixi	401	401			401	600	600
赣州市	Ganzhou	3194	3194	2.0	720	3914	5087	5087
瑞金市	Ruijin	631	631			631	1262	1262
吉安市	Ji'an	2758	2758			2758	3479	3479
井冈山市	Jinggangshan	210	210			210	359	359
宜春市	Yichun	3089	3089			3089	3100	3100
丰城市	Fengcheng	1316	1316			1316	1316	1316
樟树市	Zhangshu	629	629			629	1243	1243
高安市	Gaoan	360	360			360	438	438
抚州市	Fuzhou	3470	3470			3470	3470	3470
上饶市	Shangrao	2798	2798			2798	3575	3575
德兴市	Dexing	371	371			371	387	387

10-11 城市园林绿化情况（2014年）

Basic Statistics on Urban Parks, Gardens and Green Areas (2014)

单位：公顷 (hectare)

城市	City	绿化覆盖面积 Coverage Area of Afforestation	#建成区 Developed Area	园林绿地面积 Area of Green Areas	#建成区 Developed Area
合计	**Total**	**55327**	**53586**	**50809**	**49983**
南昌市	Nanchang	11027	11025	10490	10483
景德镇市	Jingdezhen	4064	4064	3895	3895
乐平市	Leping	999	942	999	900
萍乡市	Pingxiang	2061	2061	1972	1972
九江市	Jiujiang	5251	5251	5011	5011
瑞昌市	Ruichang	835	791	732	711
共青城市	Gongqing	657	632	650	631
新余市	Xinyu	3790	3759	3678	3647
鹰潭市	Yingtan	1385	1385	1218	1218
贵溪市	Guixi	1255	1172	1217	1056
赣州市	Ganzhou	5795	5463	5031	4821
瑞金市	Ruijin	1047	1034	978	962
吉安市	Ji'an	3072	2427	2362	2189
井冈山市	Jinggangshan	457	450	438	437
宜春市	Yichun	2958	2958	2791	2791
丰城市	Fengcheng	2214	2214	2014	2014
樟树市	Zhangshu	1265	1156	1090	1037
高安市	Gaoan	1236	1206	1170	1140
抚州市	Fuzhou	3102	2739	2519	2515
上饶市	Shangrao	2323	2323	2062	2062
德兴市	Dexing	534	534	492	492

10-11 续表 continued

单位：公顷 (hectare)

城市	City	公园绿地面积 Area of Park Green Areas	公园个数（个） Number of Parks(unit)	公园面积 Area of Parks
合计	**Total**	**13955**	**310**	**8596**
南昌市	Nanchang	3005	27	766
景德镇市	Jingdezhen	738	12	481
乐平市	Leping	308	9	179
萍乡市	Pingxiang	474	15	351
九江市	Jiujiang	1163	18	668
瑞昌市	Ruichang	227	5	82
共青城	Gongqing	138	3	96
新余市	Xinyu	835	29	822
鹰潭市	Yingtan	310	14	271
贵溪市	Guixi	182	13	154
赣州市	Ganzhou	1306	33	1038
瑞金市	Ruijin	715	6	488
吉安市	Ji'an	729	10	568
井冈山市	Jinggangshan	215	5	192
宜春市	Yichun	876	14	418
丰城市	Fengcheng	429	20	317
樟树市	Zhangshu	315	14	131
高安市	Gaoan	348	2	60
抚州市	Fuzhou	893	26	853
上饶市	Shangrao	632	24	600
德兴市	Dexing	117	11	62

10-12 城市市容环境卫生情况（2014年）
Basic Statistics on Urban Sanitation in Cities (2014)

城市	City	道路清扫保洁面积（万平方米）Area under Cleaning Program (10000 sq.m)	#机械化 Mechanisation	生活垃圾 Residential Garbage 清运量（万吨）Collection & Transport Volume (10 000 tons)	#密闭车（箱）Hermetic Vehicles (Compartment)	处理量（万吨）Disposal Volume (10 000 tons)	无害化处理厂（场）数（座）Number of Innocent Treatment Plants (unit)
合　计	**Total**	**12893**	**4340**	**308.45**	**271.22**	**308.45**	**17**
南昌市	Nanchang	2884	1459	57.63	57.63	57.63	1
景德镇市	Jingdezhen	330	76	14.73		14.73	1
乐平市	Leping	210		6.86		6.86	1
萍乡市	Pingxiang	645	204	15.98	15.98	15.98	1
九江市	Jiujiang	1339	498	21.62	21.62	21.62	1
瑞昌市	Ruichang	409	123	5.58	5.58	5.58	
共青城市	Gongqing	101	37	4.45	4.45	4.45	
新余市	Xinyu	1060	420	16.00	16.00	16.00	1
鹰潭市	Yingtan	177	49	7.59	5.31	7.59	1
贵溪市	Guixi	190	80	5.72	5.72	5.72	
赣州市	Ganzhou	799	177	33.94	33.94	33.94	2
瑞金市	Ruijin	459	110	10.67	9.94	10.67	1
吉安市	Ji'an	348	294	16.24	16.24	16.24	1
井冈山市	Jinggangshan	108	30	3.15	3.15	3.15	1
宜春市	Yichun	802	321	16.45	16.45	16.45	1
丰城市	Fengcheng	557	4	10.81		10.81	1
樟树市	Zhangshu	178	46	8.26	8.26	8.26	
高安市	Gaoan	221	79	8.03	8.03	8.03	
抚州市	Fuzhou	1090	130	19.31	19.31	19.31	1
上饶市	Shangrao	849	178	19.94	19.94	19.94	1
德兴市	Dexing	137	25	5.50	3.67	5.50	1

10-12 续表 continued

城市	City	日无害化处理能力（吨）Daily Innocent Treatment Capacity (ton)	无害化处理量（万吨）Volume of Wastes Disposed (10000 tons)	粪便 Excrement and Urine 清运量（万吨）Collection & Transport Volume (10000 tons)	处理量（万吨）Disposal Volume (10000 tons)	公共厕所（座）Number of Public Lavatories (unit)	市容环卫专用车辆设备总数（辆）Number of Special Vehicles for Environmental Sanitation (unit)
合　计	**Total**	**9273**	**287.13**	**8.05**	**8.05**	**1982**	**1630**
南昌市	Nanchang	2099	57.63	0.40	0.40	263	677
景德镇市	Jingdezhen	360	14.73			199	30
乐平市	Leping	255	6.86			90	14
萍乡市	Pingxiang	503	15.98	1.61	1.61	146	85
九江市	Jiujiang	800	21.62	0.58	0.58	257	154
瑞昌市	Ruichang		0.90	0.11	0.11	37	20
共青城	Gongqing		4.09			5	17
新余市	Xinyu	635	16.00			91	89
鹰潭市	Yingtan	400	7.59			22	25
贵溪市	Guixi		5.72	0.07	0.07	20	24
赣州市	Ganzhou	1193	33.94	3.61	3.61	148	111
瑞金市	Ruijin	338	10.67	0.67	0.67	20	25
吉安市	Ji'an	445	16.24			121	33
井冈山市	Jinggangshan	35	3.15			4	20
宜春市	Yichun	350	16.45	0.56	0.56	105	75
丰城市	Fengcheng	260	10.81	0.07	0.07	48	36
樟树市	Zhangshu			0.11	0.11	58	32
高安市	Gaoan			0.26	0.26	20	39
抚州市	Fuzhou	650	19.31			194	64
上饶市	Shangrao	800	19.94			105	43
德兴市	Dexing	150	5.50			29	17

主要统计指标解释

供水综合生产能力 指按供水设施取水、净化、送水、出厂输水干管等环节设计能力计算的综合生产能力。包括在原设计能力的基础上，经挖、革、改增加的生产能力。计算时，以四个环节中最薄弱的环节为主确定能力。

年末供水管道长度 指从送水泵至用户水表之间所有管道的长度。不包括新安装尚未使用、水厂内以及用户建筑物内的管道。

全年供水总量 指报告期供水企业(单位)供出的全部水量。包括有效供水量和漏损水量。

生活用水量 包括公共服务用水和居民家庭用水。公共服务用水指为城市社会公共生活服务的用水。包括行政事业单位、部队营区和公共设施服务、社会服务业、批发零售贸易业、旅馆饮食业以及其他公共服务业等单位的用水。居民家庭用水指城市范围内所有居民家庭的日常生活用水。包括城市居民、农民家庭、公共供水站用水。

用水普及率 指城市用水人口数与城市人口总数的比率。计算公式:

$$用水普及率=\frac{城市用水人口数}{城市人口总数}\times100\%$$

人工煤气生产能力 指报告期末人工煤气生产厂制气、净化、输送等环节的综合生产能力，不包括备用设备能力。一般按设计能力计算，如果实际生产能力大于设计能力时，应按实际测定的生产能力计算。测定时应以制气、净化、输送三个环节中最薄弱的环节为主。

供气管道长度 指报告期末从气源厂压缩机的出口或门站出口至各类用户引入管之间的全部已经通气投入使用的管道长度。不包括煤气生产厂、输配站、液化气储存站、灌瓶站、储配站、气化站、混气站、供应站等厂(站)内的管道。

全年供气总量 指全年燃气企业(单位)向用户供应的燃气数量。包括销售量和损失量。

燃气普及率 指报告期末使用燃气的城市人口数与城市人口总数的比率。计算公式为:

$$燃气普及率=\frac{城市用气人口数}{城市人口总数}\times100\%$$

年末道路长度 指年末道路长度和与道路相通的桥梁、隧道的长度，按车行道中心线计算。在统计时只统计路面宽度在3.5米(含3.5米)以上的各种铺装道路，包括开放型工业区和住宅区道路在内。

城市桥梁 指为跨越天然或人工障碍物而修建的构筑物。包括跨河桥、立交桥、人行天桥以及人行地下通道等。按使用年限分为永久性桥和半永久性桥。

城市排水管道长度 指所有排水总管、干管、支管、检查井及连接井进出口等长度之和。

城市污水日处理能力 指污水处理厂(或污水处理装置)每昼夜处理污水量的设计能力。

年末运营车数 指年末城市用于公共交通运营业务的全部车辆数。新购、新制和调入的运营车辆，自投入之日起开始计算；调出、报废和调作他用的运营车辆，自上级主管机关批准之日起不再计入。

城市绿地面积 指报告期末用作园林和绿化的各种绿地面积。包括公园绿地、生产绿地、防护绿地、附属绿地和其他绿地的面积。

公园绿地 城市中向公众开放的以游憩为主要功能，有一定的游憩设施和服务设施，同时兼有健全生态、美化景观，防灾减灾等综合作用的绿化用地。包括综合公园，社区公园、专类公园、带状公园和街旁绿地。其中综合公园、专类公园和带状公园面积之和为公园面积。

清扫保洁面积 指报告期末对城市道路和公共场所（主要包括城市行车道、人行道、车行隧道、人行过街地下通道、道路附属绿地、地铁站、高架路、人行过街天桥、立交桥、广场、停车场及其他设施等）进行清扫保洁的面积。一天清扫多次的，按清扫保洁面积最大的一次计算。

市容环卫专用车辆 指用于环境卫生作业、监察的专用车辆和设备，包括用于道路清扫、冲洗、洒水、除雪、垃圾粪便清运、市容监察以及与其配套使用的车辆和设备。

每万人拥有公共交通车辆 指报告期末城区内每万人平均拥有的公共交通车辆标台数。计算公式:

$$每万人拥有公共交通车辆=\frac{公共交通运营车标台数}{城市人口总数}$$

生活垃圾清运量 指报告期内收集和运送到垃圾处理厂(场)的生活垃圾数量。生活垃圾指城市日常生活或为城市日常生活提供服务的活动中产生的固体废物以及法律行政规定的视为城市生活垃圾的固体废物。包括：居民生活垃圾、商业垃圾、集市贸易市场垃圾、街道清扫垃圾、公共场所垃圾和机关、学校、厂矿等单位的生活垃圾。

Explanatory Notes on Main Statistical Indicators

Production Capacity of Water Supply refers to the designed overall production capacity of water facilities, covering the four segments of water collection, purification, conveyance, and outflow through trunk pipelines. Increased capacity through transformation and innovation projects is included as well. The capacity is determined mainly on the weakest of the above-mentioned four segments.

Length of Water Supply Pipelines at the Year-end refers to the total length of all the pipelines between the water pumps and the user water meters, excluding pipelines newly installed but not used yet, pipeline in the water factory,and pipeline in the user's buildings.

Annual Volume of Water Supply refers to the total volume of water supplied by water-works (units) during the reference period, including both the effective water supply and loss during the water supply.

Consumption of Water for Residential Use refers to water consumption of households for daily life and water consumption of public service facilities. The latter refers to water consumption for urban public services, including the consumption of government agencies and public institutions, military barracks, public facilities, wholesale and retail outlets, restaurants, hotels, and other units providing public services. Household water consumption refers to consumption of water for daily life of all households within the boundary of cities, including households of urban residents and farmers, and public water supply stations.

Coverage Rate of Urban Population with Access to Tap Water refers to the ratio of the urban population with access to tap water to the total urban population. The formula is:

$$\frac{\text{Coverage of urban population}}{\text{with access to tap water}} = \frac{\text{Urban population with access to tap water}}{\text{Urban population}} \times 100\%$$

Production Capacity of Gaswork Gas refers to the overall production capacity of the urban gasworks in gas generation, purification and delivery at the end of the reference period, excluding capacity of the reserved facilities. In general, it is determined by the designed capacity, and when actual production capacity is larger than the designed capacity, the capacity is determined by the actual measurement on the weakest segment in the production, purification and delivery.

Length of Gas Pipelines refers to the total length of pipelines in use between the outlet of the compressor of gas-work or outlet of gas stations and the leading pipe of users, excluding pipelines within gasworks, delivery stations, LPG storage stations, refilling stations, gas-mixing stations and supply stations.

Volume of Gas Supply refers to the total volume of gas provided to users by gas-producing enterprises (units) in a year, including the volume sold and the volume lost.

Coverage Rate of Urban Population with Access to Gas refers to the ratio of the urban population with access to gas to the total urban population at the end of the reference period. The formula is:

$$\frac{\text{Coverage rate of urban}}{\text{population with access to gas}} = \frac{\text{Urban population with access to gas}}{\text{Urban population}} \times 100\%$$

Length of Paved Roads at Year-end refers to the length of roads with paved surface including bridges and tunnels connected with roads by the end of the year. Length of the roads is measured by the central lines for vehicles for paved roads with a width of 3.5 meters and over, including roads in open-ended factory compounds and residential quarters.

Urban Bridges refer to bridges built to cross over natural or man-made barriers, including bridges over rivers, overpasses for traffic and for pedestrians, underpasses for pedestrians, etc. Both permanent and semi-permanent bridges are included.

Length of Urban Sewage Pipes refers to the total length of general drainage, trunks, branch and inspection wells, connection wells, inlets and outlets, etc.

Daily Disposal Capacity of Urban Sewage refers to the designed 24-hour capacity of sewage disposal by the sewage treatment works or facilities.

Number of Vehicles under Operation at Year-end refers to the total number of vehicles under operation by public transport enterprises (units) at the end of the year, based on the records of operational vehicles by the enterprises (units).

Area of Urban Green Areas refers to the total area occupied for green projects at the end of the reference period, including park green land, production green land, protection green land, green land attached to institutions, and other green areas.

Park Green Area refers to green areas open to the public for amusement and rest with the facilities of amusement, rest and services. Its function includes perfecting ecology, beautifying landscape, and preventing and reducing disaster. Park green areas include comprehensive park, community park, topic park, belt-shaped park and green area nearby street. Total areas of comprehensive park, topic park and belt-shaped is the area of park.

Area Cleaned refers to the area which are regularly cleaned, as at the end of the reference period, at urban roads and public places (mainly including urban roadways, pedestrian walkways, vehicular tunnels, pedestrian underpasses, underground railway stations, lifted roads, pedestrians walk bridges, overpasses, plazas, carparks and other facilities). If there are several times of cleaning in a day at a location, the area of that time of cleaning with the largest area cleaned will be taken.

Vehicles Dedicated to Urban Cleanliness and Environmental Sanitation refer to vehicles and facilities dedicated for use in the operation, management and monitoring of environmental hygiene work. They include vehicles for road cleaning, washing, showering, ice removal, disposal of garbage and human wastes, cleanliness monitoring and related activities.

Public Transportation Vehicles per 10000 Population refers to the number of public transportation vehicles, at the end of the reference period, per 10000 population in the city district. The formula for calculation is:

$$\frac{\text{Public Transportation Vehicles}}{\text{per 10000 Population}} = \frac{\text{Number of Public Transportation Vehicles}}{\text{City District Population}}$$

Consumption Wastes Transported refers to volume of consumption wastes collected and transported to disposal factories or sites. Consumption wastes are solid wastes produced from urban households or from service activities for urban households, and solid wastes regarded by laws and regulations as urban consumption wastes, including those from households, commercial activities, markets, cleaning of streets, public sites, offices, schools, factories, mining units and other sources.

11

林业建设和生态环境

PORESTRY CONSTRUCTION AND ECOLOGY

◆215/248

资料整理及英文翻译：张辉、廖有伦、陈梦捷

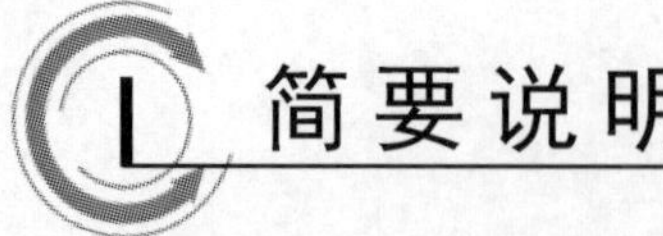

简要说明

本篇资料由林业建设、环境保护、水资源和气象三个部分组成。

林业建设部分反映全省森林生态建设和林业发展的情况。主要包括森林资源、生态建设、产业发展、固定资产投资、国有林场以及森林主要灾害的情况。资料来源于省林业厅年报数据。由省统计局农业处整理提供。

环境保护统计资料包括工业废水、生活污水排放及治理情况；工业废气排放及处理情况；一般工业固体废物的产生、处理及利用情况；城镇生活污染情况；烟（粉）尘排放情况。资料来源于省环保厅，由省统计局能源处整理提供。

水资源资料主要包括水资源总量、供水量及用水量，资料来源于省水文局；气象资料主要包括各设区市平均气温、降水量、日照等方面的资料，资料来源于省气象局。由省统计局综合处整理提供。

Brief Introduction

This chapter includes three parts: urban construction; environment protection; water resources and meteorological.

Data in this chapter show the basic condition of the construction of forest ecology and forestry development. They include the condition of the forest resources, ecology construction, industrial development, investments in fixed assets, state-owned farms, and forest disaster. Data source from the Forestry department of Jiangxi Province. Data are provided by Agriculture Division of Jiangxi Statistics Bureau.

Data on environment protection include discharge and treatment of industrial and consumption waste water; emission treatment and utilization of general industrial waste gas;urban household pollution; industrial waste air and dust emitted. Data source from Bureau of Environmental Proctection. Data are provided by Energy Division of Jiangxi Statistics Bureau.

Data on water resources include total amount of water resources,supply and ues.Data source from Jiangxi Hydrological Bureau. Data on meteorological include annual average temperature,precipitation and sunshine hours by region.Data source from Jiangxi Meteorological Bureau. Data are provided by Comprehensive Division of Jiangxii Statistics Bureau.

11-1 森林资源情况

Condition of Forest Resourses

指　　标	Item	1949	1964	1977	1983	1988
全省林业用地总面积（千公顷）	**Total Forest Land Area (1000 hectares)**			**10578.31**	**10456.00**	**10496.20**
有林地面积	Soil Surface of Forest	6736.00	6226.00	5462.25	5532.00	5992.40
用材林	Timber Forest		4715.55	3748.89	3413.00	3555.70
防护林	Protection Forest		346.68	51.07	120.00	191.90
薪炭林	Fire Forest			223.34	385.00	577.20
特种用材林	Forest for Special Purpose				19.00	32.00
经济林	Economic Forest		767.98	982.70	1085.00	1101.60
#油茶林	Camellia Oleifera			906.12	945.00	972.00
竹　林	Bamboo Forest		395.79	456.25	510.00	534.00
稀疏林	Sparse Forest		1474.00	676.39	1566.00	1421.30
灌木林	Shrubbery		327.00	690.75	272.00	107.20
未成林造林地	Immature Forest Land			350.97	232.00	426.90
荒山宜林地	Barren			3109.20	2854.00	2342.20
其他	Others			288.75		206.20
活立木总蓄积量（万立方米）	**Total Standing Forest Stock (10000 cu.m)**	**51926.80**	**40010.80**	**30084.90**	**25375.70**	**24219.19**
杉木林	Fir Forest			5176.96	5662.30	6376.39
马尾松	Redpine			7907.72	5639.60	3997.69
阔叶树及其它	Broadleafe Tree and Others			17000.23	14073.80	13845.11
毛竹林蓄积量（万株）	**Mao Bamboo Reserves (10000 units)**		**55225.02**	**69189.27**	**88025.40**	**95737.00**
森林覆盖率（%）	**Forest Coverage Rate (%)**	**40.30**	**37.30**	**37.22**	**34.73**	**36.88**

注：本表数据为林业普查年份数据。
a)The data in the table were the figures of General Survey of Forest.

11-1 续表 continued

指　　标	Item	1991	1996	1999	2004	2010
全省林业用地总面积（千公顷）	**Total Forest Land Area (1000 hectares)**	**10483.40**	**10453.20**	**10628.75**	**10626.47**	**10720.22**
有林地面积	Soil Surface of Forest	6727.70	8897.80	9506.55	9413.00	9278.57
用材林	Timber Forest	4148.80	5902.10	3813.91	3800.88	5858.17
防护林	Protection Forest	255.80	352.00	3439.84	3521.63	3193.41
薪炭林	Fuel Forest	610.70	608.00	186.20	67.35	75.78
特种用材林	Forest for Special Purpose	30.40	44.80	362.22	449.96	547.81
经济林	Economic Forest	1130.40	1363.50	961.55	749.29	814.88
#油茶林	Camellia Oleifera	986.40	1011.50	742.50	696.76	699.19
竹　林	Bamboo Forest	551.60	627.30	742.82	823.88	986.45
稀疏林	Sparse Forest	1165.50	441.70	168.39	138.70	111.59
灌木林	Shrubbery	105.60	217.60	397.05	490.47	122.57
未成林造林地	Immature Forest Land	562.20	211.20	143.77	317.01	230.11
荒山宜林地	Barren	1811.40	531.30	121.64	127.75	60.64
其他	Others	111.00	153.60	291.35	139.54	90.53
活立木总蓄积量（万立方米）	**Total Standing Forest Stock (10000 cu.m)**	**24590.10**	**27695.69**	**28992.72**	**35357.23**	**44530.55**
杉木林	Fir Forest	7013.65	8168.95	10262.04	12464.90	14528.74
马尾松	Redpine	3933.33	5131.51	8895.39	11115.11	11653.61
阔叶树及其它	Broadleafe Tree and Others	13643.12	14395.23	9835.29	11777.23	18348.20
毛竹林蓄积量（万株）	**Mao Bamboo Reserves (10000 units)**	**105065.00**	**108556.00**	**136984.00**	**150209.02**	**190860.33**
森林覆盖率（%）	**Forest Coverage Rate (%)**	**40.93**	**55.24**	**59.70**	**60.05**	**63.10**

11-2 造林面积和营林情况

单位：千公顷

年份 地区 Year Region	造林总面积 Total Afforested Area	#公有经济造林 Public Ownership	#人工造林 Manual Planting	按林种用途分 用材林 Timber Forests	经济林 By-Product Forest	防护林 Protection Forest
1978	241.73	195.95	241.73	115.76	95.24	0.45
1980	225.85	177.09	225.85	136.51	80.56	2.95
1985	409.05	314.53	409.05	247.87	32.87	14.42
1990	276.19	259.07	276.19	185.70	12.57	11.07
1991	506.00	358.47	389.10	331.00	20.60	68.60
1992	435.00	367.20	372.30	277.07	50.73	81.40
1993	243.27	190.60	215.40	159.13	44.07	27.80
1994	251.93	232.82	229.90	145.03	55.16	37.89
1995	250.09	221.57	227.10	143.98	54.76	37.30
1996	191.43	172.02	171.00	89.98	58.43	29.73
1997	81.00	73.78	68.60	46.92	25.11	7.18
1998	53.07	46.58	47.10	23.70	21.81	7.05
1999	36.72	33.07	30.80	12.57	12.09	11.48
2000	35.23	30.58	28.20	13.45	10.32	11.29
2001	37.15	25.17	28.30	10.32	6.40	20.11
2002	162.28	77.95	162.28	20.50	19.63	121.64
2003	219.75	84.53	219.75	21.30	24.46	172.98
2004	58.10	15.49	58.10	19.58	3.62	33.85
2005	47.59	16.60	47.59	20.74	3.91	22.14
2006	63.60	20.77	63.60	36.35	4.39	22.38
2007	157.42	31.52	147.58	95.25	20.30	41.16
2008	267.03	71.24	234.60	147.43	32.91	84.85
2009	228.63	63.47	209.02	120.39	23.28	82.53
2010	200.78	47.86	170.86	103.88	32.51	59.73
2011	164.52	38.70	141.69	71.03	33.42	56.94
2012	138.65	40.46	127.03	66.68	32.38	37.85
2013	153.39	29.95	141.04	86.67	37.87	28.21
2014	131.97	29.83	130.75	82.70	29.37	18.23
南昌市 Nanchang	2.30	0.81	2.30	0.80	0.46	0.98
景德镇市 Jingdezhen	2.74	0.73	2.74	2.08	0.35	0.30
萍乡市 Pingxiang	5.77	1.25	5.23	3.58	1.79	0.40
九江市 Jiujiang	15.88	4.29	15.88	8.33	4.84	1.60
新余市 Xinyu	4.38	0.66	4.38	2.95	0.83	0.50
鹰潭市 Yingtan	3.05	1.10	3.05	2.50	0.13	0.42
赣州市 Ganzhou	32.73	3.32	32.65	20.73	7.81	3.82
吉安市 Ji'an	22.42	11.49	21.92	17.91	2.35	2.17
宜春市 Yichun	17.22	2.87	17.22	9.60	4.81	2.78
抚州市 Fuzhou	9.11	2.64	9.11	5.35	1.28	2.48
上饶市 Shangrao	16.37	0.68	16.26	8.87	4.71	2.78

注：1.2002以前年末实有封山育林面积含封山护林面积。
2.全省数据含省直单位数据。

Condition of Afforested Area and Silviculture

(1000 hectares)

By Function of Forest		年末实有封山育林面积 Area Fenced off for Afforestation	更新造林面积 Area of Slash Reforestation	低产低效林改造面积 Reconstructed Area of Forest of Poor Output	零星(四旁)植树(万株) Scattered Tree-planting (10000 units)
薪炭林 Firewood	特种用途林 Special Using				
	30.28		18.08		3595.88
	5.83	552.20	17.94	41.28	3564.75
106.06	7.83	2224.00	30.47	38.60	5164.97
64.61	2.24	2412.47	31.85	28.13	5724.62
85.47	0.33	2923.00	33.40	48.73	7248.00
23.67	2.13	3363.87	34.53	60.27	6594.90
12.20	0.10	3052.53	31.87	117.33	6986.90
13.27	0.58	2888.47	35.24	183.00	7356.00
13.17	0.88	2649.81	29.82	187.03	6662.00
12.41	0.88	2394.93	33.42	168.41	7088.00
1.56	0.23	2492.51	39.80	246.03	9929.00
0.46	0.05	2309.50	32.85	257.93	7770.00
0.57	0.01	2739.50	25.00	220.11	8201.00
0.10	0.08	1463.06	22.60	247.06	7739.00
0.24	0.08	1881.40	17.10	180.16	6738.00
0.17	0.34	1402.12	11.70	62.77	6255.00
0.55	0.45	430.07	1.11	5.90	6746.00
0.99	0.06	627.21	1.40	43.13	7422.00
0.33	0.47	610.10	7.20	26.50	5226.00
0.25	0.23	605.56	8.50	11.43	9020.60
0.55	0.17	718.20	17.82	6.90	18172.60
0.31	1.55	409.83	28.25	55.91	1383.00
1.72	0.72	459.60	24.35	44.53	15378.67
2.12	2.54	621.19	39.01	37.48	12032.94
1.62	1.52	919.26	26.75	66.20	14820.16
0.55	1.19	1045.28	18.14	30.76	18414.31
0.14	0.49	1130.73	9.66	46.93	66181.99
1.03	0.65	1108.17	13.09	38.57	5198.56
	0.07	30.28	0.10	0.25	
		4.14	0.33	1.33	420.50
		8.82		3.67	67.92
1.03	0.08	454.50	1.41	1.91	342.32
	0.10	5.32		0.65	837.64
		3.66			103.70
	0.36	46.92	2.06	5.76	146.00
		34.47	6.35	4.38	854.08
	0.03	241.17	1.32	5.26	399.78
		259.30	1.36	2.56	927.26
	0.01	19.59	0.15	12.79	322.80

a)Before the 2002,the areas of Fenced off for afforest include the protection at the end of year.
b)The data of provincial total include the provincial unit's data.

11-3 林业重点工程建设情况

Condition of Forestry Engineering Construction of Key

单位：千公顷 (1000 hectares)

指 标	Item	2005	2010	2013	2014
本年完成造林面积	**Total Afforested Area in Current Year**	**42.57**	**65.11**	**32.57**	**8.37**
退耕还林工程	Grain for Green Program	34.78	37.85	20.67	
人工造林	Manual Planting Afforestation	33.33	19.39	10.67	
无林地和疏林地新封	Non-forest and Scattered Land	1.45	18.46	10.00	
长江流域防护林工程	Shelterbelt Forestry Project of the Yangtze Basin	7.34	13.88	9.34	6.77
人工造林	Grain for Green Program	5.34	7.96	9.34	6.54
无林地和疏林地新封	Non-forest and Scattered Land	2.00	5.92		0.23
珠江流域防护林工程	Shelterbelt Forestry Project of the Pearl River Basin	0.45	3.38	2.56	1.60
人工造林	Grain for Green Program	0.45	2.48	2.56	1.60
无林地和疏林地新封	Non-forest and Scattered Land		0.90		

11-4 各地区林业重点工程建设情况(2014年)

Condition of Forestry Engineering Construction of Key by Region(2014)

单位：千公顷 (1000 hectares)

地 区	Region	本年完成造林面积 Total Afforested Area in Current Year	退耕还林工程 Grain for Green Program	长江流域防护林工程 Shelterbelt Forestry Project of the Yangtze Basin	珠江流域防护林工程 Shelterbelt Forestry Project of the Pearl River Basin
全 省	**Provincial Total**	**8.37**		**6.77**	**1.60**
南昌市	Nanchang	0.27		0.27	
景德镇市	Jingdezhen	0.27		0.27	
萍乡市	Pingxiang	0.13		0.13	
九江市	Jiujiang	0.17		0.17	
新余市	Xinyu	0.43		0.43	
鹰潭市	Yingtan	0.23		0.23	
赣州市	Ganzhou	2.57		0.97	1.60
吉安市	Ji'an	1.30		1.30	
宜春市	Yichun	1.20		1.20	
抚州市	Fuzhou	1.50		1.50	
上饶市	Shangrao	0.30		0.30	

11-5 自然保护区和森林公园基本情况
Basic Condition of Natural Reserve and Forest Park

指　　标	Item	2005	2010	2013	2014
自然保护区	**Natural Reserve**				
数　量(个)	Quantity (unit)	142	195	240	237
国家级	National	5	8	13	14
省　级	Provincial	21	28	28	31
县　级	County-level	116	159	199	192
面　积(公顷)	Area(hectare)	992539	1151641	1218074	1208591
国家级	National	85019	144434	220247	231047
省　级	Provincial	297327	337192	278971	282284
县　级	County-level	610193	670015	718856	695259
湿地公园	**Wetland Park**				
数　量(个)	Quantity(unit)		33	65	77
面　积(公顷)	Area(hectare)		105300	139014	132469
森林公园	**Forest Park**				
数　量(个)	Quantity (unit)	79	155	170	177
国家级	National	33	43	45	46
省　级	Provincial	42	100	111	118
县　级	County-level	4	12	14	13
面　积(公顷)	Area (hectare)	394652	496573	505949	514469
国家级	National	305253	357220	366667	375852
省　级	Provincial	85578	111699	111425	110813
县　级	County-level	3820	27654	27857	27803

11-6 各地区森林资源情况(2014年)

Condition of Forest Resources by Region(2014)

地　　区	Region	林业用地面积 (千公顷) Area of Afforested Land (1000 hectare)	活立木总蓄积 (万立方米) Total Standing Forest Stock (10000 cu.m)	毛竹林蓄积量 (万株) Mao Bamboo Reserves (10000 units)	森林覆盖率 (%) Forest Coverage Rate (%)
全　　省	**Provincial Total**	**10720.22**	**44530.55**	**190860.33**	**63.10**
南昌市	Nanchang	138.85	522.06	1065.33	21.96
景德镇市	Jingdezhen	352.39	1788.92	2324.18	65.05
萍乡市	Pingxiang	249.35	840.97	7132.71	66.02
九江市	Jiujiang	1061.94	4454.62	9317.65	54.92
新余市	Xinyu	183.67	670.44	3756.50	56.49
鹰潭市	Yingtan	201.92	785.54	5800.99	57.38
赣州市	Ganzhou	3039.12	11921.65	34720.72	76.24
吉安市	Ji'an	1756.01	8238.44	27982.58	67.61
宜春市	Yichun	1067.80	5132.36	41542.45	56.97
抚州市	Fuzhou	1297.26	4972.93	35691.01	64.54
上饶市	Shangrao	1371.91	5202.62	21526.21	61.67

11-7 各地区自然保护基本情况(2014年)

Basic Condition of Natural Reserve by Region(2014)

地　　区	Region	自然保护区个数 (个) Quantity of Natural Reserve (unit)	#国家级 National	自然保护区面积 (千公顷) Area of Natural Reserve (1000 hectares)	#国家级 National	自然保护区占辖区面积比重(%) Percentage to Natural Reserve Area (%)
全　　省	**Provincial Total**	**237**	**14**	**1208.59**	**231.05**	**7.24**
南昌市	Nanchang	10	1	122.49	33.30	16.54
景德镇市	Jingdezhen	8		49.50		9.43
萍乡市	Pingxiang	4		16.42		4.29
九江市	Jiujiang	42	3	215.34	55.02	11.44
新余市	Xinyu	3		2.73		0.86
鹰潭市	Yingtan	4	1	15.24	10.95	4.29
赣州市	Ganzhou	54	3	276.04	46.62	7.01
吉安市	Ji'an	33	1	106.18	21.45	4.2
宜春市	Yichun	27	2	69.61	23.03	3.73
抚州市	Fuzhou	26	1	149.62	13.87	7.95
上饶市	Shangrao	26	2	185.42	26.81	8.14

11-8 国家级森林公园(2014年)

National Forest Park (2014)

公园名称	Name	所在地	Location	面积(公顷) Area (hectare)	建立时间	Foundation Time
三爪仑国家示范森林公园	Sanzhualun National Forest Park	靖安县	Jing'an	12133	1993.03	Mar.1993
庐山山南国家森林公园	South Lushan Moutain National Forest Park	星子县	Xingzi	3347	1993.05	May.1993
梅岭国家森林公园	Meiling National Forest Park	湾里区	Wanli	11173	1993.05	May.1993
三百山国家森林公园	Sanbaishan National Forest Park	安远县	Anyuan	3330	1993.05	May.1993
马祖山国家森林公园	Muzhushan National Forest Park	庐山区	Lushan	667	1993.05	May.1993
鄱阳湖口国家森林公园	Poyanghukou National Forest Park	湖口县	Hukou	1280	1993.05	May.1993
灵岩洞国家森林公园	Lingyan cave National Forest Park	婺源县	Wuyuan	3000	1993.05	May.1993
明月山国家森林公园	Mingyue Moutain National Forest Park	宜春市	Yichun	7842	1994.12	Dec.1994
翠微峰国家森林公园	Cuiwei Moutain National Forest Park	宁都县	Ningdu	7867	1999.01	Jan.1999
天柱峰国家森林公园	Tianzhu Moutain National Forest Park	铜鼓县	Tonggu	20757	2000.02	Feb.2000
泰和国家森林公园	Taihe National Forest Park	泰和县	Taihe	3000	2000.12	Dec.2000
鹅湖山国家森林公园	Erhu Moutain National Forest Park	铅山县	Yanshan	7950	2000.12	Dec.2000
龟峰国家森林公园	Guifeng National Forest Park	弋阳县	Yiyang	7400	2000.12	Dec.2000
上清国家森林公园	Shangqing National Forest Park	鹰潭市	Yingtan	11800	2000.12	Dec.2000
梅关国家森林公园	Meiguan National Forest Park	大余县	Dayu	5300	2001.11	Nov.2001
永丰国家森林公园	Yongfeng National Forest Park	永丰县	Yongfeng	7600	2001.11	Nov.2001
阁皂山国家森林公园	Gezao Moutain National Forest Park	樟树市	Zhangshu	6860	2001.11	Nov.2001
三叠泉国家森林公园	Sandiequan National Forest Park	庐山区	Lushan	1651	2001.11	Nov.2001
武功山国家森林公园	Wugong Moutain National Forest Park	安福县	Anfu	24190	2002.12	Dec.2002
铜钹山国家森林公园	Tongbo Moutain National Forest Park	广丰县	Guangfeng	19500	2002.12	Dec.2002
阳岭国家森林公园	Yangling National Forest Park	崇义县	Congyi	6890	2003.12	Dec.2003
天花井国家森林公园	Tianhuajing National Forest Park	九江市	Jiujiang	685	2003.12	Dec.2003
五指峰国家森林公园	Wuzhi Moutain National Forest Park	上犹县	Shangyou	24533	2003.12	Dec.2003
柘林湖国家森林公园	Talin Lake National Forest Park	永修县	Yongxiu	16450	2004.12	Dec.2004
陡水湖国家森林公园	Doushui Lake National Forest Park	上犹县	Shangyou	22667	2004.12	Dec.2004
万安国家森林公园	Wan'an National Forest Park	万安县	Wan'an	16333	2004.12	Dec.2004
三湾国家森林公园	Sanwan National Forest Park	永新县	Yongxin	15513	2004.12	Dec.2004
安源国家森林公园	Anyuan National Forest Park	安源区	Anyuan	7866	2004.12	Dec.2004
九连山国家森林公园	Jiulianshan National Forest Park	龙南县	Longnan	20063	2005.12	Dec.2005
岩泉国家森林公园	Yanquan National Forest Park	黎川县	Lichuan	4885	2005.12	Dec.2005
云碧峰国家森林公园	Yunbi Moutain National Forest Park	上饶市	Shangrao	873	2005.12	Dec.2005
景德镇国家森林公园	Jingdezhen National Forest Park	景德镇市	Jingdezhen	3796	2005.12	Dec.2005
瑶里国家森林公园	Yaoli National Forest Park	浮梁县	Fuliang	4471	2005.12	Dec.2005
清凉山国家森林公园	Qingliang Moutain National Forest Park	资溪县	Zixi	3398	2006.12	Dec.2006
峰山国家级森林公园	Fengshan National Forest Park	赣州市	Ganzhou	20735	2006.12	Dec.2006
九岭山国家级森林公园	Jiulingshan National Forest Park	武宁县	Wu'ning	1266	2006.12	Dec.2006
岑山国家级森林公园	Censhan National Forest Park	横峰县	Hengfeng	955	2008.01	Jan.2008
五府山国家级森林公园	Wufu Moutain National Forest Park	上饶县	Shangrao	1715	2008.01	Jan.2008
军峰山国家级森林公园	Junfeng Moutain National Forest Park	南丰县	Nanfeng	1217	2008.01	Jan.2008
碧湖潭国家森林公园	Bihutan National Forest Park	湘东区	Xiangdong	6839	2008.12	Dec.2008
怀玉山国家森林公园	Huaiyu Moutain National Forest Park	玉山县	Yushan	3354	2008.12	Dec.2008
仰天岗国家森林公园	Yangtiangang National Forest Park	新余市	Xinyu	2010	2009.08	Aug.2009
圣水堂国家森林公园	Shengshuitang National Forest Park	安义县	Anyi	4060	2009.12	Dec.2009
鄱阳莲花山国家森林公园	Boyang Lotus Mountain National Forest Park	鄱阳县	Boyang	6510	2012.01	Jan.2012
彭泽国家森林公园	Pengze National Forest Park	彭泽县	Pengze	2505	2013.01	Jan.2013
金盆山国家森林公园	Jinpen Moutain National Forest Park	信丰县	XinFeng	5982	2014.01	Jan.2014

11-9 国家级、省级自然保护区(2014年)

名　　称	Name	级别	Level	类型	Type
鄱阳湖自然保护区	Poyang Lake Natural Reserve	国家级	National	湿地生态	Wetland Ecology
井冈山自然保护区	Jinggangshan Natural Reserve	国家级	National	森林生态	Forest Ecology
桃红岭梅花鹿自然保护区	Taohong Range Sike Natural Reserve	国家级	National	野生动物	Wild Animal
武夷山自然保护区	Wuyi Mountain Natural Reserve	国家级	National	森林生态	Forest Ecology
九连山自然保护区	Jiulian Mountain Nature Reserve	国家级	National	森林生态	Forest Ecology
官山自然保护区	Guanshan Nature Reserve	国家级	National	野生动物	Wild Animal
鄱阳湖南矶湿地自然保护区	Poyang Lake Southern Rockies Wetland Nature Reserve	国家级	National	湿地生态	Wetland Ecology
马头山自然保护区	Matou Tiger Nature Reserve	国家级	National	野生植物	Wild Plant
九岭山自然保护区	Jiuling Mountain Nature Reserve	国家级	National	森林生态	Forest Ecology
齐云山自然保护区	Qishan Mountain Nature Reserve	国家级	Provincial	森林生态	Forest Ecology
阳际峰自然保护区	Yangji Mountain Nature Reserve	国家级	Provincial	森林生态	Forest Ecology
庐山自然保护区	Lushan Mountain Nature Reserve	国家级	Provincial	森林生态	Forest Ecology
赣江源自然保护区	Ganjiang River Source Nature Reserve	省　级	Provincial	森林生态	Forest Ecology
云居山自然保护区	Yunju Mountain Nature Reserve	省　级	Provincial	森林生态	Forest Ecology
青岚湖自然保护区	Qinglan Lake Nature Reserve	省　级	Provincial	湿地生态	Wetland Ecology
阳岭自然保护区	Yang Range Nature Reserve	省　级	Provincial	森林生态	Forest Ecology
水浆自然保护区	Water Slurry Nature Reserve	省　级	Provincial	森林生态	Forest Ecology
鸳鸯湖自然保护区	Yuanyang Lake Nature Reserve	省　级	Provincial	野生动物	Wild Animal
瑶里自然保护区	Yaoli Nature Reserve	省　级	Provincial	森林生态	Forest Ecology
三十把自然保护区	Sanshiba Nature Reserve	省　级	Provincial	森林生态	Forest Ecology
华南虎自然保护区	South China Tiger Nature Reserve	省　级	Provincial	野生动物	Wild Animal
岩泉自然保护区	Yanquan Nature Reserve	省　级	Provincial	野生植物	Wild Plant
都昌候鸟自然保护区	Duchang Migratory Birds Nature Reserve	省　级	Provincial	湿地生态	Wetland Ecology

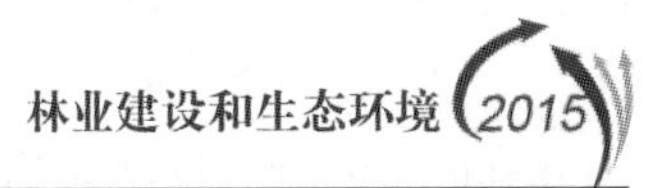

National and Provincial Natural Reserves (2014)

主要保护对象	Main Protection	地点	Location	面积 Area (公顷) (hectare)	建立时间 Foundation Time
越冬候鸟及湿地生态	Rare birds Wintering and Wetland Ecology	新建、永修、星子	Xinjian, Yongxiu, Xingzi	22400	1988
中亚热带常绿阔叶林及珍稀动植物	Subtropical Evergreen Broad-leaved Forest, Rare Plants and Animals	井冈山	Jinggangshan	21449	2000
野生梅花鹿南方亚种	Sika South Asian Species	彭泽	Pengze	12500	2001
中亚热带常绿阔叶林及珍稀动植物	Subtropical Evergreen Broad-leaved Forest, Rare Plants and Animals	铅山	Yanshan	16007	2002
中亚热带常绿阔叶林及珍稀动植物	Subtropical Evergreen Broad-leaved Forest, Rare Plants and Animals	龙南	Longnan	13412	2003
白颈长尾雉	Syrmaticus ellioti	宜丰、铜鼓	Yifeng, Tonggu	11501	2007
湿地生态及候鸟	Wetland Ecology and Migrant Birds	新建	Xinjian	33300	2008
珍稀植物	Rare Plants	资溪	Zixi	13867	2008
中亚热带常绿阔叶林及珍稀动植物	Subtropical Evergreen Broad-leaved Forest, Rare Plants	靖安	Jing'an	11541	2010
中亚热带常绿阔叶林及珍稀动植物	Subtropical Evergreen Broad-leaved Forest, Rare Plants and Animals	崇义	Congyi	17105	2012
中亚热带常绿阔叶林及珍稀动植物	Subtropical Evergreen Broad-leaved Forest, Rare Plants and Animals	贵溪	Guixi	10946	2012
森林生态系统、珍稀野生动植物和冰川迹地	Forest Ecosystem, Rare Plants and Animals, Glacial Sites	庐山区	Lushan	30459	2013
赣江源头森林生态	Forest Ecology of Ganjiang River Source	石城、瑞金	Shicheng,	16101	2013
中亚热带常绿阔叶林及珍稀动植物	Subtropical Evergreen Broad-leaved Forest, Rare Plants and Animals	永修	Yongxiu	2480	1997
越冬候鸟及湿地生态	Rare birds Wintering and Wetland Ecology and Animals	进贤	Jinxian	1000	1997
中亚热带常绿阔叶林及珍稀动植物	Subtropical Evergreen Broad-leaved Forest, Rare Plants and Animals	崇义	Congyi	1880	1997
中亚热带常绿阔叶林及珍稀动植物	Subtropical Evergreen Broad-leaved Forest, Rare Plants and Animals	永丰	Yongfeng	2000	1997
鸳鸯及湿地生态	Mandarin Duck and Wetland Ecology	婺源	Wuyuan	917	1997
中亚热带常绿阔叶林及珍稀动植物	Subtropical Evergreen Broad-leaved Forest, Rare Plants and Animals	浮梁	Fuliang	3627	2001
中亚热带常绿阔叶林及珍稀动植物	Subtropical Evergreen Broad-leaved Forest, Rare Plants and Animals	万载	Wanzai	2100	2001
华南虎栖息地	Rare Animals and Their Habitats	宜黄	Yihuang	58300	2001
珍稀植物	Rare Plants	黎川	Lichun	2460	2001
越冬候鸟及湿地生态	Rare birds Wintering and Wetland Ecology	都昌	Duchang	41100	2004

11-9 续表

名　　称	Name	级别	Level	类型	Type
峤岭自然保护区	Qiao Range Nature Reserve	省　级	Provincial	森林生态	Forest Ecology
羊狮幕自然保护区	Yangshimu Nature Reserve	省　级	Provincial	森林生态	Forest Ecology
老虎脑自然保护区	Laohunao Nature Reserve	省　级	Provincial	野生动物	Wild Animal
修河源五梅山自然保护区	Xiu River Wumei Mountain Nature Reserve	省　级	Provincial	森林生态	Forest Ecology
黄字号黑麂自然保护区	Huangzhihao Muntiacus Crinifrons Nature Reserve	省　级	Provincial	野生动物	Wild Animal
桃江源自然保护区	Taojiangyuan Nature Reserve	省　级	Provincial	森林生态	Forest Ecology
铜钹山自然保护区	Tongbo Mountain Nature Reserve	省　级	Provincial	森林生态	Forest Ecology
南风面自然保护区	Nanfengmian Nature Reserve	省　级	Provincial	森林生态	Forest Ecology
七溪岭自然保护区	Qixi Range Nature Reserve	省　级	Provincial	森林生态	Forest Ecology
高天岩自然保护区	Gaotianyan Nature Reserve	省　级	Provincial	森林生态	Forest Ecology
五指峰自然保护区	Wuzhi Mountain Nature Reserve	省　级	Provincial	森林生态	Forest Ecology
章江源自然保护区	Zhang River Nature Reserve	省　级	Provincial	森林生态	Forest Ecology
抚河源自然保护区	Fu River Nature Reserve	省　级	Provincial	森林生态	Forest Ecology
南方红豆杉自然保护区	South Chinese Yew Nature Reserve	省　级	Provincial	植　物	Plant
伊山自然保护区	Yi Mountain Nature Reserve	省　级	Provincial	森林生态	Forest Ecology
凌云山自然保护区	Lingyun Mountain Nature Reserve	省　级	Provincial	森林生态	Forest Ecology
玉京山自然保护区	Yujing Mountain Nature Reserve	省　级	Provincial	森林生态	Forest Ecology
信江源自然保护区	Headwaters of Xin River Nature Reserve	省　级	Provincial	森林生态	Forest Ecology
大龙山自然保护区	Dalong Mountain Nature Reserve	省级	Provincial	森林生态	Forest Ecology
五府山自然保护区	Wufu Mountain Nature Reserve	省级	Provincial	森林生态	Forest Ecology
铁丝岭自然保护区	Tiesiling Nature Reserve	省级	Provincial	森林生态	Forest Ecology
中华秋沙鸭自然保护区	zhonghuaqiushaya Nature Reserve	省级	Provincial	森林生态	Forest Ecology

continued

主要保护对象	Main Protection	地点	Location	面积 Area (公顷) (hectare)	建立时间 Foundation Time
中亚热带常绿阔叶林及珍稀动植物	Subtropical Evergreen Broad-leaved Forest, Rare Plants and Animals	安义	Anyi	4490	2004
中亚热带常绿阔叶林及珍稀动植物	Subtropical Evergreen Broad-leaved Forest, Rare Plants and Animals	芦溪	Luxi	7006	2004
华南虎栖息地	Rare Animals and Their Habitats	乐安	Le'an	22000	2004
中亚热带常绿阔叶林及珍稀动植物	Subtropical Evergreen Broad-leaved Forest, Rare Plants and Animals	修水	Xiushui	14485	2010
黑麂等野生动物及其栖息地	Muntiacus Crinifrons and Their Habitats	浮梁	Fuliang	17356	2010
中亚热带常绿阔叶林及珍稀动植物	Subtropical Evergreen Broad-leaved Forest, Rare Plants and Animals	全南	Quannan	15427	2010
中亚热带常绿阔叶林及珍稀动植物	Subtropical Evergreen Broad-leaved Forest, Rare Plants and Animals	广丰	Guangfeng	10800	2010
中亚热带常绿阔叶林及珍稀动植物	Subtropical Evergreen Broad-leaved Forest, Rare Plants and Animals	遂川	Suichun	4205	2010
中亚热带常绿阔叶林及珍稀动植物	Subtropical Evergreen Broad-leaved Forest, Rare Plants and Animals	永新	Yongxin	10500	2010
中亚热带常绿阔叶林及珍稀动植物	Subtropical Evergreen Broad-leaved Forest, Rare Plants and Animals	莲花	Lianhua	7267	2010
中亚热带常绿阔叶林及珍稀动植物	Subtropical Evergreen Broad-leaved Forest, Rare Plants and Animals	上犹	Shangyou	3000	2010
中亚热带常绿阔叶林及珍稀动植物	Subtropical Evergreen Broad-leaved Forest, Rare Plants and Animals	崇义	Congyi	10452	2010
中亚热带常绿阔叶林及珍稀动植物	Subtropical Evergreen Broad-leaved Forest, Rare Plants and Animals	广昌	Guangchang	8188	2010
南方红豆杉		瑞昌	Ruichang	2500	2011
亚热带常绿阔叶林及珍稀动植物	Subtropical Evergreen Broad-leaved Forest, Rare Plants and Animals	武宁	Wuning	11340	2011
亚热带常绿阔叶林及珍稀动植物	Subtropical Evergreen Broad-leaved Forest, Rare Plants and Animals	宁都	Ningdu	11045	2011
亚热带常绿阔叶林及珍稀动植物	Subtropical Evergreen Broad-leaved Forest, Rare Plants and Animals	宜春	Yichun	1199	2011
亚热带常绿阔叶林及珍稀动植物	Subtropical Evergreen Broad-leaved Forest, Rare Plants and Animals	玉山	Yushan	4535	2011
亚热带常绿阔叶林及珍稀动植物	Subtropical Evergreen Broad-leaved Forest, Rare Plants and Animals	宁都	Ningdu	5238	2014
亚热带常绿阔叶林及珍稀动植物	Subtropical Evergreen Broad-leaved Forest, Rare Plants and Animals	上饶	Shangrao	5104	2014
亚热带常绿阔叶林及珍稀动植物	Subtropical Evergreen Broad-leaved Forest, Rare Plants and Animals	安福	Anfu	2047	2014
亚热带常绿阔叶林及珍稀动植物	Subtropical Evergreen Broad-leaved Forest, Rare Plants and Animals	宜黄	Yihuang	1694	2014

11-10 林业产业分行业产值情况

Gross Output Value Composition of Forestry Industry

单位：万元，%　　　　(10000 yuan,%)

年份 Year	林业产业总产值 Gross Output Value of Forestry Industy	第一产业 Primary Industry	第二产业 Secondary Industry	第三产业 Tertiary Industry	林业产业产值构成 Composition of Gross Output Value of Forestry Industry 第一产业 Primary Industry	第二产业 Secondary Industry	第三产业 Tertiary Industry
1978	108783	58723	50060				
1980	154705	96038	58667				
1985	228646	141190	87456				
1990	434156	239624	171426	23106	55.2	39.5	5.3
1991	508578	288951	198135	21492	56.8	39.0	4.2
1992	598287	315804	257455	25028	52.8	43.0	4.2
1993	659138	326678	308840	23620	49.6	46.9	3.6
1994	870888	379679	462656	28553	43.6	53.1	3.3
1995	826746	414590	384248	27908	50.1	46.5	3.4
1996	936747	485916	420539	30292	51.9	44.9	3.2
1997	1154003	544138	578773	31092	47.2	50.2	2.7
1998	1171651	695593	436399	39659	59.4	37.2	3.4
1999	1246367	782388	426359	37620	62.8	34.2	3.0
2000	1282913	790813	445288	46812	61.6	34.7	3.6
2001	1532871	824407	665322	43142	53.8	43.4	2.8
2002	1804839	1042920	714677	47242	57.8	39.6	2.6
2003	2195668	1428024	663979	103665	65.0	30.2	4.7
2004	3071029	1617867	1024077	429085	52.7	33.3	14.0
2005	3837166	1833047	1401960	602159	47.8	36.5	15.7
2006	4832087	2207180	1828333	796574	45.7	37.8	16.5
2007	6103350	2796135	2233699	1073516	45.8	36.6	17.6
2008	7602225	3532148	2677858	1392219	46.5	35.2	18.3
2009	9183321	4097649	3210495	1875177	44.6	35.0	20.4
2010	10529719	4533001	3611699	2385019	43.0	34.3	22.7
2011	13177449	5435418	4823215	2918816	41.2	36.6	22.2
2012	16281972	6891044	5600945	3789983	42.3	34.4	23.3
2013	20250245	7533092	8148615	4568538	37.2	40.2	22.6
2014	26545883	8601849	12926907	5017127	32.4	48.7	18.9
南昌市 Nanchang	1980136	395621	1344876	239639	20.0	67.9	12.1
景德镇市 Jingdezhen	536013	269421	114115	152477	50.3	21.3	28.4
萍乡市 Pingxiang	720283	376571	230302	113410	52.3	32.0	15.7
九江市 Jiujiang	2559699	684228	285832	1589639	26.7	11.2	62.1
新余市 Xinyu	839486	447539	247746	144201	53.3	29.5	17.2
鹰潭市 Yingtan	557476	305613	195203	56660	54.8	35.0	10.2
赣州市 Ganzhou	8839450	1901495	6641076	296879	21.5	75.1	3.4
吉安市 Ji'an	2957368	1218986	1085416	652966	41.2	36.7	22.1
宜春市 Yichun	2719826	931991	1442249	345586	34.3	53.0	12.7
抚州市 Fuzhou	2492240	1223333	855362	413545	49.1	34.3	16.6
上饶市 Shangrao	2215606	847051	484730	883825	38.2	21.9	39.9

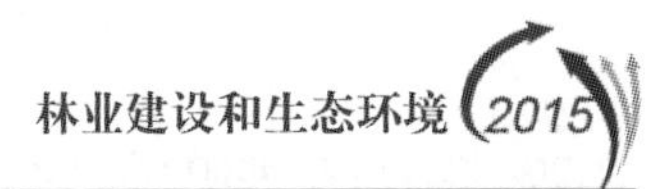

11-11 林业投资资金来源情况

Condition of Forestry Investment Fund Resource

单位：万元　　　　(10000 yuan)

年份 地区 Year Region	合计 Total	国家预算内资金 State Budgetary Appropriations	#中央财政专项资金 Central Funds Earmarked for Environment Protection	国内贷款 Domestic Loans	利用外资 Foreign Capitals	自筹资金 Enterprise Fundraising	其他资金 Other Funds
1978	2010	700	700				1310
1980	3503	540	540			1489	1474
1985	6973	774	774	471		1321	4407
1990	3532	2444	2444	243		384	461
1991	3524	2095	2095	30		564	835
1992	4957	1874	1874	690		1232	1161
1993	4676	1244	1244	638		1661	1133
1994	21897	1377	1377	7217	3077	5615	4611
1995	14460	1505	1505	4780	90	5789	2296
1996	61125	1234	1234	13195	3472	20635	22589
1997	56083	1344	1344	14959	4013	15702	20065
1998	57874	2064	364	15300	2523	17349	20638
1999	68072	4019	2069	21393	2935	22462	17263
2000	83862	13961	7614	15409	3738	24311	26443
2001	41003	11359	4219	7816	3313	6805	11710
2002	62495	38289	19165	3323	3814	6880	10189
2003	75661	36696	14836	12250	7619	4936	14160
2004	137207	79187	67831	15189	15792	6093	20946
2005	103703	64635	52758	10375	8395	6360	13938
2006	164764	104747	87795	10805	20216	8237	20759
2007	132861	93786	67824	6307	7763	10937	14068
2008	269632	153068	116735	38691	8504	7488	61881
2009	339813	161587	130333	18702	4976	18009	155241
2010	472986	203121	147446	3000	2016	56215	208634
2011	570649	373401	219800	14585	7487	66893	108283
2012	763176	499087	244574	32856	12119	141008	78106
2013	792871	504343	260161	50859	6474	135233	
2014	897658	557706	313533	13443	86816	64228	174465
南昌市 Nanchang	22594	15451	7443			6508	635
景德镇市 Jingdezhen	29188	14622	13287		288	6796	7482
萍乡市 Pingxiang	30287	26078	15197	1013	68	3128	
九江市 Jiujiang	105631	54486	10109		7078	17764	26303
新余市 Xinyu	89417	20304	9108	9260	540		59313
鹰潭市 Yingtan	94092	21338	8043		72000		754
赣州市 Ganzhou	131558	105400	68272	1770	2905	3496	16987
吉安市 Ji'an	53306	47646	30417		1875	3785	
宜春市 Yichun	133853	85602	57008	1400		22751	24100
抚州市 Fuzhou	65580	53428	38905		1742		10410
上饶市 Shangrao	94264	65463	48107		320		28481

11-12 森林病虫害防治情况

Condition of Forest Pets Prevention

年份 地区 Year Region	合计 Total			森林病害 Forest Disease			森林虫害 Forest Pet Plague		
	发生面积（千公顷）Occurrence Area (1000 hectares)	防治面积（千公顷）Prevention Area (1000 hectares)	防治率(%) Prevention Rate (%)	发生面积（千公顷）Occurrence Area (1000 hectares)	防治面积（千公顷）Prevention Area (1000 hectares)	防治率(%) Prevention Rate (%)	发生面积（千公顷）Occurrence Area (1000 hectares)	防治面积（千公顷）Prevention Area (1000 hectares)	防治率(%) Prevention Rate (%)
1984	305.63	153.35	50.2	16.79	8.39	50.0	288.84	144.97	50.2
1985	200.39	88.88	44.4	30.13	4.33	14.4	170.25	84.55	49.7
1990	126.87	68.17	53.7	19.71	6.53	33.1	107.15	61.64	57.5
1991	133.70	77.80	58.2	6.08	3.79	62.4	127.62	74.01	58.0
1992	136.01	91.26	67.1	10.77	6.81	63.2	125.23	79.33	63.3
1993	177.20	110.77	62.5	9.60	7.11	74.0	167.60	103.67	61.9
1994	163.16	104.01	63.7	27.57	14.67	53.2	135.59	89.35	65.9
1995	174.35	110.54	63.4	32.79	21.29	64.9	141.57	89.25	63.0
1996	187.35	119.28	63.7	35.84	16.44	45.9	151.51	101.51	67.0
1997	179.27	113.42	63.3	48.58	21.94	45.2	130.69	91.48	70.0
1998	136.89	88.31	64.5	43.31	25.53	58.9	93.59	62.79	67.1
1999	189.83	120.77	63.6	19.77	11.59	58.6	170.06	109.19	64.2
2000	205.58	129.93	63.2	28.73	15.41	53.7	176.85	114.51	64.8
2001	188.85	143.67	76.1	27.29	15.18	55.6	161.56	128.47	79.5
2002	175.27	114.06	65.1	25.27	13.90	55.0	150.00	100.16	66.8
2003	215.85	135.14	62.6	29.23	18.88	64.6	186.63	116.26	62.3
2004	190.49	122.97	64.6	20.65	12.39	60.0	169.85	111.25	65.5
2005	405.59	265.99	65.6	82.86	47.81	57.7	322.73	218.17	67.6
2006	409.86	178.50	43.6	71.33	27.40	38.4	334.53	151.10	45.2
2007	403.23	245.19	60.8	52.82	23.89	45.2	350.41	221.30	63.2
2008	387.35	239.43	61.8	57.45	44.01	76.6	329.89	195.41	59.2
2009	376.56	252.79	67.1	61.47	37.45	60.9	315.09	215.40	68.4
2010	385.40	268.31	69.6	55.39	33.86	61.1	330.05	234.45	71.0
2011	365.80	248.66	68.0	54.26	26.40	48.7	313.37	222.26	70.9
2012	305.31	255.80	83.8	57.92	44.34	76.6	247.39	211.46	85.5
2013	270.80	178.30	65.8	51.60	36.50	70.1	219.20	141.80	64.7
2014	265.89	177.78	66.9	56.31	35.94	63.8	209.58	141.84	67.7
南昌市 Nanchang	1.58	1.55	97.8				1.58	1.55	97.8
景德镇市 Jingdezhen	20.06	19.82	98.8	3.17	3.17	100.0	16.88	16.64	98.6
萍乡市 Pingxiang	15.70	11.47	73.0	4.67	3.56	76.2	11.03	7.91	71.7
九江市 Jiujiang	27.99	3.82	13.6	3.38	0.55	16.2	24.61	3.27	13.3
新余市 Xinyu	1.96	1.70	86.4	1.11	0.85	76.1	0.85	0.85	100.0
鹰潭市 Yingtan	2.77	1.64	59.3	0.12	0.03	26.9	2.65	1.61	60.8
赣州市 Ganzhou	66.50	62.95	94.7	9.20	9.15	99.5	57.30	53.81	93.9
吉安市 Ji'an	32.94	15.49	47.0	0.78	0.06	7.2	32.16	15.44	48.0
宜春市 Yichun	36.06	29.45	81.7	6.82	5.98	87.7	29.24	23.47	80.3
抚州市 Fuzhou	21.77	21.10	96.9	7.80	7.68	98.4	13.97	13.42	96.1
上饶市 Shangrao	38.56	8.80	22.8	19.26	4.92	25.6	19.30	3.88	20.1

11-13 森林火灾发生情况及森林防火专业队建设情况

Forest Fires and Construction of Prevention of Forest Fire Team

指　标	Item	2005	2010	2013	2014
森林火灾次数(次)	Forest Fires(unit)	355	79	85	158
一般火灾	Ordinary Fires	60	24	21	29
较大火灾	Biggish Fires	295	55	64	129
重大火灾	Major Fires				
特大火灾	Severe Fires				
火场总面积(公顷)	Total Area of Fires(hectare)	9321	1338	2061	3637
受害森林面积(公顷)	Destructed Forest Area(hectare)	4626	729	765	1579
#天然林	Natural Forest	529	37	72	81
人工林	Man-made Forest	4098	692	695	1499
损失林木	Timber Loss				
成林蓄积(立方米)	Mature Forest Stock(cu.m)	84834	4253	8887	13299
幼林株数(万株)	Sapling Forest(10000 units)	403.00	109.50	35.47	334.06
人员伤亡(人)	Casualties(person)				
轻伤	Minor				
重伤	Severe	1			1
死亡	Deaths	6	1	1	3
直接经济损失(万元)	Economic Loss(10000 yuan)	1275	210	679	1402
森林防火扑火队伍建设(个)	Construction of Prevention of Forest Fire Team(unit)				
专业队	Professional	96	109	109	109
半专业	Semi-professional	247	1027	1485	1485
村级扑火应急队	Village-level Fires Emergency Team	5224	9015	9669	9669

11-14 各地区森林火灾情况(2014年)

Forest Fires by Region(2014)

地区	Region	森林火灾次数(次) Forest Fires (case)	#一般火灾 Ordinary Fires	#较大火灾 Biggish Fires	火场总面积(公顷) Total Area of
全省	**Provincial Total**	**158**	**29**	**129**	**3635**
南昌市	Nanchang	37	4	33	591
景德镇市	Jingdezhen	14		14	663
萍乡市	Pingxiang	16	9	7	259
九江市	Jiujiang	45	2	43	860
新余市	Xinyu	7	3	4	337
鹰潭市	Yingtan	12	6	6	631
赣州市	Ganzhou	8		8	148
吉安市	Ji'an	3		3	10
宜春市	Yichun	3	1	2	19
抚州市	Fuzhou	8	2	6	69
上饶市	Shangrao	5	2	3	47

11-14 续表 continued

地区	Region	受害森林面积(公顷) Destructed Forest Area(hectare)	天然林 National Forest	人工林 Man-made Forest	直接经济损失(万元) Economic Loss (10000 yuan)
全省	**Provincial Total**	**1579.33**	**80.72**	**1498.61**	**1401.51**
南昌市	Nanchang	377.40		377.40	156.14
景德镇市	Jingdezhen	401.13		401.13	318.90
萍乡市	Pingxiang	185.68	35.00	150.68	549.16
九江市	Jiujiang	346.88		346.88	136.61
新余市	Xinyu	35.32	11.42	23.90	23.00
鹰潭市	Yingtan	56.20	10.50	45.70	82.50
赣州市	Ganzhou	114.00	5.00	109.00	82.60
吉安市	Ji'an	3.33		3.33	7.00
宜春市	Yichun	7.36		7.36	0.90
抚州市	Fuzhou	32.03		32.03	35.70
上饶市	Shangrao	20.00	18.80	1.20	9.00

11-15 各地区国有林场情况(2014年)

Condition of State-owned Farms by Region(2014)

地区	Region	个数 Units	活立木蓄积量(万立方米) Total Standing Forest Stock (10000 cu.m)	经营面积(千公顷) Operation Area (1000 hectares)	#联营面积 Area of Affiliation	有林地面积(千公顷) Soil Surface of Forest (1000 hectares)
全省	**Provincial Total**	**425**	**9264**	**1745.69**	**573.12**	**1650.00**
南昌市	Nanchang	16	77	13.95	2.83	12.45
景德镇市	Jingdezhen	6	326	58.80	20.41	58.39
萍乡市	Pingxiang	17	246	68.88	52.93	68.86
九江市	Jiujiang	27	507	93.62	28.85	88.25
新余市	Xinyu	8	123	18.51	8.73	18.46
鹰潭市	Yingtan	9	300	36.57	3.38	35.63
赣州市	Ganzhou	116	2552	486.60	98.07	466.17
吉安市	Ji'an	95	3152	503.21	257.28	479.68
宜春市	Yichun	54	580	122.91	34.56	113.18
抚州市	Fuzhou	47	623	118.14	25.47	110.76
上饶市	Shangrao	30	778	224.50	40.61	198.17

11-15 续表 continued

地区	Region	生态公益林补偿面积(千公顷) Ecological Public Welfare Forest Compensation Area (1000 hectares)	中央 Center Government	省级 Provincial	商品木竹采伐量 Commercial Timber and Bamboo Cutting Volume: 木材(立方米) Timber (cu.m)	毛竹(万根) Mao Bamboo (10000 units)
全省	**Provincial Total**	**766.04**	**531.00**	**235.04**	**1252730**	**1515.08**
南昌市	Nanchang	6.93	4.24	2.70	7056	0.88
景德镇市	Jingdezhen	15.76	4.47	11.29	34943	7.37
萍乡市	Pingxiang	34.10	13.79	20.31	39185	30.92
九江市	Jiujiang	64.07	45.38	18.69	22671	44.43
新余市	Xinyu	10.48	2.83	7.65	49263	15.30
鹰潭市	Yingtan	26.81	17.79	9.02	53429	95.83
赣州市	Ganzhou	232.44	208.65	23.79	169842	246.27
吉安市	Ji'an	162.55	99.89	62.65	548057	126.09
宜春市	Yichun	64.05	41.92	22.13	133091	235.87
抚州市	Fuzhou	53.59	28.11	25.48	167811	107.69
上饶市	Shangrao	95.26	63.93	31.33	27383	604.42

11-16 重点调查工业企业“三废”排放及处理利用情况（2014年）

行　　业	Sector	工　业 用水量 (万吨) Industry Water Use (10000 tons)	#重　复 用水量 (万吨) Re-use (10000 tons)
总　　计	**Total**	**699343.95**	**571790.71**
煤炭开采和洗选业	Mining and Washing of Coal	3192.61	1749.93
黑色金属矿采选业	Mining and Processing of Ferrous Metal Ores	4596.47	3356.42
有色金属矿采选业	Mining and Processing of Non-Ferrous Metal Ores	48512.83	35935.90
非金属矿采选业	Mining and Processing of Nonmetal Ores	3012.19	1287.61
农副食品加工业	Processing of Food from Agricultural Products	2820.50	430.77
食品制造业	Manufacture of Foods	1634.74	488.52
酒、饮料和精制茶制造业	Manufacture of Beverages	3229.57	758.63
烟草制品业	Manufacture of Tobacco	73.07	26.91
纺织业	Manufacture of Textile	2500.06	521.61
纺织服装、服饰业	Manufacture of Textile Wearing Apparel, Footware, and Caps	128.79	7.61
皮革、毛皮、羽毛及其制品和制鞋业	Manufacture of Leather, Fur, Feather and Related Products	585.91	90.68
木材加工和木、竹、藤、棕、草制品业	Processing of Timber, Manufacture of Wood,Bamboo, Rattan,Palm,	1135.12	603.13
家具制造业	Manufacture of Furniture	21.99	5.80
造纸和纸制品业	Manufacture of Paper and Paper Products	20418.24	7839.43
印刷和记录媒介复制业	Printing, Reproduction of Recording Media	2222.75	2145.41
文教、工美、体育和娱乐用品制造业	Manufacture of Articles For Culture, Education and Sport Activity	104.84	1.19
石油加工、炼焦和核燃料加工业	Processing of Petroleum, Coking, Processing of Nuclear Fuel	27775.84	26074.32
化学原料和化学制品制造业	Manufacture of Raw Chemical Materials and Chemical Products	50024.69	40483.03
医药制造业	Manufacture of Medicines	10629.18	7474.86
化学纤维制造业	Manufacture of Chemical Fibers	7307.73	3843.02
橡胶和塑料制品业	Manufacture of Rubber and Plastics	722.64	401.14
非金属矿物制品业	Manufacture of Non-metallic Mineral Products	19271.55	13758.65
黑色金属冶炼和压延加工业	Smelting and Pressing of Ferrous Metals	309097.53	299663.21
有色金属冶炼和压延加工业	Smelting and Pressing of Non-ferrous Metals	60913.75	56388.46
金属制品业	Manufacture of Metal Products	914.89	495.92
通用设备制造业	Manufacture of General Purpose Machinery	284.15	49.96
专用设备制造业	Manufacture of Special Purpose Machinery	231.60	52.40
汽车制造业	Manufacture of Automobiles	2827.51	2003.41
铁路、船舶、航空航天和其他运输设备制造业	Manufacture of Railway,Ships,Aerospace and Other Delivery Equipment	658.31	385.74
电气机械和器材制造业	Manufacture of Electrical Machinery and Equipment	2733.91	2341.21
计算机、通信和其他电子设备制造业	Manufacture of Computers, Communication Equipment and Other Electronic Equipment	19757.74	17703.14
仪器仪表制造业	Manufacture of Measuring Instruments	122.86	20.74
其他制造业	Other Manufactures	297.44	104.61
废弃资源综合利用业	Recycling and Disposal of Waste	384.56	199.81
金属制品、机械和设备修理业	Repair Services of Metals and Machinery	11.50	0.87
电力、热力生产和供应业	Production and Distribution of Electric Power and Heat Power	91186.89	45096.67

Discharge and Treatment of Industrial Waste Gas, Waste Water & Solid Wastes of Focused Investigated Industrial Enterprises (2014)

工业废水排放量 (万吨) Industry Waste Water Discharge (10000tons)	废水治理设施数 (套) Number of Facilities for Treatment of Waste Water (set)	废水治理设施处理能力 (万吨/日) Waste Water Treatment Facilities Capacity (10000 tons/day)	化学需氧量排放量 (吨) Chemical Oxygen Demand Emission (ton)	氨氮排放量 (吨) Ammonia Nitrogen Emission (ton)	工业废气排放量 (亿立方米) Total Volume of Industrial Waste Gas Emission (100 billion cu.m)	废气治理设施数 (套) Facilities for Treatment of Waste Gas (set)	#脱硫设施数 (套) Desulfu-rization Facilities (set)
60149.21	**2596**	**1107.84**	**71802**	**6154**	**15613.13**	**6358**	**425**
1757.36	107	10.18	1777	75	16.79	30	11
729.88	68	21.46	549	4	48.71	11	
10686.44	270	169.41	5459	380	9.05	8	2
444.55	45	4.51	852	83	60.61	11	1
1923.29	149	8.72	6689	709	57.61	198	17
893.14	76	3.78	2357	133	47.66	86	8
1335.29	57	9.56	3918	296	34.24	77	15
27.69	1	0.06	27		13.66	17	
1592.39	67	82.67	2681	170	35.76	104	8
99.69	11	0.22	239	19	4.09	14	
436.01	26	1.53	729	71	4.80	23	5
417.24	31	1.18	1836	56	228.99	167	
10.91	1	0.05	6	2	4.14	1	
10211.86	119	55.40	9058	307	96.56	158	4
51.73	7	0.51	289	16	4.03	8	
81.57	10	0.33	182	28	2.51	18	
1330.39	13	4.25	2214	208	163.08	24	9
6854.10	337	55.24	8688	736	516.34	736	74
2565.82	181	8.92	5037	259	96.37	283	34
2434.08	9	10.33	2195	264	133.36	15	1
270.38	26	0.91	490	30	29.12	46	8
3256.47	308	44.38	4481	337	6252.38	2679	66
4987.54	116	570.30	4599	132	4102.02	286	19
3546.42	255	21.13	2946	1513	530.69	563	84
295.47	38	1.74	453	30	11.79	82	5
197.63	23	0.98	295	13	31.70	62	1
121.01	11	0.32	157	14	30.96	33	
642.12	24	1.65	1014	80	109.36	46	6
220.52	18	1.02	184	21	6.89	26	
391.50	38	2.35	444	35	37.01	222	5
1709.35	53	8.47	1288	86	45.57	137	
90.02	13	0.41	103	6	0.70	6	3
163.49	18	0.60	186	6	11.69	24	2
128.21	21	0.74	288	34	158.14	37	4
8.14	1	0.07	23		0.04		
237.51	48	4.46	67		2676.69	120	33

11-16 续表

行　　业	Sector	废气治理设施处理能力（万立方米/时）Emission Control Facilities Treatment Capacity (10000 cu.m/hour)	#脱硫设施处理能力（千克/时）Desulfurization Facilities Treatment Capacity (kg/hour)
总　　计	**Total**	**31451.86**	**381287.04**
煤炭开采和洗选业	Mining and Washing of Coal	6.19	18.03
黑色金属矿采选业	Mining and Processing of Ferrous Metal Ores	2.80	
有色金属矿采选业	Mining and Processing of Non-Ferrous Metal Ores	4.16	500.20
非金属矿采选业	Mining and Processing of Nonmetal Ores	128.86	100.00
农副食品加工业	Processing of Food from Agricultural Products	212.19	244.40
食品制造业	Manufacture of Foods	103.46	724.03
酒、饮料和精制茶制造业	Manufacture of Beverages	128.61	384.29
烟草制品业	Manufacture of Tobacco	11.64	
纺织业	Manufacture of Textile	134.01	319.70
纺织服装、服饰业	Manufacture of Textile Wearing Apparel, Footware, and Caps	11.98	
皮革、毛皮、羽毛及其制品和制鞋业	Manufacture of Leather, Fur, Feather and Related Products	15.94	52.53
木材加工和木、竹、藤、棕、草制品业	Processing of Timber, Manufacture of Wood,Bamboo, Rattan,Palm,	548.74	
家具制造业	Manufacture of Furniture	0.15	
造纸和纸制品业	Manufacture of Paper and Paper Products	323.00	2648.22
印刷和记录媒介复制业	Printing, Reproduction of Recording Media	6.86	
文教、工美、体育和娱乐用品制造业	Manufacture of Articles For Culture, Education and Sport Activity	5.74	
石油加工、炼焦和核燃料加工业	Processing of Petroleum, Coking, Processing of Nuclear Fuel	186.95	12741.04
化学原料和化学制品制造业	Manufacture of Raw Chemical Materials and Chemical Products	1041.73	11838.96
医药制造业	Manufacture of Medicines	232.19	6690.08
化学纤维制造业	Manufacture of Chemical Fibers	259.15	354.74
橡胶和塑料制品业	Manufacture of Rubber and Plastics	55.39	1228.00
非金属矿物制品业	Manufacture of Non-metallic Mineral Products	10768.95	6342.52
黑色金属冶炼和压延加工业	Smelting and Pressing of Ferrous Metals	7534.99	9723.62
有色金属冶炼和压延加工业	Smelting and Pressing of Non-ferrous Metals	1046.98	172619.98
金属制品业	Manufacture of Metal Products	33.85	11.01
通用设备制造业	Manufacture of General Purpose Machinery	976.99	2500.00
专用设备制造业	Manufacture of Special Purpose Machinery	110.54	
汽车制造业	Manufacture of Automobiles	269.87	28.00
铁路、船舶、航空航天和其他运输设备制造业	Manufacture of Railway,Ships,Aerospace and Other Delivery Equipment	46.46	
电气机械和器材制造业	Manufacture of Electrical Machinery and Equipment	105.50	14.30
计算机、通信和其他电子设备制造业	Manufacture of Computers, Communication Equipment and Other Electronic Equipment	184.76	
仪器仪表制造业	Manufacture of Measuring Instruments	0.08	30.00
其他制造业	Other Manufactures	22.95	4500.00
废弃资源综合利用业	Recycling and Disposal of Waste	72.15	430.00
金属制品、机械和设备修理业	Repair Services of Metals and Machinery		
电力、热力生产和供应业	Production and Distribution of Electric Power and Heat Power	6858.03	147243.38

废气治理设施运行费用(万元) Waste Gas Treatment Facilities Operating Cost (10000 yuan)	二氧化硫排放量(吨) Sulphur Dioxide Emission (ton)	氮氧化物排放量(吨) Nitroger Oxide Emission (ton)	烟(粉)尘排放量(吨) Volume of Dust Emission (ton)	一般工业固体废物产生量(万吨) General Industrial Solid Wastes Produced (10000 tons)	一般工业固体废物综合利用量(万吨) General Industrial Solid Wastes Utilized (10000 tons)	一般工业固体废物处置量(万吨) General Industrial Solid Wastes Treated (10000 tons)	一般工业固体废物贮存量(万吨) General Industrial Solid Wastes in Stocks (10000 tons)	一般工业固体废物倾倒丢弃量(万吨) General Industrial Solid Wastes Discharged (10000 tons)
389360.40	**469424**	**286498**	**387267**	**10406.62**	**5761.96**	**228.37**	**4423.62**	**3.13**
212.80	743	215	1148	221.26	201.52	11.79	7.95	
28.50		37	2431	955.89	888.63	9.12	63.59	0.05
358.00	562	35	377	5655.98	1271.57	131.38	4254.32	0.04
120.60	1185	257	704	212.90	204.01	3.51	5.38	
1219.90	3262	772	3890	13.80	12.80	1.00		0.01
829.30	5794	816	4370	15.07	14.89	0.24		
702.20	2730	511	1515	13.24	13.07	0.17		
62.00	1124	112	1247	1.63	1.34	0.29		
696.40	1272	351	2302	3.66	3.60	0.21		
84.60	214	29	143	0.11	0.09	0.03		
94.40	460	132	285	0.95	0.95			
1288.60	2446	593	20816	16.82	16.69	0.10		0.03
5.00	37	6	326	0.17	0.17			
2806.70	18329	2685	4628	50.52	49.59	0.63	0.01	0.29
23.20	216	27	178	0.12	0.10	0.02		
30.00	105	39	46	0.25	0.13	0.12		
5141.70	11531	6820	2090	17.82	17.57	0.24		
11386.40	33402	9813	24051	266.41	241.69	8.76	15.84	0.25
1850.50	5843	1677	4706	10.08	9.49	0.57	0.01	0.02
5998.90	9335	2275	2735	17.55	14.82	2.77	0.13	
329.50	2253	306	926	3.40	3.29	0.10		
39718.80	165117	130295	134460	363.21	355.31	8.08	0.61	0.07
100149.80	90228	23596	134618	1396.40	1326.46	2.87	67.07	
75427.60	32627	2904	13032	243.21	224.09	10.35	8.62	2.27
325.10	1116	132	853	0.88	0.82	0.02	0.01	
271.00	253	30	431	0.79	0.74	0.04	0.01	
409.10	226	70	605	1.08	0.58	0.49		
266.30	386	350	365	8.62	8.24	0.38		
35.30	87	95	164	0.52	0.39	0.13		
1463.40	503	208	353	1.22	1.09	0.06	0.02	
1116.40	144	133	129	2.37	1.70	0.66		
42.00	13	4	85	0.15	0.15			
102.50	306	102	489	0.46	0.44	0.02		
427.20	861	172	1202	9.65	7.98	1.69	0.03	
				0.01	0.01			
136336.70	76712	100897	21564	900.43	867.95	32.54		

11-17　各地区工业“三废”排放及处理情况(2014年)

指标	Item	全　省 Total	南昌市 Nanchang
工业废水	**Industrial Waste Water**		
工业用水总量(万吨)	Industrial Water Use (10000 tons)	723211.83	66730.64
工业用水重复利用率(%)	Re-use Rate of Industrial WasteWater (%)	81.47	81.21
工业废水排放量(万吨)	Industrial Waste Water Discharge (10000 tons)	64856	8655.7
废水治理设施数(套)	Facilities for Treatment of Waste Water (set)	2597	266
废水治理设施处理能力(万吨/日)	Waste Water Treatment Facilities Capacity (10000 tons/day)	1107.84	64.72
工业废气	**Industrial Waste Gas**		
工业废气排放总量(万立方米)	Industrial Waste Air Emission (10 thousand cu.m)	156133802	14866940
废气治理设施数(套)	Facilities for Treatment of Waste Gas (set)	6359	870
#脱硫设施数(套)	Desulfurization Facilities (set)	425	56
废气治理设施处理能力(万立方米/时)	Emission Control Facilities Treatment Capacity(10000 cu.m/hour)	31452.22	2927.98
#脱硫设施处理能力(千克/时)	Desulfurization Facilities Treatment Capacity(kg/hour)	381287.04	11214.34
工业二氧化硫排放量(吨)	Industrial Sulphur Dioxide Emission (ton)	517408	37049
工业氮氧化物排放量(吨)	Industrial Nitrogen Oxides Emission (ton)	309665	16511
工业烟(粉)尘排放量(吨)	Volume of Industrial Dust Emission (ton)	428759	29435
工业固体废物	**Industrial Solid Wastes**		
一般工业固体废物产生量(万吨)	Generation of General Industrial Solid Waste (10000 tons)	10821.21	194.69
#危险废物(吨)	Hazardous Wastes	469078.23	142862.91
一般工业固体废物综合利用量(万吨)	General Industrial Solid Wastes Utilized (10000 tons)	6120.56	186.72
#危险废物(吨)	Hazardous Wastes (ton)	295051.28	21681.42
一般工业固体废物综合利用率(%)	Ratio of General Industrial Solid Wastes Utilized (%)	56.51	95.90
一般工业固体废物贮存量(万吨)	General Industrial Solid Wastes in Stocks (10000 tons)	4475.97	0.02
一般工业固体废物处置量(万吨)	General Industrial Solid Wastes Treated (10000 tons)	232.02	8.01
一般工业固体废物倾倒丢弃量(万吨)	General Industrial Solid Wastes Discharged (10000 tons)	3.15	

Discharge and Treatment of Industrial Waste Gas, Waste Water & Solid Wastes(2014)

景德镇市 Jingdezhen	萍乡市 Pingxiang	九江市 Jiujiang	新余市 Xinyu	鹰潭市 Yingtan	赣州市 Ganzhou	吉安市 Ji'an	宜春市 Yichun	抚州市 Fuzhou	上饶市 Shangrao
27462.27	68946.44	175131.83	211044.77	52767.90	24271.78	15140.81	26463.94	7341.84	47909.60
66.00	94.05	72.64	93.76	91.41	44.28	62.02	62.75	45.88	80.58
6852.11	1902.69	10738.70	4746.27	2215.91	11434.16	3265.89	7072.35	2923.94	5047.92
129	169	207	167	101	431	205	434	154	334
13.72	349.22	74.04	200.47	11.43	68.33	40.22	136.60	19.61	129.48
7649423	18095504	29361983	16989835	5910431	18481305	7831095	18698245	6119104	12129936
257	320	797	442	172	1026	632	782	441	620
13	13	57	26	24	48	21	64	34	69
1013.07	2561.10	6158.02	4434.10	722.56	2424.19	1680.86	4541.44	1733.95	3254.96
9602.00	6770.09	42956.62	18206.22	131261.11	25978.63	34018.66	39103.82	24131.34	38044.20
29352	88039	79681	54292	22238	51365	34918	65333	19708	35432
18024	28008	55595	21570	16182	23670	19759	76816	3057	30473
25578	52009	52659	71679	5543	56490	24986	50718	23573	36088
235.14	432.89	977.50	1810.82	393.68	952.13	379.21	652.88	112.94	4679.34
1356.24	395.03	122223.16	70286.77	52338.47	9403.42	10300.74	15741.68	6633.20	37536.56
232.13	420.29	591.80	1621.23	340.11	781.56	370.15	586.66	100.77	889.15
708.17	172.77	110732.98	60768.58	56792.42	2937.81	2822.71	12001.47	1989.18	24443.73
98.72	97.09	60.39	89.53	86.39	82.08	97.61	89.85	89.23	18.97
0.06	0.19	369.24	188.11	53.41	113.73	8.39	19.45	9.69	3713.67
2.95	12.41	19.00	1.54	0.18	56.71	0.45	44.06	2.47	84.23
0.01					0.14	0.22	2.77	0.01	

11-18 工业“三废”排放及处理利用情况

Discharge and Treatment of Industrial Waste Gas, Waste Water & Solid Wastes

指　　标	Item	2000	2005	2010	2013	2014
工业废水	**Industrial Waste Water**					
工业用水总量(万吨)	Industrial Water Use (10000 tons)	329408	557544	666813	636735	723212
#重复用水量(万吨)	Re-use (10000 tons)				538354	589196
工业用水重复利用率(%)	Re-use Rate of Industrial Waste Water (%)	55.05	61.25	76.83	84.55	81.47
工业废水排放总量(万吨)	Industrial Waste Water Discharge (10000 tons)	42083	53972	72526	68230	64856
工业废气	**Industrial Waste Gas**					
工业废气排放总量(亿立方米)	Industrial Waste Air Emission (100 billion cu.m)	2220	4378	9812	15574	15613
工业二氧化硫排放量(万吨)	Industry Sulphur Dioxide Emission (10000 tons)	29	55	47	54.35	51.74
工业氮氧化物排放量(万吨)	Industry Sulphur Dioxide Emission (10000 tons)				34.60	30.97
工业烟(粉)尘排放量(万吨)	Volume of Industrial Dust Emission (10000 tons)				32.47	42.88
工业固体废物	**Industrial Solid Wastes**					
一般工业固体废物产生量(万吨)	General Industrial Solid Wastes Produced (10000 tons)	4814.97	7006.71	9407.30	11518.19	10821.21
#危险废物	Hazardous Wastes	1.71	3.28	8.98	44.17	46.91
一般工业固体废物综合利用量(万吨)	General Industrial Solid Wastes Utilized (10000 tons)	702.24	1898.51	4379.14	6430.98	6120.56
#危险废物	Hazardous Wastes	1.60	3.25	7.87	36.43	29.51
一般工业固体废物综合利用率(%)	Ratio of General Industrial Solid Wastes Utilized (%)	14.64	27.10	46.54	55.72	56.51
一般工业固体废物贮存量(万吨)	General Industrial Solid Wastes in Stocks (10000 tons)	3861.40	572.84	557.14	4738.01	4475.97
#危险废物贮存量	Hazardous Wastes in Stocks	0.86	0.01	0.04	1.20	1.61
一般工业固体废物处置量(万吨)	General Industrial Solid Wastes Treated (10000 tons)	98.71	4590.95	4486.55	397.18	232.02
#危险废物处置量	Hazardous Wastes Treated	0.01	0.06	1.25	7.40	17.70
一般工业固体废物倾倒丢弃量(万吨)	General Industrial Solid Wastes Discharged (10000 tons)	28.70	10.28	13.23	1.84	3.15

注：1.工业废气排放总量的计量单位2011年改为：亿立方米，历年数据是万标立方米；

2.工业固体废物产生量、工业固体废物综合利用量、工业固体废物综合利用率、工业固体废物贮存量、工业固体废物处置量、工业固体废物丢弃量2011年统一改为一般工业固体废物产生量、一般工业固体废物综合利用量、一般工业固体废物综合利用率、一般工业固体废物贮存量、一般工业固体废物处置量和一般工业固体废物倾倒丢弃量,且口径发生变化，后同。

a) The measuring unit of industrial waste air emission changed from 10 thousand cu.m into 100 billion cu.m.

b) Industrial solid wastes in stocks, industrial solid wastes treated, industrial solid wastes discharged changed into general industrial solid wastes produced,general industrial solid wastes utilized, ratio of general industrial solid wastes utilized, general industrial solid wastes in stocks, general industrial solid wastes treated, general industrial solid wastes discharged. Statistical range changed accordingly, the same as following tables.

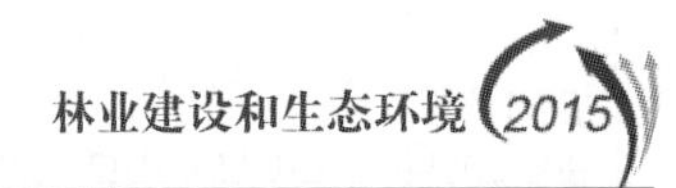

11-19 各地区城镇生活污染情况（2014年）
Basic Statistics on Urban Consumption Waste by Region (2014)

地　区	Region	城镇生活污水排放量（万吨）Urban Consumption Waste Water Discharge (10000 tons)	城镇生活污水中COD产生量（吨）COD Produced from Urban Consumption Waste Water(ton)	城镇生活污水中COD排放量（吨）COD Discharged from Urban Consumption Waste Water(ton)	城镇生活污水中氨氮产生量（吨）Ammonia Nitrogen Produced from Urban Consumption Waste Water(ton)	城镇生活污水中氨氮排放量（吨）Ammonia Nitrogen Discharged from Urban Consumption Waste Water(ton)
全　省	**Provincial Total**	**143079**	**525216**	**403951**	**61950**	**50688**
南昌市	Nanchang	34736	51388	41110	7885	6308
景德镇市	Jingdezhen	6337	24475	18183	2879	2220
萍乡市	Pingxiang	7234	24116	23339	2907	2816
九江市	Jiujiang	14219	79980	43400	6221	5454
新余市	Xinyu	5793	19698	12103	2317	1501
鹰潭市	Yingtan	4011	16050	12466	1888	1453
赣州市	Ganzhou	22366	92738	75941	10910	9104
吉安市	Ji'an	12696	51984	42703	6138	5269
宜春市	Yichun	15908	48999	45106	7309	5850
抚州市	Fuzhou	10351	45538	34763	5307	3874
上饶市	Shangrao	9429	70250	54836	8186	6839

11-19 续表 continued

地　区	Region	煤炭消费总量（万吨）Coal Consumption (10000 tons)	#生活煤炭消费量 Living Consumption of Coal	生活煤炭含硫率(%) Sulphur Rate of Living Coal Consumption (%)	生活煤炭含灰率(%) Ash Rate of Living Coal Consumption (%)	SO2排放量（吨）Volume of Sulphur Dioxide Emission (ton)	氮氧化物排放量（吨）Nitrogen Oxide Emission (ton)	烟尘排放量（吨）Volume of Soot Emission (ton)
全　省	**Provincial Total**	**6634.24**	**75.22**	**1.33**	**24.14**	**16855**	**4782**	**7827**
南昌市	Nanchang	515.33	2.78	1.30	18.50	615	59	244
景德镇市	Jingdezhen	739.59	2.40	1.20	30.00	480	240	240
萍乡市	Pingxiang	484.65	2.10	1.20	27.60	405	45	139
九江市	Jiujiang	821.64	20.26	2.00	21.00	6888	446	2313
新余市	Xinyu	868.70	2.10	0.60	8.00	227	43	326
鹰潭市	Yingtan	430.92	0.15	1.00	25.00	14	17	15
赣州市	Ganzhou	410.90	8.60	1.13	24.06	1653	223	129
吉安市	Ji'an	498.05	4.66	1.40	27.40	1110	102	303
宜春市	Yichun	1182.03	20.78	1.00	26.30	3533	3325	3117
抚州市	Fuzhou	124.56	4.55	1.00	30.00	728	91	455
上饶市	Shangrao	557.87	6.83	1.10	25.00	1203	191	546

11-20 水资源总量（2014年）

Water Resources (2014)

地区	Region	水资源总量（亿立方米）Total Amount of Water Resources (100 million cu.m)	年降水量 Annual Precipitation		地表水资源量 Surface Water Resources		地下水资源量（亿立方米）Groundwater Resources (100 million cu.m)
			年降水深（毫米）Annual Precipitation Depth (mm)	年降水量（亿立方米）Annual Precipitation (100 millioncu.m)	年径流深（毫米）Annual Flow Depth(mm)	年径流量（亿立方米）Annual Flow (100 million cu.m)	
全　省	**Province Total**	**1631.81**	**1668.60**	**2785.72**	**966.30**	**1613.28**	**397.23**
南昌市	Nanchang	72.35	1585.00	117.34	926.40	68.58	15.93
景德镇市	Jingdezhen	54.27	1919.90	100.76	1034.10	54.27	11.15
萍乡市	Pingxiang	44.72	1754.40	67.14	1168.50	44.72	9.09
九江市	Jiujiang	152.51	1574.80	296.43	785.00	147.76	36.60
新余市	Xinyu	34.17	1752.50	55.45	1080.00	34.17	6.79
鹰潭市	Yingtan	46.36	1893.60	67.30	1301.60	46.26	10.08
赣州市	Ganzhou	273.70	1395.60	549.59	695.00	273.70	78.34
吉安市	Ji'an	232.89	1554.20	392.77	921.60	232.89	71.50
宜春市	Yichun	217.78	1829.90	341.65	1149.70	214.65	46.97
抚州市	Fuzhou	223.43	1892.30	356.08	1187.20	223.40	54.16
上饶市	Shangrao	279.63	1935.90	441.21	1197.30	272.88	56.62

11-21 供水量（2014年）

Water Supply (2014)

单位：亿立方米 (100 million cu.m)

地区	Region	总供水量 Total Water Supply	地表水源供水量 Surface Water				地下水源供水量 Groundwater	其他水源供水量 Others
				蓄水 Storage	引水 Diversion	提水 Carry		
全　省	**Province Total**	**259.30**	**248.27**	**122.10**	**38.61**	**87.56**	**9.08**	**1.95**
南昌市	Nanchang	31.42	30.21	5.19	11.52	13.50	1.12	0.09
景德镇市	Jingdezhen	8.45	7.89	3.75	0.77	3.37	0.56	
萍乡市	Pingxiang	8.03	7.35	2.66	2.40	2.29	0.61	0.07
九江市	Jiujiang	25.88	25.18	11.76	1.01	12.41	0.67	0.03
新余市	Xinyu	8.55	8.28	4.79	1.95	1.54	0.21	0.06
鹰潭市	Yingtan	7.58	7.24	2.73	1.05	3.46	0.29	0.05
赣州市	Ganzhou	35.58	32.73	20.15	4.87	7.71	1.76	1.09
吉安市	Ji'an	33.55	32.73	22.52	3.74	6.47	0.82	
宜春市	Yichun	43.98	42.55	23.76	1.38	17.41	1.39	0.04
抚州市	Fuzhou	23.87	22.95	9.67	7.16	6.12	0.46	0.46
上饶市	Shangrao	32.41	31.16	15.12	2.76	13.28	1.19	0.06

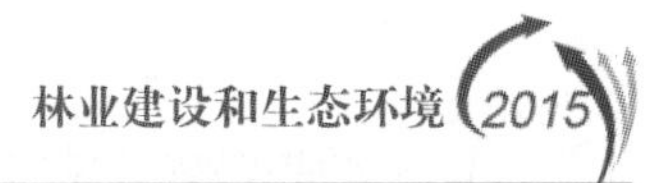

11-22 用 水 量（2014年）

Water Use (2014)

单位：亿立方米 (100 million cu.m)

地 区	Region	总用水量 Total	农田灌溉 Irrigated	林牧渔畜 Agricultural	规模以上工业 Industrial above Designated Size	规模以下工业 Industrial below Designated Size	城镇公共 Urban Publical	城镇居民生活 Urban Residential	农村居民生活 Rural Residential	生态环境 Ecological Protection
全 省	**Province Total**	**259.30**	**159.01**	**9.60**	**55.83**	**5.42**	**5.86**	**13.62**	**7.88**	**2.08**
南 昌 市	Nanchang	31.42	16.55	0.80	7.99	0.93	1.70	2.31	0.53	0.61
景德镇市	Jingdezhen	8.45	4.50	0.12	1.74	0.89	0.21	0.63	0.23	0.13
萍 乡 市	Pingxiang	8.03	3.25	0.37	2.79	0.32	0.32	0.67	0.24	0.07
九 江 市	Jiujiang	25.88	13.54	0.44	8.88	0.19	0.44	1.36	0.85	0.18
新 余 市	Xinyu	8.55	3.97	0.25	2.50	0.94	0.21	0.47	0.13	0.08
鹰 潭 市	Yingtan	7.58	4.43	0.21	2.01	0.11	0.19	0.38	0.18	0.07
赣 州 市	Ganzhou	35.58	22.98	2.90	4.32	0.14	0.99	2.24	1.75	0.26
吉 安 市	Ji'an	33.55	24.53	0.89	5.41	0.08	0.30	1.27	0.90	0.17
宜 春 市	Yichun	43.98	24.21	1.26	15.01	0.25	0.55	1.44	1.09	0.17
抚 州 市	Fuzhou	23.87	17.45	1.51	1.46	1.09	0.39	1.05	0.77	0.15
上 饶 市	Shangrao	32.41	23.60	0.85	3.72	0.48	0.56	1.80	1.21	0.19

注：1.规模以上工业指独立核算国有工业和年产品销售收入2000万元以上非国有工业。
2.城镇公共用水指建筑业用水和服务业用水。
3.生态环境用水指城镇环境用水和农村环境用水。

a) Industrial enterprises above designated size refer to state-owned industrial enterprises with independent accounting system and non-state-owned industrial enterprises with annual revenue from products sale over 5 million yuan..

b) Urban publical water use refer to water use of construction and services.

c) Ecological water use refer to water use of urban and rural areas.

11-23 耗 水 量（2014年）

Total Water Consumption(2014)

单位：亿立方米 (100 million cu.m)

地 区	Region	总耗水量 Water Consumption	农田灌溉 Irrigated	林牧渔畜 Agricultural	工 业 Industry		城镇公共 Urban Publical	城镇居民生活 Urban Residential	农村居民生活 Rural Residential	生态环境 Ecological Protection
					火(核)电 Thermal (Nuclear) Power Generation	非火(核)电 Non-Thermal (Nuclear) Power Generation				
全 省	**Province Total**	**117.01**	**78.61**	**8.86**	**1.73**	**14.56**	**2.44**	**3.4**	**5.73**	**1.67**
南 昌 市	Nanchang	14.17	8.05	0.74	0.10	3.08	0.74	0.6	0.39	0.49
景德镇市	Jingdezhen	3.71	2.17	0.11	0.10	0.85	0.07	0.2	0.15	0.10
萍 乡 市	Pingxiang	3.56	1.62	0.35	0.01	1.04	0.15	0.2	0.16	0.06
九 江 市	Jiujiang	10.80	7.21	0.41	0.19	1.71	0.12	0.3	0.68	0.14
新 余 市	Xinyu	3.70	1.87	0.24	0.23	0.99	0.10	0.1	0.09	0.06
鹰 潭 市	Yingtan	3.47	2.09	0.19	0.14	0.69	0.07	0.1	0.14	0.06
赣 州 市	Ganzhou	17.75	11.21	2.66	0.08	1.52	0.37	0.6	1.14	0.21
吉 安 市	Ji'an	15.32	11.90	0.83	0.19	1.17	0.14	0.3	0.63	0.14
宜 春 市	Yichun	16.88	12.24	1.18	0.55	1.39	0.26	0.4	0.76	0.14
抚 州 市	Fuzhou	11.80	8.45	1.37		0.82	0.16	0.3	0.62	0.12
上 饶 市	Shangrao	15.85	11.80	0.78	0.14	1.30	0.26	0.5	0.97	0.15

11-24 废污水排放量（2014年）

Discharge of Waste Water (2014)

单位：万吨/年 (10000 tons/year)

地区	Region	合计 Total	第二产业 Secondary Industry	工业 Industry	建筑业 Construction	第三产业 Tertiary Industry	城镇居民生活 Urban Household Consumption
全省	**Province Total**	**398249**	**273274**	**270423**	**2851**	**27769**	**97206**
南昌市	Nanchang	77801	53630	52684	946	7712	16459
景德镇市	Jingdezhen	20783	15040	15005	35	1254	4489
萍乡市	Pingxiang	25976	20020	19797	223	1155	4801
九江市	Jiujiang	45834	33187	33147	40	2822	9825
新余市	Xinyu	22771	18466	18330	136	956	3349
鹰潭市	Yingtan	15848	12105	12037	68	1035	2708
赣州市	Ganzhou	48734	27551	27195	356	5223	15960
吉安市	Ji'an	33478	23147	22960	187	1282	9049
宜春市	Yichun	40776	28145	27805	340	2371	10260
抚州市	Fuzhou	25589	16302	16126	176	1806	7481
上饶市	Shangrao	40659	25681	25337	344	2153	12825

11-25 各地区气象台站及主要技术装备情况（2014年）

Weather Stations and Machinery in Cities by Region (2014)

地区	Region	国家基准气侯站(个) National Reference Climatological Station (unit)	国家基本气象站(个) Basic Synoptic Station (unit)	国家一般气象站(个) General Synoptic (unit)	区域气象观测站(个) Number of Regional Observatory (unit)	农业气象观测站(个) Agrometeorological Observatory (unit)	生态气象观测站(个) Ecometeorological Observatory (unit)	紫外线观测站(个) Ultraviolet Radiation Observatory (unit)	天气雷达(部) Weather Radar (unit)	闪电定位仪(个) Lightning Orientation (unit)
全省	**Province Total**	**5**	**21**	**65**	**2452**	**18**	**6**	**12**	**9**	**12**
南昌市	Nanchang		1	4	109	1	1	1	1	1
景德镇市	Jingdezhen		1	2	57	1		1	1	1
萍乡市	Pingxiang		1	3	92	1	1	1		
九江市	Jiujiang	1	2	9	289	2	1	2	1	2
新余市	Xinyu			2	52	1		1		
鹰潭市	Yingtan		1	2	49	1		1		1
赣州市	Ganzhou		4	13	559	3	1	1	1	2
吉安市	Ji'an	1	3	8	369	2	1	1	1	1
宜春市	Yichun	1	3	6	259	2		1	2	1
抚州市	Fuzhou	1	2	8	235	1		1	1	2
上饶市	Shangrao	1	3	8	382	3	1	1	1	1

11-26 各地区气候基本情况（2014年）

Climate by Region (2014)

地区	Region	年平均气温 Annual Average Temperature (0.1℃)/△T	年降水量 Annual Precipitation (0.1mm)/△R	年日照时数 Annual Sunshine Hours (0.1h)/△S	年平均相对湿度 Annual Average Relative Humidity (%)/△U
全省平均	**Province Average**	**188/6**	**17514/908**	**16789/205**	**75/-3**
南昌市	Nanchang	188/8	18905/2768	18105/-248	74/-2
景德镇市	Jingdezhen	185/7	22317/4269	16419/-1021	76/0
萍乡市	Pingxiang	185/9	19535/3288	15435/922	77/-4
九江市	Jiujiang	180/4	14045/-417	17147/471	75/0
新余市	Xinyu	184/1	18429/2396	14683/-1645	76/-1
鹰潭市	Yingtan	192/6	19713/942	17618/768	73/-3
赣州市	Ganzhou	206/10	11040/-3423	19775/2257	74/-1
吉安市	Ji'an	195/8	15561/-101	15375/-518	76/-3
宜春市	Yichun	181/6	18585/2271	14778/-248	78/-2
抚州市	Fuzhou	192/11	16843/-1205	16375/246	71/-9
上饶市	Shangrao	184/5	17686/-795	18972/1271	77/-1

注：△T、△R、△S、△U分别表示本年度平均气温、降水量、日照时数、平均相对湿度与1981-2010年三十年平均值比较的偏差值。

a) △T,△R,△S and △U indicate differences of annual average temperature, precipitation and sunshine hours at current year compared with nearly 30 years.Data of Yingtan are not available because it is newly established.

11-26 续表 continued

地区	Region	重大灾害性天气(站次) Great calamity weather(time)					
		暴雨 Storm	大风 Gale	冰雹 Hail	大雾 Fog	大雪 Heavy snow	雷暴 Thunder-storm
合计	**Total**	**452**	**49**	**4**	**2879**		**4945**
全省平均	**Province Average**	**41.1**	**4.5**	**0.4**	**261.7**		**449.5**
南昌市	Nanchang	28			15		237
景德镇市	Jingdezhen	13	1		39		118
萍乡市	Pingxiang	13	9	1	81		223
九江市	Jiujiang	46	7		1122		447
新余市	Xinyu	13			125		90
鹰潭市	Yingtan	13	5		59		140
赣州市	Ganzhou	70	5		215		1171
吉安市	Ji'an	56	9	3	377		712
宜春市	Yichun	57	4		320		518
抚州市	Fuzhou	77	4		208		654
上饶市	Shangrao	65	5		318		635

主要统计指标解释

林业用地面积 指用来发展林业的土地，包括郁闭度0.2以上的乔木林地以及竹林地、灌木林地、疏林地、采伐迹地、火烧迹地、未成林造林地、苗圃地和县级以上人民政府规划的宜林地面积。

造林总面积 指报告期内在荒山、荒地、沙丘、退耕地等一切可以造林的土地上，采用人工播种、飞机播种、植苗造林、分植造林等方法新植成片乔木林和灌木林，经过检查验收符合《造林技术规程》要求的单位面积株数，并按《中华人民共和国森林法实施条例》规定，成活率达85%以上(含85%，年降雨量在400毫米以下且无浇灌条件的地区造林成活率达70%以上)的总面积。四旁植树如一侧在四行以上，连片面积0.066公顷(一亩)以上，应统计在造林面积内。造林面积，通常按所有制(国有、国有集体合作、集体和个人)、造林方式(人工、飞机播种)、主要林种用途(用材林、经济林、防护林、薪炭林、特种用途林)分组进行统计。

活立木总蓄积量 指一定范围土地上全部树木蓄积的总量，包括森林蓄积、疏林蓄积、散生木蓄积和四旁树蓄积。

森林覆盖率 指一个国家或地区森林面积占土地面积的百分比。在计算森林覆盖率时，森林面积包括郁闭度0.20以上的乔木林地面积和竹林地面积、国家特别规定的灌木林地面积、农田林网以及林旁、路旁、水旁、宅旁林木的覆盖面积。森林覆盖率表明一个国家或地区森林资源的丰富程度和生态平衡状况，是反映林业生产发展水平的主要指标。

自然保护区 指对有代表性的自然生态系统、珍稀濒危野生动植物物种的天然分布、水源涵养区、有特殊意义的自然历史遗迹等保护对象所在的陆地、陆地水体或海域，依法划出一定面积进行特殊保护和管理的区域。以县及县以上各级政府正式批准建立的自然保护区为准。风景名胜区、文物保护区不计在内。

林业产业总产值 指一定时期内（通常为1年）以货币表现的林业物质生产部门和非物质生产部门的生产总值，包括林业第一、第二、第三产业的生产总值。林业产业总产值的现行统计范围为：第一产业（农林牧渔业）中全社会的林业产值，种植业中全社会的花卉产值和茶、桑、果产值，畜牧业中全社会的狩猎业产值，林业系统的其他种植业产值、牧业产值和渔业产值；第二产业中采掘业之中全社会的木竹采运业产值，制造业之中全社会的木材加工及竹、藤、棕、草制品业产值和林产化学产品制造业产值，林业系统其他采掘业产值和制造业产值、电力煤气及水的生产供应业产值、建筑业产值；第三产业中全社会的森林旅游产值，林业系统的批发及零售贸易及餐饮业产值、交通运输仓储及邮电通讯业产值、房地产业产值、除森林旅游业外的其他社会服务业产值及其他第三产业产值。

工业废水排放量 指经过企业厂区所有排放口排到企业外部的工业废水量。包括生产废水、外排的直接冷却水、超标排放的矿井地下水和与工业废水混排的厂区生活污水，不包括外排的间接冷却水(清污不分流的间接冷却水应计算在内)。

工业废气排放量 指报告期内企业厂区内燃料燃烧和生产工艺过程中产生的各种排入大气的含有污染物的气体的总量，以标准状态(273K，101325Pa)计算。

工业烟（粉）尘排放量 指报告期内企业在燃料燃烧和生产工艺过程中排入大气的烟尘及工业粉尘的总质量之和。烟尘或工业粉尘排放量可以通过除尘系统的排风量和除尘设备出口烟尘浓度相乘求得。

一般工业固体废物综合利用量 指报告期内企业通过回收、加工、循环、交换等方式，从固体废物中提取或者使其转化为可以利用的资源、能源和其他原材料的固体废物量(包括当年利用往年的工业固体废物贮存量)，如用作农业肥料、生产建筑材料、筑路等。综合利用量由原产生固体废物的单位统计。

供水总量 指各种水源工程为用户提供的包括输水损失在内的毛供水量之和，不包括海水直接利用量。

地表水源供水量 指地表水体工程的取水量，按蓄、引、提、调四种形式统计。从水库、塘坝中引水或提水，均属蓄水工程供水量；从河道或湖泊中自流引水的，无论有闸或无闸，均属引水工程供水量；利用扬水站从河道或湖泊中直接取水的，属提水工程供水量；跨流域调水指水资源一级区或独立流域之间的跨流域调配水量，不包括在蓄、引、提水量中。

地下水源供水量 指水井工程的开采量，按浅层淡水、深层承压水和微咸水分别统计。城市地下水源供水量包括自来水厂的开采量和工矿企业自备井的开采量。

用水量 指各类用水户取用的包括输水损失在内的毛用水量，按农田灌溉、林牧渔畜、工业、城镇公共、居民生活、生态环境六大类统计。工业用水为取用的新水量，不包括企业内部的重复利用水。

耗水量 指在输、用水过程中，通过蒸腾、蒸发、土壤吸收、产品吸附、居民和牲畜饮用等多种途径与形式消耗，不能回归到地表水体或地下含水层的水量。

Explanatory Notes on Main Statistical Indicators

Forest Land Area Refer to areas of forestry development, including arbor forest that over 0.2 canopy density, bamboo forest land, bush forest land, sparse forest land, cutting blanks, the burns, immature forest land, seedling nursery site, and suitable for planting of the planning of governments at and above county level.

Total area of afforestation Refers to the total area of land suitable for afforestation, including barren hills, idle land, sand dunes, "grain for green" land, on which acres of arbores or bushes are planted through manual planting, airplane planting, plant seedlings, etc. in accordance with the required density standards of the Technical Procedures of Afforestation, and with a survival rate of over 85% in line with the Implementing Rules of the Forest Law of the People' s Republic of China (or a survival rate of 75% in areas with less that 400 mm of annual rainfall and without irrigation facilities) Included in the this category are trees planted alone the roadsides, riversides, or next to houses that occupy an area over 0.066 hectares, or where more than 4 lines of trees are planted. Total area of afforestation is further classified by ownership (state-owned, state-collective, collective or private), by approach of planting (manual, airplane), and by type of forests (timber, by-products, protection, fuel, special use, etc.).

Total standing forest stock Refer to total stock of all trees on certain range land, including forest stock, sparse forest stock, sporadic trees stock, and scattered trees stock.

Forest coverage rate Refer to the percentage of the area of land in the area of forest of a country or region. While counting the forest coverage rate, the areas of forest include the arbor forest areas that over 0.2 canopy density, areas of bamboo forest land, areas of bush forest land of nation special provision, areas of farmland shelterbelt network, beside forests, road, water, house. Forest coverage rate indication that the degree of abundance of forest resource and ecological balance of a country or region. Forest coverage rate is the main item to mirror the development of forestry.

Nature Reserves Refer to certain areas of land, waters or sea that are representative in natural ecological systems, or are natural habitats for rare or endangered wild animals or plants, or water conservation zones, or the location of important natural or historic relics, which are demarked by law and put under special protection and management. Nature reserves are designated by the formal approval of governments at and above county level (including those approved by relevant departments or "revolutionary committees" before 1980). Scenic spots and cultural preservation zones are not included.

Gross output value of forestry Refer to the total value of products of productive departments and nonproductive departments during a given period of time (usually a year), including the primary Industry, the secondary Industry, and the tertiary Industry. The current Statistics of gross output value of Forestry include the output value of forestry in the whole country, the output value of flower, tea, mulberry and fruit in planting, the output value of hunting in animal husbandry, the output value of the other planting, animal husbandry and fishery of the forestry system; the output value of the bamboo and timber' s cutting and transport in extractive industry, the processing of timber, the products of bamboo, rattan, palm, grass and forestry chemical, the output value of the other extractive industry, manufacturing, the production and supply of electric power and heat power, the construction; the output value of the forestry tourist, wholesale and retail trades and catering, transport, storage and post, real estate, and the other social services except the forestry tourist.

Waste Water Discharged by Industry refers to the volume of waste water discharged by industrial enterprises through all their outlets, including waste water from production process, directly cooled water, groundwater from mining wells which does not meet discharge standards and sewage from households mixed with waste water produced by industrial activities, but excluding indirectly cooled water discharged (It should be included if the discharge is not separated from waste water).

Industrial Waste Air Emission refers to the discharge into atmosphere of waste air containing pollutants generated from fuel burning and production processes in enterprises within a given period of time. It is calculated at standard status (273K, 101325Pa)

Volume of Dust Emission refers to volume of smoke and industrial dust emitted by burning and production process of enterprises and suspended in the air.Volume of smoke and industrial dust is calculated by volume of air flow timing thickness of dust from dedusting equipment exits.

General Industrial Solid Wastes Utilized refers to volume of solid wastes from which useful materials can be extracted or which can be converted into usable resources, energy or other materials by means of reclamation, processing, recycling and exchange (including utilizing in the year the stocks of industrial solid wastes of the previous year). Examples of such utilizations include fertilizers, building materials and road materials. The information shall be collected by the producing units of the wastes.

Water Supply refers to gross water supply by supply systems from sources to consumers, including losses during distribution.

Surface Water Supply refers to withdrawals by surface water supply system, broken down with storage, flow, pumping and transfer. Supply from storage projects includes withdrawals from reservoirs; supply from flow includes withdrawals from rivers and lakes with natural flows no matter if there are locks or not; supply from pumping projects includes withdrawals from rivers or lakes with pumping stations; and supply from transfer refers to water supplies transferred from first-level regions of water resources or independent river drainage areas to others, and should not be covered under supplies of storage, flow and pumping.

Groundwater Supply refers to withdrawals from supplying wells, broken down with shallow layer freshwater, deep layer freshwater and slightly brackish water. Groundwater supply for urban areas includes water mining by both waterworks and own wells of enterprises.

Water Consumption refers to water used including lose during transportation. Water consumption is divided into farmland irrigation, forestry husbandry fishing and farming, industry, public affair, livelihoods, ecological environment. Industry water consumption refers to newly using, do not include reusing.

Water consumption is the amount of water consumed through evaporation, interception, adsorption, inhabitant and livestock drinking during water use and cannot recycled into surface waters and aquifers.

12

农业

AGRICULTURE

◆249/290

资料整理及英文翻译： 方建洲

简要说明

一、本篇资料反映全省农业生产和农村经济的基本情况。主要包括农村基层组织、乡村劳动力、耕地、主要农产品面积和产量、农村基础设施以及农林牧渔综合计算等方面的统计资料。

二、本篇资料主要来源于江西省《农林牧渔业、农业产值综合、乡村社会经济统计报表制度》，其统计范围包括各市、县(区)各种经济类型的全部农林牧渔业以及各非农行业附属的农林牧渔业生产单位。

三、本篇资料中的农村基层组织、乡村劳动力、主要农产品面积和产量以及农林牧渔业总产值和增加值等由省统计局农业处提供；林业、渔业、农机和水利情况则分别根据省林业厅、省农业厅、省水利厅和省国土资源厅等部门资料整理提供。

四、部分指标依据2006年全国第二次农业普查资料进行了修正。

Brief Introduction

Ⅰ. The data in this chapter show the basic conditions of agricultural production and rural economy for the whole province, including mainly rural grassroots units, rural employed labors force, cultivated land, areas and output of major products, rural infrastructure, and Comprehensive Statistical of farming, forestry, animal husbandry and fishery.

Ⅱ. Data in this chapter mainly come from the Comprehensive Statistical Reporting on Farming, Forestry, Animal Husbandry and Fishery, the Comprehensive Statistical Reporting on Agricultural Output, and the Rural Social and Economic Survey of Jiangxi Province. Statistics on agriculture includes all productive units of farming, forestry, animal husbandry and fishery and units engaged in farming, forestry, animal husbandry and fishery in non-agricultural sectors with various types of ownership in cities, counties and districts of Jiangxi Province.

Ⅲ. Data on rural grassroots units, employed labor force, agricultural production and area, gross output value and value-added of farming, forestry, animal husbandry, and fishery are provided by Agriculture Division of Jiangxi Statistic Bureau. Data on forestry, fishery, agricultural machinery, and water conservancy are provided by Forestry, Agriculture, Water Conservancy Department of Jiangxi province, and Department of Land and Resources of Jiangxi province.

Ⅳ. Some Indicators have been adjusted according to the Second National Agricultural Census in 2006.

12-1 农村乡(镇)基本情况

Basic Conditions of Township and Town of Country

指　　标	Iterm	2013	2014
乡镇政府(个)	Number of Township and Town Governments(unit)	1402	1400
镇政府	Number of Town Governments(unit)	805	810
乡政府	Number of Township Governments(unit)	597	590
村民委员会(个)	Number of Villagers' Committees(unit)	17211	17077
村民小组(个)	Number of Villagers' Group(unit)	200194	199237
自来水受益村委会个数(个)	Number of Villages Benifited by Tap Water(unit)	9606	10174
占村委会总个数比重(%)	Rate to Total Number of Villages(%)	55.8	59.6
通有线电视的村委会个数(个)	Number of Villages withCable TV(unit)		15827
占村委会总个数比重(%)	Rate to Total Number of Villages(%)		92.7
通宽带的村委会个数(个)	Number of Villages with Wide-band(unit)		16092
占村委会总个数比重(%)	Rate to Total Number of Villages(%)		94.2

12-2 各地区乡(镇)组织情况（2014年）

Organizing Conditions of Township and Town by Region (2014)

地　区	Region	乡(镇)政府个数(个) Number of Township and Town Governments (unit)	#镇政府 Number of Town Governments	村民委员会(个) Number of Villagers' Committees (unit)	村民小组(个) Number of Villagers' Group (unit)
全　省	**Provincial Total**	**1400**	**810**	**17077**	**199237**
南昌市	Nanchang	78	49	1181	9719
景德镇市	Jingdezhen	39	28	473	4010
萍乡市	Pingxiang	47	28	640	9564
九江市	Jiujiang	181	102	1751	23453
新余市	Xinyu	26	16	406	3776
鹰潭市	Yingtan	33	22	339	4033
赣州市	Ganzhou	283	141	3461	48962
吉安市	Ji'an	215	118	2514	26485
宜春市	Yichun	159	115	2204	26092
抚州市	Fuzhou	151	91	1802	17308
上饶市	Shangrao	188	100	2306	25835

12-3 农、林、牧、渔业总产值和商品产值

Gross Output Value，and Commodity Output Value of Farming, Forestry, Animal Husbandry and Fishery

本表按当年价格计算

Data in this table are calculated at current prices.

单位：万元

(10000 yuan)

年份 Year	农林牧渔业总产值 Gross Output Value of Farming,Forestry, Animal Husbandry and Fishery	农业产值 Output Value of Farming	林业产值 Output Value of Forestry	牧业产值 Output Value of Animal Husbandry	渔业产值 Output Value of Fishery	服务业产值 Output Value of Services	农林牧渔业商品产值 Commodity Output Value of Farming, Forestry, Animal Husbandry and Fishery	农林牧渔业商品率(%) Commodity Rate of Farming, Forestry, Animal Husbandry and Fishery(%)
1978	492900	364752	58723	63025	6400		175842	35.7
1980	681508	482402	96038	95168	7900		279874	41.1
1985	1145040	740353	141190	228397	35100		566795	49.5
1990	2119055	1202955	195286	620351	100463		1372256	64.8
1990	2552437	1534586	239624	674764	103463		1372256	53.8
1991	2715836	1612274	288951	688523	126088		1483574	54.6
1992	2983528	1683513	315804	830611	153600		1735728	58.2
1993	3601064	1961358	314875	1095139	229692		2165316	60.1
1994	5278602	2762704	375230	1776561	364107		3368228	63.8
1995	6317137	3316376	414590	2095348	490823		4053816	64.2
1996	7334888	3863193	463328	2311829	696538		4751920	66.9
1997	7855119	3946088	468592	2558551	881888		5180617	66.0
1998	7348844	3615365	476187	2383146	874146		4824857	65.7
1999	7502895	3881699	495903	2239960	885333		4824974	64.3
2000	7602670	3872737	511086	2217976	1000871		4923589	64.8
2000	7413543	3446961	579735	2217976	1000871	168000	4497813	60.7
2001	7674396	3583299	605300	2261129	1042668	182000	4812927	62.7
2002	7918643	3664496	649332	2339367	1099548	165900	5093507	64.3
2003	8416300	3837127	704801	2540056	1185493	148823	5598337	66.5
2004	10549211	4910558	790778	3249823	1431346	166706	6836789	64.8
2005	11429925	5104715	873713	3650964	1625621	174912	7797125	68.2
2006	12252714	5571936	1046051	3440455	1643115	551157	8364442	68.3
2007	14269333	6212597	1264574	4355792	1822009	614361	9673395	67.8
2008	16804990	6943243	1507654	5560144	2115976	677973	11427251	68.0
2009	17338215	7297223	1617850	5414950	2311804	696388	12638262	72.9
2010	19005843	8013643	1867952	5840500	2555809	727939	13893271	73.1
2011	22072655	9178214	2061050	7343392	2722023	767976	15937301	72.2
2012	23992583	10032063	2289114	7526773	3330579	814054	17491174	72.9
2013	25783521	10728030	2526709	7964378	3701506	862897	18770946	72.8
2014	27265352	11440813	2741804	8148821	4006521	927394	19865218	72.9
南昌市 Nanchang	2836280	1044413	34651	1044232	655013	57971	2206524	77.8
景德镇市 Jingdezhen	826652	446154	59085	219229	62391	39793	623378	75.4
萍乡市 Pingxiang	910430	342350	71018	425080	65234	6747	592708	65.1
九江市 Jiujiang	2338050	1028214	138530	490608	610995	69702	1624900	69.5
新余市 Xinyu	895460	410751	129958	234294	94338	26118	616560	68.9
鹰潭市 Yingtan	752867	281912	44114	322856	92826	11158	582263	77.3
赣州市 Ganzhou	4607883	2178400	309378	1515803	518501	85801	3197423	69.4
吉安市 Ji'an	3504040	1696257	426182	938136	375689	67776	2707582	77.3
宜春市 Yichun	3982932	1764890	384745	1339309	460682	33305	2842634	71.4
抚州市 Fuzhou	3131351	1851995	147456	774131	296989	60780	2390297	76.3
上饶市 Shangrao	3479409	1391742	282969	948080	773362	83255	2480950	71.3

注：1990年数为按老口径计算的数据，自2000年后按新的国民经济行业分类计算,后同。

a)The data of 1990 was calculated on old basis.The data since 2000 is calculated on the new classification standards for national economic.

12-4 农、林、牧、渔业总产值构成

Gross Output Value Composition of Farming, Forestry, Animal Husbandry and Fishery

本表按当年价格计算

Data in this table are calculated at current prices.

单位：% (%)

年份 Year	农林牧渔业总产值 Gross Output Value of Farming,Forestry, Animal Husbandry and Fishery	农业产值 Output Value of Farming	林业产值 Output Value of Forestry	牧业产值 Output Value of Animal Husbandry	渔业产值 Output Value of Fishery	服务业产值 Output Value of Services
1978	100.0	74.0	11.9	12.8	1.3	
1980	100.0	70.7	14.1	14.0	1.2	
1985	100.0	64.7	12.3	19.9	3.1	
1990	100.0	56.8	9.2	29.3	4.7	
1990	100.0	60.1	9.4	26.4	4.1	
1991	100.0	59.4	10.6	25.4	4.6	
1992	100.0	56.5	10.6	27.8	5.1	
1993	100.0	54.5	8.7	30.4	6.4	
1994	100.0	52.3	7.1	33.7	6.9	
1995	100.0	52.4	6.6	33.2	7.8	
1996	100.0	52.7	6.3	31.5	9.5	
1997	100.0	50.2	6.0	32.6	11.2	
1998	100.0	49.2	6.5	32.4	11.9	
1999	100.0	51.7	6.6	29.9	11.8	
2000	100.0	50.9	6.7	29.2	13.2	
2000	100.0	46.5	7.8	29.9	13.5	2.3
2001	100.0	46.7	7.9	29.5	13.6	2.3
2002	100.0	46.3	8.2	29.5	13.9	2.1
2003	100.0	45.6	8.4	30.2	14.1	1.7
2004	100.0	46.5	7.5	30.8	13.6	1.6
2005	100.0	44.7	7.7	31.9	14.2	1.5
2006	100.0	45.5	8.5	28.1	13.4	4.5
2007	100.0	43.5	8.9	30.5	12.8	4.3
2008	100.0	41.3	9.0	33.1	12.6	4.0
2009	100.0	42.1	9.3	31.2	13.3	4.0
2010	100.0	42.2	9.8	30.7	13.5	3.8
2011	100.0	41.6	9.3	33.3	12.3	3.5
2012	100.0	41.8	9.5	31.4	13.9	3.4
2013	100.0	41.6	9.8	30.9	14.4	3.3
2014	100.0	42.0	10.0	29.9	14.7	3.4
南昌市 Nanchang	100.0	36.8	1.2	36.8	23.1	2.1
景德镇市 Jingdezhen	100.0	54.0	7.2	26.5	7.5	4.8
萍乡市 Pingxiang	100.0	37.6	7.8	46.7	7.2	0.7
九江市 Jiujiang	100.0	44.0	5.9	21.0	26.1	3.0
新余市 Xinyu	100.0	45.9	14.5	26.2	10.5	2.9
鹰潭市 Yingtan	100.0	37.4	5.9	42.9	12.3	1.5
赣州市 Ganzhou	100.0	47.3	6.7	32.9	11.2	1.9
吉安市 Ji'an	100.0	48.4	12.2	26.8	10.7	1.9
宜春市 Yichun	100.0	44.3	9.7	33.6	11.6	0.8
抚州市 Fuzhou	100.0	59.1	4.7	24.7	9.5	2.0
上饶市 Shangrao	100.0	40.0	8.1	27.3	22.2	2.4

12-5 农、林、牧、渔业总产值指数

Indices of Gross Output Value of Farming,Forestry,Animal Husbandry and Fishery

本表按可比价格计算。

Data in this table are calculated at constant pieces.

年份 Year	以1978年为100 (year of 1978=100)						以上年为100 (preceding year=100)					
	农林牧渔业总产值 Gross Output Value of Farming, Forestry, Animal Husbandry and Fishery	农业产值 Output Value of Farming	林业产值 Output Value of Forestry	牧业产值 Output Value of Animal Husbandry	渔业产值 Output Value of Fishery	服务业产值 Output Value of Services	农林牧渔业总产值 Gross Output Value of Farming, Forestry, Animal Husbandry and Fishery	农业产值 Output Value of Farming	林业产值 Output Value of Forestry	牧业产值 Output Value of Animal Husbandry	渔业产值 Output Value of Fishery	服务业产值 Output Value of Services
1978	100	100	100	100	100	100	102.8	101.6	105.7	107.2	98.9	
1979	114.8	115.0	112.4	116.5	113.6		114.8	115.0	112.4	116.5	113.6	
1980	111.2	109.3	108.7	120.6	127.4		96.9	95.1	96.8	103.6	112.2	
1981	115.6	111.2	127.3	122.6	150.7		103.9	101.7	117.1	101.8	118.3	
1982	127.4	122.4	124.8	148.7	170.0		110.2	110.1	98.0	121.1	112.8	
1983	129.4	122.7	128.2	152.7	213.2		101.5	100.2	102.7	102.7	125.4	
1984	143.3	135.4	144.5	169.0	240.9		110.8	110.3	112.7	110.7	112.9	
1985	153.6	140.4	153.7	200.8	291.5		107.2	103.7	106.4	118.8	121.0	
1986	157.7	138.0	154.9	232.9	337.4		102.6	98.3	100.8	116.0	115.7	
1987	171.6	150.8	169.3	247.9	387.9		108.8	109.3	109.3	106.4	115.0	
1988	176.3	147.5	176.9	282.1	445.1		102.7	97.8	104.5	113.8	114.8	
1989	185.8	156.8	177.6	296.5	485.3		105.4	106.3	100.4	105.1	109.0	
1990	198.0	167.7	184.0	315.5	532.0		106.5	106.9	103.6	106.4	109.6	
1991	210.0	176.0	199.4	337.6	584.6		106.1	105.0	108.3	107.0	109.9	
1992	223.8	181.4	212.9	378.7	712.1		106.6	103.0	106.8	112.2	121.8	
1993	240.1	185.2	194.2	456.3	972.1		107.3	102.1	91.2	120.5	136.5	
1994	264.7	193.4	209.7	537.7	1243.1		110.2	104.5	108.0	117.8	127.9	
1995	278.4	193.9	210.3	590.9	1562.5		105.2	100.2	100.3	109.9	125.7	
1996	301.8	208.4	221.5	609.2	2087.5		108.4	107.5	105.3	103.1	133.6	
1997	322.9	221.3	218.1	644.1	2510.9		107.0	106.2	98.5	105.7	120.3	
1998	310.2	203.8	220.4	623.6	2656.1		96.1	92.1	101.1	96.8	105.8	
1999	325.4	226.2	216.8	600.3	2847.3		104.9	111.0	98.4	96.3	107.2	
2000	334.5	230.3	234.4	599.1	3103.6	335.0	102.8	101.8	108.1	99.8	109.0	100.6
2001	344.5	238.1	237.2	608.7	3261.9	364.8	103.0	103.4	101.2	101.6	105.1	108.9
2002	358.3	244.5	251.2	628.8	3539.2	332.3	104.0	102.7	105.9	103.3	108.5	91.1
2003	368.1	243.3	268.7	651.4	3819.9	296.1	102.7	99.5	107.0	103.6	107.9	89.1
2004	397.6	269.3	280.8	685.9	4125.4	307.9	108.0	110.7	104.5	105.3	108.0	104.0
2005	424.6	278.5	293.2	770.3	4451.3	316.8	106.8	103.4	104.4	112.3	107.9	102.9
2006	450.5	293.5	346.8	794.2	4780.5	356.4	106.1	105.4	118.3	103.1	107.4	112.5
2007	469.4	303.5	377.0	818.0	5067.3	383.8	104.2	103.4	108.7	103.0	106.0	107.7
2008	491.9	315.3	406.8	859.7	5340.9	399.5	104.8	103.9	107.9	105.1	105.4	104.1
2009	514.5	323.5	430.8	909.6	5725.4	413.1	104.6	102.6	105.9	105.8	107.2	103.4
2010	535.1	327.1	458.8	962.4	6137.6	434.2	104.0	101.1	106.5	105.8	107.2	105.1
2011	557.6	346.7	484.0	985.5	6211.3	458.0	104.2	106.0	105.5	102.4	101.2	105.5
2012	583.2	356.0	515.0	1034.7	6726.8	485.5	104.6	102.7	106.4	105.0	108.3	106.0
2013	609.3	374.6	548.0	1070.0	6928.6	514.7	104.5	105.2	106.4	103.4	103.0	106.0
2014	638.6	388.9	583.6	1129.9	7247.3	546.6	104.8	103.8	106.5	105.6	104.6	106.2

12-6 农、林、牧、渔业总产值

Gross Output Value of Farming,Forestry,Animal Husbandry and Fishery

单位：万元 (10000 yuan)

行 业	Sector	2013	2014	2014年比2013年增长（%） Increase Rate in 2014 over 2013(%)
农林牧渔业总产值	**Gross Output Value of Farming,Foretry, Animal Husbands and Fishery**	**25783521**	**27265352**	**4.8**
农业产值	**Output Value of Farming**	**10728030**	**11440813**	**3.8**
谷物及其他作物	Cereal and Other Cereal	6518524	6833820	3.1
谷物	Cereal	4984551	5164749	1.7
薯类	Tubers	118855	141481	7.0
油料	Oil-bearing Crops	593737	624290	3.8
豆类	Soybeans	176410	185322	4.1
棉花	Cotton	103510	99459	2.2
麻类	Fiber Crops	8442	8053	-11.3
糖料	Sugar Crops	120914	134856	-0.2
烟草	Tobacco	118966	131087	16.5
其他农作物	Other Cereal	293138	344524	20.7
蔬菜、食用菌及花卉、盆景园艺产品	Vegetable, Edible Fungi and Gardening Cereal	3042980	3346014	6.1
水果、坚果、茶、饮料和香料作物	Fruit, Nut, Tea, Drink and Spicery Cereal	1108436	1188883	0.5
中药材	Chinese Traditional Medicinal Materials	58090	72096	19.9
林业产值	**Output Value of Forestry**	**2526709**	**2741804**	**6.5**
林木的培育和种植	Forest Cultivated and Planted	852851	882389	1.8
竹木采运	Bamboo and Timber's Cutting and Transport	596017	711386	18.2
林产品	Forestry Products	1077841	1148029	3.7
牧业产值	**Output Value of Animal Husbandry**	**7964378**	**8148821**	**5.6**
牲畜饲养	Livestock Raised	695392	733496	3.4
猪的饲养	Hogs Raised	5034613	4913096	6.0
家禽饲养	Poultry Raised	1998425	2231664	4.2
狩猎和捕捉动物	Animal Hutted and Caught	28615	29615	3.5
其他畜牧业	Other Animal Husbandry	207333	240950	17.5
渔业产值	**Output Value of Fishery**	**3701506**	**4006521**	**4.6**
鱼类	Fish	2688996	2924371	5.4
甲壳类	Carapace	483733	499976	-0.7
贝类	Shell-fish	77733	81267	2.2
其他渔业	Other Fishery	451043	500906	5.7
农林牧渔服务业产值	**Services Output Value of Farming, Forestry, Animal Husbandry and Fishery**	**862897**	**927394**	**6.2**

注：增长速度由当年可比价格产值除以上年现行价格产值所得。

a) The growth is equal to the output value that caculated at current year's constant prices divided by the output value that caculated at last year's current prices.

12-7　各地区粮食作物和多种经营产值（2014年）

Output Value of Grain Crops and Multi Deal by Region (2014)

本表按当年价格计算

Data in this table are calculated at current prices.

地　区	Region	农林牧渔业总产值（万元）Gross Output Value of Farming, Forestry, Animal Husbandry and Fishery(10000yuan)	粮食作物 Grain Crops	多种经营 Multi-dealing	构成(%) Composition (%) 粮食作物 Grain Crops	多种经营 Multi-dealing
全　省	**Provincial Total**	**27265352**	**5491552**	**21773800**	**20.1**	**79.9**
南昌市	Nanchang	2836280	624813	2211467	22.0	78.0
景德镇市	Jingdezhen	826652	164062	662590	19.8	80.2
萍乡市	Pingxiang	910430	145778	764651	16.0	84.0
九江市	Jiujiang	2338050	438670	1899379	18.8	81.2
新余市	Xinyu	895460	209444	686016	23.4	76.6
鹰潭市	Yingtan	752867	179733	573134	23.9	76.1
赣州市	Ganzhou	4607883	717248	3890635	15.6	84.4
吉安市	Ji'an	3504040	1021201	2482839	29.1	70.9
宜春市	Yichun	3982932	1077900	2905032	27.1	72.9
抚州市	Fuzhou	3131351	773282	2358069	24.7	75.3
上饶市	Shangrao	3479409	892967	2586442	25.7	74.3

12-8　农林牧渔业商品产值和商品率

Commodity Output Value and Commdity Rate of Farming, Forestry, Animal Husbandry and Fishery

本表按当年价格计算

Data in this table are calculated at current prices.

行　业	sector	农林牧渔业商品产值(万元) Commodity Output Value of Farming, Forestry, Animal Husbandry and Fishery (10000 yuan)		农林牧渔业商品率(%) Commdity Rate of Farming, Forestry, Animal Husbandry and Fishery (%)	
		2013	2014	2013	2014
合　计	**Total**	**18770946**	**19865218**	**72.8**	**72.9**
#粮食作物产值	Output Value of Grain Crops	3589011	3758826	68.0	68.4
多种经营产值	Output Value of Multi-dealing	15181935	16106393	74.0	74.0
农　业	Farming	7670073	8155976	71.5	71.3
林　业	Forestry	1143523	1238798	45.3	45.2
牧　业	Animal Husbandry	6644150	6876251	83.4	84.4
渔　业	Fishery	2966527	3234275	80.1	80.7
服务业	Services	346673	359919	40.2	38.8

12-9 农、林、牧、渔业中间消耗

Intermediate Consumption of Farming,Forestry,Animal Husbandry and Fishery

单位：万元 (10000 yuan)

行业	Sector	2013	2014
农林牧渔业中间消耗总计	**Total Intermediate Consumption of Farming,Forestry, Animal Husbandry and Fishery**	**9418584**	**9912429**
农业中间消耗	**Intermediate Consumption of Farming**	**3579768**	**3817611**
物质消耗	Material Consumption	3155249	3364806
用种量	Quantity of Seeds Used	676940	728693
役畜用饲料、饲草	Feedstuff for Service-lovestock	159451	174611
肥料	Fertilizer	1260213	1346351
燃料	Fuel	185183	198717
农药	Pesticide	254733	291680
农用塑料薄膜	Plastic Film for Farming	119181	106018
用电量	Consumption of Electricity	172771	176211
小农具购置	Small Dead Stock	131223	122713
办公用品购置	Office Stationary Purchased	11547	25988
其他	Others	184007	193823
生产服务支出	Production and Services Expenditure	424519	452805
林业中间消耗	**Intermediate Consumption of Forestry**	**567994**	**616347**
物质消耗	Material Consumption	448124	486795
用种量	Quantity of Seeds Used	155513	169415
肥料	Fertilizer	101129	109327
燃料	Fuel	34685	37627
农药	Pesticide	27648	30083
用电量	Consumption of Electricity	18057	20174
小农具购置	Small Dead Stock	30237	33724
办公用品购置	Office Stationary Purchased	12631	14538

12-9 续表 continued

单位：万元 (10000 yuan)

行　　业	Sector	2013	2014
其他物质消耗	Other Material Consumption	68224	71906
生产服务支出	Production and Services Expenditure	119870	129552
牧业中间消耗	**Intermediate Consumption of Animal Husbandry**	**3776706**	**3864169**
物质消耗	Material Consumption	3546855	3620071
用种量	Quantity of Seeds Used	609183	613013
饲料、饲草	Feedstuff,Forage Grass	2595624	2655725
燃料	Fuel	112578	115806
用电量	Consumption of Electricity	29029	30543
畜牧用药品	Leechdom for Livestock	109311	112202
其他	Others	91130	92782
生产服务支出	Production and Services Expenditure	229851	244098
渔业中间消耗	**Intermediate Consumption of Fishery**	**1111007**	**1202558**
物质消耗	Material Consumption	929269	1001602
饲料	Feedstuff	637303	688088
燃料	Fuel	55203	61471
用电量	Consumption of Electricity	25692	28783
办公用品购置	Office Stationary Purchased	10382	14060
其他	Others	200689	209201
生产服务支出	Production and Services Expenditure	181738	200956
农林牧渔服务业中间消耗	**Intermediate Consumption of Services of Farming,Forestry, Animal Husbandry and Fishery**	**383109**	**411744**
物质消耗	Material Consumption	230544	248043
生产服务支出	Production and Services Expenditure	152565	163701

12-10 主要农业机械年末拥有量和机耕情况

Major Agricultural Machinery at the Year-end and Condition of Tractor-ploughing

指　　标	Item	1990	2000	2010	2013	2014
农业机械总动力(万瓦特)	**Total Power of Agricultural Machinery(10000 watts)**	**667717**	**902307**	**3805000**	**2014132**	**2118393**
柴油发动机动力	Power of Diesel Motor	410637	620228	2978000	1571832	1643385
汽油发动机动力	Power of Petrol Motor	80651	63401	161000	80875	95795
电动机动力	Power of Electromotor	176429	211399	666000	360437	378336
其他机械动力	Power of Other Engine		7279		988	876
农业机械与设备	**Agricultural Machinery and Equiment**					
大中型拖拉机(台)	Large and Medium Agricultural Tractors(unit)	19324	22725	16700	10188	14214
(万瓦特)	(10000 watts)	49449	54001	38490	42265	60075
小型拖拉机(台)	Mini-Tractors(unit)	91682	78634	390300	289752	307615
(万瓦特)	(10000 watts)	76492	65329	469800	329809	345576
大中型配套农具(部)	Number of Large and Medium Agricultural Tractor Towing Farm Machinery(unit)	10190	3037	20500	17378	22718
小型配套农具(部)	Number of Mini-Tractor Towing Farm Machinery(unit)	67319	105813	286100	312850	314043
农用排灌动力机械(台)	Agricultural Irrigation and Drainage Engines(unit)	130713	253881	1164000	614225	615151
(万瓦特)	(10000 watts)	150864	213168	880000	403545	401481
#柴油机(台)	Diesel Engines(unit)	67476	144926	742000	349683	347485
(万瓦特)	(10000 watts)	68615	111667	510650	241126	232251
电动机(台)	Electromotors(unit)	60446	90423	401000	221500	236025
(万瓦特)	(10000 watts)	80923	103744	329480	134941	161922
农用水泵(台)	Agricultural Water Pumps(unit)	118122	223295	731000	448287	439579
节水灌溉机械(套)	Water-saving Irrigation Machine(set)	4816	7033	50900	124177	131406
机动脱粒机(台)	Motorized Thrashing Machine(unit)	42047	253864	931400	302769	296120
机动喷雾(粉)机(部)	Motorized Spraying Machine(unit)	6942	24589	158800	136942	146490
(万瓦特)	(10000 watts)	1155	3676	39520	27662	31641
农用运输车(辆)	Agricultural Transport Cars(unit)	22811	57489	203800	101871	114638
(万瓦特)	(10000 watts)	27037	92667	517000	239674	272919
农业机耕情况	**Condition of Agricultural Tractor-ploughing**					
当年实际机耕面积(千公顷)	Real Tractor-ploughing Areas in Current Year(1000 hectares)	640.6	1029.4	2898.8	3038	3913

12-11 农业电气化、化学化、水利化情况
Agricultural Electrization, Chemization, Adequate Irrigation

指　　标	Item	1990	2000	2010	2013	2014
农业电气化情况	**Agricultural Electrization**					
农村用电量(万千瓦小时)	Electricity Consumed in Rural Areas(10000 kwh)	159927	339255	715738	909014	976215
通电的村民委员会个数(个)	Number of Villagers' Committees with Electricity(unit)	18957	20242	17245	17211	17077
通电的村委会占村委会总数比重(%)	Percentage of Villagers' Committees with Electricity in Total Villagers'Committees(%)	91.1	97.6	99.9	100.0	100.0
农业化学化情况	**Agricultural Chamization**					
农用化肥施用量(实物量)(万吨)	Quantity of Chemical Fertilizers Used for Farming (Material) (10000 tons)	285.6	343.4	415.1	429.4	430.62
氮　　肥	Nitrogenous Fertilizer	150.5	150.2	135	135.1	132.90
磷　　肥	Phosphorus Fertilizer	90.0	88.2	81.2	80.7	80.8
钾　　肥	Kalium Fertilizer	26.7	40.0	53.3	53.1	54.0
复 合 肥	Compound Fertilizer	18.4	65.0	145.6	160.5	163.0
农用化肥施用量(折纯量)(万吨)	Quantity of Chemical Fertilizers Used for Farming (net)(10000 tons)	83.6	106.9	137.6	141.6	142.9
氮　　肥	Nitrogenous Fertilizer	46.1	47.5	43.4	42.7	42.3
磷　　肥	Phosphorus Fertilizer	17.8	19.6	22.1	22.1	22.4
钾　　肥	Kalium Fertilizer	13.3	17.2	21.1	20.9	21.5
复 合 肥	Compound Fertilizer	6.4	22.7	50.9	55.8	56.8
农用塑料薄膜使用量(吨)	Quantity of Plastic Film for Farming Consumed(ton)	16428	28599	45491	51401	53122
农药使用量(吨)	Quantity of Pesticide Consumed(ton)	36482	51406	106530	99922	94764
农业水利化情况	**Agricultural Adequate Irrigation**					
有效灌溉面积(千公顷)	Irrigated Areas(1000 hectares)	1836.7	1903.4	1852.4	1995.6	2001.6

12-12 水利灌溉设施年末建成达到情况

Construction Condition of Water Conservancy for Irrigation at the End of Year

指 标	Item	2011	2012	2013	2014
工程座数	**Number of Projects**				
蓄水工程(座)	Water Storage Project(unit)	240511	240715	239758	240716
大型水库	Large-scale Reservoir	27	28	28	28
中型水库	Medium-scale Reservoir	257	257	257	258
小(一)型水库	Small(1)-scale Reservoir	1491	1491	1499	1505
小(二)型水库	Small(2)-scale Reservoir	9010	9010	9012	9015
塘 坝	Embankment	229726	229929	228962	229910
泵站(处)	Pump Station(set)	19562	19562	19566	19838
大型	Large	3	3	3	3
中型	Medium	111	111	111	111
小型及规模以下	Small and below	19448	19448	19452	19724
机电井(眼)	Mechanical and Electrical Well(unit)	1550394	1550395	1550127	1550178
规模以上机电井	above Designated Size	7617	7618	7350	7353
规模以下机电井	below Designated Size	1542777	1542777	1542777	1542825
有效灌溉面积(千公顷)	Irrigated Areas(1000 hectares)	1915	2009	1996	2002
灌区数量(处)	Irrigated Place(unit)				
50万亩以上	500000 mu and over	5	5	5	5
30-50万亩	300000-500000 mu	13	13	13	13
5-30万亩	50000-300000 mu	90	90	92	90
1-5万亩	10000-50000 mu	206	206	206	206
0.2-1万亩	2000-10000 mu	825	830	831	831

注:2011年数据为全省水利普查数据(水利工程完工数),2012年和2013年的数据是以2011年水利普查数为基数进行增减变动的数据.

a) The data on 2011 source from Water Conservancy Census. The data on 2012 and 2013 are estimated in accordance with the data on Water Conservancy Census.

12-13 各地区农业电气化、化学化、水利化情况（2014年）

指　　标	Item	全省 Provincial Total	南昌市 Nanchang
农业电气化情况	**Agricultural Electrization**		
农村用电量(万千瓦小时)	Electricity Consumed in Rural Areas(10000 kw per hour)	976215	142710
通电的村民委员会个数(个)	Number of Villagers' Committees with Electricity(unit)	17077	1181
通电的村委会占村委会总数比重(%)	Percentage of Villagers' Committees with Electricity in Total Villagers'Committees(%)	100.0	100.0
农业化学化情况	**Agricultural Chamization**		
农用化肥施用量(实物量)(吨)	Quantity of Chemical Fertilizers Used for Farming (material) (ton)	4306211	388088
氮　　肥	Nitrogenous Fertilizer	1328955.2	112675
磷　　肥	Phosphorus Fertilizer	807970	84031
钾　　肥	Kalium Fertilizer	539549	52760
复合肥	Compound Fertilizer	1629737	135475
农用化肥施用量(折纯量)(吨)	Quantity of Chemical Fertilizers Used for Farming (net)(ton)	1428709	148862
氮　　肥	Nitrogenous Fertilizer	422759	36722
磷　　肥	Phosphorus Fertilizer	223805	25282
钾　　肥	Kalium Fertilizer	214543	25275
复合肥	Compound Fertilizer	567602	61583
农用塑料薄膜使用量(吨)	Quantity of Plastic Film for Farming Consumed(ton)	53122	2228
农药使用量(吨)	Quantity of Pesticide Consumed(ton)	94764	4278
农业水利化情况	**Agricultural Adequate Irrigation**		
有效灌溉面积(千公顷)	Irrigated Areas(1000 hectares)	2002	189

Agricultural Electrization,Chemization, Adequate Irrigation by Region (2014)

景德镇市 Jingdezheng	萍乡市 Pingxiang	九江市 Jiujiang	新余市 Xinyu	鹰潭市 Yingtan	赣州市 Ganzhou	吉安市 Ji'an	宜春市 Yichun	抚州市 Fuzhou	上饶市 Shangrao
26583	53190	108533	33769	30863	107109	85932	120016	49724	150585
473	640	1751	406	339	3461	2514	2204	1802	2306
100.0	100.0	100.0	100.0	100.0	100.0	100.0	100.0	100.0	100.0
92793	99400	415838	124273.8	122138	757520	556855	652222	533899	563184
25903	42943	150095	37843.9	32685	266710	147309	196909	155141	165174
13275	22168	76974	33813.9	26285	133165	90567	128249	109942	89145
8539	12514	56454	19632	12777	83591	61133	95241	65914	65993
45076	21775	132315		50391	274054	257846	231823	202902	242872
35033	39509	159039	40157	31382	236385	186718	217153	184464	148387
9585	15670	56385	13558	8374	62235	49149	69187	59269	43973
3319	9605	27257	8675	6872	29884	27218	31059	31631	22843
4099	5765	23950	7269	3190	36782	24334	37245	25600	18464
18030	8469	51447	10655	12946	107484	86017	79662	67964	63107
1512	811	4066	1023	2368	12523	6361	9812	6844	5544
1536	2107	11147	1804	1635	15327	13503	11786	14613	17028
51	43	201	51	53	280	292	305	233	304

12-14 堤防、水闸、除涝、水土保持及解决饮水困难情况

Condition of Dike,Sluice,Waterlogging Control,Water and Soil Conversation and Easing the Shortage of Drinking Water

指　　标	Item	2011	2012	2013	2014
堤防长度(公里)	Dike Projects(km)	12606	12888	12980	13229
1级堤防	First-grade Dike	67	67	67	67
2级堤防	Second-grade Dike	282	286	293	293
3级堤防	Third-grade Dike	160	230	230	223
4、5级堤防	Fourth-grade and Fifth-grade Dike	6669	6877	6508	6578
5级以下堤防	Dike below Fifth-grade	5428	5428	5882	6068
达标堤防长度(公里)	Dike up to Standard(km)	3016	3348	3489	3642
水闸工程设施(座)	Sluice Projects(set)	11305	11309	11311	11317
大型水闸	Large-scale Sluice	25	25	25	25
中型水闸	Medium-scale Sluice	227	229	230	234
小型水闸及规模以下	Small-scale Sluice and below	11053	11055	11056	11058
除涝面积(千公顷)	Area of Waterlogging Control(1000 hectares)	378	383	385	393
除涝标准3-5年一遇的	Once 3-5 Years	182	185	185	190
除涝标准5年以上的	Once over 5 Years	196	198	200	202
水土流失综合治理面积(千公顷)	Area of Soil Erosion under Control(1000 hectares)	4711	4907	5129	5352
农村集中式供水工程(处)	Centralized Water Supply Project in Rural Areas(unit)				
千吨万人以上	above Kiloton 10000 persons	283	471	570	660

12-15 农作物播种面积和产量（2014年）

Total Sown Areas and Output of Farm Crops (2014)

类　　别	Type	播种面积（千公顷）Sown Area (1000 hectares)	单　产（千克/公顷）Yield per Unit (kg/hectare)	总产量(粮食：万吨；其他：吨) Total Output (Grain:10000 tons; Others:ton)	总产量比上年增长(%) Total Growth Over Last Year (%)
总　　计	**Total**	**5570.55**			
粮食作物	Grain Crops	3697.34	5797	2143.5	1.3
谷　　物	Cereal	3389.60	6023	2041.5	1.1
稻　　谷	Rice	3339.45	6064	2025.2	1.1
早　　稻	Early Rice	1394.60	5881	820.1	-1.0
中稻及一季晚稻	Middle-season and Late Rice	394.50	6907	272.5	3.1
二季晚稻	Second Season Late Rice	1550.35	6015	932.6	2.3
小　　麦	Wheat	12.00	2133	2.6	2.8
玉　　米	Corn	29.87	4101	12.3	2.3
大(米)麦	Barley	0.30	2000	0.1	
豆类合计	Total Legume	162.20	1969	31.9	4.1
大　　豆	Soybean	101.37	2314	23.5	4.6
杂　　豆	Mixed bean	60.83	1381	8.4	1.7
薯类(按折粮计算)	Tubers (converted into grain)	145.53	4813	70.0	6.9
油料合计	Total Oil-bearing	741.48	1641	1217081	2.8
#花　　生	Peanuts	162.56	2808	456514	1.0
油 菜 籽	Rape Seeds	547.91	1320	723497	2.8
芝　　麻	Sesame	31.00	1195	37032	1.3
棉　　花	Cotton	84.92	1574	133682	2.2
麻类合计	Total Fiber Crops	4.72	1531	7229	-11.3
黄红麻	Jute and Ambary Hemp	0.11	5607	628	-12.8
苎　　麻	Ramee	4.61	1432	6601	-11.1
甘　　蔗	Sugarcane	14.30	45125	645242	-0.2
烟叶合计	Tabacco Total	27.85	2115	58889	16.5
烤　　烟	Flue-cured Tobacco	27.05	2126	57501	20.9
晒　　烟	Sun-cured Tobacco	0.80	1735	1388	-53.3
中 药 材	Traditional Chinese Medicinal Materials	20.37			
蔬菜类及食用菌	Vegetables and Edible Mushrooms	572.27	22934	13124362	4.4
瓜果类	Melons and Fruits	77.72	26542	2062966	5.0
其他作物	Other Crops	329.59			
#莲　　子	Lotus Seeds	16.01	2262	36208	70.2
青 饲 料	Succulence	76.03	13323	1012999	-6.4

注：本表粮食作物均为农产量抽样调查数，后同。

a) Data of Grain Crops in this table are estimated from sample surveys, The same applies to the tables following.

12-16 农作物播种面积

单位：千公顷

年 份 Year	合 计 Total	粮食作物 Grain Crops	#稻 谷 Cereal	#小 麦 Wheat	棉 花 Cotton	油 料 Oil-bearing	#花 生 Peanut
1978	5701.1	3820.8	3380.3	121.2	114.3	270.8	46.2
1979	5699.5	3844.0	3386.8	136.1	98.9	329.7	46.4
1980	5553.7	3775.3	3383.7	121.3	108.5	324.0	47.7
1981	5542.8	3758.3	3362.7	116.3	104.7	360.5	48.7
1982	5578.3	3743.9	3339.5	104.0	100.9	370.3	49.6
1983	5465.3	3714.1	3323.7	98.4	82.6	351.7	48.6
1984	5456.7	3714.1	3326.9	98.7	81.1	348.0	52.3
1985	5419.1	3650.9	3264.9	94.2	66.3	372.0	64.2
1986	5438.7	3629.8	3250.7	86.8	61.5	414.5	80.3
1987	5482.7	3647.9	3268.7	83.7	62.2	449.8	89.7
1988	5396.3	3588.7	3210.5	80.1	65.2	440.9	93.3
1989	5555.3	3693.9	3297.7	78.2	66.1	507.1	91.9
1990	5759.7	3700.9	3286.6	74.9	70.3	686.5	91.7
1991	5829.7	3589.7	3146.1	71.9	114.6	800.7	92.0
1992	5844.9	3446.2	2981.5	72.5	135.1	913.9	117.9
1993	5721.0	3360.1	2865.1	74.0	151.3	840.9	131.1
1994	5753.4	3434.4	2939.5	73.1	163.3	853.8	138.5
1995	5949.5	3510.0	3019.4	59.1	131.8	1057.0	130.3
1996	6105.3	3570.6	3055.4	72.3	107.4	1055.3	140.0
1997	6037.6	3586.5	3087.4	72.5	102.2	1003.3	142.6
1998	5804.0	3421.1	3034.6	63.3	108.4	947.7	151.8
1999	5871.0	3548.2	3050.0	61.5	69.2	900.4	163.5
2000	5650.8	3322.0	2832.0	51.4	69.0	858.1	179.9
2001	5534.7	3265.2	2808.3	38.3	70.5	778.7	183.4
2002	5355.1	3188.0	2786.7	28.5	55.0	704.2	176.7
2003	4997.4	3051.1	2685.3	20.6	65.5	632.7	166.8
2004	5258.1	3425.4	3095.9	19.1	62.5	566.2	134.5
2005	5328.9	3519.0	3187.7	15.9	63.9	577.0	135.1
2006	5255.6	3547.1	3271.1	12.4	65.7	585.8	132.6
2007	5215.0	3525.3	3196.3	11.2	68.3	583.5	132.1
2008	5330.9	3578.1	3255.5	10.2	66.6	658.8	142.0
2009	5376.4	3604.6	3282.1	9.9	75.5	716.4	146.4
2010	5457.7	3639.1	3318.4	10.4	79.7	731.7	152.4
2011	5486.8	3650.1	3359.6	10.9	82.0	732.4	157.9
2012	5525.9	3676.0	3328.3	11.9	85.0	744.2	160.7
2013	5553.0	3690.9	3338.0	11.8	84.7	743.1	163.7
2014	5570.6	3697.3	3339.5	12.0	84.9	741.5	162.6

Total Sown Areas of Farm Crops

(1000 hectares)

#油菜籽 Rape Seeds	#芝 麻 Sesame	黄红麻 Jute and Ambary Hemp	苎 麻 Ramee	甘 蔗 Sugarcane	烤 烟 Flue-cured Tobacco	晒 烟 Sun-cured Tobacco	蔬 菜 Vegetables
174.3	50.3	5.2	1.3	19.5	3.8	4.1	69.9
214.1	69.3	5.1	1.4	18.8	2.1	3.8	65.1
217.7	58.7	6.4	2.1	19.1	1.1	3.1	70.2
252.2	59.6	10.1	2.7	24.1	2.3	3.3	71.1
255.9	64.7	7.9	2.5	23.7	2.8	3.7	128.7
246.1	57.1	4.7	2.3	21.1	1.8	3.0	159.5
238.3	57.4	5.4	2.6	30.1	2.1	3.8	185.9
245.9	61.9	16.3	9.5	37.7	2.3	4.8	207.1
273.0	61.1	9.7	28.9	38.9	1.7	4.3	211.3
302.9	57.2	7.7	37.3	36.7	3.2	4.9	222.3
300.1	47.5	6.9	21.1	36.1	11.7	6.5	238.3
358.9	56.3	7.7	12.0	31.8	10.5	6.7	243.5
540.9	54.0	8.3	6.6	35.6	14.8	5.9	269.2
657.2	51.3	8.3	5.3	41.8	28.1	6.5	272.3
741.5	54.5	6.9	6.4	50.4	31.1	6.9	317.9
648.8	61.1	6.9	5.0	43.4	37.4	6.5	371.6
653.8	61.4	5.9	7.0	38.5	16.0	5.5	399.1
864.1	62.4	4.4	8.6	40.2	9.8	5.1	436.1
853.6	61.8	3.9	9.1	37.0	11.8	4.9	484.7
801.1	59.7	3.0	8.5	41.8	23.7	4.9	508.1
745.3	50.6	2.8	7.5	38.6	13.9	3.2	491.6
685.4	51.4	1.8	7.3	33.6	11.8	3.1	525.9
629.2	49.0	1.7	9.0	28.4	11.5	2.7	560.1
547.7	47.0	1.3	9.9	25.9	12.1	2.6	605.0
482.9	42.4	1.0	8.9	26.0	11.3	2.1	625.0
428.1	36.1	0.6	8.3	24.4	9.7	1.8	548.3
400.5	29.1	1.1	7.3	18.6	7.8	1.0	552.9
409.7	30.6	0.5	7.3	17.7	10.6	1.0	543.6
418.7	31.7	0.5	7.3	15.1	14.7	0.9	505.5
414.3	35.8	0.3	7.4	14.1	14.7	0.8	500.5
482.3	29.8	0.4	7.8	14.0	19.8	0.7	512.9
538.5	30.8	0.2	7.2	13.6	17.5	0.7	509.7
547.0	31.6	0.2	6.2	13.6	17.0	0.7	521.2
542.6	31.8	0.2	6.0	14.0	19.4	0.6	535.5
551.9	31.2	0.2	5.5	13.8	22.9	0.9	548.4
548.0	31.5	0.1	5.2	14.5	22.4	1.3	563.7
547.9	31.0	0.1	4.6	14.3	27.0	0.8	572.3

12-17 主要农产品产量

年份 Year	粮食(万吨) Grain (10000ton)	棉花(吨) Cotton (ton)	油料折油(吨) Oil-bearing (ton)	油料合计(吨) Total Oil-bearing (ton)	#花生 Peanuts	#油菜籽 Rape Seeds	#芝麻 Sesame	黄红麻(吨) Jute and Ambary Hemp (ton)
1978	1125.74	34796	66271	134940	51686	68399	14855	4793
1979	1296.50	43542	103540	199216	60588	100639	37989	7529
1980	1240.04	43039	67804	137605	50502	71999	15104	10775
1981	1268.71	46909	104690	198344	56713	116275	25356	14993
1982	1408.74	65621	105360	259958	62974	159804	37180	11567
1983	1460.45	47932	93031	228752	62424	141353	24975	6427
1984	1549.18	69141	104260	245317	74155	144974	26188	8257
1985	1533.54	62199	122268	288842	103050	156691	29101	29875
1986	1453.77	54558	115323	315869	135578	156664	23627	18301
1987	1562.77	59187	135282	356974	157779	171632	27563	14080
1988	1535.43	32495	122547	328348	138059	174773	15516	10456
1989	1589.62	50050	148379	376519	150739	198755	27025	13423
1990	1658.20	56995	196114	548851	151909	371383	25559	18846
1991	1625.70	108998	226176	621726	149377	444558	27791	20472
1992	1566.00	148368	257389	741627	215142	490178	36307	17984
1993	1517.10	156222	260851	778140	257203	480746	40191	18327
1994	1603.50	174714	282747	836078	309554	483500	42966	17547
1995	1607.40	118547	346693	1035823	302510	690239	42971	13597
1996	1766.30	123071	339313	1010393	331169	634898	44277	9017
1997	1767.70	132390	365379	1056276	332669	681332	42244	7984
1998	1555.50	76092	282503	843455	334317	477853	31165	6555
1999	1732.70	63417	318638	943803	365179	546651	31907	4254
2000	1614.60	68025	325212	967297	403832	529998	33407	4437
2001	1600.00	80510	300390	905295	408616	463306	32333	4142
2002	1549.50	66891	277100	824182	407900	383506	30824	2882
2003	1450.30	76148	252998	759765	368282	364761	24603	1552
2004	1803.40	84812	257237	745278	317971	400887	23035	1793
2005	1853.86	87196	262238	761229	316617	416814	25318	909
2006	1896.52	95015	276246	779766	321554	428286	27094	898
2007	1904.21	107641	285360	841699	332692	429588	26885	1108
2008	1958.10	111915	317434	911919	367891	516281	26398	1404
2009	2002.56	125104	370794	1020240	381959	609619	27626	901
2010	1954.70	130773	364717	1075715	407959	638423	28434	1123
2011	2052.79	142853	444396	1149896	437498	666568	31723	988
2012	2084.84	152203	460395	1170753	448133	687541	34476	804
2013	2116.10	130860	458432	1192243	452003	703654	36547	720
2014	2143.50	133682	471713	1217081	456514	723497	37032	628

注：本表1990年以后粮食产量为农产量抽样调查数。

Output of Major Farm Products

苎 麻 (吨) Ramee (ton)	甘 蔗 (吨) Sugarcane (ton)	烤 烟 (吨) Flue-cured Tobacco (ton)	晒 烟 (吨) Sun-cured Tobacco (ton)	水 果 (吨) Fruits (ton)	肉 类 总产量 (吨) Output of Meat (ton)	生猪年末存栏 (万头) Hogs on Hand at the End of the Year (10000 heads)	水产品总产量 (万吨) Gross Output of Aquatic Products (10000 tons)
773	682908	2601	3540	29229	262704	944.3	5.93
1212	790784	1726	3266	60190	313749	1004.7	6.73
1252	857362	950	2758	56126	380490	1018.0	7.55
1627	1167281	2542	3265	70870	411140	1006.6	8.58
2050	1204245	3439	4184	73356	441368	1023.3	9.40
1732	1021939	2033	2777	89348	458122	1079.4	11.55
2495	1499874	2758	4046	89485	547967	1138.8	13.01
5106	1971006	2914	5880	107543	642514	1232.5	16.02
13211	1720310	1664	4287	161274	777126	1344.1	19.28
33475	1907887	3525	5928	172879	838692	1387.6	22.59
19212	1735822	7699	5890	146135	978268	1454.5	25.59
10581	1494895	9155	6173	229708	1040340	1486.5	28.12
6039	1942913	17175	5942	232983	1117438	1547.3	30.68
5166	2299461	31454	6686	334161	1239667	1589.6	33.93
6592	2561426	38246	7867	140914	1410488	1656.6	41.32
5727	2311395	46106	7980	208141	1676110	1781.0	55.49
8644	2041521	15186	6433	303658	1976564	1867.1	69.48
11141	2000272	10179	5730	427637	2193984	1951.0	84.04
12224	1857833	14870	6422	503928	2219302	1978.7	100.10
11288	2205930	31444	7527	676384	2275735	1979.8	115.08
9921	1863799	15906	3660	454628	2147125	1799.6	118.35
9692	1720059	14156	3304	703877	1982708	1554.3	122.12
11397	1368109	15092	3065	423403	1923111	1473.5	127.12
13034	1237046	16635	3095	577314	1931396	1406.5	132.26
12729	1308464	17232	2555	652276	1967198	1309.4	138.20
10165	1182490	15470	2434	777691	2013931	1362.7	146.06
10774	857182	15442	1387	1023742	2200265	1421.3	156.34
10944	783147	19761	1469	1302821	2448110	1485.4	168.66
10992	701340	29955	1321	1609336	2402215	1344.1	179.95
11149	660864	32751	1111	2181603	2473363	1420.1	196.06
11416	642066	46724	1070	2753566	2616319	1530.6	190.39
9837	622022	41411	1922	3270764	3009138	1680.1	205.30
9071	590981	36198	1393	2971285	3082029	1756.3	215.34
8938	628475	44497	1008	3876539	3167526	1827.5	222.81
8267	615764	50338	2134	3702788	3339124	1911.6	237.00
7429	646598	47563	2975	4413431	3445152	1967.6	242.65
6601	645242	57501	1388	4137459	3552418	1943.0	253.76

a) Data of Grain Crops since 1990 in this table are estimated from sample surveys.

12-18 各地区经济作物播种面积（2014年）

单位：公顷

类别	Type	全省 Provincial Total	南昌市 Nanchang	景德镇市 Jingdezheng
油料合计	Total Oil-bearing	741475	87451	24836
#花生	Peanuts	162556	17342	2684
油菜籽	Rape Seeds	547911	63904	19749
芝麻	Sesame	31000	6205	2403
棉花	Cotton	84917	1827	1066
麻类合计	Total Fiber Crops	4722		1
黄红麻	Jute and Ambary Hemp	112		
苎麻	Ramee	4610		1
甘蔗	Sugarcane	14299	1059	1020
烟叶合计	Tabacco Total	27850		
烤烟	Flue-cured Tobacco	27046		
晒烟	Sun-cured Tobacco	804		
中药材	Traditional Chinese Medicinal Materials	20367	131	274
蔬菜类及食用菌	Vegetables and Edible Mushrooms	572267	42282	29969
#叶菜类	Leaf Vegetable	97265	6168	4082
白菜类	Chinese Cabbage Vegetable	108291	8923	5347
甘蓝类	Cole Vegetable	19913	890	901
根茎类	Root Vegetable	98282	7450	5446
瓜菜类	Melons Vegetable	52818	3780	2544
豆类(菜用)	Legumes	39588	2161	3082
茄果菜类	Solanaceous Fruit Vegetable	68354	2782	4244
葱蒜类	Bulb Vegetable	33511	2510	1892
水生菜类	Aquatic Vegetable	12899	1110	359
其他蔬菜类	Others	41346	6508	2072
瓜果类	Melons and Fruits	77724	3886	2577
其他作物	Other Crops	329592	39671	7176
#莲子	Lotus Seeds	16005	127	590

Total Sown Areas of Farm Crops by Region(2014)

(hectare)

萍乡市 Pingxiang	九江市 Jiujiang	新余市 Xinyu	鹰潭市 Yingtan	赣州市 Ganzhou	吉安市 Ji'an	宜春市 Yichun	抚州市 Fuzhou	上饶市 Shangrao
26439	132884	10934	11160	40391	138109	131228	25870	112173
1475	7508	3622	5060	33240	24602	39538	13211	14274
24955	121800	7123	5498	6938	111881	84085	11700	90278
9	3568	189	602	213	1626	7605	959	7621
14	63368	2382		12	160	9942	2042	4104
	994	1712	13	15	14	1786	84	103
			2	14	5		72	19
	994	1712	11	1	9	1786	12	84
29	599	48	737	221	1029	2497	3840	3220
101			2	11161	7643	398	8349	196
				11115	7598	37	8200	96
101			2	46	45	361	149	100
1440	3438	201	118	897	4413	3524	5040	891
25246	45743	11037	13438	111121	98980	74516	64685	55250
5241	6738	2049	1710	20698	19063	13381	9670	8465
4856	8019	1247	2673	17611	18215	13031	15656	12713
721	1890	286	339	5298	2604	2914	2002	2068
3452	7452	2021	2117	17171	16905	12987	12129	11152
2704	3639	1070	819	13020	9416	5460	5703	4663
2306	3136	821	948	8766	6858	4356	4170	2984
2045	5562	1643	1900	15175	13270	9506	6807	5420
1438	1826	1211	470	7120	6228	4466	3465	2885
480	1310	250	1192	1947	1678	1506	1930	1137
2003	6171	439	1270	4315	4743	6909	3153	3763
3259	6085	3440	2327	9269	8849	12052	19946	6034
11938	12829	5516	11632	83426	14633	67134	56165	19472
1666	1245	81	5	5997	706	640	4764	184

12-19　各地区主要经济作物单位播种面积产量（2014年）

单位：千克/公顷

类　　别	Type	全　省 Provincial Total	南昌市 Nanchang	景德镇市 Jingdezheng
油料合计	Total Oil-bearing	1641	1522	1489
#花　生	Peanuts	2808	3305	3500
油菜籽	Rape Seeds	1320	1099	1236
芝　麻	Sesame	1195	893	1324
棉　花	Cotton	1574	1654	1693
麻类合计	Total Fiber Crops	1531		2000
黄红麻	Jute and Ambary Hemp	5607		
苎　麻	Ramee	1432		2000
甘　蔗	Sugarcane	45125		45821
烟叶合计	Tabacco Total	2115		
烤　烟	Flue-cured Tobacco	2126		
晒　烟	Sun-cured Tobacco	1726		
蔬菜类及食用菌	Vegetables and Edible Mushrooms	22934	30235	32253
#叶菜类	Leaf Vegetable	19397	22184	19989
白菜类	Chinese Cabbage Vegetable	25248	38140	40099
甘蓝类	Cole Vegetable	23383	24745	35515
根茎类	Root Vegetable	26246	42202	40115
瓜菜类	Melons Vegetable	25044	34355	35759
豆类(菜用)	Legumes	18491	17449	24544
茄果菜类	Solanaceous Fruit Vegetable	20533	21955	28979
葱蒜类	Bulb Vegetable	18722	20071	26410
水生菜类	Aquatic Vegetable	21336	30014	31097
其他蔬菜类	Others	23312	23337	30046
瓜果类	Melons and Fruits	26542	24104	26310
其他作物	Other Crops			
#莲　子	Lotus Seeds	2262	12031	1473

Output of Unit of Major Farm Crops Sown Area by Region (2014)

(kg/hectare)

萍乡市 Pingxiang	九江市 Jiujiang	新余市 Xinyu	鹰潭市 Yingtan	赣州市 Ganzhou	吉安市 Ji'an	宜春市 Yichun	抚州市 Fuzhou	上饶市 Shangrao
1434	1700	1697	2160	2419	1344	1596	2159	1711
2041	2166	2703	3121	2712	2428	2751	2799	3456
1398	1676	1187	1375	1060	1110	1093	1492	1472
1333	1525	1624	1243	1033	1067	1148	1474	1273
786	1499	1717		1417	1688	1831	1720	1891
	1400	1300		5533	3286	1457	6202	3214
				5857	4600		6208	3474
	1400	1300	1364	1000	2556	1457	6167	3155
	26990	30063	33566	45914	47849	52234	52150	37571
			6500	2041	2226	1387	2158	2031
				2031	2227	2892	2151	2604
			6500	4326	1978	1233	2503	1480
24450	20274	18841	17685	24615	18916	20042	21942	24775
25487	15830	12204	13343	22069	17566	17598	20474	18322
27021	24150	20978	15865	25376	17108	24164	22886	27862
19714	16551	17948	13478	25264	17946	21152	24322	31668
27614	23858	24112	23149	26608	22843	18992	23814	26654
25741	20836	32456	20328	26814	21139	24152	21193	22357
18207	14986	14527	12924	20472	16118	19728	18020	18242
21062	17495	15762	19359	24488	18934	16681	20162	18029
24325	16890	12614	12738	22630	16028	15412	17621	17035
25208	22027	20164	19232	13172	20605	23683	22290	20141
19014	22217	19583	19098	18698	17729	21361	19918	44251
19374	21366	21427	30886	26502	24675	24970	32550	24626
2161	7774	21556	1200	1603	3346	939	1240	1620

12-20 各地区主要经济作物总产量(2014年)

单位:吨

类　别	Type	全　省 Provincial Total	南昌市 Nanchang	景德镇市 Jingdezheng
油料合计	Total Oil-bearing	1217081	133108	36986
#花　生	Peanuts	456514	57320	9394
油菜籽	Rape Seeds	723497	70249	24410
芝　麻	Sesame	37032	5539	3182
棉　花	Cotton	133682	3021	1805
麻类合计	Total Fiber Crops	7229		2
黄红麻	Jute and Ambary Hemp	628		
苎　麻	Ramee	6601		2
甘　蔗	Sugarcane	645242	44528	46737
烟叶合计	Tabacco Total	58889		
烤　烟	Flue-cured Tobacco	57501		
晒　烟	Sun-cured Tobacco	1388		
蔬菜类及食用菌	Vegetables and Edible Mushrooms	13124362	1278390	966586
#叶菜类	Leaf Vegetable	1886694	136828	81595
白菜类	Chinese Cabbage Vegetable	2734080	340326	214411
甘蓝类	Cole Vegetable	465619	22023	31999
根茎类	Root Vegetable	2579500	314408	218468
瓜菜类	Melons Vegetable	1322785	129863	90970
豆类(菜用)	Legumes	732016	37707	75644
茄果菜类	Solanaceous Fruit Vegetable	1403510	61078	122986
葱蒜类	Bulb Vegetable	627408	50377	49967
水生菜类	Aquatic Vegetable	275209	33316	11164
其他蔬菜类	Others	963847	151880	62255
瓜果类	Melons and Fruits	2062966	93669	67802
其他作物	Other Crops			
#莲　子	Lotus Seeds	36208	1528	869

Total Output of Major Farm Crops by Region (2014)

(ton)

萍乡市 Pingxiang	九江市 Jiujiang	新余市 Xinyu	鹰潭市 Yingtan	赣州市 Ganzhou	吉安市 Ji'an	宜春市 Yichun	抚州市 Fuzhou	上饶市 Shangrao
37911	225887	18552	24101	97715	185652	209409	55845	191915
3010	16266	9790	15793	90140	59722	108778	36972	49329
34889	204141	8455	7560	7355	124195	91900	17459	132884
12	5442	307	748	220	1735	8731	1414	9702
11	94988	4091		17	270	18205	3513	7761
	1392	2226	25	83	46	2603	521	331
			10	82	23		447	66
	1392	2226	15	1	23	2603	74	265
584	16167	1443	24738	10147	49237	130428	200255	120978
121			13	22779	17012	552	18014	398
				22580	16923	107	17641	250
121			13	199	89	445	373	148
617265	927394	207947	237646	2735269	1872289	1493480	1419294	1368802
133579	106664	25007	22816	456787	334858	235485	197983	155092
131212	193657	26160	42407	446889	311626	314882	358306	354204
14214	31281	5133	4569	133850	46732	61637	48692	65489
95324	177792	48730	49006	456886	386163	246647	288835	297241
69604	75821	34728	16649	349118	199049	131870	120863	104250
41986	46996	11927	12252	179456	110534	85935	75145	54434
43072	97305	25897	36782	371607	251250	158570	137244	97719
34979	30841	15275	5987	161127	99822	68831	61056	49146
12100	28855	5041	22924	25646	34576	35667	43020	22900
38086	137099	8597	24254	80683	84091	147584	62801	166517
63140	130011	73709	71871	245643	218350	300940	649239	148592
3601	9679	1746	6	9611	2362	601	5907	298

12-21 茶叶、水果生产情况
Production Conditions of Tea,Fruits

指　标	Item	2013	2014	2014年比2013年增长（%）Increase Rate in 2014 over 2013(%)
产　量(吨)	**Output(ton)**			
茶 叶	Tea	42999	44339	3.1
#红茶	Black Tea	4981	5273	5.9
绿茶	Green Tea	33927	35182	3.7
水 果	Fruits	4414571	4137459	-6.3
柑桔类	Citrus	4073127	3770862	-7.4
#柑	Hesperidium	348620	346853	-0.5
桔	Orange	2097809	2059280	-1.8
橙	Orange	1555395	1293661	-16.8
柚	Grapefruit	71303	71068	-0.3
梨	Pear	141771	147686	4.2
桃	Peach	53750	59485	10.7
其他水果	Other Fruits	145523	159426	9.6
面　积(公顷)	**Area(hectare)**			
年末茶园面积	Area of Tea Plantations at the End of Year	72591	75563	4.1
#当年采摘	Picked in Current Year	55015	56772	3.2
当年新增	Newly Added in Current Year	7747	6918	-10.7
年末果园面积	Area of Orchard at the End of Year	405154	404096	-0.3
柑桔园	Orange Plantation	329412	327859	-0.5
梨园	Pear Plantation	27212	24669	-9.3
桃园	Peach Plantation	10040	10158	1.2
其他果园	Other Plantation	39281	41410	5.4
当年新增	Newly Added in Current Year	15177	10867	-28.4

12-22 各地区茶叶、水果产量（2014年）
Output of Tea,Fruits by Region (2014)

单位：吨　　(ton)

地　区	Region	茶 叶 Tea	#红 茶 Black Tea	#绿 茶 Green Tea	水 果 Fruits	#柑 桔 Orange	#梨 Pear
全　省	**Provincial Total**	**44339**	**5273**	**35182**	**4137459**	**3770862**	**147686**
南 昌 市	Nanchang	1704	13	1681	31807	23357	2451
景德镇市	Jingdezhen	6630	2407	3120	16129	4313	2720
萍 乡 市	Pingxiang	318		290	13596	9548	898
九 江 市	Jiujiang	6001	1563	3587	137245	72504	30280
新 余 市	Xinyu	239		239	111718	89169	3646
鹰 潭 市	Yingtan	113		40	47732	29969	11196
赣 州 市	Ganzhou	4140	96	3791	1631976	1550880	14910
吉 安 市	Ji'an	4663	461	3981	412641	375578	10030
宜 春 市	Yichun	5026	342	4160	105961	80094	7835
抚 州 市	Fuzhou	2534	73	1817	1571695	1506800	46986
上 饶 市	Shangrao	12971	318	12476	56959	28650	16734

12-23 各地区茶园、果园面积（2014年）

Area of Tea Plantations,Orchard by Region (2014)

单位：公顷 (hectare)

地区	Region	年末茶园面积 Area of Tea Plantations at the End of Year	年末果园面积 Area of Orchard at the End of Year	#柑桔 Orange	#当年新增面积 Areas Newly Added in Current Year
全省	**Provincial Total**	**75563**	**404096**	**327859**	**10867**
南昌市	Nanchang	1276	6364	4157	190
景德镇市	Jingdezhen	8535	4839	1336	172
萍乡市	Pingxiang	434	3637	2772	9
九江市	Jiujiang	8797	19597	8424	167
新余市	Xinyu	244	5718	4494	255
鹰潭市	Yingtan	355	5972	2931	25
赣州市	Ganzhou	11838	180957	157480	2311
吉安市	Ji'an	14685	50999	43214	5618
宜春市	Yichun	8246	14853	8201	459
抚州市	Fuzhou	4255	95345	87649	1148
上饶市	Shangrao	16898	15815	7201	513

12-24 各地区主要林产品产量(2014年)

Output of Major Forest Products by Region(2014)

地区	Region	木材(万立方米) Output of Timber (10000 cu.m)	原木 Logs	竹材产品(万根) Output of Bamboo (10000 units)	毛竹 Mao Bamboo	竹笋干(吨) Dried Bamboo Shoots(ton)	油茶籽(吨) Tea-oil Seeds (ton)	油桐籽(吨) Tung-oil Seeds (ton)	松脂(吨) Rosin (ton)
全省	**Provincial Total**	**259.61**	**240.24**	**19683.94**	**18201.00**	**33601**	**434640**	**8640**	**108391**
南昌市	Nanchang	1.34	1.20	49.80	49.50	192	13740		80
景德镇市	Jingdezhen	10.03	9.54	40.18	40.18	328	5361		7646
萍乡市	Pingxiang	0.71	0.71	755.97	657.97	1527	23247		
九江市	Jiujiang	18.72	18.65	1297.35	806.42	7132	7825	204	1670
新余市	Xinyu	3.34	3.34	110.08	105.03	705	14129	1432	574
鹰潭市	Yingtan	1.78	1.68	884.52	812.12		1325	63	295
赣州市	Ganzhou	61.04	60.18	2806.59	2618.91	3822	70076	3653	26103
吉安市	Ji'an	96.78	79.77	3095.80	2591.01	1463	156497	1709	
宜春市	Yichun	41.51	41.11	2304.85	2182.67	3922	60625	1271	3644
抚州市	Fuzhou	12.08	12.00	7743.81	7742.21	11312	11279	73	3572
上饶市	Shangrao	12.28	12.09	594.98	594.98	3198	70536	235	1329

注：全省数据含省直单位数据。

a)The data of provincial total include the provincial unit's data.

12-25 主要林产品产量

Output of Major Forest Products

年 份 Year	木 材 (万立方米) Output of Timber (10000 cu.m)	原 木 Logs	竹材产品 (万根) Output of Bamboo (10000 units)	毛 竹 Mao Bamboo	竹笋干 (吨) Dried Bamboo Shoots (ton)	油茶籽 (吨) Tea-oil Seeds (ton)	油桐籽 (吨) Tung-oil Seeds (ton)	松 脂 (吨) Rosin (ton)
1978	192.21		1532.76		440	122398	4940	38600
1979	243.88		1482.43		1035	191660	5620	46900
1980	280.29		1826.30		725	125205	3800	37850
1981	257.12		1739.24		1305	206955	6100	45700
1982	262.95		1821.23		1544	105021	6500	44450
1983	256.43		1822.21		10770	102272	7400	53450
1984	312.74		1728.02		2000	135115	8800	50650
1985	276.34		1583.38		3290	163441	7682	30257
1986	285.05		2051.70		3458	100958	7600	36671
1987	245.41		2147.10		6173	139804	5507	41357
1988	236.82		2519.37		3917	124063	6562	37208
1989	253.22		2622.09		5077	172038	5916	38821
1990	296.91		2014.50		5451	136402	6295	43370
1991	247.34	243.50	2911.20	2686.11	7474	167556	7151	39347
1992	278.33	275.88	3582.41	3180.79	4585	148410	9210	28771
1993	263.42	253.67	2179.05	1982.94	6190	119108	9206	37788
1994	268.73	254.70	3199.84	2856.53	7025	152144	10328	28461
1995	269.11	265.14	2706.20	961.65	6834	149655	13048	31819
1996	276.48	265.78	3613.84	3469.55	8355	162715	11339	29945
1997	268.65	263.27	4103.37	3817.88	13256	221622	13046	40475
1998	249.68	236.60	3062.41	2849.34	13842	156819	13829	35254
1999	254.99	250.66	3302.52	3008.67	19317	187094	15344	40718
2000	237.93	232.42	3698.72	3096.87	11041	194763	13973	41638
2001	319.76	309.46	4024.18	3722.37	10492	171726	15448	46387
2002	279.87	263.72	4086.50	3287.80	10019	189586	14252	48801
2003	354.24	301.51	4472.37	3646.23	8600	163191	12681	54758
2004	459.07	363.60	4953.37	4379.40	6815	193170	10252	75892
2005	503.17	396.48	6043.19	5299.23	6921	189020	16160	93164
2006	483.03	424.51	6750.90	6021.59	7624	230365	12526	97098
2007	491.56	434.22	11406.81	10771.52	18013	208332	18778	80722
2008	610.23	578.02	10755.45	9835.83	7536	191377	7848	48214
2009	339.79	314.81	7423.01	6732.78	9979	268966	12433	57306
2010	340.74	321.95	6198.69	5691.07	8659	179697	12663	71982
2011	290.28	270.60	7077.40	6121.49	10909	427212	12562	79864
2012	286.63	269.50	7813.43	7285.92	12196	448189	8189	90607
2013	266.91	248.26	16169.80	13478.34	18569	412339	8012	101314
2014	259.61	240.24	19683.94	18201.00	33601	434640	8640	108391

12-26 牧业生产情况
Production Condition of Animal Husbandry

指　　标	Item	2013	2014	2014年比2013年增长（%） Increase Rate in 2014 over 2013(%)
当年出栏肉猪头数(头)	Number of Slaughtered Fattened Hogs in Current Year(head)	32303459	33256608	3.0
当年出售和自宰肉用牛(头)	Cattles for Sale and Butchering in Current Year(head)	1462747	1495812	2.3
当年出售和自宰肉用羊(只)	Sheep for Sale and Butchering in Current Year(head)	903037	934868	3.5
当年出售和自宰肉用兔(只)	Rabbits for Sale and Butchering in Current Year(head)	3666174	3713863	1.3
当年出售和自宰肉用禽(万羽)	Poultry for Sale and Butchering in Current Year(10000 heads)	44532	45854	3.0
肉类总产量(吨)	Total Output of Meat(ton)	3445152	3552418	3.1
#猪　肉	Pork	2627620	2707499	3.0
牛　肉	Beef	168913	172071	1.9
羊　肉	Mutton	14459	14884	2.9
兔　肉	Rabbit Meat	5972	6215	4.1
禽　肉	Meat of Poultry	616405	640215	3.9
牛奶产量(吨)	Output of Milk(ton)	127081	128439	1.1
家禽产蛋量(吨)	Output of Eggs(ton)	569147	578093	1.6
蜂蜜产量(吨)	Output of Honey(ton)	14399	15569	8.1
牛年末存栏头数(头)	Number of Cattle at the End of Year(head)	3311165	3334143	0.7
#奶牛	Number of Cow	35394	35687	0.8
#能繁殖母牛	Number of Cow with Fertility	1670692	1639183	-1.9
生猪年末存栏头数(头)	Number of Hogs at the End of Year(head)	19676078	19429724	-1.3
#能繁殖母猪	Number of Female Hogs with Fertility	2051893	1988633	-3.1
羊年末存栏只数(只)	Number of Sheep and goats at the End of Year(head)	643009	677419	5.4
兔年末存栏只数(只)	Number of Rabbits at the End of Year(head)	1716162	1686913	-1.7
家禽年末只数(万羽)	Number of Poultry at the End of Year(10000 heads)	20242	21100	4.2
养蜂年末箱数(箱)	Number of Boxes for Beekeeping at the End of Year(box)	460889	501600	8.8
年末桑园面积(公顷)	Area of Mulberry Plantation at the End of Year(hectare)	10296	10119	-1.7
蚕　茧(吨)	Pods(ton)	6880	6962	1.2

12-27 各地区牧业生产情况（2014年）

指　　标	Item	全　省 Provincial Total	南昌市 Nanchang	景德镇市 Jingdezheng
当年出栏肉猪头数(头)	Number of Slaughtered Fattened Hogs in Current Year(head)	33256608	3586330	583943
当年出售和自宰肉用牛(头)	Cattles for Sale and Butchering in Current Year(head)	1495812	62548	21983
当年出售和自宰肉用羊(只)	Sheep for Sale and Butchering in Current Year(head)	934868	22457	12024
当年出售和自宰肉用兔(只)	Rabbits for Sale and Butchering in Current Year(head)	3713863	16630	122019
当年出售和自宰肉用禽(万羽)	Poultry for Sale and Butchering in Current Year(10000 heads)	45854	5034	545
肉类总产量(吨)	Total Output of Meat(ton)	3552418	377444	61023
#猪　肉	Pork	2707499	296081	47916
牛　肉	Beef	172071	7327	2550
羊　肉	Mutton	14884	384	222
兔　肉	Rabbit Meat	6215	33	233
禽　肉	Meat of Poultry	640215	70736	9604
牛奶产量(吨)	Output of Milk(ton)	128439	51269	207
家禽产蛋量(吨)	Output of Eggs(ton)	578093	170041	9762
蜂蜜产量(吨)	Output of Honey(ton)	15569	384	415
牛年末头数(头)	Number of Cattle at the End of Year(head)	3334143	210217	49725
#能繁殖母牛	Number of Cow with Fertility	1639183	102439	23300
生猪年末头数(头)	Number of Hogs at the End of Year(head)	19429724	2109042	377921
#能繁殖母猪	Number of Female Hogs with Fertility	1988633	223004	32057
羊年末只数(只)	Number of Sheep and goats at the End of Year(head)	677419	21778	13295
兔年末只数(只)	Number of Rabbits at the End of Year(head)	1686913	9285	19621
家禽年末只数(万羽)	Number of Poultry at the End of Year(10000 heads)	21100	3438	386
养蜂年末箱数(箱)	Number of Boxes for Beekeeping at the End of Year(box)	501600	5042	20863
年末桑园面积(公顷)	Area of Mulberry Plantation at the End of Year(hectare)	10119	5	4
蚕　茧(吨)	Pods(ton)	6962	15	3

Production Condition of Animal Husbandry by Region (2014)

萍乡市 Pingxiang	九江市 Jiujiang	新余市 Xinyu	鹰潭市 Yingtan	赣州市 Ganzhou	吉安市 Ji'an	宜春市 Yichun	抚州市 Fuzhou	上饶市 Shangrao
1541394	2216371	929040	1361488	6425342	4090931	6650284	2903476	2968009
15742	26830	55526	31313	320548	511929	283586	50288	115519
229615	177696	11627	17544	80555	38257	210870	14705	119518
18285	101748		316580	1746686	84660	1239183	17652	50420
1052	1924	473	1042	10741	8454	4338	8527	3725
150974	217645	90922	130158	704758	516725	651238	336103	315427
127668	182164	76265	109075	518507	330682	547024	230033	242084
1803	3167	6109	3497	34629	59641	33595	6174	13579
3651	2614	209	290	1260	685	3413	268	1888
58	179		665	2703	167	2038	31	108
17328	29256	8013	15677	147122	123252	62526	99276	57426
7760	188		252	41255	2618	4839	19833	115
8980	66647	10956	21242	62393	49241	76060	41949	60822
222	1590		1070	2022	1857	3556	1188	3265
100467	64175	85083	67318	659483	921564	638457	256120	281534
39120	17609		37339	358904	531826	314298	82921	131427
774619	1280323	500696	704508	3663163	2372675	3763997	1795612	2087168
72687	110064	64396	72413	350161	238949	488202	168897	167803
173636	158617	10363	9330	62732	39278	109870	16247	62273
23564	66360		119138	569705	81487	690029	35151	72573
595	1223	323	517	4398	3088	2383	2607	2142
11688	52087		19847	92530	51294	116967	30521	100761
	6108			763	1447	154	1391	247
	4355			225	1247	310	764	43

12-28 渔业生产情况

Production Condition of Fishery

指　标	Item	2013	2014	2014年比2013年增长（%）Increase Rate in 2014 over 2013(%)
渔业乡(个)	Number of Fishery Townships(unit)	28	28	.
渔业村(个)	Number of Fishery Villages(unit)	362	360	-0.6
渔业户(户)	Number of Fishery Households(household)	336282	334552	-0.5
渔业人口(万人)	Population of Fishery(10000 persons)	155	153	-1.2
渔业从业人员(万人)	Laborers of Fishery(10000 persons)	96	94	-2.0
专业从业人员	Professional Laborers	43	43	-1.6
捕捞专业从业人员	Laborers of Catch	6	6	-1.0
养殖专业从业人员	Laborers of Culture	32	31	-1.9
其他专业从业人员	Other Laborers	6	6	-0.7
兼业从业人员	Sideline Laborers	42	40	-3.3
己养殖面积(千公顷)	Cultured Area(1000 hectares)	433	435	0.5
#池　塘	Pond	155	157	1.3
水　库	Reservoir	157	157	-0.1
湖　泊	Lake	103	104	0.1
养殖亩产(千克/公顷)	Per Unit Area Yield of Culture(kg/hectare)	4999	5230	4.6
#池　塘	Pond	7664	8094	5.6
水　库	Reservoir	3303	3285	-0.5
湖　泊	Lake	2917	3048	4.5
水产品总产量(吨)	Total Output of Aquatic Products(ton)	2426460	2536613	4.5
#养殖产量	Cultured Output	2165840	2276781	5.1
#池　塘	Pond	1188898	1271753	7.0
水　库	Reseroir	517521	514194	-0.6
湖　泊	Lake	301581	315468	4.6
水产品总产量中：鱼　类	Fish	2136498	2242616	5.0
甲壳类	Carapace	154424	153367	-0.7
贝　类	Shell-fish	74938	76595	2.2
珍珠产量(千克)	Output of Pearls(kg)	954000	982000	2.9
鱼苗产量(亿尾)	Output of Frys(100 millon fries)	326	346	6.1
鱼种产量(吨)	Output of Advanced Frys(ton)	280596	295006	5.1

12-29 各地区渔业生产情况（2014年）

Production Condition of Fishery by Region (2014)

地区	Region	渔业从业人员（万人）Laborers of Fishery (10000 person)	专业从业人员 Professional Laborers	捕捞从业人员 Laborers of Catch	养殖从业人员 Laborers of Culture	其他从业人员 Other Laborers	兼业从业人员 Sideline Laborers	养殖面积（公顷）Cultured Area (hectare)	养殖单产（千克/公顷）Per Unit Area Yield of Culture (kg/hectare)
全　省	**Provincial Total**	**93.98**	**42.58**	**5.99**	**30.94**	**5.65**	**40.40**	**435325**	**5230**
南昌市	Nanchang	8.07	4.49	0.76	3.24	0.50	2.43	56862	5913
景德镇市	Jingdezhen	0.35	0.24	0.04	0.16	0.04	0.09	7011	4142
萍乡市	Pingxiang	2.31	0.91	0.05	0.78	0.08	1.37	6301	5959
九江市	Jiujiang	7.58	4.44	1.54	2.46	0.44	2.56	81530	4465
新余市	Xinyu	1.58	0.67	0.11	0.44	0.11	0.77	12267	3885
鹰潭市	Yingtan	1.13	0.47	0.17	0.17	0.14	0.10	8355	5441
赣州市	Ganzhou	26.95	11.72	0.50	9.83	1.40	13.93	45315	
吉安市	Ji'an	9.79	3.10	0.24	2.48	0.39	5.65	45608	4549
宜春市	Yichun	11.73	4.87	0.60	3.76	0.51	3.56	48544	6412
抚州市	Fuzhou	6.24	1.84	0.10	1.50	0.25	3.86	39733	4171
上饶市	Shangrao	18.25	9.82	1.88	6.14	1.79	6.08	83798	5363

12-29 续表 continued

地区	Region	水产品总产量(吨) Total Output of Aquatic Products (ton)	#养殖产量 Cultured Output	水产品产量中 Among Output of Aquatic Procducts：鱼类 Fish	甲壳类 Carapace	贝类 Shell-fish	珍珠产量(千克) Output of Pearl (kg)	鱼苗产量(亿尾) Output of Fry (One hundred million)	鱼种产量(吨) Output of Advanced Fry (ton)
全　省	**Provincial Total**	**2536613**	**2276781**	**2242616**	**153367**	**76595**	**982000**	**346.04**	**295006**
南昌市	Nanchang	394888	336225	334980	29333	24891	67000	31.86	35541
景德镇市	Jingdezhen	32886	29037	29030	2617	803	13000	11.72	811
萍乡市	Pingxiang	39547	37549	35925	749	1689		10.08	5243
九江市	Jiujiang	423079	364030	355188	56548	8365	663000	48.42	22695
新余市	Xinyu	51455	47657	47471	1306	1732	14000	3.70	4024
鹰潭市	Yingtan	48990	45464	44455	2341	1506	8000	17.60	5614
赣州市	Ganzhou	297288	282930	275224	5545	6348		74.31	32270
吉安市	Ji'an	216027	207476	203704	3633	2846	40000	31.83	19178
宜春市	Yichun	351560	311289	308659	18943	11463	39000	43.53	
抚州市	Fuzhou	175719	165732	154364	2471	4421	27000	29.90	33076
上饶市	Shangrao	505174	449392	453616	29881	12531	111000	43.09	60938

12-30 各地区农村经济效益（2014年）

指标	Item	全省 Provincial Total	南昌市 Nanchang
每一农业劳动力创造农林牧渔业总产值(元)	Gross Output of Farming,Forestry,Animal Husbandry and Fishery Created by Per Rural Laborer(yuan)	31031	40447
每一农业劳动力创造农林牧渔业增加值(元)	Value-added of Farming,Forestry,Animal Husbandry and Fishery Created by Per Rural Laborer(yuan)	19696	23898
每一农业劳动力创造农林牧渔业商品产值(元)	Commodity Output of Farming,Forestry,Animal Husbandry and Fishery Created by Per Rural Laborer(yuan)	22592	31494
每一农业劳动力生产的主要农产品(千克)	Major Farm Products Producted by Per Rural Laborer(kg)		
粮食	Grain	2546.81	
棉花	Cotton	15.94	4.31
油料	Oil-bearing	145.11	189.80
糖料	Sugar	76.93	63.49
肉类总产量	Total Output of Meat	423.53	538.19
水产品产量	Output of Aquatic Products	302.43	563.07
农林牧渔业中间消耗占农林牧渔业总产值(%)	Percentage of Intermediate Consumption of Farming,Forestry,Animal Husbandry and Fishery in Gross Output of Farming,Forestry,Animal Husbandry and Fishery(%)	36.4	41.4

12-31 各地区按人口平均的主要农产品产量（2014年）

指标	Item	全省 Provincial Total	南昌市 Nanchang	景德镇市 Jingdezhen	萍乡市 Pingxiang
粮食(千克/人)	Grain(kg/person)	472.95			
棉花(千克/人)	Cotton(kg/person)	2.95	0.58	1.11	0.01
花生(千克/人)	Peanut(kg/person)	10.07	11.00	5.78	1.60
油菜籽(千克/人)	Rape Seeds(kg/person)	15.96	13.48	15.03	18.50
芝麻(千克/人)	Sesame(kg/person)	0.82	1.06	1.96	0.01
生猪出栏(头/人)	Slaughtered Fattened Hogs(kg/person)	0.73	0.69	0.36	0.82
生猪存栏(头/人)	Hogs on Hand(kg/person)	0.43	0.40	0.23	0.41
肉类总产量(千克/人)	Total Output of Meat(kg/person)	78.38	72.42	37.56	80.06
水产品产量(千克/人)	Output of Aquatic Products(kg/person)	55.97	75.76	20.24	20.97
水果产量(千克/人)	Output of Fruits(kg/person)	91.29	6.10	9.93	7.21
#柑桔	Oranges	83.20	4.48	2.65	5.06

Rural Economic Efficiency by Region (2014)

景德镇市 Jingdezheng	萍乡市 Pingxiang	九江市 Jiujiang	新余市 Xinyu	鹰潭市 Yingtan	赣州市 Ganzhou	吉安市 Ji'an	宜春市 Yichun	抚州市 Fuzhou	上饶市 Shangrao
41701	35094	25031	41506	35514	23802	34825	37086	34142	25864
27873	22655	14750	25065	22552	14841	20704	20997	18934	16333
31368	23402	17682	28731	26475	16706	26643	26545	26189	18174
9.08	0.04	107.21	17.89		0.01	0.28	18.04	4.10	6.15
186.07	152.82	254.96	81.11	122.72	52.77	195.60	207.54	65.23	152.02
235.12	2.35	18.25	6.31	125.96	5.48	51.87	129.26	233.93	95.83
306.99	608.59	245.66		662.74	380.62	544.40	645.43	392.61	249.85
165.44	159.42	477.53	224.98	249.45	160.56	227.60	348.42	205.26	400.15
33.2	35.3	41.5	39.5	36.8	37.7	40.5	43.2	44.5	37.2

Output of Major Rural Products per Person by Region (2014)

九江市 Jiujiang	新余市 Xinyu	鹰潭市 Yingtan	赣州市 Ganzhou	吉安市 Ji'an	宜春市 Yichun	抚州市 Fuzhou	上饶市 Shangrao
19.80	3.53		0.00	0.06	3.32	0.89	1.16
3.39	8.45	13.79	10.61	12.25	19.83	9.31	7.39
42.55	7.30	6.60	0.87	25.48	16.75	4.40	19.90
1.13	0.27	0.65	0.03	0.36	1.59	0.36	1.45
0.46	0.80	1.19	0.76	0.84	1.21	0.73	0.44
0.27	0.43	0.62	0.43	0.49	0.69	0.45	0.31
45.36	78.50	113.67	82.98	106.02	118.72	84.67	47.25
88.18	44.43	42.78	35.00	44.33	64.09	44.27	75.67
28.60	96.46	41.69	192.16	84.67	19.32	395.95	8.53
15.11	76.99	26.17	182.61	77.06	14.60	379.60	4.29

12-32 生猪调出奖励大县农村经济情况（2014年）

Conditions of Rural Economy of County Which are Rewarded for Live Hog-contributed (2014)

地 区	Region	农作物总播种面积(公顷) Total Sown Areas of Farm Crops (hectare)	#粮 食 Grain	棉花总产量(吨) Total Output of Cotton (ton)	油料总产量(吨) Total Output of Oil-bearing (ton)	肉类总产量(吨) Total Output of Meat (ton)
15个生猪大县（市、区）	**Large Hog-raising County (County-level City、District)**	**1628552**	**1105664**	**14901**	**371763**	**1423890**
南昌县	Nanchang	198437	144921		16805	146631
新建县	Xinjiang	139380	100270	308	34376	87562
进贤县	Jinxian	136859	86222	228	50579	101441
余江县	Yujiang	64386	46612		16425	89058
信丰县	Xinfeng	74067	48398		13668	72153
定南县	Dingnan	17504	11986		224	65848
南康市	Nankang	67195	40953		17854	73364
新干县	Xingan	86065	56962	192	22337	80294
袁州区	Yuanzhou	106264	73853	122	16236	99716
上高县	Shanggao	77040	47990	992	16720	82756
丰城市	Fengcheng	229440	164526	355	43786	101286
樟树市	Zhangshu	136988	84152	356	51925	96632
高安市	Gao'an	174900	108060	11684	55797	165555
东乡县	Dongxiang	64771	47529	6	6987	95039
万年县	Wannian	55256	43230	658	8044	66555

12-32 续表 continued

地 区	Region	农业机械总动力(万千瓦) Total Power of Agricultural Machinery (10000 kw)	有效灌溉面积(公顷) Irrigated Area (hectare)	化肥施用量(折纯量,吨) Consumption of Chemical Firtilizer (net,ton)	农村用电量(万千瓦小时) Electricity Consumed in Rural Area (10000 kwh)	农林牧渔总产值(当年价格)(万元) Gross Output Value of Farming, Forestry, Animal Husbandry and Fishery(at current prices)(10000 yuan)
15个生猪大县（市、区）	**Large Hog-raising County (County-level City、District)**	**700**	**528620**	**405296**	**237479**	**7601409**
南昌县	Nanchang	83	69770	62403	42917	835585
新建县	Xinjiang	69	37040	37755	17020	782884
进贤县	Jinxian	60	52590	29613	26121	810990
余江县	Yujiang	26	21733	11620	24040	426232
信丰县	Xinfeng	30	20890	19500	8154	408665
定南县	Dingnan	10	8970	4877	1157	153793
南康市	Nankang	29	25680	17436	12603	356715
新干县	Xingan	27	26570	19083	5076	281277
袁州区	Yuanzhou	28	35520	16979	14568	468328
上高县	Shanggao	35	21551	23358	12543	443333
丰城市	Fengcheng	58	71186	55796	28152	839228
樟树市	Zhangshu	112	39890	35085	13773	507804
高安市	Gao'an	92	51950	41299	16963	637103
东乡县	Dongxiang	33	24000	23219	5456	355604
万年县	Wannian	9	21280	7273	8936	293868

12-33 农村扶贫对象分布情况
Distribution of Aid-the-poor Object

单位：人 (person)

县(市、区)	County (County level City,District)	2013	2014	县(市、区)	County (County level City,District)	2013	2014
全　省	**Provincial Total**	**3280000**	**2760000**	瑞金市	Ruijin	109823	80412
南昌市	**Nanchang City**	**78632**	**71952**	南康市	Nankang	142276	111931
湾里区	Wanli	2362	2345	赣州开发区	Development Zone	5990	5905
南昌县	Nanchang	20640	20623	**吉安市**	**Ji'an City**	**451425**	**371991**
新建县	Xinjian	20355	19816	吉州区	Jizhou	5700	5585
安义县	Anyi	7013	7011	青原区	Qingyuan	10129	9523
进贤县	Jinxian	22172	22157	吉安县	Ji'an	56487	50532
景德镇市	**Jingdezhen City**	**39500**	**38239**	吉水县	Jishui	19344	19234
昌江区	Changjiang	5837	5515	峡江县	Xiajiang	10252	9626
浮梁县	Fuliang	15331	14686	新干县	Xingan	15732	14238
乐平市	Leping	18332	18038	永丰县	Yongfeng	30385	29568
萍乡市	**Pingxiang City**	**69557**	**64771**	泰和县	Taihe	22548	22374
湘东区	Xiangdong	4484	4480	遂川县	Suichuan	92869	72146
莲花县	Lianhua	35629	28781	万安县	Wan'an	54398	33762
上栗县	Shangli	12264	12046	安福县	Anfu	29381	28723
芦溪县	Luxi	10420	10409	永新县	Yongxin	80025	61338
安源区	Anyauan	5810	5509	井冈山市	Jinggangshan	24175	15342
萍乡市开发区	Development Zone	950	945	**宜春市**	**Yichun City**	**185302**	**180790**
九江市	**Jiujiang City**	**347146**	**303365**	袁州区	Yuanzhou	30996	30933
庐山区	Lushan	4320	4309	奉新县	Fengxin	11120	10302
共青区	Gongqing	2468	2457	万载县	Wanzai	38607	38486
九江县	Jiujiang	12830	12803	上高县	Shanggao	11380	11172
武宁县	Wuning	26626	24404	宜丰县	Yifeng	8860	8690
修水县	Xiushui	125880	105924	靖安县	Jing'an	8680	8204
永修县	Yongxiu	11350	11337	铜鼓县	Tonggu	12246	10274
德安县	De'an	13411	10285	丰城市	Fengcheng	27957	27920
星子县	Xingzi	19506	18414	樟树市	Zhangshu	17770	17143
都昌县	Duchang	88454	74431	高安市	Gaoan	17686	17666
湖口县	Hukou	10255	10193	**抚州市**	**Fuzhou City**	**238168**	**189043**
彭泽县	Pengze	17526	16747	临川区	Linchuan	16575	16563
瑞昌市	Ruichang	12530	12061	南城县	Nancheng	8977	8288
新余市	**Xinyu City**	**23609**	**24310**	黎川县	Lichuan	15837	14326
渝水区	Yushui	10224	10177	南丰县	Nanfeng	11298	10628
分宜县	Fenyi	9740	10143	崇仁县	Chongren	10960	10055
新余开发区	Development Zone	3645	2302	乐安县	Le'an	67436	43746
鹰潭市	**Yingtan City**	**35765**	**34714**	宜黄县	Yihuang	16860	15187
月湖区	Yuehu	1850	1825	金溪县	Jinxi	20686	19407
余江县	Yujiang	12680	12087	资溪县	Zixi	8025	7052
贵溪市	Guixi	18006	17626	东乡县	Dongxiang	12118	11970
赣州市	**Ganzhou City**	**1270049**	**972085**	广昌县	Guangchang	47726	30160
章贡区	Zhanggong	5530	5458	抚州开发区	Development Zone	1670	1661
赣　县	Gan	104771	78162	**上饶市**	**Shangrao City**	**540462**	**508740**
信丰县	Xinfeng	44770	42672	信州区	Xinzhou	8768	8715
大余县	Dayu	25057	23057	上饶县	Shangrao	109952	95521
上犹县	Shangyou	55659	39835	广丰县	Guangfeng	13971	23541
崇义县	Chongyi	19071	17047	玉山县	Yushan	31800	31746
安远县	Anyuan	60359	44790	铅山县	Qianshan	13816	11991
龙南县	Long'nan	25372	24349	横峰县	Hengfeng	26771	24104
定南县	Ding'nan	16714	15064	弋阳县	Yiyang	24156	23327
全南县	Quannan	15763	14264	余干县	Yugan	111395	109458
宁都县	Ningdu	143952	104158	鄱阳县	Poyang	153213	138924
于都县	Yudu	162189	119976	万年县	Wannian	19217	18170
兴国县	Xingguo	129046	98587	婺源县	Wuyuan	13900	13251
会昌县	Huichang	88665	66608	德兴市	Dexing	10123	9214
寻乌县	Xunwu	57298	40914	三清山管委会	Administrative Board of Sanqing Mountain	3380	778
石城县	Shicheng	58108	38896				

主要统计指标解释

农林牧渔总产值 以货币表现的农林牧渔业的全部产品总量和对农林牧渔业生产活动进行的各种支持性服务活动的价值。它反映一定时期内农林牧渔业生产总规模和总成果，是观察农林牧渔业生产水平和发展速度的重要指标，同时也是计算农林牧渔业劳动生产率和农林牧渔业增加值的基础资料。

农林牧渔业总产值的计算，一般采用“产品法”，即凡有产品产量的，都按产品价格乘产量的办法求得每种产品产量的产值，然后相加求得各业的产值，最后各业相加求出农林牧渔业总产值。

农林牧渔业增加值 指农、林、牧、渔及农林牧渔服务业在一定时期内生产货物或提供服务活动而增加的价值。它反映了农业生产经营活动的最终成果和对社会的贡献。

农业增加值的计算方法有两种：(1) 生产法，是从生产角度进行计算的一种方法。即用农业总产出减去农业中间消耗求得。(2) 分配法，是从分配角度进行计算的一种方法。即通过农业生产单位在生产经营和劳务活动过程中形成的不含中间消耗的各种收入来计算。具体包括农业劳动者收入、福利基金、利税、固定资产折旧及大修理和其他。一般采用生产法计算。

农作物播种面积 指实际播种或移植有农作物的面积。凡是实际种植有农作物的面积，不论种植在耕地上还是种植在非耕地上，均包括在农作物播种面积中，在播种季节基本结束后，因遭灾而重新改种和补种的农作物面积，也包括在内。播种面积的大小，反映农作物的生产规模和耕地的利用程度。

农作物总产量 指在一定时期内（通常是一年）生产的各种农作物产品总产量。无论是种植在耕地上或非耕地上的农作物产量，都包括在内。有的农作物收割期较长，虽在当年冬季就开始收割，但需跨年延到来年春季才能收完的，仍计算为本年农作物总产量。它是衡量农业生产成果，统筹安排城乡人民生活，研究生产、积累和消费比例关系及编制国民经济计划的基本数据。

粮食产量 指全社会的产量。包括国有经济经营的、集体统一经营的和农民家庭经营的粮食产量，还包括工矿企业办的农场和其他生产单位的产量。粮食除包括稻谷、小麦、玉米、高粱、谷子及其他杂粮外，还包括薯类和豆类。

猪、牛、羊肉产量 指当年出栏并已屠宰、除去头蹄下水后带骨肉（即胴体重）的重量。

期初（末）畜禽存栏头（只）数 指报告期初（末）农村各种合作经济组织和国营农场、农民个人、机关、团体、学校、工矿企业、部队等单位以及城镇居民饲养的大牲畜、猪、羊、家禽等畜禽的存栏数。

农用化肥施用量 指本年内实际用于农业生产的化肥数量，包括氮肥、磷肥、钾肥和复合肥。化肥施用量要求按折纯量计算数量。折纯量是指指把氮肥、磷肥、钾肥分别按含氮、含五氧化二磷、含氧化钾的百分之一百成份进行折算后的数量。复合肥按其所含主要成分折算。

有效灌溉面积 指具有一定的水源，地块比较平整，灌溉工程或设备已经配套，在一般年景下当年能够进行正常灌溉的耕地面积。

农业机械总动力 指主要用于农、林、牧、渔业的各种动力机械的动力总和。包括耕作机械、排灌机械。收获机械、农用运输机械、植物保护机械、牧业机械、林业机械、渔业机械和其他农业机械〔内燃机按引擎马力折成瓦（特）计算、电动机按功率折成瓦（特）计算〕。不包括专门用于乡、镇、村、组办工业、基本建设、非农业运输、科学试验和教学等非农业生产方面用的动力机械与作业机械。

Explanatory Notes on Main Statistical Indicators

Gross Out Value of Agriculture refer to the total volume of products of farming, forestry, animal husbandry and fishery and the value of various services supporting the production of farming, forestry, animal husbandry and fishery in monetary terms, which reflects the total scale and total results of farming, forestry, animal husbandry and fishery production during a given period of time. It is an important indicator to observe the production level and development speed of farming, forestry, animal husbandry and fishery. It is also the foundation for calculating the labor productivity and value-added of farming, forestry, animal husbandry and fishery.

Generally, the gross output value of farming, forestry, animal husbandry, and fishery is calculated with the production approach. Where applicable, the gross output value of each single product is obtained by multiplying the output of each product by its price. These values are then summed up to obtain the output value of each sector. The sum of output values of all sectors is the gross output value of farming, forestry, animal husbandry, and fishery.

Value-added of Farming, Forestry, Animal Husbandry and Fishery refers to the value-added of goods produced or services provided by farming, forestry, animal husbandry and fishery in a given period of time. It shows the final results of the activities of production and management of agriculture and its contributions to the society.

The value-added of agriculture is calculated with two approaches:

(1) Production of approach is a method from the production angle, i.e. total output of agriculture minus intermediate consumption of agriculture. The value-added of agriculture is usually calculated with the production approach as no complete accounting records of the rural households are available;

(2) Distribution approach is a method from the distribution angle, i.e. various incomes from the activities of production and management of the productive units of agriculture without intermediate consumption, including incomes of the rural laborers, welfare funds, profit and tax, depreciation of fixed assets and major overhaul and others.

Sown Area of Crops refers to area of land sown or transplanted with crops regardless of being in cultivated area or non cultivated area. Area of land re-sown due to natural disasters is also included. It refers the scale of crops and the use of cultivated area.

Total Output of Crops refers to the total output of farm crops of various kinds during a given period of time (usually a year). It covers the output of crops in both cultivated and uncultivated area. Crops with an extensive reaping period beginning in the winter of the current year are included in the total output of crops of the current year, even if harvest is extended until the spring of the following year. It is the basic figure to examine the production results of agriculture, make overall arrangements in the life of urban and rural households, study the proportionate relationships between production, accumulation and consumption and work out a plan of national economy.

Grain Yield refers to the yield in the whole country including grains produced by state farm, collective units, industrial enterprises and mines. Grain includes rice, wheat, corn, sorghum, millet and other miscellaneous grains as well as tubers and beans.

Output of Pork, Beef, and Mutton refers to the meat of slaughtered hogs, cattle, sheep and goats with head, feet, and offal taken away.

Number of Livestock or Poultry in Stock at Beginning (or End) refers to the total number of large animals, pigs, sheep, fowls, etc. raised by rural cooperative organizations, state farms, rural individuals, government agencies, schools, Industrial and mining enterprises, army, and urban residents at the beginning (or end) of the reference period.

Consumption of Chemical Fertilizers in Agriculture refers to the quantity of chemical fertilizers applied in agriculture in the year, including nitrogenous fertilizer, phosphate fertilizer, potash fertilizer, and compound fertilizer. The consumption of chemical fertilizers is required in calculation to convert the gross weight into weight containing 100% effective component (e.g.100% nitrogen content in nitrogenous fertilizer,100% phosphorous pentoxide contents in phosphate fertilizer,100% potassium oxide contents in potash fertilizer). Compound fertilizer is converted with its major component.

Irrigated Area refers to areas that are effectively irrigated, i.e. level land which has water source and complete sets of irrigation facilities to lift and move adequate water for irrigation purpose under normal conditions.

Total Power of Farm Machinery refers to total mechanical power of machinery used in farming, forestry, animal husbandry, and fishery, including ploughing, irrigation and drainage, harvesting, transport, plant protection, stock breeding, forestry and fishery. The power of internal combustion engines is required to convert horsepower into watts and the power of electric motors is required to be converted into watts. Machinery employed for non agricultural purposes, such as the machines used in township run and village-run Industry, construction, non agricultural transport, scientific experiments and teaching, is exclude.

13 工 业 INDUSTRY

◆291/346

资料整理及英文翻译：顾惟雨、丁亦、张　珏

简要说明

一、本篇资料的主要内容

本篇资料反映全省规模以上工业经济方面的基本情况，包括11个设区市的主要工业经济统计数据:

1.规模以上工业企业单位数和总产值，以及按企业登记注册类型、轻重工业、企业规模、工业行业大类和按地区分组的主要经济指标和经济效益指标;

2.规模以上国有及国有控股、外商投资、港澳台商投资和私营工业企业主要经济指标和经济效益指标;

3.规模以上主要工业产品产量。

二、本篇资料的统计范围

工业统计调查范围为全省境内的全部工业企业。1997年以前，工业的统计范围按隶属关系划分，分为乡及乡以上独立核算工业企业和非独立核算生产单位、村办工业、城镇合作工业、农村合作工业、城镇个体工业、农村个体工业六大部分。(1984年以前村办工业不在工业统计范围内）。

1998年及以后年份，工业统计调查范围由按隶属关系划分，改变为按企业规模划分，分为全部国有及年主营业务收入在500万元以上非国有工业企业和年主营业务收入在500万元以下非国有工业企业两部分。2011年，规模以上工业划分标准提高到年主营业务收入2000万元及以上。本篇资料中的统计范围为年主营业务收入在2000万元以上工业企业。

本篇资料中工业行业分类按2011年《国民经济行业分类标准》划分；企业大中小微型划分按2011年《统计上大中小型企业划分办法（暂行）》标准执行。

三、本篇的资料来源和统计调查方法

本篇工业企业统计数据主要是根据工业统计月度报表中有关资料整理汇总的。

Brief Introduction

I. Main Contents

Data in this chapter reflect the basic conditions of the industrial sector, presenting main industrial economic indicators of 11 municipalities city.

(1) The number and the gross industrial output value of all State-owned industrial enterprises and the non-State-owned enterprises that are above designated size; as well as their main economic indicators and efficiency indicators classified by type of registration, by light and heavy industries, by size of the enterprises, by branch of industry and by region.

(2) Main economic indicators and efficiency indicators of State-owned industrial enterprises and enterprises where the State holds the majority of shares; foreign-funded industrial enterprises and enterprises funded by entrepreneurs from Hong Kong, Macao and Taiwan; and private enterprises, classified by branch of industry.

(3) Output of Industrial products.

II. Scopes of Statistics

Industrial statistics cover all industrial enterprises within the province. Before 1997, industrial statistics were based on type of ownership, consisting of following six parts: corporate industrial enterprises above county level with independent accounting system and production units with dependent accounting system, village industrial enterprises; urban joint industrial enterprises, rural joint industrial enterprises, urban individual industrial enterprises, and rural industrial enterprises (village industrial enterprises were not included in the scope of industrial statistics before 1984).

Since 1998, scope of industrial statistics changed from the basis of type of ownership to the size of enterprises, they are: all State-owned industrial enterprises and those non-State industrial enterprises with revenue from principal business over 5 million yuan, and non-state industrial enterprises with revenue from principle business below 5 million yuan. Since 2011,the standard of industrial enterprises above designated size are raised,which the revenue from principle business were 20 million yuan and above.

Data by industries in this chapter are based on the 2011 National Industrial Classification of all Economic Activities, and data by size of enterprises are based on the Preliminary Standards of Enterprises by Size in 2011.

III. Sources of Data and Methods of Survey

The data on enterprises statistics in this Chapter are collated mainly based on the relevant data in the monthly industrial statistics reporting forms.

13-1 规模以上工业企业单位数及工业总产值（2014年）

Number and Gross Industrial Output Value of Industrial Enterprises above Designated Size (2014)

类　　别	Type	企业单位数（个）Number of Enterprises (unit)	#亏损企业 Loss Enterprises	工业总产值（万元）Gross Industrial Output Value (10000yuan)
总　　计	**Total**	**8271**	**448**	**287923469**
按登记注册类型及隶属关系分	**By Registration Status and Jurisdiction of Management**			
国有企业	State-owned Enterprises	77	17	13231500
中央企业	Central enterprises	7	2	654102
地方企业	Local enterprises	70	15	12577398
集体企业	Collective-owned Enterprises	68	1	808784
股份合作企业	Cooperative Enterprises	52		988285
联营企业	Joint Ownership Enterprises	3		32741
有限责任公司	Limited Liability Corporations	2640	181	90970658
股份有限公司	Share-holding Corporations Limited	261	23	19400164
私营企业	Private Enterprises	4318	159	119470756
港、澳、台商投资企业	Enterprises with Funds from Hong Kong,Macao and Taiwan	530	32	22981558
外商投资企业	Foreign Funded Enterprises	322	35	19807484
其他经济类型	Other Economic Types	23	1	231538
#国有控股企业	State-owned Holding Enterprises	466	80	46111146
按轻、重工业分	**Grouped by Light & Heavy Industries**			
轻工业	Light Industry	3568	147	97349885
重工业	Heavy Industry	4703	301	190573584
按企业规模分	**Grouped by Size of Enterprises**			
大型企业	Large Enterprises	174	11	65634583
中型企业	Medium-sized Enterprises	1683	90	91426134
小型企业	Small Enterprises	6184	334	130226128
微型企业	Miniature Enterprises	230	13	636625
按工业行业分	**Grouped by Sector**			
#煤炭开采和洗选业	Mining and Washing of Coal	166	13	1860657
黑色金属矿采选业	Mining and Processing of Ferrous Metal Ores	92	4	2378751
有色金属矿采选业	Mining and Processing of Non-Ferrous Metal Ores	152	23	4761935

13-1 续表1 continued

类　　别	Type	企业单位数（个）Number of Enterprises (unit)	#亏损企业 Loss Enterprises	工业总产值（万元）Gross Industrial Output Value (10000yuan)
非金属矿采选业	Mining and Processing of Nonmetal Ores	123	5	2560974
农副食品加工业	Processing of Food from Agricultural Products	387	15	16996008
食品制造业	Manufacture of Foods	156	7	5281584
酒、饮料和精制茶制造业	Manufacture of Wine, Beverages & Refined Tea	99	10	2869665
烟草制品业	Manufacture of Tobacco	3		1924308
纺织业	Manufacture of Textile	404	23	10347603
纺织服装、服饰业	Manufacture of Textile Wearing Apparel,Clothing	676	19	11816893
皮革、毛皮、羽毛及其制品和制鞋业	Manufacture of Leather, Fur, Feather and Related Products, Footware	192	4	5035592
木材加工和木、竹、藤、棕、草制品业	Processing of Timber, Manufacture of Wood, Bamboo, Rattan, Palm and Straw Products	205	7	3689634
家具制造业	Manufacture of Furniture	117	2	2088427
造纸和纸制品业	Manufacture of Paper and Paper Products	150	6	3652577
印刷和记录媒介复制业	Printing, Reproduction of Recording Media	128	2	2325643
文教、工美、体育和娱乐用品制造业	Manufacture of Articles For Culture, Education Art , Sport & Entertainment Activities	166	4	4230854
石油加工、炼焦和核燃料加工业	Processing of Petroleum,Coking,Processing of Nuclear Fuel	22	4	5052362
化学原料和化学制品制造业	Manufacture of Raw Chemical Materials and Chemical Products	788	38	23849095
医药制造业	Manufacture of Medicines	293	13	9705923
化学纤维制造业	Manufacture of Chemical Fibers	11		845111
橡胶和塑料制品业	Manufacture of Rubber & Plastics	282	11	5791932
非金属矿物制品业	Manufacture of Non-metallic Mineral Products	996	55	24751998
黑色金属冶炼和压延加工业	Smelting and Pressing of Ferrous Metals	111	9	12046394

13-1 续表2 continued

类 别	Type	企业单位数(个) Number of Enterprises (unit)	亏损企业 Loss Enterprises	工业总产值(万元) Gross Industrial Output Value (10000yuan)
有色金属冶炼和压延加工业	Smelting and Pressing of Non-ferrous Metals	546	44	48704579
金属制品业	Manufacture of Metal Products	245	14	6230415
通用设备制造业	Manufacture of General Purpose Machinery	237	12	6522588
专用设备制造业	Manufacture of Special Purpose Machinery	173	9	4387758
汽车制造业	Manufacture of Automotive	196	3	10010318
铁路、船舶、航空航天和其他运输设备制造业	Manufacture of Railway,Shipping, Aerospace & Other Transort Equipment	39	2	1478366
电气机械和器材制造业	Manufacture of Electrical Machinery and Equipment	454	30	19470649
计算机、通信和其他电子设备制造业	Manufacture of Communication Equipment, Computers and Other Electronic Equipment	308	31	12500303
仪器仪表制造业	Manufacture of Measuring Instruments Apparatus	61	2	1211703
其他制造业	Other Manufacturing	35	2	646856
废弃资源综合利用业	Recycling and Disposal of Waste	37	4	1162992
金属制品、机械和设备修理业	Repairment of Metal Products, Machinery & Equipment	1		118655
电力、热力生产和供应业	Production and Supply of Electric Power and Heat Power	151	14	10433404
燃气生产和供应业	Production and Supply of Gas	31	1	720481
水的生产和供应业	Production and Supply of Water	38	6	464367
按地区分	**By Region**			
南昌市	Nanchang	1086	102	49913851
景德镇市	Jingdezhen	305	25	10835305
萍乡市	Pingxiang	660	12	16422110
九江市	Jiujiang	1121	47	45601571
新余市	Xinyu	307	27	15624391
鹰潭市	Yingtan	217	20	20578707
赣州市	Ganzhou	1095	73	29983210
吉安市	Ji'an	963	22	27294210
宜春市	Yichun	953	35	31472573
抚州市	Fuzhou	823	29	14641030
上饶市	Shangrao	741	56	25556513

13-2 规模以上工业企业增加值
Value-added of Industrial Enterprises above Designated Size

单位：万元 (10000 yuan)

类　　别	Type	2014	2014年比2013年增长（%） Growth Rate of 2014to 2013 (%)
总　　计	**Total**	**68337197**	**11.80**
按登记注册类型及隶属关系分	**By Registration Status and Jurisdiction of Management**		
国有企业	State-owned Enterprises	2832173	5.66
中央企业	Central Enterprises	123457	-0.97
地方企业	Local Enterprises	2708716	6.00
集体企业	Collective-owned Enterprises	220946	1.24
股份合作企业	Cooperative Enterprises	252693	6.21
联营企业	Joint Ownership Enterprises	6874	-24.91
有限责任公司	Limited Liability Corporations	22388959	12.77
股份有限公司	Share-holding Corporations Limited	5305223	8.76
私营企业	Private Enterprises	26630484	13.25
港、澳、台商投资企业	Enterprises with Funds from Hong Kong, Macao and Taiwan	5696308	10.21
外商投资企业	Foreign Funded Enterprises	4946611	10.83
其他经济类型	Other Economic Types	56926	4.05
#国有控股企业	State-owned Holding Enterprises	11545148	8.60
按轻、重工业分	**Grouped by Light & Heavy Industries**		
轻工业	Light Industry	24715230	12.70
重工业	Heavy Industry	43621970	11.32
按企业规模分	**Grouped by Size of Enterprises**		
大型企业	Large Enterprises	16209815	11.10
中型企业	Medium-sized Enterprises	21648826	11.04
小型企业	Small Enterprises	30306814	16.01
微型企业	Miniature Enterprises	171745	-44.85
按工业行业分	**Grouped by Sector**		
煤炭开采和洗选业	Mining and Washing of Coal	736197	2.35
黑色金属矿采选业	Mining and Processing of Non-Ferrous Metal Ores	629553	10.35
有色金属矿采选业	Mining and Processing of Nonmetal Ores	1470553	8.63
非金属矿采选业	Mining and Processing of Nonmetal Ores	743505	12.49
农副食品加工业	Processing of Food from Agricultural Products	3421090	12.21
食品制造业	Manufacture of Foods	1338486	12.21
酒、饮料和精制茶制造业	Manufacture of Wine, Beverages & refined tea	910509	11.52
烟草制品业	Manufacture of Tobacco	1487852	13.39
纺织业	Manufacture of Textile	2416926	18.77
纺织服装、服饰业	Manufacture of Textile Wearing Apparel,Clothing	2936490	9.94
皮革、毛皮、羽毛及其制品和制鞋业	Manufacture of Leather, Fur, Feather and Related Products, Footware	1527521	10.49

13-2 续表 continued

单位：万元 (10000 yuan)

类别	Type	2014	2014年比2013年增长（%）Growth Rate of 2014 to 2013 (%)
木材加工和木、竹、藤、棕、草制品业	Processing of Timber, Manufacture of Wood, Bamboo, Rattan, Palm and Straw Products	905813	5.18
家具制造业	Manufacture of Furniture	482749	16.42
造纸和纸制品业	Manufacture of Paper and Paper Products	936172	7.52
印刷和记录媒介复制业	Printing, Reproduction of Recording Media	644570	22.98
文教、工美、体育和娱乐用品制造业	Manufacture of Articles For Culture, Education Art , Sport & Entertainment Activities	1185018	14.63
石油加工、炼焦和核燃料加工业	Processing of Petroleum,Coking,Processing of Nuclear Fuel	846521	4.49
化学原料和化学制品制造业	Manufacture of Raw Chemical Materials and Chemical Products	6098539	14.01
医药制造业	Manufacture of Medicines	2427207	10.70
化学纤维制造业	Manufacture of Chemical Fibers	179727	24.57
橡胶和塑料制品业	Manufacture of Rubber & Plastics	1367501	11.52
非金属矿物制品业	Manufacture of Non-metallic Mineral Products	6386486	9.52
黑色金属冶炼和压延加工业	Smelting and Pressing of Ferrous Metals	2012060	8.83
有色金属冶炼和压延加工业	Smelting and Pressing of Non-ferrous Metals	9234784	11.94
金属制品业	Manufacture of Metal Products	1377755	14.70
通用设备制造业	Manufacture of General Purpose Machinery	1518149	11.32
专用设备制造业	Manufacture of Special Purpose Machinery	1094024	14.49
汽车制造业	Manufacture of Automotive	2348278	14.08
铁路、船舶、航空航天和其他运输设备制造业	Manufacture of Railway,Shipping, Aerospace & Other transort Equipment	351653	9.25
电气机械和器材制造业	Manufacture of Electrical Machinery and Equipment	4416082	10.14
计算机、通信和其他电子设备制造业	Manufacture of Communication Equipment, Computers and other Electronic Equipment	3308293	24.50
仪器仪表制造业	Manufacture of Measuring Instruments Apparatus	327805	12.21
其他制造业	Other Manufacturing	156214	11.87
废弃资源综合利用业	Recycling and Disposal of Waste	197553	30.57
金属制品、机械和设备修理业	Repairment of Metal Products, Machinery & Equipment	33495	25.33
电力、热力生产和供应业	Production and Supply of Electric Power and Heat Power	2447184	2.21
燃气生产和供应业	Production and Supply of Gas	218216	19.80
水的生产和供应业	Production and Supply of Water	216668	12.35
按地区分	**By Region**		
南昌市	Nanchang	13806376	11.90
景德镇市	Jingdezhen	2438800	11.30
萍乡市	Pingxiang	4205022	9.80
九江市	Jiujiang	9455337	12.50
新余市	Xinyu	3314644	11.30
鹰潭市	Yingtan	3402059	11.20
赣州市	Ganzhou	7519447	12.40
吉安市	Jian	6886442	12.50
宜春市	Yichun	7627000	12.40
抚州市	Fuzhou	3152070	11.70
上饶市	Shangrao	6530000	12.10

13-3 各地区规模以上工业企业单位数（2014年）

单位：个

分类	Item	全省 Total	南昌市 Nanchang	景德镇市 Jingdezhen
总计	**Total**	**8271**	**1086**	**305**
按登记注册类型及隶属关系分	**By Registration Status and Jurisdiction of Management**			
国有企业	State-owned Enterprises	77	15	7
中央企业	Central Enterprises	7	2	
地方企业	Local Enterprises	70	13	7
集体企业	Collective-owned Enterprises	68	7	7
股份合作企业	Cooperative Enterprises	52	9	2
联营企业	Joint Ownership Enterprises	3		
有限责任公司	Limited Liability Corporations	2640	474	145
股份有限公司	Share-holding Corporations Limited	261	53	5
私营企业	Private Enterprises	4318	381	115
港、澳、台商投资企业	Enterprises with Funds from Hong Kong,Macao and Taiwan	530	63	10
外商投资企业	Foreign Funded Enterprises	322	84	14
其他经济类型	Other Economic Types	23	3	
#国有控股企业	State-owned Holding Enterprises	466	91	27
按轻、重工业分	**Grouped by Light & Heavy Industries**			
轻工业	Light Industry	3568	570	100
重工业	Heavy Industry	4703	516	205
按企业规模分	**Grouped by Size of Enterprises**			
大型企业	Large Enterprises	174	42	7
中型企业	Medium-sized Enterprises	1683	224	49
小型企业	Small Enterprises	6184	779	246
微型企业	Miniature Enterprises	230	41	3

13-4 各地区规模以上工业企业总产值（2014年）

单位：万元

分类	Item	全省 Total	南昌市 Nanchang	景德镇市 Jingdezhen
总计	**Total**	287923469	45780862	10835305
按登记注册类型及隶属关系分	**By Registration Status and Jurisdiction of Management**			
国有企业	State-owned Enterprises	13231500	4480359	90017
中央企业	Central enterprises	654102	25208	
地方企业	Local enterprises	12577398	4455151	90017
集体企业	Collective-owned Enterprises	808784	60290	61337
股份合作企业	Cooperative Enterprises	988285	193817	6974
联营企业	Joint Ownership Enterprises	32741		
有限责任公司	Limited Liability Corporations	90970658	15839573	6673414
股份有限公司	Share-holding Corporations Limited	19400164	4840877	711317
私营企业	Private Enterprises	119470756	10583385	2727261
港、澳、台商投资企业	Enterprises with Funds from Hong Kong,Macao and Taiwan	22981558	3397699	211038
外商投资企业	Foreign Funded Enterprises	19807484	6376607	353947
其他经济类型	Other Economic Types	231538	8257	
#国有控股企业	State-owned Holding Enterprises	46111146	14613983	3415869
按轻、重工业分	**Grouped by Light & Heavy Industries**			
轻工业	Light Industry	97349885	22329824	2747080
重工业	Heavy Industry	190573584	23451037	8088225
按企业规模分	**Grouped by Size of Enterprises**			
大型企业	Large Enterprises	65634583	16840723	2708325
中型企业	Medium-sized Enterprises	91426134	13192929	3006084
小型企业	Small Enterprises	130226128	15701546	5117196
微型企业	Miniature Enterprises	636625	45664	3699

Number of Industrial Enterprises above Designated Size by Region (2014)

(unit)

萍乡市 Pingxiang	九江市 Jiujiang	新余市 Xinyu	鹰潭市 Yingtan	赣州市 Ganzhou	吉安市 Ji'an	宜春市 Yichun	抚州市 Fuzhou	上饶市 Shangrao
660	**1121**	**307**	**217**	**1095**	**963**	**953**	**823**	**741**
1	12	1	3	4	9	8	5	12
	1		1		1	1		1
1	11	1	2	4	8	7	5	11
15	6	8	1	6	3	10	1	4
29	1					3	4	4
1	1						1	
107	369	95	113	263	194	270	384	226
41	35	1	7	28	18	27	16	30
443	587	181	79	550	638	565	358	421
20	74	10	6	170	65	42	40	30
3	36	11	8	74	36	28	14	14
2	2			1	4	2	1	8
14	57	18	15	84	45	42	27	46
164	555	55	63	469	449	431	425	287
496	566	252	154	626	514	522	398	454
7	21	10	9	17	19	29	1	12
160	261	44	29	230	217	245	79	145
481	786	248	173	824	704	667	723	553
12	53	5	6	24	23	12	20	31

Gross Output Value of Industrial Enterprises above Designated Size by Region (2014)

(10000 yuan)

萍乡市 Pingxiang	九江市 Jiujiang	新余市 Xinyu	鹰潭市 Yingtan	赣州市 Ganzhou	吉安市 Ji'an	宜春市 Yichun	抚州市 Fuzhou	上饶市 Shangrao
16422110	45601571	15624391	20578707	29983210	27294210	31472573	14641030	25556513
514	457670	11409	7327339	54967	126090	331378	18134	333624
	243718		77541		25556	27157		254922
514	213952	11409	7249798	54967	100534	304221	18134	78702
151592	92812	146978		65532	33076	108481		88688
705697	4035					19711	28261	29790
6011							26730	
3046339	11428752	7465424	6724672	7964596	4647682	8978587	7212480	7079431
1441065	7210054	73550	427447	1508107	896423	1036600	414867	839858
10424365	20006875	4430557	5757651	12877521	16767299	17337338	6029509	12305713
410814	4413102	698158	74528	4230177	2298868	2093918	685348	4467910
224865	1987692	2798315	267069	3280024	2473515	1558523	198972	287957
10849	580			2287	51256	8039	26730	123542
590526	5336706	3608624	8169909	4185695	1180689	2031213	566811	2411122
4003259	18958299	2330463	1282980	8908393	10113640	14388294	6054209	6233445
12418851	26643272	13293928	19295727	21074817	17180570	17084280	8586821	19323067
882783	10045949	7509783	8469422	2531102	3448240	4365591	166870	4532807
6797729	16233479	2966909	3895920	10295619	9988449	12281134	3191276	9576606
8734860	19275115	5057174	8206254	16973069	13786246	14774698	11228555	11371414
6738	47027	90525	7111	183421	71275	51151	54329	75686

13-5 工 业 产 品 产 量 (2014年)

Output of Industrial Products (2014)

品 名	Item	2014	2014年比2013年增长(%) Increase Rate in 2014 over 2013(%)
硫铁矿生产量(折含硫 35%)(万吨)	Pyrite Ore (converted into 35% sulphur) (10000 tons)	299.52	14.7
钨精矿折含量(万吨)	Scheelite Presentation of Content (10000 tons)	5.10	0.1
原 盐(万吨)	Salt (10000 tons)	322.12	0.8
配混合饲料(万吨)	Mixed Feed (10000 tons)	1586.99	5.1
乳制品(万吨)	Milk Products (10000 tons)	33.16	3.1
罐 头(万吨)	Canned Food (10000 tons)	14.72	1.2
软饮料(万吨)	Soft Drinks (10000 tons)	320.85	3.0
白 酒(万千升)	White Spirit (10000 kiloliter)	16.38	13.8
啤 酒(万千升)	Beer (10000 kiloliter)	130.99	6.2
精制茶(吨)	Refined Tea (ton)	69474.10	16.9
卷 烟(亿支)	Cigarettes (100 million pieces)	676.5	5.9
纱(万吨)	Yarn (10000 tons)	157.40	-2.6
布(万米)	Cloth (10000 m)	96760.90	21.4
纯棉布	Cotton Cloth	23738.60	12.2
棉混纺交织布	Cotton Blended Cloth	56970.10	21.9
纯化纤布	Chemical Fiber Cloth	16052.20	35.6
印染布(万米)	Printed Fabric (10000 m)	4386.60	-51.4
服 装(万件)	Garments (10000 pieces)	122429.70	-31.2
皮 鞋(万双)	Shoes (10000 pairs)	29447.70	5.7
人造板(万立方米)	Manmade Plates (10000 cu.m)	529.13	-35.0
机制纸及纸板(万吨)	Machine-made Paper and Paperboards (10000 tons)	154.52	-15.3
家 具(万件)	Furniture (10000 pieces)	1456.09	15.1
硫 酸(万吨)	Sulfuric Acid (10000 tons)	333.74	3.2
烧 碱(万吨)	Caustic Soda (10000 tons)	41.67	-20.7
电石(折300升/千克)(万吨)	Calcium Carbide (convert to 300 L/kg) (10000 tons)	4.86	9.6
合成氨(万吨)	Synthetic Ammonia (10000 tons)	15.40	19.9
化学肥料(折有效成份100%)(万吨)	Chemical Fertilizer (10000 tons)	134.72	23.0
氮 肥	Nitrogen Fertilizer	113.68	25.6
磷 肥	Phosphate Fertilizer	21.03	10.6
化学农药(吨)	Chemical Pesticide (ton)	46452.30	10.1
纯 苯(吨)	Benzene (ton)	42193	-16.1
涂 料(吨)	Paint (ton)	80854.00	-3.8
塑料树脂及共聚物(万吨)	Primary Plastic (10000 tons)	15.14	-3.4
合成洗涤剂(吨)	Synthetic Detergents (ton)	5013.00	-5.2
化学药品原药(吨)	Chemical Medicines (ton)	49099.10	-5.2
中成药(吨)	Traditional Chemical Medicine (ton)	110599.30	7.9
化学纤维(万吨)	Chemical Fiber (10000 tons)	45.94	9.4
粘胶纤维	Viscose Fiber	37.36	9.9
合成纤维	Synthetic Fiber	8.59	7.1
轮胎外胎(万条)	Tires (10000 tires)	293.78	-17.1
塑料制品(吨)	Plastic Articles (ton)	910186.3	8.3
水 泥(万吨)	Cement (10000 tons)	9803.57	6.3
平板玻璃(万重量箱)	Plate Glass (10000 weight boxes)	512.98	-22.6
日用玻璃制品(万吨)	Glass Products for Daily Use (10000 tons)	3.52	19.3
玻璃保温容品(万个)	Glass Proof Container (10000 units)	1436.00	-31.9

13-5 续表 continued

品 名	Item	2014	2014年比2013年增长（%） Increase Rate in 2014 over 2013(%)
耐火材料制品（万吨）	Fire-resistant Products (10000 tons)	23.84	13.7
生 铁（万吨）	Pig Iron (10000 tons)	2075.31	3.1
粗钢（万吨）	Crude Steel (10000 tons)	2235.28	3.6
钢材（万吨）	Rolled Steel (10000 tons)	2611.06	5.5
#中小型型材	Rolled Steel,Medium and Small	16.41	22.8
棒 材	Steel Bar	80.22	-20.7
钢 筋	Corrugated Steel Bar	969.08	13.1
线 材	Wire Rod	457.41	-2.8
厚 钢 板	Thick Steel Plate	160.59	15.4
中 板	Medium Steel Plate	203.39	11.0
热轧窄钢带	Hot Roll Narrow Steel Belt		
冷轧窄钢带	Non Hot Roll Narrow Steel Belt	71.13	21.1
电工钢板	Electrical Steel	106.83	3.9
无缝钢管	Seamless Steel Pipe	14.22	-3.1
焊接钢管	Welded Steel Pipe	7.72	-30.5
十种有色金属（万吨）	Ten Kinds of Non-ferrous Metals (10000 tons)	165.10	6.5
#精炼铜	Refined Copper	130.64	6.2
铁 合 金（万吨）	Ferroalloy (10000 tons)	1.87	2.4
工业锅炉（蒸发量吨）	Industrial Boilers (evaporation ton)	1216.00	-19.7
金属切削机床（台）	Metal Cutting Machine Tools (unit)	5775.00	5.9
#数控机床	CNC Machine Tools (unit)	1475.00	6.0
泵（万台）	Pumps (10000 units)	11.97	-34.9
风 机（万台）	Fans (10000 units)	14.67	13.8
气体压缩机（台）	Gas Compressor (unit)	44423008	14.1
轴 承（万套）	Rolling Bearings (10000 units)	13955.60	14.5
矿山设备（吨）	Mining Equipment (ton)	261122.00	22.9
印 刷 机（吨）	Printing Presses (ton)	926.90	-42.1
小型拖拉机（万台）	Small Tractors (10000 units)	1.16	0.7
汽 车（万辆）	Motor Vehicles (10000 units)	46.15	25.4
#载货汽车	Trucks	20.11	23.8
民用钢质船舶（万总吨）	Civil Steel Vessels (10000 tons)	12.41	6.4
发电设备（万千瓦）	Power Generating Equipment (10000 kw)	37.61	7.6
交流电动机（万千瓦）	AC Motors (10000 kw)	380.31	-12.4
变压器（万千伏安）	Transformers (10000 KVA pm)	2549.97	-2.3
通信及电子网络用电缆（对千米）	Cable for Communications and Electronic Network (couples·km)	1678564.20	31.6
冷 柜（台）	Freezers (unit)	458301	3.6
家用电冰箱（万台）	Household Refrigerators (10000 units)	109.48	7.9
房间空气调节调器（万台）	Air Conditioners (10000 units)	328.43	2.7
电风扇（万台）	Fans (10000 units)	136.91	16.0
电光源（万只）	Electric Light (10000 units)	179433.10	20.7
电话单机（万部）	Telephone Sets (10000 units)	103.94	13.8
彩色电视机（万台）	Color Television Sets (10000 units)	19.57	-58.1
照 相 机（万台）	Cameras (10000 units)	244.50	-34.7

13-6 主要工业产品产量

年份 地区 Year Region	化学纤维 (万吨) Chemical Fiber (10000 tons)	纱 (吨) Yarn (ton)	布 (万米) Cloth (10000 m)	机制纸及纸板 (万吨) Machine-made Paper and Paperboards (10000 tons)	日用瓷 (万件) Ceramics for Daily Use (10000 units)
1978	0.42	42373	20173	9.26	32095
1980	1.33	61791	30011	12.69	33087
1985	1.30	72161	26009	22.17	35041
1990	2.00	80749	30566	25.59	44969
1991	2.37	86729	27897	26.36	53083
1992	2.54	96433	29194	31.03	55837
1993	4.13	90595	29670	36.54	53063
1994	5.33	101349	34041	36.29	54702
1995	5.11	109652	35784	41.07	48652
1996	4.80	105556	33256	38.24	60053
1997	6.33	110362	36086	35.49	57016
1998	6.42	107994	25088	23.39	38213
1999	7.65	109102	26315	27.96	52391
2000	7.08	99512	21710	24.02	57470
2001	7.74	79652	17948	26.04	55737
2002	8.59	112105	20491	28.18	56791
2003	10.02	148731	22095	24.66	44588
2004	14.59	186303	32187	35.51	58966
2005	18.07	204424	28057	67.00	61893
2006	20.76	255128	34137	91.35	54902
2007	27.63	390421	46424	106.21	116774
2008	16.87	445644	47026	113.73	160380
2009	13.50	620191	67651	139.64	259118
2010	17.92	746779	80517	186.59	406806
2011	31.47	968465	80754	219.39	296558
2012	37.89	1372942	92650	161.39	
2013	42.00	1607922	77615	181.90	
2014	45.94	1574045	96761	154.52	
南昌市 Nanchang		43994	8713	35.44	
景德镇市 Jingdezhen				3.05	
萍乡市 Pingxiang				3.22	
九江市 Jiujiang	37.36	897613	2194	45.79	
新余市 Xinyu					
鹰潭市 Yingtan		963			
赣州市 Ganzhou		22384	2325	15.46	
吉安市 Ji'an		45703	3326	19.65	
宜春市 Yichun	2.84	370878	45464	6.78	
抚州市 Fuzhou		76576	25243	14.81	
上饶市 Shangrao	5.75	25888	1117	10.33	

Output of Major Industrial Products

合成洗涤剂 (吨) Synthetic Detergents (ton)	卷　烟 (万箱) Cigarettes (10000 boxes)	粗　钢 (万吨) Crude Stell (10000 tons)	生　铁 (万吨) Pig Iron (10000 tons)	钢　材 (万吨) Rolled Steel (10000 tons)
5098	19.14	25.64	35.84	24.50
6298	22.32	38.76	31.45	46.65
12778	32.11	77.42	57.43	60.98
17083	47.02	112.09	89.03	92.32
21700	49.58	109.68	84.05	95.27
25100	49.49	133.06	97.83	109.76
29984	50.09	148.68	120.72	119.61
34600	46.42	150.94	150.16	129.84
45194	43.76	149.73	136.63	126.36
42063	38.63	173.02	133.86	139.87
38626	35.54	173.80	149.48	154.79
38267	38.31	222.94	192.43	179.23
24696	41.20	267.03	248.24	228.60
34257	50.99	319.86	304.69	282.90
24400	54.57	399.83	338.26	375.63
14563	55.95	548.21	453.04	531.64
17141	60.44	599.53	496.40	655.37
6377	64.46	748.00	638.16	774.90
11210	81.81	963.20	819.84	1017.82
20453	89.80	1162.97	949.60	1235.77
18385	95.80	1306.15	1045.30	1349.50
20130	100.80	1240.94	1036.30	1277.21
24123	105.80	1620.88	1446.96	1647.40
24449	111.80	1834.03	1673.94	1951.55
7372	116.80	2067.41	1917.07	2247.36
5726	119.80	2140.85	2027.05	2368.89
5287	127.80	2156.63	2012.17	2463.82
5013	135.30	2235.28	2075.31	2611.06
	135.30	352.66	305.49	373.67
		482.39	431.65	486.28
		497.17	429.45	524.71
				140.85
				78.70
5013		1.33		16.65
				2.41
				26.14

13-6 续表

年 份 地 区 Year Region	硫 酸 (万吨) Sulfuric (10000 tons)	烧 碱 (万吨) Caustic (10000 tons)	化学肥料 (万吨) Chemical Fertilizer (10000 tons)	化学农药 (吨) Chemical Pesticide (ton)
1978	2.68	2.32	15.97	13539
1980	4.00	3.07	25.73	17405
1985	3.81	3.74	19.41	2753
1990	43.59	5.88	31.07	5146
1991	46.93	6.12	32.49	5819
1992	47.49	6.59	33.04	5151
1993	49.40	7.24	29.44	4100
1994	52.00	8.53	31.78	4589
1995	57.10	9.97	38.44	5997
1996	54.27	9.74	37.86	5793
1997	59.72	9.57	44.73	6257
1998	61.43	10.51	52.22	7495
1999	62.77	12.76	54.55	12810
2000	79.92	16.24	43.43	13796
2001	87.75	18.65	46.88	14428
2002	78.95	18.87	55.96	12710
2003	103.29	19.91	47.90	9657
2004	110.13	25.60	50.67	15177
2005	113.19	24.62	47.61	14425
2006	134.53	30.03	55.80	17173
2007	139.97	33.36	53.80	16126
2008	185.15	34.03	54.20	21212
2009	213.56	24.49	48.71	21612
2010	227.00	27.28	113.42	21213
2011	239.97	27.80	29.46	34210
2012	289.81	44.70	93.71	38866
2013	323.31	52.57	106.29	42057
2014	333.74	41.67	134.72	46452
南昌市 Nanchang				
景德镇市 Jingdezhen		20.88	95.86	
萍乡市 Pingxiang				
九江市 Jiujiang	48.70	4.27		
新余市 Xinyu	198.66		18.23	
鹰潭市 Yingtan	198.66	1.06	23.55	14456
赣州市 Ganzhou	14.61		3.92	
吉安市 Ji'an				2861
宜春市 Yichun		15.46		7810
抚州市 Fuzhou			2.97	7955
上饶市 Shangrao	47.33			13370

continued

化学原料药 (吨) Chemical Medicines (ton)	交流电动机 (万千瓦) AC Motors (10000 kw)	金属切削机床 (台) Metal-cutting Machine Tools (unit)	汽车 (辆) Motor Vehicles (unit)	电视机 (万台) Television Sets (10000 units)	照相机 (万台) Cameras (10000 units)	水泥 (万吨) Cement (10000 tons)
847	52.74	2619	991	0.25	1.00	155.56
860	36.02	4012	1463	2.51	1.40	201.00
8472	81.20	5330	7060	31.40	10.55	354.19
10140	88.45	4727	9711	43.88	9.00	469.13
12750	97.48	4686	14443	48.90	16.17	566.91
15442	118.09	6055	25301	61.90	14.20	689.25
13910	136.07	7043	38678	59.16	13.15	811.63
14799	127.51	4905	45321	63.64	17.97	905.80
24318	106.33	5646	52479	52.56	21.75	1005.59
7697	78.79	4014	63166	32.16	21.78	1062.16
5487	64.31	3073	90943	17.31	17.32	1105.39
4389	46.35	2163	121987	6.50	29.34	1133.38
1631	48.51	2693	119915	31.27	18.87	1315.02
1842	61.73	3559	133562	19.80	17.84	1382.00
1182	70.52	3047	159407	30.16	28.81	1574.00
2327	93.06	3281	207453	44.86	34.87	1966.00
2457	119.82	4023	185199	64.10	41.47	2172.00
1832	160.72	5087	183962	72.62	15.49	2976.00
5801	157.81	4272	207112	89.11	6.73	3477.01
8009	205.84	5020	233893	64.22	4.38	4206.31
13133	274.75	3774	221832	39.06	1.99	4956.97
16108	301.81	1548	211942	44.62	1.93	5271.59
28306	343.99	959	284659	90.97	2.69	6153.20
42822	447.50	3103	372776	67.66	0.58	6220.54
31238	457.30	3829	343457	102.56	1.02	6782.24
41593	377.00	4812	343615	132.87	1505.22	7420.94
51597	434.16	5452	368086	46.75	374.38	9204.20
49099	380.31	5775	461529	19.57	244.50	9803.57
16317	53.58	1533	316564	19.57		684.49
2479			144965			474.67
		678				642.01
914	35.22	2208			244.50	1980.45
						85.01
						168.47
0.1						1846.10
10898		181				802.89
1078	249.15					1072.04
12501		1175				257.90
4913						1564.89

13-7 规模以上工业企业经济指标

指　　　标	Item	2000	2005	2006	2007
企业单位数(个)	Number of Enterprises (unit)	3548	4403	5333	6028
#亏损企业	Loss Enterprises	1250	859	888	748
资产总计(万元)	Total Assets (10000 yuan)	18358562	30583375	36714081	46887884
流动资产合计(万元)	Total Working Capitals (10000 yuan)	7302030	12656554	16213919	20587012
负债总计(万元)	Total Liabilities (10000 yuan)	12538729	19322205	22388278	27793878
所有者权益(万元)	Owners' Equity (10000 yuan)	5749725	10961595	14036300	19092849
主营业务收入(万元)	Revenue from Principal Business (10000 yuan)	8970030	29091272	41737387	62411363
#主营业务税金及附加	Taxes and Other Charges on Principal Business	223525	495427	606686	802634
营业费用(销售)	Operating Expenses	348333	860647	1091098	1296073
利润总额(万元)	Total Profits (10000 yuan)	125262	1124119	1941917	3077476
利润和税金总额(万元)	Total Profits and Taxes (10000 yuan)	805410	2796022	4237080	6079370
全部从业人员年平均人数(人	Annual Average Empolyed Persons (person)	1088214	1121126	1257972	1407253
工业总产值(万元)	Gross Industrial Output Value (10000 yuan)	9323234	29788802	42454878	61941823
工业增加值(万元)	Value Added of Industry (10000 yuan)	2698133	8823017	12880910	18222355
总资产贡献率(%)	Ratio of Total Assets to Output Value (%)	6.19	10.43	12.81	14.18
资本保值增值率(%)	Changing Rate of Net Assets (%)	108.93	119.55	128.05	136.02
资产负债率(%)	Assets-Liability Ratio (%)	68.30	63.18	60.98	59.28
流动资产周转率(次)	Ratio of Turnover Working Capitals (time)	1.27	2.36	2.79	3.36
成本费用利润率(%)	Ratio of Profits to Cost (%)	1.44	4.14	5.04	5.40
全员劳动生产率(元／人)	Overall Labor Productivity (yuan/person)	24794	78698	102394	129489
产品销售率(%)	Proportion of Products Sold (%)	97.27	98.48	98.46	98.58
工业经济效益综合指数(%)	Aggregate Index of Industrial Economic Efficiency (%)	81.77	146.43	174.67	202.00

Economic Indicator of Industrial Enterprises above Designated Size

2008	2009	2010	2011	2012	2013	2014
6226	7329	7976	6251	6773	7601	8271
667	522	378	294	403	429	448
52936108	67355232	84248635	99640588	114741203	136401179	155356630
23706799	27942172	35674934	46148463	54079089	62332378	69060974
30671736	38348158	47004353	55512183	64032206	74021408	80419911
22264371	29007074	37244282	44128405	50708997	62379770	74936719
82819433	98141565	141966804	184668214	222676403	267002175	305971151
995491	1385549	1672718	1933173	2286178	2723301	3185553
1520240	1887424	2511101	2738042	3436269	4211075	5057432
3155831	4967457	8568128	11138553	12851090	17566628	20439279
6818608	9426976	14459522	18146936	21297573	28823980	33587083
1481676	1698449	1971755	1922534	2090307	2201132	2448000
82087339	97004723	138356056	179058700	208094698	246769053	287923469
23235213	26107510	31018933	39108763	48852077	57555047	68337197
15.72	16.97	20.36	21.54	21.42	24.38	24.91
121.44	123.86	125.74	123.17	113.25	119.40	118.66
57.94	56.93	55.79	55.71	55.81	54.27	51.76
3.71	3.78	4.51	4.53	4.45	4.60	4.77
4.12	5.59	6.69	6.65	6.33	7.19	7.23
162992	168029	206437	231445	247387	278594	292275
98.55	98.82	98.98	98.94	99.25	99.07	98.86
221.86	233.83	275.13	292.21	298.28	328.28	339.33

13-8 规模以上工业企业主要经济指标（2014）

单位：万元

项　　目	Item	主营业务收入 Revenue from Principal Business	主营业务税金及附加 Taxes and Other Charges on Principal Business
总　　计	**Total**	**305971151**	**3185553**
按登记注册类型及隶属关系分	**By Registration Status and Jurisdiction of Management**		
国有企业	State-owned Enterprises	27496473	187917
中央企业	Central Enterprises	651127	5538
地方企业	Local Enterprises	26845346	182379
集体企业	Collective-owned Enterprises	800134	9104
股份合作企业	Cooperative Enterprises	989290	9126
联营企业	Joint Ownership Enterprises	32738	333
有限责任公司	Limited Liability Corporations	92725827	1403760
股份有限公司	Share-holding Corporations Limited	20283377	534619
私营企业	Private Enterprises	120403758	841436
港、澳、台商投资企业	Enterprises with Funds from Hong Kong,Macao and Taiwan	23244807	93745
外商投资企业	Foreign Funded Enterprises	19994748	105513
#国有控股企业	State-owned Holding Enterprises	61989296	1618227
按轻、重工业分	**Grouped by Light & Heavy Industries**		
轻工业	Light Industry	98034879	1521785
重工业	Heavy Industry	207936272	1663768
按企业规模分	**Grouped by Size of Enterprises**		
大型企业	Large Enterprises	82528088	1726021
中型企业	Medium-sized Enterprises	92206422	621031
小型企业	Small Enterprises	130620216	834750
微型企业	Miniature Enterprises	616425	3750
按工业行业分	**Grouped by Sector**		
#煤炭开采和洗选业	Mining and Washing of Coal	1811407	25634
黑色金属矿采选业	Mining and Processing of Ferrous Metal Ores	2072726	42727
有色金属矿采选业	Mining and Processing of Non-Ferrous Metal Ores	4129675	27930
非金属矿采选业	Mining and Processing of Nonmetal Ores	2262615	51030
农副食品加工业	Processing of Food from Agricultural Products	17093572	75094
食品制造业	Manufacture of Foods	4937742	40808
饮料制造业	Manufacture of Wine, Beverages & Refined Tea	3103721	103374
烟草制品业	Manufacture of Tobacco	1785923	815682
纺织业	Manufacture of Textile	9936534	34082
纺织服装、鞋、帽制造业	Manufacture of Textile Wearing Apparel,Clothing	12335071	60897
皮革、毛皮、羽毛(绒)及其制品业	Manufacture of Leather, Fur, Feather and Related Products, Footware	5069845	22579
木材加工及木、竹、藤、棕、草制品业	Processing of Timber, Manufacture of Wood, Bamboo, Rattan, Palm and Straw Products	3908413	29789
家具制造业	Manufacture of Furniture	1772999	8969

Main Economic Indicators of Industrial Enterprises above Designated Size(2014)

(10000 yuan)

主营业务成本 Cost of Principal Business	营业费用 Operating Expenses	资产合计 Total Assets	流动资产 Total Working Capitals	#产成品 Finished Products	负债合计 Total Liabilities	所有者权益合计 Total Owners' Equities	利润总额 Total Profits
268661959	**5057432**	**155356630**	**69060974**	**6711160**	**80419911**	**74936719**	**20439279**
25652327	345211	18836418	11186572	503576	10932758	7903660	881061
528226	5412	1139897	244953	8249	863059	276838	69971
25124101	339800	17696521	10941619	495326	10069699	7626822	811090
688696	14137	263922	81058	8520	86013	177909	57977
825951	13387	355187	70270	6024	68705	286482	117617
28456	393	19436	6294	1202	5313	14123	2844
80675254	1570755	53629287	23091717	2377987	30292733	23336554	5828171
17529553	366775	13720130	6033241	739348	7807091	5913039	1238752
105451383	2008968	43278476	17778090	2239090	17892432	25386044	9162492
20175133	440849	12350941	5254967	438092	6102446	6248495	1861107
17635207	296957	12902834	5558767	397322	7232421	5670413	1289260
54971263	920967	51602447	24000489	1608477	32519237	19083210	2406749
83208837	2677428	40721335	17302200	1840953	16820648	23900687	7601266
185453122	2380004	114635295	51758774	4870207	63599264	51036031	12838012
72317963	1721842	60792683	30350542	2141489	36959090	23833593	4086224
80109852	1522104	43380131	17336909	2048106	20940937	22439194	7377887
115665968	1806134	50802519	21165076	2492891	22295487	28507032	8940208
568176	7352	381297	208447	28674	224397	156900	34960
1503660	30705	2078944	533120	25755	1404374	674570	146606
1782879	21608	732740	256338	17581	351322	381418	176192
3578452	32702	2486618	1050386	258853	1139468	1347150	301062
1858086	72885	1362331	487626	55360	468497	893834	202648
15471957	271931	5283553	2531391	227499	2501187	2782366	990593
4118341	178782	1782799	665080	66625	590012	1192787	433259
2444609	161746	2290760	897843	121899	1304489	986271	256524
559958	22680	1673877	1272395	63730	345053	1328824	303988
8804799	110831	3468986	1351971	181302	1623689	1845297	733455
10697681	269525	4189580	1548788	234455	1219644	2969936	880718
4362804	74975	1670310	586522	43618	544385	1125925	478706
3394992	66068	1687720	681173	120357	637668	1050052	306849
1531131	37870	591489	301636	25072	274066	317423	134138

13-8 续表1

单位：万元

项　　目	Item	主营业务收入 Revenue from Principal Business	主营业务税金及附加 Taxes and Other Charges on Principal Business
造纸和纸制品业	Manufacture of Paper and Paper Products	3076800	14787
印刷和记录媒介复制业	Printing, Reproduction of Recording Media	2994643	18061
文教、工美、体育和娱乐用品制造业	Manufacture of Articles For Culture, Education Art , Sport & Entertainment Activities	4687640	30249
石油加工、炼焦和核燃料加工业	Processing of Petroleum,Coking,Processing of Nuclear Fuel	5452601	493143
化学原料和化学制品制造业	Manufacture of Raw Chemical Materials and Chemical Products	22195482	169179
医药制造业	Manufacture of Medicines	10203940	59243
化学纤维制造业	Manufacture of Chemical Fibers	775237	1738
橡胶和塑料制品业	Manufacture of Rubber & Plastics	5749971	24398
非金属矿物制品业	Manufacture of Non-metallic Mineral Products	24696215	122100
黑色金属冶炼和压延加工业	Smelting and Pressing of Ferrous Metals	14188026	42400
有色金属冶炼和压延加工业	Smelting and Pressing of Non-ferrous Metals	61595846	231960
金属制品业	Manufacture of Metal Products	6661207	54618
通用设备制造业	Manufacture of General Purpose Machinery	6525773	32539
专用设备制造业	Manufacture of Special Purpose Machinery	4508680	23319
汽车制造业	Manufacture of Automotive	10858761	119194
铁路、船舶、航空航天和其他运输设备制造业	Manufacture of Railway,Shipping, Aerospace & Other Transport Equipment	1509667	3452
电气机械和器材制造业	Manufacture of Electrical Machinery and Equipment	23776629	74079
计算机、通信和其他电子设备制造业	Manufacture of Communication Equipment, Computers and Other Electronic Equipment	11533781	41488
仪器仪表制造业	Manufacture of Measuring Instruments Apparatus	10207854	54004
其他制造业	Other Manufacturing	6114470	13688
废弃资源综合利用业	Recycling and Disposal of Waste	12138251	42096
金属制品、机械和设备修理业	Repairment of Metal Products, Machinery & Equipment	72149	616
电力、热力生产和供应业	Production and Supply of Electric Power and Heat Power	107094488	449742
燃气生产和供应业	Production and Supply of Gas	7166199	68194
水的生产和供应业	Production and Supply of Water	4806702	42911
按地区分	**By Region**		
南昌市	Nanchang	50722287	1156524
景德镇市	Jingdezhen	10468026	123753
萍乡市	Pingxiang	16419752	181489
九江市	Jiujiang	47310906	579974
新余市	Xinyu	16705333	81891
鹰潭市	Yingtan	33964320	113768
赣州市	Ganzhou	30027870	187105
吉安市	Ji'an	28096036	224480
宜春市	Yichun	31689883	242982
抚州市	Fuzhou	14733639	79023
上饶市	Shangrao	25833098	214563

continued

(10000 yuan)

主营业务成本 Cost of Principal Business	营业费用(销售) Operating Expenses	资产合计 Total Assets	流动资产 Total Working Capitals	#产成品 Finished Products	负债合计 Total Liabilities	所有者权益合计 Total Owners' Equities	利润总额 Total Profits
2702516	41484	2062553	731607	73141	1037586	1024967	208649
2534556	60729	1525111	475010	43382	375515	1149596	239989
4039482	75238	1533078	617239	109671	475837	1057241	426235
4688867	77377	3624214	1402843	162890	2723532	900682	32828
19313123	336088	13393031	5381182	488494	7398448	5994583	1701994
7939885	991642	5031014	2405040	247978	2018793	3012221	813525
692525	7650	823382	372611	14235	573177	250205	48768
5102400	80885	1889548	876970	101685	673219	1216329	416991
20943092	459843	13602742	5221539	576279	6162345	7440397	2386972
13103938	105203	7851898	3487549	254181	5205666	2646232	489310
57634725	235339	26774341	15266856	1501680	14361199	12413142	2738011
5773744	95395	2129506	1018357	122666	872749	1256757	442218
5556862	128990	3331119	1849729	223485	1725186	1605933	506050
3884966	83747	2009559	843529	113710	860273	1149286	362987
9076677	398205	7940900	4504368	299934	4253999	3686901	747347
1367361	8827	879542	452437	17679	377970	501572	91880
20947552	318690	10366465	4772602	528615	5207316	5159149	1721397
10289211	116758	6378611	3826692	333074	3577650	2800961	738370
8692331	219366	7153856	3169442	201114	3284631	3869225	946729
5357405	70523	2001681	1026281	90784	824776	1176905	507743
10942451	109620	3795249	1599348	197317	1673476	2121773	790636
62603		38423	27119	1459	22303	16120	42
95056886	24101	114849823	22230610	11071	83642384	31207439	6065914
5923617	224144	6243610	1686509	55546	3178043	3065567	820172
3576017	182607	15020483	4166151	5484	8730361	6290122	678968
42845579	1401176	35764142	16871553	1210287	18603750	17160392	3083056
9263427	257044	7066414	3107835	367395	4240395	2826019	464248
13585678	248064	7330368	1956114	182764	2632917	4697451	2028060
41686115	634514	18650154	6348378	780275	9819307	8830847	3073195
15159791	208112	13206959	5995835	339359	8344424	4862535	640923
32532249	151363	17320454	9339775	533558	8569962	8750492	992540
26709682	414223	13867290	6828026	1084144	7390576	6476714	1918837
24388091	457506	9255214	3260235	391342	3547912	5707302	2253672
26939219	731061	14987842	6354102	798348	7786661	7201181	2790375
13130405	239841	6420228	3070747	455259	3335084	3085144	888079
22421723	314529	11487566	5928375	568432	6148925	5338641	2306294

13-8 续表2

单位：万元

项目	Item	#盈利企业的利润额 Profits of Profit-making Enterprises	#亏损企业的亏损额 Losses of Loss Enterprises
总计	**Total**	**20880508**	**441229**
按登记注册类型及隶属关系分	**By Registration Status and Jurisdiction of Management**		
国有企业	State-owned Enterprises	891350	10289
中央企业	Central Enterprises	71901	1930
地方企业	Local Enterprises	819449	8359
集体企业	Collective-owned Enterprises	57997	20
股份合作企业	Cooperative Enterprises	117617	613
联营企业	Joint Ownership Enterprises	2844	
有限责任公司	Limited Liability Corporations	6046635	218464
股份有限公司	Share-holding Corporations Limited	1318507	79755
私营企业	Private Enterprises	9209565	47073
港、澳、台商投资企业	Enterprises with Funds from Hong Kong,Macao and Taiwan	1908618	47511
外商投资企业	Foreign Funded Enterprises	1336771	47511
#国有控股企业	State-owned Holding Enterprises	2683353	276604
按轻、重工业分	**Grouped by Light & Heavy Industries**		
轻工业	Light Industry	7664492	63226
重工业	Heavy Industry	13216015	378003
按企业规模分	**Grouped by Size of Enterprises**		
大型企业	Large Enterprises	4240259	154035
中型企业	Medium-sized Enterprises	7530130	152243
小型企业	Small Enterprises	9071681	131473
微型企业	Miniature Enterprises	38438	3478
按工业行业分	**Grouped by Sector**		
煤炭开采和洗选业	Mining and Washing of Coal	167503	20897
黑色金属矿采选业	Mining and Processing of Ferrous Metal Ores	180055	3863
有色金属矿采选业	Mining and Processing of Non-Ferrous Metal Ores	322106	21044
非金属矿采选业	Mining and Processing of Nonmetal Ores	203418	770
农副食品加工业	Processing of Food from Agricultural Products	994742	4149
食品制造业	Manufacture of Foods	435234	1975
酒、饮料和精制茶制造业	Manufacture of Wine, Beverages & Refined Tea	258499	1975
烟草制品业	Manufacture of Tobacco	303988	
纺织业	Manufacture of Textile	746509	13054
纺织服装、服饰业	Manufacture of Textile Wearing Apparel,Clothing	881574	856
皮革、毛皮、羽毛及其制品和制鞋业	Manufacture of Leather, Fur, Feather and Related Products, Footware	481026	2320
木材加工和木、竹、藤、棕、草制品业	Processing of Timber, Manufacture of Wood, Bamboo, Rattan, Palm and Straw Products	313193	6344
家具制造业	Manufacture of Furniture	134168	30

continued

(10000 yuan)

利润税金总额 Total Profits and Taxes	企业亏损面(%) Ratio to Loss Enterprises	经济效益综合指数(%) Aggregate Index of Economic Efficiency	总资产贡献率(%) Ratio of Total Assets to Output Value	资本保值增值率(%) Changing Rate of Net Assets	资产负债率(%) Assets-Liability Ratio	流动资产周转率(次) Ratio of Turnover Working Capitals (time)
33587083	**5.42**	**339.33**	**24.91**	**118.66**	**51.76**	**4.77**
3085271	22.08	273.67	14.95	109.16	58.64	2.69
1249845	28.57	482.95	41.31	123.07	52.35	2.15
1835426	21.43	250.79	10.42	107.02	59.58	2.75
152721	1.47	360.64	44.04	132.99	42.57	8.22
338549		421.61	44.59	121.39	24.28	7.75
27198		398.54	46.74	121.43	49.79	8.22
6772163	6.86	335.85	19.96	121.83	60.53	4.14
2078806	8.81	348.63	20.63	115.09	59.31	3.35
12171837	3.68	416.43	41.67	128.20	43.12	7.84
2686718	6.04	278.44	26.81	116.59	47.36	5.54
1897980	10.87	267.94	13.48	135.20	58.30	2.86
5741609		291.82	12.38	117.77	64.51	2.48
12479693	4.42	332.22	35.27	122.55	44.10	6.19
21107390	6.56	341.80	21.11	118.12	57.54	4.13
7873399	8.18	271.62	14.80	107.07	62.16	2.82
11464989	5.44	336.74	31.39	119.94	50.35	5.71
14195964	5.56	396.06	32.12	135.32	47.26	6.55
52731	8.33	470.29	10.93	35.07	62.10	3.68
285808	6.67	171.00	17.37	99.25	70.55	3.91
294567	3.16	442.08	41.73	143.08	42.18	8.19
527504	9.27	319.20	25.04	128.93	43.35	3.88
383607	5.50	354.85	33.88	151.26	37.65	4.84
1375767	3.16	490.03	28.99	111.95	49.86	7.38
658670	6.12	383.27	39.64	131.82	38.07	7.49
483799	4.85	296.79	23.85	116.12	60.65	3.57
1320494		867.25	92.20	135.20	22.34	1.66
1076340	8.70	331.86	36.80	117.77	49.27	7.82
1374692	2.91	348.85	46.81	123.65	35.76	9.12
695470	4.76	313.38	45.87	127.50	32.11	9.66
473505	3.48	327.30	32.99	118.83	44.44	6.80
196981	2.91	284.22	33.97	132.59	49.47	5.15

13-8 续表3

单位：万元

项　目	Item	#盈利企业的利润额 Profits of Profit-making Enterprises	#亏损企业的亏损额 Losses of Loss Enterprises
造纸和纸制品业	Manufacture of Paper and Paper Products	211884	3235
印刷和记录媒介复制业	Printing, Reproduction of Recording Media	240138	149
文教、工美、体育和娱乐用品制造业	Manufacture of Articles For Culture, Education Art , Sport & Entertainment Activities	427411	1176
石油加工、炼焦和核燃料加工业	Processing of Petroleum,Coking,Processing of Nuclear Fuel	72911	40083
化学原料和化学制品制造业	Manufacture of Raw Chemical Materials and Chemical Products	1758531	56537
医药制造业	Manufacture of Medicines	820462	6937
化学纤维制造业	Manufacture of Chemical Fibers	48768	
橡胶和塑料制品业	Manufacture of Rubber & Plastics	417572	581
非金属矿物制品业	Manufacture of Non-metallic Mineral Products	2400306	13334
黑色金属冶炼和压延加工业	Smelting and Pressing of Ferrous Metals	492844	3534
有色金属冶炼和压延加工业	Smelting and Pressing of Non-ferrous Metals	2840481	102470
金属制品业	Manufacture of Metal Products	445717	3499
通用设备制造业	Manufacture of General Purpose Machinery	522334	16284
专用设备制造业	Manufacture of Special Purpose Machinery	367672	4685
汽车制造业	Manufacture of Automotive	796995	49648
铁路、船舶、航空航天和其他运输设备制造业	Manufacture of Railway,Shipping, Aerospace & Other Transport Equipment	92718	838
电气机械和器材制造业	Manufacture of Electrical Machinery and Equipment	1749024	27627
计算机、通信和其他电子设备制造业	Manufacture of Communication Equipment, Computers and Other Electronic Equipment	748763	10393
仪器仪表制造业	Manufacture of Measuring Instruments Apparatus	951644	4915
其他制造业	Other Manufacturing	509065	1322
废弃资源综合利用业	Recycling and Disposal of Waste	795710	5074
金属制品、机械和设备修理业	Repairment of Metal Products, Machinery & Equipment	42	
电力、热力生产和供应业	Production and Supply of Electric Power and Heat Power	6199044	133130
燃气生产和供应业	Production and Supply of Gas	826963	6791
水的生产和供应业	Production and Supply of Water	702965	23997
按地区分	**By Region**		
南昌市	Nanchang	3147272	64216
景德镇市	Jingdezhen	528433	64185
萍乡市	Pingxiang	2048602	20542
九江市	Jiujiang	3194103	120908
新余市	Xinyu	648311	7388
鹰潭市	Yingtan	1017556	25016
赣州市	Ganzhou	1974653	55816
吉安市	Ji'an	2263886	10214
宜春市	Yichun	2804246	13871
抚州市	Fuzhou	902079	14000
上饶市	Shangrao	2351367	45073

continued

(10000 yuan)

利润税金总额 Total Profits and Taxes	企业亏损面(%) Ratio to Loss Enterprises (%)	经济效益综合指数(%) Aggregate Index of Economic Efficiency (%)	总资产贡献率(%) Ratio of Total Assets to Output Value (%)	资本保值增值率(%) Changing Rate of Net Assets (%)	资产负债率(%) Assets-Liability Ratio (%)	流动资产周转率(次) Ratio of Turnover Working Capitals (time)
317591	4.00	334.76	22.35	149.01	49.58	5.26
368569	1.56	347.45	31.91	120.65	31.05	6.27
644451	2.41	366.21	49.83	148.58	33.69	8.93
634004	18.18	527.15	27.24	114.35	72.73	4.65
2597267	4.82	346.53	19.71	113.53	56.95	3.91
1310689	4.44	325.80	29.37	113.45	45.13	4.44
71410		332.35	12.44	166.92	72.17	2.13
618085	3.90	411.01	43.81	114.53	36.23	8.88
3376307	5.52	346.21	30.61	117.11	47.73	5.33
920846	8.11	372.36	13.27	104.01	68.94	4.06
5043923	8.06	612.47	22.56	121.45	52.00	4.18
696481	5.71	410.94	35.34	134.71	38.31	7.48
716498	5.06	286.90	23.80	126.71	52.83	3.91
530667	5.20	322.48	29.74	116.63	45.51	5.97
1264755	1.53	295.48	18.35	111.00	59.26	2.72
123150	5.13	226.82	4.29	107.29	77.19	1.05
2475799	6.61	350.09	28.99	112.51	51.34	5.84
1108714	10.06	257.10	25.34	136.64	48.78	5.00
1334848	3.28	255.51	21.19	130.98	42.46	3.13
658845	5.71	295.20	37.46	127.87	45.15	6.51
1261292	10.81	460.13	24.85	119.45	45.64	6.73
5168		143.50	14.66	104.76	61.50	4.40
10936606	9.27	419.31	12.18	125.39	76.77	4.65
1106199	3.23	347.81	19.51	116.79	55.26	4.66
903792	15.79	173.74	6.64	107.52	55.72	1.21
5662444	9.39	330.15	18.11	115.34	55.91	3.50
915211	8.20	290.73	12.28	116.38	71.10	2.30
2783262	1.82	395.03	44.09	123.29	37.04	9.29
4855016	4.19	389.96	29.52	128.25	56.52	7.17
1064917	8.79	315.03	9.65	112.18	65.96	2.76
1726996	9.22	468.27	12.12	117.34	51.27	3.39
3300401	6.67	308.96	27.52	130.10	52.24	4.15
3672215	2.28	412.61	47.21	119.91	37.44	11.16
4248080	3.67	327.25	34.40	114.44	55.00	6.06
1598652	3.52	345.42	33.96	138.01	53.36	6.10
3759888	7.56	399.46	37.81	124.00	51.04	5.76

13-8 续表4

项 目	Item	成本费用利润率(%) Ratio of Profits to Cost (%)	全员劳动生产率(元/人) Overall Labor Productivity (yuan/person)
总 计	**Total**	**7.23**	**292275**
按登记注册类型及隶属关系分	**By Registration Status and Jurisdiction of Management**		
国有企业	State-owned Enterprises	4.27	267747
中央企业	Central Enterprises	19.59	436472
地方企业	Local Enterprises	3.41	247925
集体企业	Collective-owned Enterprises	10.03	188374
股份合作企业	Cooperative Enterprises	12.29	294598
联营企业	Joint Ownership Enterprises	14.17	215477
有限责任公司	Limited Liability Corporations	6.50	307384
股份有限公司	Share-holding Corporations Limited	6.36	345070
私营企业	Private Enterprises	8.63	299495
港、澳、台商投资企业	Enterprises with Funds from Hong Kong,Macao and Taiwan	8.74	173017
外商投资企业	Foreign Funded Enterprises	6.65	242418
#国有控股企业	State-owned Holding Enterprises	4.17	316110
按轻、重工业分	**Grouped by Light & Heavy Industries**		
轻工业	Light Industry	8.53	214804
重工业	Heavy Industry	6.72	325321
按企业规模分	**Grouped by Size of Enterprises**		
大型企业	Large Enterprises	4.81	256759
中型企业	Medium-sized Enterprises	8.95	240230
小型企业	Small Enterprises	7.91	338739
微型企业	Miniature Enterprises	2.06	613337
按工业行业分	**Grouped by Sector**		
#煤炭开采和洗选业	Mining and Washing of Coal	8.31	56805
黑色金属矿采选业	Mining and Processing of Ferrous Metal Ores	10.49	335123
有色金属矿采选业	Mining and Processing of Non-Ferrous Metal Ores	8.46	249868
非金属矿采选业	Mining and Processing of Nonmetal Ores	10.51	265361
农副食品加工业	Processing of Food from Agricultural Products	6.03	482378
食品制造业	Manufacture of Foods	9.93	249047
饮料制造业	Manufacture of Wine, Beverages & Refined Tea	10.07	225677
烟草制品业	Manufacture of Tobacco	46.41	755520
纺织业	Manufacture of Textile	7.87	198534
纺织服装、鞋、帽制造业	Manufacture of Textile Wearing Apparel,Clothing	7.44	159273
皮革、毛皮、羽毛(绒)及其制品业	Manufacture of Leather, Fur, Feather and Related Products, Footware	10.12	84305
木材加工及木、竹、藤、棕、草制品业	Processing of Timber, Manufacture of Wood, Bamboo, Rattan, Palm and Straw Products	8.76	204934
家具制造业	Manufacture of Furniture	7.64	155543

continued

产品销售率 (%) Proportion of Products Sold (%)	全部从业人员年平均人数 (人) Annual Average Empolyed Persons (person)	产值利税率 (%) Ratio of Profits and Taxes to Output Value (%)	销售利税率 Ratio of Profits and Taxes to Sales (%)	人均实现利税 (元) Profits and Taxes Per Capita (yuan)	人均实现利润 (元) Profits Per Capita (yuan)	人均实现工业增加值 (元) Added Value of Industry Per Capita (yuan)
98.86	**2448000**	**11.66**	**10.97**	**137202**	**83494**	**279155**
98.00	104608	24.02	9.41	157091	84225	270742
98.22	5279	16.81	45.15	770083	132546	233864
97.96	99329	10.31	6.10	101872	81657	272701
101.70	11798	14.37	13.82	104682	49141	187274
98.89	8953	14.97	15.09	175660	131372	282244
99.94	319	18.60	17.00	155062	89154	215484
99.03	747628	10.10	10.04	124991	77955	299467
98.29	131685	12.52	12.10	172216	94069	402872
99.20	955581	12.41	12.04	148134	95884	278684
99.31	305902	11.97	11.25	80126	60840	186213
100.04	181526	9.46	9.34	92313	71023	272502
98.35	360816	12.18	9.03	148955	66703	300612
98.85	1061904	12.86	12.69	109008	66555	215969
99.17	1386096	11.34	10.07	147089	89554	299489
99.08	626309	11.57	8.96	116039	65243	248552
98.87	869964	12.76	12.32	122112	84807	232170
99.21	947826	11.15	11.28	150527	94323	314854
99.14	3901	4.99	4.81	119403	89618	707004
98.68	77986	15.47	15.60	34002	16283	98994
100.00	15226	15.31	14.79	204442	127056	430127
99.13	36165	13.98	13.77	141981	81608	467447
99.62	18628	17.55	17.01	185537	99335	344358
99.01	83793	7.71	7.69	151172	111596	393309
99.17	44912	13.98	13.33	134610	89611	274063
98.44	29570	16.48	16.58	148210	79744	272362
96.96	6158	71.53	73.98	2131965	514217	2362318
98.88	102237	11.41	10.98	90219	60516	193947
98.37	190407	10.49	10.62	66592	43870	155122
100.04	128917	13.59	12.92	46101	31782	110326
99.22	44326	12.35	12.03	101883	67433	194342
99.12	29610	10.65	10.47	65320	44515	174340

13-8 续表5

项　　目	Item	成本费用利润率(%) Ratio of Profits to Cost (%)	全员劳动生产率(元/人) Overall Labor Productivity (yuan/person)
造纸和纸制品业	Manufacture of Paper and Paper Products	8.49	268959
印刷和记录媒介复制业	Printing, Reproduction of Recording Media	10.44	237923
文教、工美、体育和娱乐用品制造业	Manufacture of Articles For Culture, Education Art , Sport & Entertainment Activities	10.36	171899
石油加工、炼焦和核燃料加工业	Processing of Petroleum,Coking,Processing of Nuclear Fuel	1.08	648291
化学原料和化学制品制造业	Manufacture of Raw Chemical Materials and Chemical Products	8.06	326428
医药制造业	Manufacture of Medicines	7.92	254106
化学纤维制造业	Manufacture of Chemical Fibers	8.27	345998
橡胶和塑料制品业	Manufacture of Rubber & Plastics	8.49	267657
非金属矿物制品业	Manufacture of Non-metallic Mineral Products	11.75	240506
黑色金属冶炼和压延加工业	Smelting and Pressing of Ferrous Metals	3.76	407042
有色金属冶炼和压延加工业	Smelting and Pressing of Non-ferrous Metals	4.88	773587
金属制品业	Manufacture of Metal Products	7.15	327618
通用设备制造业	Manufacture of General Purpose Machinery	8.11	222644
专用设备制造业	Manufacture of Special Purpose Machinery	8.49	218943
汽车制造业	Manufacture of Automotive	7.31	278472
铁路、船舶、航空航天和其他运输设备	Manufacture of Railway,Shipping, Aerospace & Other Transport	4.19	252783
电气机械和器材制造业	Manufacture of Electrical Machinery and Equipment	8.22	279505
计算机、通信和其他电子设备制造业	Manufacture of Communication Equipment, Computers and Other Electronic Equipment	7.32	152808
仪器仪表制造业	Manufacture of Measuring Instruments Apparatus	10.89	165410
其他制造业	Other Manufacturing	7.94	140222
废弃资源综合利用业	Recycling and Disposal of Waste	6.17	469337
金属制品、机械和设备修理业	Repairment of Metal Products, Machinery & Equipment	0.18	54834
电力、热力生产和供应业	Production and Supply of Electric Power and Heat Power	5.67	485215
燃气生产和供应业	Production and Supply of Gas	13.20	282583
水的生产和供应业	Production and Supply of Water	13.48	99658
按地区分	**By Region**		
南 昌 市	Nanchang	5.99	321897
景德镇市	Jingdezhen	5.12	308828
萍 乡 市	Pingxiang	14.95	212285
九 江 市	Jiujiang	7.34	313903
新 余 市	Xinyu	4.10	352212
鹰 潭 市	Yingtan	3.38	575390
赣 州 市	Ganzhou	7.30	242724
吉 安 市	Ji'an	9.31	224631
宜 春 市	Yichun	10.10	206481
抚 州 市	Fuzhou	6.65	253901
上 饶 市	Shangrao	8.88	313267

continued

产品销售率 (%) Proportion of Products Sold (%)	全部从业人员年平均人数 (人) Annual Average Empolyed Persons (person)	产值利税率 (%) Ratio of Profits and Taxes to Output Value (%)	销售利税率 (%) Ratio of Profits and Taxes to Sales (%)	人均实现利税 (元) Profits and Taxes Per Capita (yuan)	人均实现利润 (元) Profits Per Capita (yuan)	人均实现工业增加值 (元) Added Value of Industry Per Capita (yuan)
98.30	29977	11.66	11.42	105945	69603	302169
98.64	26198	13.48	13.20	140686	91606	212776
98.61	60463	14.05	13.60	106586	70495	162595
99.37	21171	13.17	13.16	299468	15506	333092
98.36	161328	11.55	10.85	160993	105499	329334
98.64	89393	12.80	12.25	146621	91005	260231
97.63	4637	12.89	11.10	154000	105171	297454
98.95	52471	11.11	10.80	117796	79471	253774
98.78	236733	14.70	14.74	142621	100830	265905
99.85	69351	7.76	6.59	132780	70556	252829
98.60	156957	10.82	8.39	321357	174443	574933
98.47	46886	10.49	10.10	148548	94318	281824
99.25	62479	11.35	10.55	114678	80995	215235
97.98	48105	11.59	11.14	110314	75457	209543
101.25	81210	12.23	11.42	155739	92026	269138
97.09	14537	4.88	5.04	84715	63204	241243
98.83	200673	11.07	10.62	123375	84567	209584
98.01	169138	10.37	9.84	65551	41885	169133
100.51	14148	13.28	13.78	943489	62374	218155
99.21	8256	10.15	10.22	798020	43150	167064
99.79	5571	9.47	9.58	2264032	112270	356144
99.90	340	7.81	7.73	152000	390	668334
99.51	64354	10.10	10.16	1699445	105042	468044
98.81	5166	17.31	15.74	2141307	144860	365118
97.39	10523	16.35	16.50	858873	47715	192533
98.22	405251	10.54	10.24	139727	71615	339521
98.30	85420	7.95	8.36	107142	53341	252713
99.29	197217	17.42	17.08	141127	106474	219284
99.28	309994	11.71	10.87	156616	92411	279170
99.02	106352	7.15	6.36	100131	58250	293903
97.81	86387	8.99	5.52	199914	119881	401300
98.60	302747	11.63	11.91	109015	62529	237659
99.55	286206	13.66	13.32	128307	77709	219103
99.11	331767	14.15	13.17	128044	77234	207560
99.28	140623	10.57	10.49	113684	61210	233597
99.93	196036	14.56	13.86	191796	107936	286767

13-9 规模以上国有控股工业企业经济指标

指　　标	Item	2000	2005	2006	2007
企业单位数(个)	Number of Enterprises (unit)	2506	804	706	563
#亏损企业	Loss Enterprises	1053	275	211	132
资产总计(万元)	Total Assets (10000 yuan)	16329797	19449500	22034893	25536051
流动资产合计(万元)	Total Working Capitals (10000 yuan)	6429562	7746481	9484535	10740181
负债总计(万元)	Total Liabilities (10000 yuan)	11278672	13494055	14642855	16628458
所有者权益(万元)	Owners' Equity (10000 yuan)	4981017	5655984	7106514	8907593
主营业务收入(万元)	Revenue from Principal Business (10000 yuan)	7221113	15262090	19498190	24560686
#主营业务税金及附加	Taxes and Other Charges on Principal Business	200331	359035	417856	494431
营业费用	Operating Expenses	221515	340005	395913	456021
利润总额(万元)	Total Profits (10000 yuan)	84322	571611	1066988	1267392
利润和税金总额(万元)	Total Profits and Taxes (10000 yuan)	672393	1622508	2421762	2712624
全部从业人员年平均人数(人)	Annual Average Empolyed Persons (person)	889644	470614	461026	423776
工业总产值(万元)	Gross Industrial Output Value (10000 yuan)	7373147	15315489	19697841	23304461
工业增加值(万元)	Value Added of Industry (10000 yuan)	2148119	4167351	5326312	6233268
总资产贡献率(%)	Ratio of Total Assets to Output value (%)	5.94	9.74	12.39	12.00
资本保值增值率(%)	Changing Rate of Net Assets (%)	106.21	100.54	97.20	125.34
资产负债率(%)	Assets-Liability Ratio (%)	69.07	69.38	66.45	65.12
流动资产周转率(次)	Ratio of Turnover Working Capitals (time)	1.15	2.01	2.24	2.51
成本费用利润率(%)	Ratio of Profits to Cost (%)	1.20	4.00	5.98	5.60
全员劳动生产率(元／人)	Overall Labor Productivity (yuan/person)	24146	88551	115532	147089
产品销售率(%)	Proportion of Products Sold (%)	97.67	99.49	99.10	98.69
工业经济效益综合指数(%)	Aggregate Index of Industrial Economic Efficiency (%)	78.28	142.87	174.30	198.01

Economic Indicators of State-holding Industrial Enterprises above Designated Size

2008	2009	2010	2011	2012	2013	2014
558	543	533	416	448	475	466
167	113	90	74	77	86	80
27779963	30315254	35482546	42925158	46411368	51624131	51602447
11648204	11717577	16005336	21066012	22800469	25208417	24000489
17686025	18992890	22320360	27614627	30047050	33301256	32519237
10093937	11322364	13162186	15310531	16364318	18322875	19083210
27229935	26985648	37613661	47141803	53286792	59896645	61989296
546687	903562	1019678	1123696	1319693	1476516	1618227
481064	551091	651394	690800	740713	774010	920967
376295	829164	1456208	1898016	1731126	2290144	2406749
1919325	2737783	3613390	4356644	4418226	5460975	5741609
407662	397412	404799	388639	379236	366618	360816
25881696	25068428	34063560	41832435	42315683	46174756	46111146
6803306	6295047	8675555	10191877	10239771	11020965	11545148
9.07	10.91	12.16	12.39	11.42	12.51	12.94
114.57	113.81	114.85	108.81	106.93	111.59	108.16
63.66	62.65	62.91	64.33	64.74	64.51	63.02
2.32	2.24	2.56	2.48	2.43	2.48	2.62
1.43	3.29	4.14	4.29	3.44	4.09	4.14
186782	185579	247567	267481	277280	312980	317575
99.24	98.73	99.05	98.61	99.18	98.35	98.39
198.06	207.17	253.53	264.48	264.58	291.82	296.96

13-10 国有控股工业企业主要经济指标（2014年）

单位：万元

项目	Item	企业单位数（个） Number of Enterprises (unit)	#亏损企业 Loss Enterprises	工业总产值 Gross Industrial Output Value
总计	**Total**	**466**	**80**	**46111146**
按登记注册类型及隶属关系分	**By Registration Status and Jurisdiction of Management**			
国有企业	State-owned Enterprises	77	17	13231500
中央企业	Central Enterprises	7	2	654102
地方企业	Local Enterprises	70	15	12577398
集体企业	Collective-owned Enterprises			
股份合作企业	Cooperative Enterprises	1		38688
联营企业	Joint Ownership Enterprises			
有限责任公司	Limited Liability Corporations	322	53	23989737
股份有限公司	Share-holding Corporations Limited	47	8	7353686
私营企业	Private Enterprises	1		18571
港、澳、台商投资企业	Enterprises with Funds from Hong Kong, Macao and Taiwan	7	1	437712
外商投资企业	Foreign Funded Enterprises	11	1	1041252
按轻、重工业分	**Grouped by Light & Heavy Industries**			
轻工业	Light Industry	93	23	4512457
重工业	Heavy Industry	373	57	41598689
按企业规模分	**Grouped by Size of Enterprises**			
大型企业	Large Enterprises	37	8	30001928
中型企业	Medium-sized Enterprises	189	34	9555706
小型企业	Small Enterprises	235	37	6545834
微型企业	Miniature Enterprises	5	1	7678
按工业行业分	**Grouped by Sector**			
煤炭开采和洗选业	Mining and Washing of Coal	22	8	496704
黑色金属矿采选业	Mining and Processing of Ferrous Metal Ores	2		34984
有色金属矿采选业	Mining and Processing of Non-Ferrous Metal Ores	21	7	950640
非金属矿采选业	Mining and Processing of Nonmetal Ores	12	2	495629
农副食品加工业	Processing of Food from Agricultural Products	12	2	341654
食品制造业	Manufacture of Foods	6	2	82379
酒、饮料和精制茶制造业	Manufacture of Wine, Beverages & Refined Tea	6	3	75934
烟草制品业	Manufacture of Tobacco	2		1769272
纺织业	Manufacture of Textile	4	2	54310
纺织服装、服饰业	Manufacture of Textile Wearing Apparel,Clothing	9	2	80959
木材加工和木、竹、藤、棕、草制品业	Processing of Timber, Manufacture of Wood, Bamboo, Rattan, Palm and Straw Products	2	1	34860

Main Indicators of State-holding Industrial Enterprises (2014)

(10000 yuan)

工业增加值 Value Added of Industry	主营业务收入 Revenue from Principal Business	主营业务税金及附加 Taxes and Other Charges on Principal Business	主营业务成本 Cost of Principal Business	营业费用 Operating Expenses	资产合计 Total Assets	流动资产 Total Working Capitals	#产成品 Finished Products
11545148.4	**61989296**	**1618227**	**54971263**	**920967**	**51602447**	**24000489**	**1608477**
2866066	27496473	187917	25652327	345211	18836418	11186572	503576
124934	651127	5538	528226	5412	1139897	244953	8249
2741132	26845346	182379	25124101	339800	17696521	10941619	495326
11359	38688	332	27262		41521	5745	
6753741	25465457	946418	21690345	390777	24189889	9363830	729532
1637707	7449743	473822	6231120	172812	6738889	2753798	339795
4297	18552	114	15943	393	3038	806	269
74207	437113	1409	404166	7102	527461	283354	14325
197771	1083270	8216	950101	4672	1265231	406385	20982
2185583	4482148	834222	2803816	202656	4713703	2476410	154421
9359565	57507148	784005	52167447	718311	46888744	21524079	1454056
7635498	45801248	1515726	40893876	713013	37554361	19022214	1153570
2436745	9561175	64830	8244892	112574	9124942	3218151	293927
1471658	6620008	37598	5827218	95346	4906611	1754950	160918
1247	6865	73	5277	34	16534	5174	62
208814	470215	6409	407418	7466	1332166	335675	10483
9614	21513	396	15812	719	21507	13637	440
347222	945604	10082	766310	6449	1122082	408034	132244
159654	436156	13925	350292	15410	508013	156490	9152
48255	333935	369	302637	3159	112766	56486	3004
23152	95311	1518	79425	5927	54483	22689	1899
23267	82779	4287	67038	6145	136454	43061	1749
1360454	1637588	813521	532644	22128	1416703	1024412	61848
12656	63256	193	59896	984	46798	23254	10924
19712	92067	810	59353	1650	111779	95587	5104
8380	29652	86	28106	842	21819	8754	1567

13-10 续表1

单位：万元

项目	Item	企业单位数（个） Number of Enterprises (unit)	#亏损企业 Loss Enterprises	工业总产值 Gross Industrial Output Value
家具制造业	Manufacture of Furniture	1		33809
造纸和纸制品业	Manufacture of Paper and Paper Products	2		34093
印刷和记录媒介复制业	Printing, Reproduction of Recording Media	10	1	324226
文教、工美、体育和娱乐用品制造业	Manufacture of Articles For Culture, Education Art , Sport & Entertainment Activities	2		445407
石油加工、炼焦和核燃料加工业	Processing of Petroleum,Coking,Processing of Nuclear Fuel	3	1	3806092
化学原料和化学制品制造业	Manufacture of Raw Chemical Materials and Chemical Products	27	5	1814400
医药制造业	Manufacture of Medicines	9	3	732470
橡胶和塑料制品业	Manufacture of Rubber & Plastics	7	1	149028
非金属矿物制品业	Manufacture of Non-metallic Mineral Products	69	5	2489694
黑色金属冶炼和压延加工业	Smelting and Pressing of Ferrous Metals	7		2980735
有色金属冶炼和压延加工业	Smelting and Pressing of Non-ferrous Metals	33	10	10925446
金属制品业	Manufacture of Metal Products	5	1	220747
通用设备制造业	Manufacture of General Purpose Machinery	10	4	1218487
专用设备制造业	Manufacture of Special Purpose Machinery	11	1	190893
汽车制造业	Manufacture of Automotive	9	2	5135990
铁路、船舶、航空航天和其他运输设备制造业	Manufacture of Railway,Shipping, Aerospace & Other Transport Equipment	5	1	96693
电气机械和器材制造业	Manufacture of Electrical Machinery and Equipment	6	1	498245
计算机、通信和其他电子设备制造业	Manufacture of Communication Equipment, Computers and Other Electronic Equipment	4	1	26735
仪器仪表制造业	Manufacture of Measuring Instruments Apparatus	1		16927
废弃资源综合利用业	Recycling and Disposal of Waste	2		36853
电力、热力生产和供应业	Production and Supply of Electric Power and Heat Power	117	11	10116705
燃气生产和供应业	Production and Supply of Gas	7		157094
水的生产和供应业	Production and Supply of Water	21	4	243055
按地区分	**By Region**			
南昌市	Nanchang	91	18	14613983
景德镇市	Jingdezhen	27	7	3415869
萍乡市	Pingxiang	14	1	590526
九江市	Jiujiang	57	11	5336706
新余市	Xinyu	18	1	3608624
鹰潭市	Yingtan	15	5	8169909
赣州市	Ganzhou	84	15	4185695
吉安市	Ji'an	45	6	1180689
宜春市	Yichun	42	6	2031213
抚州市	Fuzhou	27	4	566811
上饶市	Shangrao	46	6	2411122

continued

(10000 yuan)

工 业 增加值 Value Added of Industry	主营业务 收 入 Revenue from Principal Business	主营业务 税金及附加 Taxes and Other Charges on Principal Business	主营业务 成 本 Cost of Principal Business	营业费用 Operating Expenses	资产合计 Total Assets	流动资产 Total Working Capitals	#产成品 Finished Products
7651	33809	14	31363	110	2095	471	257
8987	33891	578	28883	165	30945	15803	479
96522	322234	2515	243423	4857	457794	174946	28111
221189	444646	2119	374328	11622	79574	17178	7379
607596	4204678	456359	3569515	61418	3009183	1117523	375854
360707	1350397	8241	1196928	32413	1625319	579351	146367
217642	919744	5362	681486	128740	932454	540739	84211
22423	93775	1902	85666	1697	26728	10961	3338
685776	2422648	11181	1883777	86178	2429427	1016307	173017
470703	4444831	13291	4195106	53220	3840723	1991639	497128
2160064	24593699	73574	23773627	73633	13491702	8582130	2160559
43489	81083	552	70245	1275	83589	54620	17326
254394	1252078	5153	1078971	27919	1326732	860509	182785
53411	176515	1261	139999	8382	168204	96894	19917
1066739	5930940	132450	4811817	320066	5803775	3640531	670084
26301	99615	168	86281	1046	251609	183662	18500
132601	487144	1990	427282	14431	669350	390883	101434
11486	21157	235	16702	711	19514	9857	6207
4512	43306	125	39199	602	34281	31416	391
6497	325509	2442	255369	1006	541062	88039	16216
2697647	104030524	456097	92429907	12648	111004910	21649076	1435419
47489	1667982	17302	1423872	87943	2462069	589462	64695
120143	2616070	20898	1921008	119866	10649316	2926091	298910
4835993	15613313	968873	12256485	480614	16421970	7791196	423148
661774	3303822	32754	2864803	142603	4082652	2092820	250565
175374	572381	5341	484467	13924	1017078	290509	14959
1133850	5350352	458081	4669606	29192	4086468	957195	95223
662143	4929581	16331	4623414	60952	4313089	2036124	126202
1425279	21763005	60436	21105887	71075	12197438	7733462	338631
1004145	4276957	26615	3823079	32498	2937298	1258643	251059
288667	1189867	10003	1006695	16696	1383647	331934	13940
549800	2009602	12737	1602262	32294	2349882	538784	33065
141989	563394	3556	512874	7411	514662	184052	17227
666134	2417022	23500	2021691	33711	2298264	785771	44458

13-10 续表2

项　　目	Item	负债合计（万元）Total Liabilities	所有者权益合计（万元）Total Owners' Equities	利润总额（万元）Total Profits
总　　计	**Total**	**32519237**	**19083210**	**2406749**
按登记注册类型及隶属关系分	**By Registration Status and Jurisdiction of Management**			
国有企业	State-owned Enterprises	10932758	7903660	881061
中央企业	Central enterprises	863059	276838	69971
地方企业	Local enterprises	10069699	7626822	811090
集体企业	Collective-owned Enterprises			
股份合作企业	Cooperative Enterprises	18545	22976	7052
联营企业	Joint Ownership Enterprises			
有限责任公司	Limited Liability Corporations	16121584	8068305	1164981
股份有限公司	Share-holding Corporations Limited	4399937	2338952	276219
私营企业	Private Enterprises	436	2602	1703
港、澳、台商投资企业	Enterprises with Funds from Hong Kong,Macao and Taiwan	314197	213264	7425
外商投资企业	Foreign Funded Enterprises	731780	533451	68308
按轻、重工业分	**Grouped by Light & Heavy Industries**			
轻工业	Light Industry	2054642	2659061	359912
重工业	Heavy Industry	30464595	16424149	2046836
按企业规模分	**Grouped by Size of Enterprises**			
大型企业	Large Enterprises	23700874	13853487	1265619
中型企业	Medium-sized Enterprises	5749927	3375015	663707
小型企业	Small Enterprises	3066757	1839854	476326
微型企业	Miniature Enterprises	1680	14854	1097
按工业行业分	**Grouped by Sector**			
煤炭开采和洗选业	Mining and Washing of Coal	1209607	122559	-5886
黑色金属矿采选业	Mining and Processing of Ferrous Metal Ores	6925	14582	1293
有色金属矿采选业	Mining and Processing of Non-Ferrous Metal Ores	496823	625259	67670
非金属矿采选业	Mining and Processing of Nonmetal Ores	166012	342001	43204
农副食品加工业	Processing of Food from Agricultural Products	39862	72904	23465
食品制造业	Manufacture of Foods	30690	23793	3105
酒、饮料和精制茶制造业	Manufacture of Wine, Beverages & Refined Tea	92241	44213	770
烟草制品业	Manufacture of Tobacco	319785	1096918	178447
纺织业	Manufacture of Textile	102472	-55674	-1193
纺织服装、服饰业	Manufacture of Textile Wearing Apparel,Clothing	77533	34246	3165
木材加工和木、竹、藤、棕、草制品业	Processing of Timber, Manufacture of Wood, Bamboo, Rattan, Palm and Straw Products	19310	2509	-852

continued

#盈利企业的利润额 Profits of Profit-making Enterprises	#亏损企业的亏损额 Losses of Loss Enterprises	利润税金总额(万元) Total Profits and Taxes	企业亏损面(%) Ratio to Loss Enterprises (%)	经济效益综合指数(%) Aggregate Index of Economic Efficiency (%)	总资产贡献率(%) Ratio of Total Assets to Output Value	资本保值增值率(%) Changing Rate of Net Assets	资产负债率(%) Assets-Liability Ratio
2683353	**276604**	**5741609**	**17.17**	**296.96**	**12.94**	**108.16**	**63.02**
891350	10289	1477705	22.08	276.41	14.80	110.25	58.05
71901	1930	113129	28.57	468.75	42.56	124.30	53.40
819449	8359	1364576	21.43	255.85	10.33	107.02	60.18
7052		10805		332.07	18.42	120.61	26.45
				368.13	32.52	96.30	63.00
1348184	183203	3142114	16.46	299.59	8.73	115.72	75.10
346642	70423	975533	17.02	390.81	20.29	121.33	64.69
1703		2808					
13459	6034	16345	14.29	275.15	2.33	100.43	49.28
74963	6655	116299	9.09	498.20	4.42	104.14	54.92
384103	24191	1510363	24.73	290.72	31.71	115.02	42.90
2299249	252413	4231246	15.28	293.71	10.79	111.07	68.46
1408467	142848	3858621	21.62	310.50	11.64	111.46	65.24
756921	93214	1097336	17.99	255.23	13.99	113.73	66.56
516602	40276	783531	15.74	377.42	15.57	140.64	63.83
1363	266	2120	20.00	200.82	16.11	-280.83	76.00
12664	18550	42043	36.36	41.99	3.29	55.62	91.44
1293		3235		236.57	20.48	97.70	36.51
82243	14573	133543	33.33	250.72	20.70	129.01	42.24
43295	91	97659	16.67	397.04	28.03	350.69	41.90
23607	142	29441	16.67	397.30	23.12	129.46	30.43
4221	1116	7038	33.33	251.28	18.51	145.45	63.60
1886	1116	8158	50.00	89.43	4.46	68.40	72.52
178447		1174786		772.74	92.18	127.53	24.79
2574	3767	1132	50.00	18.63	-1.73	108.17	214.57
3287	122	12220	22.22	165.47	7.45	108.12	59.48
16	868	208	50.00	113.22	-1.76	84.99	80.33

13-10 续表3

项目	Item	负债合计（万元）Total Liabilities	所有者权益合计（万元）Total Owners' Equities	利润总额（万元）Total Profits
造纸和纸制品业	Manufacture of Paper and Paper Products	8657	22288	2504
印刷和记录媒介复制业	Printing, Reproduction of Recording Media	81003	376791	35650
文教、工美、体育和娱乐用品制造业	Manufacture of Articles For Culture, Education Art , Sport & Entertainment Activities	10474	69100	48097
石油加工、炼焦和核燃料加工业	Processing of Petroleum,Coking,Processing of Nuclear Fuel	2300217	708966	-29275
化学原料和化学制品制造业	Manufacture of Raw Chemical Materials and Chemical Products	1284158	341161	50090
医药制造业	Manufacture of Medicines	412015	520439	46397
橡胶和塑料制品业	Manufacture of Rubber & Plastics	10795	15933	2690
非金属矿物制品业	Manufacture of Non-metallic Mineral Products	1376060	1053367	267426
黑色金属冶炼和压延加工业	Smelting and Pressing of Ferrous Metals	2817754	1022969	21911
有色金属冶炼和压延加工业	Smelting and Pressing of Non-ferrous Metals	7834823	5656879	543397
金属制品业	Manufacture of Metal Products	51284	32305	1594
通用设备制造业	Manufacture of General Purpose Machinery	890771	435961	57756
专用设备制造业	Manufacture of Special Purpose Machinery	73724	94480	13321
汽车制造业	Manufacture of Automotive	3351278	2452497	376746
铁路、船舶、航空航天和其他运输设备制造业	Manufacture of Railway,Shipping, Aerospace & Other Transport Equipment	58768	192841	6930
电气机械和器材制造业	Manufacture of Electrical Machinery and Equipment	422706	246644	8487
计算机、通信和其他电子设备制造业	Manufacture of Communication Equipment, Computers and Other Electronic Equipment	6347	13167	1333
仪器仪表制造业	Manufacture of Measuring Instruments Apparatus	484	33797	1702
废弃资源综合利用业	Recycling and Disposal of Waste	179080	361982	43522
电力、热力生产和供应业	Production and Supply of Electric Power and Heat Power	81501156	29503754	5853869
燃气生产和供应业	Production and Supply of Gas	1743503	718566	167335
水的生产和供应业	Production and Supply of Water	6242801	4406515	297682
按地区分	**By Region**			
南昌市	Nanchang	9689303	6732667	908585
景德镇市	Jingdezhen	3045006	1037646	69772
萍乡市	Pingxiang	754913	262165	27076
九江市	Jiujiang	3106405	980063	55457
新余市	Xinyu	3023337	1289752	66821
鹰潭市	Yingtan	6963176	5234262	439900
赣州市	Ganzhou	1919568	1017730	276544
吉安市	Ji'an	677635	706012	102761
宜春市	Yichun	1862824	487058	204992
抚州市	Fuzhou	361264	153398	20731
上饶市	Shangrao	1115808	1182456	234110

continued

#盈利企业的利润额 Profits of Profit-making Enterprises	#亏损企业的亏损额 Losses of Loss Enterprises	利润税金总额（万元） Total Profits and Taxes	企业亏损面（%） Ratio to Loss Enterprises (%)	经济效益综合指数（%） Aggregate Index of Economic Efficiency (%)	总资产贡献率（%） Ratio of Total Assets to Output Value	资本保值增值率（%） Changing Rate of Net Assets	资产负债率（%） Assets-Liability Ratio
2504		4434		203.53	3.27	56.05	62.18
35701	51	54694		262.24	14.12	116.94	22.60
48097		90920	10.00	1555.27	197.57	611.40	16.20
5332	34607	526029		518.85	27.76	119.18	73.94
80959	30869	92847	33.33	233.21	8.71	95.08	74.57
48430	2033	90941	18.52	189.35	9.85	103.28	45.32
2715	25	7241	33.33	235.68	16.62	122.72	49.91
269343	1917	384978	14.29	344.55	18.51	111.03	55.29
21911		131375	7.25	244.11	5.38	102.54	72.81
628872	85475	883010		542.77	8.61	104.11	54.23
1597	3	6628	30.30	148.99	9.51	118.92	51.23
71031	13275	78645	20.00	170.39	5.90	127.52	65.32
15288	1967	21623	40.00	206.39	14.40	117.41	44.29
426386	49640	697880	9.09	282.07	13.31	110.40	63.17
6930		8544	22.22	201.67	1.81	110.00	80.32
9886	1399	16691		210.47	3.34	103.15	64.64
1379	46	2331	16.67	131.51	4.67	104.89	45.75
1702		2874	25.00	150.12	6.82	93.58	44.27
43522		64454		249.09	10.69	101.91	40.61
5969328	115459	10624072		430.45	11.89	127.55	77.11
167335		204480	9.40	226.54	8.71	122.18	64.70
309035	11353	403747		144.62	5.29	108.01	52.49
938044	29459	2531327	19.78	332.10	15.31	109.98	59.00
125414	55642	194345	25.93	217.89	4.98	117.64	74.58
34942	7866	59679	7.14	128.71	6.67	101.37	74.22
152933	97476	661727	19.30	472.07	24.84	117.35	76.02
67427	606	201424	5.56	236.76	6.79	103.88	70.10
449021	9121	679047	33.33	472.58	7.46	103.38	57.09
313754	37210	482651	17.86	371.23	21.92	156.50	65.35
111632	8871	173173	13.33	261.79	15.05	107.00	48.97
207750	2758	320054	14.29	215.77	15.52	119.03	79.27
25406	4675	41638	14.81	181.50	8.00	100.73	70.19
257030	22920	396545	13.04	285.25	20.18	134.54	48.55

13-10 续表4

单位：%

项　　　目	Item	流动资产周转率（次）Ratio of Turnover Working Capitals (time)	成本费用利润率（%）Ratio of Profits to Cost (%)	全员劳动生产率（元/人）Overall Labor Productivity (yuan/person)
总　　　计	**Total**	**2.62**	**4.14**	**317575**
按登记注册类型及隶属关系分	**By Registration Status and Jurisdiction of Management**			
国有企业	State-owned Enterprises	2.69	4.31	265096
中央企业	Central Enterprises	2.15	19.40	427914
地方企业	Local Enterprises	2.75	3.41	250429
集体企业	Collective-owned Enterprises			
股份合作企业	Cooperative Enterprises	1.75	17.31	276087
联营企业	Joint Ownership Enterprises	12.50	14.84	132557
有限责任公司	Limited Liability Corporations	2.32	3.69	341128
股份有限公司	Share-holding Corporations Limited	3.01	3.40	434208
私营企业	Private Enterprises			
港、澳、台商投资企业	Enterprises with Funds from Hong Kong,Macao and Taiwan	1.92	0.98	342244
外商投资企业	Foreign Funded Enterprises	0.72	6.40	691794
按轻、重工业分	**Grouped by Light & Heavy Industries**			
轻工业	Light Industry	1.94	10.80	202022
重工业	Heavy Industry	2.53	3.69	329368
按企业规模分	**Grouped by Size of Enterprises**			
大型企业	Large Enterprises	2.32	2.75	347531
中型企业	Medium-sized Enterprises	2.74	7.96	213517
小型企业	Small Enterprises	3.66	7.68	397306
微型企业	Miniature Enterprises	3.19	12.91	177856
按工业行业分	**Grouped by Sector**			
煤炭开采和洗选业	Mining and Washing of Coal	1.71	-5.39	25907
黑色金属矿采选业	Mining and Processing of Ferrous Metal Ores	1.52	14.73	143992
有色金属矿采选业	Mining and Processing of Non-Ferrous Metal Ores	2.27	17.11	139042
非金属矿采选业	Mining and Processing of Nonmetal Ores	2.70	16.06	295091
农副食品加工业	Processing of Food from Agricultural Products	8.75	6.85	334880
食品制造业	Manufacture of Foods	3.84	6.42	184418
酒、饮料和精制茶制造业	Manufacture of Wine, Beverages & Refined Tea	1.32	-5.38	92910
烟草制品业	Manufacture of Tobacco	1.78	28.41	693746
纺织业	Manufacture of Textile	1.65	-5.63	53904
纺织服装、服饰业	Manufacture of Textile Wearing Apparel,Clothing	0.81	3.81	148096
木材加工和木、竹、藤、棕、草制品业	Processing of Timber, Manufacture of Wood, Bamboo, Rattan, Palm and Straw Products	2.89	-5.93	132143

产品销售率 (%) Proportion of Products Sold (%)	全部从业人员年平均人数 (人) Annual Average Empolyed Persons (person)	产值利税率 (%) Ratio of Profits and Taxes to Output Value (%)	销售利税率 (%) Ratio of Profits and Taxes to Sales (%)	人均实现利税 (元) Profits and Taxes Per Capita (yuan)	人均实现利润 (元) Profits Per Capita (yuan)	人均实现工业增加值 (元) Added Value of Industry Per Capita (yuan)
98.39	**360816**	**11.83**	**9.12**	**148955**	**62467**	**300612**
98.00	104608	14.73	9.32	157091	68198	274273
98.22	5279	44.72	45.61	770083	209036	852732
97.96	99329	10.11	6.04	101872	55511	222164
95.51	350	22.30	23.13	247769	157542	323245
99.88		17.64	16.45	94078	73612	139739
98.87	208016	7.70	7.12	105669	51841	321078
98.23	40548	13.08	12.77	228585	54894	355733
	325					
96.36	2661	2.54	2.57	34944	13012	257664
99.30	4308	10.77	10.19	299922	173893	502392
97.86	54336	34.20	31.74	278009	70826	621458
98.39	306480	9.80	7.44	129895	61232	253225
98.11	215962	11.81	8.17	165125	52213	334698
98.12	106691	11.88	11.74	102111	63819	212574
99.81	38129	11.82	11.68	189007	114826	356183
100.00	34	21.05	22.88	150662	73453	150208
97.48	49118	4.92	5.29	5127	-5178	44133
98.59	367	19.01	19.63	110165	71973	169155
99.39	15169	23.88	22.66	133597	86820	237259
99.73	2993	25.09	24.84	297913	160169	419619
99.12	2148	8.07	7.91	108803	88083	236536
98.42	1422	10.53	10.60	78146	42950	201806
98.15	2171	3.51	3.66	13114	-19393	99277
96.68	6036	68.35	70.81	1908233	304047	2129275
96.07	2104	-2.41	-2.66	-5233	-12111	39033
99.10	8440	11.03	10.93	65723	19952	126490
100.15	636	-3.81	-3.42	-20270	-37031	125155

13-10 续表5

项 目	Item	流动资产周转率(次) Ratio of Turnover Working Capitals (time)	成本费用利润率(%) Ratio of Profits to Cost (%)
造纸和纸制品业	Manufacture of Paper and Paper Products	0.44	17.62
印刷和记录媒介复制业	Printing, Reproduction of Recording Media	1.67	18.51
文教、工美、体育和娱乐用品制造业	Manufacture of Articles For Culture, Education Art , Sport & Entertainment Activities	28.80	16.02
石油加工、炼焦和核燃料加工业	Processing of Petroleum,Coking,Processing of Nuclear Fuel	4.68	0.17
化学原料和化学制品制造业	Manufacture of Raw Chemical Materials and Chemical Products	2.99	2.48
医药制造业	Manufacture of Medicines	1.74	4.46
橡胶和塑料制品业	Manufacture of Rubber & Plastics	5.39	1.76
非金属矿物制品业	Manufacture of Non-metallic Mineral Products	2.55	12.76
黑色金属冶炼和压延加工业	Smelting and Pressing of Ferrous Metals	2.38	0.21
有色金属冶炼和压延加工业	Smelting and Pressing of Non-ferrous Metals	2.78	2.60
金属制品业	Manufacture of Metal Products	2.01	2.16
通用设备制造业	Manufacture of General Purpose Machinery	1.85	3.09
专用设备制造业	Manufacture of Special Purpose Machinery	2.20	8.06
汽车制造业	Manufacture of Automotive	1.80	6.16
铁路、船舶、航空航天和其他运输设备制造业	Manufacture of Railway,Shipping, Aerospace & Other Transport Equipment	0.66	2.60
电气机械和器材制造业	Manufacture of Electrical Machinery and Equipment	1.28	1.50
计算机、通信和其他电子设备制造业	Manufacture of Communication Equipment, Computers and Other Electronic Equipment	0.94	6.61
仪器仪表制造业	Manufacture of Measuring Instruments Apparatus	1.81	4.42
废弃资源综合利用业	Recycling and Disposal of Waste	1.76	20.29
电力、热力生产和供应业	Production and Supply of Electric Power and Heat Power	4.54	5.52
燃气生产和供应业	Production and Supply of Gas	2.51	10.86
水的生产和供应业	Production and Supply of Water	1.03	10.59
按地区分	**By Region**		
南 昌 市	Nanchang	2.08	5.50
景德镇市	Jingdezhen	1.12	2.16
萍 乡 市	Pingxiang	2.94	2.82
九 江 市	Jiujiang	5.26	2.51
新 余 市	Xinyu	2.46	1.19
鹰 潭 市	Yingtan	2.73	2.37
赣 州 市	Ganzhou	3.23	9.04
吉 安 市	Ji'an	4.37	9.48
宜 春 市	Yichun	4.04	9.51
抚 州 市	Fuzhou	3.38	3.15
上 饶 市	Shangrao	3.31	10.77

continued

全员劳动生产率 (元/人) Overall Labor Productivity (yuan/person)	产品销售率 (%) Proportion of Products Sold (%)	全部从业人员年平均人数 (人) Annual Average Empolyed Persons (person)	产值利税率 (%) Ratio of Profits and Taxes to Output Value (%)	销售利税率 (%) Ratio of Profits and Taxes to Sales (%)	人均实现利税 (元) Profits and Taxes Per Capita (yuan)	人均实现利润 (元) Profits Per Capita (yuan)	人均实现工业增加值 (元) Added Value of Industry Per Capita (yuan)
156244.08	96.53	395	22.99	22.90	144517	92571	162307
179111.91	98.74	3961	21.52	21.03	155122	113541	225870
121152.19	100.00	1063	26.57	25.10	1295605	709279	1236764
631819.48	99.73	17392	14.05	13.86	357237	3964	330984
238466.06	97.69	12521	5.45	5.45	52285	23191	292041
161561.01	97.82	10996	9.64	8.38	62644	32018	160856
170224.26	97.90	1151	5.20	5.54	35615	11099	272803
324416.65	97.61	18680	16.54	16.38	215913	148465	423423
287756.49	100.02	27513	3.27	2.43	37814	3285	161276
743304.05	96.48	38080	8.57	4.21	256454	154100	569127
101833.07	100.87	1466	6.98	7.51	28603	8136	217805
146121.03	99.59	15952	5.29	4.32	31130	21836	117520
143570.87	93.63	3480	11.44	11.61	66116	42435	223317
291782.17	100.26	40802	12.13	11.03	142441	74193	269856
244838.56	96.09	1451	2.70	2.91	26586	22943	202628
246977.21	87.79	4276	2.64	2.94	26232	13072	241425
85734.35	78.42	468	7.39	7.39	25480	21655	76789
107014.45	99.68	54	7.56	7.54	32543	18240	188560
158460.22	100.03	462	19.21	23.53	122477	90761	127720
503545.75	99.98	60466	10.00	9.76	202622	106239	481080
171868.65	99.40	1448	17.85	13.36	123457	91596	241195
74203.04	97.72	7824	14.12	14.67	42170	29066	140542
367497.9	98.20	106336	15.02	14.29	222064	75265	451606
256111.76	99.53	35012	4.76	4.95	49050	20989	201467
67098.1	96.80	25589	8.73	8.78	23582	7231	79496
539563.39	98.93	22158	14.33	13.96	311228	50473	427539
263767.14	100.00	34144	4.78	3.69	50770	15934	173465
633455.2	96.41	33686	8.81	3.78	224654	137669	490003
359708.4	98.97	26642	13.24	13.09	191593	121542	367456
189773.79	99.57	13627	15.54	15.39	118653	66212	176448
125806.39	98.44	32480	15.13	14.86	76601	43667	136774
143356.08	99.64	7416	6.58	6.67	37956	17559	162755
215997.4	98.76	23726	18.47	16.57	160531	94254	213618

13-11 规模以上集体企业经济指标
Economic Indicators of Collective-owned Industrial Enterprises above Designated Size

指　　标	Item	2000	2005	2010	2013	2014
企业单位数(个)	Number of Enterprises (unit)	476	130	117	74	68
#亏损企业	Loss Enterprises	80	25	5	2	1
资产总计(万元)	Total Assets (10000 yuan)	788828	229162	348716	403245	263922
流动资产合计(万元)	Total Working Capitals (10000 yuan)	339498	111332	144706	151280	81058
负债总计(万元)	Total Liabilities (10000 yuan)	524042	161107	188307	171678	86013
所有者权益(万元)	Owners' Equity (10000 yuan)	264786	68054	160408	231568	177909
主营业务收入(万元)	Revenue from Principal Business (10000 yuan)	639739	361711	987192	1116276	800134
#主营业务税金及附加	Taxes and Other Charges on Principal Business	9083	3078	9000	10724	9104
营业费用	Operating Expenses	28613	7522	13666	20869	14137
利润总额(万元)	Total Profits (10000 yuan)	16296	10666	70683	94628	57977
利润和税金总额(万元)	Total Profits and Taxes (10000 yuan)	45840	27309	113758	152721	102595
全部从业人员年平均人数(人)	Annual Average Empolyed Persons (person)	89896	22005	20572	14589	11798
工业总产值(万元)	Gross Industrial Output Value (10000 yuan)	721640	380504	1020817	1094959	808784
工业增加值(万元)	Value Added of Industry (10000 yuan)	202119	135072	246888	308063	223590
总资产贡献率(%)	Ratio of Total Assets to Output Value (%)	7.45	12.60	35.01	44.04	33.46
资本保值增值率(%)	Changing Rate of Net Assets (%)	105.66	111.03	118.10	132.99	114.78
资产负债率(%)	Assets-Liability Ratio (%)	66.43	70.30	54.00	42.57	32.59
流动资产周转率(次)	Ratio of Turnover Working Capitals (time)	2.04	3.40	7.55	8.22	7.47
成本费用利润率(%)	Ratio of Profits to Cost (%)	2.65	3.08	8.30	9.83	7.93
全员劳动生产率(元／人)	Overall Labor Productivity (yuan/person)	22484	61383	145987	186509	170353
产品销售率(%)	Proportion of Products Sold (%)	96.13	97.92	97.80	101.70	99.40
工业经济效益综合指数(%)	Aggregate Index of Industrial Economic Efficiency (%)	94.86	142.90	300.73	357.07	310.22

13-12 规模以上外商及港、澳、台投资工业企业经济指标
Economic Indicators of Industrial Enterprises with Funds From Foreign, Hong Kong,Macao and Taiwan above Designated Size

指标	Item	2000	2005	2010	2013	2014
企业单位数(个)	Number of Enterprises (unit)	161	497	865	834	852
#亏损企业	Loss Enterprises	48	105	76	70	67
资产总计(万元)	Total Assets (10000 yuan)	1535865	4342147	18824976	22275104	25253775
流动资产合计(万元)	Total Working Capitals (10000 yuan)	699168	1909426	8015663	9157683	10813734
负债总计(万元)	Total Liabilities (10000 yuan)	964810	2256224	10166105	11871050	13334866
所有者权益(万元)	Owners' Equity (10000 yuan)	564655	1828112	8658871	10404055	-2521132
主营业务收入(万元)	Revenue from Principal Business (10000 yuan)	902503	4347580	23685256	38733856	43239554
#主营业务税金及附加	Taxes and Other Charges on Principal Business	10834	34229	110693	185995	199258
营业费用	Operating Expenses	48151	187397	491534	635970	737806
利润总额(万元)	Total Profits (10000 yuan)	35482	222587	1729082	2732993	3150367
利润和税金总额(万元)	Total Profits and Taxes (10000 yuan)	81449	393455	2426230	3964744	4584698
全部从业人员年平均人数(人)	Annual Average Empolyed Persons (person)	58244	175763	443757	468105	487428
工业总产值(万元)	Gross Industrial Output Value (10000 yuan)	970094	4474476	23507450	37293983	42789043
工业增加值(万元)	Value Added of Industry (10000 yuan)	228297	1292092	5528139	9093612	10233942
总资产贡献率(%)	Ratio of Total Assets to Output Value (%)	7.29	9.90	15.46	18.69	20.60
资本保值增值率(%)	Changing Rate of Net Assets (%)	128.36	102.77	137.21	112.85	111.07
资产负债率(%)	Assets-Liability Ratio (%)	62.82	51.96	54.00	53.29	52.80
流动资产周转率(次)	Ratio of Turnover Working Capitals (time)	1.37	2.41	3.38	3.88	4.32
成本费用利润率(%)	Ratio of Profits to Cost (%)	4.11	5.48	8.09	7.72	7.90
全员劳动生产率(元／人)	Overall Labor Productivity (yuan/person)	39197	73513	155849	197980	218147
产品销售率(%)	Proportion of Products Sold (%)	96.60	97.16	98.34	99.65	98.91
工业经济效益综合指数(%)	Aggregate Index of Industrial Economic Efficiency (%)	107.76	146.38	230.85	262.88	283.39

13-13 规模以上股份制工业企业经济指标
Economic Indicators of Share-holding Industrial Enterprises above Designated Size

指　　标	Item	2000	2005	2010	2013	2014
企业单位数(个)	Number of Enterprises (unit)	199	972	2178	2375	2901
#亏损企业	Loss Enterprises	46	199	133	169	204
资产总计(万元)	Total Assets (10000 yuan)	4344536	13787559	30827281	52678672	67349417
流动资产合计(万元)	Total Working Capitals (10000 yuan)	1711422	5440497	12239744	23678110	29124958
负债总计(万元)	Total Liabilities (10000 yuan)	2869565	9321612	19761575	31741325	38099824
所有者权益(万元)	Owners' Equity (10000 yuan)	1416631	4424947	11065706	20937347	29249593
主营业务收入(万元)	Revenue from Principal Business (10000 yuan)	2058324	11225035	46255501	87160395	113009204
#主营业务税金及附加	Taxes and Other Charges on Principal Business	16177	124353	664802	961274	1938379
营业费用	Operating Expenses	94606	293763	757286	1382160	1937530
利润总额(万元)	Total Profits (10000 yuan)	70249	281401	2024469	5109692	7066922
利润和税金总额(万元)	Total Profits and Taxes (10000 yuan)	216345	850327	4043659	8850969	12930673
全部从业人员年平均人数(人)	Annual Average Empolyed Persons (person)	215719	346472	532875	662521	879313
工业总产值(万元)	Gross Industrial Output Value (10000 yuan)	2126128	11348631	45522156	83781647	110602360
工业增加值(万元)	Value Added of Industry (10000 yuan)	648393	3056479	10086142	18900804	26001668
总资产贡献率(%)	Ratio of Total Assets to Output Value (%)	7.13	7.62	15.48	19.81	24.03
资本保值增值率(%)	Changing Rate of Net Assets (%)	141.23	100.48	114.65	120.19	118.19
资产负债率(%)	Assets-Liability Ratio (%)	66.05	67.61	64.10	60.25	56.57
流动资产周转率(次)	Ratio of Turnover Working Capitals (time)	1.25	2.12	4.13	3.95	4.52
成本费用利润率(%)	Ratio of Profits to Cost (%)	3.52	2.62	4.75	6.35	6.81
全员劳动生产率(元／人)	Overall Labor Productivity (yuan/person)	30057	88217	251328	314250.00	312570
产品销售率(%)	Proportion of Products Sold (%)	97.75	98.90	99.20	98.88	98.98
工业经济效益综合指数(%)	Aggregate Index of Industrial Economic Efficiency (%)	99.44	135.03	279.43	331.77	345.78

13-14 规模以上私营工业企业经济指标

Economic Indicators of Private Industrial Enterprises above Designated Size

指标	Item	2000	2005	2010	2013	2014
企业单位数(个)	Number of Enterprises (unit)	252	2079	4349	3941	4318
#亏损企业	Loss Enterprises	38	291	109	135	159
资产总计(万元)	Total Assets (10000 yuan)	280103	4618283	19097127	33999883	43278476
流动资产合计(万元)	Total Working Capitals (10000 yuan)	135471	2136102	7601357	14607246	17778090
负债总计(万元)	Total Liabilities (10000 yuan)	176173	2378298	8834351	14660269	17892432
所有者权益(万元)	Owners' Equity (10000 yuan)	103930	2239923	10262776	19339614	25386044
主营业务收入(万元)	Revenue from Principal Business (10000 yuan)	333975	7176739	53384652	102070952	120190173
#主营业务税金及附加	Taxes and Other Charges on Principal Business	4011	82945	377494	659970	841436
营业费用	Operating Expenses	19971	250797	1030121	1665166	2008968
利润总额(万元)	Total Profits (10000 yuan)	5450	289789	3624354	7879904	9162492
利润和税金总额(万元)	Total Profits and Taxes (10000 yuan)	21757	647106	5721671	12171837	14323275
全部从业人员年平均人数(人)	Annual Average Empolyed Persons (person)	33823	315183	757930	821675	955581
工业总产值(万元)	Gross Industrial Output Value (10000 yuan)	355569	7500600	53492060	99029272	119470756
工业增加值(万元)	Value Added of Industry (10000 yuan)	101405	2368465	11579822	22882034	26949174
总资产贡献率(%)	Ratio of Total Assets to Output Value (%)	9.90	15.21	36.38	42.09	39.66
资本保值增值率(%)	Changing Rate of Net Assets (%)	197.87	175.04	126.25	128.20	126.22
资产负债率(%)	Assets-Liability Ratio (%)	62.90	51.50	46.26	43.12	41.28
流动资产周转率(次)	Ratio of Turnover Working Capitals (time)	2.47	3.56	8.34	7.84	7.66
成本费用利润率(%)	Ratio of Profits to Cost (%)	1.70	4.37	7.67	8.54	8.30
全员劳动生产率(元/人)	Overall Labor Productivity (yuan/person)	29981	75146	207636	299495	311352
产品销售率(%)	Proportion of Products Sold (%)	96.70	97.73	99.12	99.20	99.01
工业经济效益综合指数(%)	Aggregate Index of Industrial Economic Efficiency (%)	118.07	174.17	347.34	412.31	411.95

13-15 工业园区主要经济指标(2014年)

项　目	Item	本年实际累计开发面积(平方公里) Actually Total Area Developed This Year (sq.km)	投产工业企业数(个) Number of Industrial Enterprises Completed and Put into Use (unit)	招商实际到位资金(万元) Actually Introduced Funds (10000 yuan) 绝对数 Value	比上年增长(%) Rate of Increase over Preceding Year
全省总计	**Provincial Total**	**618.57**	**8966**	**37475265**	**10.16**
国家级园区	**National Park**				
南昌小蓝经济技术开发区	Nanchang Xiaolan Economic-Technological Development Zone	6.60	342	630077	6.33
南昌经济技术开发区	Nanchang Economic-Technological Devolopment Zone	16.00	268	1731050	18.23
南昌高新技术产业开发区	Nanchang High-tech Industry Development Zone	11.70	342	1186353	12.47
景德镇高新技术产业开发区	Jingdezhen High-tech Industry Development Zone	4.62	100	641598	-3.68
萍乡经济技术开发区	Pingxiang Economic-Technological Devolopment Zone	5.60	133	700115	-9.10
九江经济技术开发区	Jiujiang Economic-Technological Devolopment Zone	14.50	168	1550574	35.09
新余高新技术产业开发区	Xinyu High-tech Industry Development Zone	4.90	149	1021055	0.20
鹰潭高新技术产业园区	Yingtan High-tech Industry Park	9.50	100	435717	20.72
龙南经济技术开发区	Longnan Economic-Technological Devolopment Zone	9.31	133	306586	13.98
瑞金经济技术开发区	Ruijin Economic-Technological Devolopment Zone	6.6	61	107164	-36.79
赣州经济技术开发区	Ganzhou Economic-Technological Devolopment Zone	10.10	219	1064185	28.76
井冈山经济技术开发区	Jinggangshan Economic-Technological Devolopment Zone	5.10	86	910000	15.89
江西宜春经济开发区	Jiangxi Yichun Economic Development Zone	8.23	249	1005116	57.31
上饶经济技术开发区	Shangrao Economic-Technological Devolopment Zone	14.80	194	1062624	5.33
省级主要园区	**Provincial Main Park**				
江西抚州高新技术产业园区	Jiangxi Fuzhou High-tech Industry Park	11.50	174	552870	22.56
南昌昌东工业园区	Nanchang Changdong Industrial Park	9.58	248	448926	7.78
江西新建长堎工业园区	Jiangxi Xinjian Changleng Industrial Park	3.50	120	414157	240.46
江西乐平工业园区	Jiangxi Leping Industrial Park	5.59	67	130100	-20.57
江西芦溪工业园区	Jiangxi Luxi Industrial Park	2.00	55	435648	4.52
江西永修云山经济开发区	Jiangxi Yongxiu Yunshan Economic Development Zone	10.80	103	1082065	33.96
江西德安工业园区	Jiangxi Dean Industrial Park	11.00	107	526961	20.13
江西分宜工业园区	Jiangxi Fenyi Industrial Park	3.50	39	401000	100.04
江西余江工业园区	Jiangxi Yujiang Industrial Park	4.60	103	195676	18.84
江西贵溪工业园区	Jiangxi Guixi Industrial Park	6.10	90	482908	41.92
江西赣州章贡经济开发区	Jiangxi Ganzhou Zhanggong Economic Development Zone	5.40	90	47606	7.93
江西赣州高新技术产业园区	Jiangxi Ganzhou High-tech Industry Park	8.50	107	301440	0.05
江西吉安高新技术产业园区	Jiangxi Ji'an High-tech Industry Park	7.00	100	462700	-25.28
江西泰和工业园区	Jiangxi Taihe Industrial Park	6.00	112	258835	-50.41
江西上高工业园区	Jiangxi Shanggao Industrial Park	7.24	170	821724	21.81
江西丰城高新技术产业园区	Jiangxi Fengcheng High-tech Industry Park	27.00	104	715458	14.31
江西樟树工业园区	Jiangxi Zhangshu Industrial Park	6.10	115	613694	108.06
江西崇仁工业园区	Jiangxi Chongren Industrial Park	5.50	72	130419	-12.31
江西东乡经济开发区	Jiangxi Dongxiang Economic Development Zone	6.50	109	456908	-28.05
江西广丰工业园区	Jiangxi Guangfeng Industrial Park	10.00	134	745832	66.53
江西玉山工业园区	Jiangxi Yushan Industrial Park	7.80	129	385436	0.43
江西横峰工业园区	Jiangxi Hengfeng Industrial Park	5.10	52	99237	-34.20

Main Economic Indicators of Industrial Park (2014)

工业增加值 (万元) Value-added of Industry (10000 yuan)		出口交货值 (万元) Delivery Value of Industry Export (10000 yuan)		主营业务收入 (万元) Revenue from Principal Business (10000 yuan)		利税总额 (万元) Total Profits and Taxes (10000 yuan)		从业人员 (人) Number of Employed Persons (person)	
绝对数 Value	比上年增长(%) Rate of Increase over Preceding Year	绝对数 Value	比上年增长(%) Rate of Increase over Preceding Year	绝对数 Value	比上年增长(%) Rate of Increase over Preceding Year	绝对数 Value	比上年增长(%) Rate of Increase over Preceding Year	绝对数 Value	比上年增长(%) Rate of Increase over Preceding Year
54544697	**12.00**	**19428926**	**27.02**	**232267481**	**12.28**	**27476200**	**16.82**	**2081953**	**7.10**
1973646	12.46	645533	43.95	7818481	18.30	963283	45.88	73036	10.29
2172024	12.07	1134374	38.01	8515207	14.66	889924	22.44	81694	12.51
3717128	8.57	1183746	27.11	11036879	6.69	1719524	15.57	77853	2.96
860528	9.49	287868	11.88	4348012	12.32	304690	19.58	23785	-2.32
1073157	7.86	611288	17.47	5135096	1.69	653052	12.62	64479	20.25
2176105	12.75	638274	117.03	10006139	12.96	1022638	-0.67	57006	7.00
1513531	12.72	892740	112.15	6304511	11.23	409090	10.07	41746	7.68
614788	11.29	143259	184.70	4871449	13.62	379417	10.47	25433	7.33
591092	12.22	419773	5.88	2246112	14.82	207557	-19.78	33826	8.61
219880	16.14	302258	45.15	797789	14.29	114255	30.95	13007	4.54
1301224	9.16	1093021	18.38	5863678	12.25	578119	11.03	57795	3.95
1013305	16.49	331325	11.61	4827260	16.50	519828	24.98	38912	14.80
758185	15.40	97073	90.10	3020644	7.46	354890	6.10	46400	5.71
1359065	5.22	896916	30.00	5995326	5.10	742943	38.48	53567	4.04
866384	17.58	212815	1.82	3512190	18.81	328157	9.51	30378	-19.06
847550	5.72	354720	21.13	3507207	6.25	444758	50.43	36916	20.32
1077968	11.17	161223	-1.48	4780194	14.05	493803	28.65	32270	25.21
752181	10.43	147406	36.53	2834596	10.83	317111	13.04	17111	15.39
296059	6.14	28851	-10.53	1119195	9.47	190175	10.98	12323	7.38
757876	14.63	55722	-8.50	3409584	15.11	370750	41.79	23199	5.77
758443	17.53	371944	45.40	3302256	18.38	306582	25.09	27621	6.94
391209	6.25	45522	13.57	2022630	1.29	159219	-0.61	9746	3.94
442916	17.52	101566	40.15	2447034	16.81	254446	8.30	17087	4.78
593187	16.24	83519	12.68	4865669	13.72	383790	27.05	16232	5.47
617055	8.81	174679	24.35	2450559	13.09	236948	16.23	24660	13.99
636171	5.90	479441	4.19	2736130	8.19	222285	20.41	25767	-0.91
638057	17.25	488649	29.56	2688098	17.32	327436	24.87	32810	5.76
496160	17.71	444370	12.74	2003582	16.36	248237	20.37	29882	13.37
1142047	17.87	579711	13.03	4503268	17.82	681953	7.81	51842	4.42
1294508	9.43	29794	-67.32	5065321	6.16	717206	18.67	31054	-1.40
1095128	10.26	24283	98.05	4234347	12.43	654241	14.61	35035	3.19
287179	13.66	40446	-17.90	1757032	10.24	208223	34.29	13273	23.45
401213	8.07	23843	23.11	2120558	17.29	274885	62.40	18044	3.40
1316524	12.01	524781	32.51	5129809	5.77	954404	4.21	30138	8.51
613374	16.59	223592	17.95	2508500	14.53	369229	18.80	19820	10.29
442987	5.39	24057	14.01	2048287	5.01	380519	13.72	12861	10.16

主要统计指标解释

工业 指从事自然资源的开采，对采掘品和农产品进行加工和再加工的物质生产部门。具体包括：(1)对自然资源的开采，如采矿、晒盐等(但不包括禽兽捕猎和水产捕捞)；(2)对农副产品的加工、再加工，如粮油加工、食品加工、缫丝、纺织、制革等；(3)对采掘品的加工、再加工，如炼铁、炼钢、化工生产、石油加工、机器制造、木材加工等，以及电力、自来水、煤气的生产和供应等；(4)对工业品的修理、翻新，如机器设备的修理、交通运输工具(如汽车)的修理等。

工业统计调查单位为独立核算法人工业企业。

独立核算法人工业企业指从事工业生产经营活动的单位。独立核算法人工业企业应同时具备以下条件：①依法成立，有自己的名称、组织机构和场所，能够承担民事责任；②独立拥有和使用资产，承担负债，有权与其他单位签订合同；③独立核算盈亏，并能够编制资产负债表。

本年鉴中涉及的企业登记注册类型：

国有及国有控股企业 指国有企业加上国有控股企业。国有企业(即原全民所有制工业或国营工业)指企业全部资产归国家所有，并按《中华人民共和国企业法人登记管理条例》规定登记注册的非公司制的经济组织。包括国有企业、国有独资公司和国有联营企业。1957 年以前的公私合营和私营工业，后均改造为国营工业，1992 年改为国有工业，这部分工业的资料不单独分列时，均包括在国有企业内。国有控股企业是对混合所有制经济的企业进行的“国有控股”分类。它是指这些企业的全部资产中国有资产(股份)相对其他所有者中的任何一个所有者占资(股)最多的企业。该分组反映了国有经济控股情况。

集体企业 指企业资产归集体所有，并按《中华人民共和国企业法人登记管理条例》规定登记注册的经济组织。是社会主义公有制经济的组成部分。包括城乡所有使用集体投资举办的企业，以及部分个人通过集资自愿放弃所有权并依法经工商行政管理机关认定为集体所有制的企业。

股份合作企业 指以合作制为基础，由企业职工共同出资入股，吸收一定比例的社会资产投资组建，实行自主经营，自负盈亏，共同劳动，民主管理，按劳分配与按股分红相结合的一种集体经济组织。

联营企业 指两个及两个以上相同或不同所有制性质的企业法人或事业单位法人，按自愿、平等、互利的原则，共同投资组成的经济组织。联营企业包括：

国有联营企业指国有企业与国有企业间的联营；

集体联营企业指集体企业与集体企业间的联营；

国有与集体联营企业指国有企业与集体企业间的联营。

有限责任公司 指根据《中华人民共和国公司登记管理条例》规定登记注册，由两个以上，五十个以下的股东共同出资，每个股东以其所认缴的出资额对公司承担有限责任，公司以其全部资产对其债务承担责任的经济组织。

有限责任公司包括国有独资公司以及其他有限责任公司。

股份有限公司 指根据《中华人民共和国企业法人登记管理条例》规定登记注册，其全部注册资本由等额股份构成并通过发行股票筹集资本，股东以其认购的股份对公司承担有限责任，公司以其全部资产对其债务承担责任的经济组织。

私营企业 指由自然人投资设立或由自然人控股，以雇佣劳动为基础的营利性经济组织。包括按照《公司法》、《合伙企业法》、《私营企业暂行条例》规定登记注册的私营有限责任公司、私营股份有限公司、私营合伙企业和私营独资企业。

港、澳、台商投资企业 指企业注册登记类型中的港、澳、台资合资、合作、独资经营企业和股份有限公司之和。

外商投资企业 指企业注册登记类型中的中外合资、合作经营企业、外资企业和外商投资股份有限公司之和。

“三资”企业系指港、澳、台商投资企业和外资企业的简称。

轻工业 指主要提供生活消费品和制作手工工具的工业。按其所使用的原料不同，可分为两大类：(1)以农产品为原料的轻工业，是指直接或间接以农产品为基本原料的轻工业。主要包括食品制造、饮料制造、烟草加工、纺织、缝纫、皮革和毛皮制作、造纸以及印刷等工业；(2)以非农产品为原料的轻工业，是指以工业品为原料的轻工业。主要包括文教体育用品、化学药品制造、合成纤维制造、日用化学制品、日用玻璃制品、日用金属制品、手工工具制造、医疗器械制造、文化和办公用机械制造等工业。

重工业 指为国民经济各部门提供物质技术基础的主要生产资料的工业。按其生产性质和产品用途，可以分为下列三类：(1)采掘(伐)工业，是指对自然资源的开采，包括石油开采、煤炭开采、金属矿开采、非金属矿开采等工业；(2)原材料工业，指向国民经济各部门提供基本材料、动力和燃料的工业。包括金属冶炼及加工、炼焦及焦炭、化学、化工原料、水泥、人造板以及电力、石油和煤炭加工等工业；(3)加工工业，是指对工业原材料进行再加工制造的工业。包括装备国民经济各部门的机械设备制造工业、金属结构、水泥制品等工业，以及为农业提供的生产资料如化肥、农药等工业。

根据上述划分原则，修理业中以重工业产品为修理作业对象的划为重工业，反之划为轻工业。

工业总产值

(1)定义:

工业总产值是以货币形式表现的,工业企业在一定时期内生产的工业最终产品或提供工业性劳务活动的总价值量。它反映一定时间内工业生产的总规模和总水平。

(2)计算原则:

工业生产的原则,即凡是企业在报告期生产的经检验合格的产品,不管是否在报告期销售,均包括在内。

最终产品的原则,即凡是计入工业总产值的产品,必须是本企业生产的经检验合格的,不需要再进行任何加工的最终产品。如果企业有中间产品(半成品)对外销售,则对外销售的中间产品应视为企业的最终产品。

工厂法原则,即工业总产值是以工业企业作为基本计算(核算)单位,即按企业的最终产品计算工业总产值。按这种方法计算的工业总产值,不允许同一产品价值在企业内部重复计算,不能把企业内部各个车间(分厂)生产的成果相加,但允许企业间的重复计算。

(3)内容及计算方法:

1995 年全国工业普查对工业总产值(原规定)的内容及计算原则和方法做了某些修订,修订后的工业总产值(新规定)包括三项内容:即本期生产成品价值、对外加工费收入、在制品半成品期末期初差额价值三部分。

本期生产成品价值:指企业本期生产,并在报告期内不再进行加工,经检验、包装入库的全部工业成品(半成品)价值合计,包括企业生产的自制设备及提供给本企业在建工程、其他非工业部门和福利部门等单位使用的成品价值。本期生产成品价值为按自备原材料生产的产品的数量乘以本期不含增值税(销项税额)的产品实际销售平均单价计算;会计核算中按成本价格转帐的自制设备和自产自用的成品,按成本价格计算生产成品价值。生产成品价值中不包括用定货者来料加工的成品(半成品)价值。

对外加工费收入:指企业在报告期内完成的对外承接的工业品加工(包括用定货者来料加工产品)的加工费收入和对外工业修理作业所取得的加工费收入。对外加工费收入按不含增值税(销项税额)的价格计算,可根据会计“产品销售收入”科目的有关资料取得。

对于本企业对内非工业部门提供的加工修理、设备安装的劳务收入,如果企业会计核算基础较好,能取得这部分资料,而且这部分价值所占比重较大,应包括在对外加工费收入中。

自制半成品在制品期末期初差额价值:指企业报告期在制品期末减期初的差额价值,本指标一般可以从会计核算资料中取得。如果会计产品成本核算中不计算半成品、在制品的成本,则总产值中也不包括这部分价值,反之则包括。

(4)工业总产值统计范围变化和计算方法修订情况:

1984 年以前工业总产值不包括村办工业,村办工业总产值划归农业。1984 年以后工业总产值包括村办工业。

1995 年工业普查对工业总产值计算方法做了修订,即从 1995 年始按新修订(新规定)方法计算工业总产值。新规定与原规定的区别如下:

全价与加工费的计算原则不同:新规定为凡自备原材料,不论其生产繁简程度如何,一律按全价计算工业总产值;凡来料加工,允许按加工费计算工业总产值。原规定则视生产加工的繁简程度不同,规定哪些行业按全价,哪些行业按加工费计算工业总产值。

自制半成品、在产品期末期初差额价值的计算原则不同:新规定要求,凡会计产品成本核算时计算了成本的差额价值,总产值中就应包括,否则可不包括;原规定则按生产周期六个月的界限区分,凡生产周期六个月以上的企业,总产值计算中应包括这部分差额价值,否则可不包括。

计算价格不同:新规定按不含增值税(销项税额)的价格计算;原规定则按含增值税(销项税额)的价格计算。

工业增加值 指工业企业在报告期内以货币表现的工业生产活动的最终成果。

工业增加值有两种计算方法:一是生产法,即工业总产出减去工业中间投入加上应交增值税;二是收入法,即从收入的角度出发,根据生产要素在生产过程中应得到的收入份额计算,具体构成项目有固定资产折旧、劳动者报酬、生产税净额、营业盈余,这种方法也称要素分配法。本年鉴中的工业增加值是以生产法计算的。

生产法工业增加值的计算方法为:

工业增加值=工业总产出-工业中间投入+应交增值税

(1)工业总产出:指工业企业在一定时期内工业生产活动的总成果。工业总产出包括:成品生产价值,对外加工费收入,自制半成品、在产品期末期初差额价值。1995 年后用新规定计算的工业总产值代替。

(2)工业中间投入:指工业企业在工业生产活动中消耗的外购物质产品和对外支付的服务费用。服务费用包括支付给物质生产部门(工业、农业、批发零售贸易业、建筑业、运输邮电业)的服务费用和支付给非物质生产部门(如保险、金融、文化教育、科学研究、医疗卫生、行政管理等)的服务费用。工业中间投入的确定须遵循以下原则:必须从外部购入的,并已计入工业总产出的产品和服务价值;必须是本期投入生产,并一次性消耗掉(包括本期摊销的低值易耗品等)的产品和服务价值。

工业中间投入包括直接材料费用、制造费用中的工业中间投入、管理费用中的工业中间投入、销售费用中的工业中间投入和利息支出五部分。

资产总计 指企业拥有或控制的能以货币计量的经济资源,包括各种财产、债权和其他权利。资产按流动性分为流动资产、长期投资、固定资产、无形资产、递延资产和其他资产。该指标根据企业会计“资产负债表”中“资产总计”项目的期末数增列。

流动资产 指企业可以在一年内或者超过一年的一个生产周期内变现或者耗用的资产，包括现金及各种存款、短期投资，应收及预付款项、存货等。

流动资产平均余额 指企业在报告期内全部流动资产的平均余额。

固定资产原价 指企业在建造、购置、安装、改建、扩建、技术改造某项固定资产时所支出的全部货币总额。它一般包括买价、包装费、运杂费和安装费等。

固定资产净值年平均余额 指固定资产净值在报告期内余额的平均数。计算公式为：

$$\text{固定资产净值年平均余额}=\frac{\text{1至12月各月月初、月末固定资产净值之和}}{24}$$

该指标根据“资产负债表”中“固定资产原价”、“累计折旧”指标的期初、期末数计算填列。

固定资产净值指固定资产原价减去历年已提折旧额后的净额。计算公式为：

固定资产净值=固定资产原价-累计折旧

负债合计 指企业所承担的能以货币计量，将以资产或劳务偿付的债务，偿还形式包括货币、资产或提供劳务。负债一般按偿还期长短分为流动负债和长期负债。根据会计“资产负债表”中“负债合计”的年末数填列。

所有者权益 指企业投资人对企业净资产的所有权。企业净资产等于企业全部资产减去全部负债后的余额，包括企业投资人对企业的最初投入的实际到位的资产及资本公积金、盈余公积金和未分配利润。所有者权益合计数小于零，表示企业资不抵债。

主营业务收入 指企业销售产品和提供劳务等主要经营业务取得的收入。

主营业务成本 指企业销售产品和提供劳务等主要经营业务过程中的实际成本。

主营业务税金及附加 指企业销售产品和提供劳务等主要经营业务应负担的城市维护建设税、消费税、资源税和教育费附加。

利润总额 指企业生产经营活动的最终成果，是企业在一定时期内实现的盈亏相抵后的利润总额(亏损以“-”号表示)，它等于营业利润加上补贴收入加上投资收益加上营业外净收入再加上以前年度损益调整。

本年应交增值税 指企业在报告期内应交纳的增值税额。它等于本年销项税额加上出口退税加上进项税额转出数减去本年进项税额。小规模纳税企业直接按全年计税销售额乘以征收率计算取得。

从业人员平均人数 是指报告期内每天拥有的从业人员人数。其计算公式为：

$$\text{季平均人数}=\frac{\text{季内各月平均人数之和}}{3}$$

$$\text{月平均人数}=\frac{\text{报告月内每天实有人数之和}}{\text{报告月日历日数}}$$

$$\text{年平均人数}=\frac{\text{年内各月平均人数之和}}{12}$$

工业增加值率 指在一定时期内工业增加值占同期工业总产值的比重，反映降低中间消耗的经济效益。计算公式为：

工业增加值率（%）=工业增加值（现价）/工业总产值（现价）×100%

总资产贡献率 反映企业全部资产的获利能力，是企业经营业绩和管理水平的集中体现，是评价和考核企业盈利能力的核心指标。计算公式为：

$$\text{总资产贡献率(\%)}=\frac{\text{利润总额}+\text{税金总额}+\text{利息支出}}{\text{平均资金总额}}\times100\%$$

公式中：税金总额为产品销售税金及附加与应交增值税之和；平均资产总额为期初期末资产之和的算术平均值。

资产负债率 该指标既反映企业经营风险的大小，也反映企业利用债权人提供的资金从事经营活动的能力。计算公式为：

$$\text{资产负债率(\%)}=\frac{\text{负债总额}}{\text{资产总额}}\times100\%$$

资产与负债均为报告期期末数。

流动资产周转次数 指一定时期内流动资产完成的周转次数，反映投入工业企业流动资金的周转速度。计算公式为：

$$\text{流动资产周转次数}=\frac{\text{产品销售收入}}{\text{全部流动资产平均余额}}$$

公式中：全部流动资产平均余额为期初和期末的流动资产之和的算术平均值。

成本费用利润率 反映企业投入的生产成本及费用的经济效益，同时也反映企业降低成本所取得的经济效益。计算公式为：

$$\text{成本费用利润率(\%)}=\frac{\text{利润总额}}{\text{成本费用总额}}\times100\%$$

公式中：成本费用总额为产品销售成本、销售费用、管理费用、财务费用之和。

产品销售率 该指标反映工业产品已实现销售的程度，是分析工业产销衔接情况，研究工业产品满足社会需求的指标。计算公式为：

$$\text{产品销售率(\%)}=\frac{\text{工业销售产值}}{\text{工业总产值(现价)}}\times100\%$$

全员劳动生产率 指根据产品的价值量指标计算的平均每一就业人员在单位时间内的产品生产量。是考核企业经济活动的重要指标，是企业生产技术水平、经营管理水平、职工技术熟练程度和劳动积极性的综合表现。目前，我国的全员

劳动生产率是将工业企业的增加值除以同一时期全部就业人员的平均人数来计算的。计算公式为:

$$全员员劳动生产率=\frac{工业增加值}{全部从业人员平均人数}$$

资本保值增值率 该指标反映企业净资产的变动状况，是企业发展能力的集中体现。计算公式为:

$$资本保值增值率（\%）=\frac{报告期期末所有者权益}{上年同期期末所有者权益}\times100\%$$

工业经济效益综合指数 是综合衡量地区工业经济效益总体水平的一种特殊相对数，是反映一定时期工业经济运行质量的主要指标。工业经济效益综合指数由总资产贡献率、资本保值增值率、资产负债率、流动资产周转率、成本费用利润率、全员劳动生产率和产品销售率的实际数值分别除以该项指标的全国标准值，并乘以各自的权数，加总后除以总权数求得。该指标可从静态水平和动态趋势上较为全面地反映各地区工业经济效益的变化情况，并可在一定程度上消除地区对比的不可比因素。

Explanatory Notes on Main Statistical Indicators

Industry refers to the material production sector which is engaged in the extraction of natural resources and processing and reprocessing of minerals and agricultural products, including (1) extraction of natural resources, such as mining, salt production (but not including hunting and fishing); (2) processing and reprocessing of farm and sideline produces, such as rice husking, flour milling, wine making, oil pressing, silk reeling, spinning and weaving, and leather making; (3) manufacture of industrial products, such as steel making, iron smelting, chemicals manufacturing, petroleum processing, machine building, timber processing; water and gas production and electricity generation and supply; (4)repairing of industrial products such as the repairing of machinery and means of transport (including cars).

In industrial statistics surveys, the units of enquiry are corporate industrial enterprises with independent accounting systems.

Corporate industrial enterprises with independent accounting systems refer to enterprises engaging in industrial production activities, which meet the following requirements: (1) They are established legally, having their own names, organizations, location and able to take civil liability; (2) They possess and use their assets independently, assume liabilities and are entitled to sign contracts with other units; (3) They are financially independent and compile their own balance sheets.

Enterprises covered in the industrial statistics in the Yearbook include the following categories by their registration:

State-owned and State-holding Enterprises refer to state-owned enterprises plus State-holding enterprises. State-owned enterprises (originally known as State-run enterprises with ownership by the whole society) are non-corporate economic entities registered in accordance with the Regulation of the People's Republic of China on the Management of Registration of Legal Enterprises, where all assets are owned by the State. Included in this category are State-owned enterprises, State-funded corporations and State-owned joint-operation enterprises. Joint State private industries and private industries, which existed before 1957, were transformed into state-run industries since 1957, and into State-owned industries after 1992. Statistics on those enterprises are included in the State-owned industries instead of being grouped them separately. State-holding enterprises are a sub-classification of enterprises with mixed ownership, referring to enterprises where the percentage of State assets (or shares by the State) is larger than any other single share holder of the same enterprise. This sub-classification illustrates the control of the State over a particular industry.

Collective-owned Enterprises refer to economic entities registered in accordance with the Regulation of the People's Republic of China on the Management of Registration of Legal Enterprises, where assets are owned collectively. Collective enterprises constitute an integral part of the socialist economy with public ownership. They include urban and rural enterprises invested collectively, and some enterprises registered in industrial and commercial administration agency as collective units where funds are pooled together by individuals who voluntarily give up their right of ownership.

Share-holding Cooperative Enterprises refer to economic units set up on a cooperative basis, with funding partly from employees of the enterprise and partly from outside investment, where the operation and management is decided by all the members who also participate in the production, and the distribution of income is based both on work (labour input) and on shares (capital input).

Joint-operation Enterprises refer to economic units that are established by joint investment by two or more corporate enterprises or institutions of the same or different types of ownership on voluntary, equal and mutual-beneficial basis. They include:

a) State-owned joint-operation enterprises (joint operation between State-owned enterprises);

b) Collective joint-operation enterprises (joint operation between collective enterprises; and

c) State-collective joint-operation enterprises (joint operation between state and collective enterprises).

Limited Liability Corporations refer to economic units registered in accordance with the Regulation of the People's Republic of China on the Management of Registration of Corporations, with capital from 2 to 49 investors, each investor bears limited liability to the corporation depending on his/her holding of shares, and the corporation bears liability to its debt to the maximum of its total assets.

Share-holding Corporations Ltd. refer to economic units registered in accordance with the Regulation of the People's Republic of China on the Management of Registration of Corporate Enterprises, with total registered capital divided into equal shares and raised through issuing stocks. Each investor bears limited liability to the corporation depending on the holding of shares, and the corporation bears liability to its debt to the maximum of its total assets.

Private Enterprises refer to economic units invested or controlled (by holding the majority of the shares) by natural persons who hire labours for profit-making activities. Included in this category are private limited liability corporations, private share-holding corporations Ltd., private partnership enterprises and private sole investment enterprises registered in accordance with the Corporation Law, Partnership Enterprise Law and Tentative Regulation on Private Enterprises.

Enterprises with Funds from Hong Kong, Macao and Taiwan refers to all industrial enterprises registered as the joint-venture, cooperative, sole (exclusive) investment industrial enterprises and limited liability corporations with funds from Hong Kong, Macao and Taiwan.

Foreign Funded Enterprises refer to all industrial enterprises registered as the joint-venture, cooperative, sole (exclusive) investment industrial enterprises and limited liability corporations with foreign funds.

Enterprises with Hong Kong, Macao, Taiwan and Foreign Fund refer to all the enterprises with funds from Hong Kong, Macao, Taiwan and foreign funded enterprises.

Light Industry refers to the industry that produces consumer goods and hand tools. It consists of two categories, depending on the materials used:

(1) Industries using farm products as raw materials. These are the branches of light industry which directly or indirectly use farm products as basic raw materials, including the manufacture of food and beverages, tobacco processing, textile, clothing, fur and leather manufacturing, paper making, printing, etc.

(2) Industries using non-farm products as raw materials. These are the branches of light industry which use manufactured goods as raw materials, including the manufacture of cultural, educational articles and sports goods, chemicals, synthetic fibre, chemical products for daily use, glass products for daily use, metal products for daily use, hand tools, medical apparatus and instruments, and the manufacture of cultural and office machinery.

Heavy Industry refers to the industry which produces capital goods, and provides various sectors of the national economy with necessary material and technical basis for production. It consists of the following three branches according to the purpose of production or the use of products:

(1) Mining, quarrying and logging industry, which refers to the industry that extracts natural resources, including extraction of petroleum, coal, metal and non-metal ores.

(2) Raw materials industry refers to the industry that provides various sectors of the national economy with raw materials, fuels and power. It includes smelting and processing of metals, coking and coke chemistry, chemical materials and building materials such as cement, plywood, and power, petroleum refining and coal dressing.

(3) Manufacturing industry which refers to the industry that processes raw materials. It includes machine-building industries which equip sectors of the national economy; industries producing metal structure and cement products; and industries producing means of agricultural production, such as chemical fertilizers and pesticides.

In accordance with the above principles of classification, the repairing trades, which are engaged primarily in repairing products of heavy industry, are classified as heavy industry while those which are engaged in repairing products of light industry are classified as light industry.

Gross Industrial Output Value

(1) Definition: Gross industrial output value is the total volume of final industrial products produced and industrial services provided during a given period. It reflects the total achievements and overall scale of industrial production during a given period.

(2) Principles for calculation:

Statistics on industrial production follow the principle that all products produced by the enterprises and accepted through quality check during the reference period are to be included no matter whether they are sold or not during the reference period.

Determination of final products follows the principle that all products that are included in the calculation of gross industrial output value are the final products of the enterprise which have been accepted through quality check and require no further processing. If an enterprise has intermediate (semi-finished) products to sell, these intermediate products are considered as the final products of the enterprise.

Gross industrial output value is calculated following the principle of factory approach, i.e. industrial enterprise is used as the basic accounting unit in calculating the gross industrial output value. By this approach, value of the same product is not to be double-counted, and the output value of different workshops (branch factories) within the enterprise should not be added. However, this approach allows the possibility of double counting between enterprises.

(3) Content and method of calculation: The old definition of gross industrial output value was modified during the 1995 National Industrial Census. The revised (new) definition of gross industrial output value consists of 3 components: value of the finished products during the reference period, income from processing for external parties, and value of change in semi-finished products between the end and the beginning of the reference period.

Value of finished products during the reference period: refers to the value of all finished (semi-finished) industrial products that are produced during the reference period without the need for further processing, checked for acceptance, packed and put into the warehouse of the enterprise, including the value of own-produced equipment and the value of products provided to the projects under construction of the enterprise, and to other non-industrial or welfare units. Value of finished products during the reference period is calculated by the quantity of products produced using own materials multiplied by the average unit prices at which products are sold (excluding value-added tax). Own-produced equipment and products produced for own use are valued at cost prices as in the case of enterprise accounting. Value of finished products does not include the value of finished products (semi-finished products) that are produced using the materials from the clients who place the orders.

Income from external processing: refers to income from contracted external processing of industrial products (including processing of industrial products using materials from the clients), and the income from industrial repairing work provided to other parties. Income from external processing is calculated using information from the item "products sales income" in the enterprise accounting at the prices with value-added tax excluded.

For income from services such as processing, repairing and installation of equipment provided to non-industrial units within the enterprise, if the accounting work of the enterprise is good enough to separate it from other records, and the share of such services is significant, it should also be included in the income from external processing.

Value of change in semi-finished products between the end and the beginning of the reference period: refers to the value of change in semi-finished products between the end and the beginning of the reference period, which generally can be obtained from accounting records of enterprises. If the enterprise accounting excludes the cost of semi-finished products, then it should not be included in the gross industrial output value, and the reverse if otherwise.

(4) Changes in the scope and method of calculation of the gross industrial output value

Prior to 1984, the value of rural industry run by villages was classified into agriculture instead of industry. Since 1984, it has been included in the gross industrial output value. Method of calculation for the gross industrial output value was modified in the industrial census in 1995. The difference in the new method as compared with the old one is outlined below:

Principle in using full value vs. processing fee: The new method stipulates that all products produced using own materials are to be calculated with full value in reporting the gross industrial output value irrespective of the complexity of production, and for external processing, it allows calculation using processing fee. In the old method, however, the use of full value or processing fee was determined by the degree of complexity of production in different branches of industries.

Principle in determining the value of change in semi-finished products: The new method requires that value of change in semi-finished products should be included in the gross industrial output value if it is included in the accounting record of the enterprise, otherwise it should not be included. In the old method, it is determined by the type of enterprises in terms of production cycle. If the production cycle is over 6 months, the value of change in semi-finished products is included in the gross industrial output value, otherwise it is not.

Difference in prices: The new method uses prices excluding value-added tax in the calculation of gross industrial output value, while the old method used prices including value-added tax.

Value-added of Industry refers to the final results of industrial production of industrial enterprises in money terms during the reference period.

Industrial value-added can be calculated by two approaches: the production approach, i.e. gross industrial output value minus intermediate input plus value-added tax, and the income approach, i.e. income for various factors used in the course of production, including depreciation of fixed assets, remuneration of labourers, net of production tax, and operating surplus. Value-added of industry in the Yearbook is calculated by the production approach as follows:

Value-added of industry = gross industrial output - industrial intermediate input + value-added tax

(1) Gross industrial output: refers to the total achievements of industrial production activities during a given period. Gross industrial output includes value of finished products, income from external processing, and value of change in semi-finished products between the end and the beginning of the reference period. Since 1995, the gross industrial output value obtained by the new method is used in the calculation.

(2) Industrial intermediate input: refers to purchased goods and paid services consumed during the industrial production of enterprises. Fees paid for services include fees paid for the services provided by material production sectors (industry, agriculture, wholesale and retail trade, construction, transport, post and telecommunications) and by non-material production sectors (insurance, banking, culture, education, scientific research, health and medical care, public administration, etc.). The determination of industrial intermediate input follows the principle that the goods and services must be purchased from outside and included in the gross industrial output, and that the goods and services are inputted into production and consumed (include low-value consumables) during the reference period.

Industrial intermediate input includes 5 components, namely direct consumption of materials, industrial intermediate input in manufacturing cost, industrial intermediate input in management cost, industrial intermediate input in marketing cost and expenditure on interest.

Total Assets refer to all economic resources, in monetary term, these are owned or controlled by enterprises, including properties, creditor's equity and other economic rights of all forms. Classified by the degree of liquidity, total assets include working capitals, long-term investment, fixed assets, intangible assets, deferred assets and other assets. Data on this indicator can be obtained by the year-end figures of total assets in the Assets and Liability Table of accounting records of enterprises.

Working Capital refers to capital that an enterprise can cash or use during one year or one production cycle that may exceed one year, including cash and savings deposits of various forms, short-term investment, money receivable and prepaid money, inventories, etc.

Annual Average Value of Working Capital refers to the average value of all working capital of the enterprise during the reference period.

Original Value of Fixed Assets refers to the total value, in monetary terms, that an enterprise spent on fixed assets, through construction, purchase, installation, transformation, expansion or technical upgrading. Generally, it covers cost of purchase, packing, transportation and installation, etc.

Annual Average of Net Value of Fixed Assets refers to the average of the net value of fixed assets during the reference period, calculated with the following formula:

$$\text{Annual Average of Net Value of Fixed Assets} = \frac{\text{sum of net value of fixed assets at the beginning and at the end of each month from January to December}}{24}$$

Information on this indicator can be obtained from the beginning and ending figures of the original value of fixed assets and cumulative depreciation from the Assets and Liability Table of enterprises.

Net value of fixed assets refers to the original value of fixed assets minus depreciation over the years, i.e.:

Net value of fixed assets = original value of fixed assets - cumulative depreciation

Total Liabilities refer to payable liabilities of enterprises that have to be repaid in terms of money, assets or labour services. In terms of payment, it can be divided into liquid liabilities and long-term liabilities. Data on this item is obtained from the ending figures on total liabilities from the Assets and Liability Table from the enterprises.

Owner's Equity refers to the ownership of net assets of enterprise by its investors. Net assets equal total assets minus total liabilities of the enterprise, including the actual assets invested into the enterprise by investors, accumulation of capital and operating surplus and non-distributed profits. The enterprise's assets are less than its liabilities if the sum of owner's equity is smaller than zero.

Revenue from Principal Business is obtained by deducting depreciation over years from the original value of fixed assets.

Cost of Principal Business refers to the revenue from the sales of products by industrial enterprises and the revenue from services provided and etc.

Tax and Extra Charges from Principal Business refers to the actual cost of products of industrial enterprises and industrial services provided, etc.

Total Profits refer to the final achievement of production and operation activities of the enterprises, represented by total profits after deducting losses (loss is expressed by the negative figure). It is the sum of profits from operation, income from subsidies, investment earnings, net income from activities other than operation, and adjustment of profits and losses of previous years.

Value-added Tax Payable in the Current Year refers to the amount of the value-added tax which should be paid by the enterprises during the reference period. It is the sum of tax on sales, export rebate, and transferred tax on purchases of the current year, minus the tax on purchases of the current year. Value-added tax payable of small-size enterprises is determined by the taxable sales of the year multiplied by the tax rate.

Average Annual Number of Employed Persons Employed persons refer to all those who are employed in enterprises and receive remunerations there from, including currently working employees, retirees who are re-employed, teachers of local-run schools, as well as foreigners, staff from Hong Kong, Macao and Taiwan, part-time employees and persons with second job who are employed by the enterprise, and employees of other units temporarily working in the enterprises, but excluding former employees who left the enterprise with their employment records still being kept by the enterprises.

Average number of employed persons refers to the number

of employee everyday during the reference period, calculated with the following formula:

$$\text{Monthly average number} = \frac{\text{sum of actual employees everyday in reference month}}{\text{number of calendar dates in reference month}}$$

$$\text{Quarterly average number} = \frac{\text{sum of monthly average number in reference quarter}}{3}$$

$$\text{Annual average number} = \frac{\text{sum of monthly average number in reference year}}{12}$$

Ratio of Value-added to Gross Industrial Output Value refers to the ratio of value added of industry in a given period to the gross output value in the same period, which reflects the economic efficiency of cutting down the intermediate input. It is calculated as follows:

Ratio of Value-added to Gross Industrial Output Value (%) =Value Added of Industry (at Current Prices)/Gross Output Value (at Current Prices) ×100%

Ratio of Profits, Taxes and Interests to Average Assets reflects the profit-making capability of all assets of the enterprise and is a key indicator manifesting the performance and management and evaluating the profit-making potential of the enterprise. It is calculated as follows:

$$\text{Ratio of Profits, Taxes and Interests to Average Assets (\%)} = \frac{\text{total profits + total taxes + interest payment}}{\text{average assets}} \times 100\%$$

In the above formula, total taxes is the sum of tax and extra charges on the sales of products and value-added tax payable; and average assets is the arithmetic mean of the sum of beginning assets and ending assets.

Ratio of Debts to Assets reflects both the operation risk and the capability of the enterprise in making use of the capital from the creditors. It is calculated as follows:

$$\text{Ratio of Debts to Assets (\%)} = \frac{\text{total debts}}{\text{total assets}} \times 100\%$$

Both assets and debts are figures at the end of the reference period.

Turnover of Working Capital refers to the number of times of turnover of working capital in a given period of time, which reflects the speed of the turnover of working capital of industrial enterprises, and is calculated as follows:

$$\text{Turnover of Working Capital} = \frac{\text{sales revenue of products}}{\text{average balance of total working capital}}$$

In the above formula, average balance of total working capital refers to the arithmetic mean of the sum of working capital at the beginning and at the end of the reference period.

Ratio of Profits to Total Industrial Costs refers to the ratio of profits realized in a given period to the total costs in the same period, which reflects the economic efficiency of input cost and is calculated as follows:

$$\text{Ratio of Profits to Total Industrial Cost (\%)} = \frac{\text{total profits}}{\text{total costs}} \times 100\%$$

Total costs in the above formula are the sum of cost of products sold, marketing cost, management cost and financial cost.

Sales Ratio of Products is an indicator reflecting the actual sale of industrial products, analyzing the production-selling and supply-demand relations. It is calculated as:

$$\text{Sales Ratio of Products (\%)} = \frac{\text{value of industrial sales}}{\text{gross industrial output value (current prices)}} \times 100\%$$

Overall Labor Productivity refers to the average output per employed person in industrial enterprises in value terms. At present, the value added and the average number of staff and workers of an industrial enterprises in a given period are used to calculate the overall labor productivity. It is calculated as:

$$\text{Overall Labor Productivity} = \frac{\text{Value Added of Industry}}{\text{Average Number of Staff and Workers}}$$

Changing Rate of Net Assets refers to the changes of an enterprise's net assets. It epitomizes the growth capability of an enterprise .Its calculating formula is:

$$\text{Changing Rate of Net Assets} = \frac{\text{Ownership equity at the end of the reporting period}}{\text{Ownership equity at same period of the previous year}} \times 100\%$$

Aggregate Index of Industrial Economic Efficiency is a special kind of relative figure to comprehensively measure overall economic efficiency of regional industry, showing the quality of industrial economic efficiency of the reference period. Industrial comprehensive index of economic efficiency is calculated with 7 items of ratio of total assets to industrial output value, ratio of creditors' equity of current year to that of previous year, ratio of liabilities to assets, turnover ratio of output value, circulating funds, ratio of profits to cost, overall labor productivity, ratio of sales to products. The actual figure of every indicator above is divided by responding national standard numerical value, and the results multiply correlative weight coefficients, then the total number is divided by general weight coefficient. The index comprehensively reflects the changes of regional industrial economic efficiency in static and dynamic status, eliminating the incomparable factors at a certain extent.

14

建筑业

CONSTRUCTION

◆347/366

资料整理及英文翻译：焦毅

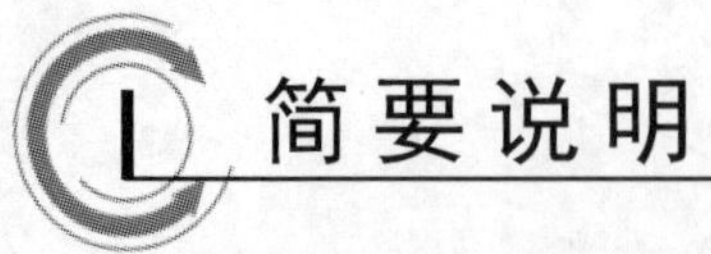

简要说明

一、本篇资料的主要内容

本篇资料反映全省建筑业概况和发展情况。包括建筑业企业基本情况和生产经营情况。主要指标有企业个数、从业人员数、建筑业总产值、房屋建筑面积、自有机械设备、资产负债、损益及分配、劳动生产率等。

二、本篇的统计范围

具有建筑业资质的独立核算建筑业企业。

三、本篇的资料来源

本篇建筑业企业统计数据是根据国家统计局制定的《建筑业统计报表制度》搜集资料，整理汇总的。

四、本篇的统计调查方法

由各级统计部门采取全面调查的方法布置、收集。

Brief Introduction

I. Main Contents

Data in this chapter show the general situation and the development of the construction industry for the whole province. They cover the situation of production and management of the construction enterprises, including the number of enterprises; number of employed persons; gross output value and value added of the construction industry; floor space of buildings under construction; profits and taxes ; and labour productivity etc. They also cover main indicators on the situation of prospecting and designing institutions and personnel.

II. Scope of Statistics

The previous criteria that required construction enterprises of various types of ownership to have qualification certificates at or above Class 4 with independent accounting systems.

III. Sources of Data

The data in this chapter cover the construction enterprises with qualification and independent accounting system.

IV. Methods of Survey

The annual reporting forms on construction statistics are designed in accordance with local situations for comprehensive collection by statistical bureaus of each municipality and conveyance level by level upwards.

14-1 建筑业主要经济指标

Main Economic Indicators on Construction

指　　标	Item	2013	2014
企业个数(个)	**Number of Enterprises(unit)**	**1717**	**1786**
建筑业合同情况(万元)	**Construction Contract(10000 yuan)**		
签订的合同额	Contract Value Signed	63076996	73558388
上年结转合同额	Contract Value on Hand last Year	20538890	27126188
本年新签合同额	Contract Value Newly Signed this Year	42538106	46432199
承包工程完成情况(万元)	**Conditions Finished of Contracted Projects(10000 yuan)**		
直接从建设单位承揽工程完成的产值	Completed Output Value of Projects Constracted Directly from Investors	34285941	40546626
自行完成施工产值	Own-completed output Value	33586187	39922202
分包出去工程的产值	Output Value of out-sourced Projects	699754	624424
从建设单位以外承揽工程完成的产值	Completed Output Value of Projects Constracted from Non-investors	1113576	1304134
建筑业总产值(万元)	**Gross Output Value(10000 yuan)**	**34715550**	**41244502**
#装饰装修产值	Building Decoration	2185663	2901744
在外省完成的产值	Output in Other Provinces	11743998	13023891
建筑工程产值	Construction	30061822	35578445
安装工程产值	Installation	2431724	2789331
其他产值	Others	2222004	2876726
竣工产值(万元)	**Buildings Completed Output Value of Construction(10000yuan)**	**21553897**	**23318601**
房屋建筑施工及竣工面积(万平方米)	**Floor Space of Buildings Under Construction and Completed(10000 sq.m)**		
房屋建筑施工面积	Floor Space of Buildings Under Construction	23144.38	27732.04
#本年新开工面积	Floor Space Started this Year	13444.05	14874.24
实行投标承包面积	Floor Space Constructed through Bidding	16753.51	18668.15
#本年新开工	Started this Year	10222.47	10268.25
房屋建筑竣工面积	Floor Space of Buildings Completed	11881.19	12725.69
住宅房屋	Residential Buildings	7727.99	8511.51
商业及服务用房屋	Buildings for Business and Service	844.15	823.89
商厦房屋(批发和零售用房)	Building for Wholesale and Retail	278.21	333.26
宾馆用房屋(住宿用房)	Accommodation Buildings	127.78	87.93
餐饮用房屋(餐饮用房)	Dinning Buildings	47.01	43.59
商务会展用房屋	Business Exhibition Building	28.83	6.94
其他商业及服务用房屋(居民服务业用房)	Other Buildings for Business and Service	362.33	352.17
办公用房屋	Office Buildings	854.34	1002.42
科研、教育、医疗用房屋	Buildings for Scientific Research,Education and Medical Sevice	592.46	502.58
科学研究用房屋	Buildings for Scientific Research	63.78	40.27
教育用房屋	Education Building	427.69	365.44
医疗用房屋(卫生医疗用房)	Medical Buildings	100.99	96.88
文化、体育、娱乐用房屋	Buildings for Culture,Sports and Entertainment	183.68	160.24
厂房及建筑物	Factory Buildings	1353.02	1378.53
厂房	Factories	742.52	685.84
仓库	Warehouses	69.67	94.87
其他未列明的房屋建筑物	Other Buildings	255.88	251.63

注：建筑业统计范围为具有建筑业资质等级的独立核算建筑业企业。

a) Statistics of Construction refers to enterprises with qualification and with independent accounting.

14-1 续表1 continued

指　　标	Item	2013	2014
竣工房屋价值(万元)	**Value of Floor Space (10000 yuan)**	**13477959**	**14978169**
住宅房屋	Residential Buildings	8603422	10067709
商业及服务用房屋	Buildings for Business and Service	1042654	1073219
商厦房屋(批发和零售用房)	Building for Wholesale and Retail	303395	420447
宾馆用房屋(住宿用房)	Accommodation Buildings	209406	105537
餐饮用房屋(餐饮用房)	Dinning Buildings	55702	49089
商务会展用房屋	Business Exhibition Building	27408	15994
其他商业及服务用房屋(居民服务业用房)	Other Buildings for Business and Service	446743	482152
办公用房屋	Office Buildings	1051246	1239985
科研、教育、医疗用房屋	Buildings for Scientific Research,Education and Medical Sevice	742638	628585
科学研究用房屋	Buildings for Scientific Research	88950	40880
教育用房屋	Education Building	509166	434576
医疗用房屋(卫生医疗用房)	Medical Buildings	144523	153129
文化、体育、娱乐用房屋	Buildings for Culture,Sports and Entertainment	221731	167853
厂房及建筑物	Factory Buildings	1495141	1393268
厂房	Factories	842873	704702
仓库	Warehouses	65826	120734
其他未列明的房屋建筑物	Other Buildings	255301	286817
劳动人员情况(万人)	**Labourers(10000 persons)**		
计算劳动生产率的平均人数	Staff and Workers Annual Average	112.61	123.09
期末从业人数	Number of Persons Engaged	130.07	130.30
#工程技术人员	Technologist in Employed Persons at the Year-end	20.55	24.52
年末资产负债(万元)	**Year-end Assets and Liabilities(10000 yuan)**		
流动资产合计	Total Circulating Funds	14650631	17610745
#存　货	Stock	3395610	3849730
固定资产合计	Total Fixed Assets	2826777	3041229
固定资产原值	Original Value of Fixed Assets	3230066	3528899
累计折旧	Total Depreciation	1041333	1143385
#本年折旧	Depreciation This Year	204739	213514
在建工程	Under Construction Project	349160	407771
资产合计	Total Assets	19329216	23469151
流动负债合计	Liquid Liabilities	9977352	11596904
#应付账款	Payable Accounts	2267496	2561625
非流动负债合计	Non-current Liabilities	494213	906799
负债合计	Total Liabilities	10950531	13131732
所有者权益合计	Total Creditors Equity	8370516	10331003
#实收资本	Capitals Hold	5212811	6277493
国家资本	State-owned	1007903	1194848
集体资本	Collective-owned	387542	491871
法人资本	Institutional Units	1301822	1401127
个人资本	Individuals	2498852	3160115
港澳台资本	Funds from Hong Kong,Macao and Taiwan	3002	3476
外商资本	Foreign Funds	13690	26057
损益及分配(万元)	**Loss-profit and Allocation(10000 yuan)**		
营业收入	Operational Revenue	33119284	37196957
工程结算收入	Revenue of Project Settlement Accounts	32901227	36366433

14-1　续表2　continued

指　　标	Item	2013	2014
营业成本	Operational Cost	29405495	32692307
工程结算成本	Costs of Project Settlement Accounts	29026665	31679805
营业税金及附加	Operational Tax and Additional Expense	1198711	1416149
工程结算税金及附加	Taxes and Extra Charges on Project Settle Accounts	1155906	1315332
其他业务利润	Other Profit from Business	37130	22955
销售费用	Selling Expenses	154213	258138
管理费用	Management Fee	838782	954218
#税金	Taxes	45647	60527
财务费用	Financial Expenses	143406	196946
#利息收入	Interest Income	18885	10506
#利息支出	Interest Expenses	118186	152605
营业利润	Profits of Business	1285389	1559419
营业外收入	Nonoperating Income	30785	34108
#补贴收入	Subsidy Income	2225	4358
营业外支出	Nonoperating Expenses	27116	26745
利润总额	Total Profits	1283411	1555117
#应交所得税	Income Tax Payable	313702	349839
工资、福利费(万元)	**Wages,Welfare (10000 yuan)**		
应付职工薪酬	Payable Total Wages	3812582	4385854
其他	**Others**		
劳动生产率(按总产值计算)(元/人)	Overall Labor Productivity (In Terms of Gross Output Value)(yuan/person)	308268	335076
利税总额(万元)	Total Pre-Tax Profits(10000 yuan)	2484964	2930976
产值利润率(%)	Ratio of Profit to Gross Output Vaiue(%)	3.7	3.8
产值利税率(%)	Ratio of Pre-tax Profit to Gross Output Value(%)	7.2	7.1
资产负债率(%)	Assets-Liability Ratio(%)	56.7	56.0
房屋建筑面积竣工率(%)	Rate of Floor Space of Buildings Completed(%)	51.3	45.9

14-2 按登记注册类型分的建筑业企业主要经济指标（2014年）

指　　　标	Item	合　计 Total	内资企业 Domestic Funded
企业个数(个)	**Number of Enterprises(unit)**	**1786**	**1779**
建筑业合同情况(万元)	**Construction Contract(10000 yuan)**		
签订的合同额	Contract Value Signed	73558388	71459434
上年结转合同额	Contract Value on Hand last Year	27126188	25938304
本年新签合同额	Contract Value Newly Signed This Year	46432199	45521129
承包工程完成情况(万元)	**Conditions Finished of Contracted Projects(10000 yuan)**		
直接从建设单位承揽工程完成的产值	Contracted Directly from Fabricative Units Output Value Finished of Projects	40546626	39809554
自行完成施工产值	Output Value Self-Finished of Buildings Under Construction	39922202	39185130
分包出去工程的产值	Output Value of Projects Subcontracted	624424	624424
从建设单位以外承揽工程完成的产值	Contracted Directly Exceptant Fabricative Units Output Value Finished of Projects	1304134	1304134
建筑业总产值(万元)	**Gross Output Value (10000 yuan)**	**41244502**	**40507430**
#装饰装修产值	Building Decoration	2901744	2893894
在外省完成的产值	Output in Other Provinces	13023891	12740143
建筑工程产值	Construction	35578445	34846184
安装工程产值	Installation	2789331	2784520
其他产值	Others	2876726	2876726
竣工产值(万元)	**Buildings Completed Output Value of Construction(10000 yuan)**	**23318601**	**22901701**
房屋建筑施工及竣工面积(万平方米)	**Floor Space of Buildings Under Construction and Completed(10000 sq.m)**		
房屋建筑施工面积	Floor Space of Buildings Under Construction	27732.04	26584.05
#本年新开工面积	Floor Space Started This Year	14874.24	14354.37
实行投标承包面积	Floor Space of Enter a Bid Contract	18668.15	17520.16
#本年新开工	Started this Year	10268.25	9748.39
房屋建筑竣工面积	Floor Space of Buildings Completed	12725.69	12542.70
住宅房屋	Residential Buildings	8511.51	8386.60
商业及服务用房屋	Buildings for Business and Service	823.89	800.34
商厦房屋(批发和零售用房)	Building for Wholesale and Retail	333.26	309.72
宾馆用房屋(住宿用房)	Accommodation Buildings	87.93	87.93
餐饮用房屋(餐饮用房)	Dinning Buildings	43.59	43.59
商务会展用房屋	Business Exhibition Building	6.94	6.94
其他商业及服务用房屋(居民服务业用房)	Other Buildings for Business and Service	352.17	352.17
办公用房屋	Office Buildings	1002.42	992.98
科研、教育、医疗用房屋	Buildings for Scientific Research,Education and Medical Sevice	502.58	490.91
科学研究用房屋	Buildings for Scientific Research	40.27	40.27
教育用房屋	Education Building	365.44	353.76
医疗用房屋(卫生医疗用房)	Medical Buildings	96.88	96.88
文化、体育、娱乐用房屋	Buildings for Culture,Sports and Entertainment	160.24	160.24
厂房及建筑物	Factory Buildings	1378.53	1366.28
厂房	Factories	685.84	673.59
仓库	Warehouses	94.87	93.73
其他未列明的房屋建筑物	Other Buildings	251.63	251.63

Main Economic Indicators on Construction Enterprises by Registration Status (2014)

国有企业 State-owned	集体企业 Collective-owned	股份合作企业 Cooperative	联营企业 Joint Ownership Units	有限责任公司 Limited liability Enterprises	股份有限公司 Share-holding Corporations Ltd	私营企业 Private Enterprise	其他企业 Others	港澳台商投资企业 Funded from Hong Kong, Macao and Taiwan	外商投资企业 Foreign Funded
91	**174**	**11**		**676**	**110**	**712**	**5**	**6**	**1**
4870609	4168127	248042		37497071	8325788	16319071	30727	2097754	1200
2144010	1465798	99836		14276337	3808752	4131280	12294	1187622	262
2726599	2702330	148206		23220734	4517036	12187791	18434	910132	938
2844428	2919600	134723		18547205	3731730	11603211	28657	736222	850
2798239	2904375	134623		18236866	3725994	11356376	28657	736222	850
46189	15225	100		310339	5736	246834			
36761	18842	50		338338	25942	884201			
2836439	**2924861**	**134673**		**18580427**	**3751935**	**12250437**	**28657**	**736222**	**850**
71118	109558	3863		1407143	85421	1199459	17331	7850	
934693	318045	4616		6397306	1760269	3325212		283748	
2466665	2678955	110313		15645823	3552394	10364702	27332	732261	
283336	156557	21762		1311393	78214	932234	1024	3961	850
86439	89349	2599		1623211	121327	953501	301		
1357812	**1788794**	**108604**		**10012162**	**1560851**	**8052000**	**21478**	**416900**	
1383.72	2358.99	143.84		12963.79	1793.82	7939.89		1147.99	
683.36	1372.09	50.60		6424.97	862.92	4960.43		519.87	
1177.44	1814.06	57.68		8774.19	1179.16	4517.63		1147.99	
568.47	1102.43	43.83		4509.95	560.87	2962.83		519.87	
512.06	1334.36	67.43		5273.97	760.79	4594.09		182.98	
414.60	1009.91	31.86		3393.29	542.06	2994.89		124.92	
44.93	96.43	10.50		296.44	35.93	316.12		23.55	
33.94	18.04	9.96		121.22	18.19	108.36		23.55	
1.98	12.15			43.56	4.28	25.96			
	2.75	0.45		14.50		25.89			
	0.67			2.07		4.20			
9.02	62.81	0.09		115.08	13.45	151.72			
5.04	35.65	5.60		492.75	43.75	410.19		9.45	
2.93	61.95	0.07		222.69	43.81	159.45		11.67	
	9.08			18.53	3.83	8.84			
1.77	42.55	0.07		144.49	27.52	137.36		11.67	
1.16	10.33			59.68	12.47	13.25			
	2.09	2.20		55.54	18.71	81.69			
36.67	96.88	16.97		659.99	60.25	495.53		12.26	
35.23	59.78	11.37		298.39	12.92	255.89		12.26	
0.55	6.40			44.39	4.21	38.17		1.14	
7.35	25.04	0.24		108.88	12.07	98.05			

14-2 续表1

指　　　　标	Item	合　计 Total	内资企业 Domestic Funded
竣工房屋价值(万元)	**Value of Floor Space (10000 yuan)**	**14978169**	**14684888**
住宅房屋	Residential Buildings	10067709	9901254
商业及服务用房屋	Buildings for Business and Service	1073219	1040649
商厦房屋(批发和零售用房)	Building for Wholesale and Retail	420447	387877
宾馆用房屋(住宿用房)	Accommodation Buildings	105537	105537
餐饮用房屋(餐饮用房)	Dinning Buildings	49089	49089
商务会展用房屋	Business Exhibition Buildings	15994	15994
其他商业及服务用房屋(居民服务业用房)	Other Buildings for Business and Service	482152	482152
办公用房屋	Office Buildings	1239985	1227235
科研、教育、医疗用房屋	Buildings for Scientific Research,Education and Medical Sevice	628585	598861
科学研究用房屋	Buildings for Scientific Research	40880	40880
教育用房屋	Education Buildings	434576	404852
医疗用房屋(卫生医疗用房)	Medical Buildings	153129	153129
文化、体育、娱乐用房屋	Buildings for Culture,Sports and Entertainment	167853	167853
厂房及建筑物	Factory Buildings	1393268	1344940
厂房	Factories	704702	656374
仓库	Warehouses	120734	117279
其他未列明的房屋建筑物	Other Buildings	286817	286817
劳动人员情况(万人)	**Labourers(10000 persons)**		
计算劳动生产率的平均人数	Staff and Workers Annual Average	123.09	119.35
期末从业人数	Number of Persons Engaged at the Year-end	130.30	125.51
#工程技术人员	Technologist in Employed Persons at the Year-end	24.52	24.44
年末资产负债(万元)	**Year-end Assets and Liabilities(10000 yuan)**		
流动资产合计	Total Circulating Funds	17610745	16715927
#存　货	Stock	3849730	3825695
固定资产合计	Total Fixed Assets	3041229	3029282
固定资产原值	Original Value of Fixed Assets	3528899	3516616
累计折旧	Total Depreciation	1143385	1140969
#本年折旧	Depreciation this Year	213514	213257
在建工程	Under Construction Project	407771	406563
资产合计	Total Assets	23469151	22400920
流动负债合计	Liquid Liabilities	11596904	10806320
#应付账款	Payable Accounts	2561625	2547765
非流动负债合计	Non-current Liabilities	906799	808516
负债合计	Total Liabilities	13131732	12242865

continued

国有企业 State-owned	集体企业 Collective-owned	股份合作企业 Cooperative	联营企业 Joint Ownership Units	有限责任公司 Limited liability Enterprises	股份有限公司 Share-holding Corporations Ltd	私营企业 Private Enterprise	其他企业 Others	港澳台商投资企业 Funded from Hong Kong, Macao and Taiwan	外商投资企业 Foreign Funded
603002	**1537157**	**80747**		**6275220**	**962683**	**5226079**		**293281**	
489766	1206555	32120		3978285	690410	3504117		166455	
53752	103157	14322		409277	47587	412554		32570	
33871	14971	13890		156056	30568	138521		32570	
2002	14238			45824	7220	36254			
	2968	360		22130		23631			
	1203			4016		10775			
17879	69777	72		181251	9798	203374			
5369	38908	7445		634586	58612	482315		12749	
3336	68079	63		291834	61301	174248		29724	
	11721			12221	5448	11490			
2026	41520	63		167787	44479	148977		29724	
1310	14838			111826	11374	13781			
	1508	3500		61410	22443	78992			
43173	95467	22846		698737	62017	422700		48328	
42238	61223	13633		318901	16844	203535		48328	
670	5266			57021	6608	47714		3455	
6936	18218	450		144071	13704	103438			
6.99	9.49	0.63		55.93	8.88	37.32	0.10	3.74	
7.87	10.18	0.62		58.45	9.04	39.24	0.11	4.79	
1.10	1.85	0.09		10.77	1.71	8.91	0.01	0.08	
1462504	863734	107782		8434690	1835681	4002573	8962	894192	627
190782	196378	48363		1885772	459268	1040347	4785	24034	
213419	272864	13536		1338624	221261	968144	1434	11842	105
293831	208666	19257		1585464	316786	1088462	4151	12095	188
110197	59828	6286		513987	126190	321579	2903	2334	83
14071	9115	581		100951	15787	72271	481	249	9
8129	86749	45		194345	6906	110390		1208	
1910813	1264697	144167		11166329	2252191	5651486	11238	1067500	732
1244699	634229	101821		5533313	1469212	1816221	6825	790361	224
318437	87458	5244		1104427	641710	386121	4368	13860	
153408	12194			547005	32701	63209		98283	
1411860	722348	103322		6330972	1515347	2152191	6825	888644	224

14-2 续表2

指标	Item	合计 Total	内资企业 Domestic Funded
所有者权益合计	Total Creditors Equity	10331003	10151638
#实收资本	Capitals Hold	6277493	6156208
国家资本	State-owned	1194848	1131567
集体资本	Collective-owned	491871	491366
法人资本	Institutional Units	1401127	1393403
个人资本	Individuals	3160115	3139245
港澳台资本	Funds from Hong Kong,Macao and Taiwan	3476	477
外商资本	Foreign Funds	26057	150
损益及分配(万元)	**Loss-profit and Allocation(10000 yuan)**		
营业收入	Operational Revenue	37196957	36417292.6
工程结算收入	Revenue of Project Settlement Accounts	36366433	35593832
营业成本	Operational Cost	32692307	32000508
工程结算成本	Costs of Project Settlement Accounts	31679805	30988174
营业税金及附加	Operational Tax and Additional Expense	1416149	1390265
工程结算税金及附加	Taxes and Extra Charges on Project Settle Accounts	1315332	1313066
其他业务利润	Other Profit from Business	22955	22936
销售费用	Selling Expenses	258138	258107
管理费用	Management Fee	954218	943049
#税金	Taxes	60527	58395
财务费用	Financial Expenses	196946	180514
#利息收入	Interest Income	10506	9364
#利息支出	Interest Expenses	152605	136316
营业利润	Profits of Business	1559419	1504596
营业外收入	Nonoperating Income	34108	34027
#补贴收入	Subsidy Income	4358	4283
营业外支出	Nonoperating Expenses	26745	25912
利润总额	Total Profits	1555117	1501043
#应交所得税	Income Tax Payable	349839	341455
工资、福利费(万元)	**Wages,Welfare (10000 yuan)**		
应付职工薪酬	Payable Total Wages	4385854	4153648
其他	**Others**		
劳动生产率(按总产值计算)(元/人)	Overall Labor Productivity (In Terms of Gross Output Value)(yuan/person)	335076	339406
利税总额(万元)	Total Pre-Tax Profits(10000 yuan)	2930976	2872504
产值利润率(%)	Ratio of Profit to Gross Output Value(%)	3.8	3.7
产值利税率(%)	Ratio of Pre-tax Profit to Gross Output Value(%)	7.1	7.1
资产负债率(%)	Assets-Liability Ratio(%)	56.0	54.7
房屋建筑面积竣工率(%)	Rate of Floor Space of Buildings Completed(%)	45.9	47.2

continued

国有企业 State-owned	集体企业 Collective-owned	股份合作企业 Cooperative	联营企业 Joint Ownership Units	有限责任公司 Limited liability Enterprises	股份有限公司 Share-holding Corporations Ltd	私营企业 Private Enterprise	其他企业 Others	港澳台商投资企业 Funded from Hong Kong, Macao and Taiwan	外商投资企业 Foreign Funded
498681	542294	40845		4832197	736844	3496365	4412	178856	508
366659	316963	24124		2788904	527387	2129962	2209	120780	505
326470	26573	3717		608398	158643	7767		63281	
6293	258787	10360		96684	14808	104433			505
30643	22774	1446		667711	98026	571804	1000	7723	
3254	8830	8601		1415712	255820	1445820	1209	20870	
				350	90	37		2999	
				50		100		25907	
1996488	2462786	104480		17255196	3818442	10759726	20174	778482	1183
1720719	2439510	100159		16885442	3756431	10672064	19507	771419	1183
1792104	2183303	86117		15266187	3490464	9165818	16515	690704	1095
1536950	2089228	61102		14847344	3427803	9009742	16005	690536	1095
69818	108972	5137		619611	129501	456575	652	25880	4
57689	107009	4917		595365	125939	421507	641	2262	4
138	4046	13		14228	996	3368	147	19	
2402	8245	975		124213	11066	110968	238	30	1
85623	53523	5733		429868	90005	277718	580	11087	82
5259	3199	263		23528	2832	23295	19	2131	
21178	7369	-995		91498	8185	53015	265	16432	
771	577	-1267		4945	2183	2155		1142	
18897	3660	250		69656	6943	36744	167	16289	
24812	102713	7580		673084	92090	602394	1925	54823	
2471	1961	40		16508	417	12630		81	
1343	373			2040	94	432		76	
1699	2726	12		12029	506	8885	56	833	
25544	102540	7608		673581	92075	597826	1869	54074	
7888	24832	898		152540	18093	136751	453	8383	
245511	344254	12452		2214139	313923	1020351	3018	232145	61
405721	308286	213124		332184	422606	328250	273445	196988	
88492	212748	12788		1292474	220846	1042627	2529	58467	5
0.9	3.5	5.6		3.6	2.5	4.9	6.5	7.3	
3.1	7.3	9.5		7.0	5.9	8.5	8.8	7.9	0.6
73.9	57.1	71.7		56.7	67.3	38.1	60.7	83.2	30.6
37.0	56.6	46.9		40.7	42.4	57.9		15.9	

14-3　各地区建筑业企业主要经济指标（2014年）

指　　　标	Item	全　省 Total	南昌市 Nanchang
企业个数(个)	**Number of Enterprises(unit)**	**1786**	**511**
建筑业合同情况(万元)	**Construction Contract(10000 yuan)**		
签订的合同额	Contract Value Signed	73558388	41558508
上年结转合同额	Contract Value on Hand last Year	27126188	16198716
本年新签合同额	Contract Value Newly Signed This Year	46432199	25359793
承包工程完成情况(万元)	**Conditions Finished of Contracted Projects(10000 yuan)**		
直接从建设单位承揽工程完成的产值	Contracted Directly from Fabricative Units Output Value Finished of Projects	40546626	21255742
自行完成施工产值	Output Value Self-Finished of Buildings Under Construction	39922202	21109714
分包出去工程的产值	Output Value of Projects Subcontracted	624424	146028
从建设单位以外承揽工程完成的产值	Contracted Directly Exceptant Fabricative Units Output Value Finished of Projects	1304134	222319
建筑业总产值(万元)	**Gross Output Value (10000 yuan)**	**41244502**	**21341885**
#装饰装修产值	Building Decoration	2901744	1882895
在外省完成的产值	Output in Other Provinces	13023891	6757330
建筑工程产值	Construction	35578445	18058244
安装工程产值	Installation	2789331	1492838
其他产值	Others	2876726	1790803
竣工产值(万元)	**Buildings Completed Output Value of Construction(10000 yuan)**	**23318601**	**10390035**
房屋建筑施工及竣工面积(万平方米)	**Floor Space of Buildings Under Construction and Completed(10000 sq.m)**		
房屋建筑施工面积	Floor Space of Buildings Under Construction	27732.04	14035.58
#本年新开工面积	Floor Space Started This Year	14874.24	6371.47
实行投标承包面积	Floor Space of Enter a Bid Contract	18668.15	10586.14
#本年新开工	Started This Year	10268.25	4622.36
房屋建筑竣工面积	Floor Space of Buildings Completed	12725.69	4523.18
住宅房屋	Residential Buildings	8511.51	2978.53
商业及服务用房屋	Buildings for Business and Service	823.89	284.41
商厦房屋(批发和零售用房)	Building for Wholesale and Retail	333.26	140.29
宾馆用房屋(住宿用房)	Accommodation Buildings	87.93	35.18
餐饮用房屋(餐饮用房)	Dinning Buildings	43.59	14.58
商务会展用房屋	Business Exhibition Building	6.94	3.50
其他商业及服务用房屋(居民服务业用房)	Other Buildings for Business and Service	352.17	90.87
办公用房屋	Office Buildings	1002.42	510.52
科研、教育、医疗用房屋	Buildings for Scientific Research,Education and Medical Sevice	502.58	168.20
科学研究用房屋	Buildings for Scientific Research	40.27	15.21
教育用房屋	Education Building	365.44	120.48
医疗用房屋(卫生医疗用房)	Medical Buildings	96.88	32.51
文化、体育、娱乐用房屋	Buildings for Culture,Sports and Entertainment	160.24	42.07
厂房及建筑物	Factory Buildings	1378.53	409.39
厂房	Factories	685.84	168.34
仓库	Warehouses	94.87	32.63
其他未列明的房屋建筑物	Other Buildings	251.63	97.43

Main Economic Indicators on Construction by Region (2014)

景德镇市 Jingdezhen	萍乡市 Pingxiang	九江市 Jiujiang	新余市 Xinyu	鹰潭市 Yingtan	赣州市 Ganzhou	吉安市 Ji'an	宜春市 Yichun	抚州市 Fuzhou	上饶市 Shangrao
37	**69**	**156**	**73**	**41**	**257**	**137**	**198**	**112**	**195**
593290	1233429	5708046	2039646	3719811	3680893	2022327	2527769	4170031	6304638
85478	286526	2529613	986694	2502948	916634	493291	464442	1312827	1349021
507812	946903	3178433	1052952	1216864	2764259	1529035	2063327	2857204	4955617
507917	892766	3114630	1254277	1045310	2325920	1743388	1933271	2503122	3970284
507117	892766	3093353	1253804	1043194	2310009	1732413	1912984	2499556	3567293
800		21277	473	2116	15911	10976	20287	3566	402991
7846	3225	18636	3915	1949	54261	192656	59350	13798	726179
514963	**895990**	**3115409**	**1257719**	**1045143**	**2365893**	**1925649**	**1972357**	**2516024**	**4293472**
3006	59905	79224	24188	16064	130070	237833	72505	137881	258174
299864	137109	1030998	448294	682522	229092	273398	392055	891314	1881917
466564	833238	2947537	1157726	866120	2036592	1616583	1731428	2314711	3549703
36466	50170	101626	27933	168614	183178	258669	128388	91161	250289
11933	12582	66246	72060	10409	146123	50397	112542	110152	493480
438177	**524534**	**1423554**	**779697**	**166876**	**1448890**	**1463139**	**1369768**	**1871038**	**3442893**
455.66	428.30	1538.69	769.85	296.44	1410.25	1549.08	1643.15	2383.04	3222.00
351.33	341.00	1055.50	347.70	201.92	884.12	963.16	1208.15	1529.61	1620.29
110.97	281.05	952.82	447.75	257.43	611.08	1024.76	1281.68	1755.13	1359.34
73.66	247.03	693.24	314.07	182.68	390.10	657.31	1018.54	1115.94	953.32
421.07	282.18	888.69	378.34	109.90	868.13	1052.98	1110.86	1195.48	1894.86
397.97	133.09	705.80	283.52	72.59	545.26	629.28	763.81	932.93	1068.73
6.27	12.87	42.33	31.49	1.73	51.73	107.60	54.95	95.00	135.51
2.48	3.97	9.85	7.08	1.13	29.20	25.42	38.06	51.70	24.08
		10.04			5.29	7.84	12.29	8.09	9.19
0.04			0.42		4.85	16.90	0.65	1.16	5.00
0.30					0.21	1.65	0.01	0.18	1.08
3.45	8.90	22.43	23.99	0.59	12.18	55.80	3.93	33.87	96.16
0.71	18.70	25.09	13.56	1.63	33.31	103.79	83.49	45.57	166.05
6.08	3.49	33.43	7.03	0.16	72.52	36.51	16.35	32.39	126.43
	3.03				3.65	1.54			16.84
0.09	0.46	26.40	2.16	0.16	63.24	32.40	15.42	21.24	83.37
5.99		7.03	4.86		5.63	2.57	0.93	11.14	26.21
0.64		3.93	1.16		5.88	34.69	34.63	1.83	35.41
5.95	111.79	72.89	36.96	32.11	151.87	98.28	140.04	61.41	257.84
3.27	78.67	49.44	30.66	0.97	57.89	80.83	72.80	26.73	116.23
0.25	0.46	3.20	2.79	0.50	1.32	9.13	1.79	2.47	40.33
3.20	1.78	2.03	1.83	1.18	6.24	33.70	15.81	23.88	64.55

14-3 续表1

指　　　标	Item	全　省 Total	南昌市 Nanchang
竣工房屋价值(万元)	**Value of Hoor Space (10000 yuan)**	**14978169**	**6261152**
住宅房屋	Residential Buildings	10067709	3981191
商业及服务用房屋	Buildings for Business and Service	1073219	443495
商厦房屋(批发和零售用房)	Building for Wholesale and Retail	420447	202267
宾馆用房屋(住宿用房)	Accommodation Buildings	105537	48490
餐饮用房屋(餐饮用房)	Dinning Buildings	49089	24333
商务会展用房屋	Business Exhibition Building	15994	7687
其他商业及服务用房屋(居民服务业用房)	Other Buildings for Business and Service	482152	160719
办公用房屋	Office Buildings	1239985	740963
科研、教育、医疗用房屋	Buildings for Scientific Research,Education and Medical Sevice	628585	311892
科学研究用房屋	Buildings for Scientific Research	40880	20015
教育用房屋	Education Building	434576	198880
医疗用房屋(卫生医疗用房)	Medical Buildings	153129	92996
文化、体育、娱乐用房屋	Buildings for Culture,Sports and Entertainment	167853	58239
厂房及建筑物	Factory Buildings	1393268	519360
厂房	Factories	704702	239110
仓库	Warehouses	120734	57044
其他未列明的房屋建筑物	Other Buildings	286817	148969
劳动人员情况(万人)	**Labourers(10000 persons)**		
计算劳动生产率的平均人数	Staff and Workers Annual Average	123.09	51.80
期末从业人数	Number of Persons Engaged at the Year-end	130.30	55.89
#工程技术人员	Technologist in Employed Persons at the Year-end	24.52	9.09
年末资产负债(万元)	**Year-end Assets and Liabilities(10000 yuan)**		
流动资产合计	Total Circulating Funds	17610745	9672339
#存　货	Stock	3849730	1826251
固定资产合计	Total Fixed Assets	3041229	970199
固定资产原值	Original Value of Fixed Assets	3528899	1237449
累计折旧	Total Depreciation	1143385	448920
#本年折旧	Depreciation this Year	213514	88553
在建工程	Under Construction Project	407771	129678
资产合计	Total Assets	23469151	12183023
流动负债合计	Liquid Liabilities	11596904	6839724
#应付账款	Payable Accounts	2561625	1277576
非流动负债合计	Non-current Liabilities	906799	612480
负债合计	Total Liabilities	13131732	7625284

continued

景德镇市 Jingdezhen	萍乡市 Pingxiang	九江市 Jiujiang	新余市 Xinyu	鹰潭市 Yingtan	赣州市 Ganzhou	吉安市 Ji'an	宜春市 Yichun	抚州市 Fuzhou	上饶市 Shangrao
402996	**320961**	**844884**	**382381**	**100164**	**941855**	**1062926**	**1079507**	**1419240**	**2162105**
380397	161269	676015	292368	72379	619444	666645	750059	1130703	1337240
9244	12875	42819	40606	2125	51334	118623	75235	123743	153120
3316	4919	9836	9821	1621	28135	21992	60545	54106	23889
		10993			5790	11262	10553	12200	6251
37			664		3573	12916	526	1244	5796
2000					206	4554	9	372	1166
3890	7956	21990	30121	505	13629	67900	3602	55822	116018
854	20960	22630	14167	1968	37876	96943	77908	53762	171953
3734	4476	28011	8329	158	77146	34098	17115	35698	107929
	3921				4272	1365			11307
100	555	21337	2903	158	66885	30420	16400	18974	77965
3634		6674	5426		5990	2313	715	16724	18657
550		3733	1564		8319	27273	23848	1989	42338
5305	119275	66725	17799	21163	140024	84836	118624	50876	249281
2305	85556	42423	9851	823	62586	68795	59139	25521	108593
141	554	3048	4300	550	1480	11793	1410	2009	38404
2771	1553	1903	3248	1820	6232	22715	15308	20459	61840
2.13	3.52	9.02	3.14	3.80	8.27	5.31	7.50	11.78	16.82
2.08	3.68	9.23	3.29	4.11	8.58	5.58	7.82	12.72	17.32
0.34	0.41	2.40	0.91	0.61	2.28	1.62	2.18	1.68	3.00
210525	251474	1954096	757836	308628	1003859	507949	850543	793114	1300383
57740	87261	630122	102856	83417	256453	115658	201865	222310	265798
58167	105592	306443	86042	74388	243126	143246	263963	227599	562465
62908	127281	358624	100259	86240	271116	169360	280412	251663	583588
20425	48253	128338	35188	32063	90553	55224	65568	56158	162697
2315	8875	16600	3429	5161	17650	8528	9438	15282	37683
1523	15361	56660	16068	8469	39718	15177	32541	13431	79147
307869	414346	2572193	955432	406100	1463370	730527	1281036	1102162	2053093
131306	189460	1516497	398321	213060	610797	249481	436539	416104	595617
15833	60684	584129	115674	45041	92103	48521	92391	79108	150568
1287	7551	48244	122788	7249	17546	9178	4283	36111	40084
154947	206153	1679365	587120	220552	688555	308135	494917	468395	698311

14-3 续表2

指标	Item	全省 Total	南昌市 Nanchang
所有者权益合计	Total Creditors Equity	10331003	4554721
#实收资本	Capitals Hold	6277493	2509968
国家资本	State-owned	1194848	615509
集体资本	Collective-owned	491871	242733
法人资本	Institutional Units	1401127	583272
个人资本	Individuals	3160115	1039238
港澳台资本	Funds from Hong Kong,Macao and Taiwan	3476	3299
外商资本	Foreign Funds	26057	25917
损益及分配(万元)	**Loss-profit and Allocation(10000 yuan)**		
营业收入	Operational Revenue	37196957	18946967
工程结算收入	Revenue of Project Settlement Accounts	36366433	18673695
营业成本	Operational Cost	32692307	16932786
工程结算成本	Costs of Project Settlement Accounts	31679805	16625429
营业税金及附加	Operational Tax and Additional Expense	1416149	648240
工程结算税金及附加	Taxes and Extra Charges on Project Settle Accounts	1315332	598593
其他业务利润	Other Profit from Business	22955	12727
销售费用	Selling Expenses	258138	56982
管理费用	Management Fee	954218	442064
#税金	Taxes	60527	27043
财务费用	Financial Expenses	196946	114666
#利息收入	Interest Income	10506	6242
#利息支出	Interest Expenses	152605	96554
营业利润	Profits of Business	1559419	772269
营业外收入	Nonoperating Income	34108	12443
#补贴收入	Subsidt Income	4358	3015
营业外支出	Nonoperating Expenses	26745	10514
利润总额	Total Profits	1555117	774824
#应交所得税	Income Tax Payable	349839	165139
工资、福利费(万元)	**Wages,Welfare (10000 yuan)**		
应付职工薪酬	Payable Total Wages	4385854	2067249
其他	**Others**		
劳动生产率(按总产值计算)(元/人)	Overall Labor Productivity (In Terms of Gross Output Value)	335076	412001
利税总额(万元)	Total Pre-Tax Profits(10000 yuan)	2930976	1400460
产值利润率(%)	Ratio of Profit to Gross Output Value(%)	3.8	3.6
产值利税率(%)	Ratio of Pre-tax Profit to Gross Output Value(%)	7.1	6.6
资产负债率(%)	Assets-Liability Ratio(%)	56.0	62.6
房屋建筑面积竣工率(%)	Rate of Floor Space of Buildings Completed(%)	45.9	32.2

continued

景德镇市 Jingdezhen	萍乡市 Pingxiang	九江市 Jiujiang	新余市 Xinyu	鹰潭市 Yingtan	赣州市 Ganzhou	吉安市 Ji'an	宜春市 Yichun	抚州市 Fuzhou	上饶市 Shangrao
152922	208193	892433	368313	185549	774456	421132	786069	632435	1354782
90409	132431	509501	246583	147866	547860	320060	591979	437235	743602
33557	17796	227313	41910	64171	23333	40471	20363	46484	63940
15919	13592	46454	9495	2974	28117	57208	20800	34700	19879
28912	38373	106084	60726	14753	105835	82020	138510	62409	180233
12021	62580	129650	134453	65969	390575	140165	412306	293642	479517
	90					70			17
						125			15
511775	873215	2706371	1291992	1130403	1873338	1499081	1848234	2446091	4069491
270815	865710	2695460	1278664	1124805	1820308	1396276	1841465	2410996	3988239
400625	728572	2383411	1095571	1038905	1608837	1297949	1607059	2214090	3384503
221910	692533	2295021	1084274	1036244	1550558	1154898	1546495	2177925	3294519
21322	34859	116283	50953	46308	85556	75944	81776	98646	156264
13068	34691	107702	50086	46247	82796	70810	80008	95361	135970
883	1923	1022	222	2817	624	285	697	72	1682
53080	4989	8703	38205	3854	19812	17912	20278	5161	29162
17806	21020	94770	36967	18066	59084	45785	51705	41006	125946
1013	782	3988	3624	801	6403	2031	4207	3826	6809
647	6596	15586	4886	3738	9754	3811	9039	9261	18964
1	14	2625	540	501	-1010	148	204	299	944
583	4438	7650	4138	3754	7607	2267	7452	6887	11275
18413	75313	85219	66891	19197	103261	59001	78841	78329	202685
152	97	1741	6164	178	923	105	532	295	11478
102		122	3	43	22	2	45	74	930
500	932	1281	482	-629	1679	664	845	1431	9045
18073	74479	85715	67001	19944	93812	58492	79226	77193	206360
4661	15996	13579	17187	5187	27034	15226	24007	18218	43606
64320	109101	298059	99028	122574	223916	142390	258870	424348	576000
241869	254507	345573	400114	274849	286064	362339	263142	213662	255258
32154	109951	197405	120710	66992	183011	131332	163441	176380	349139
3.5	8.3	2.8	5.3	1.9	4.0	3.0	4.0	3.1	4.8
6.2	12.3	6.3	9.6	6.4	7.7	6.8	8.3	7.0	8.1
50.3	49.8	65.3	61.5	54.3	47.1	42.2	38.6	42.5	34.0
92.4	65.9	57.8	49.1	37.1	61.6	68.0	67.6	50.2	58.8

14-4 劳务分包建筑业企业主要指标
Main Indicators of Labour Subcontractors in Construction Industry

指　　标	Item	2013	2014
企业个数(个)	Number of Construction Enterprises (unit)	33	27
建筑业总产值(万元)	Gross Output Value of Construction (10000 yuan)	15786	18166
#装饰装修产值	Output Value of Fitment	2098	1930
计算劳动生产率的平均人数(人)	Staff and Workers Annual Average (person)	2467	3007
年末从业人员(人)	Number of Employed Persons at the Year-end (person)	3431	3608
工程技术人员	Technologist in Employed Persons at the Year-end	399	406
现场施工工人(人)	Builder in Employed Persons at the Year-end (person)	2549	1429
固定资产原值(万元)	Original Value of Fixed Assets (10000 yuan)	3045	3240
#本年折旧	Draw Depreciation this Year	213	193
资产总计(万元)	Total Assets (10000 yuan)	16745	15348
负债合计(万元)	Total Liabilities (10000 yuan)	8575	8931
实收资本(万元)	Capitals Hold (10000 yuan)	2539	5067
营业收入(万元)	Total Revenue (10000 yuan)	18409	13971
#工程结算收入	Revenue of Project Settlement Accounts	18409	13971
营业成本(万元)	Operating Costs (10000 yuan)	15485	11429
#工程结算成本	Costs of Project Settlement Accounts	15079	11419
营业税金及附加(万元)	Business Tax and Extra (10000 yuan)	676	929
#工程结算税金及附加	Taxes and Extra Charges on Project Settle Accounts	650	894
费用合计(万元)	Total Charges (10000 yuan)	1308	1125
营业利润(万元)	Profits of Business (10000 yuan)	971	842
利润总额(万元)	Total Profits (10000 yuan)	1014	840
从业人员劳动报酬(万元)	Labour Reward of Employed Persons(10000 yuan)	12002	10478

主要统计指标解释

建筑业统计单位 指从事房屋、构筑物建造和设备安装活动的法人企业。建筑业法人企业应同时具备的条件是：① 依法成立，有自己的名称、组织机构和场所，能够承担民事责任；②独立拥有和使用资产，承担负债，有权与其他单位 签订合同；③独立核算盈亏，能够编制资产负债表。

建筑业总产值 是以货币形式表现的建筑业企业在一定时期内生产的建筑业产品和提供的服务的总和。建筑业总产值包括：

⑴建筑工程产值：指列入建筑工程预算内的各种工程价值。

⑵安装工程产值：指设备安装工程价值，不包括被安装设备本身的价值。

⑶其他产值：建筑业总产值中除建筑工程、安装工程以外的产值。包括房屋构筑物修理产值、非标准设备制造产值、总包企业向分包企业收取的管理费以及不能明确划分的施工活动所完成的产值。

a.房屋构筑物修理产值：指房屋和构筑物修理所完成的产值，但不包括被修理房屋、构筑物本身价值和生产设备的修理产值。

b.非标准设备制造产值：指加工制造没有定型的非标准生产设备的加工费和原材料价值(如化工厂、炼油厂用的各种罐、槽，矿井生产统一使用的各种漏斗、三角槽、阀门等)以及附属加工厂为本企业承建工程制作的非标准设备的价值。

建筑业增加值 指建筑业企业在报告期内以货币形式表现的建筑业生产经营活动的最终成果。

从 2004 年第一次全国经济普查开始，建筑业现价增加值按生产法和分配法(收入法)两种方法计算，以收入法的计算结果为准，即从收入的角度出发，根据生产要素在生产过程中应得的收入份额计算。具体计算方法：经济普查年度建筑业增加值按照《经济普查年度 GDP 核算方案》计算，非经济普查年度建筑业增加值按照《非经济普查年度 GDP 核算方案》计算。

房屋建筑施工面积 指在报告期内施工的全部房屋建筑面积，包括本期新开工的房屋面积、上期施工跨入本期继续施工的房屋面积、上期停缓建在本期恢复施工的房屋面积、本期竣工的房屋面积及本期施工后又停缓建的房屋面积。

房屋建筑竣工面积 指在报告期内房屋建筑按照设计要求全部完工，达到了住人和使用条件，经验收鉴定合格，正式移交使用单位的房屋建筑面积。

自有机械设备年末总台数 指归本企业所有，属于本企业固定资产的生产性机械设备年末总台数。包括施工机械、生产设备、运输设备以及其他设备。

自有机械设备年末总功率 指本企业自有施工机械、生产设备、运输设备以及其他设备等列为在册固定资产的生产性机械设备年末总功率，按设定能力或查定能力计算。包括机械本身的动力和为该机械服务的单独动力设备，如电动机等。计算单位用千瓦，动力换算可按 1 马力＝0.735 千瓦折合成千瓦数。电焊机、变压器、锅炉不计算动力。

工程结算收入 指企业承包工程实现的工程价款结算收入，以及向发包单位收取的除工程价款以外的按规定列作营业收入的各种款项，如临时设施费、劳动保险费、施工机械调迁费等以及向发包单位收取的各种索赔款。

工程结算利润 指已结算工程实现的利润，如亏损以“－”号表示。计算公式为：

工程结算利润＝工程结算收入－工程结算成本－工程结算税金及附加

Explanatory Notes on Main Statistical Indicators

Statistical Unit in Construction refers to corporate enterprise engaged in the construction of buildings and structures and in the installation of equipment. A corporate construction enterprise should meet the following 3 requirements:①being set up in line with relevant legal basis, having its full name, organization and location, and capable of taking civil liabilities;②independently possessing and using its assets and assuming its liabilities, and entitled to sign contracts with other institutions; and ③ making independent accounts of its profits and losses, and capable of compiling its own balance sheet

Gross Output Value of Construction refers to total of construction products and services, expressed in money terms, produced or rendered by construction and installation enterprises during a given period of time. It includes:

(1) Output value of construction projects: the value of projects covered by the project budgets;

(2) Output value of installation projects: the value of the installation of equipment, (excluding the value of the equipment to be installed);

(3) Other output values: the output value of construction industry apart from that of construction projects and installation projects. It includes: output value of repair of buildings and structures; output value of non-standard equipment manufacturing; overhead expenses received by contracted enterprises from the sub-contracted enterprises and the completed output value of construction activities for which there is no clear definition.

a. Output value of repair of buildings and structures: the value created through the repairs of buildings or structures. It does not include the value of buildings or structures being repaired and the value of the repair of production equipment;

b. Output value of manufactured non-standard equipment: the value of non-standard production equipment, including raw materials and manufacturing cost, made for the construction project (i.e., chemical plant; kettles or tanks used by refineries; various fillers, triangle tanks, valves used by mines). It also includes the output value of equipment manufactured by subsidiary workshops.

Value-added of Construction refers to the final result of the activities of production and operation of enterprises of the construction industry in monetary terms during the reference period.

Starting from the 2004 economic census, value-added of construction is calculated by both production approach and income approach, with the figures from the income approach as the final figures., Under the income approach,, calculation starts from the perspective of income and is based on the share of income derived from the production process by the relevant factors of production.. Specifically, value-added of construction for the Census years is calculated in accordance with the *Programme of Compi*lation of GDP and National Accounts for the Year of Economic Census, and value-added of construction for other years is calculated in accordance with the Programme of Compilation of GDP and National Accounts for the Non Economic Census Years.

Floor Space of Buildings Under Construction refers to floor space of buildings under construction during the reference period, including newly started buildings, buildings started earlier and continued during the reference period, and buildings suspended earlier but restarted during the reference period, buildings completed during the reference period, and buildings under construction and then suspended during the reference period.

Floor Space of Buildings Completed refers to the floor space of buildings that are completed in the reference period in accordance with the requirements of the design, up to the standard for putting them into use, and have been checked and accepted by concerned departments as qualified ones.

Total Number of Machinery and Equipment Owned by the End of Year refers to the number of machines and equipment owned by the enterprises, and listed as the fixed assets of the enterprises by the end of the year, including machinery and equipment for construction, production and transportation.

Total Power of Machinery and Equipment Owned by the End of Year refers to the total power of machinery and equipment owned by the enterprises, and listed as the fixed assets of the enterprises by the end of the year, including machinery and equipment for construction, production and transportation. The power of the machinery is calculated on basis of the designed or verified capacity, covering the power of the machinery/equipment and the separate power equipment serving the machinery/equipment (such as electric motors), but excluding welders, transformers and boilers. The unit used for the calculation of power is kilowatt, with horsepower converted to kilowatt by 1 horsepower=0.735 kilowatt.

Income from Settlement of Projects refers to the income received by the construction enterprise from the contracted project through settlement procedures, and other charges to the contractee as operational costs in addition to the value of the project, such as temporary facility fee, labour insurance premium, moving cost of construction equipment, as well as various types of claims to the contractee.

Profit from Settlement of Projects refers to profit realized through settled projects. It is calculated with the following formula:

Profit from Settlement of Projects=Income from Settlement of Projects−Settled Cost−Settled Taxes and Other Cost.

15

交通运输、邮电通讯业

TRANSPORTATION,POSTAL AND TELECOMMUNICATIONS

资料整理及英文翻译：雷海清

简要说明

一、本篇资料的主要内容

本篇资料反映了全省交通运输业和邮电通讯业发展的基本状况，主要包括各种运输方式的线路里程、各种运输方式完成的货物运输量和旅客运输量及周转量、邮政和电信基本情况、民用汽车拥有量等方面的内容。

二、本篇资料的来源

本篇资料中，交通运输资料分别来源于南昌铁路局、省交通厅、东方航空公司江西分公司、省公安厅交警总队，邮电通信业资料来源于省通信管理局和省邮政管理局。

Brief Introduction

Ⅰ.Main Contents

Data in this chapter present the development of transportation, post and telecommunication in Jiangxi province. They cover mainly the length of the routes of various means of transportation, freight traffic and passenger traffic accomplished by various means of transportation and turnover, basic conditions of post and telecommunications, and the possession of civil motor vehicles etc.

Ⅱ.Sources of Data

Data on transportation in this chapter are from Nanchang Railway Bureau, Jiangxi Provincial Communications Department, China Eastern Airlines Jiangxi Branch, and Jiangxi Provincial Department of Public Security Traffic Administrative Bureau. Data on post and telecommunication services come from Jiangxi Communication Administration, and Provincial Postal Administration.

15-1 运输线路长度

Length of Transportation Routes

单位：公里 (km)

指标	Item	1978	1980	1990	2000	2010	2013	2014
铁路营业里程	Length of Railways in Operation	1184	1335	1581	2197	2734	2984	3602
公路通车里程	Length of Highways	30245	29651	33203	60292	140597	152067	155515
等级公路	Expressway and Class I to IV Highways		12096	18561	34999	101455	122675	128261
#高速公路	Expressway				421	3088	4303	4484
一级公路	First Class Highways			15	314	1386	1643	1902
二级公路	Second Class Highways		169	1105	6471	9340	9790	9941
三级公路	Third Class Highways		521	2156	5581	6670	9379	10619
等外公路	Highways Below Class IV		17559	14642	25293	39142	29393	27254
内河通航里程	Length of Navigable Inland Waterways	6630	4937	4937	5537	5638	5638	5638
等级航道	Standard Waterways				2343	2349	2349	2349
等外航道	Substandard Waterways				3194	3289	3289	3289

注：1.2000年的公路通车里程根据公路普查作了调整。
2.公路通车里程从2006年开始包括村道。

a) The total Length of highways is adjusted according to the Highways Census in 2000.

b) The total length of highways have included the village road since 2006.

15-2 交通运输工具年末实有数

Actual Number of Transportation Facilities at Year-end

指标	Item	1990	2000	2010	2013	2014
民用汽车合计(辆)	Total Civil Motor Vehicles (unit)	110432	247000	1476011	2564459	2964699
#载货汽车	Trucks	74424	131147	401679	545621	584035
载客汽车	Passenger Vehicles	29473	100794	956480	1901083	2270238
其他汽车	Other Vehicles	6535	15059	117852	117755	110426
摩托车(辆)	Motorcycles(unit)	51630	891179	4172862	4062755	3517659
汽车挂车(辆)	Trailers (unit)	5209	1190	39684	60441	64824
运输船舶(艘)	Transport Vessels (unit)	8687	4856	4221	3942	3775
机动船(艘)	Motor Vessels (unit)	8051	4511	4184	3926	3761
(净载重量吨)	(Dead Weight Cargo Tonnage)	333989	356441	1962783	2287031	2346501
(客位)	(Number of Seats)	13362	16172	11811	10758	9876
驳　船(艘)	Barges (unit)	636	345	37	16	14
(净载重量吨)	(Dead Weight Cargo Tonnage)	76267	74504	17560	7581	7611
补充资料:	Supplementary Information:					
汽车驾驶员(人)	Drivers (person)	168842	791545	3911886	9382601	10272367

注：其他汽车从2006年起，将农业运输车放入民用汽车中其他汽车。

a) Since 2006,Other vehicles inclued farm vehicles.

15-3 公路里程年底到达数（2014年）

Length of Highways at Year-end (2014)

单位：公里 (km)

地　区	Region	合　计 Total	等级公路 Expressway and Class I to IV Highway	高速公路 Expressway	一　级 First Class
全　省	**Provincial Total**	**155515**	**128261**	**4484**	**1902**
南 昌 市	Nanchang	11166	9553	342	115
景德镇市	Jingdezhen	4710	4118	199	43
萍 乡 市	Pingxiang	6897	5494	95	51
九 江 市	Jiujiang	19475	14785	557	254
新 余 市	Xinyu	4346	3516	128	85
鹰 潭 市	Yingtan	4037	3171	89	46
赣 州 市	Ganzhou	29359	24100	999	321
吉 安 市	Ji'an	22681	21067	586	256
宜 春 市	Yichun	18366	14585	389	302
抚 州 市	Fuzhou	14314	12065	482	188
上 饶 市	Shangrao	20165	15809	618	241

15-3　续表　continued

单位：公里 (km)

地　区	Region	二　级 Second Class	三　级 Third Class	四　级 Fourth Class	等外公路 Highway Below Class IV
全　省	**Provincial Total**	**9941**	**10619**	**101315**	**27254**
南 昌 市	Nanchang	628	503	7965	1613
景德镇市	Jingdezhen	348	439	3089	592
萍 乡 市	Pingxiang	485	321	4542	1402
九 江 市	Jiujiang	1080	1323	11571	4690
新 余 市	Xinyu	289	326	2688	832
鹰 潭 市	Yingtan	125	491	2420	867
赣 州 市	Ganzhou	1832	1446	19502	5258
吉 安 市	Ji'an	1614	1461	17150	1614
宜 春 市	Yichun	1428	1489	10977	3781
抚 州 市	Fuzhou	683	1147	9565	2249
上 饶 市	Shangrao	1429	1673	11848	4356

15-4 全社会运输量

Total Freight Traffic and Passenger Traffic

单位：万吨、万人 (10000 tons, 10000 persons)

指　标	Item	2009	2010	2011	2012	2013	2014
货物运输量	**Freight Traffic**	**85718**	**100339**	**111576**	**127020**	**135036**	**151773**
民　航	Civil Aviation	2	2	1.4	1.5	4.04	5.7
铁　路	Railways	5229	5379	5769.1	5384.4	5077.2	4821.3
公　路	Highways	75200	88445	98358	113703	121279	137784
水　运	Waterways	5287	6513	7447	7931	8676	9162
内　河	Inland Waterways	4895	6081	6947	7426	8152	8655
沿　海	Coastal	359	412	481	490	508	498
远　洋	Ocean	33	20.0	19	15	17	10
旅客运输量	**Passenger Traffic**	**70674**	**76633**	**79138**	**84459**	**65747**	**68728**
民　航	Civil Aviation	178	186	208.3	219	681.1	930
铁　路	Railways	5470	5588	6152.2	6335	6944.793	7839.6
公　路	Highways	64770	70628	72527	77650	57915	59676
水　运	Waterways	256	231	251	255	206.6	282
内　河	Inland Waterways	256	231	251	255	206.6	282

15-5 全社会运输周转量

Total Freight Ton-kilometers and Passenger-kilometers

单位：万吨公里、万人公里 (10000 ton-km, 10000 passenger-km)

指　标	Item	2009	2010	2011	2012	2013	2014
货物周转量	**Freight Ton-kilometers**	**23509074**	**27386993**	**30040231**	**34489670**	**36460456**	**38299712**
民　航	Civil Aviation	1903	1923	1550	1743		
铁　路	Railways	6756730	7059000	7337700	6817500	6186600	5412900
公　路	Highways	15364575	18501965	20668297	25597786	28290235	30733082
水　运	Waterways	1385866	1824105	2032684	2072641	1983621	2153730
内　河	Inland Waterways	829092	1147431	1267603	1329992	1430470	1518022
沿　海	Coastal	478549	602711	694858	586569	485999	601710
远　洋	Ocean	78225	73963	70223	56080	67153	33998
旅客周转量	**Passenger-kilometers**	**8072337**	**9127645**	**9625564**	**9798488**	**9306886**	**9713303**
民　航	Civil Aviation	170974	171654	211766	235824		
铁　路	Railways	5105255	5648000	6001800	5840600	6226300	6545000
公　路	Highways	2792169	3304835	3409013	3718895	3076941	3164601
水　运	Waterways	3939	3156	2985	3169	3645	3702
内　河	Inland Waterways	3939	3156	2985	3169	3645	3702

15-6 铁路、港口主要指标

Main Indicators of Railways and Ports

指　　标	Item	2000	2005	2010	2013	2014
铁　　路	**Railway Transport**					
货车周转时间(天)	Turning Around Time of Freight Cars Locomotives(day)	1.9	2.6	2.6	2.6	2.5
平均每日装车数(辆)	Average Daily Loading Coaches (coach)	1456	2155	4111.7	3849	3619
货车平均静载重(吨)	Average Static Load of Freight Cars Locomotives (ton)	58.9		61.8	63	62.9
货物列车旅行速度(公里/小时)	Running Speed of Freight Trains (km/hour)	38.9	28.0	30.7	34.0	34.7
货运机车平均日产量(万吨公里)	Average Daily Ton-kilometers of Freight Locomotives (10000 ton-km)	107.0	106.0	109.7	108.4	107.9
内燃机车每万吨公里耗油(公斤)	Oil Consumption of Diesel Locomotives per 10000 ton-km(kg)	22.8	22.9	30	34.4	34.6
南昌直属站	**Nanchang Station**					
货物发送量(万吨)	Volume of Freight Dispatched (10000 tons)	1.3	0.4	12.4	0.4	0.3
旅客发送量(万人)	Number of Passenger Dispatched(10000 persons)	867.7	1217.7	1860.7	2285.8	2630.6
平均每日装车数(车)	Daily Loading Coach (coach)	0.7	0.4	5.2	0.2	0.1
平均每日卸车数(车)	Daily Unloading Coach (coach)	8.5	8.9	34.8	20.3	12.7
向塘直属站	**Xiangtang Station**					
货物发送量(万吨)	Volume of Freight Dispatched (10000 tons)	7.5	19.9	21.2	43.2	36.2
旅客发送量(万人)	Number of Passenger Dispatched(10000 persons)	82.4	82.4	63.4	54.0	48.7
平均每日装车数(车)	Daily Loading Coach (coach)	3.6	9.3	10.9	20.2	18.4
平均每日卸车数(车)	Daily Unloading Coach (coach)	18.0	19.7	21.9	29.6	26.5
其中：向塘西站平均每日办理车数(车)	Daily Transaction Coach (coach)	11769	14644	12495	13749	12411
鹰潭直属站	**Yingtan Station**					
货物发送量(万吨)	Volume of Freight Dispatched (10000 tons)	222.5	300.4	397.5	392.0	395.7
旅客发送量(万人)	Number of Passenger Dispatched(10000 persons)	364.0	376.6	459.9	533.5	533.2
平均每日装车数(车)	Daily Loading Coach (coach)	109.6	140.0	188.9	178.5	188.6
平均每日卸车数(车)	Daily Unloading Coach (coach)	174.0	283.3	240.4	345.5	355.2
其中：鹰潭站平均每日办理车数(车)	Daily Transaction Coach (coach)	10473	10527	8773	9151	8423
长航九江港务局	**Jiujiang Port Authority**					
旅客吞吐量(万人)	Volume of Passenger Traffic(10000 persons)	92.0	2.2	88.4	17.7	12.3
货物吞吐量(万吨)	Volume of Freight Handled(10000 tons)	623	928	3291	6029.8	8035.9

15-7 邮政电信业务主要指标

Principal Indicators of Postal and Telecommunications Services

指 标	Item	1995	2000	2010	2013	2014
邮政业务总量(亿元)	Business Volume of Postal Services(100billion yuan)		5.45	36.85	40.94	51.40
电信业务总量(亿元)	Business Volume of Telecommunications(100billion yuan)		75.9	661.2	295.6	394.6
邮路总长度(公里)	Length of Postal Routes(km)	46182	119905	98020	47126	47727
#铁路邮路	Railway Routes	5262	6507	7113	3905	1775
农村投递路线总长度(公里)	Length of Rural Delivery Routes(km)	120365	118555	97950	99768	99595
邮政汽车(辆)	Postal Cars(unit)	498	1098	2060	1087	1147
函 件(万件)	Number of Letters(10000 pcs)	23254	14010	17971	7506	4771
包 裹(万件)	Package(10000 pcs)		247	121	94	104
报刊累计数(万份)	Total Number of Newspapers and Magazines Subscribed(10000 copies)	56016	48881	54433	48774	54062
快递业务量(万件)	Pieces of Express Mail Services(10000 pcs)	157	283	2351	9752	15994
固定电话用户(万户)	Fixed Telephone Subscribers(10000 Subscribers)	74.1	354.1	709.6	621.5	577.3
#城市电话用户	Urban Fixed Telephone Subscribers	63.1	234.3	439.7	395.9	354.1
#住宅电话	Household Fixed Telephone Subscribers	45.7	191.4	235.6	207.2	189.0
农村电话用户	Rural Fixed Telephone Subscribers	11.0	119.8	269.8	226.6	223.3
#住宅电话	Household Fixed Telephone Subscribers		108.9	233.9	191.6	187.7
移动电话用户(万户)	Number of Mobile Telephone Subscribers (10000 Subscribers)		140	1811	2807	2939
互连网宽带用户数(万户)	Number of DSL Services Subscribers (10000 Subscribers)		27.0	253.4	410.1	434.2
长途光缆线路长度(公里)	Length of Long-distance Optical Cable Lines(km)			21201	21500	19998
本地中继线光缆线路长度(公里)	Length of Local Optical Cable Lines(km)			247494	303420	446688
长途电话交换机容量(路端)	Capacity of Long Distance Telephone Exchanges (circuit)	118311	190330	554829	342237	207480
局用交换机容量(万门)	Capacity of Office Telephone Exchanges(10000 line)	174	439	567	275	200
移动电话交换机容量(万门)	Capacity of Mobile Telephone Exchanges (10000 line)			3333	4088	4086

注：1.2003年以后“固定电话用户”包括小灵通用户。
2.局用交换机容量包括接入网数据。

a) The fixed telephone subscribers includes PHS subscribers since 2003.

b) The capacity of office telephone exchanges includes the access network.

15-8 各设区市交通运输工具年末实有数（2014年）

Actual Number of Transportation Facilities at Year-end by Region(2014)

地　区	Region	民用汽车合计(辆) Total Civil Motor Vehicles (unit)	载货汽车 Trucks	载客汽车 Passenger Vehicles	其他汽车 Other Vehicles	摩托车(辆) Motorcycles (unit)	汽车挂车(辆) Trailers (unit)	运输船舶(艘) Transport Vessels (unit)
全　省	**Provincial Total**	**2964699**	**584035**	**2270238**	**110426**	**3517659**	**64824**	**3775**
南昌市	Nanchang	618086	58564	554951	4571	20563	912	247
景德镇市	Jingdezhen	136202	16890	117472	1840	30654	2458	170
萍乡市	Pingxiang	126724	19762	101472	5490	266135	1737	
九江市	Jiujiang	336504	63430	254238	18836	380804	4543	521
新余市	Xinyu	108364	29385	76923	2056	145959	10899	59
鹰潭市	Yingtan	80475	22896	56416	1163	66137	11499	201
赣州市	Ganzhou	470386	109678	349978	10730	1322171	1236	424
吉安市	Ji'an	220995	48467	155486	17042	277434	5096	455
宜春市	Yichun	348204	97229	238982	11993	345347	12050	1131
抚州市	Fuzhou	197933	55122	122636	20175	410553	7673	124
上饶市	Shangrao	307811	61446	230459	15906	250385	6721	443

15-9 各设区市邮政电信业务主要指标（2014年）

Principal Indicators of Postal and Telecommunications Services (by Region)(2014)

地　区	Region	年末邮政局(所)数 Number of Postal Offices at Year-end(unit)	邮政业务总量(亿元) Business Volume of Postal Services (100Billion yuan)	电信业务总量(亿元) Business Volume of Telecommunications (100Billion yuan)	固定电话年末用户数(万户) Fixed Telephone Subscribers(10000 Subscribers)	移动电话年末用户数(万户) Number of Mobile Telephone Subscribers (10000 Subscribers)	互联网宽带接入用户数(万户) Number of DSL Services Subscribers (10000 Subscribers)
全　省	**Provincial Total**	**1779**	**51.43**	**345.3**	**577**	**2938**	**434**
南昌市	Nanchang	161	16.28	75.1	119	517	88
景德镇市	Jingdezhen	51	2.51	13.2	22	114	24
萍乡市	Pingxiang	54	1.64	14.4	27	132	21
九江市	Jiujiang	215	4.11	36.7	79	307	51
新余市	Xinyu	50	1.36	10.9	16	93	16
鹰潭市	Yingtan	44	1.66	8.2	15	73	13
赣州市	Ganzhou	349	7.06	57.8	97	552	70
吉安市	Ji'an	244	4.85	29.7	49	272	38
宜春市	Yichun	191	4.02	36.9	57	334	39
抚州市	Fuzhou	191	3.12	23.2	24	203	30
上饶市	Shangrao	229	4.83	39.3	72	341	44

主要统计指标解释

铁路营业里程 指办理客货运输业务的铁路正线总长度。凡是全线或部分建成双线及以上的线路，以第一线的实际长度计算；复线、站线、段管线、岔线和特别用途线以及不计算运费的联络线都不计算营业里程。铁路营业里程是反映铁路运输业基础设施发展水平的重要指标，也是计算客货周转量、运输密度和机车车辆运用效率指标的基础资料。

公路里程 也称“公路通车里程”，是指实际达到《公路工程[WTB2]技术标准 JTJ01-88》规定的等级公路，并经主管部门的正式验收支付使用的公路里程数。它包括大中城市的郊区公路以及通过小城镇街道的公路里程，也包括桥梁、渡口的长度，但不包括城市的街道以及厂矿、林区和农业生产用道的里程。两条或多条公路共同经由同一路段，只计算一次，不重复计算里程长度。公路里程是反映公路建设发展规模的重要指标，也是计算运输网密度等指标的基础资料。

内河航道里程 也称“内河通航里程”，是指在枯水季节水深在 0.3 米及以上，能通航运输船舶及排筏的天然河流、湖泊水库、运河及通航渠道的长度。包括全年季节性通航累计三个月以上的航道，但不包括仅供零散流放竹木排的河道。内河航道里程是反映内河水运网规模、水平和发展情况的主要指标。

货（客）运量 指运输业实际运送的货物（旅客）数量。货运按吨计算，客运按人计算。货物不论运输距离长短，货物类别，均按实际重量统计；旅客不论行程远近或票价多少，均按一人一次作为客运量统计。半票价、小孩票，也按一人统计。货（客）运量是反映运输业为国民经济和人民生活服务的数量指标，也是制定和检查运输生产计划、研究运输展规模和速度的重要指标。

货物（旅客）周转量 指运输业运送的货物（旅客）数量与其相应运输距离的乘积之总和，通常以吨公里和人公里为计算单位。计算货物周转量通常按发出站与到达站之间的最短距离，也就是计费距离计算。它是反映运输业生产总成果的重要指标，也是编制和检查运输生产计划、计算运输效率、劳动生产率以及核算运输单位成本的主要基础资料。

铁路货运机车平均日产量 指平均每台货运机车在一昼夜内所完成的总重吨公里数。它既包括载运货物的重量，也包括车辆本身的自重，它是从时间和牵引能力两方面反映了机车运用效率的综合性指标。计算公式为：

$$货运机车平均日产量 = \frac{货运总重吨公里数}{货运机车台日数}$$

邮电业务总量 指以货币表现的邮电部门为用户传递信息和提供其他邮电服务的总量。它用各种邮电分类业务量，如函件件数、电报份数、长话张数、市内电话和农村电话的年均户数、订销报刊累计份数等，分别乘以相应的不变单价加总后再加上出租电路和设备的收入、代用户维护电话交换机和线路等设备的收入、其他业务收入求得。邮电业务总量综合反映了一定时期邮电工作的总成果，是研究邮电业务量构成和发展趋势的重要指标。

Explanatory Notes on Main Statistical Indicators

Length of Railways in Operation refers to the total length of the trunk line for passenger and freight transportation (including both full operation and temporary operation). The calculation is based on the actual length of the first line if this line has a full or partial double (or more). Not included are double tracks, station sidings, tracks under the charge of stations, branch lines, special-purpose lines and non-payable connecting lines. The length of railways in operation is an important indicator to show the development of the infrastructure of railway transport. It is also essential data to calculate volume of passenger freight transport, traffic density and utilization efficiency of locomotives and carriages.

Length of Highways refers to the length of highways which are built in conformity with the grades specified by the highway engineering standard [Highways WTBZ-Technical Standard JTJ01-88]formulated by the Ministry of Communications, and have been formally checked and accepted by the departments of highways and put into use. The length of highways includes that of the suburb highways at large and medium-sized cities, highways passing through streets at small cities and towns, and also the length of bridges and ferry piers. It does not include the length of streets in big and medium-sized cities and highways built for the production purpose at factories, mines, forest areas and agricultural areas. If two or more highways go the same section of the way, the length of the section is only calculated for once and no duplication is allowed. The length of highways is an indicator to show the development of the scale of highway construction and to provide essential information to calculate the transport network density.

Length of Navigable Inland Waterways is an indicator reflecting the size and development of inland water network. It refers to the length of the natural rivers, lakes, reservoirs, canals, and ditches open to navigation during a given period, which enables transportation by ships and rafts. It includes the channels open to navigation for over an accumulated period of 3 months in a year, yet this does not include the river courses which are only used to float odd logs and bamboo rafts. This indicator can reflect the scale, level and development situation of the inland waterway network.

Freight (Passenger) Traffic refers to the volume of freight (passenger) transported with various means within a specific period of time. This indicator reflects the service of the transport industry towards the national economy and people's living conditions, as well as an important indicator used in formulating and monitoring transport production plans and research into the scale and pace of transport development. Freight transport is calculated in tons and passenger traffic is calculated in terms of number of persons. Freight transport is calculated in terms of the actual weight of the goods and takes no account of the type of freight and distance of travel. Passenger traffic is calculated by the principle that one person can be counted only once in one trip and takes no account of the travelling distance and ticket price. The passengers who travel with a half price ticket or a child's ticket is also calculated as one person.

Freight Ton-kilometres (Passenger-kilometres) refers to the sum of the product of the volume of transported cargo (passengers) multiplied by the transport distance. It is an important indicator to reflect the achievement of the transportation industry. This is an important indicator to show the total results of the transport industry; to prepare and examine the transport plan; and to serve as the main basic data for calculating the efficiency, labour productivity and unit cost of transport. Normally, the shortest distance between the departure station and the destination station (i.e., the payable distance) is the basis in calculating the freight ton-kilometres.

Average Daily Haul of Freight Locomotives refers to the average total ton-kilometres accomplished by each freight transport locomotive over one day and night during a given period of time. It includes both the weight of the goods carried and the dead weight of the train itself. It is a comprehensive indicator reflecting the locomotive efficiency in terms of both time and the pulling force.

$$\begin{array}{c}\text{Average daily haul of}\\ \text{freight transport locomotive}\\ \text{(ton - kilometre)}\end{array} = \frac{\begin{array}{c}\text{Total ton - kilometres}\\ \text{of freight}\end{array}}{\begin{array}{c}\text{Daily number of freight}\\ \text{transport locomotive}\end{array}}$$

Business Volume of Post and Telecommunications refers to the total amount of postal and telecommunication services, expressed in value terms, provided by the post and telecommunications departments for society. Postal and telecommunication services can be classified as letters, parcels, remittance, issue of newspapers and magazines, fast mail service, express mail service, savings deposits, stamps for collection, facsimiles, long-distance telephone service, leasing of telephone lines, mobile telephone service, data transmission, income from leasing, maintenance, etc. The accounting approach is to multiply the service products of all types with their average unit price (constant price) to get the total business value, and to add to it income from other services such as leasing of telephone lines and equipment and maintenance of telephone switchboards and lines on behalf of customers. This indicator reflects the overall results of postal and telecommunication services during a given period, and is important for studying the composition of business service and the trend of development of postal and telecommunication services.

16

国内贸易和旅游

DOMESTIC TRADE AND TOURISM

◆377/409

资料整理及英文翻译：王杨帆、王惠媗
林　红

简要说明

一、本篇资料的主要内容

本篇资料主要反映全省国内贸易基本情况、零售市场的发展和批发和零售业商品流转情况、住宿和餐饮业经营情况以及主要财务状况；旅游的历年概况等。主要内容包括：社会消费品零售总额及其分组指标；城乡个体私营批发零售贸易、住宿餐饮业基本情况；限额以上批发和零售业、住宿和餐饮业基本情况、商品流转和经营情况、财务状况；亿元商品交易市场成交情况；旅游统计资料等。

二、本篇资料的统计范围

从事批发和零售业、住宿和餐饮业的法人企业、产业活动单位和个体户，以及年成交额在亿元以上的商品交易市场。

根据国家统计局对社会消费品零售总额指标调整的要求，我们对社会消费品零售总额进行了调整，即：1993年以后社会消费品零售总额指标不包括农业生产资料；1997年以后社会消费品零售总额指标不包括居民购买住房；2003年以后社会消费品零售总额指标不包括有各种经济类型的制造业法人企业、产业活动单位和个体工业，直接售给城乡居民（包括本企业职工）和社会集团的商品以及农民在田间地头出售的农产品。

限额以上批发和零售业、住宿和餐饮业统计限额标准：批发业，年主营业务收入2000万元及以上；零售业，年主营业务收入500万元及以上；住宿业、餐饮业，年主营业务收入200万元及以上。

国际旅游和国内旅游资料。

三、本篇的资料来源

本篇资料国内贸易部分是江西省统计局贸易外经处根据国家统计局制定的《批发和零售业、住宿和餐饮业统计报表制度》进行搜集和加工整理而得；城乡个体私营批发零售贸易、住宿餐饮业基本情况资料由省工商局提供；旅游资料来自省旅游局。

四、本篇的统计调查方法

本篇资料中限额以上批发和零售业、住宿和餐饮业法人企业资料和限额以下批发和零售业、住宿和餐饮企业及个体户的资料采用全面调查和抽样调查的方法取得；国际、国内旅游收入和旅游人数等指标采取抽样调查方法取得。

Brief Introduction

I. Main Contents

Data in this chapter reflect the development for the whole province of domestic market, development of retail trade, and circulation of commodities through wholesale and retail trades, and the operation, management and financial situation of hotels catering services and annual tourism. Main contents include total retail sales of consumer goods and its indicators by group; the basic conditions of private enterprises in wholesale and retail trades and catering services in urban and rural areas; the basic statistics of the wholesale and retail trades, hotels and catering services above designated size; circulation of commodities (in operation and financial terms); turnover of large commodity transaction markets with transaction over 100 million yuan;. statistical information of tourism.

II. Scope of Statistics

Included in this chapter are corporation enterprises, economic active establishments and self-employed individuals of wholesale and retail trades; hotels and catering services and large commodity markets with transaction value over 100 million yuan.

Based on requests from national bureau of statistics, adjustments have been made for total retail sales of consumer goods. Starting from 1993, this indicator does not include means of agricultural production; starting from 1997, this indicator does not include purchase of houses by residents. Since 2003, this indicator does not include commodities sold to urban and rural households (including their own employees) and institutions directly by manufacturing corporations, establishments and individual manufacturers, nor farm products sold by farmers in the fields.

Criteria for wholesale and retail sale trades, hotels and catering services above designated size are as follows: wholesale trade, wholesale trade with annual principal business sales over 20 million yuan; retail trade, with annual principal business sales over 5 million yuan. The statistical unit of enterprises of hotel and catering services above the designated size is the annual income of main business at and over 2 million yuan.

Statistical information of home and aboard tourism.

III. Sources of Data

Data on domestic trade in this chapter are collected and processed in accordance with The Statistical Reporting Form System on Wholesale and Retail Trades, Hotels and Catering Services of the National Bureau of Statistics by the Department of Trade and External Economic Relations of Jiangxi Provincial Bureau of Statistics. Data on private enterprises in wholesale and retail trades and catering services in urban and rural areas are provided by Industry and Commerce Bureau of Jiangxi Province. Data on tourism are provided by Tourism Bureau of Jiangxi Province.

IV. Methods of Survey

Data on basic conditions for all corporate enterprises of wholesale and retail trades, hotels and catering services above designated size and enterprises and individual enterprises below the designated size are collected through comprehensive reporting form system and sample surveys. Data are reported to their next higher level. Data on private enterprises in wholesale and retail trades and catering services in urban and rural areas are offered by Jiangxi Administration for Industry and Commerce. Data on revenue and population of home and aboard tourism are collected from sample surveys.

16-1 社会消费品零售总额

Total Retail Sales of Consumer Goods

单位：万元 (10000 yuan)

年份 Year	社会消费品零售总额 Total Retail Sales of Consumer Goods	按行业分 Gruped by Sector				按所在地分 Grouped by Location		
		批发零售贸易业 Wholesale and Retail Trades	住宿餐饮业 Hotels and Catering Services	制造业 Manufacturing Industry	其他行业 Others	市 City	县 County	县以下 Below County Level
1980	454837	394464	14716	11925	33732	136117	124878	193842
1985	857101	624672	29833	67896	134700	284121	241686	331294
1990	1519351	992798	67288	123838	335427	565455	416650	537246
1991	1691914	1104809	76691	124733	385681	652942	452991	585981
1992	1976150	1252247	95006	140292	488605	773815	552926	649409
1993	2436197	1558161	133924	182450	561662	993276	647603	795318
1994	3309488	2170230	190318	225022	723918	1417590	842239	1049659
1995	4108625	2621800	240923	339499	906403	1754824	1032896	1320905
1996	4904426	3097082	324083	415364	1067896	2136075	1160310	1608041
1997	5585484	3393320	434171	422694	1335299	2509674	1328683	1747127
1998	6050877	3663941	487089	455056	1444791	2783772	1416479	1850626
1999	6504678	3976504	529461	472388	1526325	3024481	1504438	1975759
2000	7048677	4332119	601080	482100	1633378	3336519	1597858	2114300
2001	7633414	4719534	668622	505988	1739270	3689149	1712064	2232201
2002	8327099	5208415	750374	533849	1834461	4062171	1867732	2397196
2003	9232088	8120182	852549		259357	4553077	2066072	2612939
2004	10744928	9516427	1064138		164363	5545548	2358081	2841299
2005	12448931	11020953	1270375		157603	6449814	2737685	3261432
2006	14481923	12805426	1512142		164355	7594410	3170514	3716999
2007	17189295	15175878	1834720		178697	9097512	3736589	4355194
2008	21417862	18879278	2335508		203076	11464236	4583190	5370436
2009	24844266	21855608	2785850		202808	13305829	5317196	6221240

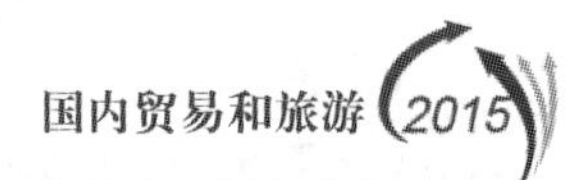

16-1 续表 continued

单位：万元 (10000 yuan)

年份 Year	社会消费品零售总额 Total Retail Sales of Consumer Goods	按行业分 Gruped by Sector				按所在地分 Grouped by Location		
		批发业 Wholesale Trades	零售业 Retail Trades	住宿业 Hotels Services	餐饮业 Catering Services	城镇 City and Town	城区 County Proper	乡村 Below County Level
2010	29562073	4740892	21340866	358522	3121793	24659839	14614792	4902234
2011	34850588	6752635	23783941	473411	3840601	28868099	17644019	5982489
2012	40272499	7763189	27231773	576698	4700839	33522324	20787583	6750175
2013	45760501	8818983	31072897	641288	5227333	38105503	23798971	7654998
2014	52926290	10185926	36168150	717601	5854613	44222325	28362972	8703965
南昌市 Nanchang	14747473	4793824	8391604	210558	1351488	12318596	8070521	2428877
景德镇市 Jingdezhen	2475258	408643	1651565	36229	378820	2067379	1325506	407879
萍乡市 Pingxiang	2750455	276038	2125756	31279	317382	2295827	1458394	454628
九江市 Jiujiang	5122203	865675	3632529	70369	553630	4289056	2663522	833147
新余市 Xinyu	1971971	237951	1263618	27238	443163	1645256	1010866	326715
鹰潭市 Yingtan	1554534	484026	806444	18893	245170	1298702	863656	255832
赣州市 Ganzhou	6496454	880144	4865220	67074	684016	5425477	3380306	1070977
吉安市 Ji'an	3516419	409556	2712334	70736	323792	2942121	1924615	574298
宜春市 Yichun	4718995	747325	3438395	43049	490226	3944754	2582483	774240
抚州市 Fuzhou	3915871	418027	3071786	27541	398516	3266397	2084292	649473
上饶市 Shangrao	5656658	664717	4208898	114634	668409	4728760	2998812	927898

注：2010年国家统计制度作了修订，社会消费品零售总额统计分组发生变化。
a)Data classify of Total Retail Sales of Consumer Goods have changed due to national statistical system in 2010 revised.

16-2 限额以上批发零售贸易法人企业商品购进、销售、库存总额(2014年)

单位：万元

指　　标	Item	购进总额 Total Purchases	#进口 Imports
总　计	**Total**	**31100303**	**314574**
批发业	**wholesale Trade**	**18641126**	**154528**
按登记注册类型分	**By Types of Registration**		
内资企业	Domestic Funded Enterprises	18155210	141700
国有企业	State-owned Enterprises	3051134	205
集体企业	Collective-owned Enterprises	26743	
股份合作企业	Cooperative Enterprises		
有限责任公司	Limited Liability Corporations	11036062	135829
国有独资公司	State Sole Funded Corporations	1768932	
其他有限责任公司	Other Limited Liability Corporations	9267130	135829
股份有限公司	Share-holding Corporations Ltd.	2076670	
私营企业	Private Enterprises	1957982	5666
#私营有限责任公司	Private Limited Liability Corporations	1873331	5666
私营股份有限公司	Private Share-holding Corporations Ltd.	70376	
其他企业	Other Enterprises	5086	
港澳台商投资企业	Enterprises with Funds from Hong Kong, Macao and Taiwan	115263	
与港澳台商合资经营企业	Joint-venture Enterprises	10749	
港澳台商独资企业	Enterprises with Sole Funds	102203	
港澳台商投资股份有限公司	Share-holding Corporations Ltd. with Funds	2311	
外商投资企业	Foreign Funded Enterprises	370654	12829
#中外合资经营企业	Joint-venture Enterprises	317378	12829
外资企业	Enterprises with Sole Foreign Funds	44326	
按国民经济行业分	**By Sector**		
农、林、牧产品批发业	Wholesale of Farm Produce and Livestock Products	282713	
食品、饮料及烟草制品批发业	Wholesale of Food, Beverages and Tobaccos	3652836	5842
#米、面制品及食用油批发业	Wholesale of Rice, Flour and Edible Oil	206731	
烟草制品批发业	Whole of Tobaccos	2814245	205
纺织、服装及家庭用品批发业	Wholesale of Textiles, Garments and Daily Consumer Articles	951591	7040
#服装批发业	Wholesale of Garments	137446	3697
家用电器批发业	Wholesale of Household Electrical Appliances	605503	
文化、体育用品及器材批发业	Wholesale of Culture, Sports Appliances and Equipments	96558	
医药及医疗器材批发业	Wholesale of Medicines and Medical Appliances	2721587	29
矿产品、建材及化工产品批发业	Wholesale of Mineral Products, Building Materials and Chemical Products	8912453	127742
#煤炭及制品批发业	Wholesale of Coal and Related Products	1936979	
石油及制品批发业	Wholesale of Petrolem and Related Products	2654524	5666
金属及金属矿批发业	Wholesale of Metal Materials	3213497	122076
建材批发业	Wholesale of Building Materials	222107	
化肥批发业	Wholesale of Chemical Fertilizer	130274	
机械设备、五金交电及电子产品批发业	Wholesale of Machinery, Hardware and Electronic Equipment	1516196	12829
#汽车、摩托车及零配件批发业	Wholesale of Motor Vehicles, Motorcycles and Parts	189777	
计算机、软件及辅助设备批发业	Wholesale of Computer, Software and Assistant Appliances	36833	
贸易经纪与代理	Trade Broker and Agency	19264	
其他批发业	Other Wholesale not Classified Elsewhere	487928	1047

Total Purchases,Sales and Inventory of Enterprise above Designated Size in Wholesale and Retail Sale Trades(2014)

(10000 yuan)

销售总额 Total Sales	批发 wholesale Trade	#出口 Exports	零售 Retail Trade	年末库存总额 Inventory (year-end)
38353950	**20474469**	**850672**	**17879482**	**3010750**
24170133	**19056954**	**845113**	**5113179**	**1584086**
23638391	18591362	565666	5047029	1577706
4605844	4459166	17011	146678	523642
26096	25280		816	2833
12465803	11293255	413870	1172548	747728
1786186	1506588		279598	37515
10679617	9786667	413870	892950	710213
4368033	875299		3492734	170134
2165949	1931935	134785	234014	133241
2060804	1833522	126738	227282	127083
80617	75553	8048	5064	4051
5091	5091			6
123246	64117	5232	59129	6141
17853	15672	5232	2181	2957
103118	46359		56759	3148
2275	2086		189	36
408497	401474	274215	7022	239
331946	331946	274215		232
66431	60509		5922	
318481	252027	11987	66454	292038
5314754	5210328	50372	104426	519376
219199	196834		22365	113055
4117261	4102690		14572	238008
981255	953372	216471	27884	57685
149161	147721	111211	1440	5092
610232	601248		8984	45255
101665	97796	6256	3869	4657
3041962	2788929	56170	253034	160436
12219288	7690120	131822	4529167	445321
2048029	1999429		48600	21151
5719678	1287165		4432514	187799
3296728	3269770	76191	26958	187243
239707	224409	2229	15298	6820
129892	129006		887	23419
1648569	1535408	307481	113161	83749
191695	146654	3759	45041	26207
39850	32403		7448	3470
22382	21467	7310	915	349
521777	507506	57243	14270	20475

16-2 续表

单位：万元

指　　标	Item	购进总额 Total Purchases	#进口 Imports
零售业	**Retail Trade**	**12459177**	**160046**
按登记注册类型分	**By Types of Registration**		
内资企业	Domestic Funded Enterprises	11598023	160046
国有企业	State-owned Enterprises	83838	
股份合作企业	Cooperative Enterprises	15747	
有限责任公司	Limited Liability Corporations	6108136	146877
国有独资公司	State Sole Funded Corporations	56953	
其他有限责任公司	Other Limited Liability Corporations	6051183	146877
股份有限公司	Share-holding Corporations Ltd.	1463521	
私营企业	Private Enterprises	3847662	13169
私营独资企业	Private-funded Enterprises	52396	
私营合伙企业	Private Share-holding Corporations Ltd.	28325	
私营有限责任公司	Private Limited Liability Corporations	3590233	13169
私营股份有限公司	Private Share-holding Corporations Ltd.	176707	
其他企业	Other Enterprises	24815	
港澳台商投资企业	Enterprises with Funds from Hong Kong, Macao and Taiwan	477789	
#与港澳台商合资经营企业	Joint-venture Enterprises	34545	
港澳台商独资企业	Enterprises with Sole Funds	441248	
外商投资企业	Foreign Funded Enterprises	383365	
中外合资经营企业	Joint-venture Enterprises	147394	
中外合作经营企业	Cooperation Enterprises		
外资企业	Enterprises with Sole Foreign Funds	198486	
外商投资股份有限公司	Share-holding Corporations Ltd. with Foreign Funds		
按国民经济行业分	**By Sector**		
综合零售业	Integrated Retail	2225912	874
#百货零售业	Retail of General Merchandise	1256270	55
超级市场零售业	Retail of Supermarkets	929762	249
食品、饮料及烟草制品专门零售业	Retail of Food, Beverages and Tobaccos	301939	
纺织、服装及日用品专门零售业	Special Retail of Textiles, Garments and Daily Consumer Articles	182162	1382
#服装零售业	Retail of Garments	90234	
文化、体育用品及器材专门零售业	Retail of Culture, Sports Appliances and Equipments	753752	
#图书、报刊零售业	Wholesale of Books, Newspapers and Periodicald	550540	
医药及医疗器材专门零售业	Retail of Medicines and Medical Appliances	1112173	
#药品零售业	Retail of Medicines	1084196	
汽车、摩托车、燃料及零配件专门零售业	Retail of Motor Vehicles, Motorcycles, Fuel and Parts	6055828	157790
#汽车零售业	Retail of Motor Vehicles	5324415	157790
机动车燃料零售业	Retail of Fuel of Motor Vehicles	669354	
家用电器及电子产品专门零售业	Special Retail of Household Electric Appliances and Electronic Products	1215505	
#家用电器零售业	Retail of Household Electric Appliances	926990	
计算机、软件及辅助设备零售业	Retail of Computer, Software and Assistant Appliances	188016	
通讯设备零售业	Retail of Communication Equipments	68713	
五金、家具及室内装修材料专门零售业	Special Retail of Hardware, Furniture and Decoration Materials	303798	
货摊、无店铺及其他零售业	Non-shop and Other Retails	308109	

continued

(10000 yuan)

销售总额 Total Sales	批发 wholesale Trade	#出口 Exports	零售 Retail Trade	年末库存总额 Inventory (year-end)
14183817	**1417515**	**5559**	**12766302**	**1426664**
13202884	1362169	5559	11840716	1366445
93030	25119		67911	7019
15008	334		14674	974
6725376	651074	5559	6074303	678861
59450	6940		52510	5316
6665926	644134	5559	6021792	673545
2072021	216129		1855891	245565
4215209	465368		3749841	428403
53103	4551		48552	5032
27171	275		26896	1906
3943670	459462		3484208	399418
191265	1080		190185	22048
25514	1728		23786	1102
487053	36945		450108	15219
31112	1753		29359	4488
453548	35113		418436	9178
493880	18401		475479	45000
143444	9020		134424	20679
310250	9381		300869	16737
2716119	87135	270	2628983	281988
1668798	71782		1597016	135414
1006589	12524		994066	143809
322024	89100		232925	18193
244245	17143	5289	227102	40765
125725	5369	5289	120357	28368
809578	283688		525891	49071
549826	217782		332043	23921
1194084	299004		895081	203474
1167394	281829		885566	196849
6902286	280308		6621978	672519
5687877	174063		5513814	651260
1153775	101589		1052186	15099
1313360	224057		1089302	131167
1009054	98643		910411	107318
191395	71092		120303	13708
73257	53634		19624	7658
318875	22756		296119	15466
363247	114324		248922	14021

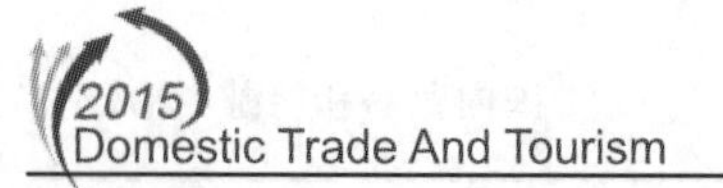

16-3 限额以上批发零售贸易法人企业主要财务指标（2014年）

单位：万元

类　　别	Type	资产合计 Total Assets
总　　计	**Total**	**16649036**
批发业	**Wholesale Trade**	**9805498**
按登记注册类型分	**By Types of Registration**	
内资企业	Domestic Funded Enterprises	9593677
国有企业	State-owned Enterprises	1884021
集体企业	Collective-owned Enterprises	17546
股份合作企业	Cooperative Enterprises	
有限责任公司	Limited Liability Corporations	5680112
国有独资公司	State Sole Funded Corporations	613151
其他有限责任公司	Other Limited Liability Corporations	5066961
股份有限公司	Share-holding Corporations Ltd.	1144693
私营企业	Private Enterprises	865105
#私营独资企业	Private-funded Enterprises	10441
私营有限责任公司	Private Limited Liability Corporations	816350
港澳台商投资企业	Enterprises with Funds from Hong Kong, Macao and Taiwan	30245
#港澳台商独资企业	Enterprises with Sole Funds	19681
外商投资企业	Foreign Funded Enterprises	181576
#中外合资经营企业	Joint-venture Enterprises	151037
外资企业	Enterprises with Sole Foreign Funds	23982
按国民经济行业分	**By Sector**	
农、林、牧产品批发业	Wholesale of Farm Produce and Livestock Products	268244
食品、饮料及烟草制品批发业	Wholesale of Food, Beverages and Tobaccos	2489473
#米、面制品及食用油批发业	Wholesale of Rice, Flour and Edible Oil	138085
烟草制品批发业	Wholesale of Tobaccos	1440834
纺织、服装及家庭用品批发业	Wholesale of Textiles, Garments and Daily Consumer Articles	554871
#服装批发业	Wholesale of Garments	77978
家用电器批发业	Wholesale of Household Electrical Appliances	388347
文化、体育用品及器材批发业	Wholesale of Culture, Sports Appliances and Equipments	54776
医药及医疗器材批发业	Wholesale of Medicines and Medical Appliances	1305585
矿产品、建材及化工产品批发业	Wholesale of Mineral Products, Building Materials and Chemical Products	4421610
#煤炭及制品批发业	Wholesale of Coal and Related Products	1365107
石油及制品批发业	Wholesale of Petrolem and Related Products	1434472
金属及金属矿批发业	Wholesale of Metal Materials	1016937
建材批发业	Wholesale of Building Materials	170669
化肥批发业	Wholesale of Chemical Fertilizer	74820
机械设备、五金交电及电子产品批发业	Wholesale of Machinery, Hardware and Electronic Equipment	558022
#汽车、摩托车及零配件批发业	Wholesale of Motor Vehicles, Motorcycles and Parts	67040
计算机、软件及辅助设备批发业	Wholesale of Computer, Software and Assistant Appliances	25378
贸易经纪与代理	Trade Broker and Agency	14200
其他批发业	Other Wholesale not Classified Elsewhere	138718

Size in Wholesale and Retail Trade (2014)

(10000 yuan)

流动资产合计 Working Capitals	固定资产原价 Original Value of Fixed Assets	负债合计 Total Liabilities	所有者权益合计 Total Owners' Equities	主营业务收入 Revenue from Principal Business	主营业务成本 Cost of Principal Business
11648428	**3249295**	**10892506**	**5756530**	**34725197**	**31167725**
7120274	**1698166**	**6402518**	**3402980**	**21920906**	**19733177**
6930933	1689687	6219079	3374598	21402726	19260525
1432626	461815	467914	1416107	4089961	3118088
8278	6657	8345	9201	25057	21700
4519322	710050	4553777	1126335	11457337	10644104
464922	48553	544734	68418	1545873	1517183
4054400	661497	4009044	1057917	9911465	9126921
262251	372602	596261	548432	3763752	3558982
707366	137485	592008	273097	2059954	1911485
9312	406	8373	2067	19901	18188
670638	127662	557229	259121	1962972	1826316
26555	5679	20156	10089	119767	110725
18088	1530	10702	8979	100572	93230
162787	2800	163283	18293	398412	361927
132356	2702	135668	15370	331946	315084
23929	98	23982		56346	37893
168753	96025	221159	47085	309658	292131
1857332	517497	975878	1513595	4800744	3662653
100879	31195	111813	26272	205191	198058
1181104	320505	160712	1280123	3647039	2716350
525250	12190	496253	58619	893665	835650
70273	4825	64870	13108	142958	133860
372951	1698	375392	12955	536542	503605
53570	1072	47488	7287	91055	83904
1137454	93949	1046406	259179	2883854	2523293
2752573	921001	3014116	1407494	10894656	10427038
812943	413361	912036	453071	1980173	1890162
442478	463857	780239	654232	4937735	4663376
952324	24319	834231	182707	2921383	2870491
127507	6937	107648	63021	232899	212143
67783	6683	65490	9330	131063	124318
501800	34028	510991	47031	1516933	1416378
57804	9700	33372	33668	178507	158032
24214	916	16100	9278	36909	35717
10560	1001	8635	5564	20817	18728
112983	21403	81592	57126	509523	473402

16-3 续表1

单位：万元

类　　别	Type	资产合计 Total Assets
零售业	**Retail Trade**	**6843539**
按登记注册类型分	**By Types of Registration**	
内资企业	Domestic Funded Enterprises	6453834
国有企业	State-owned Enterprises	37506
股份合作企业	Cooperative Enterprises	4621
有限责任公司	Limited Liability Corporations	3185464
国有独资公司	State Sole Funded Corporations	13450
其他有限责任公司	Other Limited Liability Corporations	3172014
股份有限公司	Share-holding Corporations Ltd.	1244332
私营企业	Private Enterprises	1965323
私营独资企业	Private-funded Enterprises	12612
私营合伙企业	Private Partnership Enterprises	10787
私营有限责任公司	Private Limited Liability Corporations	1824519
私营股份有限公司	Private Share-holding Corporations Ltd.	117406
其他企业	Other Enterprises	5568
港澳台商投资企业	Enterprises with Funds from Hong Kong, Macao and Taiwan	230186
#与港澳台商合资经营企业	Joint-venture Enterprises	7384
港澳台商独资企业	Enterprises with Sole Funds	221025
外商投资企业	Foreign Funded Enterprises	159519
中外合资经营企业	Joint-venture Enterprises	38033
外资企业	Enterprises with Sole Foreign Funds	108787
外商投资股份有限公司	Share-holding Corporations Ltd. with Foreign Funds	
按国民经济行业分	**By Sector**	
综合零售业	Integrated Retail	1650678
#百货零售业	Retail of General Merchandise	1095688
超级市场零售业	Retail of Supermarkets	532213
食品、饮料及烟草制品专门零售业	Retail of Food, Beverages and Tobaccos	260950
纺织、服装及日用品专门零售业	Special Retail of Textiles, Garments and Daily Consumer Articles	103239
#服装零售业	Retail of Garments	56811
文化、体育用品及器材专门零售业	Retail of Culture, Sports Appliances and Equipments	873629
#图书、报刊零售业	Wholesale of Books, Newspapers and Periodicald	561367
医药及医疗器材专门零售业	Retail of Medicines and Medical Appliances	632682
药品零售业	Retail of Medicines	618830
汽车、摩托车、燃料及零配件专门零售业	Retail of Motor Vehicles, Motorcycles, Fuel and Parts	2489963
#汽车零售业	Retail of Motor Vehicles	2199257
机动车燃料零售业	Retail of Fuel of Motor Vehicles	269171
家用电器及电子产品专门零售业	Special Retail of Household Electric Appliances and Electronic Products	608328
#家用电器零售业	Retail of Household Electric Appliances	447132
计算机、软件及辅助设备零售业	Retail of Computer, Software and Assistant Appliances	124745
通讯设备零售业	Retail of Communication Equipments	28974
五金、家具及室内装修材料专门零售业	Special Retail of Hardware, Furniture and Decoration Materials	106531
货摊、无店铺及其他零售业	Non-shop and Other Retails	117538

continued

(10000 yuan)

流动资产合计 Circulating Funds	固定资产原价 Original Value of Fixed Assets	负债合计 Total Liabilities	所有者权益合计 Total Creditors' Equity	主营业务收入 Revenue from Principal Business	主营业务成本 Cost of Principal Business
4528154	**1551130**	**4489988**	**2353551**	**12804291**	**11434548**
4306502	1433900	4182705	2271130	11959883	10696930
25009	8945	27899	9607	83806	74326
4202	493	2961	1661	14010	12743
2215664	628178	2012859	1172604	6044885	5366600
11833	1549	5683	7767	58004	55359
2203832	626629	2007176	1164837	5986881	5311240
644527	373962	729943	514389	1799993	1615298
1405968	416623	1399245	566078	3936756	3557166
8369	4439	6399	6213	49085	43647
3766	4213	4104	6683	26989	21673
1325907	361285	1345237	479282	3675741	3334014
67926	46686	43505	73901	184941	157832
3021	3469	1649	3919	24212	20702
115511	65066	198377	31809	431864	371679
3781	1659	4508	2876	26851	15326
109993	63399	192636	28389	402699	354438
106142	52163	108907	50612	412544	365938
29766	11855	25507	12526	130189	117149
73112	35847	75087	33700	217993	218964
877005	628284	1168327	482351	2420405	2067918
589882	363895	752169	343519	1432803	1239749
283252	245091	397494	134719	947800	797260
167820	36625	54261	206690	292730	229906
86584	9407	74365	28875	224343	169219
49696	4384	46766	10045	121348	96077
552172	264399	284178	589451	789279	621650
363284	74627	129247	432120	544517	433913
494562	57813	537609	95073	1037014	940772
481701	56859	527005	91824	1013501	919070
1708593	450365	1841750	648213	6232246	5806451
1638956	344069	1642419	556839	5169870	4788733
54188	102579	182481	86690	1004497	966040
486672	61191	406877	201451	1197926	1081726
359623	51098	319386	127747	921848	838487
96571	8425	65943	58802	178476	154026
25657	1242	17362	11613	63728	59831
71005	27828	50539	55992	273661	238108
83742	15219	72084	45455	336687	278797

16-3 续表2

单位：万元

类 别	Type	主营业务税金及附加 Taxes and Other Charges on Principal Business
总 计	**Total**	**332219**
批发业	**Wholesale Trade**	**260476**
按登记注册类型分	**By Types of Registration**	
内资企业	Domestic Funded Enterprises	259231
国有企业	State-owned Enterprises	207228
集体企业	Collective-owned Enterprises	817
股份合作企业	Cooperative Enterprises	
有限责任公司	Limited Liability Corporations	32817
国有独资公司	State Sole Funded Corporations	483
其他有限责任公司	Other Limited Liability Corporations	32333
股份有限公司	Share-holding Corporations Ltd.	3928
私营企业	Private Enterprises	14354
#私营独资企业	Private-funded Enterprises	17
私营有限责任公司	Private Limited Liability Corporations	13689
港澳台商投资企业	Enterprises with Funds from Hong Kong, Macao and Taiwan	572
#港澳台商独资企业	Enterprises with Sole Funds	394
外商投资企业	Foreign Funded Enterprises	672
#中外合资经营企业	Joint-venture Enterprises	290
外资企业	Enterprises with Sole Foreign Funds	383
按国民经济行业分	**By Sector**	
农、林、牧产品批发业	Wholesale of Farm Produce and Livestock Products	786
食品、饮料及烟草制品批发业	Wholesale of Food, Beverages and Tobaccos	213335
#米、面制品及食用油批发业	Wholesale of Rice, Flour and Edible Oil	336
烟草制品批发业	Wholesale of Tobaccos	206281
纺织、服装及家庭用品批发业	Wholesale of Textiles, Garments and Daily Consumer Articles	1747
#服装批发业	Wholesale of Garments	325
家用电器批发业	Wholesale of Household Electrical Appliances	918
文化、体育用品及器材批发业	Wholesale of Culture, Sports Appliances and Equipments	324
医药及医疗器材批发业	Wholesale of Medicines and Medical Appliances	12661
矿产品、建材及化工产品批发业	Wholesale of Mineral Products, Building Materials and Chemical Products	22917
#煤炭及制品批发业	Wholesale of Coal and Related Products	5658
石油及制品批发业	Wholesale of Petrolem and Related Products	4301
金属及金属矿批发业	Wholesale of Metal Materials	10167
建材批发业	Wholesale of Building Materials	1332
化肥批发业	Wholesale of Chemical Fertilizer	1012
机械设备、五金交电及电子产品批发业	Wholesale of Machinery, Hardware and Electronic Equipment	6278
#汽车、摩托车及零配件批发业	Wholesale of Motor Vehicles, Motorcycles and Parts	2954
计算机、软件及辅助设备批发业	Wholesale of Computer, Software and Assistant Appliances	34
贸易经纪与代理	Trade Broker and Agency	166
其他批发业	Other Wholesale not Classified Elsewhere	2262

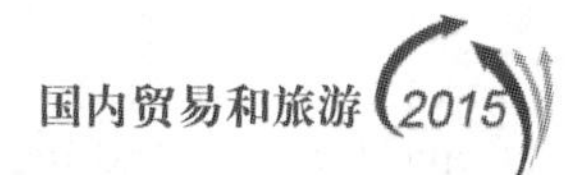

continued

(10000 yuan)

其他业务利润 Other Business Profits	营业利润 Profits	利润总额 Total Profits	本年应交增值税 Valued Added Payable	利税总额 Total Pre-Tax Profits
154372	**1056233**	**1167820**	**639907**	**2139946**
36369	**750993**	**830974**	**390030**	**1481479**
30111	724375	805438	384060	1448730
2935	513209	565621	168496	941345
260	2683	1128	11	1956
				#VALUE!
21911	149068	170707	141667	345191
315	3012	5641	19880	26004
21596	146057	165067	121787	319187
1130	22166	33861	30595	68384
3875	37163	34088	43134	91577
	567	574	4038	4629
3743	33452	32118	37260	83067
5398	7861	4437	418	5427
5377	8268	4878	271	5544
860	18757	21099	5552	27323
429	2929	4254	2394	6938
431	15661	16675	3158	20215
2091	-9142	7244	3120	11150
2884	596377	638542	190000	1041878
1263	-5217	1612	931	2879
1006	528830	557899	159122	923302
5874	26823	28377	26791	56915
15	1194	1313	12254	13891
435	18297	19488	5710	26116
	2259	2198	1019	3541
3747	66300	63417	50558	126636
18911	43951	69808	95892	188617
10026	9157	20097	34096	59851
1467	14059	35181	52238	91719
3353	431	-13074	-4430	-7338
39	12422	19658	7632	28622
291	725	705	13	1730
2526	7686	7980	13232	27489
	11382	11414	945	15313
580	-631	-529	153	-342
	-229	-235	83	14
337	16969	13643	9335	25240

16-3 续表3

单位：万元

类　　别	Type	主营业务税金及附加 Taxes and Other Charges on Principal Business
零售业	**Retail Trade**	**71743**
按登记注册类型分	**By Types of Registration**	
内资企业	Domestic Funded Enterprises	67741
国有企业	State-owned Enterprises	202
股份合作企业	Cooperative Enterprises	215
有限责任公司	Limited Liability Corporations	30411
国有独资公司	State Sole Funded Corporations	77
其他有限责任公司	Other Limited Liability Corporations	30333
股份有限公司	Share-holding Corporations Ltd.	9564
私营企业	Private Enterprises	26708
私营独资企业	Private-funded Enterprises	346
私营合伙企业	Private Partnership Enterprises	650
私营有限责任公司	Private Limited Liability Corporations	21350
私营股份有限公司	Private Share-holding Corporations Ltd.	4363
其他企业	Other Enterprises	529
港澳台商投资企业	Enterprises with Funds from Hong Kong, Macao and Taiwan	2896
#与港澳台商合资经营企业	Joint-venture Enterprises	386
港澳台商独资企业	Enterprises with Sole Funds	2469
外商投资企业	Foreign Funded Enterprises	1106
中外合资经营企业	Joint-venture Enterprises	411
外资企业	Enterprises with Sole Foreign Funds	664
外商投资股份有限公司	Share-holding Corporations Ltd. with Foreign Funds	
按国民经济行业分	**By Sector**	
综合零售业	Integrated Retail	21785
#百货零售业	Retail of General Merchandise	11481
超级市场零售业	Retail of Supermarkets	9925
食品、饮料及烟草制品专门零售业	Retail of Food, Beverages and Tobaccos	2900
纺织、服装及日用品专门零售业	Special Retail of Textiles, Garments and Daily Consumer Articles	2202
#服装零售业	Retail of Garments	1212
文化、体育用品及器材专门零售业	Retail of Culture, Sports Appliances and Equipments	7033
#图书、报刊零售业	Wholesale of Books, Newspapers and Periodicald	603
医药及医疗器材专门零售业	Retail of Medicines and Medical Appliances	2383
#药品零售业	Retail of Medicines	2316
汽车、摩托车、燃料及零配件专门零售业	Retail of Motor Vehicles, Motorcycles, Fuel and Parts	23590
#汽车零售业	Retail of Motor Vehicles	21316
机动车燃料零售业	Retail of Fuel of Motor Vehicles	1488
家用电器及电子产品专门零售业	Special Retail of Household Electric Appliances and Electronic Products	5584
#家用电器零售业	Retail of Household Electric Appliances	3846
计算机、软件及辅助设备零售业	Retail of Computer, Software and Assistant Appliances	1504
通讯设备零售业	Retail of Communication Equipments	154
五金、家具及室内装修材料专门零售业	Special Retail of Hardware, Furniture and Decoration Materials	4582
货摊、无店铺及其他零售业	Non-shop and Other Retails	1685

continued

(10000 yuan)

其他业务利润 Other Business Profits	营业利润 Profits	利润总额 Total Profits	本年应交增值税 Valued Added Payable	利税总额 Total Pre-tax Profits
118004	**305240**	**336847**	**249877**	**658467**
89384	295921	302257	238525	608522
93	2774	2959	2624	5785
	296	300	223	739
38677	153034	148193	107716	286319
	262	454	518	1049
38677	152773	147739	107198	285270
19957	89759	89500	40272	139336
30375	47771	58987	85930	171625
149	1740	1527	899	2772
8	1615	261	333	1244
29990	34553	50235	81387	152972
228	9863	6964	3311	14638
113	935	717	965	2211
25866	7095	15306	7216	25418
876	1782	2779	1634	4800
24991	5068	12610	5521	20600
2754	2224	19284	4135	24525
1423	971	1452	279	2142
1331	1024	17379	3847	21890
71899	71210	91832	39317	152934
44217	69292	73323	24880	109684
27672	498	16834	14106	40865
6465	24710	20930	4973	28803
2913	2357	5195	7287	14684
485	-338	-530	1998	2680
5872	79131	77892	12449	97373
3770	49207	50397	768	51767
1332	-455	11469	7383	21234
1332	-713	11232	7205	20753
19690	79969	73263	147725	244579
19453	77778	65531	124257	211104
184	731	6421	22664	30573
5842	21670	34964	17051	57599
4627	12624	25374	13885	43105
371	8668	9202	2123	12829
699	272	295	533	982
2220	11916	10197	6636	21415
1771	14732	11104	7055	19844

16-4 限额以上餐饮法人企业主要财务指标（2014年）

单位：万元

类　别	Type	资产合计 Total Assets	流动资产合计 Working Capitals	固定资产原价 Original Value of Fixed Assets
总　计	**Total**	**479351**	**166807**	**222343**
按登记注册类型分组	**By Types of Registration**			
内资企业	Domestic Funded Enterprises	399457	140708	185833
国有企业	State-owned Enterprises	14973	4512	9878
集体企业	Collective-owned Enterprises	66	35	31
股份合作企业	Cooperative Enterprises	3954	3297	829
有限责任公司	Limited Liability Corporations	141440	56484	66696
其他有限责任公司	Other Limited Liability Corporations	137652	54666	66678
股份有限公司	Share-holding Corporations Ltd.	20760	4047	5525
私营企业	Private Enterprises	215653	70824	101204
私营独资企业	Privat-funded Enterprises	26567	11000	11293
私营合伙企业	Private Partnership Enterprises	3433	590	2364
私营有限责任公司	Private Limited Liability Corporations	171959	50592	82011
私营股份有限公司	Private Share-holding Corporations Ltd.	13694	8642	5536
其他企业	Other Enterprises	2610	1509	1670
港澳台商投资企业	Enterprises with Funds from Hong Kong, Macao and T	58992	23288	31051
#与港澳台商合资经营企业	Joint-venture Enterprises	21709	20216	2319
港澳台商独资企业	Enterprises with Sole Funds	36203	2656	27815
外商投资企业	Foreign Funded Enterprises	20902	2811	5459
中外合资经营企业	Joint-venture Enterprises	144	103	190
外资企业	Enterprises with Sole Foreign Funds	20112	2612	4873
外商投资股份有限公司	Share-holding Corporations Ltd. with Foreign Funds	647	96	396
按国民经济行业分组	**By Sector**			
正餐服务业	Dinner	453719	161782	214786
快餐服务业	Snack	25384	5026	7413

Main Financial Indicators of Enterprises above Designated Size in Catering Services (2014)

(10000 yuan)

负债合计 Total Liabilities	所有者权益合计 Total Owners Equity	主营业务收入 Revenue from Principal Business	主营业务成本 Cost of Principal Business	主营业务税金及附加 Taxes and Other Charges on Principal Business	其他业务利润 Profits From Other Business	营业利润 Profits	利润总额 Total Profits	利税总额 Total Pre-tax Profits
294421	**184930**	**333168**	**179893**	**16416**	**5394**	**6097**	**8726**	**25330**
229423	170034	263533	144061	12408	5394	7277	9705	22237
5476	9497	10609	5865	533	1290	288	197	730
31	35	180	77	11		-18	-18	-7
4611	-658	2405	1384	87		-54	-88	-1
83975	57465	93799	48810	4761	2686	-1580	2727	7538
81968	55684	93249	48536	4747	2686	-1679	2652	7449
7570	13190	9802	6114	594	54	386	198	794
127395	88258	142869	79399	6168	1364	7807	6380	12621
7936	18631	21550	12840	884		1563	897	1785
697	2736	3889	2087	232	12	523	498	733
115869	56090	111908	60966	4754	1316	5067	4252	9073
2893	10801	5522	3506	297	37	654	734	1031
363	2247	3869	2411	253		448	309	562
50923	8069	13764	8901	939		-4336	-4251	-3249
21165	544	7731	4856	424		-780	-770	-282
29259	6944	5316	3702	479		-3481	-3481	-3002
14075	6827	55871	26931	3070		3157	3272	6342
16	128	419	277	23		-9	-9	15
13723	6389	55019	26390	3022		3443	3559	6581
337	311	433	264	24		-278	-278	-253
278800	174919	270979	150026	13040	5341	2433	4592	17818
15573	9811	61918	29789	3362	53	3585	4055	7420

16-5 限额以上住宿法人企业主要财务指标（2014年）

单位：万元

类　　别	Type	资产合计 Total Assets	流动资产合计 Working Capitals	固定资产原价 Original Value of Fixed Assets
总　　计	**Total**	**1885264**	**661929**	**1079070**
按登记注册类型分组	**By Types of Registration**			
内资企业	Domestic Funded Enterprises	1773931	636827	988847
国有企业	State-owned Enterprises	217831	64478	196057
集体企业	Collective-owned Enterprises	2048	1240	855
股份合作企业	Cooperative Enterprises	3714	668	3269
联营企业	Joint Ownership Enterprises			
国有联营企业	State Joint Ownership Enterprises			
有限责任公司	Limited Liability Corporations	955877	361335	448652
其他有限责任公司	Other Limited Liability Corporations	796178	331758	397357
股份有限公司	Share-holding Corporations Ltd.	108411	38804	87145
私营企业	Private Enterprises	476392	166638	248172
私营独资企业	Private-funded Enterprises	11517	5927	6137
私营合伙企业	Private Partnership Enterprises	6560	1741	3844
私营有限责任公司	Private Limited Liability Corporations	390933	152400	193799
私营股份有限公司	Private Share-holding Corporations Ltd.	67382	6570	44392
其他企业	Other Enterprises	9658	3664	4696
港澳台商投资企业	Enterprises with Funds from Hong Kong, Macao and Taiwan	71968	9253	45507
与港澳台商合资经营企业	Joint-venture Enterprises	27454	4212	16928
与港澳台商合作经营企业	Cooperation Enterprises	15576	422	11322
港澳台商独资企业	Enterprises with Sole Funds	28938	4618	17257
港澳台商独资股份有限公司	Share-holding Corporations Ltd. with Funds			
外商投资企业	Foreign Funded Enterprises	39366	15850	44717
中外合资经营企业	Joint-venture Enterprises	19932	10181	10574
中外合作经营企业	Cooperation Enterprises			
外资企业	Enterprises with Sole Foreign Funds	18433	5143	33614
外商投资股份有限公司	Share-holding Corporations Ltd. with Foreign Funds	504	476	28
按国民经济行业分组	**By Sector**			
旅游饭店	Tourism Hotel	1524278	537386	901708
一般旅馆	General Hotel	336968	113945	169126
其他住宿服务	Other Residential Services	24018	10598	8237

Main Financial Indicators of Star-ranking Hotels (2014)

(10000 yuan)

负债合计 Total Liabilities	所有者权益合计 Total Owners Equity	主营业务收入 Revenue from Principal Business	主营业务成本 Cost of Principal Business	主营业务税金及附加 Taxes and Other Charges on Principal Business	其他业务利润 Profits From Other Business	营业利润 Profits	利润总额 Total Profits	利税总额 Total Pre-tax Profits
1300908	**584356**	**522006**	**212338**	**27643**	**5165**	**-30207**	**-28092**	**-19**
1234209	539721	493535	202983	25906	4107	-28349	-27269	-946
99857	117974	70484	30219	4139	114	-4001	-3662	492
736	1311	1693	685	57		-31	-147	-59
3279	435	3718	1069	132	4	554	554	685
714591	241285	228260	81718	11706	2221	-21511	-20905	-9097
601752	194426	209771	75699	10810	2192	-19541	-18989	-8076
75707	32704	39917	20252	2128	415	-994	-1348	780
332929	143463	144121	65808	7476	1354	-3130	-2248	5497
5001	6516	10197	6124	389	83	1448	1419	1808
1663	4898	4419	2008	154	59	601	888	1054
275497	115436	115532	50339	6199	1212	-6129	-5829	625
50769	16613	13974	7338	733		949	1275	2009
7109	2549	5342	3232	269		765	487	757
33699	38269	12501	5407	844	1058	-1571	-528	316
14049	13405	3516	1519	204	1014	-1344	-322	-118
2603	12973	1781	433	79		-268	-268	-189
17046	11891	7204	3455	561	44	41	62	624
33001	6366	15971	3948	894		-287	-296	611
19738	194	5648	1980	325		-66	-59	266
12660	5773	8841	1501	501		-137	-156	357
550	-46	962	102	56		-157	-157	-101
1057730	466548	410101	159796	21882	3842	-25382	-23251	-1018
230921	106047	105638	50803	5372	1316	-4923	-4536	914
12257	11761	6267	1739	390	7	98	-305	84

16-6 限额以上住宿业经营情况（2014年）

Business of Star-ranking Hotels (2014)

单位：万元 (10000 yuan)

类别	Type	法人企业（个） Number of Corporation (unit)	从业人数（人） Persons Employed (person)	营业额 Business Revenue	#客房收入 Revenue from Hotel Rooms	#餐费收入 Revenue from Meals	#商品销售收入 Revenue from Commodities
总计	**Total**	**399**	**40963**	**526594**	**272228**	**207414**	**15193**
按登记注册类型分	**By Types of Registration**						
内资企业	Domestic Funded Enterprises	381	38968	498217	256440	197822	14492
国有企业	State-owned Enterprises	63	6637	71800	37702	28363	1880
集体企业	Collective-owned Enterprises	2	85	1724	914	723	57
股份合作企业	Cooperative Enterprises	3	113	3718	2040	1371	212
联营企业	Joint Ownership Enterprises						
国有联营	State Joint Ownership Enterprises						
有限责任公司	Limited Liability Corporations	131	16969	229631	117188	88475	6436
其他有限责任公司	Other Limited Liability Corporations	121	15324	211142	107888	80264	6183
股份有限公司	Share-holding Corporations Ltd.	30	2405	39962	19602	17535	1909
私营企业	Private Enterprises	144	12281	146104	76230	59193	3703
私营独资企业	Private-funded Enterprises	11	754	10216	4383	4234	342
私营合伙企业	Private Partnership Enterprises	8	374	4889	2216	2024	142
私营有限责任公司	Private Limited Liability Corporations	112	10293	117112	62751	46516	2683
私营股份有限公司	Private Share-holding Corporations Ltd.	13	860	13887	6881	6420	536
其他企业	Other Enterprises	8	478	5279	2764	2161	295
港澳台商投资企业	Enterprises with Funds from Hong Kong, Macao and Taiwan	9	1023	12454	5600	5275	109
与港澳台商合资经营企业	Joint-venture Enterprises	4	336	3513	1057	1391	
与港澳台商合作经营	Cooperation Enterprises	1	193	1741	937	646	45
港澳台商独资企业	Enterprises with Sole Funds	4	494	7201	3606	3238	65
港澳台商投资股份有限公司	Share-holding Corporations Ltd. with Funds						
外商投资企业	Foreign Funded Enterprises	9	972	15923	10188	4317	591
中外合资经营企业	Joint-venture Enterprises	4	299	5656	3603	1216	570
中外合作经营企业	Cooperation Enterprises						
外资企业	Enterprises with Sole Foreign Funds	3	480	8784	5386	2821	20
外商投资股份有限公司	Share-holding Corporations Ltd. with Foreign Funds	1	83	962	879	81	2
按国民经济行业分	**By Sector**						
旅游饭店	Tourism Hotel	278	31571	414570	205843	167876	12335
一般旅馆	General Hotel	115	8994	105846	62994	36855	2840
其他住宿服务	Other Residential Hotel	6	398	6178	3390	2683	17

16-7 限额以上餐饮法人企业经营情况（2014年）

Business of Catering Services above Designated Size (2014)

单位：万元 (10000 yuan)

类　　别	Type	法人企业（个）Number of Corporation (unit)	从业人数（人）Persons Employed (person)	营业额 Business Revenue	#客房收入 Revenue from Hotel Rooms	#餐费收入 Revenue from Meals	#商品销售收入 Revenue from Commodities
总　　计	**Total**	**236**	**20794**	**334484**	**39980**	**272284**	**18008**
按登记注册类型分	**By Types of Registration**						
内资企业	Domestic Funded Enterprises	224	18109	263902	38529	204526	16634
国有企业	State-owned Enterprises	10	798	10631	2988	7145	438
集体企业	Collective-owned Enterprises	1	13	180	35	116	29
股份合作企业	Cooperative Enterprises	3	232	2405		1877	528
有限责任公司	Limited Liability Corporations	72	6436	93446	12266	74981	5102
其他有限责任公司	Other Limited Liability Corporations	71	6361	92793	11881	74734	5102
股份有限公司	Share-holding Corporations Ltd.	9	936	9811	1929	6502	904
私营企业	Private Enterprises	125	9563	143559	20851	110568	9565
私营独资企业	Private-funded Enterprises	21	1066	21758	2956	17336	799
私营合伙企业	Private Partnership Enterprises	6	369	3825	484	3157	173
私营有限责任公司	Private Limited Liability Corporations	93	7776	112497	16926	85807	7869
私营股份有限公司	Private Share-holding Corporations Ltd.	5	352	5478	486	4267	725
其他企业	Other Enterprises	4	131	3869	460	3338	67
港澳台商投资企业	Enterprises with Funds from Hong Kong, Macao and Taiwan	9	1181	13913	1451	11364	1099
与港澳台商合资经营企业	Joint-venture Enterprises	3	592	7731		6633	1099
港澳台商独资企业	Enterprises with Sole Funds	4	485	5465	1378	4087	
外商投资企业	Foreign Funded Enterprises	3	1504	56669		56393	275
中外合资经营企业	Joint-venture Enterprises	1	16	419		251	168
中外合作经营企业	Cooperation Enterprises						
外资企业	Enterprises with Sole Foreign Funds	1	1445	55817		55817	
外商投资股份有限公司	Share-holding Corporations Ltd. with Foreign Funds	1	43	433		325	108
按国民经济行业分组	**By Sector**						
正餐服务业	Dinner	221	18819	271457	39980	209414	17851
快餐服务业	Snack	14	1930	62756		62598	157

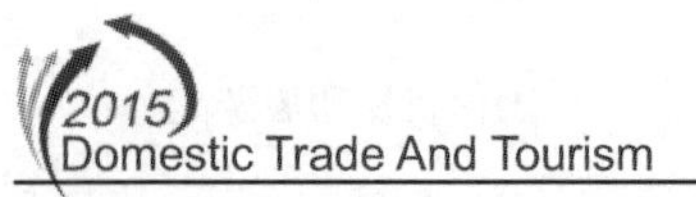

16-8 各地区限额以上批发零售贸易法人企业主要指标（2014年）
Main Indicators of Domestic Trade by Region (2014)

地区	Region	法人企业（个） Number of Corporation Unit	批发企业 Wholesale Trade	零售企业 Retail Trade	产业活动单位（个） Number of Economic Active Units (unit)	年末从业人数（人） Persons Employed (person)	销售合计（万元） Total Purchase Value (10000 yuan)
全省	**Provincial Total**	**2031**	**639**	**1392**	**5257**	**196419**	**38353950**
南昌市	Nanchang	580	249	331	1595	84178	19113256
景德镇市	Jingdezhen	61	14	47	182	4847	929384
萍乡市	Pingxiang	63	21	42	189	5711	896108
九江市	Jiujiang	191	37	154	418	15723	2539297
新余市	Xinyu	60	12	48	167	4349	1016734
鹰潭市	Yingtan	49	21	28	120	2501	887736
赣州市	Ganzhou	229	67	162	638	15914	3285257
吉安市	Ji'an	202	38	164	638	13390	1724730
宜春市	Yichun	215	86	129	512	21189	3871366
抚州市	Fuzhou	132	51	81	323	11000	1441228
上饶市	Shangrao	249	43	206	475	17617	2648854

16-8 续表 continued

单位：万元 (10000 yuan)

地区	Region	批发额 Wholesale Value	#出口 Exports	零售额 Retail Value	主营业务收入 Revenue from Principal Business	主营业务成本 Cost of Principal Business	主营业务税金及附加 Taxes and Other Charges on Principal Business	营业利润 Profits
全省	**Provincial Total**	**20474469**	**850672**	**17879482**	**34725197**	**31167725**	**332219**	**1056233**
南昌市	Nanchang	10984551	706605	8128705	16914408	15489493	82638	335013
景德镇市	Jingdezhen	435646	846	493739	855320	746062	17915	37794
萍乡市	Pingxiang	382929	20032	513179	792521	693789	13360	40575
九江市	Jiujiang	969226		1570071	2339030	2055612	30713	70450
新余市	Xinyu	365616		651119	926910	830789	10780	30795
鹰潭市	Yingtan	602193		285543	794565	735618	7273	7066
赣州市	Ganzhou	1197648	19528	2087609	3119074	2756185	42187	104257
吉安市	Ji'an	902474	2000	822256	1621728	1425599	24621	68311
宜春市	Yichun	2534057	51289	1337309	3622728	3164273	35691	189436
抚州市	Fuzhou	727941	50372	713286	1312598	1152809	19501	52802
上饶市	Shangrao	1372188		1276666	2426316	2117497	47540	119734

16-9 各地区限额以上住宿餐饮法人企业主要指标（2014年）

Main Indicators of Hotels and Catering Sevices (2014)

地区	Region	法人企业（个） Number of Corporation Units (unit)	住宿企业 Hotels	餐饮企业 Catering Sevices	产业活动单位(个) Number of Economic Active Units (unit)	年末从业人数(人) Persons Employed (person)	营业额（万元） Business Revenue (10000 yuan)	#客房收入 Revenue from Hotel Rooms
全　省	**Provincial Total**	**635**	**399**	**236**	**761**	**61757**	**861078**	**312208**
南昌市	Nanchang	149	88	61	243	17844	290865	91392
景德镇市	Jingdezhen	34	24	10	37	3101	30415	13933
萍乡市	Pingxiang	17	6	11	17	1133	16668	4253
九江市	Jiujiang	61	40	21	67	6734	98033	32579
新余市	Xinyu	26	10	16	34	4177	66909	9527
鹰潭市	Yingtan	22	16	6	23	2422	22903	9348
赣州市	Ganzhou	84	48	36	84	7235	88813	36177
吉安市	Ji'an	81	53	28	89	4296	44651	22691
宜春市	Yichun	41	29	12	46	4558	49282	23304
抚州市	Fuzhou	33	23	10	33	2911	27325	13508
上饶市	Shangrao	87	62	25	88	7346	125216	55497

16-9 续表 continued

单位：万元 (10000 yuan)

地区	Region	餐费收入 Revenue from Meals	商品销售收入 Revenue from Commodities	主营业务收入 Revenue from Principal Business	主营业务成本 Cost of Principal Business	主营业务税金及附加 Taxes and Other Charges on Principal Business	营业利润 Profits
全　省	**Provincial Total**	**479697**	**33201**	**855174**	**392231**	**44059**	**-24109**
南昌市	Nanchang	172937	15103	289689	120807	15504	-17041
景德镇市	Jingdezhen	14793	849	30282	9634	1586	-2202
萍乡市	Pingxiang	9320	2968	16661	8328	892	-436
九江市	Jiujiang	55715	2049	99196	49602	4802	3016
新余市	Xinyu	56617	129	65824	40940	1938	2051
鹰潭市	Yingtan	11174	1633	22804	10432.9	1162	-4986
赣州市	Ganzhou	49749	1080	87472	33512	4881	-2131
吉安市	Ji'an	18939	463	44509	21628	2301	-2191
宜春市	Yichun	18946	775	47397	21977	2557	-3619
抚州市	Fuzhou	11659	948	27490	13795	1449	-526
上饶市	Shangrao	59850	7204	123849	61576	6989	3957

16-10 亿元以上商品交易市场摊位成交额情况（2014年）

Turnover of Commodity Exchange Markets of Transaction Value over 100 Million Yuan (2014)

类别	Classification	摊位数（个）Number of Booths (unit)	成交额（万元）Turnover (10000yuan)
全省	**Total**	**71021**	**17629400**
食品、饮料、烟酒类	Food,Beverages,Tobacco and Liquor	21746	8016923
#食品类	Food	19392	7395485
#粮油类	Grain and Oil	2262	1285092
肉禽蛋类	Meat,Poultry and Eggs	4368	1527694
水产品类	Aquatic Products	1485	601761
蔬菜类	Vegetables	6934	1713090
干鲜果品类	Dried and Fresh Melons and Fruits	3565	1965014
饮料类	Beverages	1052	239374
烟酒类	Tobacco and Liquor	1302	382064
服装、鞋帽、针纺织品类	Clothing,shoes,Hats and Textiles	16107	2844205
#服装类	Clothing	10462	1745036
鞋帽类	Footwear and Hats	3084	488956
针纺织品类	Knitwear and Textiles	2561	610213
化妆品类	Cosmetics	799	85556
金银珠宝类	Gold silver and Jeweller	66	9369
日用品类	Articles for Daily Use	3629	664428
#儿童玩具类	Children Toys	471	36209
五金、电料类	Hardware & Electrical Materials	1578	461817
体育、娱乐用品类	Sports & Recreational Articles	152	12416
书报杂志类	Newspapers and Magazines	108	7180
电子出版物及音像制品类	E-journal and Video Products	229	31145
家用电器和音像器材类	Household Appliances and Video Equipments	1678	381334
中西药品类	Traditional Chinese and Western Medicine	484	289381
#西药类	Western Medicine	33	10133
中草药及中成药类	Traditional Chinese	376	265049
文化办公用品类	Cultural and official Goods	1146	274171
家俱类	Furniture	3193	368404
通讯器材类	Communication Appliances	126	56448
煤炭及制品类	Coal and Coal Products	16	1000
木材及制品类	Wood and Wooden Products	432	37485
化工材料及制品类	Raw Chemical Materials and Related Products	306	40696
#化肥类	Fertilizer	41	9112
金属材料类	Metal Materials	1483	129788
建筑及装潢材料类	Building and Decoration Materials	10260	1565341
机电产品及设备类	Mechanical & Electrical Products	836	443726
#农机类	Agricultural Machinery	465	199924
汽车类	Automobile	2341	1722870
种子饲料类	Seed and Feedstuff	139	18956
棉麻类	Cotton and Hemp	79	3210
其他类	Others	4088	163551

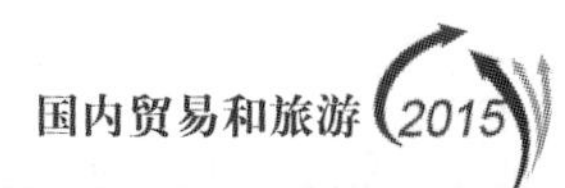

16-11 各地区亿元以上商品交易市场基本情况（2014年）

Basic Statistics on Commodity Exchange Markets of Transaction Value over 100 Million Yuan by Region (2014)

地 区	Region	市场数量（个）Number of Markets (unit)	摊位数（个）Number of Booths (unit)	营业面积（平方米）Operating Area (sq.m)	成交额（万元）Turnover (10000yuan)
全 省	**Provincial Total**	**94**	**71021**	**4129663**	**17629400**
南 昌 市	Nanchang	32	27099	1444586	9347918
景德镇市	Jingdezhen	5	5095	378856	409053
萍 乡 市	Pingxiang	3	2117	36900	253471
九 江 市	Jiujiang	8	4871	467744	1675076
鹰 潭 市	Yingtan	3	2000	34399	349860
赣 州 市	Ganzhou	10	6034	601717	2304150
吉 安 市	Ji'an	4	5813	249588	651928
宜 春 市	Yichun	7	4330	188746	916536
抚 州 市	Fuzhou	4	2534	60402	138355
上 饶 市	Shangrao	18	11128	666725	1583053

16-12 旅游业发展情况

Development of Tourism

年 份 Year	旅游总收入（亿元）Total Tourism Earnings (100 million yuan)	占全国旅游总收入比重(%) As Percentage of Total National Tourism Earnings(%)	为全省地区生产总值（%）As Percentage of the Province's GDP (%)	为全省地区生产总值中第三产业（%）As Percentage of Tertiary Industry in the Province's GDP(%)
1991	4.30	1.23	0.90	3.04
1992	4.81	1.03	0.84	2.79
1993	5.31	0.47	0.73	2.47
1994	6.33	0.38	0.67	2.14
1995	8.39	0.40	0.67	2.14
1996	50.15	2.02	3.31	10.27
1997	79.35	2.55	4.63	13.64
1998	81.64	2.37	4.41	12.35
1999	111.29	2.78	5.67	15.03
2000	134.6	2.98	6.72	16.47
2001	161.4	3.23	7.42	18.31
2002	191.1	3.43	7.80	19.85
2003	197.47	4.04	6.98	18.93
2004	240.81	3.52	6.97	19.65
2005	320.02	4.16	7.89	22.67
2006	390.89	4.37	8.37	25.00
2007	463.67	4.23	8.43	26.44
2008	559.38	4.83	8.63	27.90
2009	675.61	5.20	8.83	25.62
2010	818.32	5.21	8.66	26.22
2011	1105.93	4.92	9.45	28.20
2012	1402.59	5.42	10.83	31.27
2013	1896.06	6.43	13.22	37.69
2014	2649.70	8.15	16.86	45.82

16-13 国际旅游收入情况

Income from International Turism

单位：万美元 (USD 10000)

指标	Item	2010	2011	2012	2013	2014
合计	**Total**	**34630**	**41500**	**48473**	**52508**	**55687**
长途交通	Long Distance Transportation	11324	14899	15463	16803	18042
民航	Civil Aviation	7792	9296	7659	8926	10970
铁路	Railway	1420	2241	4266	3623	4065
汽车	Highway	1281	2490	2472	2888	1838
轮船	Waterway	831	872	1066	1365	1169
游览	Sightseeing	1281	1992	3296	3255	3230
住宿	Accommodation	3498	3984	4460	5828	5624
餐饮	Food and Beverage	3047	2532	2908	4201	4344
娱乐	Entertainment	2009	1411	2521	2363	2951
购物	Shopping	9281	12409	13427	13705	16316
邮电通讯	Post and Communication Services	623	871	969	1470	1225
市内交通	Local Transportation	693	705	921	1050	1281
其他	Others	2874	2697	4508	3833	2673

16-14 入境旅游情况

Condition of Oversea Visitor Arrivals

指标	Item	2000	2005	2010	2013	2014
旅游人数(人次)	**Number of Oversea Visitor Arrivals (person-time)**	**163057**	**372513**	**1140792**	**1636100**	**1716759**
外国人	Foreigners	55411	136270	399449	531533	549175
#印度尼西亚	Indonesia	239	1982	12251	15585	11641
日本	Japan	12282	23945	34956	23716	17971
马来西亚	Malaysia	1256	3639	12113	16766	12481
菲律宾	Philippines	270	1794	8320	12787	9906
新加坡	Singapore	2018	8271	20249	25612	20228
韩国	Korea Rep.	1183	10809	36240	43872	40078
泰国	Thailand	2559	1716	4271	7168	8424
英国	United Kingdom	2966	11543	21613	30324	23531
德国	Germany	3080	5943	21689	28492	20426
法国	France	1212	6488	15299	23702	21343
意大利	Italy	464	3320	9132	13384	14938
西班牙	Spain	195	3757	5551	7745	8009
瑞典	Sweden	195	1131	6705	9368	10187
瑞士	Switzerland	236	364	6748	10822	11124
俄罗斯	Russia	419	2329	16502	22544	17726
加拿大	Canada	1069	4380	10886	14276	19560
美国	United States	11997	27235	52339	67676	44831
澳大利亚	Australia	640	4622	11888	15729	15321
新西兰	New Zealand	164	1486	2911	4669	12087
港澳同胞	Chinese Compatriots from Hong Kong and Macao	69375	154885	534537	808708	862927
台湾同胞	Chinese Compatriots fromTaiwan Province	38271	81358	206806	295859	304657
旅游外汇收入(万美元)	**Foreign Exchange Earnings from International Tourism (USD 10000)**	**6234**	**10395**	**34630**	**52508**	**55687**

注：外国人包括了华侨人数。
a) Overseas Chinese are included in foreigners.

16-15 各地区旅游情况（2014年）
Condition of Tourism by Region (2014)

地区	Region	入境游客（万人次） Number of Oversea Visitor Arrivals (10000 Person-times)	国际旅游外汇收入（万美元） Foreign Exchange Earnings from International Tourism (USD 10000)	国内游客（万人次） Number of Domestic Visitors (10000 Person-times)	国内旅游收入（亿元） Earnings from Domestic Tourism (100 million yuan)	星级饭店数（个） Number of Star-rated Hotel (unit)
全省	**Provincial Total**	**171.68**	**55686.70**	**31134.47**	**2615.17**	**455**
南昌市	Nanchang	20.78	6802.91	4266.02	381.03	55
景德镇市	Jingdezhen	27.76	8831.12	2568.87	206.60	27
萍乡市	Pingxiang	7.91	2563.69	2185.24	154.62	11
九江市	Jiujiang	31.35	11209.66	4329.57	385.25	76
新余市	Xinyu	2.63	784.63	1056.88	90.72	13
鹰潭市	Yingtan	7.48	1867.35	1816.5	138.37	17
赣州市	Ganzhou	16.33	5068.83	3079.37	269.14	71
吉安市	Ji'an	20.05	6285.32	3762.02	298.66	47
宜春市	Yichun	7.89	2607.54	2158.59	175.37	47
抚州市	Fuzhou	7.16	2518.55	1628.45	132.83	32
上饶市	Shangrao	22.34	7147.10	4282.96	382.63	59

16-16 各地区“春节、五一、十一”旅游情况（2014年）
Condition of Tourism by Region in Spring Festival, May Day or National Day Holidays (2014)

地区	Region	旅游人数（万人次） Number of Visitors (10000 person-times)			旅游收入（万元） Tourism Earnings (10000 yuan)		
		春节 Spring Festival	五一 Labor Day	十一 National Day	春节 Spring Festival	五一 Labor Day	十一 National Day
全省	**Provincial Total**	**877.78**	**1411.29**	**3232.21**	**354596**	**684200**	**1603200**
南昌市	Nanchang	137.60	197.80	539.45	72460	80400	194700
景德镇市	Jingdezhen	53.17	131.39	265.87	26319	104200	165300
萍乡市	Pingxiang	25.03	116.00	206.52	10728	22600	87100
九江市	Jiujiang	80.11	153.92	380.35	23100	92500	216900
新余市	Xinyu	37.36	66.20	122.50	10746	19300	46200
鹰潭市	Yingtan	47.45	75.45	224.40	31371	27200	47900
赣州市	Ganzhou	194.57	125.42	298.06	77142	55500	128800
吉安市	Ji'an	62.76	119.56	316.22	19986	100700	183800
宜春市	Yichun	91.13	109.65	321.94	20196	31800	139000
抚州市	Fuzhou	46.00	52.00	160.00	13992	13000	67500
上饶市	Shangrao	102.60	263.90	396.90	48556	137000	326000

主要统计指标解释

批发业 指批发商向批发、零售单位及其他企事业、机关单位批量销售生活用品和生产资料的活动，以及从事进出口贸易和贸易经纪与代理的活动。批发商可以对所批发的货物拥有所有权，并以本单位、公司的名义进行交易活动；也可以不拥有货物的所有权，而以中介身份做代理销售商。还包括各类商品批发市场中固定摊位的批发活动。

零售业 指百货商店、超级市场、专门零售商店、品牌专卖店、售货摊等主要面向最终消费者（如居民等）的销售活动。包括以互联网、邮政、电话、售货机等方式的销售活动，还包括在同一地点，后面加工生产，前面销售的店铺（如前店后厂的面包房）。不包括：谷物、种子、饲料、牲畜、矿产品、生产用原料、化工原料、农用化工产品、机械设备（乘用车、计算机及通信设备等除外）等生产资料的销售（列入批发业）；非零售单位附带的零售活动，如汽车修理单位销售汽车零件（列入单位主业所对应的行业类别中）；商业零售单位所在商厦的物业管理（列入物业管理）；商业零售单位所在的商品市场、商业大厦的市场管理活动（列入市场管理）。

批发和零售业商品购进、销售、库存额 指各种登记注册类型的批发和零售业企业(单位)以本企业(单位)为总体的，从国内、国外市场购进的商品总量，销售和出口的商品总量，库存的商品总量等情况。该指标可以反映商品流转过程中商品的购进、销售、库存之间的比例关系和存在的问题。

商品购进额 指从本企业以外的单位和个人购进（包括从国外直接进口）作为转卖或加工后转卖的商品金额（含增值税）。商品购进包括：（1）从工农业生产者、批发和零售业企业、住宿和餐饮业企业、出版社或报社的出版发行部门和其他服务业企业购进的商品；（2）从机关团体、事业单位购进的商品；（3）从海关、市场管理部门购进的缉私和没收的商品；（4）从居民收购的废旧商品等。不包括：（1）企业为本单位自身经营用，不是作为转卖而购进的商品，如材料物资、包装物、低值易耗品、办公用品等；（2）未通过买卖行为而收入的商品，如接受其他部门移交的商品、借入的商品、收入代其他单位保管的商品、其他单位赠送的样品、加工回收的成品等；(3)经本单位介绍，由买卖双方直接结算，本单位只收取手续费的业务；(4)销售退回和买方拒付货款的商品；（5）商品溢余。

商品销售额 指对本单位以外的单位和个人出售的商品金额（包括售给本单位消费用的商品，含增值税）。商品销售包括（1）售给城乡居民和社会集团消费用的商品；（2）售给农业、工业、建筑业、运输邮电业、服务业、公用事业等国民经济各行业用于生产、经营用的商品，包括售予批发和零售业作为转卖或加工后转卖的商品；（3）对国（境）外直接出口的商品。不包括：(1)未通过买卖行为付出的商品，如随机构变动移交给其他企业单位的商品、借出的商品、归还受其他单位委托代保管的商品、付出的加工原料和赠送给其他单位的样品等；（2）经本单位介绍，由买卖双方直接结算，本单位只收取手续费的业务；(3)购货退回的商品；(4)商品损耗和损失；（5）出售本单位自用的废旧物资。

商品库存额 指报告期末各种登记注册类型的批发和零售业企业(单位)已取得所有权的商品。它反映批发和零售业企业(单位)的商品库存情况和对市场商品供应的保证程度。商品库存包括：(1)存放在批发和零售业经营单位(如门市部、批发站、采购站、经营处)的仓库、货场、货柜和货架中的商品；(2)挑选、整理、包装中的商品；(3)已记入购进而尚未运到本单位的商品，即发货单或银行承兑凭证已到而货未到的商品；(4)寄放他处的商品，如因购货方拒绝付款而暂时存在购货方的商品；(5)委托其他单位代销(未作销售或调出)尚未售出的商品；(6)代其他单位购进尚未交付的商品。不包括：所有权不属于本单位的商品；委托外单位加工的商品；外贸企业代理其他单位从国外进口尚未付给订货单位的商品；代国家物资储备部门保管的商品等。

连锁总店（总部） 指负责连锁企业资源（商号、商誉、经营模式、服务标准、管理模式等等）的开发、配置、控制或使用等功能的企业核心管理机构。连锁经营是指经营同类商品或服务，使用统一商号的若干店铺，在同一总店（总部）的管理下，采取统一采购或特许经营等方式，实现规模效益的组织形式，包括直营连锁、特许连锁和自愿连锁三种形式。其中，直营连锁是指连锁店铺由连锁公司全资或控股开设，在总部的直接控制下，开展统一经营的连锁经营形式；特许连锁是指拥有注册商标、企业标志、专利、专有技术等经营资源的企业（特许人），以合同形式将其拥有的经营资源许可其他经营者（被特许人）使用，被特许人按合同约定在统一的经营模式下开展经营，并向特许人支付特许经营费用的连锁经营形式；自愿连锁是指若干个店铺或企业自愿组合起来，在不改变各自资产所有权关系的情况下，以同一个品牌形象面对消费者，以共同进货为纽带开展的连锁经营形式。

亿元以上商品交易市场 指年成交额在亿元及以上的商品交易市场。商品交易市场是指经有关部门和组织批准设立，有固定场所、设施，有经营管理部门和监管人员，若干市场经营者入内，常年或实际开业三个月以上，集中、公开、独立地进行生活消费品、生产资料等现货商品交易以及提供相关服务的交易场所，包括各类消费品市场、生产资料市场等。

住宿业 指有偿为顾客提供临时住宿的服务活动。不包括提供长期住宿场所的活动，如出租房屋、公寓等（列入房地产开发经营）。

餐饮业 指在一定场所，对食物进行现场烹饪、调制，并出售给顾客主要供现场消费的服务活动。

营业额 指住宿和餐饮业单位在经营活动中因提供服务或销售商品等取得的收入。包括：客房收入、餐费收入、商品销售额和其他收入。其中，客房收入指住宿和餐饮业单位在经营活动中因提供住宿服务取得的收入。餐费收入指住宿和餐饮业单位因为顾客提供就餐服务取得的收入，包括经烹饪、调制加工后出售的各种食品，如主食、炒菜、凉拌菜等的收入。

社会消费品零售总额 指企业（单位、个体户）通过交易直接售给个人、社会集团非生产、非经营用的实物商品金额，以及提供餐饮服务所取得的收入金额。个人包括城乡居民和入境人员，社会集团包括机关、社会团体、部队、学校、企事业单位、居委会或村委会等。

旅游人数

(1)入境游客 指报告期内来中国（大陆）观光、度假、探亲访友、就医疗养、购物、参加会议或从事经济、文化、体育、宗教活动的外国人、港澳台同胞等游客(即入境旅游人数)。统计时，入境游客按每入境一次统计 1 人次。入境旅游人数包括入境过夜游客和入境一日游游客。

(2)国内游客 指在报告期内在中国（大陆）观光游览、度假、探亲访友、就医疗养、购物、参加会议或从事经济、文化、体育、宗教活动的中国（大陆）居民人数，其出游的目的不是通过所从事的活动谋取报酬。统计时，国内游客按每出游一次统计 1 人次。

国际旅游(外汇)收入 指入境游客在中国（大陆）境内旅行、游览过程中用于交通、参观游览、住宿、餐饮、购物、娱乐等全部花费。

国内旅游收入 指国内游客在国内旅行、游览过程中用于交通、参观游览、住宿、餐饮、购物、娱乐等全部花费。

星级饭店 指设备、设施、服务符合《旅游饭店星级的划分与评定》(GB/T14308-2003)，通过相关旅游管理部门评定，并取得星级饭店称号的饭店（含预备星级饭店）。

Explanatory Notes on Main Statistical Indicators

Wholesale Trade refers to the activities of wholesaler selling at wholesale commodities for daily use and capital goods to enterprises of wholesale and retail trades and other enterprises, institutions and government offices, including the activities of wholesaler engaged in import and export and acting as a trade agent. The wholesaler may have the right of ownership over the commodities of wholesale and trade in the name of its owns or a company, the wholesaler may not have the right of ownership, only acts an agent. The wholesale trade also include the activities of wholesaler at the fixed stalls of the wholesale market of different commodities.

Retail Trade refers to the activities of department store, supermarket, franchised store, brand store, retail stall and on-the-spot-making-selling store selling commodities to the final consumers (citizens) by any means including internet, post, telephone, sales machine. Retail trade excludes the activities of sales of capital goods such a grain, seed, feed, livestock, mineral products, raw material for production, industrial chemicals, chemical products for farm, machine and equipment (vehicle, computer and communication equipment), and the activities of supplementary sales of non-retailer such as the sales of spare parts of car repair business (listed as branch in correspondence with principle business), property management of buildings of retail units (listed as property management); market management of commercial markets and buildings of retail units (listed as market management) .

Purchase, Sales and Stock of Commodities by Wholesale and Retail Trades refer to the total volume of commodities purchased, total volume of sales and exports, and the stock of commodities by wholesale and retail enterprises (establishments) of different status of registration from domestic and overseas markets. This indicator reflects the relationship among purchase, sales and stock of commodities in the circulation of goods and reveals the existing problems.

Total Purchases of Commodities refer to the total value of purchases of commodities by enterprises (establishments) from other establishments or individuals (including direct import from abroad) for the purpose of re-selling, either with or without further processing of the commodities purchased. The commodities include: (1) commodities purchased from agricultural and industrial producer, wholesaler, retailer, publishing house and other service business; (2) commodities purchased from institutions and government departments; (3) confiscated goods purchased from the customs authorities or market management agencies; (4) second-hand goods and wastes purchased from residents; The commodities exclude 1. commodities purchased by enterprises (establishments) for use in their own business operation, commodities obtained without buying or selling procedures such as materials, consumable goods of low value, office appliance, etc. 2. received goods without trading, such as goods handed over from others, borrowed goods, preserved goods for others, donated goods from others, processed and retrieved goods, etc. 3. goods of direct settlement between buyer and seller with handling fees introduced by others, 4. goods returned or refused to pay by the buyer, 5. excessive goods.

Total Sales of Commodities refer to value of commodities sold by the establishments to other establishments and individuals (including goods sold for self consumption, including the value-added tax). The commodities include: (1) commodities sold to urban and rural residents and social groups for their consumption; (2) commodities sold to establishments in all industries for their production and operation, including agriculture, industry, construction, transportation, post and telecommunications, catering services, and public utility including commodities sold to wholesale and retail establishments for re-selling, with or without further processing; and (3) commodities for direct export to abroad. Excluded are (1) extended commodities without trading, such as goods handed over to other enterprises and institutions because of the change of organizations, lent goods, returned goods preserved for others, extended processing materials and samples donated to others, (2) goods of direct settlement between buyer and seller with handling fees introduced by others, 3. goods returned after purchase, (4) damaged and spoiled goods, (5) waste and used goods of self use,

Total Stock of Commodities refers to total commodities possessed by wholesaler and retailer of various types of registration status at the end of the reference period, reflecting the commodity stock level of various wholesaler and retailer and the potential for market supply. It includes: (1) commodities located in storage, garages, counters, and shelves of operating places of wholesale and retail trades (such as sale stores, wholesale centers, procurement stations and operating offices); (2) commodities in the process of being selected, sorted, and packed; (3) commodities not arrived but recorded as purchase in the account, i.e. commodities not arrived but payment receipts for the commodities from the sellers or the banks arrived; (4) commodities deposited in other places rather than places mentioned above, for instance: commodities in the hold of purchasers temporarily due to the refusal of payment; (5) commodities entrusted to other units to sell but not sold yet; (6) commodities purchased for other units but not delivered yet. Commodities not included as stock are those not owned by the enterprises (units), commodities on commission for processing, imported commodities of agency of foreign trade enterprise but not yet delivered to ordering units and finally those put in stock on behalf of the state material reserves units.

Chain Head Stores (headquarter) refer to the core leading stores responsible for development, allocation, administration and utilization of resources (name of stores, brand of stores, operation model, service standard, management way, etc.) of chain stores. Chain stores refers to the stores engaged in providing homogeneous commodities or services, with the central leadership of head store (headquarters) and guided by common policies, conduct centralized purchase and distributed selling of commodities, in order to gain better efficiency through standardized operation. The chain stores include regular chain stores, franchise chain stores and voluntary chain stores.

Regular Chain store refers to chain stores that are invested or controlled by the headquarters. They operate under direct and unified management from the headquarters.

Franchise chain store refers to the chain stores (franchisees) which are franchised with operation resources such as trade marks, names, patent and operation know-how by the franchisors in form of contract and pay the operation fees to the franchisors.

Voluntary chain store refers to the stores operate jointly on the voluntary bases while maintaining their status of independent legal entities with full ownership of their assets. They sell goods of same brand from same channel of resource to the consumers.

Large Commodity Markets with Transaction Value

over 100 Million Yuan refers to the commodity markets with an annual transaction at and above 100 million. The commodity market refers to the markets approved and managed by related departments, where there are fixed sites, facilities, managers and administration offices, where there are a certain number of traders to operate for three month and above or all the year, where the commodities including the articles for daily consumption and capital goods and services are traded in a centralized, independent and open way. Such market includes markets of daily goods and market of capital goods, etc.

Hotel Services refer to the charged accommodation services provided to customers, excluding the long term accommodation service activities such as rental housing and apartments(it is under real estate development and management).

Catering Services refer to the activities of enterprises providing on-the-spot services of selling food cooked and prepared to the customer in certain sites

Business Revenue refers to revenue of hotels and catering services received from providing services or selling commodities through business activities, including income from hotels, from catering services, from selling of commodities and from other services. Income from hotels refers to income of hotels and catering services by providing lodging services through business activities. Income from catering services refers to income of hotels and catering services by providing catering services, including selling of cooked or prepared foods, such as staple food, cooked dishes, or cold dishes.

Total Retail Sales of Consumer Goods refer to the amount obtained by enterprises (units, self-employed individuals) through direct sales of non-production and non-business physical commodity to individuals, social institutions, and revenue from providing catering services. Individuals include rural and urban households, population from abroad, social institutions include government agencies, social organizations, military units, schools, institutions, neighborhood (village) committees.

Number of Tourists

(1) **Visitor arrivals** refer to the number of tourists of foreigners, Chinese compatriots from Hong Kong, Macao and Taiwan who come to China (mainland) within the reference period for sight-seeing, vacation, visiting relatives, medical treatment, shopping, attending conference, or to engage in economic, cultural, sports and religious activities. Each entry of one visitor counts as one person-time. Visitor arrivals include both overnight-trippers and day-trippers.

(2) **Number of domestic tourists** refers to the number of Chinese (mainland) residents who travel within China (mainland) for sight-seeing, vacation, visiting relatives, medical treatment, shopping, attending conference, or to engage in economic, cultural, sports and religious activities. In compiling statistics, each time of travelling is counted as one person-time.

Foreign Exchange Earnings from International Tourism refer to the total expenditure of foreigners, overseas Chinese, Chinese compatriots from Hong Kong, Macao and Taiwan during their stay in the mainland of China on transportation, sighting, accommodation, food, shopping and entertainment.

Income from Domestic Tourism refer to expenditure of domestic tourists on transportation, sighting, accommodation, food, shopping and entertainment while they travel.

Star-rated Hotels refer to hotels rated with stars as assessed by the relevant tourism authorities according to GB/T14308-2003 standard with reference to their infrastructure, facilities and service levels.

17

金融业

FINANCIAL INDUSTRY

◆411/419

资料整理及英文翻译：刘江华、黄小平

简要说明

本篇资料主要反映全省金融、保险、证券等方面的基本情况。

金融资料由中国人民银行南昌中心支行提供。

保险业务资料由江西省保险学会提供。

证券资料由江西省证监局提供。

Brief Introduction

The data in this chapter show the basic conditions of local government banking，insurance and stocks of the whole province.

The data on banking are provided by Nanchang Branch of the People's Bank of China.

The data on insurance are provided by Insurance Institute of Jiangxi Province.

The data on stocks are provided by Securities Regulatory Bureau of Jiangxi Province.

17-1 金融机构本外币信贷资金平衡表年末余额(2014年)

Balance Sheet of Credit Funds of RMB and Foreign Currency of Financial Institutions at Year-end (2014)

单位：万元 (10000 yuan)

指 标	Item	年末余额 Balance	比年初增减 Over Beginning of Year	比年初增长(%) Growth Rate (%)
各项存款	**Total Deposits**	**217549126**	**21722002**	**11.1**
单位存款	Corporate Deposits	96859046	9312182	**10.6**
#活期存款	Demand Deposits	46466360	2137110	**4.8**
定期存款	Time Deposits	25061578	3451842	**16.0**
个人存款	Personal Deposits	110838581	11053892	**11.1**
#储蓄存款	Savings Deposits	108256470	10670755	**10.9**
财政性存款	Fiscal Deposits	6166601	-36386	**-0.6**
临时性存款	Temporary Deposits	249076	75697	**43.7**
委托存款	Designated Deposit	205967	38872	**23.3**
其他存款	Other Deposits	3229854	1277745	**65.5**
各项贷款	**Total Loans**	**156968321**	**25219333**	**19.1**
境内贷款	Demestic Loans	156871410	25208896	**19.1**
#短期贷款	Short-term Loans	66185340	7888846	**13.5**
中长期贷款	Medium& Long-term Loans	86234747	14824341	**20.8**
票据融资	Bill Financing	4220707	2428903	**135.6**
各项垫款	Miscellaneous Advances	230616	66806	**40.8**
境外贷款	Overseas Loans	96911	10437	**12.1**

注：本表统计口径包括中国人民银行、政策性银行、国有独资商业银行、邮政信汇局、其他商业银行、农村合作银行、城市信用社、农村信用社、信托投资公司、财务公司等金融机构。后同。

a) The statistical scope in the table include the People's Bank of China,policy banks,state-owned commercial banks,postal savings bureau,other commercial banks,rural cooperative banks,urban credit cooperatives,rural credit cooperatives,financial trust and investment companies,finance companies. The same applies to the following tables.

17-2 金融机构人民币信贷资金平衡表年末余额(2014年)

Balance Sheet of Credit Funds of Financial Institutions at Year-end(2014)

单位：万元 (10000 yuan)

指 标	Item	年末余额 Balance	比年初增减 Over Beginning of Year	比年初增长(%) Growth Rate (%)
各项存款	**Total Deposits**	**215377398**	**21029931**	**10.8**
单位存款	Corporate Deposits	95206844	8791469	**10.2**
#活期存款	Demand Deposits	45997054	1975135	**4.5**
定期存款	Time Deposits	24214975	3346412	**16.0**
个人存款	Personal Deposits	110483364	11036726	**11.1**
#储蓄存款	Savings Deposits	107906982	10655253	**11.0**
财政性存款	Fiscal Deposits	6166601	-36386	**-0.6**
临时性存款	Temporary Deposits	238263	74699	**45.7**
委托存款	Designated Deposit	205943	38884	**23.3**
其他存款	Other Deposits	3076382	1124540	**57.6**
各项贷款	**Total Loans**	**154661094**	**24495325**	**18.8**
境内贷款	Demestic Loans	154650449	24496558	18.8
#短期贷款	Short-term Loans	64360608	7172423	12.5
中长期贷款	Medium& Long-term Loans	85863000	14826329	20.9
票据融资	Bill Financing	4220707	2428903	135.6
各项垫款	Miscellaneous Advances	206134	68903	50.2
境外贷款	Overseas Loans	10646	-1233	-10.4

17-3 四家大型银行人民币信贷收支表(2014年)

Renminbi Balance of Credit on State-owned Commercial Banks (2014)

单位：万元 (10000 yuan)

指标	Item	年末余额 Balance	比年初增减 Over Beginning of Year	比年初增长(%) Growth Rate (%)
各项存款	Total Deposits	88730648	5530191	6.6
单位存款	Corporate Deposits	40343364	1834375	4.8
#活期存款	Demand Deposits	19756118	-479521	-2.4
定期存款	Time Deposits	10939749	1226162	12.6
个人存款	Personal Deposits	46655676	2913765	6.7
#储蓄存款	Savings Deposits	45465866	3009125	7.1
临时性存款	Temporary Deposits	20075	-21205	-51.4
其他存款	Others Deposits	1711533	803256	88.4
各项贷款	Total Loans	60334935	6466531	12.0
境内贷款	Demestic Loans	60333279	6467529	12.0
短期贷款	Short-term Loans	18137982	770164	4.4
中长期贷款	Medium& Long-term Loans	40377903	4608638	12.9
票据融资	Bill Financing	1747963	1064002	155.6
各项垫款	Miscellaneous Advances	69431	24725	55.3
境外贷款	Overseas Loans	1656	-998	-37.6

17-4 各地区金融机构(含外资)本外币信贷主要指标 (2014年)

Main Indicators on RMB and Foreign Currency Trust of Financial Institutions (Foreign Capital Included) by Region(2014)

单位：亿元 (100 million yuan)

地区	Region	各项存款 Savings Deposits in Various Forms			各项贷款 Loans in Various Forms		
		年末余额 Balance	比年初增减 Over Beginning of Year	增长(%) Growth Rate (%)	年末余额 Balance	比年初增减 Over Beginning of Year	增长(%) Growth Rate (%)
全省	**Provincial Total**	**21754.91**	**2172.20**	**11.1**	**15696.83**	**2521.93**	**19.1**
南昌市	Nanchang	7436.66	734.86	11.0	6499.03	936.89	16.8
景德镇市	Jingdezhen	747.12	74.63	11.1	425.48	62.79	17.3
萍乡市	Pingxiang	683.92	60.50	9.7	458.21	77.38	20.3
九江市	Jiujiang	1878.58	113.73	6.4	1230.58	163.81	15.4
新余市	Xinyu	703.08	44.97	6.8	602.35	54.43	9.9
鹰潭市	Yingtan	578.12	61.38	11.9	399.51	70.28	21.4
赣州市	Ganzhou	2889.35	258.43	9.8	1934.15	326.77	20.3
吉安市	Ji'an	1701.83	204.49	13.7	880.27	162.51	22.6
宜春市	Yichun	1919.58	205.69	12.0	1099.28	180.91	19.7
抚州市	Fuzhou	1267.02	153.56	13.8	756.20	156.07	26.0
上饶市	Shangrao	1912.13	242.92	14.6	1235.77	227.23	22.5

17-5 财产保险公司主要指标

Main Indicators of Property Insurance Companies

单位：万元 (10000 yuan)

指　标	Item	保费收入 Premium Income		赔款支出 Indemnity Expenditure	
		2013	2014	2013	2014
合　计	**Total**	**1214491**	**1459034**	**689098**	**761704**
企业财产保险	Enterprise Property Insurance	41346	42063	15348	18047
机动车辆保险	Motor Vehicle Insurance	972402	1173235	577998	634193
货物运输保险	Freight Transport Insurance	6800	6921	3037	3433
责任保险	Liability Insurance	39680	40534	18341	18984
信用保证保险	Credit Insurance	21476	27172	8455	6104
农业保险	Agriculture Insurance	66193	73848	38092	43597
其它财产保险	Other Insurance	66595	95261	27827	37347

17-6 人寿保险公司主要指标

Main Indicators of Life Insurance Companies

单位：万元 (10000 yuan)

指　标	Item	2010	2011	2012	2013	2014
保费收入合计	**Total Premium Income**	**1814804**	**1637678**	**1701491**	**1965028**	**2544629**
团体业务	Group Business	61673	35386	45930	60486	116136
人寿保险	Life Insurance	23175	4831	5008	6533	6301
意外伤害保险	Accident Injury Insurance	13249	16224	18589	22950	24455
健康保险	Health Insurance	25249	14331	22333	31002	85379
个人业务	Personal Business	1753131	1602292	1655561	1904543	2428494
人寿保险	Life Insurance	1668886	1515036	1547888	1768705	2219733
意外伤害保险	Accident Injury Insurance	18644	22367	24999	30285	38707
健康保险	Health Insurance	65601	64888	82674	105553	170054
赔款支出合计	**Total Indemnity Expenditure**	**297479**	**317214**	**349065**	**580825**	**658874**
团体业务	Group Business	40806	27627	30204	42217	61663
年金给付	Annuity Payment	5046	6202	9016	11697	3235
满期给付	Mature Payment	5037	5782	6519	5747	5592
死伤医疗给付	Payment for Death ,Injury and Medical Treatment	12928	1340	1491	5533	6478
赔　款	Payment	17795	14304	13178	19240	46358
个人业务	Personal Business	256673	289586	318861	538608	595254
年金给付	Annuity Payment	29061	29770	50497	46147	54402
满期给付	Mature Payment	191523	215792	217532	436074	476128
死伤医疗给付	Payment for Death ,Injury and Medical Treatment	22380	26107	31669	36116	42283
赔　款	Payment	13709	17916	19163	20271	22441

17-7 各地区保险业务情况（2014年）

Insurance Business Conditions by Region (2014)

单位：万元 (10000 yuan)

地区	Region	全部业务 Insurance Total Business		财产保险业务 Property Insurance Business		人身保险业务 Life Insurance Business	
		保费收入 Premium Income	比上年增长(%) Growth Rate over Preceding year (%)	保费收入 Premium Income	比上年增长(%) Growth Rate over Preceding year (%)	保费收入 Premium Income	比上年增长(%) Growth Rate over Preceding year (%)
全省	**Provincial Total**	**4003664**	**25.92**	**1387454**	**19.41**	**2616210**	**29.67**
南昌市	Nanchang	1025373	32.14	316718	21.77	708655	37.37
景德镇市	Jingdezhen	122726	10.21	48167	16.12	74559	6.70
萍乡市	Pingxiang	151710	18.86	54159	16.32	97551	20.32
九江市	Jiujiang	368259	25.87	128864	19.95	239395	29.31
新余市	Xinyu	137585	19.12	52724	15.34	84861	21.60
鹰潭市	Yingtan	104597	16.75	38258	3.30	66338	26.23
赣州市	Ganzhou	614403	26.63	224669	23.15	389734	28.72
吉安市	Ji'an	397944	25.08	115794	20.08	282150	27.25
宜春市	Yichun	447941	21.54	184562	18.39	263379	23.85
抚州市	Fuzhou	266835	27.85	80276	18.81	186559	32.18
上饶市	Shangrao	366292	27.95	143264	18.10	223028	35.19

17-7 续表 continued

地区	Region	保险密度(元) Density of Insurance (yuan)			保险深度(%) Deep of Insurance (%)		
		全部业务 Total Insurance Business	财产险 Property Insurance	人身险 Life Insurance	全部业务 Total Insurance Business	财产险 Property Insurance	人身险 Life Insurance
全省	**Provincial Total**	**881.44**	**305.46**	**575.98**	**2.55**	**0.88**	**1.67**
南昌市	Nanchang	1977.87	610.93	1366.94	2.80	0.86	1.93
景德镇市	Jingdezhen	757.82	297.43	460.39	1.66	0.65	1.01
萍乡市	Pingxiang	806.31	287.84	518.47	1.75	0.63	1.13
九江市	Jiujiang	768.90	269.06	499.84	2.07	0.72	1.34
新余市	Xinyu	1190.57	456.24	734.34	1.53	0.59	0.94
鹰潭市	Yingtan	915.51	334.87	580.65	1.72	0.63	1.09
赣州市	Ganzhou	724.70	265.00	459.70	3.33	1.22	2.11
吉安市	Ji'an	817.76	237.95	579.81	3.20	0.93	2.27
宜春市	Yichun	817.75	336.93	480.82	2.94	1.21	1.73
抚州市	Fuzhou	673.42	202.60	470.83	2.57	0.77	1.80
上饶市	Shangrao	549.64	214.97	334.66	2.36	0.92	1.44

注：保险密度=年保费收入/国民年平均人口；保险深度=年保费收入/年国内生产总值。

a) Density of insurance=The annualy premium income/The National annual owerage population.
Deep of insurance=The annualy premium income/The annual Gross Domestic Product.

17-8 江西省上市公司数量
Jangxi Listed Companies

单位：个 (unit)

地 区	Region	2005	2010	2013	2014
全 省	**Total**	**26**	**30**	**33**	**32**
南 昌 市	Nanchang	15	16	16	16
景德镇市	Jingdezhen	3	3	3	2
萍 乡 市	Pingxiang	1	1	1	1
九 江 市	Jiujiang	1			
新 余 市	Xinyu	1	2	2	2
鹰 潭 市	Yingtan	1	2	2	2
赣 州 市	Ganzhou	1	2	3	3
吉 安 市	Ji'an				
宜 春 市	Yichun	1	3	2	2
抚 州 市	Fuzhou			1	1
上 饶 市	Shangrao	2	1	3	3

17-9 股票发行量和筹资额
Issued Share and Raised Capital

年份 Year	股票发行量 (亿股) Issued Share (100million shares)	A股 A Shares	H股 H Shares	B股 B shares	股票筹资额 (亿元) Raised Capital (100milln shares)	A股 A Shares	配股 Rights Issued	B股 B Shares
2006	4.4	4.4			14.49	14.49		
2007	14.43				141.61	141.61		
2008	0.28				3.10	3.10		
2009	2.50				20.86	20.86		
2010	10.74	10.74			153	153		
2011	5.04	5.04			49.50	49.50		
2012	7.98	4.90	3.08		65.35	60.48		4.87
2013	4.03	4.03			33.63	33.63		
2014	5.6	5.6			37.27	37.27	5.66	

17-10 证券市场基本情况

General Statistics on Securities Markets

指　　标	Item	2005	2010	2013	2014
证券法人公司(个)	Securities Company Corporation(unit)	2	2	2	2
证券营业部(个)	Security Exchange(unit)	60	122	133	250
证券投资者开户数(万户)	Security Accounts Established (10000 units)	95.77	205.01	241.81	255.12
A股成交金额(亿元)	Stock A turnover Value(100 million yuan)	883.38	16932.95	13722.46	29427.48
B股成交金额(亿元)	Stock B turnover Value(100 million yuan)	2.26	19.25	12.62	10.58
上市公司总股本(亿股)	Total Share Capital of Listed Company(100 million shares)	96.1	183.13	226.21	222.81
A股	Stock A	78.89	162.81	208.89	205.49
B股	Stock B	3.44	3.44	3.44	3.44
流通股本(亿股)	Share Capital in Circulation(100 million shares)	43.15	141.31	203.91	209
股票市价总值(亿元)	Total Market Capitalization(100 million yuan)	447.19	3316.25	2366.95	2631.64
A股	Stock A	356.1	2948.79	2136.06	2399.6
B股	Stock B	11.42	65.8	78.16	84.42
股票流通市值(亿元)	Negotiable Market Capitalization(100 million yuan)	206.36	2857.14	2002.92	2455.99
A股	Stock A	115.27	2489.68	1772.04	2223.95
B股	Stock B	11.42	65.8	78.16	84.42
期货投资者开户数(万户)	Future Accounts Established (10000 units)	446.54	1.69	2.89	3.45
期货总成交量(万手)	Trading Volume of Future(10000 transactions)	80.56	1994.93	3256.26	3929.82
期货总成交额(亿元)	Trading Turnover of Future(100 million yuan)	303.3	18384.63	34783.37	52191.29

主要统计指标解释

信贷资金　国家银行用于发放贷款的资金叫信贷资金。中国人民银行信贷资金的来源有各项存款、对国际金融机构负债、流通中货币、银行自有资金及当年结益等。信贷资金的运用有各项贷款、黄金占款、外汇占款、财政借款及在国际金融机构中的资产等。

存款　企业、机关、团体或居民根据可以收回的原则，把货币资金存入银行或其他信用机构保管并取得一定利息的一种信用活动形式。根据存款对象的不同可划分：企业存款、财政存款、机关团体存款、对外贸易存款、城乡居民储蓄存款和农村存款等科目，它是银行信贷资金的主要来源。

贷款　银行或其他信用机构根据必须归还的原则，按一定利率，为企业、个人等提供资金的一种信用活动形式。我国银行贷款，分流动资金贷款、固定资产贷款、城乡个体工商户贷款以及农业贷款等科目。

保险金额　指保险人承担赔偿或者给付保险金责任的最高限额。

保费　指投保人为取得保险人在约定范围内所承担赔偿责任而支付给保险人的费用。

赔偿　指保险人根据保险合同的规定，向被保险人支付的赔偿保险责任损失的金额。

Explanatory Notes on Main Statistical Indicators

Credit Funds　refer to the monetary funds accumulated and distributed in the means of credit by the financial institutions. The sources of credit funds include various deposits, financial bonds, liabilities to international financial institutions, currency in circulation, other items. The uses of credit funds include loans, securities and investment, position for bullion and silver purchase, position for foreign exchange purchase, advances to treasury, and assets with international financial institutions.

Deposit　is a form of credit by which enterprises, institutions, organizations or households can put money into banks and other credit institutions for safekeeping and interest earning under the principle of free withdrawal. According to different depositors, deposits are divided into enterprise deposits, fiscal deposits, deposits of government agencies and organizations, savings deposits of rural and urban households, agricultural savings deposits, entrusted deposits and other deposits. Deposits are major sources of the credit funds of banks.

Loan　is a form of credit by which banks and other credit institutions provide funds at certain interest rate to enterprises and individuals in the light of the principle of unconditional repayment. Loans from Chinese banks include short-term loan, medium- term and long-term loans, entrusted loans, and other loans.

Amount Insured　refers to the maximum that the insurant will get for the claim of the case insured.

Premium　is the fee paid by the insurant to the insurer to obtain the obligation of compensation from the insurance within the agreed terms.

Settled Claim　is the compensation paid by the insurer to the insurant in accordance with the insurance contract.

18

房地产开发

REAL ESTATE DEVELOPMENT

◆421/434

资料整理及英文翻译：石　磊

简要说明

房地产开发统计资料的主要内容包括：全省房地产开发建设方面的基本情况，包括11个设区市的主要房地产统计数据。如：房地产开发投资额、房屋施工面积、房屋竣工面积、商品房销售面积、商品房销售额、房地产开发投资资金来源等。

统计范围：房地产开发投资统计的统计范围为各种登记注册类型的房地产开发公司、商品房建设公司及其他房地产开发单位统一开发的包括统代建、拆迁还建的住宅、厂房、仓库、饭店、宾馆、度假村、写字楼、办公楼等房屋建筑物和配套的服务设施、土地开发工程，如道路、给水、排水、供电、供热、通讯、平整场地等基础设施工程。包括实际从事房地产开发或经营活动的附营房地产开发单位。

资料来源：根据国家统计局制定的《房地产开发投资统计报表制度》搜集资料，由省统计局固定资产投资处整理汇总。

统计调查方法：由各级统计部门采取全面调查方法，执行企业一套表，由企业网上直报。

Brief Introduction

Main Contents of Real Estate Statistic: Datas in this chapter show the general situation and the development of real estate, They cover the situation of real estate of the 11 cities in the whole Jiangxi Province. For instance,the value of real estate development, floor space under construction, floor space completed, floor space sold, value of house sold,the sourse of funds for the development of construction.

Scope of Statistics: The scope of the development of real estate statistics covers the investment by the real estate development companies, commercial buildings construction companies and other real estate development units of various types of ownership in the construction of house buildings, such as residential buildings, factory buildings, warehouses, hotels, guesthouses, holiday villages, office buildings, and the complementary service facilities and land development projects, such as roads, water supply, water drainage, power supply, heating, telecommunications, land leveling and other projects of infrastructure. It includes practical in the real estate development or business activities of the business of real estate development unit.

Sources of Data: Datas on Real Estate Statistic are collected in accordance with the Reporting Form System of the Development of Real Estate Statistics stipulated by the National Bureau of Statistics and provided by Fixed Assets Investment Division of Jiangxi Provincial Bureau of Statistics.

Methods of Survey The Data are from comprehensive collection and report by local level statistical bureans.

18-1 房地产开发与经营主要指标

Main Indicators of Enterprises for Real Estate Development

指　　标	Item	2000	2005	2010	2013	2014
企业个数(个)	**Number of Enterprises**	**539**	**1824**	**2141**	**2080**	**2077**
房地产开发投资(万元)	**Total Investment in Real Estate Development(10000 yuan)**	**423705**	**3010982**	**7068222**	**11745768**	**13224909**
按登记注册类型分	Grouped by Registration Status					
内　资	Domestic Funds	319440	2596827	6355494	11031313	12528103
#国　有	State-owned Units	143139	201199	378676	427265	164216
集　体	Collective-owned Units	39137	33198	20283	11212	2503
股份合作	Cooperative Units	16395	49932	31746	56661	5565
联　营	Joint Ownership Units	627	4280	10683	16155	
有限责任公司	Limited liability Corporations	29918	1053487	3037481	5285465	7068110
股份有限公司	Share-holding Corporations Ltd.	16114	333554	779993	823424	696300
私　营	Private Enterprises	73810	854028	2033226	4187707	4575741
其　他	Others	300	67149	63406	223424	15665
港澳台商投资	Funds from Hong Kong,Macao and Taiwan	63317	243112	552561	524180	546515
外商投资	Foreign Funds	40948	171043	160167	190275	150291
按构成分	Grouped by Use of Funds					
建筑工程	Construction	294410	2089989	4920441	8280520	9411069
安装工程	Installation	10658	97839	422486	1034597	1241277
设备工器具购置	Purchase of Equipment and Instruments	2704	23842	135226	153261	176563
其他费用	Others	115933	799312	1590069	2277390	2396000
#土地购置费	Land Purchase	66281	593283	1098952	1474486	1796430
按工程用途分	Grouped by Use of Projects					
住　宅	Residential Buildings	264555	2081628	5447742	7957469	9719227
#别墅、高档公寓	Villas、High-grade Apartments	14316	55694	181581	364864	338386

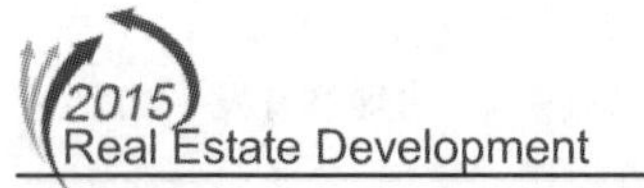

18-1 续表 continued

指 标	Item	2000	2005	2010	2013	2014
办公楼	Office Buildings	14324	44861	110064	1009719	539721
商业营业用房	Houses for Bussiness Use	67984	456512	781411	1535876	1986456
其 他	Others	76842	427981	729005	1242704	979505
本年新增固定资产	**Newly Increased Fixed Assets this Year**	**294124**	**1486566**	**3898732**	**5772236**	**6043879**
土地开发(万平方米)	**Land Space Developed (10000 sq.m)**					
本年购置土地面积	Land Space Purchased This Year	287.81	1517.92	777.15	837.32	918.20
资金来源(万元)	**Sources of Funds(10000 yuan)**					
本年资金来源小计	Sources of Funds This Year	444086	3295995	10081606	19088417	19458480
国内贷款	Domestic Loans	71414	460301	1464036	2369843	2559744
#银行贷款	Bank Loans		449328	1412902	2254630	2327578
非银行金融机构贷款	Non-banking Financial Institutions Loans		10973	51134	115213	232166
利用外资	Foreign Investment	33925	38527	28979	8236	3885
#外商直接投资	Foreign Direct Investment	32997	25605	28979	8236	3885
自筹资金	Self-raising Funds	134697	1448201	3912925	5816600	6065001
#自有资金	Enterprises and Institutions Self-own Fund	68906	969826	1688924	2098049	2223512
其他资金来源	Others	202730	1348966	4675666	10893738	10829850
#定金及预付款	Deposit and Advance Payment	164019	1091048	2542706	6495139	5494382
个人按揭贷款	Individual Credit		43322	1460827	3162939	3554048
房屋施工、竣工和销售、出租情况(万平方米)	**Floor Space of Buildings Under Construction and Completed、 On Sale and for Rent(10000 sq.m)**					
房屋施工面积	Floor Space under Construction	896.62	4508.16	7229.94	11994.92	13332.64
#新开工面积	Started This Year	490.92	2490.82	2344.98	4138.33	3348.42
房屋竣工面积	Floor Space Completed	402.80	1561.54	1817.74	1784.55	1871.79
商品房销售面积	Floor Space of Commercialized Buildings Sold	286.69	1650.12	2469.73	3167.06	3067.16
商品房销售额(万元)	Total Sales of Commercialized Buildings(10000 yuan)	272008	2522496	7764058	16486810	16217649
商品房出租面积	Floor Space of Commercialized Buildings for Rent	4.67	168.94	23.66	27.37	13.66
商品房待售面积	Eloor Space of Commercialized Bulidings Lying Idle	102.90	228.89	357.99	928.38	1179.99

18-2 房地产开发房屋施工、竣工、销售与出租情况（2014年）

Residential Buildings under Construction,Completed,Sale and for Rent of Real Estate Development (2014)

指标	Item	合计 Total	住宅 Residential Budildings	#90平方米及以下住房 Housing of 90 Squre Metres and Below
房屋施工面积(平方米)	Floor Space under Construction(sq.m)	133326437	99757330	17694962
#新开工面积	Started This Year	33484181	25597697	3871670
房屋竣工面积(平方米)	Floor Space Completed(sq.m)	18717917	15112659	2774136
房屋竣工价值(万元)	Value of Buildings Completed(10000 yuan)	4475375	3595359	666313
商品房销售面积(平方米)	Floor Space of Commercialized Buildings Sold (sq.m)	30671606	27752168	3181408
#现房销售面积	Floor Space of Marketable Housing Sold	4781744	4217876	527472
期房销售面积	Floor Space of Future Marketable Housing Sold	25889862	23534292	2653936
出租房屋面积(平方米)	Floor Space for Rent (sq.m)	136573	50530	34
不可销售面积(平方米)	Floor Space Unsalable (sq.m)	446889	137504	57272
待售面积(平方米)	Floor Space Lying Idle (sq.m)	11799947	8611492	913313
商品房销售额(万元)	Total Sales of Commarcialized Buildings (10000 yuan)	16217649	13794952	1675657
#现房销售额	Sale of Marketable Housing	2313996	1914778	265354
期房销售额	Sale of Futures Marketable Housing	13903653	11880174	1410303

18-2 续表 continued

指标	Item	#别墅、高档公寓 Villas, High-grade Apartments	办公楼 Office Buildings	商业营业用房 Houses for Bussiness Use	其他 Other
房屋施工面积(平方米)	Floor Space under Construction(sq.m)	3381267	4717754	17073356	11777997
#新开工面积	Started This Year	698015	768291	4384781	2733412
房屋竣工面积(平方米)	Floor Space Completed(sq.m)	510046	254473	2494671	856114
房屋竣工价值(万元)	Value of Buildings Completed(10000 yuan)	140846	74402	609032	196582
商品房销售面积(平方米)	Floor Space of Commercialized Buildings Sold (sq.m)	448937	427533	1960870	531035
#现房销售面积	Floor Space of Marketable Housing Sold	58858	23759	442710	97399
期房销售面积	Floor Space of Future Marketable Housing Sold	390079	403774	1518160	433636
出租房屋面积(平方米)	Floor Space for Rent (sq.m)			85293	750
不可销售面积(平方米)	Floor Space Unsalable (sq.m)	1153	6383	33049	269953
待售面积(平方米)	Floor Space Lying Idle (sq.m)	408099	151977	2532740	503738
商品房销售额(万元)	Total Sales of Commarcialized Buildings (10000 yuan)	334164	388425	1764317	269955
#现房销售额	Sale of Marketable Housing	30950	19962	314272	64984
期房销售额	Sale of Futures Marketable Housing	303214	368463	1450045	204971

18-3 按登记注册类型分的房地产开发投资（2014年）

单位:万元

指标	Item	合计 Total	内资 Domestic Funds	国有 State-Owned Units
投资总额	**Total Investment**	**13224909**	**12528103**	**164216**
按构成分	Grouped by Use of Funds			
建筑工程	Construction	9411069	8902462	141985
安装工程	Installation	1241277	1135684	7499
设备工器具购置	Purchase of Equipment and Instruments	176563	165837	94
其他费用	Others	2396000	2324120	14638
按工程用途分	Grouped by Use of Projects			
住宅	Residential Buildings	9719227	9212024	127260
#90平方米及以下住房	Housing of 90 Square Metres and below	1857806	1747177	41096
别墅、高档公寓	Villas,High-grade Apartments	338386	310661	3734
办公楼	Office Buildings	539721	510054	
商业营业用房	Houses for Bussiness Use	1986456	1886585	23592
其他	Others	979505	919440	13364
本年资金来源合计	**Total Sources of Funds**	**26038375**	**23669620**	**240743**
上年末结余资金	Surplus Funds last Year	6579895	5572704	50949
本年资金来源小计	Sources of Funds This Year	19458480	18096916	189794
国内贷款	Domestic Loans	2559744	2388144	60300
#银行贷款	Bank Loans	2327578	2155978	60300
非银行金融机构贷款	Non-banking Financial Institutions Loans	232166	232166	
利用外资	Foreign Investment	3885		
#外商直接投资	Foreign Direct Investment	3885		
自筹资金	Self-raising Funds	6065001	5869473	86146
#自有资金	Enterprises and Institutions Self-own Fund	2223512	2173677	24539
其他资金来源	Others	10829850	9839299	43348
#定金及预付款	Deposit and Advance Payment	5494382	4875230	17413
个人按揭贷款	Individual Credit	3554048	3190191	21002

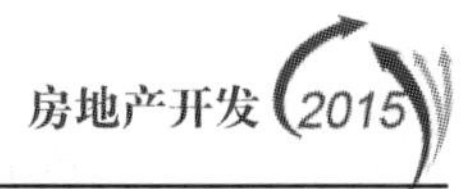

Investment in Real Estate Development by Registration Status (2014)

(10000 yuan)

集 体 Collective-owned Units	私营及个体投资 Private & Self-employed	联 营 Joint Ownership Units	股份有限公司 Share-holding Corporations Ltd.	其他内资 Others	港澳台商投资 Funds from Hong Kong, Macao and Taiwan	外商投资 Foreign Funds
2503	**4575744**		**696300**	**15665**	**546515**	**150291**
2098	3243913		516636	14172	405177	103430
345	415885		81634	407	77938	27655
60	58259		3056		8733	1993
	857687		94974	1086	54667	17213
1828	3260494		527416	13774	390821	116382
	558280		120752	17	78318	32311
	117395		11198		25552	2173
	125287		25223	2	27062	2605
675	840809		103937	220	74885	24986
	349154		39724	1669	53747	6318
2755	**8947363**		**1140117**	**28106**	**1790973**	**577782**
200	2148256		307216	3843	738058	269133
2555	6799107		832901	24263	1052915	308649
	731151		87682	3235	154100	17500
	688489		78011	3235	154100	17500
	42662		9671			
					3885	
					3885	
	2037008		239521	11574	140083	55445
	699031		90659	9694	17208	32627
2555	4030948		505698	9454	754847	235704
1098	1817461		284405	501	506398	112754
1457	1339610		155591	1252	247730	116127

18-4 各地区房地产开发和经营指标（2014年）

指　　标	Item	全　省 Total	南昌市 Nanchang	景德镇市 Jingdezhen
企业个数(个)	**Number of Enterprises (unit)**	**2077**	**511**	**86**
投资额和新增固定资产(万元)	**Investment And Newly Increased Fixed Assets(10000 yuan)**			
投资额	**Investment**	**13224909**	**4140682**	**369684**
按登记注册类型分	Grouped by Registration Status			
内　资	Domestic Funds	12528103	3722594	358780
#国　有	State-Owned Units	164216	15545	100
集　体	Collective-Owned Units	2503		
私营及个体	Individuals	4575744	729598	94169
联　营	Joint Ownership Units			
股份有限公司	Share-holding Corporations Ltd.	696300	196145	21363
其他内资	Others	15665	4504	
港澳台商投资	Funded by Entrepreneurs from Hong Kong, Macao and Taiwa	546515	298576	4880
外商投资	Enterprises with Foreign Investment	150291	119512	6024
按构成分	Grouped by Use of Funds			
建筑工程	Construction	9411069	2965488	312579
安装工程	Installation	1241277	467336	41118
设备工器具购置	Purchase of Equipment and Instruments	176563	52904	3744
其他费用	Others	2396000	654954	12243
#土地购置费	Land Purchase	1796430	460740	5940
按工程用途分	Grouped by Use of Projects			
住　宅	Residential Buildings	9719227	3046738	305188
#90平方米及以下住房	Housing of 90 Square Metres and below	1857806	759101	100734
别墅、高档公寓	Villas, High-grade Apartments	338386	134662	4309
办公楼	Office Buildings	539721	369896	8721
商业营业用房	Houses for Bussiness Use	1986456	441062	44922
其　他	Others	979505	282986	10853
本年新增固定资产(万元)	**Newly Increased Fixed Assets this Year (10000 yuan)**	**6043879**	**1692680**	**203976**
土地开发情况(平方米)	**Land Space Developed(Hectare)**			
本年购置土地面积	Land Space Purchased This Year	9181964	2545131	89729
资金来源(万元)	**Source of Funds(10000 yuan)**	**26038375**	**9500076**	**672496**
本年资金来源小计(万元)	**Source of Funds this Year (10000 yuan)**	**19458480**	**6640142**	**552300**
国内贷款	Domestic Loans	2559744	1052272	59740
#银行贷款	Bank Loans	2327578	963002	54740
非银行金融机构贷款	Non-banking Financial Institutions Loans	232166	89270	5000
利用外资	Foreign Investment	3885		
#外商直接投资	Foreign Direct Investment	3885		
自筹资金	Self-raising Funds	6065001	1375076	196607
#自有资金	Enterprises and Institutions Self-own Fund	2223512	589325	63004
其他资金来源	Others	10829850	4212794	295953
#定金及预付款	Deposit and Advance Payment	5494382	2401214	215955
个人按揭贷款	Individual Credit	3554048	1175562	64222
房屋施工、竣工和销售、出租情况	**Floor Space of Buildings Under Construction and Completed, on Sale and for Rent**			
房屋施工面积(平方米)	**Floor Space of Buildings under Construction(sq.m)**	**133326437**	**42447388**	**4031659**
住　宅	Residential Buildings	99757330	29969048	3113420
#90平方米及以下住房	Housing of 90 square metres and Below	17694962	8511031	715713
别墅、高档公寓	Villas, High-grade Apartments	3381267	1283357	18699
办公楼	Office Buildings	4717754	3379167	5307
商业营业用房	Houses for Bussiness Use	17073356	4476161	723869
其　他	Others	11777997	4623012	189063

Development and Operating Indicators for Real Estate by Region (2014)

萍乡市 Pingxiang	九江市 Jiujiang	新余市 Xinyu	鹰潭市 Yingtan	赣州市 Ganzhou	吉安市 Ji'an	宜春市 Yichun	抚州市 Fuzhou	上饶市 Shangrao
71	**200**	**100**	**86**	**316**	**139**	**208**	**154**	**206**
371730	**1291834**	**286231**	**449443**	**2303368**	**661003**	**1107259**	**988831**	**1254844**
371730	1280445	269420	449293	2138827	648366	1079670	954134	1254844
	9704			34186	67309	26600	4386	6386
								2503
97000	515920	160171	126532	1164080	266596	650384	219332	551962
7686	7596	29776	36082	31670	55341	37648	159581	113412
			394	8887			1880	
	9706	16811		157294	12637	14414	32197	
	1683		150	7247		13175	2500	
272723	855177	223833	318260	1629764	450846	780821	665105	936473
28017	98533	46314	42155	138601	63484	110128	111550	94041
6521	12139	2747	7327	14766	8048	13575	26593	28199
64469	325985	13337	81701	520237	138625	202735	185583	196131
37189	275276	8408	71121	378217	117756	152714	147844	141225
276645	909151	217231	342329	1514536	487701	851485	802684	965539
43717	182308	28033	65253	209485	75917	143669	133912	115677
17257	19499	10942	2098	22031	4158	61472	16197	45761
2177	22542	693	6495	105390	10102	7861	955	4889
56103	292219	47366	43561	427604	120561	212757	148434	151867
36805	67922	20941	57058	255838	42639	35156	36758	132549
148806	**597051**	**366926**	**558924**	**438615**	**343802**	**742632**	**473744**	**476723**
392444	2021624	215437	589616	742874	826962	640741	506226	611180
582915	**2567289**	**1419454**	**514880**	**4339388**	**1289019**	**1663227**	**1507447**	**1982184**
476733	**2033312**	**1078660**	**447404**	**3009031**	**1074555**	**1365123**	**1250564**	**1530656**
88500	351861	41972	44631	345336	136832	167181	59370	212049
84850	347661	41966	31298	260830	136832	165081	49970	191348
3650	4200	6	13333	84506		2100	9400	20701
					3885			
					3885			
159741	1004980	62456	243644	1022614	408483	525983	490761	574656
75923	369736	34095	65606	315701	89433	161719	202983	255987
228492	676471	974232	159129	1641081	525355	671959	700433	743951
143605	344203	185603	99502	756009	266953	352955	348549	379834
41116	274490	126472	58591	799660	167995	254948	261593	329399
3377829	**11159331**	**6335822**	**4861786**	**22442550**	**8336873**	**11554868**	**9496428**	**9281903**
2685238	8504867	4761850	3918491	15318514	6270581	9377641	8125773	7711907
339570	1465738	395672	381965	1621554	914194	1109034	1372604	867887
64582	167360	187655	45343	529994	70749	514745	99976	398807
13184	251620	40700	76456	682068	162572	67990	7742	30948
392606	1814898	937236	420776	3323849	1242728	1706494	1088262	946477
286801	587946	596036	446063	3118119	660992	402743	274651	592571

18-4 续表

指　标	Item	全　省 Total	南昌市 Nanchang	景德镇市 Jingdezhen
房屋新开工面积(平方米)	**Floor Space Started this Year(sq.m)**	**33484181**	**6369341**	**630687**
住　宅	Residential Buildings	25597697	5033632	564933
#90平方米及以下住房	Housing of 90 Square Metres and Below	3871670	1420417	144346
别墅、高档公寓	Villas、High-grade Apartments	698015	208034	
办公楼	Office Buildings	768291	329803	2700
商业营业用房	Houses for Bussiness Use	4384781	533134	56242
其　他	Others	2733412	472772	6812
房屋竣工面积(平方米)	**Floor Space Completed(sq.m)**	**18717917**	**5109699**	**895476**
住　宅	Residential Buildings	15112659	4268088	809364
#90平方米及以下住房	Housing of 90 Square Metres and Below	2774136	1343794	157947
别墅、高档公寓	Villas,High-grade Apartments	510046	334424	
办公楼	Office Buildings	254473	207470	
商业营业用房	Houses for Bussiness Use	2494671	346226	82536
其　他	Others	856114	287915	3576
竣工房屋价值(万元)	**Value of Buildings Completed(10000 yuan)**	**4475375**	**1183936**	**178438**
住　宅	Residential Buildings	3595359	1003652	160222
#90平方米及以下住房	Housing of 90 Square Metres and Below	666313	283823	28997
别墅、高档公寓	Villas、High-grade Apartments	140846	93998	
办公楼	Office Buildings	74402	56507	
商业营业用房	Houses for Bussiness Use	609032	65450	17509
其　他	Others	196582	58327	707
商品房销售面积(平方米)	**Floor Space Sold of Commercialized Buildings(sq.m)**	**30671606**	**8246630**	**983024**
住　宅	Residential Buildings	27752168	7514757	914860
#90平方米及以下住房	Housing of 90 Squre Metres and Below	3181408	1314389	143842
别墅、高档公寓	Villas,High-grade Apartments	448937	236832	
办公楼	Office Buildings	427533	278635	
商业营业用房	Houses for Bussiness Use	1960870	381878	68164
其　他	Others	531035	71360	
商品房出租面积(平方米)	**Floor Space for rent(sq.m)**	**136573**	**60958**	
住　宅	Residential Buildings	50530		
#90平方米及以下住房	Housing of 90 Squre Metres and Below	34		
别墅、高档公寓	Villas,High-grade Apartments			
办公楼	Office Buildings			
商业营业用房	Houses for Bussiness Use	85293	60958	
其　他	Others	750		
商品房待售面积(平方米)	**Floor Space Lying Idle (sq.m)**	**11799947**	**1124645**	**364165**
住　宅	Residential Buildings	8611492	585029	301009
#90平方米及以下住房	Housing of 90 Square Metres and Below	913313	188795	47098
别墅、高档公寓	Villas,High-grade Apartments	408099	82790	190
办公楼	Office Buildings	151977	90928	1025
商业营业用房	Houses for Bussiness Use	2532740	366103	60131
其　他	Others	503738	82585	2000
商品房销售额(万元)	**Floor Space Sales(10000 yuan)**	**16217649**	**5433358**	**418257**
住　宅	Residential Buildings	13794952	4677644	380814
#90平方米及以下住房	Housing of 90 Square Metres and Below	1675657	821292	73756
别墅、高档公寓	Villas,High-grade Apartments	334164	198533	
办公楼	Office Buildings	388425	267569	
商业营业用房	Houses for Bussiness Use	1764317	429841	37443
其　他	Others	269955	58304	

continued

萍乡市 Pingxiang	九江市 Jiujiang	新余市 Xinyu	鹰潭市 Yingtan	赣州市 Ganzhou	吉安市 Ji'an	宜春市 Yichun	抚州市 Fuzhou	上饶市 Shangrao
1188816	**5273751**	**725550**	**1095008**	**7249990**	**2685268**	**2703300**	**2542035**	**3020435**
868439	3986653	477662	810995	5186827	2107653	2016550	2073896	2470457
118687	454619	18233	82242	452245	349498	130734	370053	330596
26822	130295			136913	36974	5435	47448	106094
1563	190567	29761	5681	139040	17888	46025	1751	3512
161582	809042	111647	118994	1087325	352650	456059	384358	313748
157232	287489	106480	159338	836798	207077	184666	82030	232718
500969	**1346703**	**1388444**	**779633**	**1691695**	**1151808**	**2534479**	**1520328**	**1798683**
388177	1162076	1202568	664948	1096865	781161	1896227	1360789	1482396
27981	143334	46807	66656	79514	100469	150929	507091	149614
	11483	87147	22446			9333		45213
	6829			6692	29170	315	479	3518
61384	130984	141812	53409	456086	278649	591167	128827	223591
51408	46814	44064	61276	132052	62828	46770	30233	89178
141065	**446937**	**267891**	**173616**	**387818**	**268237**	**644588**	**383888**	**398961**
109990	368201	237830	149218	252450	159520	504380	341617	308279
9471	38817	10650	14095	21202	15447	63056	142927	37828
	3388	12924	5027			13999		11510
	3140			1443	12269	54	167	822
18223	57658	21020	11610	108441	71856	131774	35830	69661
12852	17938	9041	12788	25484	24592	8380	6274	20199
548898	**3171971**	**944105**	**1016328**	**5821708**	**1866973**	**2536791**	**2954016**	**2581162**
518913	2996976	870989	960254	4669278	1764255	2339472	2818472	2383942
47385	304296	44677	64779	400098	142910	199084	336556	183392
26122	7572	6124	6311	40441	9801	47108	16580	52046
	8087			134951			479	5381
26076	142895	65624	35816	720765	83768	164236	120688	150960
3909	24013	7492	20258	296714	18950	33083	14377	40879
11670	**5916**			**4358**	**211**	**39780**	**4350**	**9330**
1209					211	39780		9330
					34			
10461	5916			4358			3600	
							750	
716006	**2012338**	**1029089**	**238241**	**994582**	**1211596**	**2101274**	**519951**	**1488060**
609956	1819924	690749	204816	547800	917317	1367833	378381	1188678
106378	131672	66266	19156	81770	11986	144547	12902	102743
342	15163	27066	16872	49131	30719	82828	7661	95337
1140	12771			26983	15487	3000		643
95774	165284	312957	32607	244530	191627	698194	116889	248644
9136	14359	25383	818	175269	87165	32247	24681	50095
257002	**1343821**	**409819**	**418518**	**3447170**	**811420**	**1073445**	**1315376**	**1289463**
222823	1193579	371540	376370	2508315	724123	953890	1219071	1166783
21272	117551	18208	27370	204418	65025	93788	154909	78068
22218	6429	4089	4264	17100	3826	41392	10828	25485
	4694			112090			167	3905
33099	138817	35168	34199	676270	76246	109222	90505	103507
1080	6731	3111	7949	150495	11051	10333	5633	15268

主要统计指标解释

房地产业 是指从事房地产开发、建设、经营、租赁及维修等活动的经济部门。按照国民经济行业划分的规定，房地产业包括房地产开发与经营、房地产管理和房地产经纪与代理业三部分内容。

房地产开发业 是房地产业的一个重要组成部分，是指进行商品房屋建设和土地开发及经营活动的企业和单位。

房地产开发投资额 是以货币形式表现的房地产开发企业（单位）在一定时期内进行房屋建设及土地开发所完成的工作量及有关费用的总称。

建筑工程 指各种房屋、建筑物的建造工程，又称建筑工作量。这部分投资额必须兴工动料，通过施工活动才能实现。

安装工程 指各种设备、装置的安装工程，又称安装工作量。

设备、工器具购置 指工业企业生产的产品转化为固定资产的购置活动，包括建设单位或企、事业单位购置或自制的，达到固定资产标准的设备、工具、器具的价值。

商品住宅 指房地产开发企业(单位)建设并出售、出租给使用者，仅供居住用的房屋。

别墅、高档公寓 指建筑造价和销售价格明显高于一般商品住宅的商品住宅。别墅一般指地处郊区，独立成栋的商品住宅；高档公寓一般指地处市内高尚社区，高层或多层的商品住宅。别墅、高档公寓的确定标准：一是经有房地产投资计划审批权的主管部门审批建设的别墅、高档公寓开发项目；二是销售价格高于当地同等地段商品住宅平均销售价格一倍以上的别墅、公寓开发项目。该指标可以分析房地产投资结构，反映高收入家庭商品住宅的供求平衡情况。

办公楼 指企业、事业、机关、团体、学校、医院等单位使用的各类办公用房(又称写字楼)。

本年新增固定资产 指在报告期已经完成建造和开发过程并交付使用的房屋和土地开发面积的价值。指房地产开发公司进行开发经营活动的最终成果，即为社会提供的固定资产，而且是在报告期内新增加的。不是反映房地产开发企业本身固定资产的增加。

本年资金来源合计 指房地产开发企业(单位)在本年内收到的可用于房地产开发和经营的各种资金来源数之和，包括上年末结余资金、本年度内拨入、借入或以各种方式筹集的资金。

上年末结余资金 指上年资金来源中没有形成投资额而结余的资金。包括尚未用到工程上去的材料价值、未开始安装的需要安装设备价值及结存的现金和银行存款等。可根据有关财务数字填报。上年末结余资金不能出现负数，即不能把上年应付工程、材料款作为上年末结余资金的负数来处理。

本年资金来源小计 指房地产开发企业(单位)实际拨入的，用于房地产开发的各种货币资金。包括国内贷款、利用外资、自筹资金和其他资金。

国内贷款 指报告期房地产开发企业(单位)向银行及非银行金融机构借入的用于房地产开发与经营的各种国内借款，包括银行利用自有资金及吸收的存款发放的贷款、上级主管部门拨入的国内贷款、国家专项贷款(包括煤代油贷款、劳改煤矿专项贷款等)，地方财政专项资金安排的贷款、国内储备贷款、周转贷款等。

银行贷款 指向各商业银行、政策性银行借入的用于房地产开发与经营的各项贷款。

利用外资 指报告期收到的用于房地产开发与经营的境外资金(包括外国及港澳台地区)，包括外商直接投资、对外借款(外国政府贷款、国际金融组织贷款、出口信贷、外国银行商业贷款、对外发行债券和股票)及外商其他投资(包括补偿贸易和加工装配由外商提供的设备价款、国际租赁)。不包括我国自有外汇资金(包括国家外汇、地方外汇、留成外汇、调剂外汇和中国银行自有资金发行的外汇贷款等)。各类外资按报告期的外汇牌价(中间价)折成人民币“万元”计算。

自筹资金 指各地区、各部门及企事业单位筹集用于房地产开发与经营的预算外资金。

其他资金来源 指在报告期收到的除以上各种资金之外其他用于房地产开发与经营的资金。包括国家预算内资金、债券、社会集资、个人资金、无偿捐赠的资金及用征地迁移补偿费、移民费等进行房地产开发的资金。

房屋施工面积 指报告期内施工的全部房屋建筑面积。包括本期新开工的面积和上年开工跨入本期继续施工的房屋面积，以及上期已停建在本期恢复施工的房屋面积。本期竣工和本期施工后又停建缓建的房屋面积仍包括在施工面积中，多层建筑应填各层建筑面积之和。

房屋竣工面积 指报告期内房屋建筑按照设计要求已全部完工，达到住人和使用条件，经验收鉴定合格或达到竣工验收标准，可正式移交使用的各栋房屋建筑面积的总和。

竣工房屋价值 指在报告期内竣工房屋本身的建造价值。

竣工房屋的价值一般按房屋设计和预算规定的内容计算。包括竣工房屋本身的基础、结构、屋面、装修以及水、电、卫等附属工程的建筑价值，也包括作为房屋建筑组成部分而列入房屋建筑工程预算内的设备(如电梯、通风设备等)的购置和安装费用；不包括厂房内的工艺设备、工艺管线的购置和安装，工艺设备基础的建造；办公和生活用家具的购置等费用；购置土地的费用；迁移补偿费和场地平整的费用及城市建设配套投资。竣工房屋价值一般按结算价格计算。

出租房屋面积 指在报告期期末房屋开发单位出租的商品房屋的全部面积。

商品房销售面积 指报告期内出售商品房屋的合同总面积(即双方签署的正式买卖合同中所确定的建筑面积)。由现房销售建筑面积和期房销售建筑面积两部分组成。

商品房销售额 指报告期内出售商品房屋的合同总价款(即双方签署的正式买卖合同中所确定的合同总价)。该指标与商品房销售面积同口径，由现房销售额和期房销售额两部分组成。

待售面积 指报告期末已竣工的可供销售或出租的商品房屋建筑面积中，尚未销售或出租的商品房屋建筑面积，包括以前年度竣工和本期竣工的房屋面积，但不包括报告期已竣工的拆迁还建、统建代建、公共配套建筑、房地产公司自用及周转房等不可销售或出租的房屋面积。

本年购置土地面积 指在本年内通过各种方式获得土地使用权的土地面积。

Explanatory Notes on Main Statistical Indicators

Real Estate Industry refers to those engaged in real estate development,construction,management,leasing and maintenance activities in the sectors of the economy. In accordance with the provisions of the national economy sectors, the real estate industry including real estate development and management, property management and real estate brokers and agents part of the contents of the three.

Real Estate Development Industry is an important component of real estate industry ,refers to enterprises and units engaged in housing construction and land development and management.

Value of Real Estate Development Investment is in the form of money in real estate development enterprises (units) in a certain period for housing construction and land development by the workload and related costs.

Construction refers to the construction of houses and buildings,also called work volume of construction.This part of investment can only be realized under construction.

Installation refers to the installation of various kinds of equipment and instruments,also called work volume of installation.

Purchase of Equipment and Instruments Purchase of equipment and instruments refers to the total value of equipment, tools, and instruments purchased or self-produced which come up to the cut-off point for fixed assets by the construction units or investing enterprises or institutions.

Residential Buildings refers to buildings built and sod, least to users, only used for living .

Villas、High-grade Apartments refers to commercial houses whose construction costs and marketing prices are significantly higher than ordinary housing.Villas are independent structures generally located in the suburbs;high-grade apartments are multi-story buildings located in elegant urban neighborhoods.Criteria for villas and high-grade apartments include:1）projects for the construction of villas or high-grade apartments have to be approved by comprtent departments in charge of real estate development and investment plans,and 2)prices for projects on villas or high-grade apartments are higher by over 100% compared with the average prices of ordinary commercial housing projects in similar location.This indicator helps to analyze the investment structure of the real estate industry and the demand and supply of housing for high-income households.

Office Buildings refers to office space for enterprise, business, institutions, organizations, schools, hospitals and other units .

Newly Increased Fixed Assets This year refer to the newly increased value of fixed assets,constructed or purchased,that have been transferred to the investors.This is an indicator that demonstrates the results of investment in fixed assets in monetary terms,and an important indicator to reflect the speed of construction and to calculate the efficiency of investement.

Total source of funds refers to the various funds received by real estate enterprises in this year for the purpose of construction and purchase of investment in real estate. It includes balance of funds brought forward from the previous year, funds appropriated and brought in this year, and funds collected by various ways.

Surplus Funds Last Year refers to the surplus funds which didn't form the investment in fixed assets in the sources of funds in previous year. It includes material values that will be used in the projects, facilities values that must be and will be installed, and surplus cashes and deposits in bank.

Sources of Funds This Year refers to the monetary funds received by investing enterprises during the reference period for the purpose of investment in fixed assets. It includes funds from domestic loans, foreign investment, self-raised funds, and others.

Domestic Loans refer to loans of various forms borrowed by investing units from banks and non-bank financial institutions during the reference period, including loans issued by banks from their self-owned funds and deposit, loans appropriated by higher responsible authorities, special loans by government (including loan for substituting petroleum with coal, special loan for reform-through-labour coal mines), loans arranged by local government from special funds, domestic reserve loan, and working loan, etc.

Bank Loans refers to loans for real estate development and management brought from commercial banks and policy banks.

Foreign Investment refers to foreign funds received during the reference period for investment in fixed assets (covering equipment, materials and technology), including foreign direct investment, foreign borrowings (loans from foreign governments and international financial institutions, export credit, commercial loans from foreign banks, issuance of bonds and stocks overseas), and other foreign investment (covering facilities' funds provided by foreign investment by compensation trade and processing & assembly, as well as international lease).

Self-raising Funds refer to extra-budgetary funds for investment in fixed assets received by investing units from central government ministries, local governments, enterprises and institutions during the reference period.

Others Sources of Funds refer to funds for investment in fixed assets received from the sources other than those listed above, including funds raised from social and individuals, through donations, and funds transferred from other units.

Floor Space under Construction refers to total floor space of all buildings under construction during the reference period, including floor space of newly started buildings during the reference period, floor space of construction extended from the previous period to the current period, and floor space of construction suspended during the previous period and resumed in the current period. Floor space of construction completed in the current period, and floor space of construction started and then suspended in the current period are also included in the floor space under construction of the current year.

Floor Space Completed refers to the floor space of all buildings completed in the reference period, which have been appraised and accepted (or come up to the designed standards) and have been transferred to owner units.

Value of Buildings Completed refers to the intrinsic construction value of buildings completed in the reference period. It is figured by the rules of buildings design and budget, which not only includes the construction value of foundations, structure, furnishings, subsidiary projects such as water, electricity, toilet, etc. but also includes purchase and installation expenditures of facilities (such as lift, ventilation, etc.) listed into buildings budget as component of building construction. It excludes the purchase and installation of technical facilities, leads and lines in factories, construction of technical facilities' basis, expenditures of environment projects such as water, eructate, electricity, toilet, road projects, wall fended to earth outside, purchase of furniture in office or house, purchase of lands, as well as expenditures of move compensation and land leveling etc.

Floor Space of Buildings for rent refers to the total area for rent in the end of the reference period.

Floor Space of Commercialized Buildings Sold refers to total contracted area of commercialized housing (i.e. area of floor space as designated in the formal contracts signed by both sides) during the reference time. It constitutes floor space of completed housing and floor space of future housing.

Total Sales of Commercialized Buildings Sold refers to the total contracted value (i.e. value of sales/purchase for selling/purchase of commercialized housing as designated in the contract signed by both sides) during the reference time. This indicator has the same coverage as the area of commercialized housing sold, which constitutes floor space of completed housing and floor space of housing yet to be completed.

Floor Space Lying Idle refers he area has not yet sold or rent, including the housing area completed in the current period the previous year, but does not include demolition re-construction,united construction and the building of agents, public supporting the construction, real estate companies, such as swing space for personal use and not for sale or rental of housing area. has been completed in the reporting period.

Land Space Purchased This Year refers to the land area accessible by various means in current year.

19

科技、教育、文化

SCI-TECH,EDUCATION AND CULTURE

资料整理及英文翻译：黄小平(女)、万　玲、张家琦、曹淳隽

简要说明

本篇资料主要分为科技、教育、文化三部分。

科技统计资料主要内容包括：国有企事业单位专业技术人员情况；独立核算的科研机构、高校及各类企事业单位的科技活动人员、研究与试验发展（R&D）活动、科技成果及奖励等情况；专利申请和授权情况；技术市场技术合同成交情况；科协系统科技活动情况等。

统计范围：科技活动统计资料包括全社会有科技活动的企事业单位，具体为：规模以上工业企业、独立核算的科研机构、普通高等学校以及国民经济其他行业中有研发活动的企业（单位）等。

资料来源：全省科技综合资料、各类企业科技资料由省统计局调查提供；独立核算的科研机构资料、技术市场资料由省科技厅调查提供；高校科技活动资料由省教育厅调查提供；国防科研机构资料由省国防科工委调查提供；专业技术人员资料由省人力资源保障厅调查提供；科协系统科技活动资料由省科协调查提供；专利由省知识产权局调查提供。

统计调查方法：规模以上工业企业、独立核算的科研机构、高校的科技活动资料采用全数调查取得，国民经济其他行业中有研发活动的企业（单位）数据为第二次R&D资源清查资料。

教育统计资料包括研究生教育、高等教育(普通教育本专科、成人教育本专科)、中等教育(高中阶段教育和初中阶段教育)、初等教育(小学)、学前教育、特殊教育(盲聋哑和弱智儿童学校等)以及教育经费等资料。主要指标包括学校数、在校学生数、招生数、毕业生数、教职工数和专任教师数等。资料来源于省教育厅，技工学校资料来源于省人力资源和社会保障厅。

文化统计资料主要包括艺术表演团体、艺术表演场所、公共图书馆、博物馆、文化馆、文化站、文物、文化产业、新闻出版、广播电视等资料，资料来源于省文化厅、省新闻出版广电局、省统计局。

Brief Introduction

This chapter includes three parts: technology, education and culture.

Data on technology mainly include: condition of professional scientific and technological personnel of state-owned enterprises and institutions; scientific and technological institutions with independent accounting system, scientific and technological personnel in universities and colleges and various enterprises or institutions, activities of R&D and scientific and technological achievements and prizes; condition on applied and certified patent applications domestically and overseas; the situation of signed technological contracts on technological market; scientific and technological activities within scientific and technological system.

Statistical scope: data on scientific and technological activities include all institutions of the society engaged in those activities. They are mainly: industrial enterprises above designed size, scientific and technological institutions with independent accounting system, universities and colleges enterprises with scientific and technological activities in other national economic industries.

Sources of data: Scientific and technological data on provincial level and various enterprises are from Jiangxi Bureau of Statistics. Data on scientific and technologic research institutions, technological markets and high and new-tech industrial zones are from Bureau of Science and Technology; Data on scientific and technological activities in universities and colleges are from Ministry of Education; Data on scientific research institutions for defense are from Commission of Science, Technology and Industry for Provincial Defense. Department of Human Resources and Social Security provide the data on the number of scientific and technological personnel. Jiangxi Science Association provides data on the scientific and technological activities. Data on supervision and checking of the products quality and patents are provided by Inspection and Quarantine and State Intellectual Property Office.

Statistical methodology: data on industrial enterprises above designed size, scientific and technological institutions with independent accounting system and scientific and technological activities of universities and colleges are collected through comprehensive reporting system. Data on enterprises with scientific and technological activities in other national economic industries are collected through the 2rd R&D survey.

The data on education cover the situations on postgraduates, higher education (universities and colleges), secondary education (senior and junior high schools), elementary education (primary schools), preschool education, special education (schools for the blind, deaf-mutes, and the retarded) and expenditure on education. The main indicators cover the number of schools, the number of students enrolled, the number of new students enrolled, the number of graduates, the number of staff and workers, the number of full-time teachers, sources and outlay of education fund, education expenditure from the state budget. The data are mainly provided by Bureau of Education. Data on the technical training schools are provided by the Bureau of Labor and Social Security.

Data on culture industry include show groups, art places, public libratories, museums, culture centers, culture satiations, relics, publishing and broadcasting. Data source from Jiangxi Bureau of Culture, Press Publication and Broadcasting Bureau, Bureau of Statistics.

19-1 科技活动人员情况（2014年）
Scientific Research Personnel (2014)

项目	Item	总计 Total	企业 Enterprises	#规模以上工业企业 Enterprises above Designated Size	科研机构 Science Institutions	高等院校 High Educations	其他 Others
科技活动人员(人)	Scientific Research Personnel(person)	155820	102350	96092	9026	35140	9304
#大学本科及以上学历	University Graduate and above	72229	33786	31756	6181	30654	1608

19-2 研究与试验发展(R&D)情况（2014年）
Basic Statistics on Research and Experimental Development (2014)

项目	Item	总计 Total	企业 Enterprises	#规模以上工业企业 Enterprises above Designated Size	科研机构 Science Institutions	高等院校 High Educations	其他 Others
有R&D活动单位(个)	R&D Institutions（unit）	1273	1076	1032	72	54	71
R&D人员(人)	R&D Personnel (person)	76237	51684	50001	5771	12688	6094
#研究人员	Research Personnel (person)	36361	18962	18061	3926	10433	3040
全时人员	Full-time	46932	33517	32734	4935	5009	3471
非全时人员	Non Full-time	29305	18167	17267	836	7679	2623
R&D人员折合全时当量(人年)	Full-time Equivalent of R&D Personnels (person-year)	43469	29788	28803	5203	5390	3088
R&D经费内部支出(万元)	R&D Interal Expenditure(10000yuan)	1531114	1295464	1284642	114192	100738	20721
日常性支出	Routine	1260402	1102409	1092355	79415	64714	13864
#人员劳务费	Labour	330099	270603	263954	31679	16213	11603
资产性支出	Asset	270713	193054	192287	34777	36024	6857
#仪器和设备	Instruments and Facilities	257849	188502	187771	31942	30633	6772
政府资金	Government Funded	260066	70533	69038	104712	68298	16523
企业资金	Enterprises Funded	1226406	1202083	1192920	342	21753	2228
境外资金	Overseas Fund	2011	1877	1877	42	49	44
其他资金	Other Funds	42632	20972	20808	9096	10638	1926
R&D经费外部支出(万元)	R&D External Expenditure（10000yuan）	92894	79954	79693	7024	5867	49
专利申请数(件)	Numbers of Patent Applications (unit)	9007	6956	6825	284	134	1633
#发明专利	Inventions	3707	2568	2516	204	92	843
专利授权数(件)	Numbers of Patent Applications Granted (unit)	1047	83		142	71	751
#发明专利	Inventions	425	21		70	25	309
有效发明专利数(件)	Number of Valid Patent Applications (unit)	4962	3731	3383	172	4	1055
发表科技论文(篇)	Number of S&T Paper Published (piece)	31811	1940	1583	1627	47	28197
出版科技著作(种)	Number of S&T Works Published (copy)	649	1		39		609

19-3 研究与试验发展(R&D)项目(课题)情况(2014年)
R&D Projects (2014)

指　　标	Item	项目(课题)数（项） Number of Projects (item)	项目(课题)参加人员折合全时当量(人年) Full-time Equivalent of Project Personnel (person-year)	项目(课题)经费内部支出(万元) Expenditure (10000 yuan)
总　计	**Total**	**24171**	**37947**	**1275343**
企　业	Enterprises	4513	25787	1107024
#规模以上工业企业	Enterprises above Designated Size	4385	25019	1102030
科研机构	Science Institutions	823	4858	68113
高等院校	High Educations	18196	5387	88217
其　他	Others	639	1915	11988

19-4 研究机构情况(2014年)
Scientific Research Institutions (2014)

指　　标	Item	机构数(个) Number of Institutions (unit)	R&D人员(人) R&D Personnel (person)	#博士毕业 Doctor Graduates	#硕士毕业 Master Graduates	R&D经费支出(万元) Expenditure on R&D Activities (10000 yuan)	科研用仪器设备原价(万元) Prime Cost of Research Instruments (10000 yuan)
总　计	**Total**	**1328**	**28506**	**1535**	**3885**	**639044**	**1001197**
企　业	Enterprises	921	20140	379	1915	502283	650455
#规模以上工业	Enterprises above Designated Size	845	19597	371	1883	499410	647170
科研机构	Science Institutions	118	5771	248	1284	114192	186895
高等院校	High Educations	246	1903	892	578	19974	153415
其　他	Others	43	692	16	108	2595	10432

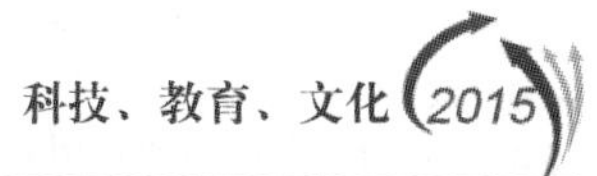

19-5 规模以上工业企业研究与试验发展情况
R&D Activities of Industrial Enterprises above Designated Size

指　　标	Item	2013	2014
企业基本情况	Basic Statistics		
企业数(个)	Number of Industrial Enterprises above Designated Size (unit)	9010	8126
#有R&D活动企业数	Enterprises with R&D Activties	1032	954
#有科技机构企业数	Enterprises with S&T Institutions	705	606
R&D活动人员情况	R&D Personnel		
R&D人员合计(人)	R&D Personnel (person)	50001	46599
#参加项目人员	Project Participated	44171	40832
管理和服务人员	Management and Service Personnel	5830	5767
#女性	Female	9831	9468
#研究人员	Researchers	18061	17735
#全时人员	Full-time	32734	27378
非全时人员	Non Full-time	17267	19221
R&D人员折合全时当量合计(人年)	Full-time Equivalent of R&D Personnels (person-year)	28803.1	29519.0
#研究人员	Researchers	10706.5	11287.1
#基础研究人员	Basic Research	6.0	17.5
应用研究人员	Applied Research	415.9	830.5
试验发展人员	Experimental Research	28381.2	28671.0
R&D活动经费支出情况	R&D Expenditure		
R&D经费内部支出合计(万元)	R&D Interal Expenditure(10000 yuan)	1284642.3	1106442.9
#经常费支出	Routine	1092355.1	965213.2
#人员劳务费	Labour	263954.2	238188.3
资产性支出	Asset	192287.2	141229.7
土建工程	Building Projects	4515.8	5274.5
仪器和设备	Instruments and Facilities	187771.4	135955.2
#基础研究支出	Basic Research	70.0	134.4
应用研究支出	Applied Research	20806.0	25690.6
试验发展支出	Experimental Research	1263766.3	1080617.9
#政府资金	Government Funded	69038.1	45668.1
企业资金	Enterprises Funded	1192919.9	1009134.2
境外资金	Overseas Fund	1876.7	2467.3
其他资金	Other funds	20807.6	49173.3
R&D经费外部支出合计(万元)	R&D External Expenditure (10000 yuan)	79693.0	105764.5
#对境内研究机构支出	to Domestic Research Institutions	26004.9	52744.2
对境内高等学校支出	to Domestic Higher Education	8793.0	12902.5
对境外支出	to Foreign Institutions	2620.8	20500.5
全部R&D项目情况	R&D Projects		
项目数(个)	R&D Projects (unit)	4385	4288
项目人员折合全时当量(人年)	Participants (person-year)	25019.0	26013.7
项目经费内部支出	Expenditure (10000 yuan)	1102030.2	986917.0
企业办科技机构情况	Scientific Research Institutions		
期末机构数	Institutions (unit)	845	710
期末在境外设立的机构数(个)	Institutions Aboard (unit)	11	2

19-5 续表 continued

指　　标	Item	2013	2014
机构人员合计(人)	Personnel (person)	35453	28722
#博士毕业	Doctors	682	536
硕士毕业	Masters	3278	2518
本科毕业	Undergraduates	21791	16445
机构经费支出(万元)	Expenditure on S&T Institutions (10000 yuan)	748647.5	642525.1
期末仪器和设备原价(万元)	Equipment (10000 yuan)	647169.9	330807.9
#进口	Exports	43013.1	45341.1
科技活动产出及相关情况	S&T Output		
自主知识产权情况	Proprietary Intellectual Property Rights		
专利申请数(件)	Numbers of Patent Applications (unit)	6825	4893
#发明专利	Inventions	2516	1669
期末有效发明专利数(件)	Numbers of Patent Applications Granted (unit)	3383	2333
#境外授权	Authorized Abroad	47	45
#已被实施	Implemented	1310	
专利所有权转让及许可数(件)	Ownership Transfer of Patent and License (unit)	395	96
专利所有权转让与许可收入(万元)	Revenue from Ownership Transfer of Patent and License (10000 yuan)	4285.8	1438.7
新产品开发、生产及销售情况	New Products Development, Production and Sale		
新产品开发项目数(个)	New Products (unit)	5139	4381
新产品开发经费支出(万元)	Expenditure on New Products Development (10000 yuan)	1291819.5	977849.1
新产品产值(万元)	New Products Output (10000 yuan)	18719270.7	16918559.7
新产品销售收入(万元)	Sale Revenue of New Products (10000 yuan)	17563826.8	16829308.6
#出口	Exports	1668647.1	1575373.9
其他情况	**Others**		
发表科技论文	Number of S&T Paper Published (piece)	1583	1861
期末拥有注册商标(件)	Registered Trademarks Owned at Year-end (unit)	4934	4979
#境外注册	Registered Abroad	269	615
形成国家或行业标准(个)	National and Industrial Standards (item)	357	218
其他情况	**Others**		
政府相关政策落实情况(万元)	Government Policy Implementation		
使用来自政府部门的科技活动资金	S&T Funds from Government (10000 yuan)	93030.9	54097.5
研究开发费用加计扣除减免税(万元)	Tax Reliefs of R&D Expenditure Additional deduction (10000 yuan)	46967.7	37292.1
高新技术企业减免税(万元)	Tax Reliefs of High-tech Enterprises (10000 yuan)	94783.2	72431.5
技术获取和技术改造情况(万元)	Technology Acquisititon and Renovation		
引进境外技术经费支出(万元)	Expenditure for Acquisition of Foreign Technology (10000 yuan)	38326.7	21541.5
引进技术的消化吸收经费支出(万元)	Expenditure for Assimilation of Technology (10000 yuan)	34280.5	28800.1
购买境内技术经费支出(万元)	Expenditure for Purchase of Domestic Technology (10000 yuan)	149268.2	33158.0
技术改造经费支出(万元)	Expenditure for Technical Renovation (10000 yuan)	953638.1	801555.3

19-6 各地区研发情况(2014年)
Main Statistics on R&D by Region(2014)

地 区	Region	科技活动人员(人) S&T Personnel (person)	R&D人员(人) R&D Personnel (person)	R&D内部经费支出(万元) R&D Interal Expenditure (10000 yuan)	研发机构数(个) R&D Institutions (unit)	专利申请受理量(件) Patent Applications Examined (unit)	专利申请授权量(件) Patent Applications Granted (unit)
全 省	**Provincial Total**	**155820**	**76237**	**1531114**	**1328**	**9007**	**1047**
南昌市	Nanchang	66015	35007	594059	457	4003	820
景德镇市	Jingdezhen	9706	5420	145064	67	378	63
萍乡市	Pingxiang	4317	1789	21879	68	308	6
九江市	Jiujiang	13955	5061	72980	116	694	32
新余市	Xinyu	9071	4115	86462	50	297	1
鹰潭市	Yingtan	5002	3302	231729	32	378	
赣州市	Ganzhou	12542	5903	103270	129	668	52
吉安市	Ji'an	9494	3695	66110	116	519	12
宜春市	Yichun	12895	5874	108406	152	913	3
抚州市	Fuzhou	5854	2434	37397	80	490	52
上饶市	Shangrao	6968	3638	63757	61	359	6

注：本表中专利授权量未包括工业企业。
a) Patent applications of industrial enterprises are not included in this table.

19-7 地方企事业单位专业技术人员(一)
Professional Technical Personnel in Local Institutions and Enterprises (I)

单位：人 (person)

类 别	Type	2000	2005	2010	2013	2014
总 计	**Total**	**693530**	**693932**	**695946**	**720607**	**719536**
工程技术人员	Engineering	91360	74607	67728	72163	73969
农业技术人员	Agriculture	19470	19733	20391	19245	20046
卫生技术人员	Health Care	99631	110834	119861	138389	125756
科学研究人员	Scientific Research	2333	3840	2840	3348	3303
教学人员	Teaching	360818	399404	414664	423872	434519
其他人员	Others	119918	85514	70462	63590	61943

注：本表中事业单位专业技术人员不包含聘用人员。表19-8同。
a) Personnel contracts are not included in institution personnel in this table.The same applies to table 19-8.

19-8 地方企事业单位专业技术人员(二)

Professional Technical Personnel in Local Institutions and Enterprises (II)

类别	Type	人数（人） Personnel (person)		比重（%） Percentage (%)		平均每万人口专业技术人员（人） Professional Technical Staff per 10000 Population (person)		平均每万在岗职工专业技术人员(人) Professional Technical Staff per 10000 Staff and Workers (person)	
		2013	2014	2013	2014	2013	2014	2013	2014
总　　计	**Total**	**720607**	**719536**	**100.0**	**100.0**	**160**	**158**	**1891**	**1810**
工程技术人员	Engineering	72163	73969	10.0	10.3	16	16	189	186
农业技术人员	Agriculture	19245	20046	2.7	2.8	4	4	51	50
卫生技术人员	Health Care	138389	125756	19.2	17.5	31	28	363	316
科学研究人员	Scientific Research	3348	3303	0.5	0.5	1	1	9	8
教学人员	Teaching	423872	434519	58.8	60.4	94	96	1112	1094
其他人员	Others	63590	61943	8.8	8.6	14	14	167	156

19-9 地方企事业单位分行业专业技术人员（2014年）

Professional Technical Personnel in Local Institutions and Enterprises by Sector (2014)

单位：人

(person)

行　　业	Sector	合　计 Total	事业单位 Institutions	企业单位 Enterprises
总　　计	**Total**	**728024**	**657565**	**70459**
农、林、牧、渔业	Agriculture,Forestry,Animal Husbandry and Fishery	30398	24599	5799
采掘业	Mining	16700	20	16680
制造业	Manufacturing	17013	93	16920
电力、燃气及水的生产和供应业	Production and Supply of Electric Power,Gas and Water	2601	22	2579
建筑业	Construction	6358	149	6209
交通运输、仓储和邮政业	Transport,Storage and Post	1786	134	1652
信息传输、计算机服务和软件业	Information Transmission,Computer Services and Software	13581	7769	5812
批发和零售业	Wholesale and Retail Trade	341	189	152
住宿餐饮业	Hotel and Catering	656	555	101
金融业	Financial Intermediation			7319
房地产业	Real Estate	2094	1390	704
租赁和商务服务业	Leasing and Business Services	1344	134	1210
科学研究、技术服务和地质勘查业	Scientific Research,Technical Service and Geologic Prospecting	18106	16612	1494
水利、环境和公共设施管理业	Management of Water Conservancy,Environment and Public Facilities	9747	9310	437
居民服务和其他服务业	Services to Households and Other Services	1982	433	1549
教　育	Education	438480	438480	
卫生、社会保障和社会福利业	Health, Social Security and Social Welfare	127406	127317	89
文化、体育和娱乐业	Culture, Sports and Entertainment	12720	10967	1753
公共管理和社会组织	Public Management and Social Organization	19392	19392	

注：本表中事业单位专业技术人员包含聘用人员。表19-10同。

a)Personnel contract are included in institution personnel in this table.The same applies to table 19-10.

19-10 地方企业单位单位技术人员(一)(2014年)
Professional Technical Personnel in Local Enterprises(I) (2014)

单位：人 (person)

类别	Type	合计 Total	高级职务 Senior	#正高级职务 High Senior	中级职务 Middle	初级职务 Junior	未聘任专业技术职务 Un-titled
合　计	**Total**	**70459**	**5488**	**335**	**19566**	**34373**	**11032**
按学历分	**by Schooling**						
研究生	Postgraduate	2269	632	81	936	350	351
大学本科	Undergraduate	27696	4043	249	8138	10777	4738
大学专科	Junior College	24937	714	5	7491	13079	3653
中　专	Junior Secondary School	9677	72		2495	6029	1081
高中及以下	Senior Secondary School and below	5880	27		506	4138	1209
按年龄分	**by Age**						
35岁及以下	35 and below	24575	180		3978	12990	7427
36岁至40岁	36-40	12198	650	5	3952	6393	1203
41岁至45岁	41-45	12350	1249	48	4209	5907	985
46岁至50岁	46-50	11603	1687	130	4032	5092	792
51岁至54岁	51-54	6196	1013	95	2314	2493	376
55岁及以上	55 and over	3537	709	57	1081	1498	249

19-11 地方企业单位单位技术人员(二)(2014年)
Professional Technical Personnel in Local Enterprises(II) (2014)

单位：人 (person)

类别	Type	合计 Total	工程技术人员 Engineering	农业技术人员 Agriculture	卫生技术人员 Health Care	科学研究人员 Scientific Research	教学人员 Teaching	其他 Others
合　计	**Total**	**70459**	**34071**	**2439**	**3801**	**168**	**642**	**29338**
按学历分	**by Schooling**							
研究生	Postgraduate	2269	1325		40	34	18	852
大学本科	Undergraduate	27696	14854	329	1265	104	319	10825
大学专科	Junior College	24937	12065	900	1266	17	213	10476
中　专	Junior Secondary School	9677	4144	889	1119	12	70	3443
高中及以下	Senior Secondary School and below	5880	1683	321	111	1	22	3742
按年龄分	**by Age**							
35岁及以下	35 and below	24575	15468	339	1711	21	104	6932
36岁至40岁	36-40	12198	5671	381	549	9	90	5498
41岁至45岁	41-45	12350	5067	604	549	22	111	5997
46岁至50岁	46-50	11603	4438	568	630	56	180	5731
51岁至54岁	51-54	6196	2239	430	256	41	99	3131
55岁及以上	55 and over	3537	1188	117	106	19	58	2049

19-12 地方事业单位单位技术人员(一)(2014年)

Professional Technical Personnel in Local Institutions (I)(2014)

单位：人 (person)

类别	Type	合计 Total	工程技术人员 Engineering	农业技术人员 Agriculture	卫生技术人员 Health Care	科学研究人员 Scientific Research	教学人员 Teaching	其他 Others
合计	**Total**	**649077**	**39898**	**17607**	**121955**	**3135**	**433877**	**32605**
按学历分	**by Schooling**							
研究生	Postgraduate	26389	1639	245	5017	941	18027	520
大学本科	Undergraduate	268190	19320	4316	40990	1481	188965	13118
大学专科	Junior College	235493	13323	6800	40715	554	161421	12680
中专	Junior Secondary School	104102	4524	5110	30921	116	59243	4188
高中及以下	Senior Secondary School and below	14903	1092	1136	4312	43	6221	2099
按年龄分	**by Age**							
35岁及以下	35 and below	245498	15777	4649	46737	1030	167268	10037
36岁至40岁	36-40	115779	7611	4102	23451	533	72928	7154
41岁至45岁	41-45	99402	6208	3501	18342	458	64631	6262
46岁至50岁	46-50	89726	5876	2883	16754	533	58828	4852
51岁至54岁	51-54	58331	2868	1471	11259	397	39501	2835
55岁及以上	55 and over	40341	1558	1001	5412	184	30721	1465

19-13 地方事业单位单位技术人员(二)(2014年)

Professional Technical Personnel in Local Institutions (II)(2014)

单位：人 (person)

类别	Type	合计 Total	高级岗位 Senior	中级岗位 Middle	初级岗位 Junior	其他等级人员 Others
合计	**Total**	**649077**	**87241**	**260978**	**288032**	**12826**
按学历分	**by Schooling**					
研究生	Postgraduate	26389	7421	10774	6755	1439
大学本科	Undergraduate	268190	56923	102398	103185	5684
大学专科	Junior College	235493	21262	98100	112099	4032
中专	Junior Secondary School	104102	1429	46624	54766	1283
高中及以下	Senior Secondary School and below	14903	206	3082	11227	388
按年龄分	**by Age**					
35岁及以下	35 and below	245498	1607	53930	178317	11644
36岁至40岁	36-40	115779	9132	58724	47485	438
41岁至45岁	41-45	99402	21659	53724	23677	342
46岁至50岁	46-50	89726	27757	42660	19117	192
51岁至54岁	51-54	58331	17381	29367	11459	124
55岁及以上	55 and over	40341	9705	22573	7977	86

19-14 政府部门属科技机构情况（2014年）

Government Administratied Science Institutions (2014)

类别	Type	机构数（个）Number of Institutions (unit)	从业人员总数（人）Total Number of Employees (person)	#单位在职科技活动人员 Personnel Engaged in S&T Activities	经费收入总额（千元）Total Income (1000yuan)	经费支出总额（千元）Total Expenditures (1000yuan)	#科技经费支出 On Science and Technology
总计	**Total**	**115**	**9119**	**5926**	**1733111**	**1573413**	**909363**
按隶属关系分	**Grouped by Jurisdiction of Management**						
中央部门属	Central Department Administratied	114	8843	5814	1658012	1507702	881469
地方部门属	Local Department Administratied	58	6134	4169	1417697	1272958	738699
省级部门属	Provincial Department Administratied	56	2709	1645	240315	234744	142770
地市级部门属	Municipal Department Administratied	1	276	112	75099	65711	27894
按国民经济行业分	**Group by Sector**						
农、林、牧、渔业	Agriculture,Forestry,Animal Husbandry and Fishery	45	4314	2321	558380	526185	351428
采矿业	Mining	1	50	40	6535	6978	5197
制造业	Manufacturing	18	1034	756	172986	165174	84578
建筑业	Construction	2	141	87	54936	54296	7506
交通运输、仓储和邮政业	Transport,Storage and Post	1	212	97	82143	66138	16208
信息传输、计算机服务和软件业	Information Transmission, Computer Services and Software	1	84	76	14616	16328	13788
科学研究、技术服务和地质勘查业	Scientific Research,Technical Service and Geologic Prospecting	37	2454	1960	545959	502258	316732
水利、环境和公共设施管理业	Management of Water Conservancy, Environment and Public Facilities	5	480	384	239863	180541	86475
卫生、社会工作	Health and Social Affairs	4	332	196	56462	54346	26602
文化、体育和娱乐业	Culture,Sports and Entertainment	1	18	9	1231	1169	849
按学科领域分	**Grouped by Field of Study**						
自然科学领域	Natural Science	5	270	240	58968	56600	44988
农业科学领域	Agriculture Science	46	4566	2425	636258	607382	365699
医学科学领域	Medical Science	8	559	394	98862	88118	49831
工程科学与技术领域	Engineering Science and Technology	40	3186	2416	842757	726150	376663
社会、人文科学领域	Social and Human Science	16	538	451	96266	95163	72182
按地区分	**Grouped by Region**						
南昌市	Nanchang	58	5764	4092	1402915	1255433	723990
景德镇市	Jingdezhen	6	281	200	22701	22894	13874
萍乡市	Pingxiang	7	190	173	17298	16618	11461
九江市	Jiujiang	10	985	337	65349	69351	43388
新余市	Xinyu	2	38	32	6597	6597	3645
鹰潭市	Yingtan	2	26	20	3785	3679	3329
赣州市	Ganzhou	10	751	398	65528	67152	35583
吉安市	Ji'an	5	221	168	12485	12319	8536
宜春市	Yichun	4	169	139	27353	26338	17678
抚州市	Fuzhou	6	191	126	16308	16527	12462
上饶市	Shangrao	4	227	129	17693	10794	7523

19-15 县以上政府部门属自然科学研究与开发机构情况（2014年）

County and above Departments Administratied Natural Science Research and Development Institutions (2014)

类别	Type	机构数（个）Number of Institutions (unit)	从业人员总数（人）Total Number of Employees (person)	#单位在职科技活动人员 Personnel Engaged in S&T Activities	经费收入总额（千元）Total Income (1000yuan)	经费支出总额（千元）Total Expenditures (1000yuan)	#科技经费支出 On Science and Technology
总计	**Total**	**100**	**8596**	**5483**	**3403**	**1639840**	**1480929**
按隶属关系分	**Grouped by Jurisdiction of Management**						
中央部门属	Central Department Administratied	99	8320	5371	3330	1564741	1415218
地方部门属	Local Department Administratied	54	5826	3920	2694	1348654	1205730
省级部门属	Provincial Department Administratied	45	2494	1451	636	216087	209488
地市级部门属	Municipal Departments Administratied	1	276	112	73	75099	65711
按国民经济行业分	**Group by Sector**						
农、林、牧、渔业	Agriculture,Forestry,Animal Husbandry and Fishery	44	4038	2209	1072	483281	460474
采矿业	Mining	1	50	40	37	6535	6978
制造业	Manufacturing	18	1034	756	508	172986	165174
建筑业	Construction	2	141	87	49	54936	54296
交通运输、仓储和邮政业	Transport,Storage and Post	1	212	97	64	82143	66138
信息传输、计算机服务和软件业	Information Transmission, Computer Services and Software	1	84	76	52	14616	16328
科学研究、技术服务和地质勘查业	Scientific Research,Technical Service and Geologic Prospecting	23	1949	1526	1132	453919	410943
水利、环境和公共设施管理业	Management of Water Conservancy, Environment and Public Facilities	5	480	384	346	239863	180541
卫生、社会工作	Health and Social Affairs	4	332	196	70	56462	54346
按学科领域分	**Grouped by Field of Study**						
自然科学领域	Natural Science	4	235	205	145	53085	50750
农业科学领域	Agriculture Science	46	4566	2425	1222	636258	607382
医学科学领域	Medical Science	8	559	394	228	98862	88118
工程科学与技术领域	Engineering Science and Technology	40	3186	2416	1773	842757	726150
社会、人文科学领域	Social and Human Science	2	50	43	35	8878	8529
按地区分	**Grouped by Region**						
南昌市	Nanchang	53	5421	3808	2675	1327989	1182355
景德镇市	Jingdezhen	5	261	180	53	21142	20922
萍乡市	Pingxiang	6	168	151	66	15785	15366
九江市	Jiujiang	9	961	319	119	63119	67121
新余市	Xinyu	2	297	127	82	79519	70131
鹰潭市	Yingtan	1	15	12	8	2435	1624
赣州市	Ganzhou	9	728	375	138	63437	64813
吉安市	Ji'an	4	210	158	57	11360	11379
宜春市	Yichun	3	145	123	69	23872	22786
抚州市	Fuzhou	5	177	115	63	14812	14989
上饶市	Shangrao	3	213	115	73	16370	9443

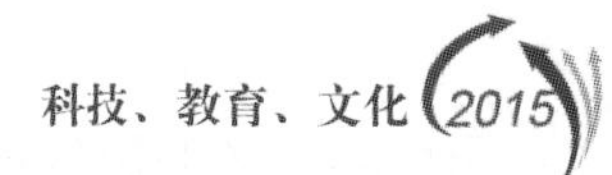

19−16 高等学校科技人力资源情况（2014年）

Basic Statistics on Higher Education for Human Resource (2014)

单位：人 (person)

类 别	Type	总 计 Total	高 级 Senior	中 级 Medium	初 级 Junior	技术员 Technician	辅助人员 Assistant
合 计	**Total**	**22971**	**6968**	**8692**	**6731**	**251**	**329**
按学科分	**Grouped by Field of Study**						
自然科学	Natural Science	3673	1467	1570	612	4	20
工程与技术	Engineering and Technology	7045	2478	3114	1336	59	58
医药科学	Medical Science	10486	2471	3331	4403	135	146
农业科学	Agricultural Science	484	244	194	45	1	
其 他	Others	1283	308	483	335	52	105
按学历分	**Grouped by Schooling**						
博士研究生	Doctor-graduate	3160	1662	1279	219		
硕士研究生	Post-graduate	6907	1816	3114	1928	49	
大学本科	Undergraduate	8696	3165	3145	2184	202	
大学专科	Junior College	3333	250	833	2047		203
中专	Secondary Technical School	696	32	298	317		49
高中及以下	Senior Secondary School and below	179	43	23	36		77

注：本表数据为高校理工院校。表19−17同。
a) The data refers to polytechnic colleges in this table.The same applies to table 19-17.

19−17 高等学校科技项目情况（2014年）

Statistics on Scientific Projects in Schools of Higher Education (2014)

类 别	Type	课题数(项) Number of Project (item)	当年投入(万元) Input This Year (10000 yuan)	当年支出经费(万元) Expenditures This Year (10000 yuan)	当年投入人员(人年) Staff Input This Year (person-year)	高级职务 Senior Title	中级职务 Middle Title	初级职务 Junior Title	其 他 Others
总 计	**Total**	**9323**	**119358**	**100478**	**4704.5**	**1722.5**	**2064.7**	**876.4**	**40.9**
基础研究	Basic Research	3659	38070	30365	1802.6	642.1	744.0	395.6	20.9
应用研究	Applied Research	3462	39460	34620	1942.0	715.7	873.2	339.6	13.5
试验发展	Experimental Development	723	17866	14154	409.8	150.0	164.8	93.5	1.5
R&D成果应用	R&D Production Application	508	9315	8486	216.7	92.9	107.3	13.5	3.0
其他科技服务	Other Scientific Services	971	14647	12853	333.4	121.8	175.4	34.2	2.0

19-18 科协系统科技活动情况（2014年）

Basic Statistics on S&T Activities of S&T Associations (2014)

指标	Item	科协合计 Total Number of Associations	省科协 Provincial Associations	市科协 Prefectural Associations	县科协 County Associations	省学会合计 Total Number of Learned Societies
机构与人员	**Number of Associations or Academic Societies and Personnel**					
机构数(个)	Number of Associations (unit)	112	1	11	100	114
人员数(人)	Number of Personnel (person)	655	32	137	486	635
举办学术交流活动	**Academic Exchange**					
次　数(次)	Number of Academic Meetings (time)	132	47	62	23	406
参加人数(人次)	Number of Participants (person-time)	18042	6556	9444	2042	35857
科普活动	**S&T Popularization Activities**					
科普宣讲活动(次)	Number of S&T Popularization Lectures (time)	2808	30	569	2209	1906
受众人次(人次)	Number of Participants (person-time)	1349607	120991	457441	892166	1078559
科普展览次数(次)	Number of S&T Popularization Exhibitions (time)	132	26	24	82	18
参观人次(万人次)	Number of Participants (10 thousand person-time)	167.7	100.0	20.8	46.9	0.7
出　版	**S&T Media**					
科技期刊种数(种)	Number of S&T Journals (kind)	8	2	3	3	40
科技期刊年发行总数(万册)	Printed Copies (10 thousand copy)	6.1	3.0	2.2	0.9	32.5
科技报纸种数(种)	Number of S&T Newspapers (kind)	1			1	4
科技报纸年发行总数(份)	Printed Copies (copy)	1200			1200	45000
科技图书种数(种)	Number of S&T Books (kind)	10		7	3	24
科技图书年发行总数(万册)	Printed Copies (10 thousand copy)	10.4		7.8	2.6	7.0
科技光盘种数(种)	Number of S&T CDs (kind)	33	10	3	20	10
科技光盘张数(张)	Copies (copy)	34222	670	1020	32532	13201
科技挂图种数(种)	Number of S&T Hanging Charts (kind)	143	110	9	24	58
科技挂图总印数(万张)	Printed Copies (10 thousand copy)	34.8	30.8	0.6	3.4	16.3

19-19 技术市场基本情况

Basic Statistics on Technology Market

类别	Type	项数(项) Item (item)			成交额(万元) Transation Value (10000yuan)		
		2012	2013	2014	2012	2013	2014
总　计	**Total**	**2184**	**1949**	**1429**	**397796**	**413688**	**507593**
按签订的技术合同类别分	**Grouped by Signed Technological Contracts**						
技术开发合同	Technological Development Contract	1122	1163	933	302485	306093	259547
技术转让合同	Technological Transfer Contract	204	231	192	55861	63843	177299
技术咨询合同	Technological Consultation Contract	371	205	90	11182	10147	1124
技术服务合同	Technological Service Contract	487	350	214	28268	33604	69624

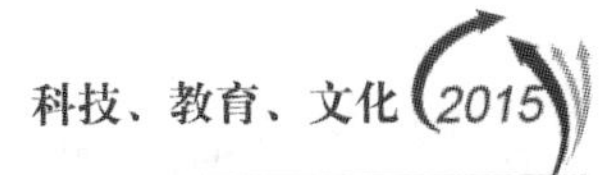

19-20 专利申请受理量和授权量

Patents Application Accepted and Granted

单位：项 (unit)

类别	Type	受理量 Number of Patent Applications Examined					授权量 Number of Patent Applications Granted				
		2000	2005	2010	2013	2014	2000	2005	2010	2013	2014
总　计	**Total**	**1557**	**2815**	**6307**	**16938**	**25594**	**1072**	**1361**	**4351**	**9970**	**13831**
按种类分	**Grouped by Types**										
发　明	Inventions	267	713	1968	3931	4689	67	142	411	923	1033
实用新型	Utility Models	806	1280	2947	7818	11596	690	717	2588	5913	7637
外观设计	Designs	484	822	1392	5189	9309	315	502	1352	3134	5161
按申请者分	**Grouped by Applicants**										
个　人	Individuals	1303	2180	2960	7383	9844	854	1089	2313	4651	5773
大专院校	Universities and Colleges	6	62	855	1740	3063	6	12	428	857	1492
科研单位	Research Institutions	18	19	90	290	370	11	11	58	167	188
工矿企业	Industrial and Mining Enterprises	222	546	2375	7480	12180	193	247	1539	4286	6350
机关团体	Government Agencies and Organizations	8	8	27	45	137	8	2	13	9	28

19-21 获国家级、省级科技奖项数

National-level and Provincial-level S&T Awards

单位：项 (unit)

类别	Type	2005	2010	2013	2014
国家级科学技术奖	National-level S&T Advancement Award	4	8	8	7
省级奖项合计	Total Provincial-level Awards	79	102	103	108
特别贡献奖	Special Contribution Award				
国际合作奖	International Cooperation Award				2
自然科学奖	Natural Science Award	8	11	18	19
一等奖	First Prize	1	2	2	2
二等奖	Second Prize	3	3	3	7
三等奖	Third Prize	4	6	13	10
技术发明奖	Technology Invention Award	2	5	9	10
一等奖	First Prize	1	1		
二等奖	Second Prize		1	3	6
三等奖	Third Prize	1	3	6	4
科技进步奖	S&T Advancement Award	69	86	76	77
一等奖	First Prize	4	5	2	5
二等奖	Second Prize	17	19	22	26
三等奖	Third Prize	48	62	52	46

19–22 各类全日制学校基本情况（2014年）

Total Enrollment of Full-time Schools by Type of School (2014)

单位：人 (person)

类　别	Type	学校数（所）Number of Schools (unit)	在校学生数 Total Enrollment	招生数 New Enrollment	毕业生数 Graduates	教职工数 Teachers and Staff	#专任教师 Full-time Teachers
研究生	Post-graduates		27660	9704	8122		6335
普通高等学校	Regular Institutions of Higher Education	95	916415	302636	240289	76014	54429
普通中专学校	Regular Specialized Secondary School	73	258644	86663	74975	7076	5344
普通中学	Regular Secondary Schools	2569	2654779	910908	828158	207206	172586
高(完)中	Senior Secondary Schools	442	904696	3162232	277005	82883	51197
初　中	Junior Secondary Schools	1537	1750083	594676	551153	124323	121389
职业中学	Secondary Vocational Schools	246	169644	59092	70849	10361	8287
高　中	Senior Secondary Vocational Schools	246	169644	59072	70849	10361	8287
初　中	Junior Secondary Vocational Schools						
技工学校	Technical Schools	102	141968	47760	38795	10586	7969
小　学	Primary Schools	9764	4129817	695335	596483	196817	210329
特殊教育学校	Special Education Schools	87	19765	3888	1638	1245	1128
幼儿园	Kindergartens	11448	1593532	946767	643133	111715	67360
工读学校	Schools for Juvenile Delinquents	2	174	174		20	18

注：1.普通中学学校数中含九年一贯制学校590所。
2.普通高等学校专任教师数中含研究生专任教师数
3.普通高等学校学生数中含在成人高校接受普通高等教育的学生数。后同。
4.普通中等专业学校在校学生数含在普通高校接受普通中专教育的学生数。

a) Nine-year consistent system schools are included in 590 regular secondary schools.
b) Post-graduate full-time teachers are included in full-time teachers of regular institutions of higher education.
c) Students getting regular higher education in adult higher educaton are included in students of regular institutions of higher education.The same applies to the table following.
d) Students getting regular specialized secondary education in regular institutions of higher education are included in students of regular specialized secondary schools.

19–23 各类全日制学校在校学生数

Total Enrollment of Full-time Schools by Type of School

类　别	Type	1980	1990	2000	2010	2013	2014
研究生(人)	Post-graduates (person)	58	479	2118	21313	26330	27660
普通高等学校(人)	Regular Institutions of Higher Education (person)	35623	56608	144293	816484	861849	916415
普通中专学校(人)	Regular Specialized Secondary School (person)	40800	61675	160022	238744	260665	258644
普通中学(万人)	Regular Secondary Schools (10000 persons)	154.86	181.06	259.22	273.96	263.08	265.48
高(完)中	Senior Secondary Schools	28.01	26.23	38.53	73.96	87.67	90.47
初　中	Junior Secondary Schools	126.85	154.83	220.69	199.99	175.41	175.01
职业中学(万人)	Secondary Vocational Schools (10000 persons)	0.51	11.69	12.71	36.69	20.74	16.96
高(完)中	Senior Secondary Vocational Schools	0.15	9.17	10.72	36.64	20.71	16.96
初　中	Junior Secondary Vocational Schools	0.36	2.52	1.99	0.05	0.03	
技工学校(人)	Technical Schools (person)	13370	34237	34617	169564	139257	141968
小　学(万人)	Primary Schools (10000 persons)	529.3	450.44	422.68	426.02	408.11	412.98
特殊教育学校(人)	Special Education Schools (person)	485	1195	13142	23741	17111	19765
幼儿园(万人)	Kindergartens (10000 persons)	30.61	36.26	62.06	123.51	156.32	159.35

19-24 各类全日制学校毕业生数
Graduates in Full-time Schools by Type of School

类　别	Type	1980	1990	2000	2010	2013	2014
研究生(人)	Post-graduates (person)		215	409	4568	7853	8122
普通高等学校(人)	Regular Institutions of Higher Education (person)	3363	13616	24449	225943	240601	240289
普通中专学校(人)	Regular Specialized Secondary School (person)	11296	21040	45776	70542	72198	74975
普通中学(万人)	Regular Secondary Schools (10000 persons)	34.82	49.02	73.79	79.92	86.69	82.82
高(完)中	Senior Secondary Schools	15.83	8.39	9.19	26.25	24.09	27.70
初　中	Junior Secondary Schools	18.99	40.63	64.60	53.68	62.60	55.11
职业中学(万人)	Secondary Vocational Schools (10000 persons)	0.12	3.03	4.62	11.30	8.34	7.08
高(完)中	Senior Secondary Vocational Schools	0.08	2.39	3.88	11.27	8.33	7.08
初　中	Junior Secondary Vocational Schools	0.04	0.64	0.74	0.03	0.01	
技工学校(人)	Technical Schools(person)	297	9457	14740	51359	40997	38795
小　学(万人)	Primary Schools (10000 persons)	60.89	86.02	85.61	67.85	65.59	59.65
特殊教育(人)	Special Education Schools (person)	65	98	1073	2476	2197	1638

19-25 普通高等学校分学科学生情况（2014年）
Basic Statistics on Students in Regular Institutions of Higher Education by Field of Study (2014)

单位：人

类别	Type	在校学生数 Total Enrollment	招生数 New Enrollment	毕业生数 Graduates
总计	**Total**	**916415**	**302636**	**240289**
#女	Female	432714	145975	107804
本科	Undergraduate course	497642	130668	111412
#女	Female	239931	64606	49645
哲学	Philosophy	259	75	60
经济学	Economics	26402	6836	6688
法学	Law	13874	3564	3677
教育学	Education	17683	4992	3768
文学	Literature	47062	11597	12533
#外语	Foreign Language	28527	6635	7923
历史学	History	2016	625	520
理学	Science	26781	6951	7434
工学	Engineering	165653	42188	37452
农学	Agriculture	5941	1695	1343
医学	Medicine	41730	9318	7210
管理学	Management	96590	26493	21259
艺术学		53651	16304	9468
专科	Specialized Undergraduate Courses	418773	171968	128877
#女	Female	192783	81369	58159
农林牧渔大类	Farming,Forestry,Husbandry and Fishing	4379	1974	1556
交通运输大类	Communication and Transportation	17218	7575	4924
生化与药品大类	Biochemistry and Medicine	2371	834	1012
资源开发与测绘大类	Resources Exploration,Surveying & Mapping	4462	1607	1400
材料与能源大类	Material and Energy	7827	3214	3480
土建大类	Civil Engineering	62451	25517	17595
水利大类	Water Conservancy	1312	673	169
制造大类	Manufactures	45977	18977	15798
电子信息大类	Electronic Information	33174	13899	9813
环保、气象与安全大类	Environmental Protection,Meteorology & Safety	1565	512	596
轻纺食品大类	Industrial Textiles and Food	7952	3106	3127
财经大类	Financial Economics	94501	37687	27997
医药卫生大类	Medicine and Health	40943	17194	12025
旅游大类	Tourism	9100	3273	3077
公共事业大类	Public Affairs	3370	1327	1065
文化教育大类	Cultural Education	56644	24229	17964
艺术设计传媒大类	Art Design and Media	17279	7464	4873
公安大类	Public Security	2753	789	580
法律大类	Law	5495	2117	1826

注：本表中学生数不含在成人高校接受普通高等教育的学生数。

a) Students getting regular higher education in adult higher educaton are included in students of regular institutions of higher education.

19-26 普通中专学校分科学生数（2014年）

Number of Students in Regular Specialized Secondary School by Field of Study (2014)

单位：人 (person)

类别	Type	在校学生数 Total Enrollment	招生数 New Enrollment	#招收应届毕业生数 This Year's Graduates	#招收初中毕业生数 Junior Middle School Graduates	毕业生数 Graduates	专任教师 Full-time Teachers
总计	**Total**	**258644**	**86663**	**81179**	**79769**	**74975**	**5344**
#女	Female	161876	51122	48436	47851	46089	2536
农林牧渔类	Farming,Forestry,Husbandry and Fishing	5803	1256	1238	1201	3517	123
资源与环境类	Resources and Environment	1285	550	474	470	883	22
能源与新能源类	Energy and New Energy	595	104	94	94	295	22
土木水利类	Civil and Hydraulic Engineering	13809	5051	4411	4074	3572	65
加工制造类	Manufacturing	26960	9322	8554	8485	8563	503
石油化工类	Petrochemical Industry	1583	259	259	259	594	12
轻纺食品类	Textile and Food	1088	376	376	376	282	23
交通运输类	Communication & Transportation	10983	4394	4180	4174	2189	63
信息技术类	Information Technologies	31448	11389	10806	10544	10305	588
医药卫生类	Medicine and Health	72184	22003	20615	20078	18153	539
休闲保健类	Recreation and Health Care	751	332	332	299	163	9
财经商贸类	Finance Economics and Trade	21802	8436	7838	7821	6158	246
旅游服务类	Tourism and Service	4583	1868	1831	1828	1160	88
文化艺术类	Culture and Arts	8049	2704	2364	2276	1838	285
体育与健身	Physical Fitness	1225	455	455	441	261	174
教育类	Education	52361	16548	15786	15783	15761	236
司法服务类	Legal Service	886	321	316	316	401	27
公共管理与服务类	Public Affairs and Services	919	289	289	289	672	27
其他	Others	2330	1006	961	961	208	2292

注：普通中等专业学校在校学生数含在普通高校接受普通中专教育的学生数。

a) Number of students in regular specialized secondary school include regular specialized secondary education in regular institutions of higher education.

19-27 各地区普通中专教育基本情况（2014年）

Basic Statistics on Regular Specialized Secondary School by Region (2014)

单位：人 (person)

地区	Region	学校数(所) Number of Schools(unit)	在校学生数 Total Enrollment	招生数 New Enrollment	毕业生数 Graduates	教职工数 Teachers and Staff	#专任教师 Full-time Teachers
全省	**Provincial Total**	**73**	**258644**	**86663**	**74975**	**7076**	**5344**
南昌市	Nanchang	33	103654	35968	27561	2851	2025
景德镇市	Jingdezhen	4	6634	2436	1346	459	352
萍乡市	Pingxiang	2	12911	4334	5639	520	416
九江市	Jiujiang	7	21705	7922	6480	554	451
新余市	Xinyu	5	5529	1712	1806	439	293
鹰潭市	Yingtan	1	4406	1453	1724	128	80
赣州市	Ganzhou	3	29276	9649	8386	348	282
吉安市	Ji'an	9	19647	4877	8124	762	647
宜春市	Yichun	1	12881	3401	2476	63	27
抚州市	Fuzhou	1	14747	5498	3699	196	176
上饶市	Shangrao	7	27254	9413	7734	756	595

19-28 各地区普通中学基本情况（2014年）

Basic Statistics on Regular Secondary Schools (2014)

单位：人 (person)

类别	Type	学校数（所）Number of Schools (unit)	在校学生数 Total Enrollment	初中 Junior Secondary Schools	高中 Senior Secondary School	招生数 New Enrollment	初中 Junior Secondary Schools
全省	**Provincial Total**	**2569**	**2654779**	**1750083**	**904696**	**910908**	**594676**
#女	Female		1177657	791197	386460	402807	266352
南昌市	Nanchang	275	296238	194330	101908	98021	63732
景德镇市	Jingdezhen	100	87269	57429	29840	29575	19434
萍乡市	Pingxiang	106	98086	63802	34284	32483	21091
九江市	Jiujiang	287	263134	161354	101780	90557	55480
新余市	Xinyu	39	64333	38892	25441	21748	12996
鹰潭市	Yingtan	80	58480	38524	19956	20946	14010
赣州市	Ganzhou	459	589369	409203	180166	203067	139360
吉安市	Ji'an	304	258490	163665	94825	88420	55741
宜春市	Yichun	241	309268	206496	102772	109057	71358
抚州市	Fuzhou	218	230666	149899	80767	77959	50148
上饶市	Shangrao	460	399446	266489	132957	139075	91326

注：初中各项指标中均含职业初中数据。
a) Data on junior secondary vocational schools are included in junior secondary vocational schools.

19-28 续表 continued

单位：人 (person)

类别	Type	招生数: 高中 Senior Secondary Schools	毕业学生数 Graduates	初中 Junior Secondary Schools	高中 Senior Secondary Schools	教职工数 Teachers and Staff	#专任教师 Full-time Teachers
全省	**Provincial Total**	**316232**	**828158**	**551153**	**277005**	**207206**	**172586**
#女	Female	136455	371624	253879	117745	85487	66901
南昌市	Nanchang	34289	94490	62824	31666	24543	18860
景德镇市	Jingdezhen	10141	28825	19235	9590	7982	6971
萍乡市	Pingxiang	11392	31997	20360	11637	9341	7541
九江市	Jiujiang	35077	84122	51287	32835	20697	17589
新余市	Xinyu	8752	20358	12943	7415	5079	4399
鹰潭市	Yingtan	6936	17107	11587	5520	6079	4481
赣州市	Ganzhou	63707	175545	123093	52452	39319	34411
吉安市	Ji'an	32679	82146	52177	29969	21323	18523
宜春市	Yichun	37699	94631	63832	30799	21566	18736
抚州市	Fuzhou	27811	73014	48821	24193	16351	14402
上饶市	Shangrao	47749	125923	84994	40929	34926	26673

19-29 中等职业学校基本情况（2014年）

Basic Statistics on Schools, Students and Full-time Teacher in Vocational Secondary Education by Type of School(2014)

单位：人 (person)

类别	Type	学校数(所) Number of Schools (unit)	在校学生数 Total Enrollment	招生数 New Enrollment	毕业生数 Graduates	教职工数 Teachers and Staff	#专任教师 Full-time Teachers
总计	**Total**		**437172**	**149358**	**154133**	**20055**	**15426**
#女	Female		246582	80663	82036	8141	6397
全日制	Full-time		433673	147740	148586		
非全日制	Part-time		3499	1618	5547		
按办学类型分:	Grouped by School Types						
普通中等专业学校	Regular Specialized Secondary School	73	168837	55691	59876	7076	5344
成人中等专业学校	Adult Specialized Secondary School	88	6773	2391	2420	2438	1640
职业高中学校	Vocational Junior Secondary School	246	169343	59698	70279	10361	8287
按举办部门分:	Grouped by Administrative Department						
中央部门	Central Department	1	284	126	118	32	17
地方部门	Regional Department	264	370262	127105	117053	15565	12333
教育部门	Educational Department	223	254921	88372	82718	11368	9416
非教育部门	Non-educational Department	41	115341	38733	34335	4197	2917
民办	Privately-run	142	66626	22127	36962	4458	3076

注：1.教职工、专任教师中不包括教学点，各项相加不等于总数。
2.普通中等专业学校，成人中等专业学校，职业高中学校相加不等于总数，没有包括附设的中职班和其他机构

a)The data Teachers and Staff and Full-time teachers do not include those from teaching stations,and the subentry figures do not add up to the total

b) The add of ordinary secondary specialized schools, adult secondary specialized schools, vocational high schools together is not equal to the total number, not including primary secondary class and other institutions.

19-30 各地区职业高中基本情况（2014年）

Basic Statistics on Vocational Secondary Schools by Region (2014)

单位：人 (person)

地区	Region	学校数(所) Number of Schools (unit)	在校学生数 Total Enrollment	招生数 New Enrollment	毕业生数 Graduates	教职工数 Teachers and Staff	#专任教师 Full-time Teachers
全省	**Provincial Total**	**246**	**169644**	**59092**	**70849**	**10361**	**8287**
#女	Female		79623	27688	32611	3824	3125
南昌市	Nanchang	18	8794	3046	2550	570	333
景德镇市	Jingdezhen	13	1192	423	737	205	152
萍乡市	Pingxiang	14	11976	4026	3348	668	560
九江市	Jiujiang	22	13293	4019	5289	1002	782
新余市	Xinyu	12	16235	5613	15055	954	741
鹰潭市	Yingtan	9	4465	1291	2087	318	259
赣州市	Ganzhou	50	53938	19269	15299	2891	2302
吉安市	Ji'an	30	15961	6173	7329	743	635
宜春市	Yichun	25	15059	4691	7896	1278	1107
抚州市	Fuzhou	25	14576	4762	5033	834	708
上饶市	Shangrao	28	14155	5779	6226	898	708

19-31 职业高中分科学生情况（2014年）
Students of Senior Secondary Vocational School by Field of Study(2014)

单位：人 (person)

类 别	Type	在校学生数 Total Enrollment	招生数 New Enrollment	毕业生数 Graduates
总 计	**Total**	**437172**	**149358**	**154133**
#女	Female	246582	80663	82036
农林牧渔类	Farming,Forestry,Husbandry and Fishing	15333	4101	6831
资源环境类	Resources and Environment	1390	550	883
能源与新能源类	Energy and New Energy	2464	797	879
土木水利类	Civil and Hydraulic Engineering	14822	5618	3725
加工制造类	Manufacturing	53668	17945	20316
石油化工类	Petrochemical Industry	1583	259	594
轻纺食品类	Textile and Food	3647	1310	3010
交通运输类	Communication & Transportation	26472	11071	6343
信息技术类	Information Technologies	86139	29441	44717
医药卫生类	Medicine and Health	75693	23119	19486
休闲保健类	Recreation and Health Care	1223	399	267
财经商贸类	Finance Economics and Trade	29850	11700	10120
旅游服务类	Tourism and Service	12942	5004	3864
文化艺术类	Culture, Arts and Physical Education	14972	4890	4889
体育与健身类	Physical Fitness	2024	714	454
教育类	Education	77762	25714	22161
司法服务类	Legal Service	7526	3366	2158
管理与服务类	Public Affairs and Services	5637	1899	2440
其他	Others	4025	1461	996

19-32 小学、特殊教育基本情况（2014年）
Basic Statistics on Primary Schools, Special Education (2014)

单位：人 (person)

类 别	Type	学校数(所) Number of Schools (unit)	在校学生数 Total Enrollment	招生数 New Enrollment	毕业生数 Graduates	教职工数 Teachers and Staff	#专任教师 Full-time Teachers
小 学	**Primary Schools**	**9764**	**4129817**	**695335**	**596483**	**196817**	**210329**
#女	Female		1858091	314972	268072	108427	107076
民 办	Non-public	53	127487	16462	26313	2137	257
按城乡分	Grouped by Residence						
城 市	Cities	672	775530	133172		30777	35506
县 镇	Counties and Towns	2345	1879599	296719		79731	85021
农 村	Rural Areas	6747	1474688	265444		86309	89802
按地区分	Grouped by Region						
南昌市	Nanchang	927	397331	67126	63476	17645	21312
景德镇市	Jingdezhen	450	143637	26055	19525	6574	6946
萍乡市	Pingxiang	384	146693	24227	21257	7384	8088
九江市	Jiujiang	975	395438	65854	53300	19757	21109
新余市	Xinyu	101	98765	16250	12821	4601	5002
鹰潭市	Yingtan	259	108235	19257	14903	4968	5621
赣州市	Ganzhou	2039	903074	144964	138866	41350	42392
吉安市	Ji'an	820	431603	76356	55780	19066	20406
宜春市	Yichun	918	477051	83200	70546	23621	24670
抚州市	Fuzhou	986	341025	55645	49670	19049	19891
上饶市	Shangrao	1905	686965	116401	96339	32802	34892
特殊教育	**Special Education**	**87**	**19765**	**3888**	**1638**	**1245**	**1128**
#女	Female		6441	1346	532	890	825

19-33 平均每万人口在校学生数
Number of Students Per 10000 Population by Level

指标	Item	1980	1990	2005	2010	2013	2014
各类学校在校学生占全省人口比重(%)	Schools of All Types of Students in the Proportion of the Population of the Province (%)	21.21	17.28	18.51	22.34	22.05	22.11
平均每万人口在校学生数	Number of Students Per 10000 population by Level						
普通高等学校(人)	Regular Institutions of Higher Education (person)	10.91	14.98	149.86	187.98	196.4	207.85
中等学校(人)	Secondary Education (person)	491.67	530.97	809.75	788.66	716.04	710.02
中等专业学校	Specialized Secondary Schools	12.48	16.18	60.63	53.57	57.64	56.94
普通中学	Regular Secondary Schools	473.55	475.13	663.73	614.71	581.75	584.48
职业中学	Vocational Secondary Schools	1.55	30.68	61.90	82.33	45.86	37.35
技工学校	Technical Schools	4.09	8.98	23.49	38.05	30.79	31.26
小　学(人)	Primary Schools (person)	1618.56	1182.05	891.06	955.90	905.35	909.22

注：普通高等学校包括研究生。后同。

a) Number of regular institutions of higher education include the number of post-graduates. The same applies to the tables following.

19-34 各类学校学生构成情况
Composition of Students by Type of School

单位：%　　(%)

类别	Type	1980	1990	2005	2010	2013	2014
各类学校学生占学生总数比重	**Schools of All Types of Students in Poportion of Students**						
普通高等学校	Regular Institutions of Higher Education	0.5	0.9	8.2	9.7	12.8	13.4
中等学校	Sceondary Education	23.2	30.7	43.8	40.9	38.7	38.0
中专学校	Specialized Secondary Schools	0.6	0.9	3.3	2.8	3.3	3.1
普通中学	Regular Secondary Schools	22.3	27.5	35.8	31.8	31.3	31.2
职业中学	Vocational Secondary Schools	0.1	1.8	3.3	4.3	2.5	2.0
技工学校	Technical Schools	0.2	0.5	1.3	2.0	1.7	1.7
小学	Primary Schools	76.3	68.4	48.1	49.5	48.5	48.6

注：本表普通高等学校含研究生、普通高等教育、成人高等教育；本表中专学校包括普通中等专业教育和成人中等专业教育。

a) Graduates, general higher education and adult higher education are include in regular Institutions of higher Education. Ordinary secondary vocational education and adult secondary professional education are included in this table.

19-35 初中毕业生、小学毕业生升学率

Proportion of Students Entering into Junior and Senior Secondary Schools

年 份 Year	初 中 Junior Secondary School			小 学 Primary School		
	毕业生数 (万人) Graduates (10000 persons)	高级中等学校招生人数(万人) New Enrollment of Senior Secondary Schools (10000 persons)	升学率 (%) Rate of Entering the Higher School (%)	毕业生数 (万人) Graduates (10000 persons)	初级中等学校招生数(万人) New Enrollment of Junior Secondary Schools (10000 persons)	升学率 (%) Rate of Entering the Higher School (%)
1978	41.77	20.69	49.53	72.03	56.36	78.25
1979	39.55	21.36	54.01	61.41	45.49	74.08
1980	19.03	10.78	56.65	60.89	41.23	67.71
1981	33.88	15.22	44.92	64.86	41.13	63.41
1982	31.71	12.40	39.10	67.30	39.89	59.27
1983	29.99	12.64	42.15	69.90	41.20	58.94
1984	28.75	14.26	49.60	67.85	42.58	62.76
1985	30.04	13.42	44.67	71.75	45.50	63.41
1986	34.07	14.68	43.09	76.41	50.10	65.57
1987	37.32	15.14	40.57	83.68	52.55	62.80
1988	40.35	15.46	38.31	88.94	54.07	60.79
1989	41.18	14.88	36.13	86.96	53.83	61.90
1990	41.27	15.88	38.48	86.02	56.65	65.86
1991	43.41	16.38	37.73	85.44	57.66	67.49
1992	45.83	17.10	37.31	79.45	57.18	71.97
1993	47.51	18.36	38.64	71.50	57.87	80.94
1994	48.44	19.26	39.76	67.99	58.23	85.64
1995	46.99	20.57	43.78	70.05	63.08	90.04
1996	51.27	20.96	40.88	73.70	68.44	92.86
1997	55.51	21.38	38.52	77.20	72.88	94.39
1998	59.55	21.99	36.92	80.35	75.70	94.21
1999	62.28	25.53	40.99	83.90	78.57	93.65
2000	65.34	26.57	40.67	85.61	81.23	94.89
2001	65.49	30.53	46.62	85.47	81.00	94.77
2002	67.15	38.81	57.80	82.15	81.25	98.91
2003	68.66	43.30	63.06	75.74	75.96	100.29
2004	72.42	48.69	67.23	67.68	67.72	100.06
2005	74.32	57.88	77.88	64.88	64.53	99.46
2006	69.48	57.63	82.94	53.84	53.54	99.44
2007	62.06	54.81	88.32	54.28	54.73	100.82
2008	60.09	55.90	93.03	65.48	66.83	102.06
2009	51.90	51.67	99.56	69.48	69.69	100.30
2010	53.68	49.05	91.37	67.85	68.39	100.80
2011	63.12	57.52	91.13	66.79	67.56	101.15
2012	65.18	56.26	87.08	67.01	65.59	97.88
2013	62.60	52.11	83.24	65.59	61.06	93.09
2014	55.11	45.41	82.40	59.65	59.47	99.70

注：高级中等学校招生人数包括中等职业教育学校、技工学校和高(完)中招生数。

a) Number of new enroument of senior secondary schools in 2009 include the number of secondary vocational educations, technician training schools and senior secondary schools.

19-36 小学学龄儿童数和入学率

Number of School-age Children and Rate of Entering the Primary Schools

单位：万人 (10000 persons)

年 份 Year	学龄儿童数 School-age Children	#农 村 Rural	已入学学龄儿童数 School-age Children Enrollment	#农 村 Rural	入学率（%） Rate of School Enrollment Primary Schools(%)	#农 村 Rural
1978	436.66	391.79	411.10	366.48	94.15	93.54
1979	441.58	398.05	410.82	367.76	93.03	92.39
1980	443.15	397.47	415.07	369.60	93.66	92.99
1981	445.81	398.40	416.46	368.27	93.42	92.44
1982	456.45	406.80	426.33	376.98	93.40	92.67
1983	462.17	413.08	437.56	388.56	94.67	94.06
1984	458.27	409.40	440.82	392.12	96.19	95.78
1985	464.66	412.84	450.19	398.32	96.89	96.48
1986	459.05	409.02	445.54	395.65	97.06	96.73
1987	435.42	385.39	423.66	373.92	97.30	97.02
1988	403.31	355.63	392.06	344.68	97.21	96.92
1989	378.45	328.56	370.01	320.33	97.77	97.50
1990	358.31	318.24	351.99	312.00	98.24	98.04
1991	349.80	264.94	343.78	260.00	98.28	98.14
1992	351.62	261.22	347.18	257.64	98.74	98.63
1993	363.71	258.84	359.45	255.31	98.83	98.64
1994	370.48	255.01	367.15	252.49	99.10	99.01
1995	389.04	257.54	386.78	255.89	99.42	99.36
1996	404.23	252.15	402.80	251.07	99.65	99.57
1997	413.80	244.25	411.99	243.08	99.56	99.52
1998	416.12	238.82	414.31	237.74	99.57	99.55
1999	405.52	223.09	403.96	222.11	99.61	99.56
2000	390.24	206.64	388.58	205.57	99.58	99.49
2001	370.61	208.59	359.15	204.23	96.91	96.41
2002	355.09	186.25	349.84	183.33	98.53	98.44
2003	350.83	205.58	347.34	203.57	99.01	99.00
2004	349.19	202.63	345.84	200.59	99.04	98.99
2005	348.46	233.24	345.02	230.92	99.01	99.00
2006	364.24	256.56	362.93	255.61	99.64	99.63
2007	378.85	246.15	378.22	245.69	99.83	99.81
2008	390.71	248.94	390.42	248.74	99.93	99.92
2009	396.68	267.64	396.26	267.35	99.89	99.89
2010	403.69	273.26	403.40	273.08	99.93	99.93
2011	416.09	195.83	415.11	191.17	99.76	97.62
2012	417.58	179.22	417.58	179.22	99.85	99.85
2013	389.14	149.94	389.14	149.94	99.99	99.88
2014	398.35	142.73	397.68	142.73	99.83	99.89

注：农村入学率为教育部门推算数据。

a) Rate of rural school enrollment is estimated by Provincial Department of Education.

19-37 幼儿园基本情况
Basic Statstics on Kindergartens

单位：人 (person)

年 份 Year	幼儿园数（所） Number of Kindergartens(unit)	入园幼儿数 New Enrollment	在园幼儿数 Total Enrollment	教职工数 Teachers and Staff	#教 师 Teachers
1978	2104		105914	6278	4159
1979	3854		172476	8304	6509
1980	7204		306055	13565	11184
1981	6364		300231	14366	11853
1982	5488		300630	15638	12693
1983	1857		296400	16000	12923
1984	4987		310300	15257	13454
1985	5208		323021	14778	12998
1986	5866	190318	318347	17744	14147
1987	5406	194370	329718	18229	14259
1988	4547	182034	327540	18471	14579
1989	4520	187932	330680	18953	14574
1990	4827	208294	362621	19798	15492
1991	4141	283249	394487	20013	15780
1992	4490	294967	450005	21050	16983
1993	3856	337689	491055	21365	17271
1994	4123		505530	21058	17755
1995	4600	419190	525330	22284	18976
1996	5084	462715	584601	23757	19822
1997	5986	496134	609026	26124	21764
1998	6626	518683	619048	26879	22321
1999	7602	514200	626009	29179	24124
2000	6573	500453	620624	26472	21154
2001	2894	428073	488380	18519	12335
2002	3469	475561	574756	21526	14275
2003	4478	504672	633073	26515	17612
2004	4370	507222	658093	28406	18228
2005	4870	526960	716760	32367	20742
2006	5848	594627	806287	37453	24235
2007	6245	648555	881690	41853	27093
2008	6620	649104	924488	47920	30447
2009	8326	728337	1123138	60102	39541
2010	8518	812046	1235056	69186	43349
2011	9431	894446	1455048	86222	52895
2012	10560	902810	1521149	94067	57338
2013	11485	944893	1563241	102917	61588
2014	11448	946767	1593532	111715	67360

19–38 按城乡、按地区分幼儿园基本情况（2014年）

Basic Statstics on Kindergartens by Residence and Region (2014)

单位：人 (person)

类别	Type	园数(所) Number of Kindergarten	入园幼儿数 New Enrollment	在园幼儿数 Total Enrollment	离园幼儿数 Dropout	教职工数 Teachers and Staff	#教师 Teachers
全省	**Provincial Total**	**11448**	**946767**	**1593532**	**643133**	**111715**	**67360**
#女	Female		432686	721242	300247	104471	107076
民办	Non-public	10067	288503	288503	106558	95544	56490
按城乡分	**Grouped by Residence**						
城市	Cities	2137	169753	351458	115564	36171	20736
县镇	Counties and Towns	4732	467000	783782	312161	53958	33832
农村	Rural Areas	4579	310014	458292	215408	21586	12792
按地区分	**Grouped by Region**						
南昌市	Nanchang	765	65894	134921	46443	13896	8007
景德镇市	Jingdezhen	493	34408	53254	14933	4779	2889
萍乡市	Pingxiang	578	50199	77558	33847	5208	3036
九江市	Jiujiang	938	83627	152615	53502	12598	6871
新余市	Xinyu	294	19366	47865	15862	4687	2539
鹰潭市	Yingtan	254	23571	37910	16939	3504	1928
赣州市	Ganzhou	2716	221149	355035	142536	22653	14997
吉安市	Ji'an	1687	113859	180570	73329	10709	6625
宜春市	Yichun	1166	137002	210421	98315	12482	7618
抚州市	Fuzhou	516	57470	105019	40655	7275	4270
上饶市	Shangrao	2041	140222	238364	106772	13924	8580

19–39 按办学类型成人教育基本情况（2014年）

Basic Statistics on Adult Educations by School Types (2014)

单位：人 (person)

类别	Type	学校数(所) Number of Schools(unit)	在校学生数 Total Enrollment	招生数 New Enrollment	毕业生数 Graduates	教职工数 Teachers and Staff	#专任教师 Full-time Teachers
成人高等学校	Institutions of Higher Education for Adults	8	12903	7482	3934	1558	889
广播电视大学	Radio and Televison College	1	2879	2016	1270	288	194
职工高等学校	Institutions of Higher Education for Workers	4	2111	1019	997	227	145
管理干部学院	School of Management Cadres off-job Courses	2	2682	173	1420	898	422
教育学院	Educational School	1	5231	4274	247	145	128
普通高等学校办成人教育	Adult Education Run by Regular Institutions of Higher Education	43	185663	59030	41214		
函授	Department of Correspondence Education		126165	40398	25973		
业余大学	After-hours Higher Education		11346	20566	11346		
脱产班	Day-release Course		19482	5548	7829		
成人中等专业学校	Adult Specialized Secondary School	88	8634	3436	8309	2438	1640
成人中学	Secondary School for Adult	41	5123		5229	134	107
成人小学	Primary School for Adult	141	10095		9008	456	354
成人技术培训学校	Technical Training Schools for Adult	346	51546		50599	1879	1386

19-40 成人教育基本情况

Basic Statistics on Adult Educations

单位：人 (person)

类　别	Type	1990	2000	2010	2013	2014
成人高等教育	**Adult Institutions of Higher Education**					
成人高校数(所)	Number of Schools(unit)	28	18	9	8	8
在校学生数	Total Enrollment	37525	85953	120348	184042	198566
招生数	New Enrollment	14191	39761	47336	69529	66512
毕业生数	Graduates	11156	20461	37056	36835	45148
教职工数	Teachers and Staff	4732	4015	2302	1561	1558
#专任教师	Full-time Teachers	2165	1875	1445	894	889
成人中等专业学校	**Adult Specialized Secondary School**					
在校学生数	Total Enrollment	28215	27552	12907	16894	8634
招生数	New Enrollment	11318	7839	5422	3909	3436
毕业生数	Graduates	6822	12946	5214	3645	8309
成人中学	**Adult Institutions of Secondary Education**					
在校学生数	Total Enrollment	33492	4563	8500	5235	5123
招生数	New Enrollment	25627	3891			
毕业生数	Graduates	16125	4713	1700	5010	5229
成人小学学校	**Adult Institutions of Primary Education**					
在校学生数	Total Enrollment	277810	176278	11458	13029	10095
招生数	New Enrollment	205164	135331			
毕业生数	Graduates	122310	230159	12521	11730	9008
成人技术培训学校	**Adult Technical Training Schools**					
在校学生数	Total Enrollment	107932	1563308	100491	105500	51546
招生数	New Enrollment	89438	1495816			
毕业生数	Graduates	96023	1512540	103756	96670	50599

注：成人高等教育在校学生数、招生数、毕业生数包括普通高等学校举办的成人教育学生数。

a) Number of total Enrollment,New Enrollment,Graduates of Adult Institutions of Higher Education in 2009 do not include the number of institutions of Higher Education.

19-41 文化事业机构与人员数

Number of Institutions and Staff Personnel for Cultural Undertakings

指　　标	Item	1980	1990	2000	2010	2013	2014
机构数(个)	**Number of Institutions (unit)**						
艺术表演团体	Art Performance Troupes	118	86	79	103	229	219
艺术表演场所	Art Performance Places	59	77	62	55	51	49
文化馆(站)	Cultural Centers (Station)	739	2084	1988	1822	1877	1880
文化馆	Cultural Centers	102	101	101	103	105	118
文化站	Cultural Stations	637	1983	1887	1719	1759	1762
群众艺术馆	Mass Art Centers	11	12	12	12	13	14
图书馆	Libraries	49	104	104	108	114	114
博物馆	Museums	52	82	81	102	137	137
文物保护管理所	Agencies of Historical Relics Preservation	10	33	44	65	66	66
文物科研机构	Scientific and Research Historical Relics Agencies				2	2	2
文物商店	Cultural Relic Shops	3	4	4	4	4	4
其他文物机构	Other Historical Relics Agencies		1	2	2	2	26
人员数(人)	**Number of Staff (person)**						
艺术表演团体	Art Performance Troupes	7747	4384	3949	4082	6825	6000
艺术表演场所	Art Performance Places	107	874	919	604	732	754
文化馆(站)	Cultural Centers (Station)	2296	5119	4080	3960	5462	5936
文化馆	Cultural Centers	1434	1484	1486	1664	1954	2018
文化站	Cultural Stations	862	3635	2594	2296	3508	3918
群众艺术馆	Mass Art Centers	244	369	340	337	554	536
图书馆	Libraries	475	1277	1462	1426	1435	1390
博物馆	Museums	764	1134	1324	1917	2972	2873
文物保护管理所	Agencies of Historical Relics Preservation	292	510	242	217	292	593
文物科研机构	Scientific and Research Historical Relics Agencies				44	43	54
文物商店	Cultural Relic Shops	47	136	126	69	74	70
其他文物机构	Other Historical Relics Agencies		280	292	316	437	551

注：1.2013年起艺术表演团体包括市场艺术团体。后同

2.从2014年起，文化馆包含群众艺术馆。

a) Number staff of art performance troupes includes 143 personnal of commercial art performance troupes.

b) Mass art centers are included in Cultural Centers.

19-42 各地区文化事业单位数（2014年）

Number of Institutions for Cultural undertakings by Region (2014)

单位：个 (unit)

地区	Region	艺术表演团体 Art Performance Troupes	艺术表演场所 Art Performance Places	群众艺术馆文化馆 Cultural Centers and Mass Art Centers	公共图书馆 Public Libraries	#总藏量（万册） Total Collections (10000 copies)	博物馆 Museums	文物保护管理所 Agencies of Historical Relics Preservation
全省	**Provincial Total**	**219**	**49**	**118**	**114**	**2127.47**	**137**	**66**
南昌市	Nanchang	55	3	10	10	174.51	18	4
景德镇市	Jingdezhen	6	2	6	5	80.91	15	3
萍乡市	Pingxiang	6	5	6	6	92.55	3	4
九江市	Jiujiang	7	6	15	15	205.23	17	11
新余市	Xinyu	1	1	4	3	95.52	2	1
鹰潭市	Yingtan	4	2	4	4	42.69	5	5
赣州市	Ganzhou	26	7	19	19	335.34	16	11
吉安市	Ji'an	21	3	15	15	302.62	14	5
宜春市	Yichun	17	5	11	11	134.40	12	9
抚州市	Fuzhou	25	5	14	12	134.20	10	7
上饶市	Shangrao	45	4	13	13	197.07	20	6
省级	Provincial	6	6	1	1	332.43	5	

注：文物保护管理所包括其它文物机构。

a) Data on agency of historical relics preservations include data on other historical relics institutions.

19-43 文化产业机构基本情况（2014年）

Basic Statistics on Cultural Industry Institutions (2014)

单位：个 (unit)

指标	Item	合计 Total	文化部门 Culture Department	国有经济 State-owned Units	集体经济 Collective-owned Units	其他经济 Other Ownerships	其他部门 Other Departments
总计	**Total**	**10077**	**2538**	**2500**	**2**	**36**	**7539**
文化产业	Cultural Industry						
艺术业	Art Industry	268	118	110		8	150
图书馆业	Museum Industry	114	114	114			
群众文化业	Mass Art Industry	1880	1880	1880			
艺术教育业	Art Education Industry	3	3	3			
文化市场经营业	The Cultural Market Management Industry	7365					7365
文艺科研	Art Research	14	14	14			
文物业	Cultural Relic Industry	235	216	205		11	19
其他文化产业	Other Cultural Industries	198	193	174	2	17	5

注：有关文化产业的指标仅含文化厅本系统的数据。后同。

a) Data on indicators of cultural industry include only data from culture system.The same applies to the tables following.

19-44 文化产业从业人员基本情况（2014年）

Basic Statistics on Employed Persons of Cultural Industry (2014)

指　标	Item	总　计 Total	#高级职称 Senior Title	中级职称 Middle Title	文化部门 合　计 Cultural Department	#高级职称 Senior Title	中级职称 Middle Title	#国有经济 合　计 State-owned Economy	#高级职称 Senior Title	中级职称 Middle Title
总　计	**Total**	**60145**	**147**	**2448**	**19035**	**125**	**2294**	**17554**	**111**	**2244**
文化产业	Cultural Industry									
艺术业	Art Industry	6754	32	804	3007	30	688	2701	17	640
图书馆业	Museum Industry	1390	16	350	1390	16	350	1390	16	350
群众文化业	Mass Art Industry	5936	10	484	5936	10	484	5936	10	484
艺术教育业	Art Education Industry	234	9	68	234	9	68	234	9	68
文艺科研	Art Research	286	11	129	286	11	129	286	11	129
文物业	Cultural Relic Industry	4141	55	479	3892	35	441	3790	34	439
文化市场经营业	The Cultural Market Management Industry	36180								
其他文化产业	Other Cultural Industries	5224	14	134	4290	14	134	3217	14	134

19-44 续表 continued

指　标	Item	#集体经济 合　计 Collective Economy	#其他经济 合　计 Other Ownerships	#高级职称 Senior Title	中级职称 Middle Title	其他部门 合　计 Others	#高级职称 Senior Title	中级职称 Middle Title
总　计	**Total**	**22**	**1459**	**14**	**50**	**41110**	**22**	**154**
文化产业	Cultural Industry							
艺术业	Art Industry		306	13	48	3747	2	116
图书馆业	Museum Industry							
群众文化业	Mass Art Industry							
艺术教育业	Art Education Industry							
文艺科研	Art Research							
文物业	Cultural Relic Industry		102	1	2	249	20	38
文化市场经营业	The Cultural Market Management Industry					36180		
其他文化产业	Other Cultural Industries	22	1051			934		

19-45 文化产业机构人员基本情况（2014年）
Basic Statistics on Personnel of Cultural Industry Institutions (2014)

单位：人 (person)

指标	Item	合计 Total	文化部门 Culture Department	国有经济 State-owned Units	集体经济 Collective-owned Units	其他经济 Other Ownerships	其他部门 Other Departments
总计	**Total**	**60145**	**19035**	**17554**	**22**	**1459**	**1492**
文化产业	Cultural Industry						
艺术业	Art Industry	6754	3007	2701		306	1380
图书馆业	Museum Industry	1390	1390	1390			
群众文化业	Mass Art Industry	5936	5936	5936			
艺术教育业	Art Education Industry	234	234	234			
文艺科研	Art Research	286	286	286			
文物业	Cultural Relic Industry	4141	3892	3790		102	112
文化市场经营业	The Cultural Market Management Industry	36180					
其他文化产业	Other Cultural Industries	5224	4290	3217	22	1051	

19-46 报纸、杂志、图书出版种数
Publication of Newspapers, Magazines and Books

单位：种 (item)

指标	Item	1980	1990	2000	2005	2010	2013	2014
报纸	Newspapers Published	6	28	65	65	63	74	74
综合报	General Newspapers	2	18	28	31	29	30	30
专业报	Special Newspapers	4	10	37	34	34	44	44
期刊	Magazines Published	84	141	167	163	163	160	163
综合	General Magazines	6	1	1	1	5	5	5
哲学、社会科学	Philosophy and General Social Sciences	10	33	52	42	39	39	41
自然科学、技术	Natural Sciences and Technology	47	63	78	73	71	73	72
文化、教育	Culture and Education	9	27	21	28	29	26	27
少年儿童读物	Children's Books	2	3	7	8	7	7	7
文学、艺术	Literature and Art	10	13	8	9	10	9	10
画刊	Picture Books		1		2	2	1	1
图书	Books	362	1264	2158	3011	3869	5812	6134
#课本	Textbooks	134	329	583	839	689	453	442

19-47 报纸、杂志、图书出版数量
Pieces of Newspapers, Magazines and Books Published

单位：万份 (10000 copies)

指 标	Item	1980	1990	2000	2005	2010	2013	2014
报 纸	Newspapers Published	17048	58930	39929	62263	70449	128431	113590
综合报	General Newspapers	16506	38936	33273	56059	60771	65913	65917
专业报	Special Newspapers	542	19994	6657	6204	9678	62518	47673
期 刊	Magazines Published	584	2714	9060	5623	7060	7328	7616
综 合	General Magazines	23	54	2	48	46	74	92
哲学社会科学	Philosophy and General Social Sciences	18	933	3239	755	577	761	916
自然科学技术	Natural Sciences and Technology	119	241	830	506	576	537	366
文化、教育	Culture and Education	210	679	2401	1143	1696	1263	1439
少年儿童读物	Children's Books	30	417	1850	2416	3715	4422	4495
文学艺术	Literature and Art	184	384	738	667	420	247	272
画 刊	Picture Books		6		89	30	24	36
图 书	Books	8474	19216	20300	16907	16039	18628	19662
#课 本	Textbooks	4861	10935	10490	9953	6945	7181	7514

19-48 广播、电视事业基本情况
Basic Statistics on Radio and Television Stations

指 标	Item	1980	2000	2005	2010	2013	2014
广播台(站)	All Number of Broadcasting Stations (station)						
广播电台(座)	Number of Stations (set)	3	10	12	12	10	8
节目套数(套)	Number of Programs (set)	3	72	109	103	105	107
全年广播剧播出部数(部)	Pieces of Radio Seplay Programs (piece)			230	2359		
全年广播剧播出集数(集)	Episodes of Radio Seplay Programs (episode)			10168	30027		
中短波转播发射台(座)	FM&AM Radio Broadcasting Stations (set)	17	15	15	16	15	15
广播人口覆盖率(%)	Radio Coverage of Population (%)	38.5	89.49	93.22	96.78	97.42	97.51
#农村广播人口覆盖率(%)	Radio Coverage of Rural Population (%)				96.23	96.9	96.98
电视台(座)	Television Stations (set)	1	12	12	12	10	8
节目套数(套)	Number of Programs (set)		42	122	113	112	113
全年电视剧播出部数(部)	Pieces of TV Series Broadcast (piece)			10495	9318	10178	9777
全年电视剧播出集数(集)	Episodes of TV Series Broadcast (episode)			217656	247239	254276	295122
全年动画电视播出部数(部)	Pieces of Cartoons Broadcast (piece)			949	782		
全年动画电视播出集数(集)	Episodes of Cartoons Broadcast (episode)			8858	28192		
电视转播发射机台数(座)	TV Transmission Facilities (set)	58	493	349	301	241	237
电视人口覆盖率(%)	TV Coverage of Household (%)	50.5	92.67	95.44	97.96	98.5	98.55
#农村电视人口覆盖率	TV Coverage of Rural Household				97.55	98.15	98.19
广播电视卫星收转站(座)	TV Transmission Stations and Relaying Stations (set)		8315	9668	329759		
有线电视入户率(%)	CATV Coverage of Household (%)			26.90	34.00	48.33	48.64
#农村	Rural				21.56		

注：1.1995年以前中短波广播发射台数是指广播发射台及转播台数。

2.2000年以前电视台是指无线电视台，2001年无线电视台与有线电视台合并。

a) Before 1995,number of FM&AM Radio Broadcasting Stations refer to the number of both radio broadcasting stations and transmission stations.

b) Before 2000,number of TV Stations refer to number of Wireless TV. Wirless TV and CATV Merged in 2001.

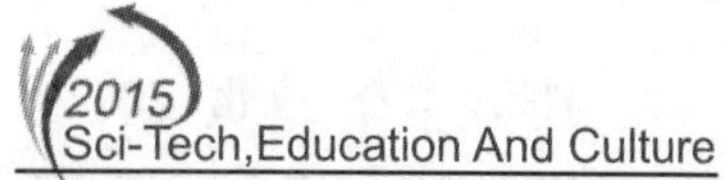

19-49 各地区广播电视主要统计指标（2014）

Basic Statistics on Radio and Television by Region (2014)

地 区	Region	广播电视台（座） Number of Broadcasting and TV Stations (set)	调频转播发射台（座） FM Broadcast Transmitting Stations (set)	电视转播发射台（座） TV Transmission Facilities (set)	广播电视人口覆盖率(%) Radio &TV Coverage of Population (%)	电视综合人口覆盖率(%) General TV Coverage of Household (%)
全 省	**Provincial Total**	**86**	**15**	**237**	**97.51**	**98.55**
南 昌 市	Nanchang	4	1	28	97.64	98.92
景德镇市	Jingdezhen	2	2	5	99.20	99.60
萍 乡 市	Pingxiang	3	1	3	99.05	99.78
九 江 市	Jiujiang	13	1	12	97.39	98.65
新 余 市	Xinyu	2	1	2	99.49	99.52
鹰 潭 市	Yingtan	2		1	95.57	97.37
赣 州 市	Ganzhou	17	3	21	95.9	97.76
吉 安 市	Ji'an	11	2	91	95.17	97.87
宜 春 市	Yichun	10	1	11	99.13	98.35
抚 州 市	Fuzhou	11	1	12	98.21	99.51
上 饶 市	Shangrao	11	1	49	98.63	98.70

注:1.调频转播发射台未包括江西省新闻出版广电局2座.

2.电视转播发射台未包括江西广播电视台2座.

a) Number of FM broadcast transmitting stations does not include 2 sets of Jiangxi Press Publication and Broadcasting Bureau.

b) Number of broadcasting and TV stations does not include 2 sets of Jiangxi Broadcasting and TV Station.

19-50 各部门、各地区广播电视主要经济指标（2014）

Basic Statistics on Radio and Television by Region and Department (2014)

地 区	Region	从业人员（人） Number of Employees (person)	总收入（万元） Total Income (10000 yuan)	实际创收收入（万元） Actual Income (10000 yuan)	广告收入（万元） Advertisement (10000 yuan)	广播广告收入（万元） Broadcasting Advertisement (10000 yuan)	电视广告收入（万元） TV Advertisement (10000 yuan)
全 省	**Provincial Total**	**20180**	**661608**	**576546**	**220261**	**20224**	**195077**
江西广播电视台	Jiangxi Broadcasting and TV Station	10186	471157	457420	151408	14158	136537
江西省新闻出版广电局	Jiangxi Press Publication and Broadcasting Bureau	280	10566	218			
江西省系统外	Outside of the System	475	31310	31310	23186		23135
南 昌 市	Nanchang	1531		45601	11820	1742	8579
景德镇市	Jingdezhen	442	5478	3102	3032	436	2566
萍 乡 市	Pingxiang	430	4811	2878	2291	269	1874
九 江 市	Jiujiang	972	21480	6480	5411	1051	3255
新 余 市	Xinyu	305	3525	1491	1328	237	448
鹰 潭 市	Yingtan	182	3483	1463	884	78	560
赣 州 市	Ganzhou	1382	16890	6052	5373	559	4725
吉 安 市	Ji'an	1275	11685	3303	2694	247	2396
宜 春 市	Yichun	828	7821	3280	3013	173	2684
抚 州 市	Fuzhou	735	6578	2481	1959	96	1756
上 饶 市	Shangrao	1157	14592	11469	7862	1178	6561

19－51 各地区农村广播电视主要指标（2014年）

Basic Statistics on Rural Radio and Television by Region (2014)

单位：%

地　区	Region	农村广播综合覆盖率 Radio Coverage of Rural Population	#中央广播节目 Central Radio Program	农村电视综合覆盖率 TV Coverage of Rural Household	#中央电视节目 Central TV Program	农村无线电视综合覆盖率 Wireless-TV Coverage of Rural Household	#中央电视节目 Central TV Program
全　省	**Provincial Total**	**96.98**	**96.59**	**98.19**	**97.83**	**97.05**	**96.72**
南昌市	Nanchang	96.23	96.23	98.31	98.31	98.31	98.31
景德镇市	Jingdezhen	98.83	98.83	99.41	99.41	95.08	95.08
萍乡市	Pingxiang	98.76	96.32	99.71	96.16	95.60	92.48
九江市	Jiujiang	96.93	96.93	98.30	98.30	98.30	98.30
新余市	Xinyu	99.46	99.42	99.50	99.46	99.34	99.30
鹰潭市	Yingtan	94.26	94.26	96.43	96.43	96.43	96.43
赣州市	Ganzhou	95.56	95.44	97.53	97.42	95.92	95.80
吉安市	Ji'an	94.44	94.44	97.32	97.32	97.32	97.32
宜春市	Yichun	98.94	98.93	98.09	98.07	98.01	97.97
抚州市	Fuzhou	97.73	97.73	99.41	99.41	98.29	98.29
上饶市	Shangrao	98.33	96.69	98.42	97.20	95.88	94.79

19－52 测绘生产完成情况

Statistics on Projects Completed by Surveying and Mapping Departments

年　份 Year	大地测量 Geodesy		测图合计 (幅) Mapping (unit)	地图数字化 (幅) Digital Map (unit)	地图编制 Cartography		
	GPS测量 (点) Global Positioning System Survey (point)	水准测量 (公里) Leveling (kilometer)			地形图 (幅) Topographic Map (unit)	专题地图 (幅/册) Special Map (unit/Volume)	地图集 (册) Atlas (Volume)
2001	528	336	1941	1416	440	61	2
2002	500	481	2219	1091		372	
2003	189	100	2068	1887		23	1
2004	796	5031	3051	2754		44	
2005	576	800	2509			36	
2006	1840	200	6418	999		35	
2007	1940	286	6127	288	10	30	1
2008	2150	400	13360	286	41	33	1
2009	632	1978	5114		25	607	2
2010	1009	2022	6971	4579	58	66	1
2011	62	943	3104	2078	194		
2012	462	1281	19767		16	210	1
2013	658	327	6469		5	42	
2014	60	3500	31722		3	35	

19-53 测绘资料提供情况
Statistics on Output of Surveying and Mapping Materials

年 份 Year	地形图合计(张) Topographic Map (unit)	1:10000 (scale)	1:50000 (scale)	大地成果(点) Geodetic Results (point)	航摄成果(片) Aerial Photograph (piece)	挂 图(张) Wall Map (unit)	地 图 集(册) Atlas (volume)
2000	8904	7266	1638	377	281		
2001	10704	8785	1919	1611		66	217
2002	8294	7287	1007	173	120	40	48
2003	10048	8656	1392	47372	8411		
2004	5868	3959	1909	563	29000		
2005	5815	4231	1584	1327	48126	5	
2006	7926	5058	2868	17010	15865	112	20
2007	15035	12754	2281	24221	22631		
2008	17352	15336	2016	7929	12355		
2009	5523	4909	614	5554	22803		
2010	5469	4441	1028	31121	5329	628	731
2011	8153	7498	655	3687	7994	12	15
2012	10444	9162	1282	8992	52354	1035	79
2013	2886	2440	446	4880	133567	951	1500
2014	2940	2648	244	2598	120734	1700	2648

注：航模成果这个指标从2014年起以平方千米作计量单位。
a)The unit of measurement of aerial photograph is adjusted to sq.km since 2014.

19-54 各地区产品质量监督检查情况（2014年）
Results of Supervision and Sampling Check on the Quality of Products by Region (2014)

地 区	Region	抽查产品(种) Production Supervised (kinds)	抽查企业(家) Number of Enterprises Supervised (units)	抽查产品(批) Production Supervised(times)	不合格产品(批) Production Unqualified (times)
全 省	**Provincial Total**	**147**	**6177**	**7015**	**763**
省本级	Provincial class	84	2690	2950	260
南昌市	Nanchang	6	104	134	16
景德镇市	Jingdezhen	23	147	224	1
萍乡市	Pingxiang	22	430	490	5
九江市	Jiujiang	23	239	266	153
新余市	Xinyu	16	105	134	16
鹰潭市	Yingtan	3	31	31	
赣州市	Ganzhou	18	738	799	28
吉安市	Ji'an	19	787	873	115
宜春市	Yichun	19	404	439	142
抚州市	Fuzhou	8	261	288	13
上饶市	Shangrao	28	241	387	14

注：抽查产品合计相加不等于总数。
a)The subtotal of production supervised is not equal to gross total.

主要统计指标解释

科技活动 指在自然科学、农业科学、医药科学、工程与技术科学、人文与社会科学领域(简称科学技术领域)中，与科技知识的产生、发展、传播和应用密切相关的有组织的活动。可分为研究与试验发展(R&D)、研究与试验发展成果应用及相关的科技服务三类活动。该定义是联合国教科文组织考虑成员国特别是发展中国家开展科技统计工作的需要，而对科技活动所作的统计界定。

科技活动人员 指直接从事科技活动、以及专门从事科技活动管理和为科技活动提供直接服务，累计的实际工作时间占全年制度工作时间10%及以上的人员。(1)直接从事科技活动的人员包括：在独立核算的科学研究与技术开发机构、高等学校、各类企业及其他事业单位内设的研究室、实验室、技术开发中心及中试车间(基地)等机构中从事科技活动的研究人员、工程技术人员、技术工人及其它人员；虽不在上述机构工作，但编入科技活动项目(课题)组的人员；科技信息与文献机构中的专业技术人员；从事论文设计的研究生等。(2)专门从事科技活动管理和为科技活动提供直接服务的人员，包括：独立核算的科学研究与技术开发机构、科技信息与文献机构、高等学校、各类企业及其他事业单位主管科技工作的负责人，专门从事科技活动的计划、行政、人事、财务、物资供应、设备维护、图书资料管理等工作的各类人员，但不包括保卫、医疗保健人员、司机、食堂人员、茶炉工、水暖工、清洁工等为科技活动提供间接服务的人员。该指标用来反映投入科技活动人力的规模。

研究与试验发展(R&D) 指在科学技术领域，为增加知识总量，以及运用这些知识去创造新的应用进行的系统的创造性的活动，包括基础研究、应用研究、试验发展三类活动。国际上通常采用R&D活动的规模和强度指标反映一国的科技实力和核心竞争力。

基础研究 指为了获得关于现象和可观察事实的基本原理的新知识(揭示客观事物的本质、运动规律，获得新发现、新学说)而进行的实验性或理论性研究，它不以任何专门或特定的应用或使用为目的。其成果以科学论文和科学著作为主要形式。用来反映知识的原始创新能力。

应用研究 指为获得新知识而进行的创造性研究，主要针对某一特定的目的或目标。应用研究是为了确定基础研究成果可能的用途，或是为达到预定的目标探索应采取的新方法(原理性)或新途径。其成果形式以科学论文、专著、原理性模型或发明专利为主。用来反映对基础研究成果应用途径的探索。

试验发展 指利用从基础研究、应用研究和实际经验所获得的现有知识，为产生新的产品、材料和装置，建立新的工艺、系统和服务，以及对已产生和建立的上述各项作实质性的改进而进行的系统性工作。其成果形式主要是专利、专有技术、具有新产品基本特征的产品原型或具有新装置基本特征的原始样机等。在社会科学领域，试验发展是指把通过基础研究、应用研究获得的知识转变成可以实施的计划(包括为进行检验和评估实施示范项目)的过程。人文科学领域没有对应的试验发展活动。主要反映将科研成果转化为技术和产品的能力，是科技推动经济社会发展的物化成果。

专业技术人员 指从事专业技术工作和专业技术管理工作的人员，即企事业单位中已经聘任专业技术职务从事专业技术工作和专业技术管理工作的人员，以及未聘任专业技术职务，现在专业技术岗位上工作的人员。包括工程技术人员，农业技术人员，科学研究人员，卫生技术人员，教学人员，经济人员，会计人员，统计人员，翻译人员，图书资料、档案、文博人员，新闻出版人员，律师、公证人员，广播电视播音人员，工艺美术人员，体育人员，艺术人员及企业政治思想工作人员，共十七个专业技术职务类别。用来反映科技人力资源情况。

专利 是专利权的简称，是对发明人的发明创造经审查合格后，由专利局依据专利法授予发明人和设计人对该项发明创造享有的专有权。包括发明、实用新型和外观设计。反映拥有自主知识产权的科技和设计成果情况。

普通高等学校 指按照国家规定的设置标准和审批程序批准举办的，通过全国普通高等学校统一招生考试，招收高中毕业生为主要培养对象，实施高等教育的全日制大学、独立设置的学院和高等专科学校、高等职业学校和其他机构。

成人高等学校 指按照国家规定的设置标准和审批程序批准举办的，通过全国成人高等学校统一招生考试，招收具有高中毕业或同等学历的在职从业人员为主要培养对象，利用函授、业余、脱产等多种形式对其实施高等学历教育的学校。

包括职工高等学校、农民高等学校、管理干部学院、教育学院、独立函授学院、广播电视大学、其他机构等。其他机构是承担国家成人招生计划任务不计校数的机构。

小学学龄儿童净入学率 指调查范围内已入小学学习的学龄儿童占校内外学龄儿童总数(包括弱智儿童，不包括盲聋哑儿童)的比重。计算公式为:

$$\text{小学学龄儿童净入学率}=\frac{\text{已入学的小学学龄儿童数}}{\text{校内外小学学龄儿童总数}}\times100\%$$

文化事业机构 指从事专业文化工作和为专业文化工作服务的独立建制的单位。不包括这些单位另外举办独立核算的其他机构和各部门的业余文化组织。该指标主要反映文化事业机构发展规模水平。

艺术表演团体 指从事戏曲、音乐、舞蹈、杂技等专业艺术表演，有独立帐户的单位，不包括半工半艺、半农半艺和民间职业剧团。该指标主要反映全国专业艺术表演团体发展规模水平。

艺术表演观众人数(人次) 指售票、包场演出或民族地区免费演出的艺术表演观众人次数，不包括彩排审查和内部观摩演出的观看人次数。该指标主要反映全国观看专业艺术表演团体演出的效益规模。

Explanatory Notes on Main Statistical Indicators

Scientific and Technological Activities (S&T Activities) refer to organized activities which are closely related with the creation, development, dissemination and application of the scientific and technical knowledge in the fields of natural sciences, agricultural science, medical science, engineering and technological science, humanities and social sciences (referred to as scientific and technological fields). S&T activities can be classified into 3 categories: research and development (R&D) activities, application of R&D results, and related S&T services. This statistical definition is made by UNICHIEF for scientific and technological activities to meet the need of carrying out statistical work in this field for its member countries particularly the developing countries.

Personnel Engaged in S&T Activities refer to personnel directly engaged in S&T activities, in the management of S&T activities, and in providing direct service to S&T activities, with over 10% of the total working hours in a year spent on S&T activities. (1) Personnel directly engaged in S&T activities include researchers, engineers, technicians and other related personnel engaged in S&T activities in independent-accounting R&D institutions, institutions of higher learning, and in research institutes, laboratories, technology development centres and central experiment workshops under enterprises and institutions. Also included are people working in S&T research project teams, professional and technical personnel working in S&T information archiving institutes, and graduate students working on the design of their thesis. (2) Personnel engaged in the management of S&T activities and in providing direct service to S&T activities include senior management people responsible for S&T activities in independent-accounting R&D institutions, S&T information archiving institutes, institutions of higher learning and in enterprises and institutions where S&T activities are undertaken. Also included are people responsible for the planning, administration, personnel management, financial management, logistics supply, equipment maintenance, information and library management that are related with S&T activities. People providing indirect services are excluded, such as security, medical service, drivers, plumbers, cleaners and those providing catering and related service. This indicator reflects the size of personnel engaged in S&T activities.

Research and Development (R&D) refers to systematic and creative activities in the field of science and technology aiming at increasing the knowledge and using the knowledge for new application. R&D includes 3 categories of activities: basic research, applied research and experimentation for development. The scale and intensity of R&D are widely used internationally to reflect the strength of S&T and the core competitiveness of a country in the world.

Basic Research refers to empirical or theoretical research aiming at obtaining new knowledge on the fundamental principles regarding phenomena or observable facts to reveal the intrinsic nature and underlying laws and to acquire new discoveries or new theories. Basic research takes no specific or designated application as the aim of the research. Results of basic research are mainly released or disseminated in the form of scientific papers or monographs. This indicator reflects the

innovation capacity for original knowledge.

Applied Research refers to creative research aiming at obtaining new knowledge on a specific objective or target. Purpose of the applied research is to identify the possible uses of results from basic research, or to explore new (fundamental) methods or new approaches. Results of applied research are expressed in the form of scientific papers, monographs, fundamental models or invention patents. This indicator reflects the exploration of ways to apply the results of basic research.

Experiments and Development refer to systematic activities aiming at using the knowledge from basic and applied researches or from practical experience to develop new products, materials and equipment, to establish new production process, systems and services, or to make substantial improvement on the existing products, process or services. Results of experiment and development activities are embodied in patents, exclusive technology, and monotype of new products or equipment. In social sciences, experiment and development activities refer to the process of converting the knowledge from basic or applied researches into feasible programmes (including conduct of demonstration projects for assessment and evaluation). There are no experiment and development activities in the science of humanities. This indicator reflects the capability of transferring the results of S&T into technique and products, and measures the realization of S&T in spearheading the economic and social development.

Professional and Technical Personnel refer to persons engaged in professional and technical work or in the management of professional and technical activities, i.e., people with professional or technical positions who are engaged in professional and technical work or in the management of professional and technical activities, and people without professional or technical positions but are working on professional or technical posts. They include professionals and technicians working in 17 categories of technical occupations including engineering, agriculture, scientific researches, medical service, teaching, economic research and application, accounting, statistics, translation, libraries, archives, cultural and museum service, journalism and publication, lawyers, notarization service, radio and television broadcasting, handicraft and fine arts, sports, performing art, and political workers in enterprises. This indicator reflects the condition of human resources in S&T.

Patent is an abbreviation for the patent right and refers to the exclusive right of ownership by the inventors or designers for the creation or inventions, given from the patent offices after due process of assessment and approval in accordance with the Patent Law. Patents are granted for inventions, utility models and designs. This indicator reflects the achievements of S&T and design with independent intellectual property.

Regular Institutions of Higher Learning refer to educational establishments set up according to the government evaluation and approval procedures, enrolling graduates from senior secondary schools and providing higher education courses and training for senior professionals. They include full-time universities, colleges, institutions of higher professional education, institutions of higher vocational education and others.

Institutions of Higher Learning for Adults refer to educational establishments, set up in line with relevant rules approved by the government, enrolling staff and workers with senior secondary school or equivalent education, and providing higher education courses in many forms of correspondence, spare time, or full time for adults. Professionals thus trained receive a qualification equivalent to graduates studying regular courses at regular universities, colleges and professional colleges. Institutions of higher learning for adults include schools of higher education for staff and workers, schools of higher education for peasants, colleges for management cadres, pedagogical colleges, independent correspondence colleges, Radio and TV universities and other educational establishments. Other educational establishments have undertakings to enrol adult students but not enumerated in the schools under the State Plan.

Enrolment Rate of Primary School Age Children refers to the proportion of school age children enrolled at schools to the total number of school age children both in and outside schools (including retarded children, but excluding blind, deaf and mute children). The formula is:

$$\begin{array}{c}\text{Enrolment Rate}\\\text{of Primary}\\\text{School - age Children}\end{array}=\frac{\begin{array}{c}\text{Total Primary School - age}\\\text{Children at Schools}\end{array}}{\begin{array}{c}\text{Total Primary School - age}\\\text{Children Whether or}\\\text{Not Attending School}\end{array}}\times100\%$$

Cultural Institutions refer to units which have their own organizational system and independent accounting system and specialize in cultural work or service cultural work. They do not include other establishments run by these units with separate accounting system and amateur cultural groups established by various departments. The statistics reflect the scale and level of development of institutions engaged in cultural undertakings.

Art Troupes refer to the troupes which are engaged in drama, opera, music, dance, acrobatics or other art performance, have independent accounts with banks and have self-supporting accounting system. Troupes which are engaged partly in industrial or agricultural activities, partly in art performance and the professional troupes organized by the mass are not included. The statistics reflect the scale and level of development of professional art troupes nationally.

Number of Audience at Art Performance refers to the number of spectators at commercial shows, privately organized shows or free shows given in ethnic minority areas, and does not include the number of spectators at rehearsals and internal viewings. This indicator mainly reflects the scale and effects of viewing of performances given by professional art troupes across the country.

20

卫生、体育、社会福利和其他

PUBLIC HEALTH,SPORTS,SOCIAL WELFARE AND OTHERS

资料整理及英文翻译：张家琦、曹淳隽、黄韶华

简要说明

本篇资料主要分为卫生、体育、社会福利及其他三部分。

卫生统计资料包括卫生机构、人员、床位数；医院门诊诊疗人次及入院人数；医院住院治疗情况；医院病床使用情况等，资料来源于省卫生厅。

体育统计资料包括举办运动会次数；全民健身活动人数；健身设施和俱乐部；国际国内比赛中获奖情况；少年儿童业余体校情况等，资料来源于省体育局。

社会福利及其他统计资料主要包括社会福利企事业机构、人员情况、优抚、福利类收养情况；社会救济情况；城镇社区服务情况；社会捐赠情况；福利彩票发行情况；婚姻登记情况等，资料来源于省民政厅。计划生育及育龄妇女节育、晚婚情况，资料来源于省人口和计划生育委员会。社会活动参与（包括全省人大代表和政协委员情况，工会组织情况，共青团组织情况，妇联系统组织情况），资料来源分别为省人大、省政协、省总工会、团省委、省妇联。

公检法司（包括律师、公证、调解工作情况，各类事故伤亡情况），资料来源分别为省司法厅、省安全生产监督管理局。

以上资料均由省统计局社科文处整理提供。

Brief Introduction

Data in this chapter show statistics on public health, sports, social welfare and other statistic data.

Data on public health include mainly the number of institutions, personnel, hospital beds, number of patients treated and in-patients, hospital inpatient treatment; use of hospital beds, etc. Data source from Jiangxi Public Heath Department.

Data on sports cover the number of games held, mass sports, the number of fitness facilities and clubs; domestic and international competition prizes; amateur sports schools, etc. Data source from Jiangxi Sport Bureau.

Data on social welfare and other statistic data include: condition of institutions and personnel, budget, social welfare relief, urban welfare facilities, social donations, lottery, marriage registration, etc. Data source from Civil Administration Office in Jiangxi Province. Data on family planning and reproductive, later marriage, are from National Population and Family Planning Commission of Jiangxi. Data on participation (cover mainly information on representatives to Provincial People's Congress, CPPCC Provincial Committee, and Trade Unions Communist Youth League, Women's Federations) are separately from Provincial People's Congress, CPPCC Provincial Committee, the Provincial Federation of Trade Unions, Provincial Party Committee and Provincial Women's Federation.

Data on public security (mainly cover statistics on lawyers, notarization and mediation, various accidents casualties) are separately from Department of Justice of Jiangxi Province, Administration of Work Safety of Jiangxi Province.

Data above are provided by Division of Science,Technology and Culture, Jiangxi Bureau of Statistics.

20-1 卫生机构、床位及人员数

Number of Health Institutions, Beds and Personnels

年 份 Year	机构数（个） Number of Institutions (unit)	#医院卫生院 Hospitals and Health Centers	床位数（张） Number of Beds (unit)	#医院卫生院 Hospitals and Health Centers	人员数（人） Number of Personnels (person)	#卫生技术人员 Medical Technical Personnel	#医生 Doctor
1978	5178	2107	72289	65237	87018	70247	30430
1979	5268	2157	74314	67398	92090	73868	31054
1980	5373	2189	76924	69716	97831	79014	32675
1981	5474	2195	78630	70876	111364	90812	37021
1982	5615	2199	81011	72471	115000	93392	38578
1983	5624	2205	82098	72963	119748	97661	40628
1984	5587	2217	82623	73510	126059	100673	40865
1985	5538	2206	84134	75203	127679	102209	43322
1986	5597	2221	86431	76779	131342	105401	45012
1987	5614	2234	89227	79304	134846	108065	46109
1988	5583	2253	90151	80342	138238	111765	48801
1989	5613	2283	92194	82059	141587	114402	50525
1990	5632	2305	92274	82601	144583	116786	51994
1991	5632	2308	92745	83190	146418	117903	51893
1992	5620	2321	93291	83619	147375	118708	52304
1993	5389	2276	93315	82625	147217	118318	52619
1994	5432	2304	94372	83911	149247	120503	54212
1995	5423	2313	93669	83625	151246	122649	55095
1996	7966	2302	88509	81323	147057	118700	50876
1997	8056	2310	90251	82489	148605	120072	51864
1998	7972	2305	91641	83349	149356	121119	52498
1999	7953	2298	91230	82326	152264	122321	53147
2000	8048	2282	90930	83300	151985	123192	54437
2001	7594	2266	91091	83484	151518	122858	53717
2002	11286	2146	90019	83817	139076	114513	46756
2003	11401	2083	85537	79790	141287	117755	49289
2004	12080	2047	84036	78211	141244	118196	46468
2005	10664	2007	85086	79292	138697	115986	46093
2006	10210	2032	88260	81585	142682	119761	51436
2007	9456	2028	94862	85502	153238	126598	51828
2008	8229	2036	105156	93890	168472	139764	55187
2009	7102	2077	123086	104700	176720	146990	56325
2010	7172	2092	127915	103075	184139	154733	59264
2011	7121	2131	136512	132319	196317	166069	62888
2012	7137	2134	157660	142436	210887	179797	67168
2013	7250	2140	174299	158096	269848	190234	70276
2014	38873	2158	186857	170042	280681	201327	74605

注：1.从1996年起卫生年报统计口径变动，机构数中包括个体机构。
2.2002年卫生年报统计口径调整，数据变化较大。后同。
3.2007年卫生年报统计口径变动。后同。
4.从2013起卫生技术人员数据不包括乡村医生和卫生员。后同
5.从2014年起机构合计中包括村卫生室31017个(后同)

a) Statistical standards in health report have changed since 1996, individual institutions are included in total number of institutions.

b) Statistical standards in health report have changed since 2002, there have been great amount of changes in data. The same applies to the following tables.

c) Statistical standards in health report have changed since 2007. The same applies to the following tables.

d) Village doctors and assistant nurses are not included in technical personnel in health institutions since 2013 The same applies to the following tables

e)Institutions included in the total village clinics 31017.The same applies to the following tables.

20-2 各类卫生机构、床位、人员数（2014年）
Number of Health Institutions, Beds and Personnels by Type (2014)

类别	Type	机构数（个）Total (unit)	#国有 State-owned	床位数（张）Beds (unit)	#国有 State-owned	人员数（人）Personnel (person)	#卫生技术人员 Medical Technical Personnel
全省	**Provincial Total**	**38873**	**2957**	**186857**	**165361**	**280681**	**201327**
医院	Hospital	565	349	125240	109519	136652	117450
#综合医院	General Hospital	369	230	87414	76508	97815	84735
中医医院	Hospital Specialized in Traditional	100	88	22822	21941	24150	21071
中西医结合医院	Combined Chinese and Western Medicine Hospital	8	5	958	880	1432	1149
专科医院	Specialized Hospital	88	26	14046	10190	13255	10495
疗养院	Sanatoriums	3	3	1810	1810	486	264
社区卫生服务中心(站)	Health Service Center for Community	610	278	3836	2639	8734	7560
卫生院	Township Hospital	1599	1450	44872	40640	44939	39100
村卫生室	Village Clinic	31017	311			53247	6448
门诊部	Outpatient Department	214	30	279	60	1753	1570
诊所、卫生所、医务室、护理站	Clinic, Medical Center, Nursing Station	3932	234			6928	6698
急救中心(站)	Emergency Center	8	8			300	194
采供血机构	Institution for Blood Collection and Supplyment	13	12			784	573
妇幼保健院(所、站)	MCH Center	112	111	8295	8168	12828	11074
专科疾病防治院(所、站)	Specialized Disease Prevention &Treatment Institute	110	108	2525	2525	2778	2225
疾病预防控制中心(防疫站)	Disease Prevention & Control Center	148	147			5167	3928
卫生监督所	Health Supervision Institution	110	110			1879	1520
医学科学研究机构	Research Institution of Medical Science	5	5			373	256
医学在职培训机构	Medical-service Training Institution	3	3			29	1
健康教育所(站、中心)	Health Education Center	7	7			66	27
其他	Other Health Institutions	417	102			3738	2439

注：1.本表人员合计中包括乡村医生和卫生员。
2.不含乡镇卫生院在村卫生室工作的执业(助理)医师、注册护士数。
3.其他中包括了计划生育服务机构数和人员数，卫生技术人员数.

a) Village doctors and assistant nurses are included in personnels.

b) Licensed (assistant) physicians and nurses of country health stations working in village health stations are not included in personels.

c) Family planning service agencies and personnel, the number of health technical personnel are included in other health institutions.

20-3 卫生机构人员数
Number of Employed Persons in Health Institutions

单位：人 (person)

类别	Type	1990	1995	2000	2005	2010	2013	2014
全省	**Provincial Total**	**144583**	**151246**	**151985**	**138697**	**184139**	**222343**	**233882**
卫生技术人员	Medical Technical Personnel	116786	122649	123192	115986	154733	190234	201327
执业医师	Certified Doctors	51994	55095	54437	39522	50737	58864	62017
执业助理医师	Certified Assistant Doctors				10179	8527	11412	12588
注册护士	Registerd Nurses	1774	1227	1764	35679	57703	78229	84140
药剂师(士)	Pharmacists	1237	1057	611	11379	12223	13415	13701
技师(士)	Technical Personnel					10584	12561	13209
#检验师	Chemist	891	677	444	6254	7229	8730	9173
其他	Others	5921	5914	4351	12973	14959	15753	15672
其他技术人员	Other Technical Personnel	1229	2329	4340	5787	6523	7067	7333
管理人员	Managerial Personnel		4464	5004	6233	7644	8062	8024
工勤技能人员	Ground Skilled Staff	10498	10812	12903	10691	15239	16980	17198
平均每千人中有卫生技术人员	Number of Medical Technical Personnel Per 1000 Population	3.06	3.02	2.97	2.69	3.47	4.20	4.40
#医生	Doctors	1.36	1.36	1.31	1.15	1.33	1.55	1.37

注：本表总数中不包含村卫生室人员，乡村医生和卫生人员，2007年卫生统计口径改变,故指标有所变化。

a)Village clinic staff, rural doctors and health workers are not included in total. New statisical standard in health care varies in 2007. Indicators vary accordingly.

20-4 各地区卫生事业基本情况（2014年）

Basic Statistics on Health Institutions by Region (2014)

地 区	Region	机构数（个）Total (unit)	#医院、卫生院 Hospitals and Health Centers	床位数（张）Number of Beds (unit)	#医院、卫生院 Hospitals and Health Centers	人员数（人）Number of Personnel (person)
全 省	**Provincial Total**	**38873**	**2158**	**186857**	**170042**	**280681**
南昌市	Nanchang	2151	198	28733	26538	44661
景德镇市	Jingdezhen	1090	73	7176	6558	10938
萍乡市	Pingxiang	1446	81	10080	9033	15769
九江市	Jiujiang	2703	257	22001	18332	33279
新余市	Xinyu	1186	49	5038	4533	8386
鹰潭市	Yingtan	996	61	4970	4667	6972
赣州市	Ganzhou	8935	378	33832	30911	43886
吉安市	Ji'an	4803	279	19359	18231	26219
宜春市	Yichun	4721	220	21683	19416	30868
抚州市	Fuzhou	2310	211	10318	9958	19971
上饶市	Shangrao	8532	351	23667	21865	39732

注：1. 人员数包括乡村医生和卫生员
2. 医院卫生院数不包括街道卫生院数
a) Village doctors and assistant nurses are included.
b) Hospital institutes number does not include the number of institutes of the street.

20-5 各地区卫生技术人员数（2014年）

Technical Personnel in Health Institutions by Region (2014)

单位：人 (person)

地 区	Region	合计 Total	医生 Doctors	执业医师 Certified Doctors	执业助理医师 Certified Assistant Doctors	注册护士 Registerd Nurses	其他 Others
全 省	**Provincial Total**	**201327**	**74605**	**62017**	**12588**	**84140**	**42582**
南昌市	Nanchang	34309	12349	11317	1032	15622	6338
景德镇市	Jingdezhen	8218	2924	2510	414	3612	1682
萍乡市	Pingxiang	11676	4181	3507	674	5177	2318
九江市	Jiujiang	23760	8965	7365	1600	9801	4994
新余市	Xinyu	6581	2448	2046	402	3016	1117
鹰潭市	Yingtan	5470	2422	2072	350	1897	1151
赣州市	Ganzhou	31769	10852	8561	2291	13150	7767
吉安市	Ji'an	18630	7293	5899	1394	7271	4066
宜春市	Yichun	21502	7557	6425	1132	8923	5022
抚州市	Fuzhou	13068	4980	4205	775	5365	2723
上饶市	Shangrao	26344	10634	8110	2524	10306	5404

注：其他卫生技术人员中包括药师(士)、技师(士)和见习医师等。
a)Pharmacists,technical personnel and interns included.

20-6 各类医院机构、床位及人员数（2014年）
Beds and Personnel in Health Institutions by Specializtions (2014)

类别	Type	机构数 (个) Number of Institutions (unit)	床位数 (张) Number of Beds (unit)	人员数 (人) Number of Personnel (person)	#卫生技术人员 Medical Technical Personnel	执业医师 Certified Doctors	执业助理医师 Certified Assistant Doctors
全省	**Provincial Total**	**565**	**125240**	**136652**	**117450**	**35826**	**2284**
综合医院	General Hospital	369	87414	97815	84735	25647	1518
中医医院	Hospital Specialized in Traditional Chinese Medicine	100	22822	24150	21071	6964	504
中西医结合医院	Combined Chinese and Western Medicine Hospital	8	958	1432	1149	404	35
专科医院	Specialized Hospital	88	14046	13255	10495	2811	227
口腔医院	Stomatological Hospital	4	42	290	250	129	6
眼科医院	Ophtalmology Hospital	5	245	427	264	62	8
耳鼻喉科医院	Otolaryngology Hospital	1	90	132	84	13	2
肿瘤医院	Tumor Hospital	3	2572	2617	2207	591	20
妇产(科)医院	Obstetrics and Gynecology Hospital	6	221	299	208	42	10
儿童医院	Children's Hospital	1	1346	1652	1396	406	93
精神病医院	Psychiatry Hospital	20	6305	3202	2487	571	93
传染病医院	Hospital for Infectious Diseases	3	530	848	684	178	1
皮肤病医院	Dermatology Hospital	4	200	597	492	140	4
结核病医院	Tuberculosis Hospital	2	720	815	660	173	1
骨科医院	Orthopedics Hospital	8	476	509	411	128	33
康复医院	Rehabilitation Hospital	2	110	37	29	11	5
美容医院	Plastic Surgery Hospital	3	41	142	120	32	5
其他专科医院	Other Specialized Hospitals	26	1148	1688	1203	335	39

20-7 各类医疗机构病床使用情况（2014年）
Bed Utilization of Medical Institutions (2014)

类别	Type	实际开放总床日数(日) Actual Number of Bed-opening Days (day)	病床周转次数(次) Hospital Bed Turnover (time)	病床工作日(日) Hospital Bed Using Days (day)	病床使用率(%) Utiliza-tion Rate (%)	出院者平均住院日(日) Average Staying Days in Hospital (day)	出院者占用总床日数(日) Total Number of Bed-occupying Days (day)
全省	**Provincial Total**	**65143800**	**38.9**	**311.0**	**85.19**	**7.8**	**53849367**
医院	**Hospital**	43958284	35.8	338.5	92.74	9.1	39432555
综合医院	General Hospital	30716179	38.2	337.7	92.51	8.6	27660762
中医医院	Hospital Specialized in Traditional Chinese Medicine	7897640	35.5	330.4	90.52	9.0	6878255
中西医结合医院	Combined Chinese and Western Medicine Hospital	349670	27.9	366.8	100.50	13.1	350361
专科医院	**Specialized Hospital**	4994795	22.2	354.7	97.17	15.0	4543177
口腔医院	Stomatological Hospital	10571	19.0	145.3	39.80	7.7	4205
眼科医院	Ophtalmology Hospital	89140	40.1	198.6	54.40	4.6	45042
耳鼻喉科医院	Otolaryngology Hospital	32850	53.1	257.7	70.61	5.7	27241
肿瘤医院	Tumor Hospital	932940	27.0	336.0	92.05	12.3	848061
妇产(科)医院	Obstetrics and Gynecology Hospital	80565	24.5	154.7	42.39	5.5	29619
儿童医院	Children's Hospital	438000	65.7	451.0	123.57	6.8	535792
精神病医院	Psychiatry Hospital	2283962	6.5	384.4	105.32	53.5	2185726
传染病医院	Hospital for Infectious Diseases	193450	18.0	290.6	79.63	16.0	152596
皮肤病医院	Dermatology Hospital	72850	39.3	283.9	77.77	7.3	57303
结核病医院	Tuberculosis Hospital	262800	29.5	437.8	119.94	13.4	284704
骨科医院	Orthopedics Hospital	163878	33.4	249.3	68.31	7.0	105489
康复医院	Rehabilitation Hospital	31375	23.1	301.8	82.70	10.3	20330
美容医院	Plastic Surgery Hospital	9855	0.5	0.5	0.14	1.0	14
其他专科医院	Other Specialized Hospitals	392559	35.8	254.8	69.81	6.4	247055
疗养院	Sanitarium	587650	22.4	131.1	35.91	3.6	129353
社区卫生服务中心(站)	Health Service Center for Community	1163083	20.6	197.9	54.22	7.3	475300
卫生院	Township Hospital	15640816	47.2	257.0	70.40	5.5	11072827
#中心卫生院	Center Township Hospital	7141018	47.4	267.5	73.30	5.9	5502889
乡卫生院	Rural Township Hospital	8474615	47.1	247.9	67.93	5.1	5556603
妇幼保健院(所、站)	Maternity and Child Care Center (Station)	2940054	55.4	299.0	81.91	5.2	2307838
#妇幼保健院	Maternity and Child Care Center	2646053	55.7	308.5	84.53	5.3	2148145
专科疾病防治院(所、站)	Specialized Disease Prevention & Treatment Institute	853913	24.9	200.0	54.79	7.4	431494

20-8 各类医疗机构门诊诊疗情况（2014年）

Out-patient Clinics in Hospitals in Medical Institutions(2014)

类别	Type	诊疗人次 (人次) Visits (person-time)	#门、急诊 Clinics	门急诊人次占总人次(%) Percentage of Out-patients in Total Number (%)	观察室留观病人(人) Patients in Observation Room (person)	健康检查(人) Health Examine (person)
全省	**Provincial Total**	**113296697**	**109226809**	**96**	**1938261**	**11612553**
医院	Hospital	56925557	55080300	97	1041581	2944993
综合医院	General Hospital	40556824	39204861	97	752578	2184239
中医医院	Hospital Specialized in Traditional Chinese Medicine	11969311	11570782	97	199308	514480
中西医结合医院	Combined Chinese and Western Medicine Hospital	780492	738768	95	16029	42206
专科医院	Specialized Hospital	3618930	3565889	99	73666	204068
口腔医院	Stomatological Hospital	255928	255928	100		
眼科医院	Ophtalmology Hospital	149156	142870	96	500	1000
耳鼻喉科医院	Otolaryngology Hospital	18555	18555	100		
肿瘤医院	Tumor Hospital	216586	203354	94	72	55391
妇产(科)医院	Obstetrics and Gynecology Hospital	35084	32567	93	1020	825
儿童医院	Children's Hospital	1114969	1114969	100	33365	56449
精神病医院	Psychiatry Hospital	462160	455032	98	60	11866
传染病医院	Hospital for Infectious Diseases	256230	255750	100	19643	38015
皮肤病医院	Dermatology Hospital	424748	424748	100	18515	
结核病医院	Tuberculosis Hospital	155557	155557	100	380	18000
骨科医院	Orthopedics Hospital	117781	114605	97		16000
康复医院	Rehabilitation Hospital	17476	16330	93		
美容医院	Plastic Sergury Hospittal	34008	34008	100		
其他专科医院	Other Specialized Hospitals	360692	341616	95	111	6522
疗养院	Sanitarium	64380	58658	91	159	186
社区卫生服务中心(站)	Health Service Center for Community	6625068	6338356	96	224699	1125096
卫生院	Township Hospital	29295314	27762411	95	409333	6735617
#街道卫生院	Center Township Hospital	30007	28552	95	363	26629
乡镇卫生院	Rural Township Hospital	29265307	27733859	95	408970	6708988
门诊部	Clinic	1061730	1012896	95		
诊所、卫生所、医务室	Clinic, Medical Center, Nursing Station	10192618	10001595	98		
妇幼保健院(所、站)	Maternity and Child Care Center (Station)	8207758	8072958	98	261890	735110
#妇幼保健院	Maternity and Child Care Center	7343312	7238520	99	259621	587372
专科疾病防治院(所、站)	Specialized Disease Prevention & Treatment Institute	924272	899635	97	599	71551

注：本表数据没有包括村卫生室和急救中心(站)数据。后同。

a) Country health stations and emergency health centres (stations) are not included. The same applies to the tables following.

20-9 各类医疗机构住院治疗情况（2014年）

Basic Statistics on Inpatients Treatments in Medical Institutions(2014)

类别	Type	入院人数（人）Inpatients (person)	出院人数（人）Out-patients (person)	住院病人手术人次（人次）Inpatients Operation (person-time)	每百门急诊的入院人数（人）Number of Admissions Per 100 Outpatient Emergency Treatment (person)
全省	**Provincial Total**	**6962103**	**6946849**	**1102057**	**7.09**
医院	Hospital	4312776	4313101	961601	7.83
综合医院	General Hospital	3208845	3215651	727898	8.18
中医医院	Hospital Specialized in Traditional Chinese Medicine	768519	767268	133229	6.64
中西医结合医院	Combined Chinese and Western Medicine Hospital	26612	26709	7352	3.60
专科医院	Specialized Hospital	308800	303473	93122	8.66
口腔医院	Stomatological Hospital	547	549	475	0.21
眼科医院	Ophtalmology Hospital	10137	9786	10873	7.10
耳鼻喉医院	Otolaryngology Hospital	4725	4778	3167	25.46
肿瘤医院	Tumor Hospital	69264	69117	17623	34.06
妇产(科)医院	Obstetrics and Gynecology Hospital	5421	5417	1035	16.65
儿童医院	Children's Hospital	78854	78815	23361	7.07
精神病医院	Psychiatry Hospital	43774	40867	3393	9.62
传染病医院	Hospital for Infectious Diseases	9619	9530	4534	3.76
皮肤病医院	Dermatology Hospital	7820	7843	436	1.84
结核病医院	Tuberculosis Hospital	22002	21268	1215	14.14
骨科医院	Orthopedics Hospital	14605	15011	7705	12.74
康复医院	Rehabilitation Hospital	2003	1983	826	12.27
美容医院	Plastic Sergury Hospital	14	14		0.04
其他专科医院	Other Specialized Hospitals	40015	38495	18479	11.71
疗养院	Sanitarium	36530	36066	108	62.28
社区卫生服务中心	Health Service Center for Community	66178	65547		1.04
卫生院	Township Hospital	2036489	2023107		7.34
#街道卫生院	Institutes of Health, Subdistrict	2295	2276		8.04
乡镇卫生院	Institutes of Health, Rural	2034194	2020831		7.33
门诊部	Clinic	4232	4232		
妇幼保健院(所、站)	Maternity and Child Care Center (Station)	447486	446493	138557	5.54
#妇幼保健院	Maternity and Child Care Center	404779	403909	131077	5.59
专科疾病防治院(所、站)	Specialized Disease Prevention & Treatment Institute	58412	58303	1791	6.49

20-10 各地区医院门诊诊疗情况（2014年）

Out-patient Clinics in Hospitals by Region (2014)

地　区	Region	诊疗人次（人次）Visits (person-time)	#门、急诊 Clinics	门急诊人次占总人次(%) Percentages of Out-patients in Total Number (%)	观察室留观病人（人）Patients in Observation Room (person)	观察室病死率(%) Observation Room Mortality (%)	健康检查（人）Health Examine (person)
全　省	**Provincial Total**	**56925557**	**55080300**	**96.76**	**1041581**	**0.03**	**2944993**
南昌市	Nanchang	12908491	12666562	98.13	102255	0.04	510844
景德镇市	Jingdezhen	1970356	1923319	97.61	140366		101074
萍乡市	Pingxiang	2778011	2566000	92.37	74947		532611
九江市	Jiujiang	6037047	5729861	94.91	80845	0.06	379362
新余市	Xinyu	1892737	1819586	96.14	20908	0.08	175308
鹰潭市	Yingtan	1225994	1187675	96.87	32586		77866
赣州市	Ganzhou	9443962	9338574	98.88	151224	0.06	371829
吉安市	Ji'an	5514261	5367223	97.33	40022	0.07	199656
宜春市	Yichun	5013615	4806079	95.86	362617	0.01	223529
抚州市	Fuzhou	4233956	4014731	94.82	28626	0.01	189492
上饶市	Shangrao	5907127	5660690	95.83	7185	0.31	183422

注：本表数据包含村级卫生医疗情况。
a) Data on village health service are included.

20-11 各地区医院病床使用情况（2014年）

Utilization of Hospital Beds by Region (2014)

地　区	Region	医院 Total			#政府办医院 Government-conducted Hospital		
		病床周转次数（次）Hospital Bed Turnover (time)	病床使用率(%) Utilization Rate (%)	出院者平均住院日（日）Average Staying Days in Hospital (day)	病床工作日（日）Hospital Bed Utilization (day)	病床使用率(%) Utilization Rate (%)	出院者平均住院日（日）Average Staying Days in Hospital (day)
全　省	**Provincial Total**	**35.8**	**92.74**	**9.1**	**348.1**	**95.38**	**9.39**
南昌市	Nanchang	33.4	95.34	10.2	355.2	97.31	10.47
景德镇市	Jingdezhen	36.4	88.51	8.6	337.1	92.35	8.48
萍乡市	Pingxiang	33.0	90.62	9.9	347.2	95.13	10.07
九江市	Jiujiang	34.7	95.30	9.5	353.2	96.77	9.74
新余市	Xinyu	27.8	93.35	11.4	351.5	96.30	11.19
鹰潭市	Yingtan	24.8	82.97	10.9	303.1	83.05	10.47
赣州市	Ganzhou	35.4	90.75	9.1	336.6	92.22	9.10
吉安市	Ji'an	37.4	88.76	8.6	330.0	90.42	8.89
宜春市	Yichun	35.2	100.22	10.2	373.6	102.35	10.45
抚州市	Fuzhou	43.1	91.74	7.5	345.3	94.60	7.56
上饶市	Shangrao	42.8	90.95	7.3	359.1	98.40	7.79

20-12 各地区育龄妇女节育、晚婚情况（2014年）
Birth-Control and Later-Marriage of Childbearing-age Women by Region (2014)

地区	Region	已婚育龄妇女人数（人）Married Childbearing-age Women (person)	采取各种避孕节育措施人数（人）Number of Women Taking Birth-Control (person)	综合避孕节育率(%) General Birth-Control Rate (%)	晚婚人数（人）Number of Later-Marriage (person)	晚婚率(%) Later-Marriage Rate (%)
全省	**Provincial Total**	**10150712**	**8348620**	**82.25**	**198447**	**57.06**
南昌市	Nanchang	1112486	935616	84.10	19198	59.98
景德镇市	Jingdezhen	365865	308371	84.29	5610	50.62
萍乡市	Pingxiang	396063	334067	84.35	7457	62.49
九江市	Jiujiang	1083513	767387	70.82	24665	61.90
新余市	Xinyu	250568	211713	84.49	4083	62.94
鹰潭市	Yingtan	264570	223626	84.52	5176	53.30
赣州市	Ganzhou	1919936	1542662	80.35	40737	56.46
吉安市	Ji'an	1047477	903614	86.27	23917	60.60
宜春市	Yichun	1191333	1013494	85.07	22651	53.77
抚州市	Fuzhou	918979	732679	79.73	17480	54.66
上饶市	Shangrao	1599922	1375391	85.97	27473	53.85

20-13 各地区计划生育情况（2014年）
Basic Statistics on Family Planning by Region (2014)

地区	Region	现有一孩育龄妇女人数（人）Married Childbearing-age Women with One Child (person)	现有一孩育龄妇女占已婚育龄妇女比重(%) Percentage of Married Childbearing-age Women with One Child in Total Married Women (%)	累计领取独生子女证人数（人）Number of Women Receiving Single-child Permit (person)	领取独生子女证人数占一孩育龄妇女比重(%) Percentage of Women Receiving Single-child Permit in Married Childbearing-age Women with One Child (%)	出生政策符合率(%) Birth-control Rate (%)
全省	**Provincial Total**	**3693376**	**36.39**	**1494250**	**40.46**	**79.44**
南昌市	Nanchang	495097	44.50	201405	40.68	82.98
景德镇市	Jingdezhen	160285	43.81	86362	53.88	83.79
萍乡市	Pingxiang	171919	43.41	71897	41.82	77.05
九江市	Jiujiang	426697	39.38	157650	36.95	82.92
新余市	Xinyu	130106	51.92	75065	57.70	90.47
鹰潭市	Yingtan	97503	36.85	40139	41.17	77.42
赣州市	Ganzhou	601146	31.31	266014	44.25	76.54
吉安市	Ji'an	376025	35.90	172290	45.82	74.47
宜春市	Yichun	390678	32.79	154957	39.66	79.48
抚州市	Fuzhou	328349	35.73	139442	42.47	80.74
上饶市	Shangrao	515571	32.22	129029	25.03	79.87

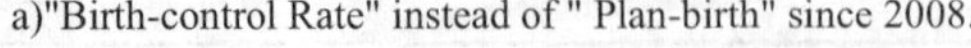
注：国家人口计生委在2008年将“计划生育率”指标改为“出生政策符合率”。
a)"Birth-control Rate" instead of " Plan-birth" since 2008.

20-14 体育事业基本情况
Basic Statistics on Sports

指　　标	Item	1990	1995	2000	2005	2010	2013	2014
群众体育活动次数(次)	Mass Sport Event (time)				1920	13105	5280	5568
群众体育活动人数(万人)	Population Paticipated in Mass Sport Event (10000 persons)				287.8	521.82	415	424
青少年俱乐部(个)	Youth Club (unit)				64	108	165	112
等级裁判员发展人数(人)	Ranked Referees Developed (person)	2008	1523	2223	1465	567	1953	3254
等级运动员发展人数(人)	Ranked Athletes Developed (person)	1517	1222	1624	785	195	1110	1078
在国际国内比赛中获奖牌数(枚)	Medals Won in National and International Competitions (piece)	90	88	71	80	95	97.5	116
金　牌	Gold	28	24	25	44	36	40	41
银　牌	Silver	33	40	27	21	26	30	36
铜　牌	Bronze	29	24	19	15	33	27.5	39

注:"群众体育活动"2007年以前为"举办全民健身活动"。
a)Before 2007, mass sport event refered to national fit-keeping event.

20-15 少年儿童业余体育学校基本情况
Basic Statistics on Amateur Sports School for Children and Adolescents

指　　标	Item	1990	1995	2000	2005	2010	2013	2014
学　校　数(所)	Number of Schools (unit)	133	99	105	92	89	107	97
在校学生数(人)	Total School Enrollments (person)	7122	5174	7417	8955	10113	12556	12154
专职教练员人数(人)	Full-time Coaches (person)	400	398	439	436	462	602	582
#专科以上	Above Specialized Courses			238	330	410	575	552

20-16 历届全省人民代表大会的代表人数
Number of Deputies to All the Previous Provincial People's Congresses

届别	Congress	年份 Year	代表总数 (人) Total Number of Deputies (person)	#女代表 Female Deputies	占代表总数(%) As Percentage to Total Deputies (%)	#少数民族代表 Ethnic Minority Deputies	占代表总数(%) As Percentage to Total Deputies (%)
一 届	First Congress	1954	404				
二 届	Second Congress	1958	500	76	15.2		
三 届	Third Congress	1963	613	129	21.0	7	1.1
五 届	Fifth Congress	1978	1200	261	21.8	9	0.8
六 届	Sixth Congress	1983	958	184	19.2	17	1.8
七 届	Seventh Congress	1988	583	99	17.0	15	2.6
八 届	Eighth Congress	1993	615	108	17.6	12	2.0
九 届	Ninth Congress	1998	603	136	22.6	11	1.8
十 届	Tenth Congress	2003	604	146	24.2	14	2.3
十一届	Eleventh Congress	2008	608	148	24.3	16	2.6
十二届	Twelfth Congress	2013	609	148	24.3	21	3.4

注：1968年1月成立的江西省革命委员会作为江西省第四届人民代表大会的届次计算。
a) Revolutionary Committee of Jiangxi Province which was founded in Jun.1968 is complied as 4th Provincial People's Congresses.

20-17 历届全省政治协商会议的委员人数
Number of Deputies to All the Previous Provincial People's Political Consultative Conferences

届别	Congress	年份 Year	委员总数 (人) Total Number of Deputies (person)	#中国共产党委员 Deputies from the Communist Party of China	占委员总数(%) As Percentage to Total Deputies (%)	#少数民族委员 Ethnic Minority Deputies	占委员总数(%) As Percentage to Total Deputies (%)
一 届	First Congress	1955	159	50	31.5	6	3.8
二 届	Second Congress	1959	571	227	39.8	11	1.9
三 届	Third Congress	1964	601	266	44.3	10	1.7
四 届	Fourth Congress	1978	752	340	45.3	12	1.6
五 届	Fifth Congress	1983	760	259	34.1	17	2.2
六 届	Sixth Congress	1988	755	258	36.0	22	2.9
七 届	Seventh Congress	1993	704	281	39.9	17	2.4
八 届	Eighth Congress	1998	649	274	42.2	19	2.9
九 届	Ninth Congress	2003	683	273	40.0	16	2.4
十 届	Tenth Congress	2008	690	276	40.0	13	1.9
十一届	Eleventh Congress	2013	691	275	39.8	11	1.6

20-18 工会组织情况

Basic Statistics on Trade Unions

年份 Year	工会基层组织数（万个） Number of Grassroots Trade Unions (10000 units)	全省已建工会组织的基层单位的职工和会员人数（万人）Membership and Staff and Workers in Grassroot Trade Unions (10000 persons)				工会专职工作人员人数（万人） Full-time Staff (10000 persons)
		职工人数 Staff and Workers	#女职工 Female	会员人数 Membership	#女会员 Female	
1980	1.28	193.33	57.67	162.17		0.70
1985	1.78	260.16	90.84	229.87	77.46	1.55
1986	1.87	265.37	90.04	234.39	79.74	1.28
1987	1.95	274.43	96.85	243.38	84.88	1.29
1988	2.01	283.54	101.39	250.24	89.69	1.29
1989	2.10	293.33	102.66	260.64	93.71	1.45
1990	2.14	299.93	107.36	271.76	97.41	1.56
1991	2.16	305.12	111.02	278.47	100.88	1.60
1992	2.19	311.86	115.47	282.70	102.99	1.66
1993	2.14	300.12	111.29	272.28	99.72	1.58
1994	2.14	312.54	116.58	289.86	102.84	1.61
1995	2.01	306.17	112.10	281.77	100.15	0.91
1996	2.14	318.51	120.94	286.57	107.94	1.37
1997	1.76	243.00	91.08	222.57	81.72	1.40
1998	1.70	251.32	94.22	232.77	86.34	1.18
1999	1.56	242.01	88.92	230.59	80.78	1.16
2000	1.82	267.12	82.61	237.31	74.71	1.79
2001	3.84	288.89		273.76		1.79
2002	2.21	513.82	152.96	363.01	116.65	1.44
2003	2.24	288.55	100.68	260.36	92.68	1.04
2004	3.08	373.30	116.26	347.41	109.06	0.97
2005	3.77	391.00	139.14	375.89	131.48	1.11
2006	4.11	459.93	157.68	438.81	149.97	1.32
2007	4.60	517.76	158.07	495.92	151.9	1.55
2008	5.17	572.04	203.97	551.60	199.17	1.80
2009	5.54	600.01	218.20	581.00	212.82	2.60
2010	5.92	647.36	242.81	611.04	231.69	3.80
2011	6.48	673.36	250.61	646.86	240.67	5.42
2012	7.37	736.82	274.40	714.60	266.37	5.93
2013	7.73	750.77	276.69	730.94	270.54	4.49
2014	7.92	777.48	288.63	755.33	283.07	5.13

注：2001年为工会四季度报表数据,空白指标数据未作统计。

a) In 2001,the data is fourth quarter of Trade Union.Blanks have no Statistic.

20-19 共青团组织情况

Basic Statistics on the Communist Youth League

年份 Year	基层团支部 (万个) Grassroot CYL Branch (10000 units)	共青团员 (万人) CYL Members (10000 persons)	#女团员 Female	团干部 (人) League Cadre (person)
1978	11.10	133.22	49.87	4342
1979	11.51	125.81		
1980	10.56	124.04	41.80	4732
1981	8.75	123.62	46.22	5323
1982	6.47	124.05	45.27	5713
1983	6.26	126.96	46.66	5839
1984	6.12	131.67	46.23	5903
1985	6.48	152.69	53.00	6473
1986	6.64	169.37	56.83	6729
1987	6.75	183.48	60.62	6542
1988	6.78	181.34	58.23	6337
1989	6.88	161.66	50.39	6074
1990	6.75	162.03	53.60	6725
1991	6.77	160.19	55.06	7156
1992	6.39	157.53	52.54	6821
1993	6.55	156.32	53.66	6801
1994	10.31	238.38	83.32	10339
1995	10.40	248.42	85.93	8752
1996	12.00	219.78	81.46	7855
1997	11.13	222.37	78.98	9759
1998	8.52	212.80	72.73	7909
1999	6.98	187.68	68.39	7362
2000	6.80	187.98	68.53	7015
2001	6.83	182.30	68.27	6627
2002	7.49	191.29	79.50	7444
2003	3.83	194.10	42.81	7444
2004	6.15	213.63	68.73	15680
2005	6.41	246.62	71.42	10370
2006	6.42	248.61	72.41	10370
2007	6.42	248.71	72.41	10370
2008	6.42	248.79	72.42	10470
2009	6.53	250.75	83.57	11812
2010	6.51	240.12	81.76	11756
2011	5.81	440.17	181.54	12888
2012	9.38	247.90	82.10	10146
2013	9.71	245.86	81.42	9714
2014	9.75	245.93	81.54	188736

注：1.2011年共青团员数含驻赣部队团员及省外流动团员。

2.从2014年起不统计专职团干部。只统计团干部数。2014年以前的数是专职团干部

a) Members of the CYL included those of PLA Garrison Force and migrations due to change in coverage.

b) Statistical caliber of league cadre is adjusted to full-time cadres since 2014.

20-20 妇联系统组织情况

Basic Statistics of Women's Federations

单位：个 (unit)

年份 Year	基层妇代会 Grassroot Women's Conference	城市 Urban	农村 Rural	机关、事业单位妇委会 Women's Federations of Institutions and Agencies
1987	23635	1938	21697	718
1988	21214	2274	18940	980
1989	23870	2146	21724	1714
1990	22941	1843	21098	1555
1991	22849	2132	20717	1733
1992	22931	2086	20845	2366
1993	22477	1656	20821	1766
1994	22898	2159	20739	2481
1995	22871	2054	20817	2408
1996	22643	2237	20406	2494
1997	22815	2226	20589	2610
1998	22802	2211	20591	2982
1999	22297	2081	20216	2836
2000	22727	2445	20282	3484
2001	21519	1747	19772	
2002	19691	1695	17996	3069
2003	19189	2181	17008	2252
2004	18591	2761	15830	2539
2005	17474	2010	15464	4333
2006	18753	1830	16923	3737
2007	18695	2250	16445	3714
2008	18805	2627	16178	3911
2009	19878	2397	17481	4523
2010	19881	2399	17483	4521
2011	18222	2410	15812	4682
2012	20107	2538	17569	4864
2013	20487	2628	17859	4887
2014	20856	2843	18228	5097

20-21 各地区城镇社区服务情况（2014年）

Basic Conditions of Urban Community Service by Region (2014)

单位：个

地区	Region	城镇社区服务设施 Urban Community Service Facilities	城镇便民利民服务网点 Convenience Stores in Urban Areas	社区服务志愿者组织数 Voluntary Organizations for Community Services
全省	**Provincial Total**	**3154**	**3060**	**1013**
南昌市	Nanchang	296	620	
景德镇市	Jingdezhen	91	380	
萍乡市	Pingxiang	54	54	297
九江市	Jiujiang	356	4	7
新余市	Xinyu	51	12	
鹰潭市	Yingtan	445	256	129
赣州市	Ganzhou	345	680	371
吉安市	Ji'an	289	14	5
宜春市	Yichun	646	59	6
抚州市	Fuzhou	466	910	68
上饶市	Shangrao	115	71	130

20-22 社会福利事业基本情况(2014年)

Basic Statistics on Social Welfare(2014)

指　　标	Item	2013	2014
提供住宿的社会服务机构(个)	Residental Institutions of Social Service (unit)	2061	2033
#老年人与残疾人服务机构(个)	Service Institutions for The Elderly and The Disabled (unit)	1934	1906
#社会福利院	Social Welfare Homes	131	136
光荣院	Homes for Disabled Veterans	205	203
养老服务机构	Residental Institutions for Aging Population	1576	1548
#农村	Rural	1371	1334
智障与精神疾病服务机构(个)	Service Institutions for Mental Retardation and Mental Illness (unit)	4	4
儿童收养救助服务机构(个)	Service Institutions for Adoption and Salvation of Children (unit)	18	17
其他提供住宿的社会服务机构(个	Other Residental Institutions of Social Service (unit)	105	106
年末在院人数(人)	Number of Persons Housed at Year-end (person)		
#老年人与残疾人服务机构	Service Institutions for The Elderly and The Disabled	154991	157439
#社会福利院	Social Welfare Homes	12927	13585
光荣院	Homes for Disabled Veterans	11775	12321
养老服务机构	Residental Institutions for Aging Population	127740	128990
#农村	Rural	121517	121440
智障与精神疾病服务机构	Service Institutions for Mental Retardation and Mental Illness	372	372
儿童收养救助服务机构	Service Institutions for Adoption and Salvation of Children	1060	746
城市居民最低生活保障人数(人)	Number of Persons Receiving Minimum Living Allowance in Urban Areas (person)	978048	983274
农村最低生活保障人数(人)	Number of Persons Receiving Minimum Living Allowance in Rural Areas (person)	1606531	1701223
民政部门资助参保人数(人)	Number of Insurance Paticipation Funded by Civil Affairs Departments (person)	499133	1012542
民政部门资助参合人数(人)	Number of NCMS Paticipation Funded by Civil Affairs Departments (person)	1402937	2512733
民政部门直接救助人次数(人次)	Number of Persons Directly Receiving Medical Salvation from Civil Affairs Departments(person-time)	587785	1549447
临时救助(户次)	Number of Poor Persons Receiving Temporary Relief (household-time)	51405	129688

20–23 各地区社会捐赠情况（2014年）

Basic Statistics on Social Donations by Region (2014)

地　区	Region	直接接收捐赠 Directly accepting donations		间接接收捐赠 Indirectly accepting donations		受益人次数(人次) Beneficiaries (person -time)	社会捐赠接收工作站、点(个) Social Donations Receiving Centers (stations) (unit)
		社会捐赠款数(万元) Social Donations (10000 yuan)	捐赠衣被(万件) Donated Clothing (10000 pieces)	其他部门转入的社会捐赠款数(万元) Donations from Other Department (10000 yuan)	其他部门转入的捐赠衣被总数(万件) Donated Clothing from Other Department (10000 pieces)		
全　省	**Provincial Total**	**9074.1**	**148.4**	**446.5**	**0.6**	**388534**	**552**
省本级	Provincial	2959.2	0.2			200000	1
南昌市	Nanchang	2674.8	147.6	20.0		30810	249
景德镇市	Jingdezhen	74.0				3200	8
萍乡市	Pingxiang	206.2				26330	20
九江市	Jiujiang	1230.0	0.5	409.0		9693	56
新余市	Xinyu	354.3				2725	
鹰潭市	Yingtan	315.0				5253	41
赣州市	Ganzhou	234.4		14.0	0.6	66538	35
吉安市	Ji'an	312.9		3.5		8317	57
宜春市	Yichun	140.0				600	69
抚州市	Fuzhou	573.3	0.1			35068	16
上饶市	Shangrao						

20–24 各地区福利彩票发行情况（2014年）

Statistics on Welfare Lottery by Region (2014)

地　区	Reigon	机构数(个) Number of Institutions (unit)	年末职工人数(人) Number of Staff and Workers at Year-end (person)	增加值(万元) Value Added (10000 yuan)	收　入(万元) Revenues (10000 yuan)	支　出(万元) Expenditures (10000 yuan)
全　省	**Provincial Total**	**48**	**164**	**3775**	**15605**	**12166**
省本级	Provincial	1	10	2952	13891	10463
南昌市	Nanchang	1	5	87	124	127
景德镇市	Jingdezhen	1	1	1	80	80
萍乡市	Pingxiang	2	15	3	95	95
九江市	Jiujiang	6	18	185	391	395
新余市	Xinyu	2	6	18	42	39
鹰潭市	Yingtan	4	9	42	56	56
赣州市	Ganzhou	12	37	194	576	558
吉安市	Ji'an	4	6	7	13	16
宜春市	Yichun	5	25	265	260	260
抚州市	Fuzhou	3	11	17	72	72
上饶市	Shangrao	7	21	4	6	6

20-25 社会保障情况

Situations of Social Security

单位：万人 (10000 persons)

年份 Year	养老保险 Pension Insurance		失业保险 Unemployment Insurance		医疗保险参保人数 Number of Joining Medical Care Insurance
	职工人数 Number of Staff and Workers	离退休、退职人数 Number of Retired Persons	参加失业保险人数 Number of Joining Unemployment Insurance	领取失业保险金人数 Number of Beneficiaries of Unemployment Insurance	
1990	144.65	29.21	153.96		
1991	146.59	30.05	158.29	0.01	
1992	204.22	42.40	167.15	0.08	
1993	205.92	45.20	166.60	0.16	
1994	199.96	45.21	170.92	0.43	
1995	193.32	45.09	183.44	0.14	
1996	203.25	47.45	183.03	0.56	
1997	196.14	48.50	152.24	0.39	
1998	235.67	64.06	182.76	0.80	
1999	246.53	66.72	209.60	0.96	
2000	254.85	72.58	231.59	0.81	61.44
2001	250.60	78.16	234.53	2.52	71.62
2002	257.13	82.65	226.67	5.16	106.60
2003	262.51	88.44	215.54	5.91	188.21
2004	271.83	99.92	226.56	10.18	250.42
2005	281.96	105.48	230.74	10.61	276.74
2006	303.34	111.63	241.05	9.98	313.34
2007	356.53	118.50	251.46	8.73	403.42
2008	421.87	128.46	266.29	6.79	503.16
2009	446.02	135.91	275.47	6.41	515.12
2010	462.08	145.52	265.33	10.69	532.13
2011	484.31	168.72	263.48	8.83	535.85
2012	518.26	189.12	267.44	7.86	546.76
2013	547.14	207.05	271.06	3.74	569.94
2014	562.81	221.08	271.75	2.43	579.21
南昌市 Nanchang	112.42	45.06	58.42	0.69	97.53
景德镇市 Jingdezhen	29.18	12.10	13.60	0.07	31.73
萍乡市 Pingxiang	25.04	9.28	14.71	0.32	44.23
九江市 Jiujiang	61.13	21.07	34.00	0.11	62.39
新余市 Xinyu	21.02	8.78	10.75	0.17	27.55
鹰潭市 Yingtan	14.20	5.40	7.80	0.05	14.58
赣州市 Ganzhou	62.88	21.04	35.08	0.40	66.22
吉安市 Ji'an	47.93	14.63	22.21	0.15	49.62
宜春市 Yichun	51.78	20.43	25.90	0.15	69.86
抚州市 Fuzhou	40.68	14.76	20.05	0.17	37.96
上饶市 Shangrao	54.04	26.38	29.23	0.15	62.85

20-26 各地区行政事业单位离退休费和企业单位养老金平均水平(2014年)

Average Expenditure for Retired Persons in Administrative Department and Average Pension in Enterprise by Region(2014)

单位：元/人月 (yuan/person·month)

地 区	Region	行政事业单位离退休费和企业单位养老金平均水平 Average Expenditure for Retired Persons in Administrative Department and Average Pension of Enterprise	企业单位养老金平均水平 Average Pension of Enterprise
全 省	**Provincial Total**	**2320**	**1698**
南昌市	Nanchang	2633	1854
景德镇市	Jingdezhen	2165	1604
萍乡市	Pingxiang	2113	1578
九江市	Jiujiang	2313	1690
新余市	Xinyu	2335	1618
鹰潭市	Yingtan	2115	1429
赣州市	Ganzhou	2303	1648
吉安市	Ji'an	2283	1604
宜春市	Yichun	2125	1502
抚州市	Fuzhou	2124	1535
上饶市	Shangrao	2037	1400

20-27 劳动争议处理基本情况(2014年)

Basic Situations of Disposal of Labor Disputes(2014)

指 标	Item	合计 Total	国有企业 State-owned Enterprises	集体企业 Collective-owned Enterprises	港澳台及外资企业 Enterprises with Funds from Hong Kong, Macao&Taiwan and Foreign Funded Enterprises	私营企业 Private Enterprises	其他 Others
案件受理情况	**Situations of Cases Accepted**						
案件数(件)	Number of Cases (case)	10547	477	118	234	9145	573
#劳动者申诉案件数	Number of Cases Appealed by Laborer	10053	394	83	208	8815	553
劳动者当事人人数(人)	Number of Laborers Involved(Person)	13999	495	139	275	12498	592
争议原因(件)	**Reasons of Disputes(case)**						
#劳动报酬	Earning	2748	194	52	89	2339	74
保 险	Insurance	3969	154	39	73	3527	176
解除劳动合同	Relief from the Labor Contract	2092	46	20	41	1904	81
案件处理情况(件)	**Disposal of Cases(case)**						
结案案件数	Number of Cases Settled	10106	489	123	252	8710	532
用人单位胜诉	Recovered by Units	1284	84	11	48	1088	53
劳动者胜诉	Recovered by Laborers	4864	258	48	115	4296	147
双方部分胜诉	Recovered Partly by Both Parties	3251	84	50	82	2873	162
本期末结案数	Number of Cases Unsettled This Period	760	19	4	12	671	54

20-28 律师、公证及调解工作基本情况

Basic Statistics on Lawyers, Notarization and Mediation

指　　标	Item	1990	2000	2005	2010	2013	2014
律师工作	**Lawyers**						
律师事务所(个)	Number of Law Offices (unit)	118	272	282	332	358	373
律　　师(人)	Number of Lawyers (person)	1820	2830	1963	3247	3692	4043
#专职律师	Full-time Lawyers	792	1618	1869	2800	3207	3551
担任法律顾问(家)	Legal Adivisors (unit)	4124	8218	6184	7536	8862	11982
民事案件诉讼代理(件)	Agent of Civil Cases (case)	11688	11197	17857	26618	34330	35801
行政案件诉讼代理(件)	Agent of Administrative Action (case)		513	970	1574	790	785
刑事诉讼辩护及代理(件)	Defender and Agent of Criminal Cases (case)	7952	8202	8434	14125	17804	16734
非诉讼法律事务(件)	Agent of Non-Litigious Legal Affairs (case)	32652	28850	14844	14108	10776	9028
解答法律咨询(万人次)	Legal Advisory Services (10000 person-cases)	9.20	6.10	12.10	8.91	13.2	13.5
代写法律事务文书(万件)	Agent of Legal Doucuments Written on Behalf of Chients (10000 cases)	2.00	2.10	3.46	1.49	1.86	1.48
公证工作	**Notarization**						
公证处(个)	Number of Notary Offices (unit)	104	111	111	111	111	111
#涉外公证处	Number of Foreign-related Notary Offices	12	27	45	55	56	56
公证人员(人)	Notarial Personnel (person)	537	603	557	559	652	705
#公证员	Nortaries	331	382	351	319	339	355
公证员助理(人)	Assistant Nortaries (person)	74	43	52	87	167	223
办理公证文书(件)	Number of Notarized Documents (case)	221620	222407	257375	164764	163939	161477
国内公证文书	Number of Domestic Notarization	218416	193717	216375	123881	124791	118908
涉外公证文书	Number of Foreign-related Notarization	3204	25053	36572	35091	34519	37731
港台澳公证文书	Number of Hong Kong,Macao, Taiwan Notarization		3637	4428	5792	4629	4838
基层工作	**People's Mediation**						
法律服务所(个)	Agent of Legal Affairs (unit)		1178	686	666	678	677
法律工作者(人)	Personnel of Legal Affairs (person)		3126	2153	1789	2107	1866
法律服务所调解民间纠纷(件)	Number of Civil Disputes Mediated (case)		38004	28263	23995	32557	28580
司法所(个)	Number of Judicial Offices (unit)		1188	1629	1630	1707	1707
司法人员(人)	Judicial Personnel (person)		3113	3888	3139	3772	3371
#专职司法助理员	Number of Full-time Judicial Assistants	1461	1604	1831	2042	2817	2517
协助基层政府处理民间纠纷(件)	Help Grass-roots Government's Handling of Civil Disputes (case)		28256	17319	24124	28506	23285
#处理成功率(%)	Success Rate (%)			94.61	96.7	97.49	95.62
人民调解委员会(万个)	Number of People's Mediation Committees (10000 units)	2.70	2.70	2.27	2.3	2.5	2.41
调解人员(万人)	Number of Mediators (10000 persons)	20.90	24.50	11.86	14.35	12.5	11.21
司法所调解民间纠纷(万件)	Number of Civil Disputes Mediated (10000 case)		13.17	11.44	13.83	21.59	20.05
#调解成功率(%)	Success Rate (%)	96.50	93.00	97.69	97.71	97.33	97.14

20-29 婚姻登记情况(2014年)

Numbers of Marriages and Divorces(2014)

年份 Year	准予登记结婚 (对) Total Number of Registered Marriage (couple)	初婚 (人) First Marriage (person)	再婚 (人) Re-marriage (person)	离婚 (对) Divorces (couple)
1978	159661	150186		7387
1979	127242	239747	14737	6844
1980	148365	284253	12477	10200
1981	210132	402171	18093	5717
1982	213296			6487
1983	174610			4791
1984	223765			5666
1985	232469	453632	11306	11113
1986	231917	453021	10813	11241
1987	258275	504338	12212	12473
1988	250353	488228	12478	14063
1989	283406	551914	13075	16391
1990	334773	652052	17494	17637
1991	261054	508724	13384	17376
1992	255777	496201	15353	17682
1993	236384	458275	14493	19291
1994	249091	483833	14349	18979
1995	260573	502791	18355	19751
1996	271049	526016	16082	20037
1997	272364	525087	19641	21087
1998	278088	539122	17054	21502
1999	289370	558788	17454	26935
2000	295766	570202	18296	24229
2001	293852	548757	35569	26090
2002	283391	540779	21617	31762
2003	269708	507607	27805	29700
2004	296058	560260	28418	39897
2005	295282	553628	36936	39441
2006	315513	594219	36807	45291
2007	356154	665248	47060	51240
2008	391221	719684	62758	56030
2009	408061	738330	77792	45495
2010	361099	695884	26134	48891
2011	373001	703739	42263	54360
2012	421144	781537	60751	60006
2013	393733	713805	73661	70247
2014	371233	658658	83808	72909

注：1.1978、1979年和1981年至1984年离婚对数中未包括法院离婚数。
2.1999年以后华侨、港澳台居民登记结婚中未分初婚、再婚人数。后同。

a) Number of divorced Couples in 1978,1979,and from 1981 to 1984 didn't include number of court divorces.

b) Since 1999,Number of registered marriage of overseas Chinese, Hong Kong, Macao residents do not distinct first-marriage and re-marriage.The same applies to the tables following.

20-30 各地区婚姻登记情况（2014年）

Number of Marriages and Divorces by Region (2014)

地　区	Region	登记结婚件数（对） Total Number of Registered Marriage (couple)	#内地居民 Registered Marriages of Mainland	登记结婚人数（人） Total Number of Registered Marriage (person)	初　婚 First Marriage	再　婚 Re-marriage	#恢复结婚件数（对） Resumption of Marriage(couple)	离婚登记（对） Divorces (couple)
全　省	**Provincial Total**	**371233**	**369985**	**742466**	**658658**	**83808**	**8727**	**72909**
南昌市	Nanchang	36225	36225	72450	61183	11267	2333	11840
景德镇市	Jingdezhen	10083	10083	20166	19330	836	72	2816
萍乡市	Pingxiang	14517	14517	29034	25136	3898	235	3316
九江市	Jiujiang	43926	43926	87852	76647	11205	1317	10239
新余市	Xinyu	9475	9475	18950	15403	3547	193	2541
鹰潭市	Yingtan	12012	12012	24024	21310	2714	167	2324
赣州市	Ganzhou	85904	85904	171808	153812	17996	1258	12921
吉安市	Ji'an	44728	44728	89456	79639	9817	887	6353
宜春市	Yichun	19846	19846	39692	34502	5190	563	4060
抚州市	Fuzhou	32494	32494	64988	59481	5507	606	5849
上饶市	Shangrao	60 775	60 775	121 550	110 305	11 245	1 092	10 526

注：各地区离婚人数未包括法院调解、判决离婚人数，故小于总计。

a) Divorce number by region does not include divorce number of court order,thus less than provincial total number.

20-31 各类事故伤亡情况

Basic Statistics on Accidents

指　标	Item	1990	2000	2005	2010	2013	2014
事故死亡总人数(人)	**Total (person)**		**4543**	**3321**	**1924**	**1698**	**1682**
#工矿商贸企业事故死亡人数	Mortality of Industry, Mining, Commerce and Trade Enterprises	396	531	365	233	234	195
铁路交通事故死亡人数	Mortality of Railway Traffic Accident		695	438	58	48	48
水上交通事故死亡人数	Mortality of Water Traffic Accident		20	17	9	4	3
道路交通事故情况	**Traffic Accidents**						
起　数(起)	Traffic Accidents (case)	5326	17591	8585	4126	2880	2873
死亡人数(人)	Mortalities (person)	1387	3222	2428	1603	1351	1389
受伤人数(人)	Injures (person)	3343	13988	8370	4938	2935	2900
经济损失(万元)	Losses Converted into Cash (10000 yuan)	573	7225	7698	4184	3738	4011
火灾情况	**Fire Accidents**						
起　数(起)	Fire Accidents (case)	896	5354	6105	4721	7194	8330
死亡人数(人)	Mortalities (person)	63	93	42	21	61	47
受伤人数(人)	Injures (person)	87	137	51	11	22	35
经济损失(万元)	Losses Converted into Cash (10000 yuan)	1139	4039	3355	8074	19222	17195

20-32 各地区工矿商贸企业事故、火灾、道路交通事故情况（2014年）

Industry, Mining, Commerce and Trade Enterprises Accidents, Fire Accidents and Traffic Accidents by Region (2014)

地 区	Region	工矿商贸企业事故死亡人数（人）Mortality of Industry, Mining,Commerce (person per 100 million) Accidents (person)	火 灾 Fire Accidents				道路交通事故 Traffic Accidents			
			起数（起）Fire Accidents (case)	死亡人数（人）Mortality (person)	受伤人数（人）Injures (person)	经济损失（万元）Losses Converted into Cash (10000 yuan)	起数（起）Fire Accidents (case)	死亡人数（人）Mortality (person)	受伤人数（人）Injures (person)	经济损失（万元）Losses Converted into Cash (10000 yuan)
全 省	**Provincial Total**	**195**	**8330**	**47**	**35**	**17195**	**2873**	**1389**	**2900**	**4011**
南昌市	Nanchang	20	3144	15	8	3234	287	224	227	61
景德镇市	Jingdezhen	4	135		2	448	72	40	61	3
萍乡市	Pingxiang	12	262	3	1	538	130	32	160	81
九江市	Jiujiang	23	402	3	2	561	289	103	288	105
新余市	Xinyu	12	526	3	2	220	41	26	24	11
鹰潭市	Yingtan	1	333	1	1	203	80	34	85	33
赣州市	Ganzhou	44	1250	8	9	5671	594	267	563	54
吉安市	Ji'an	20	661	4	2	2173	261	95	298	223
宜春市	Yichun	11	900	7	6	2492	248	106	213	276
抚州市	Fuzhou	10	167	1		347	124	90	134	60
上饶市	Shangrao	25	550	2	2	1308	274	95	251	107
高速公路	Expressway						473	277	596	2997

注：各地区工矿商贸企业事故死亡人数不包括省煤炭集团，故小于总计。

a) Number of mortality of mining and trading enterprise by region does not include the number of mortality of Provincical Coal Cooperation.

20-33 各地区安全生产四项相对控制指标情况（2014年）

Four Safe Production Relatively Control Targets by Region (2014)

地 区	Region	亿元GDP生产安全事故死亡率（人/亿元）100Million GDP Production Safety Accidents Mortality Rate (person per 100 million)	工矿商贸企业从业人员10万人生产安全事故死亡率(人/10万) Production Safety Accidents Mortality Rate in Per Hundred Thousand Industry, Mining, Commerce and Trade Enterprises Employees (person per 100 thousand)	道路交通万车死亡率(人/万车) Traffic Accident Mortality Rate Per 10 Thousand Vehicles (person per 10 thousand units)	煤矿百万吨死亡率（人/百万吨）Coal Mining Mortality Rate Per Million Tons (person per million tons)
全 省	**Provincial Total**	**0.104**	**1.07**	**2.05**	**1.739**
南昌市	Nanchang	0.067	0.76	3.5	
景德镇市	Jingdezhen	0.06	0.53	2.36	16.997
萍乡市	Pingxiang	0.051	1.32	0.81	0.976
九江市	Jiujiang	0.071	1.07	1.43	15.178
新余市	Xinyu	0.042	2.92	0.98	0.703
鹰潭市	Yingtan	0.058	0.19	2.15	
赣州市	Ganzhou	0.169	1.24	1.49	12.873
吉安市	Ji'an	0.093	1.29	1.89	0.897
宜春市	Yichun	0.077	0.51	1.5	0.246
抚州市	Fuzhou	0.096	0.76	1.46	
上饶市	Shangrao	0.077	0.83	1.68	1.515
省煤炭集团	Provincical Coal Cooperation				**0.95**

20-34 社会发展与妇女儿童基本情况

Basic Statistics on Social Development, Women and Children

指　　标	Item	2013	2014
卫生保健	**Health Care**		
出生人口性别比(以女孩为100)	Sex Ratio of Born Population (female=100)	115.92	115.08
婴儿死亡率(‰)	Infant Mortality Rate (‰)	9.42	8.19
#城市	Urban	5.05	3.84
农村	Rural	10.20	8.98
5岁以下儿童死亡率(‰)	Mortality Rate Under 5 (‰)	14.66	12.77
#城市	Urban	6.35	5.26
农村	Rural	16.14	14.16
孕产妇死亡率(1/10万)	Maternal Mortality Rate (per 100000 persons)	11.83	9.94
#城市	Urban	13.16	7.88
农村	Rural	11.61	10.40
农村高危孕产妇住院分娩率(%)	Hospital Delivery Rate for Rural High-risk Pregnant Women (%)	99.99	99.98
当年报告艾滋病病毒感染例数(例)	HIV Infections Reported at Current Year (case)	948	1227
#女性	Female	193	272
教育	**Education**		
学前三年毛入园率(%)	Pre-primary Enrollment of 3 years in Pre-primary (%)	63.98	65.41
初中阶段毛入学率(%)	Secondary Gross Enrollment (%)	98.40	98.55
#男	Male	98.76	98.87
女	Female	98.03	98.28
九年义务教育在校学生数(万人)	Enrollment of 9-year Compulsory Education (person)	583.54	587.99
高中阶段毛入学率(%)	High School Gross Enrollment (%)	82.00	84.50
地区国家财政性教育经费(万元)	Regional State Financial Education Funds (10000 yuan)	6940493	7407692
地区公共财政教育支出(万元)	Regional Public Financial Expenditure on Education (10000 yuan)	6645302	7117164
地区国家财政性教育经费占地区生产总值比例(%)	Proportion of Regional State Financial Education Funds in GDP (%)	4.63	4.71
地区公共财政教育经费占地区公共财政支出比例(%)	Proportion of Education in Regional Public Financial Expenditure (%)	19.15	19.70
就业与社会保障	**Employment and Social Insurance**		
女性就业人员(万人)	Female Employments (10000 person)	1207.4	1175.9
城镇新增就业人员(万人)	Urban New Employments (10000 person)	47.2	55.0
安全与法律保护	**Security and Legal Protection**		
火灾事故	Fire Accidents		
发生数(起)	Cases (case)	7194	8330
死亡人数(人)	Mortalities (person)	61	47
受伤人数(人)	Injures (person)	22	35
直接经济损失(万元)	Direct Losses Converted into Cash (10000 yuan)	19222	17195
人口火灾发生率(1/10万)	Fire Accidents per 100 thousand person (case per 100 thousand person)	16.12	18.34

20-34 续表 continued

指　　标	Item	2013	2014
破获强奸案件数(起)	Rape Cases Solved (case)	587	565
破获拐卖妇女案件数(起)	Abducting Women Cases Solved (case)	70	42
破获拐卖儿童案件数(起)	Abducting Children Cases Solved (case)	26	56
破获组织、强迫、引诱、容留、介绍妇女卖淫案件数(起)	Prostitution-involved Cases Solved (case)	330	582
人民法院审结案件数(件)	Lawsuits Concluded by People's Court (case)	234551	257539
#刑事案件	Criminal Case	22283	23925
治安案件查处数(起)	Public Security Cases Investigated (case)	323302	416741
办理法律援助案件数(件)	Legal Aid (case)	23882	30717
妇女参政议政	**Women Empowerment**		
省级人大代表数(人)	Provincial NPC Deputies(person)	607	599
#女性	Female	148	148
省级政协委员数(人)	Provincial CPPCC Deputies (person)	691	694
#女性	Female	121	121
省级政府领导班子配有女干部的班子比例(%)	Rate of Women Cadres in Provincial Government Organs (%)	100.00	100.00
市级政府领导班子配有女干部的班子比例(%)	Rate of Women Cadres in Prefecture Government Organs (%)	90.91	81.82
县级政府领导班子配有女干部的班子比例	Rate of Women Cadres in County Government Organs (%)	86.00	82.00
省级政府工作部门领导班子配有女干部的班子比例(%)	Rate of Women Cadres in Provincial Government Services (%)	35.00	37.50
市级政府工作部门领导班子配有女干部的班子比例(%)	Rate of Women Cadres in Prefecture Government Services (%)	53.37	52.70
省级政府领导班子正职中女干部比例(%)	Rate of Principal Women Cadres in Provincial Government Organs (%)		
市级政府领导班子正职中女干部比例(%)	Rate of Principal Women Cadres in Prefecture Government Organs (%)		
县级政府领导班子正职中女干部比例(%)	Rate of Principal Women Cadres in County Government Organs (%)	15.15	14.29
省级政府工作部门领导班子配有正职女干部的班子比例(%)	Rate of Principal Women Cadres in Provincial Government Services (%)	2.50	10.00
市级政府工作部门领导班子配有正职女干部的班子比例(%)	Rate of Principal Women Cadres in Prefecture Government Services (%)	11.14	11.83
县级政府工作部门领导班子配有正职女干部的班子比例(%)	Rate of Principal Women Cadres in County Government Services (%)	8.69	10.12

主要统计指标解释

卫生机构 包括医疗机构、疾病预防控制中心(防疫站)、采供血机构、卫生监督及监测(检验)机构、医学科研和在职培训机构、健康教育所等。

医疗机构 包括医院、社区卫生服务中心(站)、疗养院、卫生院、门诊部、诊所(卫生所、医务室)、妇幼保健院(所、站)、专科疾病防治院(所、站)、急救中心(站)和临床检验中心。医疗机构分为非赢利性医疗机构和赢利性医疗机构。

医院 包括综合医院、中医医院、中西医结合医院、民族医院、各类专科医院和护理院。

卫生技术人员 指卫生机构中医生、护理人员 、药剂人员、检验人员等卫生技术人员。

医生 指在医疗、预防保健机构工作且取得《执业医师证书》的执业医师和执业助理医师。

社会福利事业单位 指集中收养社会孤老、残、幼的机构，包括由民政部门管理的社会福利院、儿童福利院、精神病人福利院和城镇集体举办的福利院及农村集体举办的敬老院以及优抚医院和具有收养能力的社区服务中心等。该指标主要反映我国社会福利性单位的投入水平。

社会福利事业单位收养人数 包括民政部门管理和城镇、农村集体举办的社会福利事业单位中收养的老人、少年儿童、缺乏生活自理能力的残疾人员和精神病人。该指标主要反映收养性社会福利单位的收养能力。

社会福利企业单位 指以安置城镇有一定劳动能力的盲、聋、哑和肢体残疾人员就业为目的，享受国家减免税待遇的国有或集体企业。包括福利工厂、福利商业和服务业、假肢厂和安置农场等单位。该指标主要反映我国对残疾人照顾的特殊政策。

行政事业单位离退休费和企业单位养老金平均水平 行政、事业和企业单位离休、退休、退职人员在一定时期内平均每人所得离休金、退休金、退职生活费用和养老金。

$$\text{行政事业单位离退休费和企业单位养老金平均水平} = \frac{\text{报告期行政、事业和企业单位实际支付的离休金、退休金、退职生活费用和养老金总额}}{\text{报告期行政、事业和企业单位离退休人员平均人数}}$$

律师 指依法取得律师执业证书，担任法律顾问，民事(刑事、行政)案件代理人、刑事案件辩护人、办理非诉讼业务，解答法律询问，代写法律事务文书等，为社会提供法律服务的人员。

公证人员 指在公证处工作的人员总称，包括公证处主任、副主任、公证员、公证员助理(助理公证员)和其他从事辅助性工作的人员。

公证文书 指公证处根据当事人申请，依照事实和法律，按照法定程序制作的，具有法律效力的司法证明文书。根据公证书用途和使用地，公证书分为国内公证书、国内经济公证书、涉外民事公证书、涉外经济公证书四类。

调解员 指在人民调解委员会担负调解民间纠纷工作的人员，包括调解委员会的委员和调解小组的调解员。该指标主要反映从事人民调解工作的人员数量。

调解民间纠纷 指调解委员会按照法律规定，根据自愿原则，用说服教育的方法调解民间发生的有关民事权利和义务争执的件数，包括调解成功数和调解未成功数。该指标主要反映人民调解委员会的工作量。

Explanatory Notes on Main Statistical Indicators

Health Care Institutions include: medical institutions, disease prevention and control centres (epidemic prevention stations), blood gathering and supplying institutions, health supervision and inspection (check up) institutions, medicinal scientific research and on-job training institutions, health education centres and so on.

Medical Organizations include: hospitals, health service centres (stations) in communities, sanatoria, health centres, out-patient clinics, clinics (health stations and infirmaries), maternity and child care agencies (centres and stations), special disease prevention and curing agencies (centres and stations), first aid centres (stations) and clinical inspection centres.

Medical organizations are grouped by two types: profit-making and non-profit-making medical organizations.

Hospitals include: polyclinics, traditional Chinese medical hospitals, hospitals integrating traditional Chinese therapeutics and western therapeutics, ethnic hospitals, various specialist hospitals and nursing homes.

Medical Technical Personnel refers to doctors, nurses, pharmacists and laboratory technicians working in medical institutions.

Doctors refer to certified physicians and certified assistant physicians with certifications working in medical and health care and prevention agencies.

Social Welfare Institutions refer to institutions taking care of old people without children, handicapped people and orphans. They include social welfare institutions run by civil affairs departments, children welfare institutions, social welfare institutions for mental patients, collective-owned old people's homes in rural areas, convalescent homes and community service centers with the capacity of receiving those people. This indicator reflects the input in social welfare institutions.

Number of People Accommodated by Social Welfare Institutions refers to the number of old people, children, totally dependent handicapped people and mental patients Accommodated by social welfare institutions run by civil affairs departments and those run by collective units in urban and rural areas. This indicator reflects the capacity of social welfare institutions.

Social Welfare Enterprises are collective-owned enterprises which employ the blind, deaf-mute, and physically disabled people who are able to work in cities and towns and enjoy exemption from State taxes. They include welfare plants, welfare commercial services, artificial limb plants and farms, etc. This indicator reflects the preferential policies toward disabled persons.

Average Expenditure for Retired Persons in Administrative Department and Average Pension of Enterprise refers to average level of retirement pension, expenditures for living consumption after retirement and pension in money terms per person in the administrative department, institution and enterprise during a certain time of period.

$$\text{Average Expenditure for Retired Persons in Administrative Department and Average Pension of Enterprise} = \frac{\text{Total Expenditure for Retired Persons and Pension in Administrative Department Institution and Enterprise at Reference Period}}{\text{Average Number of Retirees in Administrative Department, Institution and Enterprise at Reference Period}}$$

Lawyers are certified legal workers according to law, and who are employed by legal counselling firms to act as legal advisers; agents in criminal or civil lawsuits; and defenders in criminal lawsuits; or to handle non-litigious legal affairs, to advise on matters of law or to write legal papers for others and provide service to the public.

Notary Personnel refers to people working for notary offices including: directors, deputy directors, notaries, assistant notaries and other people providing assistance.

Notary Documents refer to the judicial notary documents drawn up at the request of the interested party and are in accordance with facts and the law and following certain legal proceedings. According to usage and locality, notary documents are divided into the following 4 types: domestic notary documents, domestic economic notary documents, foreign-related civil notary documents and foreign-related economic notary documents.

Mediators refer to workers on people's mediation committees responsible for mediating in civil disputes and cases of slight infraction of the law. They include members of the mediation committees and mediators of mediation groups. This indicator reflects the number of people engaged in mediation.

Mediation of Civil Disputes refers to number of cases made by mediation committees in mediating in civil disputes concerning civil rights and duties through persuasion and education in accordance with the provisions of law on a voluntary basis, so as to solve disputes by helping the parties involved come to an agreement and understanding, including those unsuccessful ones. This indicator reflects the workload of the mediation committees.

21

各省、市、自治区主要经济指标

MAIN ECONOMIC INDICATORS OF PROVICES, AUTONOMOUS REGIONS AND MUNICIPALITIES DIRECTLY UNDER THE CENTRAL GOVERNMENT

◆503/521

资料整理及英文翻译：洪　安、林　红

21-1 各省(市、区)年末总人口

Total Population at Year-end of Provinces, Autonomous Regions and Municipalities

单位：万人 (10000 persons)

地 区	Region	2008	2009	2010	2011	2012	2013	2014
全 国	**National Total**	**132802**	**133450**	**134091**	**134735**	**135404**	**136072**	**136782**
北 京	Beijing	1771	1860	1962	2019	2069	2115	2152
天 津	Tianjin	1176	1228	1299	1355	1413	1472	1517
河 北	Hebei	6989	7034	7194	7241	7288	7333	7384
山 西	Shanxi	3411	3427	3574	3593	3611	3630	3648
内蒙古	Inner Mongolia	2444	2458	2472	2482	2490	2498	2505
辽 宁	Liaoning	4315	4341	4375	4383	4389	4390	4391
吉 林	Jilin	2734	2740	2747	2749	2750	2751	2752
黑龙江	Heilongjiang	3825	3826	3833	3834	3834	3835	3833
上 海	Shanghai	2141	2210	2303	2347	2380	2415	2426
江 苏	Jiangsu	7762	7810	7869	7899	7920	7939	7960
浙 江	Zhejiang	5212	5276	5447	5463	5477	5498	5508
安 徽	Anhui	6135	6131	5957	5968	5988	6030	6083
福 建	Fujian	3639	3666	3693	3720	3748	3774	3806
江 西	**Jiangxi**	**4400**	**4432**	**4462**	**4488**	**4504**	**4522**	**4542**
山 东	Shandong	9417	9470	9588	9637	9685	9733	9789
河 南	Henan	9429	9487	9405	9388	9406	9413	9436
湖 北	Hubei	5711	5720	5728	5758	5779	5799	5816
湖 南	Hunan	6380	6406	6570	6596	6639	6691	6737
广 东	Guangdong	9893	10130	10441	10505	10594	10644	10724
广 西	Guangxi	4816	4856	4610	4645	4682	4719	4754
海 南	Hainan	854	864	869	877	887	895	903
重 庆	Chongqing	2839	2859	2885	2919	2945	2970	2991
四 川	Sichuan	8138	8185	8045	8050	8076	8107	8140
贵 州	Guizhou	3596	3537	3479	3469	3484	3502	3508
云 南	Yunnan	4543	4571	4602	4631	4659	4687	4714
西 藏	Tibet	292	296	300	303	308	312	318
陕 西	Shanxi	3718	3727	3735	3743	3753	3764	3775
甘 肃	Gansu	2551	2555	2560	2564	2578	2582	2591
青 海	Qinghai	554	557	563	568	573	578	583
宁 夏	Ningxia	618	625	633	639	647	654	662
新 疆	Xinjiang	2131	2159	2185	2209	2233	2264	2298

注：1.全国数据包括中国人民解放军现役军人数，但不包括香港、澳门特别行政区和台湾省数据；分省数据中未包括中国人民解放军现役军人数。

2.2010年数据为当年人口普查数据推算数；其余年份数据在年度人口抽样调查基础上，根据人口普查数据有所修订。

a) The military personnel were included in the national total population,but excluded in the regional total population.The national total population excluded the population of HongKong SAR, Macao SAR and Taiwan Province.

b)Data in 2010 were estimated on The Sixth National Population Census. Data in other years were estimated on Annual Sample Survey on Population Changes, adjusting by data on Population Census.

21-2 各省(市、区)年末城镇人口比重

Urban Population Percentage of Provinces, Autonomous Regions and Municipalities

单位：% (%)

地区	Region	2008	2009	2010	2011	2012	2013	2014
全国	**National Total**	**46.99**	**48.34**	**49.95**	**51.27**	**52.57**	**53.73**	**54.77**
北京	Beijing	84.90	85.00	85.96	86.20	86.20	86.30	86.35
天津	Tianjin	77.23	78.01	79.55	80.50	81.55	82.01	82.27
河北	Hebei	41.90	43.74	44.50	45.60	46.80	48.12	49.33
山西	Shanxi	45.11	45.99	48.05	49.68	51.26	52.56	53.79
内蒙古	Inner Mongolia	51.71	53.40	55.50	56.62	57.74	58.71	59.51
辽宁	Liaoning	60.05	60.35	62.10	64.05	65.65	66.45	67.05
吉林	Jilin	53.21	53.32	53.35	53.40	53.70	54.20	54.81
黑龙江	Heilongjiang	55.40	55.50	55.66	56.50	56.90	57.40	58.01
上海	Shanghai	88.60	88.60	89.30	89.30	89.30	89.60	89.60
江苏	Jiangsu	54.30	55.60	60.58	61.90	63.00	64.11	65.21
浙江	Zhejiang	57.60	57.90	61.62	62.30	63.20	64.00	64.87
安徽	Anhui	40.50	42.10	43.01	44.80	46.50	47.86	49.15
福建	Fujian	53.00	55.10	57.10	58.10	59.60	60.77	61.80
江西	**Jiangxi**	**41.36**	**43.18**	**44.06**	**45.70**	**47.51**	**48.87**	**50.22**
山东	Shandong	47.60	48.32	49.70	50.95	52.43	53.75	55.01
河南	Henan	36.03	37.70	38.50	40.57	42.43	43.80	45.20
湖北	Hubei	45.20	46.00	49.70	51.83	53.50	54.51	55.67
湖南	Hunan	42.15	43.20	43.30	45.10	46.65	47.96	49.28
广东	Guangdong	63.37	63.40	66.18	66.50	67.40	67.76	68.00
广西	Guangxi	38.16	39.20	40.00	41.80	43.53	44.81	46.01
海南	Hainan	48.00	49.13	49.80	50.50	51.60	52.74	53.76
重庆	Chongqing	49.99	51.59	53.02	55.02	56.98	58.34	59.60
四川	Sichuan	37.40	38.70	40.18	41.83	43.53	44.90	46.30
贵州	Guizhou	29.11	29.89	33.81	34.96	36.41	37.83	40.01
云南	Yunnan	33.00	34.00	34.70	36.80	39.31	40.48	41.73
西藏	Tibet	21.90	22.30	22.67	22.71	22.75	23.71	25.75
陕西	Shanxi	42.10	43.50	45.76	47.30	50.02	51.31	52.57
甘肃	Gansu	33.56	34.89	36.12	37.15	38.75	40.13	41.68
青海	Qinghai	40.86	41.90	44.72	46.22	47.44	48.51	49.78
宁夏	Ningxia	44.98	46.10	47.90	49.82	50.67	52.01	53.61
新疆	Xinjiang	39.64	39.85	43.01	43.54	43.98	44.47	46.07

注：2010年数据为当年人口普查数据推算数；其余年份数据根据年度人口抽样调查推算。

a)Data on 2010 sources from statistics of Population Census. Data on other years sources from Annual Survey on Population Changes.

21-3 各省(市、区)生产总值

GDP of Provinces,Autonomous Regions and Municipalities

单位：亿元 (100 million yuan)

地 区	Region	2008	2009	2010	2011	2012	2013	2014
全 国	**National Total**	**316751.7**	**345629.2**	**408903.0**	**484123.5**	**534123.0**	**588018.8**	**636462.7**
北 京	Beijing	11115.0	12153.0	14113.6	16251.9	17879.4	19800.8	21330.8
天 津	Tianjin	6719.0	7521.9	9224.5	11307.3	12893.9	14442.0	15722.5
河 北	Hebei	16012.0	17235.5	20394.3	24515.8	26575.0	28443.0	29421.2
山 西	Shanxi	7315.4	7358.3	9200.9	11237.6	12112.8	12665.3	12759.4
内蒙古	Inner Mongolia	8496.2	9740.3	11672.0	14359.9	15880.6	16916.5	17769.5
辽 宁	Liaoning	13668.6	15212.5	18457.3	22226.7	24846.4	27213.2	28626.6
吉 林	Jilin	6426.1	7278.8	8667.6	10568.8	11939.2	13046.4	13803.8
黑龙江	Heilongjiang	8314.4	8587.0	10368.6	12582.0	13691.6	14454.9	15039.4
上 海	Shanghai	14069.9	15046.5	17166.0	19195.7	20181.7	21818.2	23560.9
江 苏	Jiangsu	30982.0	34457.3	41425.5	49110.3	54058.2	59753.4	65088.3
浙 江	Zhejiang	21462.7	22990.4	27722.3	32318.9	34665.3	37756.6	40153.5
安 徽	Anhui	8851.7	10062.8	12359.3	15300.7	17212.1	19229.3	20848.8
福 建	Fujian	10823.0	12236.5	14737.1	17560.2	19701.8	21868.5	24055.8
江 西	**Jiangxi**	**6971.1**	**7655.2**	**9451.3**	**11702.8**	**12948.9**	**14410.2**	**15714.6**
山 东	Shandong	30933.3	33896.7	39169.9	45361.9	50013.2	55230.3	59426.6
河 南	Henan	18018.5	19480.5	23092.4	26931.0	29599.3	32191.3	34939.4
湖 北	Hubei	11328.9	12961.1	15967.6	19632.3	22250.5	24791.8	27367.0
湖 南	Hunan	11555.0	13059.7	16038.0	19669.6	22154.2	24621.7	27048.5
广 东	Guangdong	36796.7	39482.6	46013.1	53210.3	57067.9	62474.8	67792.2
广 西	Guangxi	7021.0	7759.2	9569.9	11720.9	13035.1	14449.9	15673.0
海 南	Hainan	1503.1	1654.2	2064.5	2522.7	2855.5	3177.6	3500.7
重 庆	Chongqing	5793.7	6530.0	7925.6	10011.4	11409.6	12783.3	14265.4
四 川	Sichuan	12601.2	14151.3	17185.5	21026.7	23872.8	26392.1	28536.7
贵 州	Guizhou	3561.6	3912.7	4602.2	5701.8	6852.2	8086.9	9251.0
云 南	Yunnan	5692.1	6169.8	7224.2	8893.1	10309.5	11832.3	12814.6
西 藏	Tibet	394.9	441.4	507.5	605.8	701.0	815.7	920.8
陕 西	Shanxi	7314.6	8169.8	10123.5	12512.3	14453.7	16205.5	17689.9
甘 肃	Gansu	3166.8	3387.6	4120.8	5020.4	5650.2	6330.7	6835.3
青 海	Qinghai	1018.6	1081.3	1350.4	1670.4	1893.5	2122.1	2301.1
宁 夏	Ningxia	1203.9	1353.3	1689.7	2102.2	2341.3	2577.6	2752.1
新 疆	Xinjiang	4183.2	4277.1	5437.5	6610.1	7505.3	8443.8	9264.1

注：本表按当年价格计算。

a) Data in this table are calculated at current prices.

21-4 各省(市、区)生产总值指数

GDP Index of Provinces, Autonomous Regions and Municipalities

(上年=100) (preceding year=100)

地区	Region	2008	2009	2010	2011	2012	2013	2014
全国	**National Total**	**109.6**	**109.2**	**110.6**	**109.5**	**107.7**	**107.7**	**107.4**
北京	Beijing	109.1	110.2	110.3	108.1	107.7	107.7	107.3
天津	Tianjin	116.5	116.5	117.4	116.4	113.8	112.5	110.0
河北	Hebei	110.1	110.0	112.2	111.3	109.6	108.2	106.5
山西	Shanxi	108.5	105.4	113.9	113.0	110.1	108.9	104.9
内蒙古	Inner Mongolia	117.8	116.9	115.0	114.3	111.5	109.0	107.8
辽宁	Liaoning	113.4	113.1	114.2	112.2	109.5	108.7	105.8
吉林	Jilin	116.0	113.6	113.8	113.8	112.0	108.3	106.5
黑龙江	Heilongjiang	111.8	111.4	112.7	112.3	110.0	108.0	105.6
上海	Shanghai	109.7	108.2	110.3	108.2	107.5	107.7	107.0
江苏	Jiangsu	112.7	112.4	112.7	111.0	110.1	109.6	108.7
浙江	Zhejiang	110.1	108.9	111.9	109.0	108.0	108.2	107.6
安徽	Anhui	112.7	112.9	114.6	113.5	112.1	110.4	109.2
福建	Fujian	113.0	112.3	113.9	112.3	111.4	111.0	109.9
江西	**Jiangxi**	**113.2**	**113.1**	**114.0**	**112.5**	**111.0**	**110.1**	**109.7**
山东	Shandong	112.0	112.2	112.3	110.9	109.8	109.6	108.7
河南	Henan	112.1	110.9	112.5	111.9	110.1	109.0	108.9
湖北	Hubei	113.4	113.5	114.8	113.8	111.3	110.1	109.7
湖南	Hunan	113.9	113.7	114.6	112.8	111.3	110.1	109.5
广东	Guangdong	110.4	109.7	112.4	110.0	108.2	108.5	107.8
广西	Guangxi	112.8	113.9	114.2	112.3	111.3	110.2	108.5
海南	Hainan	110.3	111.7	116.0	112.0	109.1	109.9	108.5
重庆	Chongqing	114.5	114.9	117.1	116.4	113.6	112.3	110.9
四川	Sichuan	111.0	114.5	115.1	115.0	112.6	110.0	108.5
贵州	Guizhou	111.3	111.4	112.8	115.0	113.6	112.5	110.8
云南	Yunnan	110.6	112.1	112.3	113.7	113.0	112.1	108.1
西藏	Tibet	110.1	112.4	112.3	112.7	111.8	112.1	110.8
陕西	Shanxi	116.4	113.6	114.6	113.9	112.9	111.0	109.7
甘肃	Gansu	110.1	110.3	111.8	112.5	112.6	110.8	108.9
青海	Qinghai	113.5	110.1	115.3	113.5	112.3	110.8	109.2
宁夏	Ningxia	112.6	111.9	113.5	112.1	111.5	109.8	108.0
新疆	Xinjiang	111.0	108.1	110.6	112.0	112.0	111.0	110.0

注：本表按不变价格计算。

a) Data in this table are calculated at constant prices.

21-5 各省(市、区)人均生产总值

Per-capita GDP of Provinces, Autonomous Regions and Municipalities

单位：元 (yuan)

地区	Region	2008	2009	2010	2011	2012	2013	2014
全国	**National Total**	**23708**	**25608**	**30015**	**35198**	**38459**	**41908**	**46652**
北京	Beijing	64491	66940	73856	81658	87475	94648	99995
天津	Tianjin	58656	62574	72994	85213	93173	100105	105202
河北	Hebei	22986	24581	28668	33969	36584	38909	39984
山西	Shanxi	21506	21522	26283	31357	33628	34984	35064
内蒙古	Inner Mongolia	34869	39735	47347	57974	63886	67836	71044
辽宁	Liaoning	31739	35149	42355	50760	56649	61996	65201
吉林	Jilin	23521	26595	31599	38460	43415	47428	50162
黑龙江	Heilongjiang	21740	22447	27076	32819	35711	37697	39226
上海	Shanghai	66932	69165	76074	82560	85373	90993	97343
江苏	Jiangsu	40014	44253	52840	62290	68347	75354	81874
浙江	Zhejiang	41405	43842	51711	59249	63374	68805	72967
安徽	Anhui	14448	16408	20888	25659	28792	32001	34427
福建	Fujian	29755	33437	40025	47377	52763	58145	63472
江西	**Jiangxi**	**15900**	**17335**	**21253**	**26150**	**28800**	**31930**	**34674**
山东	Shandong	32936	35894	41106	47335	51768	56885	60879
河南	Henan	19181	20597	24446	28661	31499	34211	37073
湖北	Hubei	19858	22677	27906	34197	38572	42826	47124
湖南	Hunan	18147	20428	24719	29880	33480	36943	40287
广东	Guangdong	37638	39436	44736	50807	54095	58833	63452
广西	Guangxi	14652	16045	20219	25326	27952	30741	33090
海南	Hainan	17691	19254	23831	28898	32377	35663	38924
重庆	Chongqing	20490	22920	27596	34500	38914	43223	47859
四川	Sichuan	15495	17339	21182	26133	29608	32617	35128
贵州	Guizhou	9855	10971	13119	16413	19710	23151	26393
云南	Yunnan	12570	13539	15752	19265	22195	25322	27264
西藏	Tibet	13588	15008	17027	20077	22936	26326	29252
陕西	Shanxi	19700	21947	27133	33464	38564	43117	46929
甘肃	Gansu	12421	13269	16113	19595	21978	24539	26427
青海	Qinghai	18421	19454	24115	29522	33181	36875	39633
宁夏	Ningxia	19609	21777	26860	33043	36394	39613	41834
新疆	Xinjiang	19797	19942	25034	30087	33796	37553	40607

注：本表按当年价格计算。

a) Data in this table are calculated at current prices.

21-6 各省(市、区)人均生产总值指数

Per-capita GDP Index of Provinces, Autonomous Regions and Municipalities

(上年=100) (preceding year=100)

地区	Region	2008	2009	2010	2011	2012	2013	2014
全国	**National Total**	**109.1**	**108.7**	**109.9**	**108.8**	**107.1**	**107.1**	**106.9**
北京	Beijing	103.7	104.6	104.8	103.8	104.9	105.2	105.2
天津	Tianjin	111.4	111.1	111.7	110.9	109.2	108.0	106.2
河北	Hebei	109.3	109.3	110.6	109.7	108.9	107.5	105.8
山西	Shanxi	107.9	104.9	111.2	110.4	109.6	108.4	104.4
内蒙古	Inner Mongolia	117.1	116.2	114.4	113.8	111.1	108.7	107.5
辽宁	Liaoning	112.8	112.5	113.4	111.7	109.3	108.6	105.7
吉林	Jilin	115.7	113.4	113.6	113.5	111.9	108.3	106.5
黑龙江	Heilongjiang	111.7	111.4	112.6	112.2	110.1	107.9	105.6
上海	Shanghai	105.1	104.6	106.4	105.0	105.7	106.2	106.0
江苏	Jiangsu	111.9	111.8	112.0	110.3	109.8	109.3	108.4
浙江	Zhejiang	108.6	107.7	109.5	107.2	107.7	107.9	107.3
安徽	Anhui	112.4	112.8	118.8	112.6	111.8	109.9	108.4
福建	Fujian	112.3	111.6	113.2	111.6	110.5	110.2	109.1
江西	**Jiangxi**	**112.4**	**112.3**	**113.2**	**111.8**	**110.4**	**109.6**	**109.2**
山东	Shandong	111.4	111.6	111.3	109.9	109.2	109.0	108.1
河南	Henan	111.9	110.2	112.6	112.5	110.1	108.9	108.7
湖北	Hubei	113.2	113.3	114.7	113.5	110.7	109.7	109.3
湖南	Hunan	113.6	113.2	112.9	111.2	110.7	109.3	108.7
广东	Guangdong	107.9	107.1	109.5	108.0	107.4	107.8	107.1
广西	Guangxi	111.7	112.9	113.9	112.0	110.4	109.4	107.7
海南	Hainan	109.2	110.4	115.0	111.1	108.0	108.7	107.5
重庆	Chongqing	113.9	114.1	116.2	115.1	112.4	111.3	110.0
四川	Sichuan	111.2	114.0	115.7	115.9	112.3	109.6	108.1
贵州	Guizhou	112.8	112.9	114.7	116.1	113.5	111.9	110.4
云南	Yunnan	109.8	111.4	111.6	112.9	112.3	111.5	107.5
西藏	Tibet	108.7	111.1	110.8	111.3	110.4	110.5	109.1
陕西	Shanxi	116.1	113.3	114.4	113.7	112.6	110.7	109.4
甘肃	Gansu	110.1	110.2	111.6	112.3	112.2	110.4	108.6
青海	Qinghai	112.9	109.6	114.5	112.3	111.3	109.9	108.2
宁夏	Ningxia	111.3	110.6	112.2	110.8	110.3	108.6	106.8
新疆	Xinjiang	108.9	106.5	109.3	110.7	110.8	109.6	108.4

注：本表按不变格计算。

a) Data in this table are calculated at constant prices.

21-7 各省(市、区)公共财政预算收入

Public Financial Revenue of the Local Government of Provinces, Autonomous Regions and Municipalities

单位：亿元 (100 million yuan)

地区	Region	2008	2009	2010	2011	2012	2013	2014
全国	**National Total**	**28649.8**	**32602.6**	**40613.0**	**52547.1**	**61077.3**	**68969.1**	**75859.7**
北京	Beijing	1837.3	2026.8	2353.9	3006.3	3314.9	3661.1	4027.16
天津	Tianjin	675.5	821.4	1068.8	1454.9	1760.0	2078.3	2390.0
河北	Hebei	944.6	1066.2	1330.8	1737.4	2084.3	2292.2	2445.7
山西	Shanxi	747.9	805.8	969.7	1213.2	1516.4	1700.2	1820.1
内蒙古	Inner Mongolia	649.6	850.8	1070.0	1358.9	1552.8	1719.5	1843.2
辽宁	Liaoning	1356.1	1591.0	2004.8	2640.5	3103.7	3341.8	3190.7
吉林	Jilin	422.8	487.1	602.4	850.1	1041.3	1157.0	1203.38
黑龙江	Heilongjiang	578.4	641.6	755.6	997.4	1163.2	1277.4	1301.0
上海	Shanghai	2358.7	2540.3	2873.6	3429.8	3743.7	4109.5	4585.6
江苏	Jiangsu	2731.1	3228.6	4079.9	5147.9	5860.7	6568.5	7233.1
浙江	Zhejiang	1933.1	2142.4	2608.5	3150.8	3441.2	3796.9	4121.17
安徽	Anhui	724.6	863.9	1149.4	1463.4	1792.7	2073.8	2218.0
福建	Fujian	833.3	932.3	1151.5	1501.2	1776.2	2118.7	2362.3
江西	**Jiangxi**	**488.6**	**581.3**	**778.1**	**1053.4**	**1371.9**	**1621.2**	**1881.8**
山东	Shandong	1956.9	2198.5	2749.3	3455.7	4059.4	4560.0	5026.7
河南	Henan	1009.1	1126.1	1381.0	1721.6	2040.6	2413.1	2738.5
湖北	Hubei	710.2	800.4	1011.3	1470.5	1822.6	2175.8	2566.6
湖南	Hunan	722.7	845.0	1081.7	1456.1	1782.2	2029.5	2262.2
广东	Guangdong	3310.0	3649.2	4515.7	5513.7	6228.2	7075.5	8060.06
广西	Guangxi	518.7	620.8	772.3	947.6	1166.0	1316.8	1422.1
海南	Hainan	145.0	178.2	271.1	340.1	409.4	480.5	555.3
重庆	Chongqing	577.2	655.6	1018.3	1488.3	1705.1	1692.9	1921.9
四川	Sichuan	1041.7	1174.2	1561.0	2044.4	2421.3	2784.2	3058.5
贵州	Guizhou	349.5	416.5	533.9	773.2	1014.1	1205.7	1366.4
云南	Yunnan	613.6	698.2	871.2	1110.8	1338.0	1610.7	1697.8
西藏	Tibet	24.9	30.1	36.7	54.7	86.6	95.0	124.27
陕西	Shanxi	591.3	733.9	957.9	1499.1	1600.7	1747.2	1890.0
甘肃	Gansu	264.9	286.7	353.6	450.4	520.9	606.5	672.2
青海	Qinghai	71.6	87.7	110.2	151.8	186.4	224.4	252.0
宁夏	Ningxia	95.0	111.5	153.6	220.0	264.0	308.1	339.8
新疆	Xinjiang	361.1	388.8	500.6	720.9	909.1	1128.0	1282.7

21-8 各省(市、区)全社会固定资产投资

Investment in Fixed Assets of Provinces, Autonomous Regions and Municipalities

单位：亿元 (100 million yuan)

地区	Region	2008	2009	2010	2011	2012	2013	2014
全国	**National Total**	**172828.4**	**224598.8**	**278121.9**	**311485.1**	**374694.7**	**446294.1**	**512760.7**
北京	Beijing	3814.7	4616.9	5403.0	5578.9	6112.4	6847.1	6924.2
天津	Tianjin	3389.8	4738.2	6278.1	7067.7	7934.8	9130.2	10518.2
河北	Hebei	8866.6	12269.8	15083.4	16389.3	19661.3	23194.2	26671.9
山西	Shanxi	3531.2	4943.2	6063.2	7073.1	8863.3	11031.9	12296.1
内蒙古	Inner Mongolia	5475.4	7336.8	8926.5	10365.2	11875.7	14217.4	17585.0
辽宁	Liaoning	10019.1	12292.5	16043.0	17726.3	21836.3	25107.7	24730.8
吉林	Jilin	5038.9	6411.6	7870.4	7441.7	9511.5	9979.3	11486.5
黑龙江	Heilongjiang	3656.0	5028.8	6812.6	7475.4	9694.7	11453.1	9878.2
上海	Shanghai	4823.1	5043.8	5108.9	4962.1	5117.6	5647.8	6016.5
江苏	Jiangsu	15300.6	18949.9	23184.3	26692.6	30854.2	36373.3	41938.7
浙江	Zhejiang	9323.0	10742.3	12376.0	14185.3	17649.4	20782.1	24262.8
安徽	Anhui	6747.0	8990.7	11542.9	12455.7	15425.8	18621.9	21688.5
福建	Fujian	5207.7	6231.2	8199.1	9910.9	12439.9	15327.4	18219.8
江西	**Jiangxi**	**4745.4**	**6643.1**	**8772.3**	**9087.6**	**10774.2**	**12850.3**	**15079.3**
山东	Shandong	15435.9	19034.5	23280.5	26749.7	31256.0	36789.1	42495.5
河南	Henan	10490.6	13704.5	16585.9	17769.0	21450.0	26087.5	30782.2
湖北	Hubei	5647.0	7866.9	10262.7	12557.3	15578.3	19307.3	22965.3
湖南	Hunan	5534.0	7703.4	9663.6	11880.9	14523.2	17841.4	21269.7
广东	Guangdong	10868.7	12933.1	15623.7	17069.2	18751.5	22308.4	26294.0
广西	Guangxi	3756.4	5237.2	7057.6	7990.7	9808.6	11907.7	13843.2
海南	Hainan	705.4	988.3	1317.0	1657.2	2145.4	2697.9	3112.3
重庆	Chongqing	3979.6	5214.3	6688.9	7473.4	8736.2	10435.2	12281.1
四川	Sichuan	7127.8	11371.9	13116.7	14222.2	17040.0	20326.1	23318.7
贵州	Guizhou	1864.5	2412.0	3104.9	4235.9	5717.8	7373.6	9025.7
云南	Yunnan	3435.9	4526.4	5528.7	6191.0	7831.1	9968.3	11498.6
西藏	Tibet	309.9	378.3	462.7	516.3	670.5	876.0	1069.2
陕西	Shanxi	4614.4	6246.9	7963.7	9431.1	12044.5	14884.1	17192.1
甘肃	Gansu	1712.8	2363.0	3158.3	3965.8	5145.0	6527.9	7884.1
青海	Qinghai	583.2	798.2	1016.9	1435.6	1883.4	2361.1	2861.2
宁夏	Ningxia	828.9	1075.9	1444.2	1644.7	2096.9	2651.1	3173.8
新疆	Xinjiang	2260.0	2725.5	3423.2	4632.1	6158.8	7732.3	9438.3
不分地区	Not Classified by Region	3734.9	5779.7	6759.1	5651.3	6106.4	5655.4	6928.7

21-9 各省(市、区)固定资产投资

Investment in Fixed Assets of Provinces, Autonomous Regions and Municipalities

单位：亿元 (100 million yuan)

地区	Region	2008	2009	2010	2011	2012	2013	2014
全国	**National Total**	**148738.3**	**193920.4**	**241430.9**	**302396.1**	**364854.1**	**435747.4**	**502004.9**
北京	Beijing	3520.9	4149.6	4916.5	5519.8	6064.9	6797.5	6873.4
天津	Tianjin	3175.1	4446.6	5896.5	7040.7	7913.3	9103.0	10490.4
河北	Hebei	7463.8	10476.5	12922.7	15780.3	19104.6	22629.8	26147.2
山西	Shanxi	3194.6	4509.6	5526.6	6837.7	8584.9	10745.3	11977.0
内蒙古	Inner Mongolia	5327.0	7143.8	8688.0	10253.0	11749.8	14072.4	17431.0
辽宁	Liaoning	8881.9	11605.1	15106.3	17431.5	21535.4	24791.4	24426.8
吉林	Jilin	4592.7	5958.9	7395.2	7226.6	9262.2	9725.8	11254.8
黑龙江	Heilongjiang	3354.8	4695.7	6292.7	7157.9	9375.4	11121.3	9587.1
上海	Shanghai	4404.9	4618.9	4630.5	4959.9	5114.6	5644.1	6013.0
江苏	Jiangsu	11609.7	14266.8	17416.5	26313.5	30473.7	35982.5	41552.8
浙江	Zhejiang	6551.1	7454.3	8438.1	13651.7	17096.0	20194.1	23554.8
安徽	Anhui	5948.6	7945.5	10281.3	12007.9	14943.8	18091.2	21069.2
福建	Fujian	4601.5	5548.6	7385.8	9677.1	12182.5	15045.8	17911.7
江西	**Jiangxi**	**4325.4**	**6008.1**	**7856.9**	**8753.9**	**10378.4**	**12434.9**	**14646.3**
山东	Shandong	12529.0	15439.1	18844.4	25907.4	30319.8	35875.9	41599.1
河南	Henan	8721.2	11454.9	13934.8	16934.3	20558.6	25188.1	30012.3
湖北	Hubei	5148.8	7183.7	9405.6	12195.4	15148.7	18796.9	22491.7
湖南	Hunan	4880.0	6880.0	8618.0	11407.7	13966.3	17225.2	20575.3
广东	Guangdong	8640.9	10230.1	12599.3	16599.2	18250.1	21795.5	25843.1
广西	Guangxi	3325.9	4689.9	6383.3	7580.9	9345.2	11383.9	13287.6
海南	Hainan	668.0	942.7	1257.5	1599.1	2064.4	2625.6	3039.5
重庆	Chongqing	3715.9	4855.1	6170.6	7367.0	8610.4	10291.0	12136.5
四川	Sichuan	6362.1	9090.1	11061.4	13687.7	16530.3	19755.3	22662.3
贵州	Guizhou	1609.3	2049.8	2609.4	4026.5	5504.9	7102.8	8778.4
云南	Yunnan	3106.3	4117.5	5052.6	5932.7	7553.5	9621.8	11073.9
西藏	Tibet	271.3	327.6	405.0	516.3	670.5	876.0	1069.2
陕西	Shanxi	4286.4	5888.4	7569.9	9109.0	11705.8	14533.5	16840.4
甘肃	Gansu	1510.8	2076.4	2808.6	3870.1	5040.0	6407.2	7759.6
青海	Qinghai	514.0	689.1	840.0	1365.9	1808.7	2285.3	2788.9
宁夏	Ningxia	735.7	964.2	1292.8	1589.1	2033.0	2577.8	3093.9
新疆	Xinjiang	2025.6	2434.1	3065.1	4445.0	5858.0	7371.2	9058.3
不分地区	Not Classified by Region	3734.9	5779.7	6759.1	5651.3	6106.4	5655.4	6928.7

注：2010年之前为城镇固定资产投资口径；从2011年起，固定资产投资(不含农户)项目统计起点由过去的计划投资50万元及以上提高到计划投资500万元及以上。

a)From 2011 onwards, the statistical starting point of the fixed assets investment projects from the previous plan to invest 500,000yuan and above to plans to invest 5,000,000 million and above.

21-10 各省(市、区)居民消费价格指数

Consumer Price Index of Provinces,Autonomous Regions and Municipalities

(上年=100) (preceding year=100)

地 区	Region	2008	2009	2010	2011	2012	2013	2014
全 国	**National Total**	**105.9**	**99.3**	**103.3**	**105.4**	**102.6**	**102.6**	**102.0**
北 京	Beijing	105.1	98.5	102.4	105.6	103.3	103.3	101.6
天 津	Tianjin	105.4	99.0	103.5	104.9	102.7	103.1	101.9
河 北	Hebei	106.2	99.3	103.1	105.7	102.6	103.0	101.7
山 西	Shanxi	107.2	99.6	103.0	105.2	102.5	103.1	101.7
内蒙古	Inner Mongolia	105.7	99.7	103.2	105.6	103.1	103.2	101.6
辽 宁	Liaoning	104.6	100.0	103.0	105.2	102.8	102.4	101.7
吉 林	Jilin	105.1	100.1	103.7	105.2	102.5	102.9	102.0
黑龙江	Heilongjiang	105.6	100.2	103.9	105.8	103.2	102.2	101.5
上 海	Shanghai	105.8	99.6	103.1	105.2	102.8	102.3	102.7
江 苏	Jiangsu	105.4	99.6	103.8	105.3	102.6	102.3	102.2
浙 江	Zhejiang	105.0	98.5	103.8	105.4	102.2	102.3	102.1
安 徽	Anhui	106.2	99.1	103.1	105.6	102.3	102.4	101.6
福 建	Fujian	104.6	98.2	103.2	105.3	102.4	102.5	102.0
江 西	**Jiangxi**	**106.0**	**99.3**	**103.0**	**105.2**	**102.7**	**102.5**	**102.3**
山 东	Shandong	105.3	100.0	102.9	105.0	102.1	102.2	101.9
河 南	Henan	107.0	99.4	103.5	105.6	102.5	102.9	101.9
湖 北	Hubei	106.3	99.6	102.9	105.8	102.9	102.8	102.0
湖 南	Hunan	106.0	99.6	103.1	105.5	102.0	102.5	101.9
广 东	Guangdong	105.6	97.7	103.1	105.3	102.8	102.5	102.3
广 西	Guangxi	107.8	97.9	103.0	105.9	103.2	102.2	102.1
海 南	Hainan	106.9	99.3	104.8	106.1	103.2	102.8	102.4
重 庆	Chongqing	105.6	98.4	103.2	105.3	102.6	102.7	101.8
四 川	Sichuan	105.1	100.8	103.2	105.3	102.5	102.8	101.6
贵 州	Guizhou	107.6	98.7	102.9	105.1	102.7	102.5	102.4
云 南	Yunnan	105.7	100.4	103.7	104.9	102.7	103.1	102.4
西 藏	Tibet	105.7	101.4	102.2	105.0	103.5	103.6	102.9
陕 西	Shanxi	106.4	100.5	104.0	105.7	102.8	103.0	101.6
甘 肃	Gansu	108.2	101.3	104.1	105.9	102.7	103.2	102.1
青 海	Qinghai	110.1	102.6	105.4	106.1	103.1	103.9	102.8
宁 夏	Ningxia	108.5	100.7	104.1	106.3	102.0	103.4	101.9
新 疆	Xinjiang	108.1	100.7	104.3	105.9	103.8	103.9	102.1

21-11 各省(市、区)全体居民人均收入与支出

Per capita income and Expenditure of Provinces, Autonomous Regions and Municipalities

单位：元 (yuan)

地 区	Region	人均可支配收入 Per Capita Disposable Income		人均消费支出 Per Capita Consumption Expenditure	
		2013	2014	2013	2014
全国总计	**National Total**	**18310.8**	**20167.1**	**13220.4**	**14491.4**
北 京	Beijing	40830.0	44488.6	29175.6	31102.9
天 津	Tianjin	26359.2	28832.3	20418.7	22343.0
河 北	Hebei	15189.6	16647.4	10872.2	11931.5
山 西	Shanxi	15119.7	16538.3	10118.3	10863.8
内蒙古	Inner Mongolia	18692.9	20559.3	14877.7	16258.1
辽 宁	Liaoning	20817.8	22820.2	14950.2	16068.0
吉 林	Jilin	15998.1	17520.4	12054.3	13026.0
黑龙江	Heilongjiang	15903.4	17404.4	12037.2	12768.8
上 海	Shanghai	42173.6	45965.8	30399.9	33064.8
江 苏	Jiangsu	24775.5	27172.8	17925.8	19163.6
浙 江	Zhejiang	29775.0	32657.6	20610.1	22552.0
安 徽	Anhui	15154.3	16795.5	10544.1	11727.0
福 建	Fujian	21217.9	23330.9	16176.6	17644.5
江 西	**Jiangxi**	**15099.7**	**16734.2**	**10052.8**	**11088.9**
山 东	Shandong	19008.3	20864.2	11896.8	13328.9
河 南	Henan	14203.7	15695.2	10002.5	11000.4
湖 北	Hubei	16472.5	18283.2	11760.8	12928.3
湖 南	Hunan	16004.9	17621.7	11945.9	13288.7
广 东	Guangdong	23420.7	25685.0	17421.0	19205.5
广 西	Guangxi	14082.3	15557.1	9596.5	10274.3
海 南	Hainan	15733.3	17476.5	11192.9	12470.6
重 庆	Chongqing	16568.7	18351.9	12600.2	13810.6
四 川	Sichuan	14231.0	15749.0	11054.7	12368.4
贵 州	Guizhou	11083.1	12371.1	8288.0	9303.4
云 南	Yunnan	12577.9	13772.2	8823.8	9869.5
西 藏	Tibet	9740.4	10730.2	6306.8	7317.0
陕 西	Shanxi	14371.5	15836.7	11217.3	12203.6
甘 肃	Gansu	10954.4	12184.7	8943.4	9874.6
青 海	Qinghai	12947.8	14374.0	11576.5	12604.8
宁 夏	Ningxia	14565.8	15906.8	11292.0	12484.5
新 疆	Xinjiang	13669.6	15096.6	11391.8	11903.7

注：从2013年起，国家统计局开展了城乡一体化住户收支与生活状况调查，本表数据来源于此调查，与2013年前的分城镇和农村住户调查的调查范围、调查方法、指标口径有所不同(以下相关表同)。

a) Data in this table source from income and life condition survey of integration of urban and rural residents since the National Bureau of Statistics began the annual survey in 2013. The scope of investigation, investigation method, index caliber varies

21-12 分地区城镇居民人均收入与支出

Per Capita Net Income of Urban Residents of Provinces, Autonomous Regions and Municipalities

单位：元 (yuan)

地区	Region	人均可支配收入 Per Capita Disposable Income		人均消费支出 Per Capita Consumption Expenditure	
		2013	2014	2013	2014
全国总计	**National Total**	**26467.0**	**28843.9**	**18487.5**	**19968.1**
北京	Beijing	44563.9	48531.8	31632.2	33717.5
天津	Tianjin	28979.8	31506.0	22306.2	24289.6
河北	Hebei	22226.7	24141.3	14970.0	16203.8
山西	Shanxi	22258.2	24069.4	13762.7	14636.9
内蒙古	Inner Mongolia	26003.6	28349.6	19244.0	20885.2
辽宁	Liaoning	26697.0	29081.7	19318.4	20519.6
吉林	Jilin	21331.1	23217.8	15940.7	17156.1
黑龙江	Heilongjiang	20848.4	22609.0	15704.1	16466.6
上海	Shanghai	44878.3	48841.4	32447.2	35182.4
江苏	Jiangsu	31585.5	34346.3	22262.3	23476.3
浙江	Zhejiang	37079.7	40392.7	25253.5	27241.7
安徽	Anhui	22789.3	24838.5	14593.6	16107.1
福建	Fujian	28173.9	30722.4	20564.7	22204.1
江西	**Jiangxi**	**22119.7**	**24309.2**	**13843.0**	**15141.8**
山东	Shandong	26882.4	29221.9	16646.5	18322.6
河南	Henan	21740.7	23672.1	15248.8	16184.5
湖北	Hubei	22667.9	24852.3	15334.5	16681.4
湖南	Hunan	24352.0	26570.2	16867.3	18334.7
广东	Guangdong	29537.3	32148.1	21621.5	23611.7
广西	Guangxi	22689.4	24669.0	14470.1	15045.4
海南	Hainan	22411.4	24486.5	15833.5	17513.8
重庆	Chongqing	23058.2	25147.2	17123.8	18279.5
四川	Sichuan	22227.5	24234.4	16098.2	17759.9
贵州	Guizhou	20564.9	22548.2	13768.2	15254.6
云南	Yunnan	22460.0	24299.0	14862.3	16268.3
西藏	Tibet	20394.5	22015.8	13678.6	15669.4
陕西	Shanxi	22345.9	24365.8	16398.6	17546.0
甘肃	Gansu	19873.4	21803.9	14411.3	15942.3
青海	Qinghai	20352.4	22306.6	16223.4	17492.9
宁夏	Ningxia	21475.7	23284.6	15806.9	17216.2
新疆	Xinjiang	21091.5	23214.0	16858.1	17684.5

21-13 农村居民人均收入与支出
Per Capita Net Income of Rural Residents of Provinces, Autonomous Regions and Municipalities

单位：元 (yuan)

地区	Region	人均可支配收入 Per Capita Disposable Income		人均消费支出 Per Capita Consumption Expenditure	
		2013	2014	2013	2014
全国总计	**National Total**	**9429.6**	**10488.9**	**7485.1**	**8382.6**
北京	Beijing	17101.2	18867.3	13563.9	14535.1
天津	Tianjin	15352.6	17014.2	12491.1	13738.6
河北	Hebei	9187.7	10186.1	7377.1	8248.0
山西	Shanxi	7949.5	8809.4	6457.7	6991.7
内蒙古	Inner Mongolia	8984.9	9976.3	9079.6	9972.2
辽宁	Liaoning	10161.2	11191.5	7032.1	7800.7
吉林	Jilin	9780.7	10780.1	7523.4	8139.8
黑龙江	Heilongjiang	9369.0	10453.2	7191.7	7830.0
上海	Shanghai	19208.3	21191.6	13016.2	14820.1
江苏	Jiangsu	13521.3	14958.4	10759.0	11820.3
浙江	Zhejiang	17493.9	19373.3	12803.3	14497.8
安徽	Anhui	8850.0	9916.4	7200.3	7980.8
福建	Fujian	11404.8	12650.2	9986.2	11055.9
江西	**Jiangxi**	**9088.8**	**10116.6**	**6807.4**	**7548.3**
山东	Shandong	10686.9	11882.3	6877.3	7962.2
河南	Henan	8969.1	9966.1	6358.7	7277.2
湖北	Hubei	9691.8	10849.1	7849.5	8680.9
湖南	Hunan	9028.6	10060.2	7832.6	9024.8
广东	Guangdong	11067.8	12245.6	8937.8	10043.2
广西	Guangxi	7793.1	8683.2	6035.3	6675.1
海南	Hainan	8801.7	9912.6	6376.2	7029.0
重庆	Chongqing	8492.5	9489.8	6970.7	7982.6
四川	Sichuan	8380.7	9347.7	7364.8	8301.1
贵州	Guizhou	5897.8	6671.2	5291.1	5970.3
云南	Yunnan	6723.6	7456.1	5246.6	6030.3
西藏	Tibet	6553.4	7359.2	4101.6	4822.1
陕西	Shanxi	7092.2	7932.2	6487.6	7252.4
甘肃	Gansu	5588.8	6276.6	5653.9	6147.8
青海	Qinghai	6461.6	7282.7	7505.9	8235.1
宁夏	Ningxia	7598.7	8410.0	6739.8	7676.5
新疆	Xinjiang	7846.6	8723.8	7103.1	7365.3

21-14 各省(市、区)社会消费品零售总额
Total Retail Sales of Consumer Goods of Provinces, Autonomous Regions and Municipalities

单位：亿元 (100 million yuan)

地 区	Region	2008	2009	2010	2011	2012	2013	2014
全 国	**National Total**	**114830.1**	**132678.4**	**156998.4**	**183918.6**	**210307.0**	**242842.8**	**271896.1**
北 京	Beijing	4645.5	5309.9	6229.3	6900.3	7702.8	8872.1	9638.0
天 津	Tianjin	2078.7	2430.8	2860.2	3395.1	3921.4	4470.4	4738.7
河 北	Hebei	4991.1	5764.9	6821.8	8035.5	9254.0	10516.7	11820.5
山 西	Shanxi	2421.1	2809.0	3318.2	3903.4	4506.8	5139.3	5717.9
内蒙古	Inner Mongolia	2463.0	2855.3	3384.0	3991.7	4572.5	5114.2	5657.6
辽 宁	Liaoning	5032.4	5812.6	6887.6	8095.3	9304.2	10581.4	11857.0
吉 林	Jilin	2549.2	2957.3	3504.9	4119.8	4772.9	5426.4	6080.9
黑龙江	Heilongjiang	2928.3	3401.8	4039.2	4750.1	5491.0	6251.2	7015.3
上 海	Shanghai	4577.2	5173.2	6070.5	6814.8	7412.3	8557.0	9303.5
江 苏	Jiangsu	9905.1	11484.1	13606.8	15988.4	18331.3	20878.2	23458.1
浙 江	Zhejiang	7533.3	8622.3	10245.4	12028.0	13588.3	15970.8	17835.3
安 徽	Anhui	3045.2	3527.8	4197.7	4955.1	5736.6	7044.7	7957.0
福 建	Fujian	3866.7	4481.0	5310.0	6276.2	7256.5	8275.3	9346.7
江 西	**Jiangxi**	**2141.8**	**2484.4**	**2956.2**	**3485.1**	**4027.2**	**4696.1**	**5292.6**
山 东	Shandong	10658.8	12363.0	14620.3	17155.5	19651.9	22294.8	25111.5
河 南	Henan	5815.4	6746.4	8004.2	9453.6	10915.6	12426.6	14005.0
湖 北	Hubei	5109.7	5928.4	7013.9	8275.2	9562.5	11035.9	12449.3
湖 南	Hunan	4222.6	4913.7	5839.5	6884.7	7921.9	9509.5	10723.5
广 东	Guangdong	12986.6	14891.8	17458.4	20297.5	22677.1	25453.9	28471.1
广 西	Guangxi	2395.8	2790.7	3312.0	3908.2	4516.6	5133.1	5772.8
海 南	Hainan	463.2	537.5	639.3	759.5	870.8	1090.9	1224.5
重 庆	Chongqing	2147.1	2479.0	2938.6	3487.8	4033.7	5055.8	5710.7
四 川	Sichuan	4944.8	5758.7	6810.1	8006.6	9268.6	11001.0	12393.0
贵 州	Guizhou	1075.2	1247.3	1482.7	1751.6	2075.9	2601.2	2936.9
云 南	Yunnan	1764.7	2051.1	2542.4	3038.1	3511.6	4112.6	4632.9
西 藏	Tibet	130.0	156.6	185.3	219.0	254.6	322.2	364.5
陕 西	Shanxi	2317.1	2699.7	3195.7	3790.0	4383.8	5245.0	5918.7
甘 肃	Gansu	1023.6	1183.0	1394.5	1648.0	1906.5	2368.8	2668.3
青 海	Qinghai	259.7	300.5	350.8	410.5	476.0	549.6	620.8
宁 夏	Ningxia	295.4	339.3	403.6	477.6	542.9	668.5	737.2
新 疆	Xinjiang	1041.5	1177.5	1375.1	1616.3	1858.6	2179.5	2436.5

21-15 各省(市、区)进出口总值

Total Imports & Exports of Provinces,Autonomous Regions and Municipalities

单位：亿元 (100 million yuan)

地区	Region	2013	2014
全国	**National Total**	**258168.9**	**264265.1**
北京	Beijing	26691.0	25517.9
天津	Tianjin	7976.0	8226.0
河北	Hebei	3409.0	3678.4
山西	Shanxi	980.3	997.9
内蒙古	Inner Mongolia	744.1	894.2
辽宁	Liaoning	7107.7	7008.9
吉林	Jilin	1603.7	1624.8
黑龙江	Heilongjiang	2414.9	2390.2
上海	Shanghai	27408.9	28654.4
江苏	Jiangsu	34185.4	34626.7
浙江	Zhejiang	20843.5	21811.6
安徽	Anhui	2826.7	3022.4
福建	Fujian	10512.2	10898.4
江西	**Jiangxi**	**2284.5**	**2624.3**
山东	Shandong	16559.2	17011.2
河南	Henan	3716.5	3991.4
湖北	Hubei	2257.3	2645.4
湖南	Hunan	1561.0	1895.2
广东	Guangdong	67805.2	66133.4
广西	Guangxi	2036.5	2490.9
海南	Hainan	934.5	974.3
重庆	Chongqing	4260.3	5862.6
四川	Sichuan	4008.9	4312.1
贵州	Guizhou	513.6	662.3
云南	Yunnan	1567.4	1819.1
西藏	Tibet	206.6	138.5
陕西	Shanxi	1247.3	1681.1
甘肃	Gansu	637.9	530.1
青海	Qinghai	86.9	105.6
宁夏	Ningxia	200.3	333.9
新疆	Xinjiang	1708.1	1700.3

21-16 各省(市、区)进出口总值

Total Imports and Exports of Provinces, Autonomous Regions and Municipalities

单位：亿美元 (USD 100 million)

地区	Region	2008	2009	2010	2011	2012	2013	2014
全国	**National Total**	**25632.6**	**22075.4**	**29740.0**	**36418.6**	**38671.2**	**41589.9**	**43019.1**
北京	Beijing	2716.9	2147.3	3017.2	3895.6	4081.1	4290.0	4155.4
天津	Tianjin	804.0	638.3	821.0	1033.8	1156.3	1285.0	1339.0
河北	Hebei	384.2	296.3	420.6	536.0	505.6	549.1	598.8
山西	Shanxi	144.0	85.7	125.8	147.4	150.4	157.9	162.4
内蒙古	Inner Mongolia	89.2	67.7	87.3	119.3	112.6	119.9	145.6
辽宁	Liaoning	724.3	629.3	807.1	960.4	1040.9	1144.8	1140.0
吉林	Jilin	133.3	117.4	168.5	220.6	245.6	258.3	263.8
黑龙江	Heilongjiang	231.3	162.3	255.2	385.2	375.9	388.8	389.1
上海	Shanghai	3220.6	2777.1	3689.5	4375.5	4365.9	4412.7	4664.0
江苏	Jiangsu	3922.7	3387.4	4658.0	5395.8	5479.6	5508.0	5636.2
浙江	Zhejiang	2111.3	1877.3	2535.3	3093.8	3124.0	3357.9	3550.6
安徽	Anhui	201.8	156.8	242.7	313.1	392.8	455.2	492.0
福建	Fujian	848.2	796.5	1087.8	1435.2	1559.4	1693.2	1774.2
江西	**Jiangxi**	**136.2**	**127.8**	**216.0**	**314.7**	**334.1**	**367.5**	**427.3**
山东	Shandong	1584.1	1390.5	1891.6	2358.9	2455.4	2665.3	2769.7
河南	Henan	174.8	134.8	178.3	326.2	517.4	599.6	649.8
湖北	Hubei	207.1	172.5	259.3	335.9	319.6	363.8	430.5
湖南	Hunan	125.5	101.5	146.6	189.4	219.5	251.8	308.4
广东	Guangdong	6849.7	6110.9	7849.0	9134.7	9840.2	10915.8	10766.7
广西	Guangxi	132.4	142.5	177.4	233.6	294.8	328.3	405.5
海南	Hainan	45.3	48.8	86.5	127.6	143.2	149.9	158.6
重庆	Chongqing	95.2	77.1	124.3	292.1	532.0	686.9	954.4
四川	Sichuan	221.1	241.7	326.9	477.2	591.4	645.7	702.1
贵州	Guizhou	33.7	23.0	31.5	48.9	66.3	82.9	107.7
云南	Yunnan	96.0	80.5	134.3	160.3	210.1	253.0	296.1
西藏	Tibet	7.7	4.0	8.4	13.6	34.2	33.2	22.5
陕西	Shanxi	83.3	84.1	121.0	146.5	148.0	201.3	273.7
甘肃	Gansu	61.0	38.7	74.0	87.3	89.0	102.4	86.4
青海	Qinghai	6.9	5.9	7.9	9.2	11.6	14.0	17.2
宁夏	Ningxia	18.8	12.0	19.6	22.9	22.2	32.2	54.4
新疆	Xinjiang	222.2	139.5	171.3	228.2	251.7	275.6	276.7

21-17 各省(市、区)入境旅游情况
Development of Overseas Visitor Arrivals of Provinces, Autonomous Regions and Municipalities

地 区	Region	入境游客（万人次）Number of Overseas Visitor Arrivals (10000 Person-times)			外汇收入（万美元）Foreign Exchange Earnings from International Tourism (USD 10000)		
		2012	2013	2014	2012	2013	2014
北 京	Beijing	500.86	450.13	427.45	514900	479468	460800
天 津	Tianjin	73.75	75.86	76.63	222641	259128	299210
河 北	Hebei	129.32	84.27	75.61	54494	58578	53419
山 西	Shanxi	189.18	53.84	56.56	72024	82268	28073
内蒙古	Inner Mongolia	159.17	161.61	167.31	77196	96229	100296
辽 宁	Liaoning	473.13	256.04	260.70	326369	347714	161800
吉 林	Jilin	118.27	124.30	130.63	49477	55237	58390
黑龙江	Heilongjiang	207.62	152.86	141.72	83548	60436	56356
上 海	Shanghai	651.23	614.09	639.62	549323	524470	560185
江 苏	Jiangsu	791.54	288.03	297.10	629972	237989	303271
浙 江	Zhejiang	865.93	337.57	370.88	515174	539293	575348
安 徽	Anhui	331.47	271.95	280.18	156267	166042	184026
福 建	Fujian	493.67	294.02	318.90	422567	457338	491180
江 西	**Jiangxi**	**156.18**	**123.89**	**147.67**	**48473**	**52508**	**55687**
山 东	Shandong	469.91	285.98	300.19	292365	273120	233010
河 南	Henan	190.77	127.38	124.76	61141	65998	53837
湖 北	Hubei	264.72	267.96	277.07	120297	121892	123851
湖 南	Hunan	224.55	230.66	219.55	92836	82269	79999
广 东	Guangdong	3489.43	3397.90	3355.43	1561067	1627808	1710636
广 西	Guangxi	350.27	281.74	295.76	127887	154730	157207
海 南	Hainan	81.58	75.64	66.14	34802	33748	26863
重 庆	Chongqing	224.28	115.17	126.36	116832	126831	135444
四 川	Sichuan	227.34	209.56	240.17	79815	76467	85768
贵 州	Guizhou	70.50	62.40	65.31	16894	20143	18880
云 南	Yunnan	457.84	287.88	286.56	194708	241818	242065
西 藏	Tibet	19.49	22.32	24.44	10570	12786	14469
陕 西	Shanxi	335.24	253.47	266.30	159747	167619	176873
甘 肃	Gansu	10.20	9.78	4.88	2235	2039	1017
青 海	Qinghai	4.73	4.65	5.15	2432	1942	2474
宁 夏	Ningxia	1.90	2.54	3.37	545	1208	1848
新 疆	Xinjiang	62.49	68.88	54.01	55057	58502	49704

注：此表2013年始，入境旅客人数只包括入境过夜游客人数，不包括入境一日游游客人数。
a)Visitor arrivals in 2013 include only overnight-trippers, not day-trippers.

2014年江西统计调查工作大事记

1月

1月1日 省委常委、常务副省长、江西省第三次全国经济普查领导小组组长莫建成赴南昌现场察看经济普查登记工作。

1月6-7日 全省大城市月度劳动力调查工作会议在景德镇召开。

1月8日 中国统计学会印发《关于表彰2012—2013年度全国统计学会先进单位、先进工作者的决定》（统会字[2014]01号），对北京市等20个统计学会进行表彰，江西省统计学会获全国统计学会先进单位。

1月10日 国家统计局副局长谢鸿光莅临江西督查第三次全国经济普查现场登记工作。

1月10日 省直部门社会统计部门工作会议在南昌召开。

1月16日、19日 省统计局王建农局长代表省委、省政府分别赴彭泽县、高安市走访慰问困难群众。

1月17日 全省统计工作会议在南昌召开，省统计局局长王建农作题为《深化改革，提升能力，全面服务江西经济社会发展》工作报告。

1月26日 江西调查总队荣获“江西省直机关第十届文明单位”称号。

2月

2月7日 王建农局长赴省统计局帮扶企业双胞胎（集团）股份有限公司调研。

2月11日 省统计学会获“江西省先进社会组织”称号。

2月12日 江西调查总队印发《关于加强统计调查文化建设的意见》。

2月14日 常务副省长莫建成对全省统计调查工作作出批示。

2月18-19日 江西调查总队召开全省统计调查工作会议。

3月

3月 江西调查总队开展工业生产者价格调查企业“一套表”联网直报试点工作。

3月上旬 省统计局开展全省统计执法大检查。

3月3日 根据2014年2月12日省委组织部《关于曹青云同志任职的通知》（赣组干字〔2014〕43号），曹青云同志任省统计局党组成员。

3月4日 全省服务业统计工作暨2013年年报审核培训会议在南昌召开。

3月6日 省统计局撰写的《2013年江西工业经济效益稳中提质》一文获李贻煌副省长批示。

3月7日 江西调查总队获评2013年度全省党委系统信息报送工作先进单位。

3月11日 全省经济普查办公室主任会议在南昌召开。

3月19-21日 江西调查总队开展非公有制经济企业调研工作。

3月26日 江西调查总队发文，对总队机关部分内设机构名称和职能进行调整，撤销农村住户调查处和城镇住户调查处，设立居民收支调查处和住户专项调查处。

3月26日 根据2014年2月14日中共江西省委《关于彭勇平同志任职的通知》（赣委〔2014〕43号）和2014年3月20日《江西省人民政府关于刘金接等同志职务任免的通知》（赣府字〔2014〕21号），彭勇平同志任省统计局党组成员、副局长。

3月27-28日 全省社会科技和文化产业统计工作会议在南昌召开。

4月

4月 江西调查总队开展全省第三次全国经济普查个体经营户抽样调查工作，总队青年干部参与现场调查，总队领导带

队督查。

4月3日 全省统计系统党风廉政建设工作会议在南昌召开。

4月3日 全省统计法制与设计管理工作会议在南昌召开。

4月12日 省政府办公厅下发《关于进一步加强统计工作的意见》(赣府厅发〔2014〕13号),要求各地、各部门进一步加强统计工作,提升统计工作科学化、现代化、规范化、法治化水平。

4月15-16日 全省人口和就业统计工作会议在井冈山召开。

4月21-22日 国家统计局局长马建堂莅赣调研对口支援工作,指导三经普个体经营户抽样调查,并出席全国投资统计制度方法改革试点动员培训会。

4月24日 省统计局成立全面深化统计改革领导小组,王建农局长任组长,其他局领导任副组长,各单位主要负责人为成员。

4月24日 江西调查总队召开全省调查队系统党风廉政建设工作会议。

4月25日 江西调查总队印发《中共国家统计局江西调查总队党组工作规则》。

4月30日 江西省固定资产投资统计制度方法改革试点工作领导小组成立,省统计局局长王建农任组长,江西调查总队总队长邓盛平、省统计局副局长彭道宾、江西调查总队副总队长符史武任副组长,相关处室负责人为成员。

5月

5月 江西调查总队启动投资统计制度方法改革试点工作。

5月 江西调查总队启动于都、南康、广丰等三个新增产粮大县抽样调查工作。

5月7日 全省经济普查工作会议在鹰潭市召开,省统计局局长王建农出席会议并讲话,鹰潭市市长熊茂平到会致辞。

5月12—22日 国家统计局第二巡视组对江西调查总队开展了巡视工作。

5月13日 江西调查总队推进工业生产者价格调查企业“一套表”联网直报工作。

5月14-15日 全省投资统计制度方法改革试点动员暨培训会议在南昌召开,国家统计局投资司贾海司长作动员报告,省统计局副局长彭道宾参加会议并讲话。

5月15-16日 全省综合统计工作会议在九江县召开。

5月19日 江西调查总队撰写的分析报告《实施五大战略 积极推进“宜商城市”建设》获省人大常委会副主任朱秉发批示。

5月20日 省统计局印发《江西省统计局巡查工作办法》,办法自2014年7月1日起施行。每年将选择5-6个设区市和部分省直部门进行巡查,原则上2年为一个周期。统计工作中存在严重问题的,相关负责人将被约谈。

5月24日 省统计局撰写的《一季度江西工业增加值增速列全国第三》、《应高度重视税收收入占财政收入比重偏低的问题》获省委书记强卫批示。

6月

6月 工业生产者价格调查企业“一套表”联网直报工作在全省铺开。

6月4日-5日 全省统计行政执法案卷评审会议在井冈山召开。

6月5日 全省统计网络信息暨统计年鉴工作会议在永丰召开。

6月12-13日 县级全面建成小康社会统计监测方案试点培训会在井冈山召开。

6月14日 省统计局撰写的《推进我省工业园区集群信息化建设大有可为》一文获省委书记强卫、副省长李贻煌批示。

6月18日 省政府发文要求做好县级粮食产量抽样调查工作。

6月19—20日 江西调查总队开展2014年江西大学毕业生就业情况调研。

6月20-27日 全省重点耗能工业企业培训班(共三期)在南昌举办,全省重点耗能工业企业近300名能源统计人员参加了会议。

6 月 24 日 国家统计局局长马建堂在省统计局局长王建农就学习《大力弘扬苏区调查精神，坚定不移改进统计工作》的致信中批示："让我们一起弘扬苏区调查精神，进一步推动统计改革与发展，不断改进统计作风，打造现代化服务型统计。"

6 月 25 日 省统计局印发省直管县统计管理体制改革试点工作方案，明确了我省省直管县统计改革试点的改革目标、改革内容、支持措施和方法步骤、工作要求。

6 月 27 日 江西调查总队定点包扶贫工作获江西省委组织部、省扶贫和移民办通报表扬。

7月

7 月 省统计局、省体育局开展我省首次体育及相关产业专项调查。

7 月 江西调查总队开展党员干部精神状态调查。

7 月 江西调查总队积极回复省政协提案委员会交办的《关于编制我省"菜篮子价格指数"的建议》（委员提案第 0472 号），并获提案委员的满意评价。

7 月 1 日 省统计局撰写的《当前江西工业经济形势分析》一文获李贻煌副省长批示。

7 月 1 日 省统计局正式印发《江西省全面深化统计改革方案》（赣统发[2014]2 号），明确了改革的指导原则、总体目标、主要任务、重点工作项目及任务分工、工作职责和工作要求。

7 月 1 日 江西调查总队举办纪念中国共产党建党 93 周年"学党章、守纪律、促廉政"党建知识竞赛活动。

7 月 8 日 江西调查总队召开全省调查队系统《统计调查志》编纂培训会。

7 月 14-18 日 江西调查总队、省统计局领导带队组成五个督导工作组，分赴各调查县督导检查早稻产量实割实测工作。

7 月 21 日 江西调查总队参加国家统计局对口支援寻乌县工作情况座谈会。

7 月 29 日 省统计局、省发改委在南昌联合召开了江西省应对气候变化统计核算体系建设工作座谈会。

7 月 31 日 国家统计局党组成员、纪检组长高建华参加国家统计局景德镇调查队领导班子专题民主生活会。国家统计局活动办巡回督导组组长邱小聪、副组长杨忠先、江西调查总队总队长邓盛平等一同参加。

7 月 31 日 中共江西省统计局直属机关第五次代表大会召开，大会听取和审议了中共江西省统计局直属机关第四届委员会报告，选举韩志生、叶德祥、江建明、万长余、陆锋、曾庆道、方促进、曾永生、喻荣为中共江西省统计局直属机关第五届委员会委员，韩志生同志任书记，叶德祥同志任专职副书记；叶德祥、江建明、康冬明、周运来、何小敏、叶健、丁亦等 7 名同志为中共江西省统计局直属机关第一届纪律检查委员会委员，叶德祥同志任书记，江建明同志任副书记。

8月

8 月 江西调查总队开展早稻收购情况调查。

8 月上旬 省统计局领导分赴瑞金市、丰城市、南城县、安福县、共青城市、鄱阳县等地调研省直管县统计改革试点工作。

8 月 6 日 根据 2014 年 7 月 16 日《江西省人民政府关于胡详圳等同志职务任免的通知》（赣府字〔2014〕51 号），金绮同志任省统计局副巡视员。

8 月 14 日 江西调查总队报送的纪实报道《我教父亲测亩产》获省人大常委会副主任洪礼和批示。

8 月 14 日、21 日 王建农局长就经济形势及统计工作赴吉安、抚州调研。

8 月 18 日 省统计局撰写的《龙头效应渐显现，发展动力需增强》、《江西工业平稳较快增长背后的隐忧》、《江西服务业税收已居三大产业首位，但后劲不足的问题堪忧》三篇统计分析获省委书记强卫、省长鹿心社批示。

8 月 20 日 赣南等原中央苏区振兴发展统计监测工作动员布置会在瑞金市召开，我省赣南等原中央苏区振兴统计监测工作正式启动。

8 月 20 日 江西调查总队撰写的调查报告《"空心村"现状堪忧 五个困境亟待治理》获省长鹿心社批示。

8 月 27 日 省政府办公厅下发《关于做好 2015 年全国 1%人口抽样调查工作的通知》，对我省 1%人口抽样调查工作进行部署。

9月

9 月 江西调查总队设计的统计卡通形象——“童童”、“吉吉”，作为统计科普代言人，在国家统计局第五届“中国统计开放日”首次公布并用于现场活动背景墙中。

9 月上旬 省统计局开展全省“一套表”联网直报中违法违规和不规范报送行为专项整治工作。

9 月 1 日、11 日 省委书记强卫、副省长李炳军分别对江西调查总队撰写的调查报告《“空心村”现状堪忧 五个困境亟待治理》作出批示。

9 月 8 日、15 日 省人大常委会副主任朱秉发、省委书记强卫分别对江西调查总队撰写的调研报告《确实权 颁铁证 着力解决“五难”》作出批示。

9 月 16 日 江西调查总队印发《绩效管理工作方案》。

9 月 16 日 省统计局局长王建农赴赣州调研统计工作，并出席双胞胎集团赣州项目建设协调推进会。

9 月 18 日 江西调查总队举办县级队统计人员岗位知识培训辅导班。

9 月 19 日 江西省暨鹰潭市庆祝第五届“中国统计开放日”现场活动在鹰潭举行，开放日的主题是“统计人 统计情 统计梦”。省统计局局长王建农、副局长彭道宾、纪检组长姚睿钦、总统计师曹青云、副局长彭勇平，鹰潭市市长熊茂平、常务副市长王家林等出席活动。

9 月 21 日 2014 年全省统计从业资格考试顺利举行。全省共有 4329 人报名参加考试,共设置 45 个考点。

9 月 23-25 日 江西调查总队开展“六五”普法规划贯彻落实情况督查。

9 月 29 日 全省人口变动抽样调查工作布置暨业务培训会议在南昌召开。

10月

10 月 10 日 省统计局局长王建农、纪检组长姚睿钦赴高安市龙潭镇洛城村指导帮扶工作。

10 月 11 日 全省统计系统办公室工作会议在南昌召开。

10 月 14 日 2014 年年度调查单位增减变动审核确认工作会议在南昌召开。

10 月 14-16 日 江西调查总队与省农业厅联合开展晚稻生产形势调研。

10 月 16 日 省统计局、江西调查总队联合走进江西新闻广播党风政风热线直播节目，就我省经济形势，二经普进展情况，统计数据的生产、发布和质量控制以及第五届“中国统计开放日”活动等与听众交流。

10 月 17 日 江西调查总队撰写的调查报告《江西企业应对经济下行压力破难题求期盼》获副省长李贻煌批示。

10 月 21 日 江西调查总队召开全省反腐倡廉民意调查工作会议。

10 月 22 日 全省统计系统公共机构技能工作培训会在井冈山召开。

10 月 23 日 全省小康监测工作会议在武宁召开。

10 月 24 日 江西调查总队召开“来自基层调查员的声音”座谈会，多家新闻媒体参加。

10 月 27-28 日 全省《中国信息报》宣传通联工作会议在南昌召开。

10 月 28-29 日 省统计局局长王建农赴上饶调研经济形势。

10 月 31 日 省统计局撰写的《江西工业能效影响因素及提升路径探析》、《企业家信心不足 工业下行压力加大》两篇统计分析获省长鹿心社批示。

11 月

11 月 5 日 江西调查总队撰写的调查报告《苏区县里的少数民族——来自铅山县太源、篁碧畲族乡的调研报告》获省长鹿心社批示。

11 月 6 日 省统计局、省科技厅联合印发《关于开展 2014 年全国企业创新调查的通知》（赣统字[2014]132 号），正式启动 2014 年全省企业创新调查工作。

11 月 9 -10 日 2014 年度全省经济形势分析会在吉安召开。省统计局局长王建农作主题报告，吉安市常务副市长刘连

根到会致辞，省统计局纪检组长姚睿钦作会议总结，副局长韩志生主持会议，吉安市委副书记肖洪波、省统计局副巡视员金绮出席会议。

11 月 11 一 14 日 全省县（市、区）统计局长培训班在井冈山举办，全省统计系统 40 余位县（市、区）统计局长参加了培训。

11 月 17 日 江西调查总队撰写的调研报告《江西企业应对经济下行压力破难题求期盼》获省委书记强卫批示。

11 月 18 日 江西调查总队撰写的调查报告《借海西经济优势 促抚州奋力崛起》获省长鹿心社批示。

11 月 18 日 江西调查总队召开居民消费价格调查新一轮基期轮换工作专家研讨会。

11 月 19—20 日 江西调查总队召开全省调查队系统法制工作暨执法业务骨干培训会。

11 月 19-21 日 江西调查总队举办县级调查队副队长培训班。

11 月 25 日 江西调查总队启动“处室工作作风大家评”投票系统，开始试运行。

11 月 26 日 全省交通运输能源消费调查布置暨培训会议在南昌召开。

11 月 28 日 省统计局撰写的《践行生态文明建设 助力经济可持续发展》一文获副省长朱虹批示。

11 月 28 日 省委常委、省纪委书记周泽民到省统计局调研 2014 年全省党风廉政建设社会评价民意调查工作。

12 月

12 月 1-5 日 江西调查总队与南昌调查队联合开展统计执法检查工作。

12 月 3 日 全省文化产业统计改革研讨会在井冈山召开。

12 月 8 日 江西省统计学会、井冈山大学、信息日报社联合发布《2014 年江西省发展升级“好又快”乡镇评价结果》，公布了江西省综合实力排序前 100 位、产业升级排序前 50 位、小康进程排序前 50 位、生态旅游排序前 50 位的乡镇。

12 月 12 日 省统计局、省商务厅《关于我省“十二五”时期社会消费品零售总额发展情况的报告》获鹿心社省长、莫建成常务副省长、胡幼桃副省长批示。

12 月 12 日 江西调查总队印发《关于进一步加强党风廉政建设和人财物管理工作的若干意见》、《国家统计局江西调查总队信访工作办法》、《中共国家统计局江西调查总队党组关于加强执法执纪工作的意见》。

12 月 14 日、25 日 鹿心社省长分别对省统计局撰写的《大力提升企业资源配置能力 不断增强经济发展升级能力》、《五年决战小康的难点与攻坚之策》作出批示。

中国统计出版社最新图书简目

(仅供参考,以实际出版为准)

统计资料

中国统计年鉴　中国统计摘要　中国发展报告
中国经济普查年鉴2013　国际统计年鉴　金砖国家联合统计手册
中国-东盟国家统计手册　中国区域经济统计年鉴　中国县域统计年鉴
中国城市统计年鉴　中国农村统计年鉴　中国地区经济监测报告
中国贸易外经统计年鉴　中国对外直接投资统计公报　中国商品交易市场统计年鉴
大中型批发零售和住宿餐饮企业统计年鉴　中国零售和餐饮连锁企业统计年鉴　中国住户调查年鉴
中国价格统计年鉴　中国农产品价格调查年鉴　全国农产品成本收益资料汇编
中国环境统计年鉴　中国能源统计年鉴　国外资源、能源和环境统计资料汇编
中国工业统计年鉴　中国建筑业统计年鉴　中国房地产统计年鉴
中国城市建设统计年鉴　中国城乡建设统计年鉴　中国第三产业统计年鉴
中国证券期货统计年鉴　中国科技统计年鉴　中国高技术产业统计年鉴
工业企业科技活动资料　中国劳动统计年鉴　中国人口和就业统计年鉴
中国人才资源统计报告　中国社会统计年鉴　中国文化及相关产业统计年鉴
文化及相关产业统计概览　中国教育经费统计年鉴　中国民政统计年鉴
中国民族统计年鉴　中国工会统计年鉴　中国残疾人事业统计年鉴
中国妇女儿童状况统计资料（英）　中国乡镇街道行政区域简册

省级综合统计年鉴系列

北京 天津 河北 山西 内蒙古 辽宁 吉林 黑龙江 上海 江苏 浙江 安徽 福建 江西 山东 河南 湖北 湖南 广东 广西 海南 重庆 四川 贵州 云南 西藏 陕西 甘肃 青海 宁夏 新疆 新疆生产建设兵团

市(县)级综合统计年鉴系列

天津滨海新区 石家庄 唐山 邯郸 保定 沧州 邢台 廊坊 承德 衡水 秦皇岛 张家口 太原 大同 阳泉 长治 晋城 朔州 晋中 运城 忻州 临汾 呼和浩特 呼和浩特新城区 鄂尔多斯 包头 沈阳 大连 长春 四平 哈尔滨 齐齐哈尔 黑龙江垦区 上海浦东新区 南京 无锡 徐州 常州 苏州 南通 连云港 淮安 盐城 扬州 镇江 泰州 宿迁 江阴 丹阳 杭州 宁波 温州 嘉兴 绍兴 金华 衢州 舟山 台州 丽水 合肥 安庆 马鞍山 福州 厦门 宁德 南昌 九江 上饶 新余 抚州 济南 青岛 枣庄 滕州 郑州 洛阳 平顶山 三门峡 南阳 商丘 济源 武汉 十堰 荆州 宜昌 荆门 咸宁 长沙 广州 深圳 惠州 东莞 南宁 柳州 桂林 来宾 海口 三亚 成都 贵阳 昆明 西安 兰州 庆阳 银川 乌鲁木齐 兵团一师 兵团十师

调查年鉴系列

天津 山西 内蒙古 辽宁 吉林 上海 福建 河南 湖北 湖南 广西 重庆 四川 云南 甘肃 宁夏 新疆

“十二五”规划教材

统计学（经济管理类专业本科适用，单薇 等）　抽样调查理论与方法（冯士雍 等）
贝叶斯统计（茆诗松 等）　统计学（黄良文 等）　试验设计（茆诗松 等）
统计学：从数据到结论（吴喜之）　医学统计学（于浩）　统计学（经济、管理类专业基础教材，张小斐）
概率论与数理统计三十三讲（魏振军）　概率论与数理统计三十三：学习指导与习题解答（魏振军）
非参数统计（吴喜之 等）　统计学：经济与管理中的数据分析（李慧云 等）
卫生管理统计学（新编医学院校基础课教材，尚磊）　医院统计学（新编医学院校基础课教材，徐天和 等）
社会统计学（蒋萍 等）　现代金融投资统计分析（李腊生 等）
国民经济核算初级教程（经济类、统计类、管理类专业适用，蒋萍 等）

重点图书

图解中国经济2015　新编英汉汉英统计大词典　中华医学统计百科全书
挑大学选专业2016—考研择校指南　挑大学选专业2015—高考志愿填报指南

中国统计出版社发行部电话：（010）63376907　63376908　同根行书店电话：68783171　68783172
地址：北京市丰台区西三环南路甲6号　邮政编码：100073　网址：http://www.zgtjcbs.com